Baedeker
Allianz Reiseführer

China

VERLAG KARL BAEDEKER

Hinweise zur Benutzung

Sternchen (Asterisken) als typographisches Mittel zur Hervorhebung bedeutender Bau- und Kunstwerke, Naturschönheiten und Aussichten, aber auch guter Unterkunfts- und Gaststätten hat Karl Baedeker im Jahre 1846 eingeführt; sie werden auch in diesem Reiseführer verwendet: Besonders Beachtenswertes ist durch * einen vorangestellten 'Baedeker-Stern', einzigartige Sehenswürdigkeiten sind durch ** zwei Sternchen gekennzeichnet.

Zur raschen Lokalisierung der Reiseziele von A bis Z auf der beigegebenen Reisekarte sind die entsprechenden Koordinaten der Kartennetzmaschen jeweils neben der Überschrift in Rotdruck hervorgehoben: Peking **Hc 26**

Farbige Streifen an den rechten Seitenrändern erleichtern das Auffinden der Großkapitel des vorliegenden Reiseführers: Die Farbe Blau steht für die Einleitung (Natur, Kultur, Geschichte), die Farbe Rot für Reiseziele, und die Farbe Gelb markiert die praktischen Informationen.

Wenn aus der Fülle von Unterkunfts-, Gast- und Einkaufsstätten nur eine wohlüberlegte Auswahl getroffen ist, so sei damit gegen andere Häuser kein Vorurteil erweckt.

Da die Angaben eines solchen Reiseführers in der heute so schnellebigen Zeit fast ständig Veränderungen unterworfen sind, kann der Verlag weder Gewähr für die absolute Richtigkeit leisten noch die Haftung oder Verantwortung für eventuelle inhaltliche Fehler übernehmen. Auch lehrt die Erfahrung, daß sich Irrtümer kaum gänzlich vermeiden lassen.

Baedeker ist ständig bemüht, die Qualität seiner Reiseführer noch zu steigern und ihren Inhalt weiter zu vervollkommnen. Hierbei können ganz besonders die Erfahrungen und Urteile aus dem Benutzerkreis als wertvolle Hilfe gar nicht hoch genug eingeschätzt werden. Vor allem **Ihre Kritik, Berichtigungen und Verbesserungsvorschläge sind uns stets willkommen.** Sie helfen damit, die nächste Auflage noch aktueller zu gestalten. Bitte schreiben Sie in jedem Falle an die

Baedeker-Redaktion
Karl Baedeker GmbH
Zeppelinstr. 41
Postfach 31 62
D-73751 Ostfildern
Telefax: (07 11) 45 02-3 43, E-Mail: baedeker@mairs.de
Internet: www.baedeker.com

Der Verlag dankt Ihnen im voraus bestens für Ihre Mitteilungen. Jede Einsenderin und jeder Einsender nimmt an einer jeweils zum Jahresende unter Ausschluß des Rechtsweges stattfindenden Verlosung von einer Städtekurzreise für zwei Personen nach London teil. Falls Sie gewonnen haben, werden Sie benachrichtigt. Ihre Zuschrift sollte also neben der Angabe des Buchtitels und der Auflage, auf welche Sie sich beziehen, auch Ihren Namen und Ihre Anschrift enthalten. Die Informationen werden selbstredend vertraulich behandelt und die persönlichen Daten nicht gespeichert.

◀ *Figur aus der Peking-Oper*

Vorwort

Dieser Reiseführer gehört zur neuen Baedeker-Generation. In Zusammenarbeit mit der Allianz Versicherungs-AG erscheinen bei Baedeker durchgehend farbig illustrierte Reiseführer in handlichem Format. Die Gestaltung entspricht den Gewohnheiten modernen Reisens: Nützliche Hinweise werden in der Randspalte neben den Beschreibungen herausgestellt. Diese Anordnung gestattet eine einfache und rasche Handhabung. Der vorliegende Band hat China zum Thema. Die Bandbreite dieses faszinierenden Landes reicht von den Dschungeln im Süden bis zur grandiosen Bergwelt in Tibet. Der Reiseführer gliedert sich in drei Hauptteile: im ersten Teil wird über China im allgemeinen, Naturraum, Klima, Pflanzen und Tiere, Umweltschutz, Bevölkerung, Sprache, Bildung und Wissenschaft, Religion und Philosophie, Staat und Verwaltung, Wirtschaft, Geschichte, berühmte Persönlichkeiten, Malerei, Kalligraphie, Keramik, Architektur, Literatur, Oper, Feierlichkeiten und Küche berichtet. Eine Sammlung von Literaturzitaten schließt diesen Teil ab. Im zweiten Teil werden die Reiseziele mit ihren Sehenswürdigkeiten beschrieben.

Die Longmen-Grotten gehören zu den bedeutendsten Höhlentempeln Chinas.

Daran schließt ein dritter Teil mit reichhaltigen praktischen Informationen, die dem Besucher das Zurechtfinden vor Ort wesentlich erleichtern. Sowohl die Reiseziele als auch die Informationen sind in sich alphabetisch geordnet. Baedeker Allianz Reiseführer zeichnen sich durch Konzentration auf das Wesentliche sowie Benutzerfreundlichkeit aus. Sie enthalten eine Vielzahl eigens entwickelter Pläne und zahlreiche farbige Abbildungen.
Zu diesem Reiseführer gehört als integrierender Bestandteil eine ausführliche Reisekarte, auf der die im Text behandelten Reiseziele anhand der jeweils angegebenen Kartenkoordinaten zu lokalisieren sind. Wir wünschen Ihnen mit dem Baedeker Allianz Reiseführer viel Freude und einen erlebnisreichen Aufenthalt in China!

Baedeker
Verlag Karl Baedeker

Inhalt

Natur, Kultur Geschichte

Seite 9 – 118

Zahlen und Fakten 9
Allgemeines 9
Naturraum 11
Klima 23
Pflanzen und Tiere 31
Umweltschutz 35
Bevölkerung 36
Sprache 38
Bildung und Wissenschaft 41

Reiseziele von A bis Z

Seite 119 – 523

Routenvorschläge 119
Reiseziele von A bis Z 129
Anhui 129 · Anshan 130 · Baotou 132 · Changchun · 133 Changjiang 135 · Changsha 139 · Changzhou · 143 Chengde 145 Chengdu 148 · Dali 158 · Dalian 161 · Datong 166 · Dunhuang 172 · Foshan 176 · Fujian 177 · Fushun 178 · Fuzhou 180 · Gansu 183 · Große Mauer 185 · Guangdong 187 · Guangxi 189 · Guilin 190 · Guiyang 196 · Guizhou 198 · Haikou 200 · Hainan 201 · Handan 202 · Hangzhou 203 · Harbin 212 · Hebei 216 · Hefei 217 · Heilongjiang 219 · Henan 220 · Hengyang 221 · Hohhot 223 · Hongkong 226 · Huai'an 239 · Hubei 240 · Hunan 242 · Huzhou 243 · Innere Mongolei 244 · Jiangsu 247 · Jiangxi 248 · Jiaxing 249 · Jilin 250 · Jilin 252 · Jinan 253 · Jingdezhen 257 · Jinggangshan 258 · Jinghong 259 · Jinhua 261 · Jiujiang 262 · Jiuquan 265 · Kaifeng 267 · Kanton 270 · Kashgar 278 · Kunming 280 · Lanzhou 289 · Lhasa 291 · Lianyungang 295 · Liaoning 296 · Liuzhou 297 · Luoyang 298 · Ma'anshan 304 · Macao 305 · Maotai 312 · Nanchang 312 · Nanking 315 · Nanning 322 · Nantong 326 · Ningbo 327 · Ningxia 329 · Peking 330 · Qinghai 366 · Qinhuangdao 367 · Quanzhou 369 · Qufu 372 · Sanya 377 · Shaanxi 379 · Shan-

Praktische Informationen von A bis Z

Seite 524 – 599

Anreise 525 · Antiquitäten 527 · Apotheken 527 · Ärztliche Hilfe 528 · Auskunft 528 · Autobus 533 · Badehäuser 534· Badestrände 535 · Behindertenhilfe 535 · Bergtouren 536 · Diplomatische und konsularische Vertretungen 537 · Einkäufe und Souvenirs 537 · Eisenbahn 542 · Elektrizität 548 · Essen und Trinken 548 · Fahrrad 555 · Feiertage und Feste 556 ·

Register 600

Verzeichnis der Karten und graphischen Darstellungen 606

Bildnachweis 608

Impressum 608

Religion und Philosophie 43
Staat und Verwaltung 50
Wirtschaft 54

Geschichte 63

Berühmte Persönlichkeiten 75

Kunst und Kultur 85

Malerei 85
Kalligraphie 90
Keramik 91
Literatur 100
Oper 104
Feierlichkeiten 105
Küche 106

China in Zitaten 110

dong 380 · Shanghai 382 · Shantou 390 · Shanxi 391 · Shaoxing 392 · Shashi 394 · Shenyang 395 · Shenzhen 400 · Shijiazhuang 401 · Suzhou 405 · Szetschuan 411 · Tai'an 412 · Taiwan 417 · Taiyuan 432 · Tibet 437 · Tientsin 440 · Tschungking 445 · Tsingtau 450 · Turpan 455 · Ürümqi 459 · Weifang 461 · Weihai 462 · Wenzhou 463 · Wuhan 464 ·

Wuhu 470 · Wuxi 474 · Xiamen 479 · Xi'an 481 · Xiangfan 494 · Xigaze 496 · Xining 499 · Xinjiang 502 · Xuzhou 504 · Yan'an 505 · Yangzhou 506 · Yantai 509 · Yichang 510 · Yinchuan 510 · Yixing 511 · Yueyang 512 · Yunnan 514 · Zhanjiang 516 · Zhaoqing 516 · Zhejiang 518 · Zhengzhou 519 · Zhenjiang 521 · Zhuhai 522 · Zibo 523

Flugverkehr 558 · Geld 561 · Geschäftszeiten 563 · Gesundheitsvorsorge 563 · Hotels 565 · Jugendunterkünfte 575 · Karten 575 · Museen 576 · Notdienste 576 · Offene Städte 576 · Post und Telekommunikation 577 · Reisedokumente 578 · Reisezeit 578 · Restaurants 580 · Rikscha 584 · Rundfunk und Fernsehen 584 · Schiffsverkehr 585 ·

Sport 586 · Sprache 587 · Straßenverkehr 592 · Taxi 593 · Trinkgeld 593 · Umgangsregeln 593 · Veranstaltungen 594 · Verkehrsmittel 598 · Zeit 598 · Zeitungen und Zeitschriften 598 · Zollbestimmungen 598

Baedeker Specials

Großer Panda 34

Tischsitten 108

Das Reich

Seit vor fast 700 Jahren Marco Polo den staunenden Europäern von seinem zwanzigjährigen Aufenthalt am Hof des Kublai Khan berichtete, wurde China im Westen zum Inbegriff des Fremdartigen und Exotischen. Auch heute noch hat China nichts von seiner Faszination verloren. Seine so gänzlich andersartige, über 5000 Jahre alte Kultur läßt jede Chinareise zu einem ganz besonderen Erlebnis werden: prächtige Palastanlagen wie die Verbotene Stadt oder der Sommerpalast in Peking erinnern an die Zeiten, als China von himmlischen Kaisern, Konkubinen und Eunuchen regiert wurde. Die Große Mauer, deren eindrucksvollste Teilstücke nur wenig nördlich von Peking liegen, schlängelt sich 6700 km weit vom Gelben Meer im Osten bis nach Jiayuguan in Mittelasien. Altehrwürdige Tempelanlagen wie das Tempelkloster der Prinzessin der Azurblauen Wolke im Taishan-Gebirge oder der Konfuzius-Tempel in Qufu atmen den Geist uralter asiatischer Religionen und Philosophien. Die Metropolen – insgesamt gibt es über 50 Millionenstädte im Reich der Mitte – und die Küstenregionen weisen ein rasantes Wirtschaftswachstum auf. Dieses asiatische Riesenland mit seinen kontinentalen Ausmaßen bietet ein riesigen Spektrum für den Reisenden. Die Bandbreite reicht von den dampfenden Dschungeln im Süden Yunnans, über die gewaltigen Schneegebirge im Westen bis zu den unendlichen Wüsten Mittelasiens entlang der alten Seidenstraße. Groß ist

Himmels-tempel
Symbol für Himmel und Erde

Kaiserpalast
das bedeutendste Bauwerk Chinas

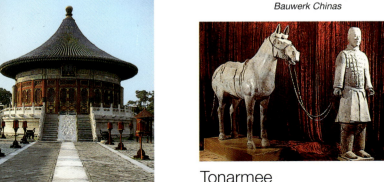

Tonarmee
Krieger der berühmten Armee aus dem Grab des Kaisers Qin Shi Huangdi bei Xi'an

der Mitte

die Palette des touristischen Angebots im Norden Chinas: man kann auf zottigen Ponys durch das weite Grasland der Inneren Mongolei reiten, in einer mongolischen Jurte übernachten, kasachische Nomaden im Altai besuchen, sich altehrwürdigen Kloster Shaolin dem Kungfu-Kampfsport widmen, die eindrucksvollen buddhistischen Grotten von Datong und Luoyang besichtigen oder bei klirrender Kälte am winterlichen Eisfestival in der Mandschurei teilnehmen. Im Süden Chinas locken nicht nur das glitzernde Einkaufsparadies Hongkong – diese einzigartige Synthese von Orient und Okzident – oder das portugiesische Macao, sondern auch die Karstberge von Guilin, eine Landschaft von geradezu märchenhafter Schönheit, die weltweit ihresgleichen sucht. Ob man auf einem Luxuskreuzer die eindrucksvollen Schluchten des Changjiang durchquert, in Jingdezhen die Geheimnisse der berühmten chinesischen Porzellanherstellung ergründet, durch die zauberhaften Gärten von Suzhou schlendert, sich in Kanton, der heimlichen Hauptstadt der Kochkunst, durch die verschiedenen chinesischen Kochstile schlemmt, in Sichuan den heiligen Berg Emeishan ersteigt, in Leshan den größten Buddha der Welt bewundert oder sich an den Palmenstränden Hainans in der Sonne aalt – China bietet für jeden Geschmack das Richtige und damit alle 'Zutaten' einer unvergeßlichen Reise in ein außerordentlich faszinierendes Land.

Lotos ...
... im Buddhismus Symbol für das Leben

Suzhou
Der malerische Garten des Bescheidenen Beamten

Panda
Der possierliche Bambusfresser

Zahlen und Fakten

In China trifft der Besucher auf eine so fremde, andersartige Welt, daß er sich ständig neue Fragen stellt und begierig nach Erklärungen sucht. Ein 'Reich der Zeichen', das es zu entschlüsseln gilt: von den Schriftzeichen bis zu den Dialekten, von den Shan-shui-Seidengemälden bis zu den Kalkbergen von Guilin, von den schwer faßbaren religiösen Überzeugungen bis zu der schwierigen aktuellen Politik.
Alles ist ganz anders und viel komplizierter, als es den Anschein hat; daher nehme man sich Zeit zum Nachdenken, um Zusammenhänge herzustellen und in Ruhe abzuwägen. Es gibt vielleicht kein anderes Land auf der Erde, wo man sich so wenig auf äußere Eindrücke und oberflächliche Empfindungen verlassen kann.

Man sollte diesen Reiseführer nicht als allumfassende Enzyklopädie über China ansehen – ein ohnehin ganz unmögliches Unterfangen –, sondern eher als einen Ratgeber, der fundierte Basisinformationen liefern will.

Vorbemerkung

Allgemeines

China nimmt den weitaus größten Teil des ostasiatischen Festlandes ein, wobei sich die Volksrepublik China zwischen 18° und 54° nördlicher Breite

Lage in Ostasien

◀ Der Lijiang-Fluß gehört zu den landschaftlichen Höhepunkten einer China-Reise.

Allgemeines

Lage (Fortsetzung) sowie 71° und 135° östlicher Länge vom Pamir-Hochland im Westen bis zum Pazifischen Ozean (Gelbes Meer, Ostchinesisches Meer, Südchinesisches Meer) im Osten erstreckt.

Nachbarländer Das riesige Land grenzt im Westen an Tadschikistan, im Nordwesten an Kirgisien und Kasachstan, im Norden an die Mongolei und im Nordosten an Rußland und Nordkorea, im Südosten an Vietnam, Laos und Myanmar (Birma), im Südwesten an Indien, Bhutan und Nepal sowie an Pakistan und Afghanistan.

Gebiet Zum Staatsgebiet der Volksrepublik China gehört die dem südchinesischen Festland vorgelagerte Insel Hainan (Provinz), während Taiwan (Formosa) – von China als integraler Teil (23. Provinz) der Volksrepublik betrachtet – als westlich orientierte "Republik China" einen eigenen Inselstaat bildet.
An der Südostküste liegen am Kantondelta die Sonderverwaltungszonen Hongkong, das 1997 an China zurückfiel, und Macao, das 1999 an China zurückgegeben wurde.

Land der Flüsse und Berge "Zehntausend Flüsse, tausend Berge", so apostrophierte einst Mao Zedong (Tse-tung) die wesentlichen Merkmale des chinesischen Staatsgebietes.
Die Flüsse und Berge haben die Geschichte der chinesischen Zivilisation, die Wirtschaft, die menschlichen Beziehungen, den Handel und die Kultur des Landes geprägt; denn sie bestimmen die vielen verschiedenartigen Landschaften dieses Subkontinentes.

Fläche und Ausdehnung China ist mit einer Gesamtfläche von 9 627 343 km^2 etwa so groß wie ganz Europa und wird an Ausdehnung nur von Kanada und der Russischen Föderation übertroffen. Die maximale Ausdehnung in Ost-West-Richtung beträgt etwa 4400 km, jene von Norden nach Süden rund 4100 km.

Grenzlinien Die Landesgrenzen belaufen sich zu Lande auf etwa 28 000 km und an der Küste auf mehr als 20 000 km. Sie haben sich im Laufe mehrerer Jahrtausende und infolge zahlloser Kriege herausgebildet.

Ausbreitung Die Anfänge der chinesischen Zivilisation sind am Mittellauf des Gelben Flusses (Huanghe) im zentralöstlichen Teil des Landes zu suchen. Von hier hat sie sich allmählich in Richtung Süden, Norden und Westen ausgebreitet, bis schließlich im 18. Jh., unter der mandschurischen Qing-Dynastie, die heutige Ausdehnung erreicht war.

Namen und Bezeichnungen Das 'mythische Land' oder das 'Reich der Mitte', wie es in der Antike hieß, wurde im Mittelalter, durch mündliche Erzählungen und schriftliche Berichte von Fernreisenden wie Marco Polo, unter dem mongolischen Namen 'Cat(h)ay' bekannt. Nach dem Aussterben der mongolischen Yuan-Dynastie ging man in Europa dazu über, es 'China' zu nennen, nach der Qin-Dynastie, deren Kaiser Qin Shi Huangdi als Reichsgründer gilt.
In den letzten beiden Jahrhunderten setzte sich, nach den Annexionen der Qing-Dynastie, die Differenzierung 'China der achtzehn Provinzen' und "Äußeres China" durch, um die urbanisierten Gebiete der alten chinesischen Zivilisation von den kolonisierten Territorien zu unterscheiden.
Die Bezeichnungen "Inneres China" und "Äußeres China" werden auch heute noch vielfach verwendet, um die Eigenheiten des Landes in geomorphologischer, wirtschaftlicher und historischer Hinsicht zu beschreiben: Inneres China steht für die ebenen Flußgebiete mit den wichtigsten städtischen Zentren und mit einer intensiven Landwirtschaft, Äußeres China für die Berg- und Wüstenregionen, deren Bewohner hauptsächlich von der Viehzucht leben.

Staat und Verwaltung Die politischen Gegebenheiten in China sind auf den Seiten 50 bis 54 dargestellt.

Naturraum

Landesnatur

Durch seine subkontinentale Ausdehnung über 60 Längen- und 25 Breitengrade hat China Anteil an allen wesentlichen asiatischen Naturräumen – entsprechend vielgestaltig und abwechslungsreich ist das Landschaftsbild und entsprechend kompliziert sind die Variationen der unterschiedlichen Relieftypen. Dicht besiedelten Kernräumen der fruchtbaren pazifischen Küstenebenen und Tieflandskammern mit ihren landwirtschaftlichen und industriellen Ballungen stehen die extrem dünn besiedelten, öden zentralasiatischen Halbwüsten, die vegetationsarmen, schutterfüllten Hochflächen und die schroffen Hochgebirge der peripheren Gebiete gegenüber.

China, das als 'Land der Berge' bezeichnet wird, umfaßt zu je einem Drittel Hochgebirge bzw. Gebirgshochflächen und zu einem weiteren Zehntel Berg- und Hügelland (15 % entfallen auf Beckenlandschaften und 10 % auf intensiv genutztes Tiefland). Die natürlichen Ungunstfaktoren sind auch der Grund dafür, daß nur ein Achtel der Gesamtfläche landwirtschaftlich genutzt werden kann.

Geologischer Bau

Die geologischen Grundstrukturen Ost- und Zentralasiens werden bestimmt von einem komplexen Gefüge relativ starrer, im Verlauf der Erdgeschichte über lange Zeiträume konsolidierter, alter Kerne. Um und zwischen diese archaischen Tafeln legen sich jüngere Hebungszonen, gleichsam als 'Wachstumsringe' des Kontinents.

Die sibirisch-sinische Landmasse stellt das wichtigste Glied des paläozoischen Nordkontinents Laurasia dar. Dieser Kernbereich der Eurasischen Platte setzt sich aus einem Schollenmosaik uralter, unterschiedlich starrer Teilplatten zusammen, die in verschiedenen Gebirgsbildungsphasen all-

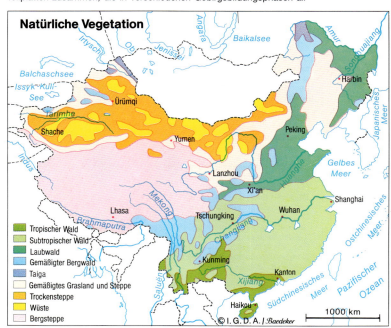

Naturraum

Geologischer Bau
(Fortsetzung)

mählich zusammengeschweißt und erst in jüngster Zeit – im Zug der alpidischen Bewegungen – wieder als Bruchschollengebirge herausgehoben wurden. An den Urkraton der ostsibirischen Tafel (Angaria), der seit dem Präkambrium zusammen mit der westlich nach Europa überleitenden osteuropäischen Plattform (Fennosarmatia) den eigentlichen Festlandskern Asiens bildet, haben sich weitere relativ starre Plattenteile angelagert, nämlich die Dsungarische, Tarim-, Sinische (=Nordchinesisch-koreanische), Tibetische und die Vietnamesische Plattform sowie die Südchinesische und die Indische Tafel. Als Trennstege und 'Schweißnähte' dieser präkambrischen konsolidierten Kerne aus Grundgebirge bzw. der von Deckgebirge überlagerten Kontinental-'Tafeln' fungieren gewaltige Faltengebirgsgürtel.

Für Ostasien lassen sich die Auswirkungen von mindestens vier tektonischen Aktivitätsphasen nachweisen, die das Schollenmosaik seit dem Präkambrium wiederholt überprägten: In der baikalischen bis sinischen Phase (assyntische Ära) wurden das Sajangebirge und die Gebirgsumrahmung des Baikalsees an Angaria angelagert sowie die nordchinesische Plattform im typischen 'sinischen Streichen' überformt.

In mehreren Gebirgsbildungsphasen der kaledonischen und variskischen Ära bildeten sich während des Erdaltertums der Altajblock und die Kasachische Schwelle. Auch die Gesteinspakete von Pamir, Kunlunshan, Nanshan, Quinlinshan und Tianshan entstammen noch den Gebirgsbildungen des oberen Paläozoikums.

Die beiden jüngeren Aktivitätsphasen, nämlich die indosinische (in der oberen Trias) und die in China besonders ausgeprägte Yenshan-Tektogenese (an der Wende Jura/Kreide), sind dagegen bereits als mesozoische (kimmerische) Vorläufer der bis heute andauernden alpidischen Ära einzuordnen.

Wenn auch insgesamt eine fortwährende Verfestigung der asiatischen Tafel vom Oberperm bis zum Keuper zu verzeichnen ist, so war doch die Wucht der wiederholten Gebirgsbildungen so stark, daß bereits verfestigte, eingerumpfte Gesteinskörper wieder in einzelne Teilschollen zerbrachen.

Gerade für Ostasien sind solche relativ labilen, immer wieder an alten Schwächezonen zerbrechenden Kontinenttafeln typisch, die bei jeder neuen Beanspruchung abermals in den Zyklus von Hebung und Einrumpfung einbezogen wurden. Man spricht hier von sog. Paraplattformen. Das heutige Reliefbild Ost- und Zentralasiens ist ein Ergebnis dieser geologischen Entwicklung und der tektonischen Ereignisse jüngster Zeit.

Mit dem Aufprall der vom Gondwana-Land abgedrifteten arabisch-iranischen und der indischen Teilscholle auf den Angara-Prellbock ist im Süden der eurasischen Großplatte – an der Kollisionsfront der Kontinente – ein gewaltiges Faltengebirgssystem mit ausgeprägten Deckenüberschiebungen und erheblicher Krustenverkürzung entstanden. Durch die damit verbundene Schub- und Druckbelastung kam es im Hinterland zu Aufschiebungen, Blattverschiebungen oder Zerrungsbrüchen bzw. allgemein zu einer Neubelebung alter Gebirgsstränge. Die enorme Aufstapelung von überschobenem Krustenmaterial im Bereich der jungen Faltengebirgsgürtel erklärt auch die ausgeprägte Aufschwimmbewegung und die Herausbildung des gewaltigsten Gebirgsblocks der Erde.

Dieses junge Aufsteigen des zentralasiatischen Festlandsblocks, verbunden mit der germanotypen Bruchtektonik, hat zu einem schon typischen Landstufenbau geführt: Der Abfall des asiatischen Festlandblocks zum Pazifik vollzieht sich in einer Serie von Bruchstufen, die von West nach Ost als überdimensionale 'Treppe' vom tibetischen Hochland zum Ozeanboden hinabführen.

Im allgemeinen sind vier Hauptstufen ausgebildet, wobei die stufenbildenden Landoberflächen als nach Westen sanft einfallende, ihre Steilseite nach Osten richtende Pultschollen aufeinander folgen: die Tibetische Stufe verläuft im Osten entlang des 104. Meridians; nach Norden begrenzen Altunshan und Nanshan das Hochplateau; die Mongolische Stufe entlang des Großen Chingan, des Taihangshan und des Hukwang-Bruchs

Naturraum

markiert gleichzeitig die Grenze zwischen Ost- und Hochasien; die Mandschurische Stufe wird gebildet vom russischen Sichote-Alin, vom koreanischen Küstengebirge und vom südchinesischen Küstenbogen; die Japanische Stufe entspricht dem Kontinentabfall zur Pazifischen Platte am Inselbogen-/Tiefseegrabensystem der ozeanischen Unterströmungszone.

Geologischer Bau (Fortsetzung)

Diese in der Regel meridional von Südwesten nach Nordosten verlaufenden Landstaffeln werden an verschiedenen Stellen von markanten, westöstlich verlaufenden Störungslinien gekreuzt, so daß eine für große Teile Chinas typische, landschaftsprägende Reliefkammerung entsteht, welche auch die Grundlage der naturräumlichen Differenzierung des Landes bildet ('Nordchinesischer Gebirgsrost', 'Changjiang-Tieflandskammer' etc.).

Naturräumliche Gliederung

Das chinesische Staatsgebiet hat Anteil an zwei Teilräumen subkontinentaler Stufe mit sieben in sich weiter differenzierten Großlandschaften: Ostasien mit der Mandschurei, Nord- und Südchina sowie dem dazwischen liegenden Trennglied des zentralchinesischen Gebirgsgürtels und Zentralasien mit dem tibetischen Hochland, dem mongolischen Plateau und dem durch gewaltige Gebirgsumrahmungen eingefaßten intramontanen Einbruchsbecken.

Das ausgesprochen kontinentale, von extremen Temperaturgegensätzen zwischen subpolar-kalten, trockenen Wintern und humid-heißen Sommern geprägte Übergangsgebiet nach Nordasien grenzt mit dem Kleinen Chingan an die Amurniederung und Rußland, mit den sinisch verlaufenden Gebirgsrosten im Osten und Südwesten an Korea und an Tieflandschina.

Ostasien
Nordostchina
(Mandschurei)

Die Mandschurei besteht aus drei selbständigen Teilräumen: Kernbereich ist das mandschurische Tiefland, dessen nördlicher Teil, die Songhua-Ebene, von der Ostgobi, einer menschenleeren, kargen Sandsteppe, eingenommen wird, während das südliche Tiefland durch den Menschen von einer mit Baumstreifen bestandenen Waldsteppe zur intensiv genutzten Trockenfeldbauzone umgeformt wurde. Kennzeichnend sind hier Lößlehme und Flußaufschwemmungen. Auf diesem intensiv genutzten Boden wird Getreideanbau (Soja, Weizen, Hafer, Gerste, Mais), weiter im Süden sogar Zuckerrohr-, Baumwoll- und Erdnußwirtschaft betrieben.

An der westlichen Umrahmung des Tieflands erfolgt mit der Bruchstufe des Großen Chingan der Anstieg zum Mongolischen Becken. Dieser Gebirgszug erreicht Gipfelhöhen von 1500 bis 2034 Metern. Der Kern aus altkristallinen Schollen wird häufig von auflagernden jungen basaltischen Decken verhüllt. Die nach Osten ausgerichtete Steilstufe erhält von den pazifischen Luftströmungen genügend Niederschlag, um das Wachstum dichter, sommergrüner Laubwälder zu sichern – eine Bergwaldzone, die nach Norden allmählich in die winterkalten sibirischen Nadelwälder übergeht.

Die Gebirgshorste des ostmandschurischen Berglands zeichnen sich durch ihren Reichtum an Bodenschätzen aus. Auf gefalteten Formationen lagern horizontale paläozoische Sedimente und tertiäre Basaltergüsse auf. Vor allem die reichen Eisenerz- und Buntmetallvorkommen sowie die großen Steinkohlevorräte im Revier von Anshan/Fushun bilden die Basis für eine gut entwickelte Schwerindustrie.

Nordchina, ein waldarmes, steppenhaftes Gebiet, wird in der Regel mit dem Einflußbereich des Huanghe gleichgesetzt. Es umfaßt die großen Tafelländer zwischen Weihe und Huanghe, die dicht besiedelte, agrarisch geprägte Große Ebene und deren sinische Gebirgsumrahmung. Wesentlich geprägt wird das 'Gelbe China' durch die glättende, reliefverhüllende Lößbedeckung und die berüchtigte Unberechenbarkeit des Flusses. Die westliche Einfassung der Schwemmebene, der sog. Nordchinesische Gebirgsrost, ist eine Folge schmaler altgefalteter Gebirgszüge, die im typischen sinischen Streichen – von Südwesten nach Nordosten – langsam zu

Nordchina

Naturraum

den nördlichen Karbontafeln abdachen und zur Shamo-Trockenzone überleiten (Taihangshan, Wutaishan, Jeholbergland). Der Grenzsaum zum Mongolischen Becken wird gebildet vom Lößbergland von Shanxi und dem nach Norden zu immer wüstenhafter werdenden Ordos-Plateau. Landschaftsprägend wirkt hier die Ausblasung der nördlichen Sandsteppen und die Ablagerung der Windfracht in bis zu 200 m mächtigen Lößdecken seit der letzten Eiszeit.

Wenn durch menschlichen Eingriff die ohnehin schüttere Vegetationsdecke dieser steppenhaften Landstriche beschädigt wird, kommt es zur Ausbildung eindrucksvoller Erosionslandschaften mit oft völlig zerfurchten Berghängen. Die gewaltigen Mengen ausgewaschener Bodenkrume, die als Schwebstoff im Huanghe und seinen Zuflüssen mitgeführt und in der Großen Ebene als Schwemmlöß abgelagert wird, bilden dort die Grundlage des intensiven Ackerbaus.

Der andere wichtige Bereich mit anstehendem paläozoischen Grundgebirge ist das Bergland von Shandong. Die eingerumpften kaledonischen und variskischen Faltenstränge zerbrachen in einzelne Schollen und bilden jetzt im Westen der Shandong-Halbinsel ein Schichttafel- bzw. Bruchschollenland. Der granitische östliche Abschnitt wird durch eine stark gegliederte Steilküste geprägt.

Kernbereich Nordchinas und eines der intensivst genutzten und bevölkerungsreichsten Gebiete des Landes und der Erde überhaupt ist die Große oder 'Gelbe' Ebene. Geologisch handelt es sich bei diesem Flußschwemmland um ein gegenwärtiges Einbruchsfeld, das erst in jüngster Zeit als 'Geschenk an China' vom Huanghe dem Meer abgetrotzt wurde. Die Große Ebene ist demnach nichts anderes als ein sanft abgeböschter, riesenhafter Schwemmkegel des Huanghe, den dieser unter häufiger Laufverlegung durch seine gewaltige Sedimentfracht in den letzten Jahrtausenden aufgeschüttet hat.

Landschafts- und kulturprägend ist der Kampf der Nordchinesen mit dem als Dammfluß über dem Niveau der Ebene fließenden Huanghe, dessen ständige Überschwemmungsdrohung der Bevölkerung dieses intensiv genutzten Agrarlandes gewaltige Anstrengungen (Eindeichungen, Kanaldurchstiche) abverlangt.

Die Große Ebene wird nach Westen scharf vom Taihangshan, Tongbaishan und Dabieshan begrenzt. Der Zugang zum Lößbergland und zum Ordos-Plateau erfolgt durch die tief eingekerbte Weihe-Furche am Nordabhang des Quinlinshan.

Der zentralchinesische Gebirgsgürtel, die entlang einer Störung abgesenkte Fortsetzung des Kunlunshan-Zuges, bildet eine bis über 4000 m ansteigende Reliefmauer, welche die Große Ebene nach Süden vom Tangho-Becken und vom Südchinesischen Bergland abschirmt und auch hinsichtlich des Reliefs eine gut ausgeprägte Grenze zwischen Nord- und Südchina bildet. Die einzelnen Glieder des Gürtels formieren sich zu einem durch Einbruchsbecken bzw. Tieflandskammern unterbrochenen, west-östlich verlaufenden 'Gebirgsschwarm' (Minshan, Quinlinshan, Weihe-Furche, Dabashan, Wushan, Dabieshan).

Die subtropisch-grünen Bergländer des feuchten Südens weisen in Bau, Klima, Hydrographie und Pflanzenwelt erhebliche Unterschiede zum nördlichen China auf. Dem verhüllten, glattnivellierten Landschaftsbild der nordchinesischen Ebenen und Lößplateaus steht im Süden ein bewegtes Relief mit sehr unruhigem Charakter gegenüber. In Südchina gibt es keine nennenswerten Lößanwehungen. Zur intensiven landwirtschaftlichen Nutzung bedarf es – sieht man von den großen Tieflandskammern ab – erheblicher Terrassierungs- und Aufschüttungsmaßnahmen und einer hohen Variabilität bei Anbaufrüchten und -methoden.

Die stark gegliederte Riasküste zwischen den breitenparallel verlaufenden 'Roststäben' begünstigt die Anlage von Häfen.

◀ *Berglandschaft in Szetschuan*

Nordchina (Fortsetzung)

Zentralchinesischer Gebirgsgürtel

Südchina

Naturraum

Südchina
(Fortsetzung)

Der Südchinesische Bergrost nimmt den größten Teil des südöstlichen China ein. Die Berg- und Hügelländer dieses Kernbereichs der südchinesischen Tafel werden aus sinisch verlaufenden, altgefalteten/junggehobenen Mittelgebirgsketten aufgebaut. Wegen der starken tertiären Bruchtektonik kam es zu einer erheblichen Zerstückelung der alten Strukturen in Horste, Pultschollen oder Einbruchsbecken und damit zu einer ausgeprägten Kammerung des Reliefs. Der Wechsel von Längs- und Quertalfurchen, von engen Durchbruchstälern und weiten Tieflandskammern gestaltet das Landschaftsbild sehr abwechslungsreich. Die Formungsprozesse sind wegen des veränderten Klimas intensiver, es dominiert die chemische Verwitterung mit tiefgründiger Zersetzung und Flächenbildung.

Zwischen die Mittelgebirgsketten des Bergrostes eingelagert bzw. mit einem breiten Saum in die nördlich anschließende Große Ebene übergehend finden sich die randlichen Ebenen, die zweite selbständige naturräumliche Haupteinheit Südchinas. Hierzu gehören vor allem das Mündungsgebiet des Changjiang, eine ebene, von Kanälen durchzogene Deltaschüttung in einen alten Meeresarm am Golf von Hangzhou, sowie das alluvial aufgefüllte Einbruchsbecken des Xijiang-Deltas mit fast tropischer Vegetation. Die randlichen Ebenen zählen zu den am dichtesten besiedelten Gebieten Chinas mit intensivem Reisanbau und ausgeprägten Städte- und Industrieballungen.

Ebenfalls zu den südchinesischen Ebenen zählen die Tieflandskammern des Changjiang, die dieser auf seiner langen Reise zwischen verschiedenen Gebirgsdurchbrüchen passiert. Sie werden neben ihrer intensiven landwirtschaftlichen Nutzung und Besiedlung auch als natürliche Rückhaltebecken im Kampf gegen die sommerlichen Changjiang-Hochwasser genutzt. Als Flutungsreservoire dienen zum Beispiel der Dongtinghu- und der Poyanghu-See in den großen amphibischen Flußverwilderungslandschaften der mittelchinesischen Ebene.

Eine Sonderstellung unter den südchinesischen Ebenheiten nehmen die höher gelegenen Einbruchsbecken im Gebirgsland ein. Wichtigstes Bei-

Die beeindruckenden Karstberge von Guilin

Naturraum

spiel ist das Rote Becken (Sichuan Pendi). Es handelt sich um ein großes Senkungsfeld, dessen weiter Talboden aus über 1000 m mächtigen roten Sandsteinsedimenten besteht.

Südwestlich des Roten Beckens geht der Sinische Rost in plateauartige Hochländer mit mächtigen Kalksteintafeln über, bevor im Anstieg zu den schroffen Faltenzügen des alpidischen Systems, im hinterindischen Gebirgsknoten, der Übergang Südchinas gegen Zentral- und Südostasien erfolgt. Wegen der in diesen Karbonatplattformen – unter den herrschenden klimatischen und gestaltbildenden Bedingungen – sehr intensiven chemischen Korrosion sind die Südwestchinesischen Hochländer (Guizhou-, Yunnan- und Shanplateau) zusammen mit dem Becken von Guangxi idealtypische Vertreter der mit China häufig assoziierten Landschaftsbilder von weiten Ebenen und ausgeprägten Turm- oder Kegelkarsterscheinungen.

Vom Festland durch die Straße von Hainan getrennt, stellt die dem Kontinentalschelf aufsitzende gleichnamige Insel mit der überleitenden Halbinsel Leizhou den südlichsten Teil Chinas dar. Der flachere Nordteil besteht aus jungen Basaltdecken mit einzelnen durchgeschlagenen Vulkanen. Die durch ein Granithügelvorland abgetrennten sinischen Rumpffaltengebirge des südlichen Inselgerippes steigen bis auf 1867 m an, sind jedoch durch die intensive sog. Ziegelstein-Verwitterung sehr stark aufgelöst. Etwa 40 % der Insel sind noch von tropischen Feuchtwäldern bedeckt.

Südchina
(Fortsetzung)

Die zweite asiatische Großlandschaft mit bedeutendem chinesischen Anteil, nämlich der von Ostasien deutlich abgegrenzte, innere Kontinentblock, nimmt die riesige Fläche von mehr als 11 Mio. km^2 ein. Zentralasien wird von Ostasien durch seine topographische Hochlage, die Binnenentwässerung der abflußlosen Plateaus, die extreme Kontinentalität mit erheblichen Temperaturschwankungen, die Abgeschiedenheit und Menschenleere sowie durch die nach allen Seiten von Gebirgen abgeschirmte Leelage und damit verbundene Trockenheit getrennt. Weitere Unterschiede betreffen die durch Relief und Klima bedingten Erscheinungsformen von natürlicher Vegetation und sporadischer agrarischer Nutzung.

Gemeinhin wird Zentralasien weiter untergliedert in das Tiefland von Turan zwischen Kasachischer Schwelle und Hindukusch – an dem China keinen Anteil mehr hat – und Hochasien mit großen Einbruchsbecken (Tibetisches Hochland, Mongolisches Plateau, Dsungarisches und Tarimbecken, Turpansenke), die von zwischenliegenden Gebirgsstegen (Kunlunshan, Nanshan, Tianshan, Beishan, Altaj) getrennt werden.

Zentralasien

Das Hochland von Tibet, der am intensivsten gehobene zentrale Gebirgsblock Asiens, unterliegt einer bis heute anhaltenden, kräftigen Überprägung durch die im Süden ablaufenden alpidischen Gebirgsbildungsphasen. Die gewaltigen Gebirgsmauern von Himalaya, Transhimalaya, Karakorum und Pamir begrenzen mit Gipfelhöhen zwischen 7000 und 8846 Metern den auf ein durchschnittliches Niveau von 4000 bis 4500 m aufgetürmten Hochblock gegen Süden. Das Tibetische Hochland hat keineswegs den Charakter einer Ebene. Kennzeichnend ist vielmehr die durch zahlreiche breitenparallel verlaufende Ketten und dazwischenliegende Einbruchsbecken modifizierte, unruhige Reliefstruktur. Der Süden entwässert über enge, gefällsreiche Schluchten des Sindh/Indus- bzw. Tsangpo/Brahmaputra-Systems zum Indischen Ozean, während der jenseits des Transhimalaya gelegene größere Teil abflußlos bleibt. Die Hochlagen sind in weiten Teilen schneebedeckt und unterliegen beinahe ganzjährig den glazialen bzw. nivalen Formungsprozessen der Kältesteppen der Hochgebirge.

In eingelagerten Hohlformen bilden sich zeitweise gefrorene, unstete Endseen mit stark wechselnden Wasserständen. In geschützten Lagen ermöglicht das rauhe Klima eine schüttere Hochsteppenvegetation.

Den nördlichen Abschluß des tibetischen Hochlands gegen das Tarim- bzw. Quaidambecken und das Mongolische Plateau bilden die bis auf Höhen von 6000 bis 7723 m ansteigenden Gebirgsketten des Kunlunshan.

Hochland von Tibet

Naturraum

Die Landsenke zwischen Ürümqi und Turpan

Intramontane Becken

Zwischen die gewaltigen Gebirgsstränge des zentralasiatischen Kammerreliefs sind einige bedeutende Einbruchsbecken eingeschaltet, die trotz unterschiedlicher Höhenlage eine ganze Reihe gemeinsamer Merkmale aufweisen. Wegen der abschirmenden Wirkung der Gebirgsumfassung gegen die niederschlagsbringenden Luftströmungen und der ausgeprägten Binnenlage bilden sich in diesen abflußlosen Hochbecken unwirtliche Trockengebiete, die zudem noch sehr starken Temperaturschwankungen ausgesetzt sind. Sandige Wüsten gehen über in weite Salztonebenen ('Takyre'); versalzende Endseen wechseln mit am Gebirgsfuß anschließenden großen Schutthalden.

Die wichtigsten zentralasiatischen Becken mit chinesischem Gebietsanteil sind – von West nach Ost – das Tarimbecken mit der Turpansenke, die Dsungarei und – etwas südöstlicher – das Quaidambecken.

Beim Tarimbecken handelt es sich um ein auf drei Seiten von Gebirgen umschlossenes, nach Osten abdachendes Senkungsfeld in einer mittleren Höhenlage von 700 bis 1 400 m und mit einer Fläche von etwa 500 000 km². Ausgehend vom Pamirknoten im Westen, erstreckt es sich im Herzen von Turkestan über 1500 km in West-Ost- und 650 km in Nord-Süd-Richtung. Vom wesentlich höher gelegenen Tibet trennt die Gebirgsmauer des Kunlun- bzw Altunshan. Im Norden bildet der Tianshan die Grenze zur Turpansenke und Dsungarei bzw. nach Kasachstan. Der Übergang nach Osten zur Wüste Gobi und zum Mongolischen Becken wird vom Beishan versperrt.

Im Tarimbecken kann man besonders deutlich die typische Sukzession unterschiedlicher naturräumlicher Einheiten in abflußlosen Binnenlandschaften beobachten. Von der gletscherbedeckten randlichen Gipfelflur fällt das Gelände über hangschuttverhüllte Bergflanken steil zu schotterbefrachteten Gebirgsfußflächen ab. Auf die anschließende Lößanwehungszone mit Oasengürtel folgt rasch eine karge Sandwüste, die bis zur Beckenmitte in die Takyrlandschaft der Salztonebenen und vereinzelte mobile Endseen übergeht. Die von der Gebirgsumrahmung in die Senke

Naturraum

entwässernden Zubringer vereinigen sich im Tarimhe, einem Fremdlingsfluß, der in großem Bogen die unwirtliche Takla-Makan-Wüste im Beckenzentrum umfaßt, um dann mit einem erst in den 30er Jahren reaktivierten Unterlauf im alten Endsee Lop Nur aufzugehen.

Zwischen den Ausläufer des Tianshan eingebettet liegt die bis 154 m unter den Meeresspiegel abgesunkene, nordöstlich an das Tarimbecken anschließende Turpan-Depression (Turpan Pendi).

Das Dsungarische Becken (Junggar Pendi) breitet sich in Form eines gleichschenkligen Dreiecks auf einer Höhe von 200 bis 750 m ü.d.M. aus. Im Westen und im Osten öffnen sich Durchlässe in der aufgefächerten Gebirgsumrahmung. Im Norden bilden Tarbagatai und Altajgebirge den Übergang zum waldreicheren Nordasien bzw. zum Mongolischen Becken; im Süden trennt der Tianshan die Dsungarei vom Tarimbecken und der Turpansenke. Auch hier wird das leicht nach Westen einfallende Beckeninnere von einer Sandwüste eingenommen; der nördliche Teil der Ebene besteht aus ausgedehnten Salzsümpfen.

Den Gebirgsfuß des Tianshan begleitet eine charakteristische Oasenzone mit teilweise intensiv bewirtschafteten Bewässerungskulturen.

Eine Zwischenstellung zwischen dem Hochland von Tibet und den tiefer gelegenen Absenkungsbecken um den Tianshan nimmt das von Nanshan und Kunlunshan umgürtete Quaidambecken ein. Der sich über etwa 120 000 km² ausdehnende Beckenboden liegt auf durchschnittlich 2700 m Meereshöhe und besteht im Westteil aus einer ausgeprägten Sandwüste, während der Osten von einem nur bei Frost passierbaren Salzsumpf eingenommen wird.

Intramontane Becken (Fortsetzung)

Das Mongolische Becken erstreckt sich über eine Breite von ca. 2000 km und greift weit über die Grenzen Chinas bzw. der Autonomen Region Innere Mongolei hinaus ins nördliche Nachbarland über. Das weite, relativ ebene Becken in einer mittleren Höhenlage von 1200 bis 1500 m wird im Westen durch Altaj und Beishan, im Süden vom Nanshan und der Gobi, im Osten vom Großen Chingan und im Norden von den südbaikalischen Bergen begrenzt. Der Gesamtkomplex ist gekennzeichnet durch halbtrockene Bedingungen und eine ausgeprägte Reliefkammerung in einzelne Teilbecken. Als gliedernde Trennstege fungieren die Gebirgsrücken von Sajangebirge, Changaj, Mongolischem Altaj und Gobi Altaj.

Mongolisches Becken

An den Stellen, an denen vereinzelt etwas ergiebigere Niederschläge fallen, entwickelt sich eine spärliche Waldvegetation. An den Leehängen und in den Beckenkernen findet sich eine Halbwüsten- bzw. Wüstenlandschaft.

Die winterkalten, nördlichen Steppen- und Bergländer ermöglichen eine traditionell nomadisch betriebene Wanderweidewirtschaft; die südlich anschließende öde Trockenzone der Gobi (Shamo) ist von lebensfeindlichen Bedingungen geprägt.

Gewässer

Wie bereits bei den Großlandschaften, so fällt auch bei der Hydrographie die Zweiteilung Chinas auf: Vom trocken-kalten zentralen Hochlandsblock mit unregelmäßiger Binnenentwässerung im Westen strahlen zentrifugal mächtige Flußsysteme in die Bergländer und Tiefebenen Ostasiens aus.

Die bescheidenen Niederschlagsmengen auf den Hochplateaus Zentralasiens führen in Verbindung mit der anhaltenden Schneedecke zu wenig ergiebigen Abflußmengen.

Typische Erscheinungen dieses Abflußsystems sind Fremdlingsflüsse, in endlosen Wüsten versickernde, kurze Schmelzwasserabflüsse sowie versalzende flache Endseen mit erheblichen Spiegelschwankungen. Berühmt für seine 'Wanderungen' ist der – bei einer Fläche von bis zu 7000 km² – nur maximal 2 m tiefe Lop Nur im Tarimbecken.

Wegen der unregelmäßigen Abflußspende bzw. der starken Wasserstandsschwankungen gestaltet sich eine intensivere Nutzung der zentral-

Naturraum

Gewässer (Fortsetzung)

asiatischen Gewässer – z. B. als Bewässerungsland – schwierig (Versalzung).

Das im Vergleich zu Innerasien wesentlich feuchtere, monsunal beeinflußte Ostasien wird dagegen geprägt durch mächtige Riesenströme, die in West-Ost-Richtung die Entwässerung der Außensäume des asiatischen Hochblocks zum Pazifik gewährleisten. Landschaftsprägend sind gewaltige Abflußschwankungen, die vom Wechsel kalter, trockener Winter mit feucht-heißen Sommern und ergiebigen Monsunniederschlägen herrühren. Das ohnehin schon erhebliche Hochwasserpotential wird durch den oft sprunghaften Wechsel der Wasserführung verstärkt, wie er als Folge des plötzlich einsetzenden Beginns der Regenzeit nach Eintreffen des Südost-Monsuns beim – manchmal von Taifunen begleiteten – jahreszeitlichen Kentern der Winde zu beobachten ist. Verstärkend wirken die topographischen Gegebenheiten der Flußoberläufe, nämlich der Wechsel von weiten Tieflandskammern mit stauenden Flußengen.

Das riesige ostasiatische Gebiet wird von drei Hauptflußsystemen beherrscht, die alle ungefähr in West-Ost-Richtung verlaufen und in die pazifischen Nebenmeere entwässern. Es sind dies von Nord nach Süd der Huanghe, der Changjiang und der Xijiang. Daneben existieren nur untergeordnete Nebenflüsse, jedoch kaum nennenswerte Nord-Süd-Verbindungen.

Huanghe/ Hwangho (Gelber Fluß)

Der Gelbe Fluß, der Hauptfluß Nordchinas, erhielt seinen Namen wegen des Reichtums an mitgeführten Schwebstoffen und der dadurch verursachten typischen Stromfärbung. Aus diesen enormen Mengen von sedimentiertem 'gelben' Schwemmlöß ist die Große Ebene aufgebaut.

Der Huanghe ist mit einer Gesamtlänge von mehr als 4800 km der siebtlängste Fluß der Erde. Das Einzugsgebiet umfaßt mit etwa 772 000 km^2 etwa die gleiche Fläche wie das Donausystem. Der Huanghe entspringt in den Ausläufern des Kunlunshan bzw. Nanshan und umfließt als Fremdlingsstrom ohne wesentliche Nebenflüsse das Ordos-Plateau. Bis zum

Flußlandschaft am Lijiang

Naturraum

Umlenken des Flußlaufs nach Osten in der Weihe-Furche durchsägt er mit großem Gefälle in engen Schluchten das nordchinesische Lößgebiet und nimmt dort über seine Zuflüsse aus den Provinzen Gansu, Shaanxi und Shanxi jedes Jahr die gigantische Menge von mehr als einer Milliarde Tonnen an Sedimentfracht auf, was ihm den Beinamen „schlammreichster Fluß der Erde" eingebracht hat. Der durchschnittliche Schwebstoffgehalt beträgt 34 jg/m^3, wobei 40% im Flußbett bzw. in den großen Ebenen und 60% im Gelben Meer abgelagert werden.

Huanghe/ Hwangho (Fortsetzung)

Der Einfluß des Klimas, speziell der jahreszeitliche Wechsel der Niederschläge, äußert sich in besonders gravierender Weise beim Huanghe. Während der Trockenzeit im Winter und Frühjahr entwickelt sich der Fluß zum 'Schöpfer und Mehrer der Ebene', während der Hochwasserperiode im Sommer macht er seinem Beinamen als 'Kummer Chinas' alle Ehre.

Der Huanghe verursachte in historischer Zeit immer wieder katastrophale Überschwemmungen und forderte Zehntausende von Todesopfern unter der Bevölkerung der dichtbesiedelten Ebene. Im Jahr 1887 ertranken bei einer Jahrhundertflut mehr als eine Million Menschen; über 22 000 km^2 der Großen Ebene wurden als Folge einer großen Ausbrechbewegung des Flusses in jenem Katastrophenjahr überflutet.

Typisch für die Unberechenbarkeit des Huanghe ist das Pendeln auf dem durch kontinuierliche Sinkstoffablagerung stetig aufwachsenden eigenen Schwemmkegel.

Für die letzten vier Jahrtausende sind trotz gewaltiger Wasserbaumaßnahmen etwa 430 Deichbrüche und mindestens 11 große Laufverlegungen dieses Dammuferflußes nachweisbar; die verschiedenen Gerinnebettspuren belegen einen maximalen Pendelausschlag der Mündung von 800 bis 1000 km!

Noch gewaltigere Ausmaße hat der über 6000 km lange Changjiang, der ein Fünftel Chinas entwässert. Der Ursprung liegt im tibetischen Hochland. Nach Durchbrechen des hinterindischen Gebirgsknotens verbindet der Fluß eine Reihe von Beckenlandschaften (Rotes Becken, Tangho-Becken, Becken von Wuhan und Anquing) über enge Durchbruchstäler, um schließlich in der mittelchinesischen Jiangsu-Ebene mit einem ausladenden Delta bei Shanghai ins Ostchinesische Meer zu münden.

Changjiang/ Jangtsekiang (Blauer Fluß)

Aufgrund des größeren Einzugsgebiets, ergiebigerer Niederschläge und bedeutender südlicher Nebenflüsse ist der mittlere Abfluß sehr viel höher als beim Huanghe. Die Wasserführung von 35 000 m^3/sec an der Mündung ist nach Amazonas und Kongo die drittgrößte der Welt!

Wegen der erosionshemmenden Vegetationsbedeckung im Einzugsgebiet und der hohen Schubkraft der Wassermassen ist der Schwebstoffanteil bzw. die Sedimentation des Changjiang relativ gering. Dieses Zurücktreten der Sedimentfracht gegenüber dem Gelben Fluß hat ihm den Beinamen "Blauer Fluß" eingetragen.

Am Changjiang kommt es immer wieder zu Überschwemmungen mit großen Verwüstungen. So waren 1998 224 Mio. Menschen vom Hochwasser betroffen.

Eines der eindrucksvollsten Beispiele für Laufverwilderung und unkontrolliertes Mäandrieren bei plötzlicher Verringerung der Fließgeschwindigkeit ist die Amphibienlandschaft im Tangho-Becken bei Wuhan, nachdem der Fluß die Stromschnellen und Schluchten des Wushan hinter sich gelassen hat.

Der Xijiang, das drittgrößte Stromsystem Chinas, entwässert ein Gebiet von 435 000 km^2. Die Lauflänge von 2130 km und das Einzugsgebiet sind zwar nur halb so groß wie beim Huanghe, wegen der reichlichen monsunalen Niederschläge des tropischen Südens ist die Wasserführung des Xijiang trotzdem wesentlich höher.

Xijiang (Westfluß)

Daß trotz des Wasserreichtums die Überschwemmungsgefahr geringer ist als bei den nördlichen Strömen, ist den gleichmäßigen tropischen Niederschlägen und der Reliefgestaltung zu verdanken. Das Gerinnebett wird vom durchflossenen südchinesischen Bergrost vorgegeben; die Wasser-

21

Naturraum

Xijiang (Fortsetzung)

massen werden entlang tektonisch angelegter Talfurchen zum Südchinesischen Meer gelenkt.

Die Unterschiede in der Flußcharakteristik haben weitgehende Konsequenzen auf die Kulturentwicklung. Der Schwerpunkt der Kulturleistung liegt im Norden auf dem gemeinschaftlichen Deichbau und dem Hochwasserschutz, während die schiffbaren südlichen Ströme als Schlagadern des chinesischen Wirtschaftslebens und wichtige Verkehrswege schon seit alters her eine ausgezeichnete Basis für Handel und Verkehr darstellten und wegen ihres Wasserreichtums hervorrragende Möglichkeiten zur Bewässerung und zum Reisanbau boten.

Seen

Von den mehr als 2000 größeren chinesischen Seen seien nur einige besonders nennenswerte Beispiele stellvertretend für die Vielzahl der in China vorkommenden Typen aufgeführt. Bereits erwähnt wurden die im zentralasiatischen Hochland vorherrschenden Salzseen der montanen Kältesteppen und der intramontanen Becken.
Beispiel für die flachen, immer wieder austrocknenden Endseen der abflußlosen Gebiete und deren variable ('wandernde') Uferlinie ist der Lop Nur im Tarimbecken. Aber auch im Quaidambecken (Quinghai Nur), im Tibetischen Hochland (Nam Co, Tangra-yum Co) sowie in der Dsungarei (Ebi Nur) finden sich verbreitet Salzseen bzw. unpassierbare Sümpfe.
Von enormer Bedeutung für den Wasserhaushalt Ostasiens sind die großflächigen Amphibienlandschaften der Tieflandskammern. Die Süßwasserseen dieser Flußverwilderungsareale dienen als natürliche Auffang- und Ausgleichsbecken und wirken regulierend auf die Wasserführung der Tieflandströme. Außerdem sind sie wertvolle Reservoire für eine intensive Bewässerungslandwirtschaft (Dongtinghu, Poyanghu, Daguanhu, Chaohu, Hongzehu, Taihu u. a.).

Wasserkraft

Weil die gewaltigen Wasserkraftressourcen der chinesischen Riesenströme sehr gut zur Gewinnung von Energie genutzt werden können und weil gleichzeitig ein Instrument zur Bändigung ihrer Zerstörungskraft gesucht wurde, sind in den letzten Jahrzehnten sehr viele Talsperren- und Deichbauten entstanden. Inzwischen sind weite Flußabschnitte von Huanghe und Huaihe zu Stauseen, Rückhalte- und Flutbecken umgestaltet. Am Changjiang bei Yichang entsteht zur Zeit der Sanxia-Staudamm, der größte Staudamm der Welt.

Küste

Chinas beinahe 20 000 km lange Küstenlinie zwischen Korea und Vietnam kann der naturräumlichen und kulturgeographischen Aufteilung in Nord- und Südchina entsprechend in zwei Abschnitte geteilt werden: die alluvial geprägte nordchinesische Flachküste und die stark gegliederte südchinesische Riasküste. Die Grenze zwischen beiden Abschnitten verläuft in der Bucht von Hangzhou, wo die Ausläufer von Quilingshan und Dabieshan ans Meer reichen.
Die nordchinesische Flachküste wird nur von den ins Meer ragenden Ausläufern der sinischen Gebirgshorste unterbrochen (Liadong- und Shandong-Halbinsel). Die restliche Küste besteht aus jungquartären Flußsedimenten. Die Schlamm- und Schlickmassen von Huanghe und Changjiang bauen ins Gelbe Meer hinein eine schlecht zugängliche mobile Flachwasserküste mit Verlandungstendenz und einem vorgelagerten, jährlich erheblich anwachsenden Strand auf. Dies hat die Konsequenz, daß alle bedeutenden Häfen Nordchinas entweder, wie Shanghai und Tientsin, an Flußmündungen etwas stromauf, oder wie Tsingtau, Weihai, Yantai und Dalian an den geschützteren Ingressionsbuchten der genannten Halbinseln liegen. Die völlig anders geartete südchinesische Steilküste ist wegen des bis ans Meer herantretenden sinischen Bergrosts ortsfest und stark gegliedert. Die zahlreichen Täler führen zu einer buchtenreichen, mit unzähligen vorgelagerten Inseln versehenen Riasküste. Diese Küstenform hat denn auch seit jeher die Anlage von Häfen bzw. die Seeschiffahrt sowie Handel und Fischerei begünstigt.

Klima

Allgemeines

Die verschiedenen Klimate Chinas sind alle durch den Monsun bestimmt, der sich infolge der großen nord-südlichen und west-östlichen Ausdehnung des riesigen Landes sowie der beträchtlichen Höhenunterschiede regional sehr unterschiedlich auswirkt.

Der für den Monsun typische jahreszeitliche Wechsel der vorherrschenden Windrichtung ist bedingt durch den thermischen Kontrast zwischen dem weiten asiatischen Kontinent und dem Pazifischen Ozean.

Im Winter wehen die Winde aus dem Kältehoch über Zentralasien und Sibirien (Zentrum zwischen dem Baikalsee und dem Oberlauf des Flusses Huanghe) heraus in Richtung Pazifik. Mit vorwiegend nördlicher Luftströmung transportieren sie trockene und kalte Luftmassen, die dem Land sonnige und kalte Witterung bescheren. Im äußersten Süden wirken sie sich nur noch abgeschwächt aus, so daß dieser zwar nicht ganz so tropisch warm, wohl aber frostfrei bleibt.

Im Sommer wehen mit überwiegend südlicher Luftströmung feuchte und warme Luftmassen vom Pazifik ins Landesinnere und bringen mit landeinwärts und nach Norden abnehmender Intensität Niederschläge. Hohe Lufttemperaturen und große Luftfeuchtigkeit führen dabei weithin zu schwer erträglicher Schwüle, zumal die nächtliche Abkühlung gering bleibt.

Der Wechsel von der winterlichen zur sommerlichen Witterung, also das Einsetzen der zyklonalen Monsunregen, vollzieht sich in der sog. Frontalzone, die in den Monaten Mai und Juni in Südchina beginnt und bis in den Juli nach Nordchina wandert. Während dieser Zeit lassen die Niederschläge in den südlichen Landesteilen etwas nach. Gegen Ende des Sommers verlagert sich die Frontalzone wieder nach Süden. Ab September/Oktober setzt sich dann wieder die trocken-kühle Winterwitterung durch.

Der Herbst ist auch die Zeit der tropischen Wirbelstürme, die in Ostasien Taifune (von chinesisch 'tai fung' = großer Wind) genannt werden. Sie entstehen nur in niederen Breiten über Meeren mit mindestens 26–27 °C warmem Wasser. Diese hohen Temperaturen sowie die Kondensationswärme beim Aufstieg feuchter Luft liefern die Energie zur Verstärkung des Sturmwirbels, der bis zu 12 km Höhe und ca. 700 km Durchmesser erreichen kann. In Südchina ist mit mehr als drei Taifunen pro Jahr zu rechnen. Diese Wirbelstürme treffen aus südöstlicher Richtung auf die südchinesische Küste und richten durch Sturm und Flutwellen sowie Starkregen (innerhalb weniger Stunden können 150–300 mm Niederschlag fallen) regelmäßig schwere Schäden an. Beim Übertritt aufs Land verlieren sie aber rasch an Kraft.

Die monsunalen Sommerniederschläge sind je geringer, desto weiter die jeweilige Region von der Küste entfernt und desto mehr diese durch Gebirge vom Meer getrennt ist, an denen sich die Luftfeuchtigkeit abregnet (Steigungsregen). Daraus ergibt sich die Zweiteilung Chinas in einen sommerfeuchten Osten und einen ganzjährig trockenen Westen.

Im trockenen westlichen Teil Chinas ist das kalte Hochlandklima Tibets vom nördlich anschließenden Steppen- und Wüstenklima Xinjiangs zu unterscheiden.

In der östlichen Hälfte des Landes steht das grüne China im Süden dem gelben, lößgeprägten China im Norden gegenüber. Im Sommer sind in diesen Gebieten die Temperaturen recht ähnlich. Aber im Winter ist der Norden deutlich kälter als der Süden. Die Grenze verläuft vom Qinling-Gebirge (südlich von Xi'an) nach Osten (nördlich der Mündung des Changjiang). Südlich dieser Linie herrscht subtropisches Klima mit Reis als Hauptanbaufrucht, nördlich davon wachsen nur noch die Pflanzen der gemäßigten Klimazone.

Seitenspalte: Monsunklima · Taifune · Klimatische Zweiteilung · Westen · Osten

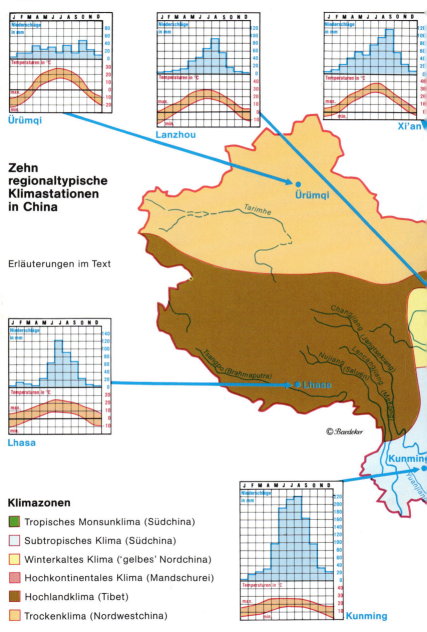

Klima

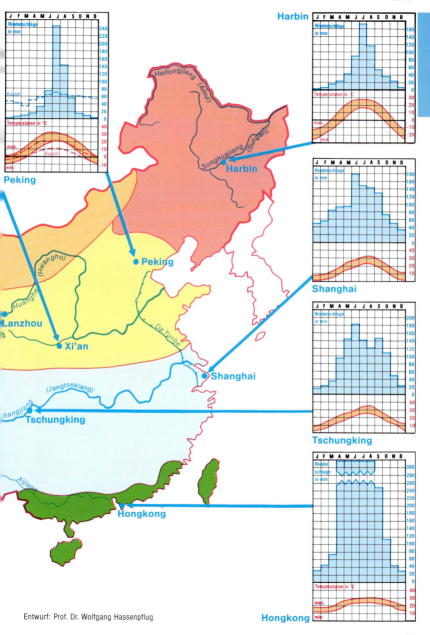

Entwurf: Prof. Dr. Wolfgang Hassenpflug

Klima

Klimadiagramme (Darstellung s. S. 24/25)

Temperaturen und Niederschläge

Die Besonderheiten der Klimate in den einzelnen Teilräumen Chinas werden anhand von Klimadiagrammen erläutert, aus denen der Jahresgang der Temperaturen und der Niederschläge ersichtlich ist; die Buchstaben bezeichnen die einzelnen Monate (von links nach rechts: J = Januar bis D = Dezember).
Die Temperaturen sind als orangerotes Band dargestellt. Die obere Grenze entspricht der durchschnittlichen höchsten Tagestemperatur, die untere der durchschnittlichen niedrigsten Nachttemperatur. Die jeweiligen Temperaturwerte sind an den roten randlichen Skalen abzulesen. Die Breite des Bandes ist ein Maß der täglichen Temperaturschwankungen, seine Wölbung weist die jährlichen Temperaturschwankungen aus.
Die blauen Säulen zeigen die durchschnittlichen Niederschlagsmengen (in mm) pro Monat entsprechend der blauen Randskala.

Vergleichswerte

In das Klimadiagramm von Peking sind zusätzlich die Temperatur- und Niederschlagskurven für Kassel gestrichelt eingefügt. Im Vergleich mit den aus der Mitte Deutschlands gewohnten Klimaverhältnissen werden so die in den Teilräumen Chinas herrschenden deutlicher.

Praktische Hinweise

Die dargestellten Diagramme können das Klima der jeweiligen Teilräume nur grob skizzieren, da die klimatischen Bedingungen naturgemäß auch innerhalb der Regionen variieren und die vor Ort angetroffene Witterung zudem von Jahr zu Jahr verschieden sein kann. Die Abweichungen von den Jahresmittelwerten sind dabei je unwahrscheinlicher und seltener, desto größer sie ausfallen.

Zur Einschätzung im Einzelfall erweisen sich folgende grundsätzliche Regelhinweise als hilfreich:
- Mit steigender Höhe nimmt die Temperatur ab.
- Auf der vom Wind abgekehrten Seite (Lee) von Gebirgen sind die Niederschläge geringer als auf der dem Wind zugekehrten (Luv).
- Temperaturen, Niederschläge und Luftfeuchtigkeit gehen im allgemeinen von Südosten nach Nordwesten zurück.
- In Trockengebieten sind die täglichen und die jährlichen Temperaturschwankungen größer als in feuchteren Zonen.

Begleiterscheinungen

Lichtverhältnisse

Die Beleuchtungsjahreszeiten hängen von Breitenlage und Jahreszeit ab. Der äußerste Norden der Mandschurei liegt auf gleicher Breite wie Süddeutschland, Hongkong jedoch bereits in den Tropen (südlich des nördlichen Wendekreises, jenes des Krebses).
Je weiter nach Süden, desto kürzer sind – im Vergleich zu Deutschland – im Sommer die Tage und im Winter die Nächte; für die Wintermonate gilt das umgekehrte Verhältnis. In den Tropen haben Tage und Nächte praktisch das Jahr über gleiche Länge.

Ratschlag

Südliche Lage geht mit hohem Sonnenstand und damit intensiver Einstrahlung einher. Wo sich südliche Lage mit großer Höhe über dem Meer verbindet (etwa in Tibet), ist Sonnenschutz besonders angeraten!

Bedrohliche Luftverschmutzung

Viele chinesische Städte leiden unter beträchtlicher Luftverschmutzung. Nach einer weltweiten Vergleichsstudie der Weltgesundheitsorganisation (WHO) soll Peking die zweitschlechtesten Werte aufweisen. In anderen Ballungsräumen Chinas sieht es aber nicht besser aus. Die Hauptursache ist, insbesondere im Norden des Landes, die ineffiziente Verbrennung von Kohle, dem Hauptenergieträger des Staates. Rauch- und Abgaswolken können bei Inversionswetterlagen so dicht werden, daß die Stadt darunter auf Satellitenbildern nicht mehr erkennbar ist (so beobachtet für Lanzhou).

Klima

Tropisches Südchina

Klimastation Hongkong (33 m ü. d. M.)

Entlang der südchinesischen Küste hat ein 100 km breiter Landstreifen ebenso wie die Insel Taiwan fast tropisches Monsunklima, da er am weitesten von den Kaltluftvorstößen aus Innerasien entfernt und dem warmen Ozean benachbart ist.

Tropisches Monsunklima

Von Dezember bis März liegt die mittlere Monatstemperatur unter 18°C, einem üblichen Grenzwert der Tropen, so daß dieses Klima zu jener Zeit für Europäer angenehmer ist als das der eigentlichen Tropen. Wirksamer Frost tritt dabei mit Sicherheit in Küstennähe nicht auf; das absolute Temperaturminimum wurde in Hongkong schon einmal im Januar mit 0,0°C, in Kanton im Dezember mit –0,3°C gemessen.
Die Wintermonate sind zugleich die trockenste Jahreszeit. Im November und im Dezember gibt es im Durchschnitt zwei bis drei Regentage pro Monat und auch zuweilen Jahre mit gänzlich niederschlagsfreien Monaten.
Ab Februar nimmt die Bewölkung zu (145 Sonnenstunden im Januar, 98 im Februar und 95 im März). Ab April steigen Niederschlagsmenge und Zahl der Regentage rasch an (292 mm an acht Tagen). Dies ist nichts anderes als der mit Starkregen und Gewittern einsetzende Sommermonsun. Im Mai fallen schon fast 400 mm Niederschlag an 13 Regentagen (= etwa die Hälfte eines mitteleuropäischen Jahresniederschlages). Gemessene Extremwerte sind 521 mm innerhalb von 24 Stunden oder 1240 mm im ganzen Monat. Im Mai 1992 fielen bei einem klimatischen Jahrhundertereignis innerhalb einer Stunde gar 110 mm Niederschlag. Der Juni hat bei etwas geringerer Niederschlagsmenge mit 18 die höchste Zahl an Regentagen, und der Juli bringt die größten Niederschlagsmengen (394 mm), zugleich aber viel Sonnenschein (210 Stunden). Die täglichen Temperaturschwankungen sind gering (vgl. das schmale Temperaturband im Diagramm). Die täglichen Höchsttemperaturen liegen um 30°C, die relative Luftfeuchtigkeit ist groß.
Während die Temperaturen im Herbst nur langsam fallen, gehen die Niederschläge beträchtlich zurück. Im Oktober wird das Maximum an Sonnenscheindauer erreicht (217 Stunden), und die Zahl der Niederschlagstage sinkt auf sechs.

Temperaturen und Niederschläge

Subtropisches Südchina

Klimastationen Shanghai (5 m ü. d. M.),
Tschungking (261 m ü. d. M.) **und Kunming** (1893 m ü. d. M.)

Die Grenze der subtropischen Klimazone Südchinas zum 'gelben' Nordchina verläuft etwa 100–200 km nördlich des Changjiang. Im Vergleich zum tropischen Südchina ist hier der winterliche Einfluß innerasiatischer Kaltluftmassen deutlicher.

Subtropisches Klima

Die Winter sind mild, die Temperaturen liegen jedoch unter denen des tropischen Gebietes. Am Unterlauf des Changjiang bleiben die Temperaturminima im Januar knapp über dem Gefrierpunkt. Von November bis Ende März kann bisweilen Frost auftreten, jedoch nicht mehr als –10°C. Dafür zeigen sich die Sommer heiß. Die Temperaturen sind höher als an der Südküste. Wuhan gilt sogar neben Nanking und Tschungking als einer der 'Brutöfen' Chinas. Von Juni bis Juli/August übersteigen die Temperaturmaxima die 30°C-Marke deutlich; im Juli und August ist sogar schon hin und wieder die 40°C-Marke erreicht worden. Dabei wird in Shanghai von Juni bis September die mittlere relative Luftfeuchtigkeit von 80% überschritten, in Nanking ist dies nur im Juli der Fall; entfernt von der Küste bleibt sie eher unter diesem Wert.

Temperaturen und Luftfeuchtigkeit

27

Klima

Subtropisches Südchina (Fortsetzung), Becken von Szetschuan

Das Becken von Szetschuan (Klimastation Tschungking) hat gegenüber den Tiefländern am Unterlauf des Changjiang eine klimatische Sonderstellung. Die durchschnittliche Jahrestemperatur liegt bei 18,6°C, d. h. 3,3°C über jener von Shanghai.

Die hohen Ketten des Mingshan- und Qinling-Gebirges halten im Winter die zentralasiatischen Kaltluftmassen ab. So bleiben die winterlichen Temperaturminima 5–6°C über denen am Unterlauf des Changjiang. Frost ist selten (tiefster gemessener Wert: −2,5°C im Februar). Monatelang liegt das Becken von Szetschuan unter einer geschlossenen Wolkendecke; die Luft ist stickig und schwül. Von November bis Februar gibt es nur 47, 54, 48 bzw. 56 monatliche Sonnenscheinstunden; das entspricht lediglich einem Drittel der am Unterlauf des Changjiang gemessenen Werte.

Im Sommer staut sich im Szetschuan-Becken die Hitze. Von Juni bis August liegen die täglichen Höchstwerte der Temperatur 2–3°C über jenen von Shanghai. Die angenehmste Reisezeit bietet sich so im Frühjahr und im Herbst.

Die Vegetationsdauer erreicht in den begünstigsten Beckenlagen unter 700 m ü. d. M. etwa elf Monate und erlaubt zwei Ernten.

Südwestchina

Aufgrund seiner Höhenlage (um 2000 m ü. d. M.) hat Südwestchina (Klimastation Kunming) ein angenehmes, nie schwüles und heißes Klima. Kunming wird auch als die 'Stadt des ewigen Frühlings' apostrophiert. Der Sommer erscheint wie ein verlängerter Frühling. Die Regenzeit dauert von Mai bis Oktober und ist anfangs oft gewitterreich.

Der Winter zeigt sich wie ein verlängerter Herbst: sonnig und mild. Es gibt in China keinen so milden, weil südlich gelegenen Ort, der im Winter so viel Sonnenschein hat wie Kunming (Dezember bis April 203, 252, 234, 244 bzw. 238 Stunden; zum Vergleich Peking: 192, 206, 197, 237 bzw. 239 Stunden).

Gelbes Nordchina

Klimastationen Peking (52 m ü. d. M), **Xi'an** (412 m ü. d. M.) **und Lanzhou** (1508 m ü. d. M.)

Winterkaltes Klima

Mit dem 'gelben' Nordchina ist das vom Löß geprägte Berg- und Tiefland im Zuge des Huanghe-Stromes gemeint. Es gibt keinen größeren klimatischen und landschaftlichen Kontrast als den zwischen dem subtropischen Becken von Szetschuan mit rötlichen Böden sowie üppigem Grün und – nur getrennt durch das Qinling-Gebirge – dem gelben, lößstaubtrockenen und winterkalten Nordchina. Seine Klimate sind je nach geographischer Breite, Entfernung von der Küste und Höhenlage über dem Meer unterschiedlich trocken und winterkalt. An der Grenze vom subtropischen Raum zu Nordchina geht die durchschnittliche Jahresniederschlagsmenge auf unter 1000 mm zurück; an der nordwestlichen Grenze Nordchinas sinken die Werte dann unter 250 mm. In Peking fallen im Jahresdurchschnitt 619 mm, in Xi'an 578 mm, in Lanzhou 338 mm Niederschlag. Die frostfreie Periode sinkt auf jährlich unter 250 Tage.

Peking

Peking, das hier für das Klima am Unterlauf des Huanghe steht, hat eine jährliche Temperaturschwankung von fast 30°C und tägliche Temperaturschwankungen zwischen Tag und Nacht von fast 10°C.

Von Dezember bis Februar liegt das Monatsmittel der Nachttemperaturen unter dem Gefrierpunkt; Fröste treten aber schon im Oktober und noch im April auf. Schon im November bedecken sich die Flüsse und die Ufer des Gelben Meeres für drei bis vier Monate mit Eis. Die winterlichen Niederschläge sind minimal, und die relative Luftfeuchtigkeit liegt um 50 % bzw. leicht darunter. Von November bis März fallen ganze 31 mm des Jahresniederschlages. Eisige Staubstürme aus Innerasien fegen über das Land und verwehen auch den wenigen Schnee. Sie lagern noch heute den Staub so ab, wie dies auch in der geologischen Vergangenheit bei der Lößbildung geschehen ist.

Klima

Im Sommer können umgekehrt beim Vorstoß feucht-heißer Monsunluftmassen aus dem Süden die Temperaturen auf 40 °C ansteigen und die Schwüle unangenehm werden (relative Luftfeuchtigkeit über 70 %). Vom Juni auf den Juli steigen die Niederschlagsmengen abrupt und drastisch an; im Juli und August fallen 384 mm an 24 der 66 Regentage des ganzen Jahres.

Peking (Fortsetzung)

Im Lößbergland (Klimastation Lanzhou) fallen durchweg nur 250–500 mm Niederschlag, hauptsächlich von Juni bis September. Da die Schwankungen von Jahr zu Jahr groß sind, kommt es immer wieder zu mehrjährigen Dürreperioden und infolgedessen zu gravierenden Ernteeinbußen.
Aufgrund der Höhenlage (Lanzhou auf ca. 1500 m ü. d. M.) sind die Wintermonate eisig; im Sommer ist das Wetter dagegen im Vergleich zum heißschwülen Tieflandsklima durchaus angenehm.

Lößbergland

Wer im Herbst, Winter oder Frühjahr aus dem tropischen bzw. subtropischen Südchina nach Norden fährt, sollte sich auf die gänzlich unterschiedlichen klimatischen Verhältnisse einstellen.

Hinweis

Mandschurei

Klimastation Harbin (143 m ü. d. M.)

Das Klima der Mandschurei ist hochkontinental. Die Jahresschwankungen der Temperatur liegen über 40 °C; hierzu trägt die Gebirgsabschirmung der Mandschurei gegen den Pazifischen Ozean wesentlich bei.
Die Winter sind trocken und kalt. Die Kälte nimmt nach Norden stark zu. Hat Peking einen Januar-Mittelwert von −4,7 °C, so liegt er in der südlichen Mandschurei bei −9 °C, in Harbin bereits bei −20,1 °C und fällt weiter nördlich gar auf −30 °C. Am Amur, an Chinas Nordgrenze, gibt es Dauerfrostboden. Die Flüsse sind im Süden drei und im Norden vier Monate lang zugefroren. Der Hochwinter bleibt fast niederschlagsfrei, nachdem sich im Oktober/November eine dünne Schneedecke gebildet hat.
Nach kurzem Frühling beginnt ein subtropisch heißer Sommer mit meist großer Luftfeuchtigkeit. Etwa vier Fünftel der gesamten Jahresniederschläge fallen in den Monaten zwischen Mai und September; der niederschlagsreichste Monat weist mehr als das Zehnfache des niederschlagsärmsten Monats auf. Die Niederschlagsmenge nimmt nach Norden hin ab.
Die Temperaturverhältnisse sind im gesamten mandschurischen Becken recht ausgeglichen. Die mittleren Maximaltemperaturen erreichen von Juni bis September 26–30 °C; das Temperaturmittel liegt bei 20–25 °C.

Hochkontinentales Klima

Tibet

Klimastation Lhasa (3685 m ü. d. M.)

Die klimatischen Besonderheiten Tibets ergeben sich aus der beträchtlichen Höhenlage und allseitigen Abschirmung durch sehr hohe Randgebirge. Zu unterscheiden ist das Hochland mit einer mittleren Höhe von 4000 m ü. d. M. von den Randgebirgen, die dieses um weitere 3000 bis 4000 m überragen; die Gebirgsketten Innertibets haben zum Hochland eine Höhendifferenz von 500–2000 m.
Auch das Klima Tibets ist von der jahreszeitlich wechselnden Monsunzirkulation geprägt, die im Winter eisige Kälte bedeutet und im Sommer jenen Teil der Monsunregen von Süden ins Land bringt, der nicht als Steigungsregen an der Luvseite des Himalaya bzw. als Schnee in dessen Gipfellagen ausgefällt worden ist.
Das Hochlandklima ist durch starke Temperaturschwankungen zwischen Tag und Nacht sowie zwischen Sommer und Winter gekennzeichnet. Bewölkung, Niederschlag und Luftfeuchtigkeit sind wegen der allseitigen

Hochlandklima

Klima

Tibet, Hochlandklima (Fortsetzung)

Leelage gering. Deshalb und wegen der dünnen Luft ist die Sonneneinstrahlung höchst intensiv (Sonnenschutz dringend angeraten!).
Stürmische Winde, die häufig über Mittag aufzutreten pflegen, hängen mit Höhenlage und Einstrahlung zusammen. Im Jahresablauf kommt es insbesondere im Herbst und Winter zu schweren kalten Stürmen.

Lhasa

Am Beispiel der Klimastation Lhasa werden lediglich die klimatisch begünstigten Teile Tibets dargestellt. Die Klimagunst Lhasas – immerhin auf 3685 m ü. d. M. – wird aus dem Vergleich mit den Klimadaten von Kassel (s. im Klimadiagramm von Peking) deutlich: Im Monat Juni schwanken die durchschnittlichen Tagestemperaturen in Lhasa zwischen 9,4 °C und 23,3 °C (in Kassel zwischen 12,8 °C und 23,3 °C). Schon gegen Ende Februar weicht der Winter aus Lhasa, und die Pfirsichblüte zeigt sich hier im April früher als am Unterlauf des Changjiang.
Die 410 mm Jahresniederschlag, von denen 211 mm allein im Juli und August niedergehen, reichen für den Ackerbau nur bei zusätzlicher Bewässerung. Der Anbau von Gerste und sogar Sommerweizen ist in Südtibet fast bis 4000 m ü. d. M. möglich.

Nordwestchina

Klimastation Ürümqi (913 m ü. d. M.)

Trockenklima

Der Nordwesten Chinas besteht aus riesigen winterkalten, wüsten- und steppenhaften Beckenlandschaften (Tarimbecken, Dsungarei, mongolisches Becken) sowie umrahmenden, oft schneebedeckten Gebirgszügen. Es gibt eine höhenbedingte regelmäßige Abfolge von den Wüsten in den tiefgelegenen Beckenzentren über eine Steppen- und Waldzone bis hinauf zum ewigen Eis in der Höhe.
Mit zunehmender Höhenlage über dem Meer nimmt die Temperatur ab, Niederschläge und Luftfeuchtigkeit nehmen hingegen zu; bei 1000 m Höhenunterschied ist mit ca. 6 °C Temperaturdifferenz zu rechnen. Ab etwa 2000 m ü. d. M. wird Waldwuchs möglich, und ab ca. 3700 m ü. d. M. sind Gletscher ausgebildet. Die Schneegrenzwerte schwanken im einzelnen erheblich: z. B. 3000 m ü. d. M. im westlichen Tianshan, 5600 m ü. d. M. im Pamir.
Die Schmelzwässer der Gletscher versorgen die Oasen, welche Stationen der historischen Seidenstraße sind, und werden auch von neueren chinesischen Bewässerungsprojekten genutzt. Die Landwirtschaft der Provinz Xinjiang basiert demnach nicht auf Regen, sondern auf Bewässerung durch Schmelzwasser. Je heißer die Sonne scheint, desto mehr Schnee schmilzt. Daher rührt der Stoßseufzer der dortigen Bauern: "Hoffentlich regnet es nicht [dann bremsen die Wolken die Sonneneinstrahlung], sonst leiden wir unter Trockenheit!"

Xinjiang

Die Klimastation Ürümqi (Hauptstadt von Xinjiang) liegt am nördlichen Gebirgsrand des Tienshan. Die Niederschläge verteilen sich über das ganze Jahr; im mehrjährigen Mittel fallen 273 mm mit einem Maximum im Herbst. Die täglichen und die jährlichen Temperaturschwankungen sind groß. Im Winter wird es bitterkalt. Von November bis März liegen die täglichen Höchstwerte unter dem Gefrierpunkt; Sand- und Schneestürme fegen dann über das Land.
Im Sommer ist es heiß und trocken. Die relative Luftfeuchtigkeit sinkt zwischen Mai und September unter 50 %.

Dsungarei

Von den Gebirgen in die Becken hinein wird das Klima noch heißer und trockener. Die nördlich von Ürümqi gelegene Dsungarei hat im Westen ein winterkaltes Steppenklima, im Osten – in die Wüste Gobi übergehend – ein ausgesprochenes Wüstenklima. In dem südlich von Ürümqi gelegenen Tarimbecken herrscht ebenfalls Wüstenklima (Takla-Makan). In der Turpansenke südlich vom Tienshan wird mit −154 m einer der tiefsten Punkte der festen Erdoberfläche erreicht. Es ist dieses das heißeste Gebiet Chinas überhaupt mit Temperaturen bis zu 47°C im Sommer und gelegentlichem Frost im Winter. Die extreme Lufttrockenheit hat hier u. a. zu Leichenmumifizierungen geführt (Gräberfeld von Astana).

Klima, Dsungarei (Fortsetzung)

Pflanzen und Tiere

Infolge der unterschiedlichen geologischen Formationen und der einzelnen Wassereinzugsgebiete haben sich Zonen mit ganz eigenen Klimaverhältnissen sowie reicher Flora und Fauna herausgebildet: im Nordosten Wälder, im Norden und Nordwesten Steppen, in Tibet Hochebenen und Gletscher und schließlich im Südosten tropische und subtropische Gebiete.
Außergewöhnlich ist die enorme Vielfalt von Flora und Fauna in China; fast alle Pflanzen- und Blumenarten der Welt finden sich hier.

Allgemeines

China besitzt auch heute noch entsprechend den klimatischen Verhältnissen alle wichtigen Waldarten der Erde, von Kiefernwäldern im Norden, über Laubwälder bis zu tropischen Regenwäldern im Süden. Es sind 2800 Baumarten nachgewiesen, von denen viele von wirtschaftlicher Bedeutung sind, wie die Tung-Ölbäume, Zedern, Gummi- und Kakaobäume. Die Wälder nehmen etwa 13% der Landesfläche ein.
Im Nordosten dehnen sich Nadelwälder (Lärchen, Fichten, Kiefern) und Laubwälder (Ahorn, Birken, Linden, Eschen) aus. Hier sind Elche, Rentiere, Sibirische Tiger und Amurleoparden heimisch.
In diesem Gebiet wächst auch eine kleine Pflanze mit roten Beeren namens Ginseng (renshen), deren Wurzel wegen ihrer stärkenden Wirkung berühmt und sehr begehrt ist. Die auch als 'Elixier der Jugend' bezeichnete Pflanze empfiehlt sich als Kräftigungsmittel, wird aber auch als Medikament gegen Atembeschwerden und Hyperglykämie (vermehrter Blutzuckergehalt) verwendet.
In der Provinz Shandong gibt es Eichenwälder. Weiter südlich, entlang dem unteren und mittleren Changjiang und in Szetschuan erstrecken sich die subtropischen immergrünen Wälder.
In den tropischen Regenwäldern, die sich in Yunnan und Guangdong ausbreiten, gibt es Bananen, Litschi, Longyan, Mango, Kaffee und Zuckerrohr. Hier treten die meisten Tierarten auf: zahlreiche Vogelarten, Affen, Spitzhörnchen, Tiger, Elefanten, Muntyaks (Hirschart), Tibetkatzen und Leoparden.

Wälder

Steppen erstrecken sich in der nordöstlichen Ebene und im östlichen Teil der Inneren Mongolei. Hier leben zahlreiche Wild- und Raubtierarten (Kamele, Fasane, Hasen, Adler, Mauswiesel, Füchse, Bären, Luchse, Hirsche, Steinböcke und Wölfe).
Die Provinzen Xinjiang, Gansu und das Quaidambecken/Prov. Qinghai gehören zu den Wüstenregionen mit Sand- und Steinwüsten, wo Kleinsträucher wachsen. In dem 5000 m hoch gelegenen Wüstengebiet im Nordwesten Tibets können sich ebenfalls nur niedrige Sträucher und Büsche halten.

Steppen und Wüsten

Im Nordwesten Chinas steigt das Westchinesische Hochland bis auf mehr als 5000 m an; hier findet man noch niedrige Kriech- und Kletterpflanzen.
In Tibet, der höchstgelegenen Region der Welt, herrscht das rauheste Klima von China mit großen, jahreszeitlich bedingten Temperaturschwankungen. Hochgebirgsvegetation prägt das Tibetische Hochplateau bis in die Provinzen Yunnan und Szetschuan. Diese Landschaft ist der Lebensraum des Yak, einer Rinderart mit mähnigem Fell. Er dient als Zug- und Schlachttier sowie als Woll- und Milchlieferant.
In der Himalaya-Region leben Hochgebirgstiere wie Kiang-Halbesel, Wildyak, Orongo-Antilope und Maushase. In den Gebirgen Zentralchinas gibt

Gebirge

Pflanzen und Tiere

Gebirge (Fortsetzung)

es noch typische chinesische Tierarten wie Bambus-, Kragen- und Katzenbär, Serau (Waldgemse), Takin (Gnuziege), Stumpfnasenaffe sowie Nebelparder.

Vögel

Mit 1160 Arten weist China weltweit die größte Anzahl von Vogelarten auf. Unter diesen Arten fällt die große Menge der fasanenartigen und Hühnervögel auf, wovon die bekanntesten die Jagdfasane sind. Zu den wichtigsten vorkommenden Hühnerarten gehören verschiedene Rebhühner, Rauhfußhuhn, Königs-, Stein- und Frankolinhuhn, ferner Groß- und Zwergtrappe sowie Haselhuhn. Bambushühner und Zwergwachteln sind als Käfigvögel beliebt.
Zu erwähnen ist auch die enorme Artenvielfalt der Wasservögel; bekannt ist die farbenfrohe Mandarinente. Die vorkommenden Kranicharten sind fast alle geschützt.
Vor einiger Zeit wurde in Südchina ein 1 cm großer Vogel entdeckt, der wohl der kleinste Vogel der Erde ist und bei den Chinesen Sonnenvogel heißt.

Seltene Tierarten

Eine seltene Tierart in China ist der im Changjiang lebende China-Flußdelphin, der zu den Süßwasserdelphinen gehört, die nur noch in wenigen Flüssen auf der Erde vorkommen. Auch der unter Naturschutz stehende China-Alligator, der eine Länge von 2 m erreicht, ist im Changjiang zu finden. Ebenfalls unter Schutz steht der vom Aussterben bedrohte Große Panda (→ Baedeker Special S. 34). Nur in China kommt der seltene Weißlippenhirsch vor, der auf dem Tibetischen Hochplateau in Höhenlagen von 3000 bis 4000 m Höhe in eigenen Reservaten lebt.

Bambus

Von den 520 Bambusarten, die auf der Welt existieren, gibt es im tropischen und subtropischen Süden 300. Die Bambuswälder, deren Bestand

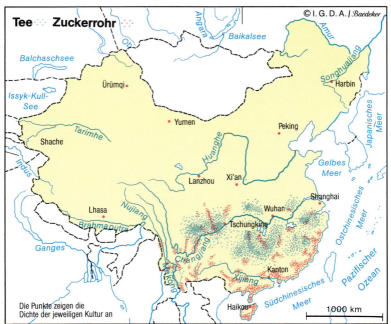

Pflanzen und Tiere

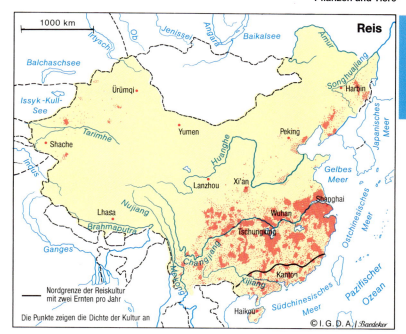

in der letzten Zeit zurückgegangen ist, nehmen insgesamt 2% der Waldfläche ein. Wegen seiner Verbreitung – fast bis zur Schneegrenze – ist der Bambus von großer Bedeutung, vor allem als hervorragende Nutzpflanze. Die Pflanze, Wahrzeichen dieses Teils von China und beliebtes Sujet der chinesischen Malerei, dient als Baumaterial für Schiffe, Häuser, Möbel und Musikinstrumente. Auch in der Küche finden seine Sprossen, Samen und sein Mark Verwendung. Von Bambus ernährt sich auch der Große Panda (→ *Baedeker Special* S. 34).

Bambus (Fortsetzung)

Einige Pflanzen sind wegen ihres Symbolwertes und ihrer Rolle in der chinesischen Kultur, Wirtschaft und Tradition von Bedeutung. Darunter z. B. die Lotosblume, die im Buddhismus Geburt, Leben, Fruchtbarkeit, Gerechtigkeit und Nirwana versinnbildlicht. Sie ist eßbar, außerdem werden aus ihr Medikamente und Kosmetika gewonnen.
Von besonderer Bedeutung ist zudem der im Altertum überall gezüchtete Pfirsich, der als Symbol des Daoismus gilt, und die Pfingstrose, die Lieblingsblume der Chinesen, die in der erotischen Literatur und Kunst des Altertums mit der Frau assoziiert wird.

Traditionsreiche Pflanzen

Von großer Wichtigkeit für China ist überdies der berühmte Teestrauch, aus dessen getrockneten Blättern das Nationalgetränk des ganzen Fernen Ostens zubereitet wird. Die Teesträucher wachsen bis in 2000 m Höhe in den tropischen Regionen des Südens und Südostens in feuchten, nebligen Klimata.

Tee

Der Reis, der von herausragender Bedeutung für China ist, wurde bereits im 3. Jh. v. Chr. angebaut und nimmt heute den überwiegenden Teil der Ebenen des 'Inneren China' ein. Dank des feuchtwarmen Klimas und Wasserreichtums kann er sogar bis zu drei Mal im Jahr geerntet werden. Doch selbst in hügeligen und gebirgigen Gebieten gedeiht diese Getreidepflanze auf terrassenförmigen Feldern.

Reis

Baedeker Special

Großer Panda

'Da Xiong Mao' (= 'Große Bärenkatze'), wie der vom Aussterben bedrohte Große Panda (Ailuropoda melanoleuca) in China genannt wird, gilt hier seit alters als Glücksbringer. So bleiben Häuser, auf deren Tür das Tier gemalt ist, vom Unglück verschont.
Anfang der 70er Jahre hat China begonnen, Zoos in aller Welt Pandas zu schenken. Die Tiere begeistern die Besucher mit ihrem Aussehen und verspielten Verhalten. Dieses Verhalten hat sich dadurch herausgebildet, daß aufgrund des Rückzugs in die Gebirgsregion und der Spezialisierung auf Pflanzennahrung Nahrungskonkurrenz und natürliche Feinde wegfielen.

Ende der 70er Jahre wurde festgestellt, daß die Pandas in ihrem Bestand, der auf nicht einmal mehr 1000 Tiere geschätzt wurde, durch die Vernichtung von Bambuswäldern gefährdet sind. Deswegen wurde 1981 vom World Wildlife Fund (WWF), dessen Wappentier der Panda ist, zusammen mit der chinesischen Regierung ein Forschungszentrum zur Rettung der Bären in der Provinz Szetschuan, wo die meisten Exemplare leben, eingerichtet. Das 2000 km² große Schutzgebiet Wolong erklärte man zum Pandagebiet. Inzwischen sind weitere 17 Schutzgebiete hinzugekommen. Zudem wird die Wilderei dieser seltenen Tierart mit der Todesstrafe geahndet. Heute verleiht China Pandas an Zoos in aller Welt gegen hohe Gebühren.

Die Pandas, die mit 2 Mio. Jahren zu den ältesten Säugetieren der Welt gehören, haben sich erst in den letzten Jahrtausenden auf Bambus spezialisiert, von dem sie täglich ca. 20 kg brauchen, und das bei einem Eigengewicht von 125 kg. Da aber diese Pflanze ziemlich nährstoffarm ist, wird das Meiste wieder ausgeschieden.
Die Tiere bevorzugen den Bambus, der in sehr langen Abständen, die bis zu 100 Jahre dauern können, blüht. Nach der Blüte sterben die Pflanzen fast alle gleichzeitig ab. Ein solches Absterben fand im Jahr 1975 auf einem 5000 km² großen Gebiet statt, worauf ca. 140 Pandas verhungerten. Früher konnten die Tiere in andere Gebiete abwandern oder Artgenossen kamen in das Gebiet mit bedrohtem Bestand, was heute jedoch wegen der geringeren Fläche an Bambuswäldern nicht mehr möglich ist.

Ihre Zeichnung, schwarze Ohren, weißer Nacken und schwarzer Schal, dient der Tarnung, denn die Schwarz-Weiß-Kontrast löst den Umriß des Körpers auf.
Ein gesunder Panda hat außer dem Menschen keine Feinde; nur junge, alte oder schwache Tiere können von Raubtieren, wie dem Leoparden, erbeutet werden.
Obwohl sich das Tier fast ausschließlich von Bambus ernährt, ist er auch Fleischfresser, jedoch zu langsam, um Tiere zu fangen. Der Panda, der gut klettern kann, lebt im Sommer und Herbst in Höhen von mehr als 3000 m, im Winter dagegen in tieferen Lagen. Er ist nicht sehr gesellig und hat keine feste Behausung. Männchen und Weibchen treffen sich nur zu den einmal jährlich stattfindenden Paarungen. Die Weibchen ziehen die Jungen allein in einem ausgehöhlten Baum oder einem Laubplatz auf.

Pandas Lieblingsbeschäftigung

Umweltschutz

Die zunehmende Bevölkerung, das rasche Wirtschaftswachstum und der hohe Ressourceneinsatz führen zu großen Umweltschäden, die vor allem in den Städten auftreten, deren Zahl ständig steigt. Diese Schäden können weder über höhere Umweltinvestitionen noch über verändertes Konsumverhalten ausgeglichen werden.

Allgemeines

Mit den wirtschaftlichen Reformen seit Beginn der 80er Jahre wurden immer mehr Maßnahmen zum Umweltschutz ergriffen, z.B. Anwendung neuer Energien, Verbesserung der Müllbeseitigung, Abwasserreinigung, Eindämmung der Luftverschmutzung und vor allem Aufforstung, wobei das Bevölkerungswachstum ein besonderes Problem darstellt. Erst 1988 wurde die nationale Umweltbehörde gegründet.

Umweltpolitik

Die Wälder, die etwa 13% der Landesfläche ausmachen, werden trotz strenger Verbote durch wildes Roden dezimiert (jährlich 1,5 Mio. ha). Die Abholzung geschieht – aufgrund der zunehmenden Modernisierung und des Bevölkerungswachstums – zum einen zur steigenden Gewinnung von Bau- und Brennmaterial und zum anderen von Ackerbauflächen. Die durch den Rückgang der Baumbestände verursachte Erosion ist eine Ursache für die zunehmenden Überschwemmungskatastrophen und für den Verlust von Ackerbau- und Weideflächen. So schwemmt allein der Changjiang jährlich 500 Mio. t fruchtbaren Bodens weg – soviel wie der Nil, der Amazonas und der Mississipi zusammen. Beim Huanghe liegt diese Menge sogar noch dreimal höher. Mit den Wäldern verschwinden auch wertvolle Heilkräuter, Wildfrüchte und seltene Pflanzen. Zudem sind viele Tierarten vom Aussterben bedroht. Außerdem breiten sich zunehmend die Wüsten aus, und zwar um etwa 2300 km^2 jährlich.

Übermäßiger Holzeinschlag

Man versucht, diese Probleme durch Holzimporte und Aufforstungsprogramme zu lösen. Allerdings gehen durch Raubbau mehr Waldgebiete verloren als durch Wiederanpflanzung gewonnen werden. Aufforstung wird vor allem in Nordchina, am Ober- und Mittellauf des Changjiang und an der Küste betrieben. Bei dem Projekt Sanbei in Nordchina wird ein Schutzwaldstreifen angepflanzt, der in der Provinz Helongjiang beginnt und in Xinjiang in Nordwestchina endet.

Viele chinesische Städte weisen eine hohe Luftverschmutzung auf, die überwiegend vom Schwefeldioxyd und dem Staub verbrannter Kohle aus Haushalten und Kraftwerken verursacht wird, obwohl das Heizen im Süden verboten ist. Durch die schnelle wirtschaftliche Entwicklung steigt der Kohleverbrauch rasant. Zudem bringt die sprunghaft ansteigende Motorisierung eine zunehmende Belastung durch Kohlendioxid mit sich. Die Schadstoffwerte sind bis zu zehnmal höher als der von der Weltgesundheitsbehörde festgelegte Höchstwert. Gleich sieben chinesische Städte gehören zu den zehn Städten der Erde mit der stärksten Luftverschmutzung: u.a. Peking, Shenyang, Xi'an, Shanghai und Kanton. Einen besonders hohen Anteil an der Luftverschmutzung haben die staatlichen Industriebetriebe. China ist zudem inzwischen nach den USA der zweitgrößte Emittent von Treibhausgasen.

Luftverschmutzung

Die Auswirkungen des sauren Regens haben sich ebenfalls durch die fortschreitende wirtschaftliche Entwicklung drastisch verstärkt, wobei der Süden aufgrund unterschiedlicher Boden- und Windverhältnisse stärker belastet ist. Besonders stark betroffen ist die Industriestadt Tschungking.

Saurer Regen

Die Gewässer sind durch die Einleitung großer Mengen ungeklärter häuslicher und industrieller Abwässer verschmutzt. Von den größeren Flüssen und den größeren Seen wurde etwa jeweils die Hälfte als belastet eingestuft, wodurch der Fischfang rapide zurückging. Auch das Grundwasser ist durch wilde Müllablagerungen verseucht.

Wasserverschmutzung

Bevölkerung

Umweltschutz, Wasserverschmutzung (Fortsetzung)

Die Gewässerverschmutzung verschärft noch das Problem der Wasserversorgung. So lag beispielsweise der Grundwasserspiegel von Peking in den fünfziger Jahren bei fünf Metern unter der Erdoberfläche, heute muß das Wasser zur Versorgung der Millionen-Metropole aus fünfzig Metern Tiefe gefördert werden.
Die Abwassersysteme der Städte sind unzureichend, und nur 30% der Industrieabwässer werden geklärt.

Bevölkerung

Urbevölkerung

Was wir heute chinesische Bevölkerung oder auch, nach dem Namen einer Dynastie, Han nennen, ist eine Mischung aus verschiedenen Ethnien und Kulturen. Merkmale der Urbevölkerung, die an den Ufern des Huanghe siedelte, lassen sich – soweit das aus archäologischen Funden zu rekonstruieren ist – heute vor allem in den Bewohnern der zentralen und östlichen Regionen des Landes wiederfinden.

Invasionen

Die wiederholten Einfälle von Barbarenvölkern aus dem Norden sowie die Herrschaft der Mongolen und der Mandschuren trugen jedoch zu einer Vermischung dieser verschiedenen Völker mit der chinesischen Urbevölkerung bei.
Weniger tiefgreifend dürfte der Kontakt der nördlichen Han-Gruppe mit den türkisch-uigurischen und persischen Völkern gewesen sein, die von Westen her über die Seidenstraße nach China eindrangen. Deren Züge sind heute in den Han nur selten auszumachen.
Zu Beginn der chinesischen Zivilisation stießen die Han, den Changjiang überquerend, nach Süden vor und entgingen so der Vermischung mit den Volksstämmen des Nordens. Vermutlich assimilierten sie sich mit der einheimischen Bevölkerung.

Ethnische Gruppen

Im Südwesten konnten sich, aufgrund der isolierten geographischen Lage, einheimische Völker wie die Zhuang, die Miao, die Yi und die Yao erhalten. Sie leben, wenn auch in geringer Anzahl, heute noch in gebirgigen Gegenden. Im Gegensatz zu den Tibetern, den Mongolen, den Kasachen und den Uiguren, die eine eigene Zivilisation mit Schriftsprache entwickelten, haben die ethnischen Gruppen im Südwesten – an der Grenze zu Laos, Kambodscha, Myanmar (Birma) und Vietnam – keine autonome Kultur hervorgebracht.
Die aus einer bunten Völkermischung hervorgegangenen Han stellen heute etwa 92% der chinesischen Gesamtbevölkerung; die restlichen 8% gehören den 56 nationalen Minderheiten an, die insbesondere im "Äußeren China" und an den Südgrenzen siedeln, in einem Gebiet, das 60% der Gesamtfläche des Landes einnimmt.
In den letzten Jahren ist bei den Minderheiten eine höhere Bevölkerungszunahme als bei den Han zu verzeichnen, was auf stärkere Berücksichtigung der Minderheiteninteressen, die Einführung der Gebietsautonomie und wirtschaftliche und kulturelle Unterstützung der chinesischen Regierung zurückzuführen ist. Zudem haben sie größeren Freiraum bei der Familienplanung.
Von den 56 Nationalitäten haben außer den Han 18 die Millionengrenze überschritten: die Mongolen, Hui, Tibeter, Uiguren, Miao, Yi, Zhuang, Bouyei, Koreaner, Mandschuren, Dong, Yao, Bai, Tujia, Hani, Kasachen, Dai und Li.
15 Minderheiten haben je eine Bevölkerung von über 100 000: die Lisu, Wa, She, Lahu, Shui, Dongxiang, Naxi, Jingpo, Kirgisen, Tu, Dahuren, Mulao, Qiang, Gelo und Xibo.
Eine Bevölkerungszahl von weniger als 100 000 haben 22 Nationalitäten: die Gaoshan, Blang, Sala, Maonan, Achang, Pumi, Tadschiken, Nu, Usbeken, Russen, Ewenki, Deang, Baoan, Yugur, Jing, Tataren, Drung, Oroqen, Hezhe, Moinba, Lhoba und Jinao.

Bevölkerung

Zwei Mädchen der Miao-Minorität von der Insel Hainan

China hat 1,2 Mrd. Einwohner, was etwa 22% der Weltbevölkerung entspricht, und ist damit das bevölkerungsreichste Land der Erde. Die Bevölkerungsdichte beträgt 126 Einwohner pro km² und stieg im Vergleich zu 1982 um 21.

Das Verhältnis von männlichen zu weiblichen Einwohnern, das in der Vergangenheit von einem Übergewicht der Männer geprägt war, hat sich in den letzten Jahrzehnten angeglichen; heute kommen statistisch 100 Frauen auf 104 Männer.

Auf Grund der verbesserten medizinischen Versorgung und vor allem der Ein-Kind-Politik geht die Entwicklung hin zu einer Überalterung der Bevölkerung. Bereits jeder 10. Einwohner Chinas ist über 60 Jahre alt.

Bevölkerungsdichte und -struktur

Die Bevölkerungszahl ist in China in den letzten Jahrzehnten sprunghaft angestiegen. Im Jahr 1911 waren es noch 374 Mio., 1953 582 Mio. und 1978 bereits 962 Millionen.

Die Überbevölkerung ist für China ein historisches Phänomen, das zwar einerseits den Mangel an Produktionsmitteln kompensiert, andererseits jedoch den technischen und industriellen Fortschritt gebremst und das Durchschnittseinkommen auf minimalem Niveau gehalten hat. Während früher Kriege und Naturkatastrophen ein demographisches Regulativ darstellten, haben seit 1949 die verbesserten Lebensbedingungen die Sterblichkeitsrate erheblich gesenkt und zugleich die Geburtenquote erhöht.

Überbevölkerung

Auf das besorgniserregende Bevölkerungswachstum und seine Auswirkungen auf die Volkswirtschaft reagierte die chinesische Regierung in der zweiten Hälfte der fünfziger Jahre durch Einführung der Geburtenplanung, indem sie das gesetzliche Heiratsalter (für Frauen 25 Jahre, für Männer 28 Jahre) anhob, verschiedene Methoden zur Empfängnisverhütung propagierte, die Abtreibung legalisierte und für freiwillige Sterilisierung warb.

Bevölkerungspolitik

Sprache

Bevölkerung, Bevölkerungspolitik (Fortsetzung)

Doch eine bäuerlich-ländliche Gesellschaft wie die chinesische mit einem geringen Bildungsgrad hatte Schwierigkeiten, die empfohlenen Maßnahmen zu akzeptieren und anzuwenden. Tabus und althergebrachte Gewohnheiten hielten sich hartnäckig. Verheiratete Paare verzichteten nicht auf Kinder, und auf dem Lande galt es immer noch als sozialer und wirtschaftlicher Nachteil, keine Söhne zu haben. Es kommt, vor allem auf dem Land, immer wieder vor, daß Mädchen gleich nach der Geburt ertränkt werden, weil sie als wirtschaftlich unproduktiv und gesellschaftlich minderwertig angesehen werden.

Seit Anfang der 70er Jahre – in den 80er Jahren haben sich die Kampagnen für die Geburtenkontrolle noch verstärkt – schreibt die Regierung in den Städten ein Kind und auf dem Land zwei Kinder pro Ehepaar vor. Die Eheleute werden über Empfängnisverhütung, Geburtenkontrolle und Eugenik informiert. Zudem stellt der Staat Verhütungsmittel kostenlos zu Verfügung und übernimmt die Kosten für Abtreibung und Sterilisation. Mehrere soziale und ökonomische 'Strafmaßnahmen' wurden ersonnen, um die Paare von einer dritten Schwangerschaft abzuhalten. Dagegen haben die Chinesen, die die Richtlinien der Geburtenkontrolle befolgen, Anspruch auf besondere Prämien und Privilegien (Geldbeträge, Begünstigungen bei Wohnungsvergabe und Schulbesuch).

Auf dem Land, wo ca. zwei Drittel der chinesischen Bevölkerung leben, halten sich viele Bauern nicht an die Zwei-Kind-Regelung. Für einen männlichen Nachkommen nehmen sie die staatlichen Benachteiligungen in Kauf.

Wachstumsrate

Die ungenauen chinesischen Einwohnerstatistiken gaben an, daß die jährliche Wachstumsrate, die noch 1953 bei 2,6 % lag, 1982 auf 1,4 % gesunken sei. In den darauffolgenden Jahren bestätigte sich diese Angabe nicht, 1988 erreichte die Quote sogar 2,1 %. Die staatlichen Maßnahmen haben folglich nicht zu dem gewünschten Ergebnis geführt, wenn man zudem bedenkt, daß der Plan zur Geburtenregelung für die Jahre 1986 bis 1990 eine jährliche Wachstumsrate zwischen 0,7 und 0,8 % vorsah. 1996 nahm die Bevölkerung um etwa 1,6 % zu.

Bevölkerungsverteilung

Absolut gesehen, gibt die Bevölkerungszahl in China angesichts der enormen Ausdehnung des Landes keinen Anlaß zur Sorge. Problematisch ist die Lage aber aufgrund der morphologischen Eigenheiten des chinesischen Staatgebietes, das zu über 50 % aus Bergen und Wüsten besteht, und der davon abhängigen, ungleichmäßigen Bevölkerungsdichte. Dem dicht besiedelten Osten steht der spärlich besiedelte Westen gegenüber; die Bevölkerungszahl pro km^2 reicht von ca. 700 in der östlichen Provinz Jiangsu bis etwa 2 in Tibet.

Besonders schwerwiegend ist, daß das sowieso schon begrenzte Ackerland – für das chinesische Volk wesentliche Nahrungs- und Einkommensquelle – völlig erschöpft ist; es ist nicht mehr imstande, die Bauern zu ernähren, wie auch die massive Abwanderungswelle in die Städte beweist. Während die landwirtschaftlichen Flächen in den ebenen Gebieten schon weitgehend genutzt werden und nur noch die Produktivität verbessert werden kann, besteht in den Randregionen noch die Möglichkeit, neues Land urbar zu machen und Bodenschätze zu erschließen. Die hohen Urbanisierungskosten in den Wüstengebieten, der geringe Bildungsgrad der Bevölkerung und der Widerwillen der Bauern gegen eine von oben befohlene Emigration erschweren diese ohnehin schon unpopuläre Politik der Erschließung neuer Lebensräume.

Sprache

Allgemeines

Das Chinesische, die bedeutendste der sinotibetischen Sprachen, ist gekennzeichnet durch Einsilbigkeit der Wortwurzeln, Isolierung (keine Bildungssilben u. ä. zur Bezeichnung grammatischer Kategorien, die im Chinesischen nur durch Wortstellung erkennbar sind) und Worttöne. Der im

Sprache

Altchinesischen sehr komplizierte Lautstand vereinfachte sich bis hin zum abgeschliffenen, nur noch (mit Tondifferenzierungen rd. 1 600) Lautkomplexe umfassenden nordchinesischen Dialekt (Putonghua=Gemeinsprache), der in der Moderne zur Hochsprache wurde. Die südlichen und südöstlichen Dialekte (Kantonesisch, Hakka, Fukien u. a.) bewahren z. T. noch den älteren Lautstand mit einem viel komplizierteren Worttonsystem. Da in der Hochsprache die wenigen Lautkomplexe zur Wiedergabe des reichen Wortschatzes nicht genügten und zu unzähligen Homophonen (gleichlautende, aber bedeutungsverschiedene Wörter) führten, entstanden zur Vermeidung von Verwechslungen Wortzusammensetzungen, wodurch die Sprache 'mehrsilbig' wurde.

Allgemeines (Fortsetzung)

In China gibt es, analog zu den Volksstämmen, zwei Sprachgruppen: das Chinesische, das von den Han, also von über 91 % der Bevölkerung, gesprochen wird (auch die moslemische Minderheit der Hui spricht nur Chinesisch) und die Sprachen der nationalen Minderheiten, die zu vier großen Sprachfamilien gehören: das Tibetische, die Sprachen Hani, Tujia und Yi von der tibeto-birmanischen Sprachgruppe, Mongolisch, Kasachisch und Uigurisch vom Altaischen und die Sprachen der Minderheiten Zhuang, Dai, Bouyei und Dong vom Thailändischen. Aus einer unbekannten Sprachfamilie haben sich die Idiome der in den südlichen Bergen lebenden Minderheiten Yao und Miao entwickelt. In den autonomen Regionen gilt die jeweilige Sprache der Minderheit auch als Amtssprache.

Sprachgruppen

Chinesisch bedeutet so viel wie schwierige, unverständliche Sprache. Diese Unverständlichkeit ist vor allem durch den Unterschied zwischen geschriebener und gesprochener Sprache bedingt. Es ist keine alphabetische Sprache, d. h. zwischen Laut und Schriftbild herrscht keine Übereinstimmung, ganz im Gegenteil, die Bedeutung wird durch ein Symbol, ursprünglich ein Bilderschriftzeichen, ausgedrückt, dem ein phonetischer Wert zugeordnet wird. Es handelt sich um eine einsilbige Sprache; jeder Silbe entspricht ein Schriftzeichen, eine Bedeutung, ein Wort.

Schriftzeichen

Dieses komplizierte Verhältnis zwischen geschriebener und gesprochener Sprache, das die ganze chinesische Kultur nachhaltig beeinflußt hat, wird noch zusätzlich erschwert durch die begrenzte Menge einsilbiger Phoneme (etwa 400). Zur Unterscheidung der Wörter untereinander und zur Prägung neuer Vokabeln dienen vier verschiedene Tonhöhen der Stimme. Umgekehrt entspricht der geringen Anzahl von Phonemen eine ungeheuere Vielfalt an Schriftzeichen (ungefähr 45000 – 50000, aber nur 10000 sind in Gebrauch und lediglich 4000 werden von den Massenmedien verwendet). So gibt es beispielsweise 37 Schriftzeichen, die 'pi' ausgesprochen werden, das im ersten Ton 'großartig', 'schlagen', 'ungebrannter Ton' u. a. bedeuten kann. Das hat zur Folge, daß man das Schriftzeichen und dessen phonetische Realisierung genau kennen muß, um die Sprache ganz zu verstehen, was demnach eine enorme Gedächtnisarbeit erfordert.

Phoneme

Das sehr ungleiche Verhältnis zwischen Phonemen und Schriftzeichen, das zur Entstehung zahlreicher Homophone geführt hat, verursacht natürlich oft Verständnisschwierigkeiten. Nicht selten kann man beobachten, wie die Chinesen beim Sprechen mit den Fingern der rechten Hand Zeichen auf die Innenfläche der linken malen: sie 'schreiben' einfach nur das Schriftzeichen auf, das dem eben gesprochenen Wort zugrundeliegt, und erleichtern somit die Verständigung.
Der Unterschied zwischen Schrift- und gesprochener Sprache fand bereits das Interesse des Philosophen Leibniz. Er war fasziniert von den potentiellen Möglichkeiten der chinesischen Sprache und meinte, daß sie sich bestens als internationale Verkehrssprache eignen würde.

Homophone

Die chinesische Schrift ist eine Wortschrift, die im 2. Jt. v. Chr. – neueste Funde deuten auf ein noch höheres Alter hin – aus einer Bilderschrift hervorging. Kaiser Qin Shi Huangdi (Reg. 221 – 210 v. Chr.) ließ die verschie-

Schriftsprache

39

Sprache

Alte und neuere chinesische Schriftzeichen

Schriftsprache (Fortsetzung)

denen lokalen Dialekte zu einer einzigen Schriftsprache vereinen, so daß den einzelnen Schriftzeichen eine allgemeine, von der Aussprache unabhängige Bedeutung zufiel. Diese Reform blieb die Basis der Schriftgestalt bis in die Gegenwart.
Der Einfluß fremder Sprachen auf die chinesische Sprachgruppe war äußerst gering. Die Verbreitung des Buddhismus in China verstärkte die Spaltung zwischen der Schriftsprache, dem die regionale sprachliche Vielfalt vereinenden Element, und der gesprochenen Sprache, die durch die Bekehrungskampagnen aufblühte und zu neuen reichen Ausdrucksformen fand. Die mongolische Herrschaft und die Verlegung der Hauptstadt nach Peking sorgten schließlich dafür, daß der nördliche Dialekt die Oberhand über die anderen regionalen Varianten gewann und zur gesprochenen Amtssprache der Regierenden (Baihua) wurde. Baihua fand sogar Eingang in die volkstümliche Literatur, und zwar im Gegensatz zur Schriftsprache (Wenyan) des Altertums, die nur die Führungsschicht der Mandarine beherrschte. Ihre Fertigkeit im Verfassen literarischer Texte mußten diese während der berühmten Staatsprüfungen unter Beweis stellen.
Die Schriftsprache, die sich durch extreme Wortpräzision, konzise und abstrakte Grammatik und Syntax auszeichnete, besaß praktisch überhaupt keine Lautstärke. Man konnte sie nur lesen, aber nicht vortragen.

Gesprochene Sprache

Erst zu Beginn des 20. Jh.s – mit den ersten Studentenbewegungen und dank des Werkes von Lu Xun, dem bedeutendsten Schriftsteller des modernen China –, wurde die klassische Schriftsprache der Gelehrten zugunsten der gesprochenen Sprache aufgegeben.
Erst nach 1949 konnte sich die Umgangssprache Putonghua mit Hilfe von Zeitungen, Büchern sowie des Rundfunks, Fernsehens und des Sprachunterrichts in allen Volksschichten als einziges Kommunikationsmittel durchsetzen. Zugleich hat die chinesische Regierung zwei Maßnahmen eingeleitet, die darauf abzielen, diese Sprache einer größtmöglichen Benutzermenge zugänglich zu machen: die Vereinfachung der Schrift und eine pho-

netische Transkription mit Buchstaben des lateinischen Alphabets. Die als Pinyin bezeichnete Lautschrift hat sich inzwischen weitgehend durchgesetzt. In Deutschland werden allerdings einige bekannte Eigennamen in älteren Umschriftarten weiterverwendet, wie z. B. Peking statt Beijing und Kanton statt Guangzhou.

Sprache, Gesprochene Sprache (Fortsetzung)

Im 19. Jh. waren von den Engländern (Wade), den Deutschen (Lessing) und den Franzosen (EFEO) Umschriftprinzipien für das Chinesische erarbeitet worden.

Bildung und Wissenschaft

Nach der Kulturrevolution, während der die Entwicklung von Bildung und Wissenschaft stagnierte, setzte seit 1977 eine Neuorientierung in der Bildungspolitik ein. Ein weitergehender Reformplan des Schul- und Hochschulwesens wurde 1985 verabschiedet. Danach soll die Erziehung weiterhin sowohl der politischen Bewußtseinsbildung als auch der Wissensvermittlung dienen, wobei der Schwerpunkt auf fachlicher Qualifikation liegt. Die Schulpflicht ist von sechs auf neun Jahre erweitert worden.

Bildungspolitik

Durch die Politik der vier Modernisierungen – von Forschung, Industrie, Landwirtschaft und Armee – kommt besonders der Wissenschaft und Forschung höchste Bedeutung zu. Leistung sollte Vorrang vor dem politischen Bewußtsein haben, was durch die Wiedereinführung von Benotungen und Prüfungen unterstrichen wurde.

Im Kindergarten werden die Kinder vom dritten bis sechsten Lebensjahr auf die Grundschule vorbereitet. Unterrichtsfächer sind Sprache, Rechnen, Singen, Malen und Sport. Man schätzt, daß aufgrund fehlender Plätze nur ein Viertel aller Kinder diese Vorschulerziehung erhält.

Kindergarten

Das Ausbildungssystem besteht neben dem Kindergarten aus drei Stufen: Grundschule, Mittelschule und Universität. Die Ganztagsgrundschule, die mit 6 Jahren beginnt, umfaßt 6 Jahrgangsstufen. Es wird vorwiegend Mathematik, Chinesisch und eine Fremdsprache (Englisch oder Japanisch) unterrichtet, zudem Biologie, Musik, Kunst, Politik, Geschichte, Physik, Chemie und Geographie; hinzu kommen noch Sport und produktive Arbeit.

Grundschule

Der Besuch der Grundschule ist obligatorisch; doch Schätzungen zufolge wird der Schulpflicht in den abgelegenen Regionen durchaus nicht immer Folge geleistet. Im Jahr 1995 betrug die Einschulungsrate der schulpflichtigen Kinder 98,5 %.

Nach einer bestandenen Prüfung am Ende des ersten Studienzyklus können die Schüler in die zweite Ausbildungsstufe aufrücken, die wiederum 6 Jahre umfaßt und in Mittel- und Oberstufe gliedert. Etwa drei Viertel der Grundschulabgänger lernen in der Mittelschule weiter.

Die Unterstufenausbildung der Mittelschule dauert drei Jahre. Mehrere Prüfungen beschließen diesen Zyklus und berechtigen zum Aufstieg in die ebenfalls drei Jahre umfassende Oberstufe, für die, da sie nicht der Schulpflicht unterliegt, Schulgeld bezahlt werden muß. Die Unterrichtsfächer entsprechen denen in der Grundschule.

Mittelschule

Nach der Unterstufe ist der Übergang in berufsbildende Mittelschulen, in denen technische, pädagogische oder landwirtschaftliche Ausbildungsgänge angeboten werden, möglich. Diese berufsbezogene Ausbildung gewinnt gegenüber der Allgemeinbildung immer mehr an Gewicht; 1990 besuchte fast die Hälfte aller Oberstufen-Schüler Berufs- und Fachschulen. Der Abschluß der Oberstufe entspricht dem Abitur und berechtigt damit zur Teilnahme an den strengen Aufnahmeprüfungen für die Hochschule.

An der Spitze steht die universitäre Ausbildung, die bis heute nur für einen geringen Prozentsatz der Chinesen zugänglich ist. Im Jahr 1991 zählte

Universität

Bildung und Wissenschaft

Die allgemeine Schulpflicht verringert das Analphabetentum.

Universität (Fortsetzung)
man 2 044 000 Studenten, also ungefähr 2% der Bevölkerung. Das bedeutet, daß von 10 000 Schülern nur 18 an die Universität gelangten. Neben den humanistisch und naturwissenschaftlich orientierten Universitäten existieren zahlreiche Polytechnika, die das Fach Architektur und alle Ingenieurswissenschaften anbieten. Die Studiendauer variiert je nach Studienfach und Zusatzkursen zur Spezialisierung und Berufsvorbereitung. An der Universität müssen Studiengebühren bezahlt werden. Der Staat unterstützt nur noch Studenten, die Fächer studieren, an denen Bedarf besteht. In diesen Fällen teilt er dem Hochschulabsolventen dann auch den Arbeitsplatz zu.

Erwachsenenbildung
Da die verschiedenen Schularten nicht ausreichen, die Ausbildung aller Chinesen zu gewährleisten, wird verstärkt die Erwachsenenbildung gefördert. Das Bildungsangebot umfaßt Freizeit-, Teilzeit- oder Vollzeitprogramme bei den verschiedenen Schularten (die bekanntesten Freizeit-Hochschulen sind die von Peking und Shanghai) sowie Radio- und Fernsehuniversitäten. Die Studenten werden dazu während der Arbeitszeit vom Betrieb, der auch das Schulgeld übernimmt, freigestellt.

Analphabetentum
Trotz großer Bildungsbestrebungen sind derzeit noch zirka 17% der Chinesen Analphabeten, was einer Bevölkerungszahl von 200 Mio. entspricht. Vor der Gründung der Volksrepublik 1949 waren es 90%, im Jahr 1964 wurden 38% registriert. Daß die Schulpflicht in den unteren Ausbildungsstufen vernachlässigt wird und der Analphabetismus immer noch hoch ist, hat vielfältige Ursachen: die immer noch ausgeprägte Armut der Landbevölkerung; die zunehmende Privatwirtschaft, die kinderreiche Familien benachteiligt; die Sanktionen im Bereich der Familienplanung und der Mangel an sozialer Sicherheit und Altersversorgung. Zudem besteht an den Grund- und Mittelschulen ein Mangel an Lehrern, die die schlechte Arbeitssituation (unzureichende Unterrichtsräume, fehlendes Material und große Klassenstärken) beklagen.

Religion und Philosophie

Das Chinesische kennt den Begriff 'Religion' im abendländischen Sinn nicht, es spricht vielmehr von Schulen und Lehren. Im Verlauf der chinesischen Geschichte kann man keinen Gegensatz zwischen weltlicher und religiöser Macht beobachten. Es haben keine Kreuzzüge, Schismen und Reformen stattgefunden, keiner Glaubenslehre ist jemals mit Intoleranz begegnet worden, ein Phänomen, das auch Marco Polo aufgefallen war. Aber vor allem hat sich im chinesischen Denken nie jene Gegensätzlichkeit zwischen natürlicher Welt und übernatürlicher Sphäre etabliert, die im Westen die Geschichte so tiefgreifend beeinflußt hat. Das Irdische und das Metaphysische sind in der chinesischen Philosophie und Religion zwei sich ergänzende Aspekte eines einzigen Universums. Davon zeugt auch die Anwesenheit historischer Gestalten im göttlichen Bereich und die Verehrung von Geistern oder Göttern in der realen Welt. Es gibt keinen transzendenten Gott, keinen Schöpfer, der mit dem der christlichen Religion vergleichbar wäre.

Religiöser Geist

Der Geist ist darauf ausgerichtet, die Harmonie der Natur zu erhalten, denn Chaos in der Natur gilt als Katastrophe. Störungen im natürlichen Gleichgewicht lösen Beklemmungs- und Angstgefühle aus und nicht wie in der abendländischen Religion Furcht vor einer Bestrafung im Jenseits. Unabhängig von den Unterschieden, die zwischen den einzelnen chinesischen religiösen Lehren bestehen, kann man aus dieser Betrachtungsweise den Einfluß einer ländlich geprägten Welt herauslesen, die zwar immer wieder unvorhersehbaren Naturkatastrophen, den Launen der Jahreszeiten und des Wassers ausgeliefert ist, aber zugleich alles daran setzt, die Elemente der Natur unter ihre Kontrolle zu bringen.

Natürliches Gleichgewicht

Der Kerngedanke dieses Weltbildes, welches das Universum als verschiedene, im Gleichgewicht befindliche Elemente betrachtet, scheint sich unter den Shang- und Zhou-Dynastien (16. Jh.–221 v. Chr.) herausgebildet zu haben. Aus den Mythen, dem Glauben und der religiösen Kosmologie der Jäger des Bronzezeitalters gingen einige grundlegende Ideen hervor, auf die später alle philosophischen und religiösen Schulen Chinas zurückgriffen. Dabei handelt es sich hauptsächlich um den Begriff des Dao und das dualistische Yin-Yang-Prinzip. Dao heißt 'Weg' und bedeutet den Lauf der Dinge, das Prinzip der universellen Ordnung.

Kosmologie

Das Dao setzt sich aus zwei Hauptelementen zusammen, dem Yin und Yang, die die Polarität und die Gegensätzlichkeit aller Erscheinungsformen des Lebens darstellen, zugleich aber auch ihre Komplementarität und damit ihre Untrennbarkeit.
Yin bedeutet Frau, Nacht, Schatten, Mond, Tod, Erde, Yang verkörpert den Mann, den Tag, das Leben, das Licht, die Sonne und den Himmel.
Auf dieser philosophischen Denkhaltung gründet sich das Desinteresse der chinesischen Religionen gegenüber metaphysischen Fragen und zum anderen aber ein tiefgehendes Interesse am Aufbau der Gesellschaft und an der Rolle, die das Individuum in ihr spielt.

Yin und Yang

Religionslehren

Die philosophischen Gemeinsamkeiten haben dazu geführt, daß sich die chinesischen Religionslehren, Buddhismus, Daoismus und Konfuzianismus, gegenseitig beeinflußten und zum Teil miteinander verschmolzen. Deshalb kann nicht immer zweifelsfrei geklärt werden, welcher Religion eine Glaubenslehre und deren Ausdrucksformen zuzuordnen sind.

Die kosmologische Philosophie und die Riten des klassischen Altertums hatten in den fünf Jahrhunderten vor Christi Geburt der Gesellschaft und

Konfuzianismus

Religion und Philosophie

Konfuzius

Laotse

Konfuzianismus (Fortsetzung)

den sich formierenden Klassen kein Ordnungssystem aufgezeigt. Erst Konfuzius (→ Berühmte Persönlichkeiten), ein Gelehrter, der zwischen dem 6. und 5. Jh. v. Chr. lebte, lieferte den theoretischen Unterbau für eine Lehre, die später als Verhaltenskodex, Philosophie, Religion oder besser Staatsethik fungierte. Da der Konfuzianismus keine mystische Komponente, keine Götter aufweist und nicht das Ziel hat, Seelen zu retten, kann er nicht als wirkliche Religion bezeichnet werden. Konfuzius' Hauptanliegen war es, den Aufbau der Gesellschaft und das Beziehungsgeflecht zwischen Individuum und Gemeinschaft zu erforschen. Es gelang ihm, der Adels- und Herrscherschicht Legitimität zu verschaffen, indem er deren Existenz nicht auf allgemeine Gesetze oder Erbrechtsprinzipien gründete, sondern auf moralische Notwendigkeit.

Moralprinzipien

Im folgenden seien einige Grundideen der konfuzianischen Lehre genannt: ein gerechter Herrscher zeichnet sich durch moralische Autorität aus; das gesellschaftliche Leben wird durch ein System von Beziehungen geregelt, die auf persönlichen und sozialen Tugenden beruhen; Kernelement der Gesellschaft ist die Familie, in der zwischen Vater und Sohn, Mann und Frau, Jung und Alt ganz bestimmte Hierarchieverhältnisse bestehen; analog dazu ist auch der Staat wie eine große Familie gegliedert, in der der Herrscher über die Untertanen gebietet.

Mit etwas anderen Schwerpunkten vertieften Menzius (Meng Zi) und Xun Zi im 3. Jh. v. Chr. Konfuzius' Studien zur Ethik, die seine Schüler in dem Werk "Erörterungen und Gespräche" zusammengetragen hatten.

Legalisten

In Opposition zu den ethischen Kategorien der Konfuzianer vertraten damals die sog. Legalisten die Überzeugung, daß das Interesse die Triebkraft menschlichen Handelns und der Appell an die Moral folglich sinnlos sei. Um das Verhalten der Menschen lenken und sie regieren zu können, sei demnach kein System von moralischen Richtlinien erforderlich, sondern dem Volk nahezubringende und streng anzuwendende Gesetze.

Religion und Philosophie

Diese theoretische Auseinandersetzung zwischen Ethik und Recht hat sich in Konfuzius' "Erörterungen und Gesprächen" niedergeschlagen. Hier heißt es: "Wenn man das Volk mithilfe der Gesetze regiert und danach trachtet, es durch Bestrafungen gleich zu machen, wird es versuchen, sich den Sanktionen zu entziehen, aber es wird keine Schande empfinden. Wenn man es mithilfe der Tugend lenkt und danach trachtet, es durch die Anstandsnorm gleich zu machen, wird es Schande empfinden und außerdem gut werden."

Legalisten (Fortsetzung)

Nachdem die Schule der Legalisten den theoretischen Unterbau für die Reichsgründung von Qin Shi Huangdi, dem ersten Kaiser Chinas, geliefert hatte, mußte sie der Übermacht der konfuzianischen Lehre weichen, die zunächst im 3. Jh. v. Chr. unter der Han-Dynastie und später zwischen 900 und 1200 unter der Song-Dynastie zur offiziellen Staatsdoktrin avancierte. Die Kontroverse zwischen den Legalisten und den Konfuzianern gehört bis heute zu den heikelsten und interessantesten Kapiteln der chinesischen Geistesgeschichte, vor allem wegen der Auswirkungen, die der Konfuzianismus auf die wirtschaftliche, soziale und politische Entwicklung Chinas sowie auf die Herausbildung einer Beamtenschicht und der kaiserlichen Bürokratie hatte. Kurz vor Maos Tod brach sogar in der Kommunistischen Partei ein Streit darüber aus.
Zudem errang der Konfuzianismus einen größeren Einfluß als der Buddhismus und der Daoismus; er durchdrang die ganze Gesellschaftsstruktur und verbreitete sich in allen Kulturen. Indem er an die Tugend, die Weisheit und das Moralempfinden des Menschen appelliert, ist es ihm gelungen, jegliche Freiheitsgedanken in ein strenges, rituelles und hierarchisches System einzubinden.

Entwicklung der beiden Lehren

Der von Laotse (→ Berühmte Persönlichkeiten) begründete Daoismus, der sich im 6. und 5. Jh. v. Chr., ungefähr zur gleichen Zeit wie die konfuzianischen Lehren, entwickelte, greift auf die kosmologischen Kategorien der klassischen Philosophie zurück, deren zentrale Begriffe das Dao, der ewige Lauf der Dinge, sowie das Yin und Yang waren. Aus der etymologischen Wurzel Dao bildete sich auch der chinesische Name des Daoismus, Daojia, d. h. die Philosophie der Dinge.
Der Daoismus sucht, ebenso wie der Konfuzianismus, das menschliche Verhalten zu erforschen. Er propagiert die Rückkehr zum Urzustand, zu einer natürlichen Ordnung. Diese Ordnung im Gleichgewicht zu halten, wird zum Lebensziel erklärt.

Daoismus

Der Mensch ist nur ein winziger Bestandteil des Universums, doch er trägt aufgrund seiner Rolle zu einem allgemeinen Gefüge bei, das erhalten werden muß, weil es die Wahrheit verkörpert. Diese Grundeinsicht bewegt die Anhänger des Daoismus dazu, sich aus dem öffentlichen Leben zurückzuziehen, um gemäß der Regel des 'Nichthandelns' ein Einsiedlerdasein zu führen.
Was mit der Anerkennung der natürlichen Ordnung gemeint ist, geht aus den folgenden Worten von Zhuang Zi (396–286 v. Chr.), dem bedeutendsten daoistischen Philosophen, hervor: "Die Beine der Ente sind kurz, aber wenn wir versuchen, sie zu verlängern, wird die Ente Schmerzen haben. Die Beine des Kranich sind lang, aber wenn wir versuchen, sie zu verkürzen, wird der Kranich Schmerzen haben. Daher dürfen wir nichts amputieren, was von Natur aus lang ist, und nichts verlängern, was von Natur kurz ist."

Mensch und Universum

Dem Daoismus kam die Aufgabe zu, die Grundbegriffe der alten Philosophie (Dao, Yin und Yang) und alle empirischen Kenntnisse der Vergangenheit (Diätetik, Geomantie und Atemtechniken) theoretisch zu vertiefen. Doch die Aufarbeitung überkommener Glaubensformen und Traditionen hatte wiederum zur Folge, daß sich eine Art Religion bzw. eine Lehre vom Aberglauben entwickelte. Fast im Widerspruch zur daoistischen Philosophie (Daojia) verbreitete sich diese Religion (Daojiao) im Volk, weil sie das

Lehre vom Aberglauben

45

Religion und Philosophie

Lehre vom Aberglauben (Fortsetzung)

ewige Heil und die Unsterblichkeit der Seele versprach, ganz wie der Buddhismus, von dem sie Götterhimmel und Riten übernommen hatte, beides Elemente, die der ursprünglichen Lehre von Laotse (→ Berühmte Persönlichkeiten) und Zhuang Zi fremd waren.

Buddhismus

Von Indien her über den Handelsweg der Seidenstraße eindringend, breitete sich als letzte Religion in China, im 1. Jh. n.Chr. unter der Han-Dynastie, der Buddhismus aus. Da die Chinesen mit der indischen Kultur nur wenig vertraut waren und sich auch die beiden Sprachen, Chinesisch und Sanskrit, sehr unähnlich sind, hielten sie den Buddhismus anfangs irrtümlicherweise für eine Form von Daoismus. Wenn auch beide Religionen von der Prämisse ausgingen, daß das Leben wegen des Leides und der Korruption auf der Welt und in der Gesellschaft schwer zu ertragen sei, waren die Wege, auf denen der einzelne zur Erlösung gelangen konnte, doch unterschiedlich.

Glaubensinhalte

Während die Daoisten die Ordnung der Natur verfochten, predigten die Buddhistenmönche das Seelenheil. Erreichbar ist dieses nur dann, wenn man jeglichem Verlangen und allen irdischen Genüssen entsagt und damit vom Leiden und Leben befreit wird; dies ist das Nirwana, was ewiger Glückszustand oder völlige Selbstauflösung bedeutet. Ganz anders als der Daoismus, der sich als individuelle Glaubenslehre verstand und den Eremiten zu seiner Symbolfigur erkoren hatte, besaß der Buddhismus eine eigene Organisationsstruktur, einen Orden von Mönchen, die sich nach dem Noviziat in die Klöster zurückzogen, missionierten und ein Leben in strenger Andacht führten.

Religiöse Verfolgung

Die Möglichkeit einer Erlösung des Menschen trug dem Buddhismus viele Anhänger ein. Im 9. Jh. war die Bewegung sogar zu einer überaus starken wirtschaflichen Macht angewachsen. Die Tang-Dynastie (618–907), die bis dahin allen Religionen gegenüber Toleranz geübt hatte, fürchtete nun

Auf einen Felsen gemaltes Buddha-Bild bei Lhasa

Religion und Philosophie

Buddhistische Stupas

um ihren ökonomischen und geistigen Einfluß und ließ daher alle Tempel schließen und die buddhistische Religion verbieten, was ein harter Schlag für den chinesischen Buddhismus war. Lediglich der Chan- (japanisch Zen-)Schule gelang es, die Verfolgungskampagne der Tang zu überleben und das religiöse und geistige Erbe des Buddhismus weiterzutragen.

Buddhismus, Religiöse Verfolgung (Fortsetzung)

In China breiteten sich auch noch andere religiöse Lehren aus. Während der Nestorianismus, der Manichäismus und die Lehre des Zarathustra – alles Mischformen, in denen sich die christliche Lehre mit nahöstlichen und persischen Glaubenselementen vermischte –, unter der Tang-Dynastie (618–907) nur kurz Bestand hatten und sich die jüdische Religion eigene, wenn auch kleine und isolierte Glaubensinseln erobern konnte, fand der Islam bei der aus dem Mittleren Osten abstammenden Bevölkerung des Nordwestens die meisten Anhänger.
Im Gegensatz zum Buddhismus versuchte die moslemische Lehre nie, sich dem chinesischen Geist in Theorie oder kulturellem Bereich anzunähern.

Religiöse Minderheiten

Der Katholizismus schließlich konnte überhaupt nicht in die religiöse Vorstellungswelt der Chinesen eindringen. Die um 1600 von den Jesuiten erfolgten Missionierungsversuche hatten nur sehr geringen Erfolg, und dies trotz des Einsatzes von Patres wie Matteo Ricci, der sich die Gunst des chinesischen Hofes erwarb und zum Beamten der kaiserlichen Bürokratie aufrückte.

Katholizismus

Religion und Philosophie

Chinesische Gottheiten

Ba Xian, die acht Unsterblichen

Die acht Unsterblichen sind die Gottheiten des daoistischen Paradieses, die ewiges Leben besitzen. Dazu gehören drei identifizierbare historische Gestalten, während die übrigen legendären Charakter haben. Die verschiedenen Identitäten, die ihnen im irdischen Leben eigen waren (der Arme und der Reiche, Mann und Frau, Soldat und Beamter), versinnbildlichen sowohl das komplementäre Yin-Yang-Prinzip als auch die Gesellschaftsordnung der Zeit. Auf Bildern sieht man sie auf einer gekräuselten Wolke sitzen, auf der sie sich fortbewegen, auf steilen Felsabhängen wandern und nach der Wahrheit suchen oder auf dem Rücken des Kranichs, eines mythischen Tieres, reiten. Berühmt ist die Episode, in der die acht Unsterblichen die Meere durchqueren und dabei mit tausend Widrigkeiten zu kämpfen haben, vor allem aber auf ihre Wolke verzichten müssen und ihre Reise mit anderen Mitteln – einem Fächer, einem Schwert und einem Bambusrohr – fortsetzen.

Buddha Shakyamuni

Der Fürstensohn Siddharta, der zwischen dem 6. und 5. Jh. v. Chr. in Indien lebte, wurde nach langen Jahren der Predigt zum Buddha Shakyamuni. Doch außer der historisch belegten Figur dieses Predigers – der immer mit einer sehr schlichten Tunika dargestellt wird, ohne jeglichen Schmuck, mit überkreuzten Beinen auf einer Lotosblume sitzend oder auf der Seite liegend, das Gesicht auf eine Hand stützend –, gibt es die fünf metaphysischen oder kosmischen Buddhas, die nie wirklich existiert haben, sondern immer ein überirdisches Dasein führen. Sie werden in unterschiedlichen Farben (Weiß, Rot, Schwarz, Grün und Gelb), auf dem Rücken eines bestimmten Tieres (Löwe, Elefant, Adler, Pfau und Pferd) sitzend, abgebildet.

Bodhisattwa

Bodhisattwas sind halbirdische Wesen, die, um den leidenden Menschen helfen zu können, vorerst freiwillig darauf verzichtet haben, ihre Reise ins

Buddha-Statue

Bodhisattwa

Religion und Philosophie

Nirwana anzutreten. Da sie noch nicht aus dem Leben geschieden sind, erscheinen sie stets in einer irdischeren Kleidung und Haltung als Buddha Shakyamuni; ihre Gewänder sind prächtig und ihr Körper ist mit Schmuck versehen, eine Anspielung auf die Eitelkeit der diesseitigen Welt.

Unter den zahlreichen Bodhisattwas, die wegen ihrer Wirklichkeitsnähe vom Volk sehr verehrt werden, verdienen vier besondere Beachtung. Guanyin, die Göttin der Barmherzigkeit und der Fruchtbarkeit, wird in der chinesischen Kunst am häufigsten dargestellt, und zwar mit tausend Armen, die sich kreisförmig um ihren Körper schlingen, oder auch mit zwei Armen. Ein Auge auf jedem Handteller ermöglicht ihr, die Unendlichkeit menschlicher Leiden auf dieser Welt zu ergründen und zu begreifen.

Maitreya oder Buddha der Zukunft, der seiner Wiedergeburt auf der Erde entgegensieht, wird als Gottheit der Predigt gezeigt, mit dem Rad der Lehre oder einem blühenden Zweig und auf einem Thron sitzend.

Wenshu ist der Meister des Wortes und der Weisheit, Dizang der Herr der Hölle, der darüber entscheidet, welche Art von Reinkarnation den Seelen zukommt.

Chinesische Gottheiten, Bodhisattwa (Fortsetzung)

Der legendäre Gelbe Kaiser, der 2500 Jahre v. Chr. lebte und als Gott der Baukunst und der Straßen verehrt wird, gehört ursprünglich in die kosmologische Lehre des klassischen Altertums, fand dann aber auch in die daoistische Religion Eingang. Er gilt als Erfinder des Rades und des Bootes sowie als Wegbereiter der Keramikverarbeitung und fortschrittlicher landwirtschaftlicher Techniken. Auch wird ihm die Vertiefung wissenschaftlicher Disziplinen wie Astronomie und Mineralogie zugeschrieben.

Huangdi

Heng und Ha sind die beiden Wächtergottheiten des buddhistischen Götterhimmels. Der Legende nach handelt es sich um zwei Gestalten, die wirklich existiert haben, und zwar im Jahr 1000 vor Christus. Sie sollen von zwei daoistischen Zauberern mit besonderen Fähigkeiten ausgestattet worden sein: Heng sandte, unter betäubendem Lärm, aus den Nasenlöchern weiße Lichtstrahlen, die tödliche Wirkung hatten, und Ha atmete aus seinen Lungen ein ebenfalls tödliches gelbes Gas. Sie starben in einem Duell, das sie gegeneinander austrugen, durch fremde Kräfte, die ihre Schwachpunkte zu treffen wußten. Später wurden die beiden Gottheiten heiliggesprochen und zu Wächtern des buddhistischen Tempels erkoren. Man trifft sie am Eingang von Klosterkomplexen an, in grimmiger Pose einander gegenüberstehend.

Heng und Ha

Die Luohan, mit den Jüngern Christi vergleichbare Apostel des Buddhismus, haben nach harter geistiger und körperlicher Arbeit schon im Diesseits das Stadium des Nirwana erlangt. Durch Meditation und Leiden sind ihre Wünsche und Leidenschaften erloschen. Sie leben im Zustand der Gnade und besitzen besondere Privilegien und Kräfte; z. B. können sie die Gedanken anderer Menschen ergründen und vergangene Daseinsformen nachleben. Ganz anders als die mitleidvollen und hilfsbereiten Bodhisattwas stehen die Luohan fern der Menschheit, eben weil sie die Schwelle des Glücks bereits überschritten haben. Sie bilden gewöhnlich Gruppen von 9, 16, 18 oder sogar 500, und jeder von ihnen verkörpert einen Typus, der sich von den anderen durch eine Geste, einen Gegenstand oder ein körperliches Merkmal unterscheidet. Die bedeutendsten Luohan-Bildnisse kann man im Tempel der Azurblauen Wolken in Peking und im Kloster des Kostbaren Lichts bei Chengdu besichtigen.

Luohan

Laotse (→ Berühmte Persönlichekiten) wird am häufigsten als Shoulao, der Gott der Langlebigkeit, dargestellt, mit unförmigem und kahlem Schädel, breiter, hervortretender Stirn als Zeichen tiefer Meditation, herunterhängenden Ohrläppchen als Symbol der Weisheit und einem Stock in der Hand. Er reitet auf einem Damhirsch oder Phönix der Welt der Unsterblichen entgegen. Als Philosoph oder historische Persönlichkeit erscheint Laotse gewöhnlich in Gestalt eines alten Mannes, der sich auf dem Rücken eines Büffels in ferne Länder begibt.

Shoulao

49

Staat und Verwaltung

Staatsform	Die Volksrepublik China oder Chinesische Volksrepublik, chinesisch in Pinyin-Umschrift Zhonghua Renmin Gongheguo (sprich etwa 'Tschung-Hua Jen-Min Kung-He Kuo') wurde am 1. Oktober 1949 von Mao Zedong (Tse-tung) proklamiert. Nach der (vierten) Verfassung von 1982 ist der Staat als 'Volksrepublik' definiert, und zwar auf den Grundlagen von Sozialismus, demokratischer Diktatur des Proletariats, von Marxismus-Leninismus-Maoismus sowie uneingeschränkter Führung der Kommunistischen Partei.
Staatsembleme	Die Nationalflagge, das Staatswappen und das internationale Kfz-Kennzeichen sind auf den Seiten 52/53 dargestellt.
Diplomatische Beziehungen	Die Volksrepublik China unterhält diplomatische Beziehungen mit den meisten Staaten der Erde, so auch mit der Bundesrepublik Deutschland (bis 1990 auch mit der damaligen DDR), der Republik Österreich und der Schweizerischen Eidgenossenschaft.
Mitgliedschaft in internationalen Organisationen	China war 1945 eines der Gründungsmitglieder der Organisation der Vereinten Nationen (UNO), hält von Anbeginn einen der fünf ständigen Sitze im Weltsicherheitsrat und ist in diversen UN-Sonderorganisationen vertreten. Im Jahre 1971 beschloß die UN-Vollversammlung, die Republik China (Nationalchina; Taiwan) auszuschließen und an ihrer Stelle die Volksrepublik China aufzunehmen. Seit 1975 besteht ein Handelsabkommen mit der Europäischen Gemeinschaft (EG).

Oberste Staatsorgane

Nationaler Volkskongreß	Die fast 3000 Abgeordneten zum Nationalen Volkskongreß (NVK; Einkammerparlament), dem höchsten Machtorgan des Staates, werden von den Provinzen, autonomen Gebieten, regierungsunmittelbaren Städten und militärischen Einheiten auf fünf Jahre gewählt. Dieses Gremium, das Gesetze erläßt, Wirtschaftspläne verabschiedet sowie im Kriegsfall entscheidet, tritt einmal im Jahr zusammen und bestimmt dabei den Ständigen
Ständiger Ausschuß	Ausschuß des Nationalen Volkskongresses, dessen Vorsitzender als Staatsoberhaupt fungiert. Während der Tagungspause übt der Ständige Ausschuß stellvertretend die gesetzgebenden Funktionen aus und beruft
Staatsrat	den Staatsrat (zentrales Verwaltungsgremium), das exekutive Organ des Nationalen Volkskongresses. Der Staatsrat besteht aus dem von ihm ernannten Ministerpräsidenten, einigen Vizepräsidenten, einem Generalsekretär und einer wechselnden Anzahl von Ministern der verschiedenen Geschäftsbereiche. Die Regierung ist dem Nationalen Volkskongreß rechenschaftspflichtig. Als weitere wichtige Staatsorgane gelten das Oberste Volksgericht und die Oberste Staatsanwaltschaft. – Es besteht allgemeines Wahlrecht.
KPCh	Beherrschende Regierungspartei ist die Kommunistische Partei Chinas (KPCh; über 50 Mio. Mitglieder) mit dem Zentralkomitee (ZK; 175 Mitglieder), dem Politbüro (16 Mitglieder) und der Militärkommission. Das höchste Entscheidungsgremium der Partei ist der Ständige Ausschuß des Politbüros mit dem Generalsekretär an der Spitze.

Verwaltungsgliederung (Übersichtskarte s. S. 52/53)

Nationalitätenstaat	Die Volksrepublik China präsentiert sich als ein intern kompliziert in zahlreiche territoriale Einheiten mit regionaler Autonomie gegliederter Nationalitätenstaat (Fortsetzung S. 54).

Staat und Verwaltung

Festlandchinas Großräume

Geographische Gliederung mit Zuordnung der Provinzen, autonomen Regionen und regierungsunmittelbaren Städte

Nordostchina *(Dongbei)*:
Heilongjiang · Jilin · Liaoning
Nordchina *(Huabei)*:
Hebei · Neimenggu · Beijing · Shanxi · Tianjin
Ostchina *(Huadong)*:
Shandong · Jiangxi · Jiangsu · Shanghai · Anhui · Zhejiang · Fujian
Zentral- und Südchina *(Zhongnan)*:
Hainan · Henan · Hubei · Hunan · Guangdong · Guangxi
Südwestchina *(Xinan)*:
Sichuan · Guizhou · Yunnan · Xizang (Tibet)
Nordwestchina *(Xibei)*:
Shaanxi · Gansu · Ningxia · Qinghai · Xinjiang

Chinas Verwaltungsgliederung (Übersichtskarte s. S. 52/53)

	NAME (alphabetisch)	FLÄCHE (in km^2)	EINWOHNERZAHL (in Mio.)	VERWAL-TUNGSSITZ
Provinzen (Chu)				
	Anhui	139 000	57,61	Hefei
	Fujian	121 380	30,79	Fuzhou
	Gansu	451 000	22,85	Lanzhou
	Guangdong	198 500	70	Guangzhou
	Guizhou	170 000	32,15	Guiyang
	Hainan	34 380	6,74	Haikou
	Hebei	190 000	62,2	Shijiazhuang
	Heilongjiang	469 000	35,75	Harbin
	Henan	167 000	89,49	Zhengzhou
	Hubei	180 000	55,12	Wuhan
	Hunan	210 000	62,09	Changsha
	Jiangsu	102 600	68,44	Nanjing
	Jiangxi	166 600	38,65	Nanchang
	Jilin	187 400	25,09	Changchun
	Liaoning	145 700	39,96	Shenyang
	Qinghai	720 000	4,54	Xining
	Shaanxi	195 000	33,63	Xi'an
	Shandong	153 300	85,7	Jinan
	Shanxi	156 000	28,42	Taiyuan
	Sichuan	567 000	108,97	Chengdu
	Yunnan	394 000	37,82	Kunming
	Zhejiang	101 800	42,02	Hangzhou
Autonome Regionen	Guangxi	236 000	43,24	Nanning
	Neimenggu	1 200 000	21,84	Hohhot
	Ningxia	66 400	4,8	Yinchuan
	Xinjiang	1 650 000	15,55	Ürümqi
	Xizang (Tibet)	1 228 000	2,196	Lhasa
Regierungs-unmittelbare Städte	Beijing	16 807	15	
	Shanghai	6 200	14	
	Tianjin	4 276	9,28	
	Tschungking	1 521	2,65	
Hongkong (Sonderverwaltungszone)		1 071	6,7	Central District
Taiwan (Republik China)		36 179	20	Taipei
Macao (Sonderverwaltungszone)		26	0,45	Macao

Staat und Verwaltung

Festlandchinas Großräume und Chinas Verwaltungsgliederung (tabellarische Übersicht) s. S. 51

Wirtschaft

Provinzen	Das Staatsgebiet setzt sich aus 30 Hauptverwaltungseinheiten zusammen: 22 (mit Taiwan 23) Provinzen (sheng; in etwa den 18 historischen Provinzen der Kaiserzeit entsprechend), fünf autonomen Regionen mit Sonderstatuten für die nationalen Minderheiten (Neimenggu/Innere Mongolei, Ningxia, Xinjiang/Sinkiang, Guangxi und Xizang/Tibet) und vier regierungsunmittelbaren Städten (die Hauptstadt Peking sowie Shanghai, Tientsin und seit 1997 Tschungking).
Autonome Regionen	
Regierungs- unmittelbare Städte	
Bezirke	Die Provinzen und autonomen Regionen sind ihrerseits in Bezirke (Diqu) unterteilt, deren Zahl sich einschließlich der autonomen Bezirke mit ethnischen Minderheiten auf etwas mehr als 150 beläuft.
Präfekturen	Daneben gibt es noch autonome Präfekturen, in denen vorwiegend Minderheiten wohnen.
Gemeinden	Auf der unteren Verwaltungsebene gab es früher auf dem Lande noch eine weitere Organisationseinheit: die Volkskommune. Da der Kollektivbesitz von Grund und Boden überall galt, war sie die Basiseinheit aller administrativen Strukturen. Doch aufgrund der 1978 einsetzenden wirtschaftlichen und politischen Entwicklungen, die den Privatbesitz begünstigen, ist die Volkskommune fast in ganz China abgeschafft und durch die Gemeinden bzw. Stadtviertel (Xiang) ersetzt worden.

Wirtschaft

Wirtschaftsgeschichtliche Entwicklung

Ländlich- bäuerliche Kultur	Die chinesische Zivilisation, die an den schlammigen, fruchtbaren Ufern des Huanghe und längs der feuchten Tiefebene des Changjiang entstanden ist, war von Anfang an vornehmlich auf die Landwirtschaft ausgerichtet. Jüngste Entdeckungen haben bewiesen, daß die Chinesen schon vor 3000 bis 4000 Jahren Hirse und Reis anbauten und dabei fortschrittliche Methoden zur Landbearbeitung und Bewässerung entwickelt hatten. China ist allerdings nicht nur eine Agrargesellschaft gewesen, denn früher als andere Kulturen stellte es handwerkliche Konsumgüter her und baute Rohstoffe ab. Man denke nur an die Seidenverarbeitung, die Porzellanproduktion, die Teepflanzungen und die Salz- und Kohlegewinnung.
Arbeitsweise	Die fortschrittliche Wirtschaftsstruktur, die westliche Besucher im 13. und 14. Jh. kennenlernten, geriet jedoch in den folgenden Jahrhunderten unaufhaltsam in Rückstand. Diese regressive Entwicklung hat, nach Ansicht einiger Historiker, zweierlei Ursachen: eine objektive – der Überfluß an Arbeitskräften, der verhinderte, daß nach neuen, zeitsparenden Methoden geforscht wurde –, und eine subjektive, d.h. die strenge Kontrolle der kaiserlichen Bürokratie, die individuelle Freiheit und Privatinitiative unterdrückte. Nicht unwichtig ist dabei auch der Umstand, daß die Landwirtschaft über jeder anderen Art von produktiver Tätigkeit stand und man ihren Fortbestand, infolge der geologischen und klimatischen Bedingungen, mithilfe hydraulischer Anlagen sichern mußte, was jedoch nur von einer starken politischen Zentralmacht verwirklicht werden konnte.
Einfluß des Auslands	Als China zwischen dem 14. und 18. Jh. ins Licht der Weltöffentlichkeit trat, wurde es aufgrund seiner wirtschaftlichen und politischen Schwäche zu einer leichten Beute der europäischen Mächte, die großes Interesse an den einheimischen Waren und Rohstoffen hatten. Das Eindringen der imperialistischen Staaten nach China brachte aber auch industrielle Technologien in das Land, die Infrastruktur verbesserte sich. Die Häfen von Shanghai, Kanton und Tientsin wurden geschaffen bzw. ausgebaut; im Jahr 1876 legte man die erste Eisenbahnlinie; Metall- und Maschinenbauindustrien sowie Leichtindustrie entstanden.

Wirtschaft

Als China nach 1949 den Wiederaufbau des Landes in Angriff nahm, lag die Wirtschaft am Boden. Der Industrie fiel aufgrund weniger und mangelhafter Anlagen eine unbedeutende Rolle dazu. Überdies konzentrierten sich die Fabriken alle in den Küstengebieten, vor allem um die vier Häfen Tientsin, Tsingtau, Shanghai und Kanton (Sitz der ausländischen Firmen), und in der Manddschurei, wo die Japaner während des Bürgerkrieges industrielle Projekte gefördert hatten. Im Landesinneren war die industrielle Entwicklung auf die Zentren Tschungking, Wuhan und Taiyuan beschränkt. Auch die Landwirtschaft befand sich keineswegs in blühendem Zustand. Die Kriege hatten die Kontrolle der hydraulischen Anlagen unmöglich gemacht, die jedoch für den Ackerbau notwendig waren.

Wirtschaftsgeschichtliche Entwicklung (Fortsetzung) Wiederaufbau nach 1949

Die nach 1949 betriebene Wirtschaftspolitik beruhte insbesondere auf folgenden Prinzipien: zum einen zielte man auf die Stärkung der als Stütze der Binnenökonomie geltenden Landwirtschaft ab, zum anderen wurde versucht, das industrielle Ungleichgewicht zwischen Küstengebieten und Binnenregionen aufzuheben, indem man in noch nicht industrialisierten Städten und nahe den Förderzentren von Rohstoffen neue Fabrikanlagen und Infrastrukturen schuf. Weitere Verbesserungen (wie Trockenlegungen, Aufforstung, Regulierung der Flüsse, Errichtung von Dämmen und Ausweitung des Straßen- und Eisenbahnnetzes) legten den Grundstock für die Urbanisierung der Wüstengebiete und eine höhere Rentabilität des bewirtschafteten Landes.

Wirtschaftspolitik

Nach dem Tod Mao Zedongs begann 1976 mit dem 5. Fünfjahrplan eine Periode grundlegender Neuorientierung der Wirtschaftspolitik. Ab 1978 wurden zunächst in der Landwirtschaft und von 1984 an im Rahmen des 6. Fünfjahrplans auch in der Industrie Reformen verwirklicht, die einschneidende Veränderungen des Wirtschaftssystems bewirkten. Ziel dieser Maßnahmen ist es, in Landwirtschaft und Kleingewerbe private, gewinnorientierte unternehmerische Aktivitäten zu fördern. Zudem wurde eine stärkere Öffnung zum Ausland vollzogen, wobei vor allem Interesse an modernen Technologien bestand. Seit 1980 richtete man Wirtschaftssonderzonen (Shenzhen, Zhuhai, Shantou, Xiamen; 1988 Hainan) ein, in denen kapitalistische Zielsetzungen herrschen.

Nach dem 7. Fünfjahrplan (1986–1990) sollte die staatliche Lenkung der Wirtschaft statt durch administrative Mittel durch Preise, Steuern, Kredite, Löhne und Devisenkurse erfolgen. Auch einige Küstenregionen und eine Vielzahl von Städten erhielten wirtschaftliche Sonderrechte, wozu steuerliche und devisenrechtliche Sonderbehandlung und bevorzugte Arbeitsbedingungen gehörten. Alle diese Maßnahmen führten zu einer enormen Steigerung des Bruttosozialprodukts, aber auch zu einer hohen Inflationsrate und einem steigenden Haushaltsdefizit. Ziel des 8. Fünfjahrplans (1991–1995) war die Fortsetzung des wirtschaftlichen Strukturwandels, wobei insbesondere die Rohstoffindustrie stärker gefördert und die Infrastruktur schneller ausgebaut werden sollten. Der 9. Fünfjahresplan (1996 bis 2000) dagegen räumte der Landwirtschaft Vorrang ein.

Wirtschaftslage

China erzielte im Jahr 2000 ein Wirtschaftswachstum von 8%, wobei die wirtschaftlichen Erfolge vorwiegend in den Wirtschaftszonen an der Küste und in den ländlichen Industriebetrieben reicherer Provinzen erzielt wurden. Der Anteil der staatlichen Wirtschaft geht gegenüber dem Privatsektor immer mehr zurück. Durch die Freigabe der Preise für Grundnahrungsmittel und die geringere Subventionierung der Mieten stiegen die Lebenshaltungskosten.

Wirtschaftsdaten

Nach der Reformkampagne ist das Interesse ausländischer Investoren an China gewachsen. Größter Investor ist Taiwan, dann folgen Japan und USA. 90% der Investitionen gehen allerdings in die Küstenprovinzen, mit denen die Inlandsprovinzen wegen mangelhafter Infrastruktur und starrer Bürokratie noch nicht konkurrieren können.

Wirtschaft

Wirtschaftslage (Fortsetzung) Wirtschaftsprobleme

Mit dem Wirtschaftswachstum gehen aber auch Probleme einher. So ist die Lage durch konjunkturelle Überhitzungserscheinungen (Haushaltsdefizit) und Strukturprobleme gekennzeichnet, gegen die die Regierung Maßnahmen eingeleitet hat. So haben die meisten Sonderwirtschaftzonen an der Küste auf Anordnung der Regierung ihren ökonomischen Sonderstatus wieder aufgegeben. Zudem läßt sich ein wachsendes Wohlstandsgefälle zwischen den Küstenprovinzen und dem Hinterland feststellen. Die Einkommensunterschiede klaffen dadurch immer mehr auseinander; 300 Mio. Menschen sind nach internationalen Berechnungen von Armut betroffen. Ein weiteres Problem ist die mangelnde Effizienz der großen Staatsbetriebe, die nur durch Subventionen erhalten werden. Die Betriebe tragen nur in geringem Umfang zum Inlandsprodukt bei, während der Privatsektor überdurchschnittlich expandiert. Die Regierung will nun fast alle Staatsbetriebe privatisieren. Außerdem haben durch die Reformen Millionen von Arbeitern ihre Stelle verloren und strömen zusammen mit verarmten Bauern in die "reiche" Peripherie des Landes. Diese massive Wanderungsbewegung (150 Mio. Menschen) und die "kapitalistische" Denkweise drohen das soziale Gefüge, in dem die Solidarität zwischen Menschen einen hohen Stellenwert einnimmt, zu zerstören. Korruption, Gewaltverbrechen und Spekulation sind Erscheinungsformen dieser Entwicklung. Um die Armut als Ursache der Abwanderung zu bekämpfen, ergreift die Regierung folgende Maßnahmen: finanzielle Zuschüsse für die lokale Wirtschaft, Ausbau der Verkehrsinfrastruktur und Auslandsinvestitionen nach Zentral- und Westchina.

Außenwirtschaft

Seit den achtziger Jahren erhöhte sich die Außenhandelsquote von China erheblich. Auch im Jahr 2000 verzeichnete China eine positive Handelsbilanz. Den wichtigsten Exportanteil nehmen Erzeugnisse der Textilindustrie ein, die durch die Lohnkostenvorteile ihre Weltmarktanteile erhöhen konnten, sowie Elektro- und Maschinenbauerzeugnisse. Die wichtigsten Importgüter, die mehr als die Hälfte der Einfuhren ausmachen, sind Maschinen, Elektrotechnik und Elektronik. Die bedeutendsten Import-Handelspartner sind Japan, gefolgt von Taiwan und den USA, während beim Export Hongkong an der Spitze liegt und Japan und die USA die nächsten Plätze einnehmen. Die Handelsbeziehungen zur Europäischen Union wurden ausgeweitet. Gegenüber Deutschland, dem wichtigsten Handelspartner in Europa, verzeichnet China einen Handelsüberschuß, wobei das wichtigste Exportprodukt Bekleidung ist.

Tourismus

Nachdem 1988 für den chinesischen Tourismus ein Rekordjahr war, brachte das Massaker unter Demonstranten 1989 einen Einbruch. Doch bereits 1991 war die Reisebranche wieder auf Wachstumskurs, und die Zahl der Reisenden stieg auf 33 Millionen, wovon knapp 3 Mio. Ausländer waren. Die Besucherzahlen verzeichneten auch in den folgenden Jahren ein Wachstum und beliefen sich 1998 auf ca. 63 Mio., wobei die meisten Reisenden aus Taiwan, Hongkong umd Macao kamen.

Landwirtschaft

Lage

Nur etwa 10 % Chinas können landwirtschaftlich genutzt werden. Knapp die Hälfte der Bevölkerung ist in der Landwirtschaft beschäftigt. Durch die natürlichen Gegebenheiten hat die Landwirtschaft mit folgenden Schwierigkeiten zu kämpfen: Überschwemmungen, Bodenerosion sowie Be- und Entwässerung (45% der Nutzfläche müssen bewässert werden). Die geringe landwirtschaftlich nutzbare Fläche erschwert das Schritthalten des landwirtschaftlichen mit dem Bevölkerungswachstum. Hierzu trägt auch die Verringerung der Anbaufläche bei, die auf den ständig zunehmenden Flächenverbrauch durch die Bevölkerung und Industrie sowie Umweltverschmutzung zurückzuführen ist. Dieser Prozeß hat eine ständige Intensivierung der Anbaumethoden und einen steigenden Kunstdüngereinsatz zur Folge.

Wirtschaft

Feldarbeit in traditioneller Weise

Es werden immer mehr hochwertige Erzeugnisse hergestellt, weil sich der Anbau von Reis und Weizen durch den staatlich festgesetzten Ankaufspreis weniger lohnt. Ein weiterer Grund für die Reduzierung der Ackerflächen ist die zunehmende Ausbreitung der Wüsten.

Im Zug der Reformmaßnahmen wurde auch in der Landwirtschaft die Eigeninitiative gestärkt; ein Teil der Ackerbauflächen konnte nach Abzug der staatlich festgelegten Quote privat genutzt werden. Dadurch erfuhr die Produktion zweistellige Zuwachsraten, und die bäuerlichen Einkommen stiegen.

Die Landwirtschaft nimmt nach der Industrie und dem Dienstleistungssektor den dritten Platz in der Wirtschaft ein. Sie hat insbesondere mit folgendem Problem zu kämpfen: fehlende oder unzureichende Investitionen in Anlagen zur Be- und Entwässerung sowie zum Überschwemmungsschutz und zur Verbesserung versalzter und von Erosion betroffener Böden. Hinzu kommen das unzureichend ausgebaute Handels- und Transportsystem und der Mangel an Düngemitteln und Saatgut. Da die staatlichen Gelder in die industrielle Entwicklung gesteckt wurden, blieben für die Bauern keine Gelder mehr übrig, wodurch deren Einkommen sanken. Zudem wurde die finanzielle Situation der Landbevölkerung durch die steigenden Preise sowie die hohen Steuern und Abgaben belastet. Deswegen kam es immer wieder zu Protestaktionen von Bauern. Der 9. Fünfjahresplan (1996–2000) räumte der Landwirtschaft dann Vorrang ein.

Ungefähr drei Viertel der Landwirtschaftsfläche entfallen auf den Getreideanbau. Im Süden wird vor allem Reis angebaut, im Norden Weizen, Mais, Sorghum (Getreideart), Hirse und Hafer. Trotzdem mußte Getreide für den steigenden Bedarf importiert werden. Eines der wichtigsten Anbauprodukte ist zudem Obst. Hochwertige Erzeugnisse wie Tee, Tabak, Baumwolle, Naturfasern, Zuckerrohr und Seide stellen Rohstoffe für die Leichtindustrie und zugleich wichtige Exportwaren dar; sie nahmen im Gegensatz zu den ackerbaulichen Produkten zu.

Landwirtschaft, Lage (Fortsetzung)

Landwirtschaftliche Produkte

Wirtschaft

Landwirtschaft (Fortsetzung)
Viehzucht

Die höheren Gebirgslagen im 'Äußeren China' bieten ideale Weideplätze für Rinder, Pferde und Ziegen. Schweine, in China elementarer Bestandteil der Ernährung, werden hingegen, zusammen mit Hühnern und Enten, in den zentralen ländlichen Regionen gehalten.

Forstwirtschaft

Der Waldanteil des Landes beträgt nur etwa 13 % der Gesamtfläche, denn in den 60er Jahren wurden große Waldflächen systematisch abgeholzt, um den Bedarf an Brennholz zu decken und Flächen für den Ackerbau zu gewinnen. Dadurch verlor der Boden seine natürliche Wasserspeicherfähigkeit, und es kommt in der Folge vermehrt zu Überschwemmungen an den Unterläufen der großen Flüsse. Seit einiger Zeit wird versucht, den Waldanteil durch Aufforstungen zu vergrößern. Zudem wurde der Holzeinschlag erheblich reduziert.

Industrie

Entwicklung

Die bis nach dem Zweiten Weltkrieg recht rückständige chinesische Industrie entwickelte sich in den letzten Jahrzehnten zwar unstet und unter widersprüchlichen politischen Vorzeichen, hat heute ein beachtliches Niveau erreicht, vor allem, wenn man all die komplexen sozialen, wirtschaftlichen, politischen und territorialen Schwierigkeiten bedenkt, mit denen sie zu kämpfen hat.
Auf eine erste Phase zurückhaltender Investitionen in die Stahlindustrie und der Entstehung neuer Industriezentren in abgelegenen Gegenden folgte eine zweite gegenläufige, in der man auf dem Land und in den Binnenzonen kleine Fabriken errichtete. Diese Politik war wegen hoher Kosten, Mangel an Technologie und spezialisierten Arbeitskräften sowie der beginnenden Wirtschaftskrise (1960) alsbald zum Scheitern verurteilt.
In der darauffolgenden Phase verlagerte sich das Schwergewicht auf die verarbeitende Leichtindustrie (Baumwolle, Seide), und im Bereich der Schwerindustrie setzte man auf den qualitativen und quantitativen Ausbau einiger geographischer Schlüsselzonen.
Die politischen Spannungen übten von der Kulturrevolution an freilich eine Bremswirkung auf die Verwirklichung wirtschaftlicher Projekte aus. Nach dem Tode Maos (1976) hat die chinesische Ökonomie durch die Liberalisierung, die Förderung von Privatinitiativen, die Öffnung für ausländisches Kapital, die Intensivierung der Handelsbeziehungen mit dem Ausland und den Erwerb fortschrittlicher westlicher Technologien einen neuen Kurs eingeschlagen und wurde teilweise der staatlichen Planung entzogen. Dadurch wuchs die Industrieproduktion aus den Kleinbetrieben, am meisten in den Küstenprovinzen. Gebremst wurde dieser privatwirtschaftliche Aufschwung durch die Niederschlagung der Studentenbewegung im Jahr 1989, wonach sich die Kleinunternehmen aber bald wieder erholten.

Lage

Mit etwa 49 % nimmt die Industrie den höchsten Anteil am Bruttoinlandsprodukt ein. Seit Jahren verzeichnet sie eine Steigerung, wobei die Wachstumsimpulse vor allem von der nicht-staatlichen Industrie ausgingen und besonders stark in den Küstenprovinzen waren. Gemeinschaftsunternehmen (joint ventures) in der Konsumgüterindustrie, die bislang nur für den Export produziert haben, dürfen nunmehr Produkte auf den inländischen Markt bringen.
Eine zunehmende Belastung für die wirtschaftliche Entwicklung stellen die Staatsbetriebe dar. Obwohl sie subventioniert werden, arbeitet die Mehrzahl von ihnen in der Verlustzone. Bei einigen Betrieben wurden die Eigentumsrechte geändert. Nun will die Regierung fast alle Staatsbetriebe privatisieren, was jedoch aufgrund der zu erwartenden Massenentlassungen zu sozialer Instabilität führen kann.

Bodenschätze

Einer der Schlüsselsektoren für eine Industrialisierung des Landes ist der Bergbau. Das an Rohstoffen reiche China setzt insbesondere auf die Kohle, deren Lager als die größten der Welt eingeschätzt werden. Das

Wirtschaft

Land ist zudem der größte Kohleproduzent der Welt. Zudem gehört es bei Aluminium, Bauxit, Gold, Lithium, Mangan, Nickel, Titanium und Zinn zu den führenden Weltproduzenten. Abgesehen von den herkömmlichen Zentren im Nordosten (Fushun und Tangshan) sind auch in den nördlichen und zentralen Provinzen Shanxi, Shaanxi, Hebei und Anhui sowie in den südlichen Provinzen Szetschuan und Jiangxi Kohlereviere in Betrieb genommen worden. Trotz der reichen Bodenschätze hält die Produktion aufgrund des schnell wachsenden Bedarfs bei gleichzeitig geringer Erschließung neuer Vorkommen der Nachfrage nicht stand.

Beachtlich sind auch die Erdölressourcen des Landes: im Westen und Südwesten (Yumen/Prov. Gansu) werden sie bereits seit Ende der dreißiger Jahre ausgeschöpft. Im Nordosten entdeckte man in der Nähe von Harbin bedeutende Vorkommen; auch im Meer wird dort nach neuen Quellen geforscht. Trotzdem muß wegen des steigenden Inlandsverbrauchs Erdöl importiert werden.

Industrie, Bodenschätze (Fortsetzung)

Der wichtigste Energielieferant ist mit 73% die Kohle, der zweitwichtigste das Erdöl (19%). Zudem sind die großen Wasserkraftwerke am Huanghe (Liujiaxia, Longyangxia und das im Bau befindliche Xiaolangdi), am Songhua (im Nordosten) und die von Guangxi und Guizhou zu erwähnen.
Trotz der Ressourcen kommt es durch den schnell wachsenden Energiebedarf der Industrie und durch noch sehr energieintensive Produktionsverfahren zu Engpässen. So hat sich 1992 die Stromerzeugung um 10% erhöht, die Nachfrage stieg aber um bis zu 35%. Gründe für die unzureichende Entwicklung der Energieträger sind mangelnde Investitionen und Erschließung neuer Vorkommen.

Energiegewinnung

Am Changjiang bei Yichang ist ein u. a. aus ökologischen Gründen umstrittenes riesiges Kraftwerk zur Stromerzeugung, zur Verhinderung von Überschwemmungen und zur Bewässerung im Bau. Es soll mit dem 185 m hohen und 1983 m langen Sanxia-Staudamm – dem größten der

Sanxia-Staudamm

Traditionelle Keramikmalerei

Wirtschaft

Energie, Sanxia-Staudamm (Fortsetzung)

Welt – die achtfache Strommenge des Assuanstaudammes liefern. Mehr als 1,2 Mio. Menschen in 13 Städten und 1500 Dörfern müssen dem Projekt weichen, und 28 700 ha Ackerland sollen überflutet werden. Ferner werden 1200 historische Denkmäler in den Fluten verschwinden.

Textilindustrie

Auf dem Gebiet der Leichtindustrie steht die Textilverarbeitung wegen ihrer Produktionsmenge an erster Stelle, wobei die Baumwollindustrie zwei Drittel der Gesamtproduktion erbringt.
Die Seidenraupenzucht und die Verarbeitung des Garns sind traditionell im Süden des Landes, zwischen dem Changjiang und dem Zhujiang, sowie in den Provinzen Shandong, der Heimat der Tussorseide, und Szetschuan angesiedelt.

Keramik und Porzellan

Eine nicht unbedeutende Rolle spielt in der chinesischen Wirtschaft auch die Keramik- und Porzellanherstellung. Sie reicht zwar nicht an die hohe Qualität vergangener Jahrhunderte heran, liefert aber dennoch gediegene Produkte für den Binnenmarkt und Export. Die Keramik- und Porzellanmanufakturen befinden sich traditionsgemäß im Süden des Landes. Jede von ihnen ist für eine besondere Technik oder ein spezielles Dekor bekannt.

Verkehr

Allgemeines

Obwohl das Verkehrsnetz in den letzten Jahren ausgebaut wurde, konnte es mit dem schnellen Wirtschaftswachstum nicht Schritt halten. Zu den Grundproblemen gehören das überlastete Eisenbahn- und das unzureichende Straßennetz.

Straßennetz, Straßenverkehr

Das Straßennetz weist eine Länge von 1,07 Mio. km auf, wobei die Schnellstraßen (einschließlich der Autobahnen) 8000 km ausmachen.
Der Bestand an Kraftfahrzeugen hat sich in den letzten Jahren enorm erhöht, wodurch ein wachsendes Verkehrsaufkommen zu verzeichnen ist. Nur wenige reiche Chinesen besitzen ein Auto. Importierte Fahrzeuge sind aufgrund hoher Zölle und Steuern extrem teuer, aber auch im Land produzierte Personenwagen sind für den Druchschnittsbürger unerschwinglich. Das Fahrrad ist immer noch das wichtigste Transportmittel des Landes.

Eisenbahn

Das 54 000 km unfassende Eisenbahnnetz ist wenig entwickelt und hat große Lücken im Nord- und Südwesten; es ist zu etwa 16% elektrifiziert. Das Schienennetz wird nicht mehr so intensiv wie in den siebziger und achtziger Jahren ausgebaut, und die Trassen und Wagen sind in schlechtem Zustand.
Dieser Verkehrsträger ist das wichtigste Transportmittel im Frachtverkehr, während die Personenbeförderung knapp die Hälfte seiner Kapazität ausmacht.
Eine durchgehende Bahnstrecke von Peking nach Hongkong, das mit mehr als 2500 km Länge größte Bauprojekt in der Geschichte der chinesischen Eisenbahnen, wurde 1996 fertiggestellt.

Schiffahrt

Die schiffbaren Binnenwasserstraßen haben eine Länge von knapp 120 000 km, wobei die Flüsse Changjiang und Xijiang einen Großteil ausmachen. Die Wasserwege im Norden Chinas sind entweder zeitweise durch Treibsand und niedrigen Wasserstand beeinträchtigt oder vereist. Die Nutzung der Binnenschiffahrt ist durch den Verlauf der Wasserwege überwiegend nur in West-Ost-Richtung möglich. Ihr Anteil bei der Frachtbeförderung beträgt ca. 5% und bei der Personenbeförderung etwa 3%.

Flugverkehr

Neben der Staatlichen Fluggesellschaft Air China wurden zahlreiche weitere Fluggesellschaften gegründet. Der Flugverkehr verbucht überdurchschnittliche Zuwachsraten. Doch die vielerorts veralteten 140 Flughäfen und die antiquierte Flugsicherung halten mit der rasanten wirtschaftlichen Entwicklung nicht Schritt. Die Folge sind Sicherheitsprobleme.

Wirtschaft

Der Ausbau der Flughäfen wird vor allem in den Küstenstädten vorangetrieben. Wichtigste Flughäfen sind Peking und Shanghai, aber auch die Flugplätze anderer Städte gewinnen zunehmend an Bedeutung. Das Passagieraufkommen betrug 1995 mehr als 51 Millionen.

Verkehr,
Flugverkehr
(Fortsetzung)

Geschichte

Ausgrabungen belegen, daß in China schon vor einer Million Jahren ein Urmensch lebt. Siedlungsspuren finden sich im ganzen 'Inneren China', sowohl im Norden (Peking) als auch in den Flußbecken des Huanghe und des Changjiang. Zeugnisse einer organisierten Gesellschaftsform sind jedoch erst 500000 Jahre später nachweisbar. Aus den menschlichen Skelettresten, die 1921 in Peking entdeckt werden, schließt man, daß der Peking-Mensch (Sinantropus pechinensis), der vor 400000–500000 Jahren hier siedelt, Werkzeuge zur Bearbeitung des Landes herstellen und mit dem Feuer umgehen kann.

Paläolithikum

Zu Beginn des Neolithikums, ab dem 6.–5. Jt. v. Chr., kann man die ersten menschlichen Gemeinschaften mit eigener Zivilisation ausmachen, die im Becken des Huanghe bei Xi'an angesiedelte Yangshao-Kultur und die Longshan-Kultur, die sich in den östlichen und südlichen Regionen ausbreitet. Die Völker der Yangshao-Kultur, die sich zu matriarchalisch beherrschten Gruppen zusammenschließen und kleine bäuerliche Dorfgemeinschaften bilden, betreiben vorwiegend Landwirtschaft (Weizen und Hirse) und Viehzucht (Schweine und Rinder). Die südliche Longshan-Kultur, in der man bereits die Herausbildung von Klassen beobachten kann, widmet sich hingegen hauptsächlich der Herstellung von Keramikgeschirr. Ihr Siedlungsmodell – mit Mauerringen befestigte Dörfer – ist relativ fortschrittlich.

Neolithikum

Unter den Xia, der ersten chinesischen Dynastie, wird die erbliche Thronfolge eingeführt.

Xia-Dynastie
21.–16. Jh. v. Chr.

Mit der darauffolgenden Shang-Dynastie tritt China in das Bronzezeitalter ein. Inschriften auf Metall und Knochenmaterial belegen, daß die Menschen jener Epoche die Techniken des Bronzegusses meisterlich beherrschen – Geschirr, Waffen und Werkzeuge aus der Shang-Ära sind bis heute von unübertroffener Qualität – und daß damals schon eine straffe Arbeitsorganisation besteht, die auf der Ausbeutung von Sklaven beruht. Obwohl die Shang ein Volk von Kriegern und Jägern sind, widmen sie sich auch der Landwirtschaft. Die Shang bauen vor allem Hirse und Weizen an und züchten Seidenraupen, die das für die Kleidung nötige Garn liefern.

Shang-Dynastie
16.–11. Jh. v. Chr.

Dank verfeinerter Methoden der Bronzeverarbeitung und einer höher entwickelten Gesellschaft, welche die Sklaverei abschafft und ein patriarchalisches, auf dem Erstgeburtsrecht basierendes Feudalsystem begründet, setzt sich die Zhou-Dynastie gegen die Shang durch. Der Herrscher verteilt als oberster Lehnherr nun den Bodenbesitz an eine hierarchisch gegliederte Anzahl von Feudalfürsten, während das gemeine Volk der Leibeigenschaft unterworfen ist. Nach und nach bildet sich eine dritte Gesellschaftsschicht heraus, die Beamten, die zwar adligen Ursprungs waren, aber keine Ländereien besitzen und sich als Heeresoffiziere oder Verwalter in die Dienste der Fürsten begeben.

Zhou-Dynastie
11. Jh. bis
221 v. Chr.

Unter der Östlichen Zhou-Dynastie, in der Frühlings- und Herbst-Periode (oder der Hegemonischen Reiche) und der Zeit der Streitenden Reiche ist eine weitere wirtschaftliche und gesellschaftliche Entwicklung zu verzeichnen. Die Verwendung von Eisen treibt Landwirtschaft, Handwerk (Gießereien, Salzgärten und Werkstätten zur Herstellung von Keramik und Lack) und Handel derart voran, daß sich Münzen als Zahlungsmittel durchsetzen können. Gleichwohl hat die Dynastie mit diversen Schwierigkeiten zu kämpfen: die enorme Weite des Reiches, die verschiedenen Völkergruppen und die Angriffe rivalisierender Reiche. Die Frühlings- und Herbst-

◀ *König Chou aus der Shang-Dynastie an seinem Hof*

Geschichte

Zhou-Dynastie (Fortsetzung)

Periode und die der Streitenden Reiche, die eine Übergangsphase voller Konflikte und Umwälzungen bilden, markieren zugleich einen der fruchtbarsten Phasen in der chinesischen Geistesgeschichte. Daher nennt man diese Periode auch die der Hundert Schulen. Neben dem theoretisch-ethischen Denkmodell des Konfuzius (→ Berühmte Persönlichkeiten), die im Widerstreit mit der Legalisten-Schule steht, entfaltet sich das Werk von Laotse (→ Berühmte Persönlichkeiten) und seinem Schüler Zhuang Zi, den beiden Begründern des Daoismus.

Qin-Dynastie 221–206 v. Chr.

Ein Fürst aus dem Westen Chinas bildet aus den einzelnen autonomen Reichen den ersten chinesischen Einheitsstaat. In einem Zeitraum von 17 Jahren, von 238–221 v. Chr., legt er mit Waffengewalt und Diplomatie den Grundstock für die Machtübernahme, läßt sich im Jahr 221 v. Chr. unter dem Namen Qin Shi Huangdi zum Kaiser ernennen und gründet die Qin-Dynastie, nach der China benannt ist. Während seiner Regierungszeit, von 221 bis 210 v. Chr., gelingt es dem Kaiser, dem chinesischen Reich eine wirtschaftliche, kulturelle und administrative Gliederung zu geben. Er wird zusammen mit mehr als 7000 Terrakotta-Soldaten bestattet; sein Grab entdeckt man 1974 in der Nähe von Xi'an.

Zum Zweck der Reichsvereinigung läßt er die Grenzen zwischen den einzelnen kleinen Staaten aufheben, ihre Verteidigungsanlagen zerstören, den ersten Abschnitt der Großen Mauer errichten – sie dient zugleich als Grenzmarkierung, Schutzwall sowie Verkehrs- und Handelsweg –, das Netz der 'Kaiserstraßen' anlegen, um alle Teile des Landes miteinander zu verbinden, und das Flußsystem ausweiten. Über die Seidenstraße wird erstmals Verbindung mit den großen Städten des Mittleren Ostens aufgenommen. Darüber hinaus schafft er das Lehenswesen ab und ersetzt es durch eine staatliche Verwaltung, die sich in Präfekturen und Landkreise gliedert. Maße, Gewichte, Münzen, Kalender, Gesetze und die Schrift, ein wichtiges Mittel zur Überwindung der sprachlichen Unterschiede, werden vereinheitlicht.

Durch die Geschwindigkeit und die repressiven Maßnahmen (die Waffen der Fürsten werden konfisziert, das kulturelle Erbe der Vergangenheit bis

Kaiser Qin Shi Huangdi

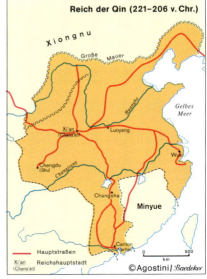

Reich der Qin (221–206 v. Chr.)

Geschichte

auf naturwissenschaftliche Werke zerstört, die Anhänger des Konfuzianismus verfolgt), mit denen der Kaiser diese Umwälzungen betreibt, verscherzt er sich die Sympathien der Landeigentümer, die sich daraufhin wieder zu kleinen, von der Zentralgewalt unabhängigen Staaten zusammenschließen. Außerdem zieht er den Haß des bei der Landarbeit ausgebeuteten Volkes auf sich. 209 v. Chr. besiegelt ein Bauernaufstand das Ende der ersten kaiserlichen Dynastie, die zwar nur kurze Zeit an der Macht war, deren Grundgefüge – ein Rechtsstaat nach dem Modell der Legalisten – aber weiterbesteht.

Qin-Dynastie (Fortsetzung)

Die nachfolgende Han-Dynastie kann nicht umhin, die von den Qin geschaffenen Institutionen zu übernehmen. Sie praktiziert zwar eine mildere Politik, behält aber das vorhandene Gesellschaftssystem bei. Aus wirtschaftlicher Sicht zeichnen sich die vier Jahrhunderte unter der Han-Dynastie durch beachtliche Fortschritte in der Landwirtschaft aus, dank der Errichtung hydraulischer Anlagen und der Verbreitung von Eisenwerkzeugen. Auf gesellschaftlicher Ebene führt diese Epoche zur Herausbildung einer Klasse von Großgrundbesitzern. Die Industrie erlebt eine erhebliche qualitative Verbesserung; zahlreiche vom Staat betriebene große Bronzemanufakturen und Unternehmen zur Salzraffinierung, Textil- und Keramikwerkstätten entstehen im Norden und Süden. Die industrielle Entwicklung zieht eine Intensivierung der Handelsbeziehungen nach sich, die sich, begünstigt durch Gebietseroberungen, vor allem Richtung Westen – nach Indien, Persien und ins Oströmische Reich – ausdehnen. Auf diese Phase wirtschaftlichen Aufschwungs, in der die Hunnen besiegt werden, folgt eine Zeit des Niedergangs, für die das Unvermögen des Hofstaates und die harte Steuerpolitik verantwortlich sind. Diese ist der Auslöser zahlreicher Bauernaufstände, die selbst nach der Wiederherstellung der Östlichen Han-Dynastie nicht abflauen. Schließlich besiegeln die sog. Gelben Turbane – Anhänger des Daoismus, die sich gegen die harte orthodoxe Anwendung des Konfuzianismus durch die kaiserliche Regierung wenden –, das Ende der Han-Dynastie.

Han-Dynastie 206 v. Chr. bis 220 n. Chr.

Nach der Han-Herrschaft durchlebt China eine Übergangsphase, die etwa drei Jahrhunderte dauert und eine Zersplitterung der Macht und des Staatsgebiets mitsichbringt. Sie ist unter der Bezeichnung 'Zeit der Drei Reiche' und 'Nord- und Süddynastie' bekannt.
Das Reich wird in drei große ökonomische und politische Regionen aufgeteilt: in der Mitte des Huanghe, im Süden die der Changjiang-Tiefebene, wo fünf Dynastien aufeinanderfolgen, und die Provinz Szetschuan. Dank neuer Arbeitskräfte, die aus dem Norden herbeiströmen, um den Raubzügen fremder Völker zu entfliehen, erfahren Landwirtschaft aus, Handwerk und Handel im Süden einen nie dagewesenen Aufschwung. Die von Westen eindringenden Völker und die innenpolitische Spaltung Chinas begünstigen sowohl die Verbreitung des Buddhismus, der sich in der Han-Ära an die Westgrenzen des Landes zurückgezogen hat, als auch die Konsolidierung des Daoismus.

220–581

Statuette aus der Wei-Zeit (386–589)

Die Wiedervereinigung des Landes gegen Ende des 6. Jh.s ist das Verdienst eines Militäraristokraten, der die nördlichen Stämme besiegt, den Süden zurückerobert und die Sui-Dynastie begründet. Doch die repressiven Methoden, mit denen auch diesmal die brachliegende Wirtschaft angekurbelt und die verlassenen Ländereien verteilt werden, lösen erneut den bewaffneten Widerstand der Bauern aus, denen es auch gelingt, die Sui-Dynastie zu stürzen.

Sui-Dynastie 581–618

Die Einigungsbestrebungen der Sui werden von der Tang-Dynastie fortgeführt. Sie dehnt das Reichsterritorium in alle Richtungen aus; im Nordosten okkupiert sie Korea, im Süden fällt sie in Yunnan ein und im Westen erobert sie das Tarimbecken und die Takla-Makan-Wüste.
Durch die Gebietsausdehnungen erhält auch der Handel neuen Auftrieb; auf der Seidenstraße nimmt der Verkehr von Menschen und Waren immer

Tang-Dynastie 618–907

65

Geschichte

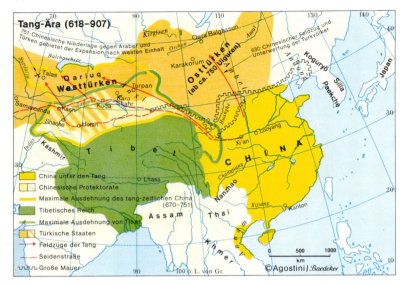

Tang-Dynastie
(Fortsetzung)

mehr zu, und das südchinesische Meer wird zum Verbindungsweg zu den Ländern des Indischen Ozeans. Zugleich steigt, auf dem westlichen und östlichen Markt, der Bedarf an hochwertigen Produkten wie Seide, Tee, Keramik und Lacken, so daß diese Manufakturen an Bedeutung gewinnen. Der sich entwickelnde Abbau von Kohle, Kupfer und Zinn sowie die Metallverarbeitung sichern der Wirtschaft eine solide Basis.

Die dreihundertjährige Herrschaft der Tang bringt eine Blüte der Kunst mit sich. In der Poesie werden unübertroffene Werke geschaffen, und das Keramikhandwerk hinterläßt der Nachwelt herrliche Pferde- und Kamelfiguren – Symbole einer Handelskultur, die bis in die Steppen des Nordens und Nordostens vordringt. Am chinesischen Hof werden Gesellschaftsspiele, bildende Künste, Musik, Tanz, Theater und Philosophie gepflegt.

In den unteren Gesellschaftsschichten keimen unterdessen überall Konflikte auf; die Neuverteilung des Landes, die auf großflächigere Bodennutzung und den Machtausgleich zwischen den Grundbesitzern abzielt, führt zu Abwanderungen in die neuen Westgebiete und zu bewaffnetem Widerstand gegen die Zentralgewalt. Und erneut sollten Bauernrevolten das Ende einer Dynastie besiegeln. Nach einer ersten Erhebung im Westen, die die kaiserlichen Truppen noch niederschlagen können, erlahmt die Macht der Dynastie immer mehr. In den Außenbezirken, die von Eindringlingen bedroht sind, verliert sie die Kontrolle über die Militärprotektorate und im Inneren über die Bauernaufstände.

Song-Dynastie
960–1279

Auf die Tang-Dynastie folgen fünfzig Jahre provisorischer Regierungen, in denen sich aber schon die vehemente wirtschaftliche und kulturelle Entwicklung der Song-Dynastie anbahnt, die einen Höhepunkt in der chinesischen Geschichte bedeutet und die Übermacht der südlichen Region gegenüber dem Norden besiegelt. Bis zu jenem Zeitpunkt haben sich alle chinesischen Dynastien im Becken des Huanghe etabliert und hier ihre Hauptstädte errichtet: Xi'an oder Chang'an im Westen und Luoyang im Osten dienen abwechselnd als Regierungssitze; auch die Shang haben ihre Hauptstädte Anyang und Zhengzhou am Huanghe erbaut.

Als die Song-Dynastie an die Macht kommt, wählt sie jedoch zunächst das nördliche Kaifeng zur Hauptstadt. Gleichzeitig wachsen aber im Süden,

Kaiser-Dynastien und Reichshauptstädte

DYNASTIE	EPOCHE	HAUPTSTADT
Xia	21.–16. Jh. v. Chr.	Anyi
Shang	16.–11. Jh. v. Chr.	Zhengzou Anyang
Westliche Zhou	11. Jh. – 770 v. Chr.	Xi'an
Östliche Zhou	770 – 221 v. Chr.	Luoyang
Zeit der Streitenden Reiche	475 – 221 v. Chr.	
Qin	221 – 206 v. Chr.	Xi'an
Westliche Han	206 v. Chr. bis 24 n. Chr.	Xi'an
Östliche Han	25 – 220	Luoyang
Zeit der Drei Reiche	220 – 280	
Westliche Jin	265 – 316	Luoyang
Östliche Jin	317 – 420	Nanking
Sui	581 – 618	Xi'an, Yangzhou
Tang	618 – 907	Xi'an
Zeit der Fünf Dynastien und der Zehn Reiche	907 – 960	
Song	960 – 1279	Hangzhou
Yuan	1271 – 1368	Peking
Ming (Kaiser Hongwu)	1368 – 1399	Nanking
Ming	1402 – 1644	Peking
Qing	1644 – 1911	Peking

Song-Dynastie (Fortsetzung)

der vor den Einfällen der Kitan und der Nüzhen (Dschurdschen) sicher ist, die landwirtschaftlichen und industriellen Zentren der Song-Kultur heran. Indem die Song jährlich Tribute an die fremden Völker zahlen und ihnen Ländereien zur Nutznießung überlassen, gewährleisten sie den Chinesen lange Jahre des Friedens sowie eine wirtschaftliche und kulturelle Blütezeit. Kohlengruben, Salzgärten und Gießereien sind eine solide Basis für die Handwerksbetriebe. Dank Erfindungen gelingt der Wirtschaft ein gewaltiger Sprung: die Erfindung des Schießpulvers bahnt der Waffenindustrie den Weg, die Entdeckung des Kompasses ermöglicht die Überquerung der Meere und die Erschließung neuer Absatzmärkte und Handelsbeziehungen, die Erfindung des Tafel- oder Blockdruckes eröffnet ganz neue Verständigungswege. China zählt damals zu den höchstentwickelten und reichsten Ländern der Erde.

Das Reitervolk der Mongolen, das an die rauhen Steppen und Wüsten des Nordens gewöhnt ist, wird von den so andersartigen urbanisierten Gebieten angezogen. Unter der Führung von Dschingis Khan kreist der Nomadenstamm die Randbezirke systematisch vom Westen und Süden her ein und vernichtet schließlich das Heer der Song.

Yuan-Dynastie 1271–1368

Die Mongolen Dschingis Khans – das erste nicht-chinesische Geschlecht, das über das Reich der Mitte herrscht –, haben die Grundlagen der Landwirtschaft in Nordchina zerstört. Sie lassen sich hier nieder und errichten die neue Hauptstadt Khanbaliq, das heutige Peking. Die Eroberer verwandeln die Äcker in Weideland und konfiszieren die Pferde, die im Norden als Zugtiere gedient haben. An Nomadenleben und Viehzucht gewohnt, fällt es ihnen schwer, die Regeln einer alteingegesessenen, bäuerlichen Gesellschaft anzunehmen, seßhaft zu werden und die feinsinnige, kompli-

Geschichte

Yuan-Dynastie (Fortsetzung)

zierte Bürokratie und Verwaltung eines jahrhundertealten Reiches zu begreifen.
Unter der Mongolenherrschaft kristallisiert sich bald ein Vierklassensystem heraus. Die Mongolen, und in geringerem Maße auch die Völker der westlichen Regionen, beanspruchen sämtliche Privilegien und politischen Rechte für sich, während die Han im Norden und im Süden eine untergeordnete Rolle innehaben, schwere Steuerlasten tragen müssen sowie ihrer Arbeitsgeräte und Waffen beraubt werden. Die völlige Unterdrückung und Entrechtung der einheimischen Bevölkerung ist einer der Gründe, weshalb das Mongolenreich nach einem Jahrhundert untergeht.
Die Mongolen festigen die Staatsgrenzen und die Reichsmacht nach außen, nicht nur, indem sie gegen Länder wie Birma und Japan Krieg führen, sondern auch, weil sie den Händlern Asiens und der Mittelmeerländer die Wege im Norden und Westen wieder zugänglich machen und, im Gegensatz zu den Han, Völker unterschiedlicher Herkunft, Kultur und Religion tolerieren und Umgang mit ihnen pflegen.
Vermutlich sind sie sich des enormen ökonomischen Wertes bewußt, den die landwirtschaftlichen und industriellen Gebiete im Süden darstellen, welche die Grundlage des von ihnen geförderten Handels bilden. So hüten sie sich davor, die Landwirtschaft des Südens zu zerstören, sondern bauen sie weiter aus, verbessern die hydraulischen Anlagen, begünstigen Handelskontakte zwischen Nord und Süd und sichern den Erzeugnissen der Handwerksbetriebe einen Absatzmarkt. Der Widerstand der Han gegen die Mongolen mündet bald in eine bewaffnete Rebellion; nach zwanzig kampfreichen Jahren wird die Yuan-Dynastie gestürzt. China tritt nun in die Neuzeit ein, in jene Phase, welche die Historiker als Spätstadium des Feudalismus bezeichnen.

Ming-Dynastie 1368–1644

Nachdem die neuen Ming-Kaiser die Mongolen hinter die Große Mauer zurückgedrängt haben – von wo aus diese jedoch immer wieder gegen die Reichsgrenzen anstürmen –, sorgen sie für den Wiederaufbau der Landwirtschaft im Norden. Sie lassen das brachliegende Land urbar machen, regen die Han dazu an, die Randgebiete zu besiedeln, weiten die Baumwollpflanzungen aus, errichten hydraulische Anlagen und gewähren Steuererleichterungen, um den Produktionsprozeß zu beschleunigen und die Bauern zur Arbeit anzuspornen.
Parallel dazu werden einige politische Maßnahmen ergriffen: die Zentralisierung der Verwaltung, die sich nach und nach zu einem entwicklungsfeindlichen bürokratischen Apparat auswächst; die Trennung von militärischer und politischer Gewalt; die Aufteilung des Grundbesitzes in 'öffentliche' Ländereien, die der kaiserlichen Regierung zustehen, und 'private' Ländereien, die für das Volk bestimmt sind; die Einführung einer als Geldsteuer zu zahlenden Bodenrente und die Einrichtung eines Agrarkatasters.
Die Kontakte zum Ausland werden insbesondere durch Expeditionen in die südlichen Meere, nach Ostafrika (Somalia) und ins Rote Meer gefördert. Die Erzählungen und Legenden über das orientalische Reich des Himmelssohns – durch Kaufleute in Umlauf gesetzt, die das China der Mongolen bereits haben – entfachen das Interesse der Europäer, von denen einige den weiten Weg nach China antreten. Außerdem finden im 15. und 16. Jh. die Weltumseglung und bedeutende Meeresexpeditionen statt. Als erste gelangen die Portugiesen 1516 auf dem Seeweg nach China, richten in Macao eine Handelsniederlassung ein und bringen die Übersee-Beziehungen in Gang. Dann folgen die Spanier, die Holländer und schließlich 1637 die Engländer. Die Italiener, die durch Marco Polo im 13. Jh. dazu beigetragen haben, die Europäer mit dem Reich der Mitte bekanntzumachen, kommen mit den Jesuiten hierher.
China ist nach wie vor von äußeren Feinden bedrängt: den ruhelosen Mongolen an der Nordgrenze, den Oiraten im Westen und den japanischen Seeräubern, die mit ihrer Flotte die Ostküste bedrohen. Auch die innenpolitische Lage ist angespannt. Die Korruption am Hof und das Unvermögen

Kaiserliche Beamte legen die Staatsprüfung ab. ▶

Geschichte

Weltkarte aus dem 17. Jahrhundert

Ming-Dynastie (Fortsetzung)

von Beamten und Eunuchen führen zu Bauernaufständen. Von diesen Konflikten profitieren die Mandschustämme des Nordostens; sie unterwerfen das schwache Ming-Geschlecht und begründen die Qing-Dynastie.

Qing-Dynastie 1644–1911

Ebenso wie die Mongolen ergreifen die Qing zunächst eine Reihe repressiver Maßnahmen gegenüber der chinesischen Bevölkerung, wie den Zwang, die mandschurische Tracht und einen Zopf zu tragen, das Verbot von Mischehen und die Bildung chinesischer Gettos in den Städten. Später wurde diese Politik gemäßigter, die Mandschuren passen sich an die chinesische Lebensart an und streben sogar danach, neue Gebiete zu erobern und dort die chinesische Kultur zu verbreiten. Kaiser Kangxi verleibt dem chinesischen Staatsgebiet Formosa, die Provinzen Yunnan und Tibet, die Mongolei und die zentralasiatischen Regionen ein und zieht damit die Grenzlinien des modernen China. Zudem weitet er das chinesische Protektorat auf die Randbezirke von Annam (Vietnam) und Korea aus. Nach einer langen Zeit wirtschaftlichen Wohlstandes brechen verheerende Naturkatastrophen über das Land herein. Die dadurch hervorgerufenen Hungersnöte setzen Bevölkerung, Landwirtschaft und Handwerk sehr zu. Die regierenden Mandschuren sind nicht in der Lage, diese schwierige Lage zu meistern. Stattdessen versuchen ausländische Mächte, ihre wirtschaftliche Stellung in China zu stärken.

1839–1842

Der Opiumkrieg versetzt der Qing-Dynastie den ersten verhängnisvollen Schlag. Die Engländer haben Opium aus Indien nach China importiert, um die Handelsbilanz zwischen den beiden überseeischen Besitzungen auszugleichen. Der Versuch der Qing-Dynastie, den Opiumhandel zu unterbinden, führt zum Krieg mit England. China unterliegt auch deshalb, weil es von eigenen Beamten verraten worden ist. Es muß Hongkong abtreten und, nach Kanton, fünf weitere Häfen dem Handel mit europäischen Staaten öffnen.

Geschichte

Von ihren rücksichtslosen Herrschern ausgebeutet und vom Opium der ausländischen Mächte betäubt und ausgehungert, erhebt sich das chinesische Volk im Taiping-Aufstand gegen die Qing-Dynastie, um diese zu stürzen und eine neue, bessere Gesellschaft aufzubauen. Es befreit einen Teil Südchinas, nimmt Nanking ein und erklärt es zur Hauptstadt. Im Widerspruch zu den konfuzianischen Reichsgrundlagen verfechten die Aufständischen die Lehren des Daoismus, führen den individuellen Grundbesitz ein und wollen eine Gesellschaftsform verwirklichen, die auf einer gerechten Besitzverteilung und der Gleichberechtigung zwischen Mann und Frau beruhen soll.

Die Revolte wird jedoch vom kaiserlichen Heer und ausländischen Truppen blutig niedergeschlagen.

Die Westmächte nutzen indes die politische Schwäche der Qing aus, um erneut einen Opiumkrieg zu entfesseln und weitere Privilegien zu gewinnen. Durch den Marsch auf Peking und die Zerstörung des alten Sommerpalastes bekräftigen sie unmißverständlich ihre Ansprüche. Dadurch sehen sich die Qing gezwungen, ihnen weitere Gebiete und Städte zu überlassen.

In der Folgezeit führen die ausländischen Staaten einen Krieg nach dem anderen, um einen Teil von China ihrem Machtbereich einzuverleiben. Den Franzosen wird das Protektorat über Vietnam und den Japanern Taiwan (1895) abgetreten.

Gegen diese Übermacht der ausländischen Staaten richtet sich der sog. Boxer-(Yi He Tuan = Vereinigung für Recht und Freiheit) Aufstand im Jahr 1900. Kaiserin Cixi nutzt die Rebellion zu ihren Zwecken, indem sie diese anfangs fördert, dann aber ausländische Truppen zu Hilfe ruft, welche die ihr unbequem gewordenen Aufständischen niedermetzeln. Als Werkzeug in der Hand der imperialistischen Mächte regiert die Kaiserin noch weitere acht Jahre und dankt 1908 zugunsten des damals erst dreijährigen Puyi, des letzten Qing-Kaisers, ab.

Qing-Dynastie (Fortsetzung), 1851–1864

20. Jahrhundert 1900

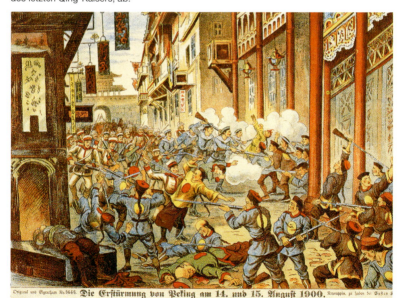

Boxer-Aufstand

Geschichte

1905–1916

Seit Anfang des 20. Jh.s verbreiten sich in China die Ideen einer bürgerlich-demokratischen Revolution. 1905 gründet Sun Yat-sen (→ Berühmte Persönlichkeiten) die Revolutionäre Vereinigung (Tong Meng Hui), welche die Mandschudynastie stürzen, die chinesische Nation wiederherstellen, eine Republik schaffen und eine gerechtere Verteilung des landwirtschaftlichen Bodens durchsetzen will. Die Revolte bricht 1911 in Wuhan aus und greift alsbald auf das ganze Land über. Am 1. Januar 1912 wird die Republik mit Nanking als Hauptstadt ausgerufen. Sie ist jedoch nur von kurzer Dauer. Um einen Bürgerkrieg zu verhindern, mußt Sun Yat-sen im Februar 1912 zurücktreten und Yuan Shikai, einem Anhänger der dem Qing-Hof verbundenen Partei der konstitutionellen Monarchisten, das Feld überlassen. Der plötzliche Tod von Yuan Shikai im Jahre 1916 führt zu einer Reihe von Bürgerkriegen zwischen den verschiedenen Militärmachthabern, den sog. Warlords.

Erste Republik
1921–1927

Nach Ende des Ersten Weltkrieges begünstigen die tiefgreifenden Veränderungen in der internationalen Politik, insbesondere die russische Oktoberrevolution, die Verbreitung demokratischer und sozialistischer Ideen in China. Die 1912 von Sun Yat-sen gegründete demokratische Partei Guomindang erhält 1921 durch die Kommunistische Partei Chinas Unterstützung, die sich u.a. aus der demokratischen, für kulturelle Erneuerung kämpfenden 4.-Mai-Bewegung von 1919 entwickelt hat. Gemeinsam wenden sich die beiden politischen Gruppierungen gegen die Regierung der Warlords und rufen 1927 die neue demokratische Republik, wiederum mit Hauptsitz in Nanking, aus. Das Bündnis zwischen der Guomindang und der Kommunistischen Partei ist freilich nur von sehr kurzer Dauer. Chiang Kai-shek (→ Berühmte Persönlichkeiten), der Sun Yat-sen im Parteivorsitz der Guomindang nachgefolgt ist, beginnt, die Kommunisten zu unterdrücken und zu verfolgen, woraufhin sich diese nach Südchina zurückziehen.

1931–1945

Als die Japaner 1931 die Mandschurei besetzt und hier eine Marionettenregierung eingesetzt haben, an deren Spitze sie den jungen Puyi, den letzten Qing-Kaiser, berufen, dringt die Guomindang nach Süden vor, um die von Mao Zedong angeführten Kommunisten auszuschalten, die zunächst ins Landesinnere zurückweichen, um dann im Langen Marsch Richtung Norden zu ziehen, wo sie sich in Yenan (Yan'an) niederlassen. Doch die Brutalität der japanischen Invasoren, der 20 Mio. Menschen zum Opfer fallen, veranlassen Chiang Kai-shek und die Kommunisten, sich wieder zu verbünden und gemeinsam einen Verteidigungskrieg gegen Japan zu führen, der bis 1945 andauert.

Volksrepublik
1949

Nach dem Sieg über die Japaner entzündet sich abermals der Konflikt zwischen der Guomindang und der kommunistischen Volksbefreiungsarmee. Er endet 1949 mit der Gründung der Volksrepublik China durch Mao am 1. Oktober und der Flucht Chiangs nach Taiwan (Formosa), wo er die Republik China (auch Nationalchina genannt) ausruft.

1949–1952

Von 1949 bis 1952, in der Periode des 'Wiederaufbaus', leitet die Regierung eine Agrarreform ein, wobei die Großgrundbesitzer enteignet und die konfiszierten Ländereien unter den Bauern aufgeteilt werden. Jeder erhält drei Mu (etwa ein Fünftel eines Hektars). Überdies sorgt die Regierung für Preis- und Währungsstabilität, schließt zur Ankurbelung der Produktion mit der Sowjetunion einen Vertrag über wirtschaftliche Zusammenarbeit, verabschiedet ein neues Gesetz, das vermittelte Ehen verbietet, und legt den Grundstock für die Emanzipation der Frauen, welche die konfuzianische Ethik zu einer untergeordneten Rolle in Familie und Gesellschaft bestimmt hat.

1953–1959

Dieser Zeitraum entspricht dem 1. Fünfjahrplan. Zum Prozeß der Landkollektivierung kommen hohe Investitionen in die vom Krieg geschädigte Schwerindustrie hinzu.

Geschichte

Die 1956 eingeleitete 'Hundert-Blumen-Bewegung', die an die 'Hundert Schulen' der Streitenden Reiche anknüpft, soll das Bildungswesen, Wissenschaft und Kultur fördern.	1953–1959 (Fortsetzung)
Im Jahr 1958 versucht die Kommunistische Partei, durch den 'Großen Sprung nach vorn' mithilfe der Bildung von ländlichen und städtischen Volkskommunen eine hohe Produktionssteigerung zu erreichen. Diese Politik soll die krassen Unterschiede zwischen Stadt und Land, Industrie und Landwirtschaft, Arbeitern und Bauern ausgleichen. Das Experiment, in ländlichen Bezirken Schwerindustrie aufzubauen, schlägt wegen der mangelnden Infrastruktur fehl. Es führt zusammen mit den Naturkatastrophen, die 1960/1961 über China hereinbrechen, zu schweren Hungersnöten mit 30 Mio. Todesopfern und zu einer tiefen Wirtschaftskrise.	1958
Im Jahr 1960 spitzt sich die bedenkliche Lage noch durch den Abbruch der wirtschaftlichen und politischen Beziehungen mit der Sowjetunion zu. Für diese Entwicklung sind mehrere Gründe verantwortlich: die unterschiedliche Auffassung Maos über das Verhältnis Landwirtschaft-Industrie und Schwerindustrie-Leichtindustrie; die wachsenden ideologischen Kontraste zwischen den beiden kommunistischen Parteien, die nach dem Tod Stalins offenbar werden; die Rolle der Sowjetunion als imperialistische Großmacht; das sowjetische Desinteresse an den Problemen der Dritten Welt und schließlich die Grenzstreitigkeiten, die sich zwischen den beiden Staaten entzündet haben.	1960
Der wirtschaftliche Aufschwung führt im Jahr 1966 zur Kulturrevolution. Anführer der Studenten, die sich gegen den bürgerlichen Staats- und Parteiapparat erheben, ist Mao selbst. In deutlichem Kontrast zur konfuzianischen Tradition, die Achtung vor Normen und Hierarchie fordert, lautet seine Devise 'Rebellieren ist legitim'. Die Studentenbewegung verlangt eine gerechtere Gesellschaft, die zum einen das Volk in höherem Maße an der politischen Macht beteiligen und so Kultur und Bildung für alle Staatsbürger zugänglich machen und zum anderen die sozialen, kulturellen und wirtschaftlichen Unterschiede zwischen Landbevölkerung, Stadtbewohnern und Parteikadern ausgleichen soll. Dieser Kampf für politische Ideale artet aber recht bald in politischen Extremismus und Bürgerkrieg aus; Millionen Menschen kommen ums Leben. Unermeßlich viele Kulturgüter wie Tempel, Bücher und Kunstwerke werden vernichtet.	1966
Die Kulturrevolution wirft noch lange ihren Schatten auf das politische Leben Chinas. Nach wie vor ungeklärt ist der Tod des designierten Mao-Nachfolgers Lin Biao im Jahre 1971. In den darauffolgenden Jahren, in denen sich die ideologisch-politischen Konflikte innerhalb der kommunistischen Partei verschärfen, kämpfen der während der Kulturrevolution aus der Partei ausgeschlossene Deng Xiaoping und die Ideologen der Kulturrevolution – die sog. Shanghai-Gruppe oder Viererbande, zu der auch Maos Frau Jiang Qing gehört –, um die Macht.	1972–1976
Zhou Enlais Vermittlungsversuch ist eine gewisse Zeit lang erfolgreich, doch durch den Tod des Ministerpräsidenten (1976) und die fortschreitende schwere Krankheit Maos, der 1976 ebenfalls stirbt, überstürzen sich die Ereignisse. Die Shanghai-Gruppe, auch Viererbande genannt, wird verhaftet, und der damalige Ministerpräsidenten Hua Guofeng übernimmt für kurze Zeit die Führung.	1976
1977 wird Deng Xiaoping wieder in die Regierungsspitze aufgenommen, und seitdem verstärkt sich seine Macht und damit auch die von ihm vertretene Parteilinie, die als oberstes Ziel den Wirtschaftsaufbau Chinas hat.	1977
Die sog. Viererbande unter Führung von Jiang Qing wird zur Todesstrafe auf Bewährung bzw. zu hohen Freiheitsstrafen verurteilt.	1981

Geschichte

1989 Im Frühjahr kommt es zum Aufstand auf dem Platz des Himmlischen Friedens (Tian'anmen), der demokratische Reformen zum Ziel hat. Er wird brutal niedergeschlagen, wobei Tausende von Demonstranten umkommen.

1992 Ein vom Staatsrat herausgegebenes Weißbuch verteidigt die chinesische Tibet-Politik; Tibet wird als untrennbarer Teil Chinas angesehen. Der Parteikongreß der Kommunistischen Partei beschließt die Umwandlung der Planwirtschaft in eine sozialistische Marktwirtschaft, spricht sich jedoch gegen demokratische Reformen aus. Erstmals nach dem zweiten Weltkrieg besucht ein japanischer Kaiser China. China und Rußland schließen Verträge ab über Zusammenarbeit auf politischem, wirtschaftlichem, kulturellem und militärischem Gebiet.

1993 Die separatistischen Kämpfe in Xinjiang, die sich vor allem seit dem Zusammenbruch der Sowjetunion Anfang der 90er Jahre verstärken, und die Proteste der Tibeter gegen die chinesische Vorherrschaft nehmen weiter zu. Auf der 1. Tagung des VIII. Nationalen Volkskongresses wird Parteichef Jiang Zemin zum neuen Staatspräsidenten gewählt. Das Gremium ersetzt in der Verfassung den Begriff "Planwirtschaft" durch "sozialistische Marktwirtschaft". In einem von der Regierung herausgebenen Weißbuch wird erneut der Souveränitätsanspruch auf Taiwan betont und zum ersten Mal der Einsatz militärischer Mittel für die Wiedervereinigung erwähnt. China nimmt allerdings beschränkte Handelsbeziehungen zu der Inselrepublik auf.

1994 Als erster Premierminister Frankreichs seit 1978 besucht Edouard Balladur China.

1995 Über 60 Dissidenten werden inhaftiert oder vorübergehend festgenommen. Den Bürgerrechtler und US-Staatsbürger Harry Wu verurteilt man nach seiner Einreise wegen Spionage zu 15 Jahren Gefängnis und verweist ihn des Landes. An der UNO-Weltfrauenkonferenz in Peking nehmen 7000 Delegierte aus 185 Staaten teil. Der deutsche Bundeskanzler Helmut Kohl besucht bei seiner Visite in China im November als erster westlicher Regierungschef die Volksbefreiungsarmee.

1997 Hongkong fällt nach 145 Jahren unter britischer Herrschaft an China zurück. Nach dem Tod Deng Xiaopings setzt Staats- und Parteichef Jiang Zemin auf dem 15. Parteitag die Reformpolitik im Sinn Dengs durch. In Xinjiang, wo sich immer stärkere separatistische Tendenzen zeigen, kommt es zu Unruhen mit zahlreichen Todesopfern unter den Uiguren.

1998 Von den verheerenden Überschwemmungen am Changjiang und Songhua sind 233 Mio. Menschen betroffen; mehr als 3000 Menschen fallen den Fluten zum Opfer.

1999 Macao wird nach 442 Jahren unter portugiesischer Herrschaft an China zurückgegeben. Die Falun-Gong-Kultbewegung wird wegen angeblicher regierungsfeindlicher Aktivitäten verboten, ihre Mitglieder werden verfolgt. Die Regierung warnt Taiwan vor einem Unabhängigkeitskurs, was sie durch Militärmanöver an der südchinesischen Festlandsküste unterstreicht. Die Volksrepublik China feiert am 1. Oktober ihr 50jähriges Bestehen mit großem Aufwand.

2001 China tritt nach jahrelangen Verhandlungen der Welthandelsorganisation WTO bei.

Berühmte Persönlichkeiten

Die nachstehende, namensalphabetisch geordnete Liste vereinigt Persönlichkeiten, die durch Geburt, Aufenthalt, Wirken oder Tod mit China verbunden sind und überregionale Bedeutung erlangt haben.

Hinweis

Chiang Kai-shek (Jiang Jieshi), in einem südchinesischen Dorf als Sohn einer Kaufmannsfamilie geboren, schlug die Militärlaufbahn ein und verbrachte zu diesem Zweck mehrere Jahre in Japan. Als 1911 die erste Republik ausgerufen wurde, schloß er sich der von Sun Yat-sen, dem Pionier der Revolution, gegründeten Guomindang-Partei an. 1923 avancierte er zum Generalstabschef dieser militanten demokratischen Bewegung und zum Leiter der Militärakademie von Whampoa, wo Zhou Enlai als politischer Kommissar tätig war. Nach dem Tod von Sun Yat-sen im Jahr 1925 – er war dessen enger Mitarbeiter und außerdem mit ihm verwandt, weil beide eine Tochter aus der Familie Soong geheiratet hatten – wurde er zu seinem Nachfolger ernannt. Als er die Warlords gestürzt und 1927 erneut die Republik proklamiert hatte, wandte er sich recht bald von der Politik und den Vorstellungen von Sun ab und brach das Bündnis mit den Kommunisten. Nach seiner Wahl zum Präsidenten knüpfte er immer engere Verbindungen mit den Großgrundbesitzern und dem Finanzbürgertum und begann, die Kommunisten brutal zu unterdrücken. Letztere, die in Jiangxi inzwischen eine autonome Republik gegründet hatten, mußten aus dieser Gegend fliehen und sich auf dem berühmtgewordenen Langen Marsch ins Landesinnere zurückziehen. Das Unvermögen Chiang Kai-sheks und der Guomindang, eine vom Volk anerkannte Herrschaft auszuüben, offenbarte sich in besonderem Maße, als die Japaner in der Mandschurei eine von dem letzten Kaiser Puyi angeführte Marionettenregierung einsetzten. Dem Drängen des Volkes und der demokratischen Kräfte, den Widerstand gegen die Japaner zu organisieren, wich Chiang lange aus, bis er schließlich von einigen Generälen seiner eigenen Partei festgenommen (der Zwischenfall von Xi'an) und zu einer Entscheidung gezwungen wurde. Mao und Zhou Enlai retteten ihm durch ihr Eingreifen das Leben; er mußte allerdings einwilligen, gemeinsam mit den Kommunisten gegen die Japaner vorzugehen. Am Ende des langen Verteidigungskrieges (1937–1945) nahm Chiang seinen Kampf gegen Mao wieder auf, mußte aber trotz amerikanischer Hilfe bald aufgeben und auf die Insel Taiwan fliehen, wo er, wiederum mit Unterstützung der USA, die Republik China, im Gegensatz zur Volksrepublik China auch Nationalchina genannt, gründete, die er bis zu seinem Tode im Jahre 1975 als Präsident regierte. In dieser Eigenschaft folgte ihm sein Sohn Chiang Ching-kuo nach.

Chiang Kai-shek (Jiang Jieshi; 1887–1975)

Gegen Ende der 20er Jahre, als Deng Xiaoping nach Aufenthalten in Frankreich und in der Sowjetunion nach China zurückkehrte und in Shanghai in den Untergrund ging, nahm er den Decknamen 'Kleiner Frieden' an. Er hatte in Frankreich studiert, in einer Schuhfabrik gearbeitet und zusammen mit Zhou Enlai die Auslandssektion der Kommunistischen Partei Chinas aufgebaut. In der Sowjetunion vervollständigte er seine Partei-Ausbildung. Er nahm am Langen Marsch teil, und nach Gründung der Volksrepublik im Jahr 1949 erwies er sich alsbald als einer der führenden Partei- und Regierungsmitglieder. 1952 ernannte man ihn zum stellvertretenden Ministerpräsidenten und 1954 zum Parteisekretär. Dieses Amt bekleidete er bis zum Beginn der Kulturrevolution, als man ihn zusammen mit dem Ministerpräsidenten Liu Shaoqi der kapitalistischen Konterrevolution bezichtigte und entmachtete. 1973 wurde er jedoch – angeblich auf Betreiben von Zhou Enlai, seinem alten Studienfreund aus Frankreich, dessen politisch gemäßigte Linie sich am ehesten mit der pragmatischen Position Dengs vertrug – rehabilitiert, wieder in die Partei aufgenommen und erneut zum stellvertretenden Ministerpräsidenten bestimmt. Als Zhou Enlai im Januar

Deng Xiaoping (1902–1997)

Berühmte Persönlichkeiten

Deng Xiaoping
(Fortsetzung)

1976 starb, übernahm Deng das Amt des Ministerpräsidenten, mußte aber bereits nach kurzer Zeit, d.h. nach den April-Unruhen auf dem Tian'anmen-Platz, wieder zurücktreten. Nach dem Tod Maos und der Ausschaltung der sog. Viererbande war der Wiederaufstieg Dengs in die Partei- und Regierungsspitze unaufhaltsam. 1978 gelang es ihm, Hua Guofeng, der ihn ein Jahr zuvor in allen früheren Ämtern bestätigt hatte, aus dem Weg zu räumen und selbst Partei- und Armeechef zu werden. Deng gilt als Mann ohne Furcht, der auch in seinen Äußerungen kein Blatt vor den Mund nimmt. Berühmt ist sein Ausspruch: "Es ist ganz gleich, ob die Katze weiß oder schwarz ist, sie muß nur Mäuse fangen." Sein Pragmatismus hat ihn dazu gebracht, einige Zweige der Wirtschaft zu privatisieren, um die Produktion anzukurbeln, den chinesischen Markt für die westlichen Staaten zu öffnen sowie einen Verwaltungsapparat und politische Strukturen zu schaffen, durch welche die Aufgaben des Bürokraten mit denen des Managers vereinbart werden können. Sein Ansehen hat durch die blutige Unterdrückung der Unruhen im Mai und Juni 1989 schweren Schaden genommen. Seit 1992 setzte sich Dengs Reformpolitik immer mehr durch, und er war bis zu seinem Tod 1997 der mächtigste Mann Chinas.

Du Fu
(712–770)

Der Dichter Du Fu und sein Zeitgenosse Li Bai sind die herausragenden Vertreter der chinesischen Poesie. Nach dem Bauernaufstand von An Lushan mußte der aus einer Beamtenfamilie stammende Du die Hauptstadt Chang'an verlassen und zog sich im Jahr 759 nach Chengdu in die Provinz Sichuan zurück, wo er mehr als 200 Gedichte schrieb. Am Ufer eines kleinen Flusses, mitten in einem Bambuswald, kann man dort heute noch seine Behausung besichtigen.
Die Werke von Du Fu, einem Anhänger der konfuzianischen Lehre, sind von klassischer Strenge geprägt.

Guo Moruo
(1892–1978)

Der Poet, Essayist und Politiker Guo Moruo wurde 1892 geboren und studierte in Japan Medizin. Schon während seiner Ausbildung schrieb er Gedichte und Erzählungen. Nach einem kurzen Aufenthalt in China, wo er an der Universität von Kanton lehrte, flüchtete er vor den Kommunistenverfolgungen der Guomindang-Partei nach Japan. 1937 kehrte er in seine Heimat zurück und nahm, vor allem im Kulturbereich, an der Widerstandsbewegung gegen die Japaner teil. Bei Gründung der Republik wurde er zum Präsidenten der Chinesischen Akademie der Wissenschaften, der höchsten kulturellen Institution des Landes, und zum Vizepräsidenten des Volkskongresses ernannt. Abgesehen von einer dreijährigen Unterbrechung während der Kulturrevolution hatte er letzteres Amt bis zu seinem Tod inne.
Außer Gedichten und Essays verfaßte Guo zahlreiche Theaterstücke und archäologische Schriften. Darüber hinaus übersetzte er literarische wie wissenschaftliche Werke aus mehreren Fremdsprachen, so auch aus dem Deutschen (Goethe, Schiller, Heine).

Han Kan
(8. Jh.)

Han Kan, der in der Geschichte der chinesischen Malerei einen geradezu legendären Ruf genießt, ist der bedeutendste Pferdemaler Chinas. Von ihm ist nur bekannt, daß er in seiner Jugend in einem Weingeschäft gearbeitet hat. Seine Begabung wurde von dem berühmten Maler Wang Wei erkannt, der ihn dann unterrichtete. Von 742 bis 756 war Han Kan Hofmaler. Für den Maler spielte die Naturbeobachtung zum ersten Mal eine besonders wichtige Rolle. Er hat ständig Pferde und deren Bewegungsabläufe studiert. Man schrieb ihm zwar viele Gemälde mit Pferdedarstellungen zu, doch können nur wenige als authentisch gelten.

Jiang Qing
(1914–1991)

Jiang Qing, als Tochter eines Kaufmanns in Zhucheng/Provinz Shandong geboren, wurde Schauspielerin in Shanghai. Sie lernte Mao Zedong in seinem Hauptquartier in Ya'an kennen, und 1937 ließ er sich für Jiang scheiden, was das Politbüro nur erlauben wollte, wenn sie sich jeder politischen Betätigung enthielte. Fast 30 Jahre lang befolgte Jiang diese Auflage. Erst 1966 trat sie in die Öffentlichkeit, übernahm die Kulturarbeit (Reform der

Berühmte Persönlichkeiten

Pekingoper) und wurde zu einer treibenden Kraft der Kulturrevolution. Zu Beginn der 70er Jahre durchlief die Politikerin einen ungewöhnlichen Aufstieg in der Parteihierarchie zu höchsten Ämtern. Zusammen mit drei Spitzenfunktionären war sie für die Absetzung und Verfolgung fast der gesamten älteren Funktionärsgeneration verantwortlich. Als Verfechterin radikalideologischer Positionen bekämpfte Jiang den Wiederaufstieg des mehr pragmatisch ausgerichteten Deng Xiaoping. Nach dem Tod Maos 1976 setzte sie jedoch der Flügel um Deng durch, und sie wurde aus der Partei ausgeschlossen. Im Jahr 1981 verurteilte man Jiang als Kopf der sog. Viererbande wegen 'konterrevolutionärer Verbrechen', des versuchten bewaffneten Umsturzes und der Folterung von Politikern während der Kulturrevolution zur Todesstrafe, die später in lebenslange Haft umgewandelt wurde.

Jiang Qing (Fortsetzung)

Wenige dürftige Angaben über das Leben des Konfuzius (Kong Zi; der Name wurde von den Jesuiten latinisiert) können den "Historischen Aufzeichnungen" von Sima Qian und den "Erörterungen und Gesprächen", welche die Diskussionen des Meisters mit seinen Schülern festhält, entnommen werden. Konfuzius stammte aus der Provinz Shandong, wo er auch einen Großteil seines Lebens als Beamter im Dienste des Staates zubrachte. In den letzten Jahren seines Lebens unternahm er gemeinsam mit einigen Anhängern eine lange Reise, um seine Gedanken im Volk zu verbreiten.

Konfuzius (Kong Zi; 551 bis 479 v. Chr.)

China hatte sich damals, nach dem Untergang der Westlichen und Östlichen Zhou-Dynastie, in mehrere Staaten aufgesplittert und durchlebte eine Zeit voller wirtschaftlicher, gesellschaftlicher und politischer Veränderungen, die Zeit der Streitenden Reiche. Konfuzius sammelte und studierte alte klassische Schriften, die später dank seiner Arbeit zur Grundlage des chinesischen Denkens wurden. Er verknüpfte die Wertvorstellungen des Altertums zu einer neuen Lehre, welche die Moral zum absoluten Maßstab menschlicher und gesellschaftlicher Verhaltensnormen erhebt. Die sich gleichzeitig an Herrscher und Volk wendende konfuzianische Philosophie untersucht vornehmlich die zwischenmenschlichen Beziehungen; sie deutet die Gesellschaft als große, hierarchisch gegliederte Familie und schreibt Werte und Rituale (wie den Ahnenkult, die Liebe zu den Eltern, Ehrerbietung, Güte und Rechtschaffenheit) fest, die im öffentlichen und privaten Zusammenleben gelten sollen. Obwohl Konfuzius kein Prediger war und sich seine Philosophie erklärtermaßen auf das Diesseits bezieht, wurden ihm zu Ehren überall in China Tempel erbaut, wo seine Person und seine Lehre verehrt werden.

Der Schriftsteller Lao She wurde 1898 in Peking geboren, wo er auch die Hochschule besuchte. Anschließend ging er als Lektor der chinesischen Sprache an die Universität Oxford. Während des Krieges gegen Japan war Lao Präsident des chinesischen Schriftstellerverbandes. Im Jahr 1949 wählte man ihn in den Nationalen Volkskongreß. Während der Kulturrevolution wurde er 'kleinbürgerlicher Mentalität' beschuldigt und verschwand spurlos; 1978 rehabilitierte man ihn.

Lao She (1898–1966)

Seine Werke, die zur Weltliteratur gehören, erfreuen sich in China großer Beliebtheit. Der berühmteste Roman "Der Rikschakuli" (1937) wurde mit beachtlichem Erfolg in China verfilmt. Weitere Werke des Autors sind: "Scheidung", "Das Teehaus" und "Vier Generationen unter demselben Dach".

Über Laotse, den Begründer des Daoismus, ist fast nichts bekannt. Man weiß nur, daß er ungefähr zur gleichen Zeit lebte wie Konfuzius und Buddha und daß er um 570 v. Chr. geboren wurde. Er arbeitete als Kustos in den Archiven der Zhou-Dynastie. Im übrigen ranken sich viele Legenden um seine Person: Angeblich hat seine Mutter ihn nach 81 Jahren Schwangerschaft zur Welt gebracht (daher wohl sein Name Lao Zi, 'alter Meister'), und er soll sein berühmtes Werk "Dao De Jing", die Hauptschrift der daoistischen Lehre, in einem einzigen Tag geschrieben haben.

Laotse (Lao Zi; ca. 570 bis ? v. Chr.)

Berühmte Persönlichkeiten

Laotse
(Fortsetzung)

Das aus drei Teilen bestehende Werk veranschaulicht die Begriffe Dao, Yin und Yang, die Grundprinzipien seiner Philosophie, die das Leben des einzelnen und der Gesellschaft einer natürlichen Ordnung unterstellt. Das Nichthandeln gilt als Lebensregel, denn der normale, harmonische Gang der Dinge darf nicht gestört werden. Der weise Mensch wird dazu aufgefordert, jegliche Teilnahme am öffentlichen Leben zu verweigern, und den Herrschern wird nahegelegt, größere Toleranz zu üben.

Li Bai
(701–762)

Der auch unter dem Namen Li Tai-bai bekannte Dichter gilt zusammen mit Du Fu als der herausragendste chinesische Poet. Der eigenwillige und unkonventionelle Mann – er mußte sogar vorübergehend ins Exil gehen, weil man ihn der Unlauterkeit gegenüber dem kaiserlichen Hof bezichtigt hatte – war ein Anhänger des Daoismus und führte ein zügelloses Leben. Einer Legende nach soll Li Bai ertrunken sein, als er in berauschtem Zustand versuchte, den auf einem Gewässer sich spiegelnden Mond einzufangen.
Seine zahlreichen Gedichte behandeln die Natur und die Symbiose zwischen Mensch und Natur. Die Literaturwissenschaftler halten ihn für einen der bedeutendsten Dichter überhaupt; die Chinesen nennen ihn voller Bewunderung den 'Unsterblichen im Exil'.

Lu Xun
(1881–1936)

Lu Xun, der größte moderne Schriftsteller Chinas, wird zwar als einsamer und scheuer Mensch beschrieben, war jedoch zugleich tief in die Ereignisse seines Landes verstrickt. Er wurde im Jahr 1881 als Sohn einer Intellektuellenfamilie im südchinesischen Shaoxing geboren. Mit sechzehn Jahren begab sich Lu nach Japan, wo er Naturwissenschaft und Medizin studierte, aber auch seinen literarischen Interessen nachging und zu schreiben begann. In Tokio schloß er sich der Protestbewegung gegen die kaiserliche Herrschaft in China an, gründete eine literarische Zeitung und übersetzte ausländische Autoren. 1909 kehrte Lu in seine Heimatstadt zurück und war hier bis 1920 als Lehrer tätig. Von den kulturellen Strömungen, die sich in jenen Jahren überall in China herausbildeten, hielt er sich anfangs fern; doch im Jahr 1918 rückte er mit der Erzählung "Tagebuch eines Verrückten" ins Rampenlicht, die als Grundlage der modernen chinesischen Literatur angesehen wird. Von 1920 bis 1926 lebte Lu in Peking, wo er an einer höheren Schule unterrichtete, und zog dann nach Kanton, um dort an der Sun-Yat-sen-Universität zu lehren. Diese Stadt mußte Lu jedoch bald verlassen, um der kommunistischen Hetzjagd der Guomindang zu entgehen. Er zog sich nach Shanghai zurück, wo er bis zu seinem Tod 1936 ausschließlich als Schriftsteller, Essayist und Übersetzer arbeitete und sich an den kulturellen und politischen Debatten jener Jahre beteiligte. Im Jahr 1910 gründete er die Liga linksgerichteter Schriftsteller und wurde auch zu ihrem Präsidenten ernannt.
Lu Xun hat ein sehr vielfältiges literarisches Werk hinterlassen, das sowohl Reden, Aphorismen und Dialoge als auch Erzählungen und Briefe über naturwissenschaftliche und literarische Themen umfaßt. Von besonderer Bedeutung und bemerkenswerter Brillanz sind freilich seine Essays. Das chinesische Lesepublikum machte er durch seine Übersetzertätigkeit mit ausländischen Schriftstellern wie Gogol vertraut. Berühmt geworden sind die Erzählungen "Die Wahre Geschichte von Ah Queh" (1921), "Medizin", "Heimatdorf" und "Seife".

Mao Dun
(1896–1981)

Der 1896 geborene Mao Dun nahm 1919 an der kulturellen und demokratischen 4.-Mai-Bewegung teil und schloß sich 1930 der von Lu Xun gegrün-

Berühmte Persönlichkeiten

Mao Dun (Fortsetzung)

deten und angeführten Liga linksgerichteter Schriftsteller an. Während des Krieges gegen Japan lebte er in Hongkong im Exil, nach 1949 kehrte er in die Heimat zurück und bekleidete bis zur Kulturrevolution, als er zur Zielscheibe scharfer Kritiken wurde, das Amt des Kulturministers. Gegen Ende der 70er Jahre erschien er dann wieder auf der politischen Bühne. Über viele Jahre hinweg leitete er die Zeitschrift "Chinesische Literatur".
Mao Dun ist Autor umfangreicher Romane über die Krise der chinesischen Gesellschaft im 20. Jh. und zahlreicher Erzählungen.

Mao Zedong (Mao Tse-tung; 1893–1976)

Mao Zedong, der 'Große Vorsitzende', kam 1893 als Sohn einer Kleinbauernfamilie in Shaoshan/Provinz Hunan zur Welt. In Changsha besuchte er die Schule und absolvierte hier sein Studium an der Lehrerbildungsanstalt. Schon damals war er politisch und kulturell aktiv; so rief er beispielsweise eine Studentenverbindung ins Leben. 1918 siedelte er nach Peking über und arbeitete an der Universitätsbibliothek, wo er erstmals mit den Professoren Li Dazhao und Chen Duxiu, den Initiatoren der Kultur-Zeitschrift "Neue Jugend", in Berührung kam. Zusammen mit ihnen sollte Mao später die Kommunistische Partei Chinas gründen. In jenen Jahren lernte er auch Yang Kai-hui, die Tochter eines Dozenten aus seiner Heimatregion, kennen und heiratete sie.
Aus dieser Ehe wurden Mao zwei Söhne geboren: Mao Anying, der im Korea-Krieg ums Leben kam, und Mao Anqing.
Nach der Parteigründung im Jahr 1921 und während des Kampfes, den er gemeinsam mit der Guomindang gegen die Regierung der Warlords führte, lebte Mao abwechselnd in Shanghai und Changsha und verfaßte die ersten Schriften über die chinesische Gesellschaft und Wirtschaft. Entgegen den Ansichten von Marx und Lenin sah er die Klasse der Bauern als revolutionäre Kraft an.
Als die Guomindang-Partei 1927 unter Chiang Kai-shek begann, die Kommunisten zu verfolgen, führte Mao den Widerstand in einigen Städten des Südens an. Wegen der dabei erlittenen Verluste wurde er allerdings aus der Parteispitze ausgeschlossen, in der die Überzeugung vorherrschte, man müsse um jeden Preis an dem Bündnis mit der Guomindang festhalten. Daraufhin bildete Mao bewaffnete Kampfeinheiten und zog sich mit Zhu De in die Berge zurück, wo er die ersten Rätegebiete gründete und diese als Basis für seine Guerillaaktionen benützte.
In dieser Zeit wurde Maos Frau, die ebenfalls in der kommunistischen Partei aktiv war, von den Soldaten Chiang Kai-sheks gefangengenommen und hingerichtet, was für Mao ein schwerer Verlust bedeutete. Angesichts der übermächtigen Truppen der Guomindang und der schwachen Position der untereinander zerstrittenen Kommunisten beschloß Mao, von Frontalangriffen und Guerillakämpfen abzugehen und stattdessen Unterstützung bei der Bevölkerung zu suchen.
Im Jahr 1934 brach die Rote Armee von Südchina zum legendären Langen Marsch auf, ließ sich schließlich im nördlichen Yan'an nieder und bildete dort neue Kollektive.
Nun wurde Mao wieder in die Parteiführung gewählt. Er erarbeitete jene gesellschaftlichen Analysen, die als theoretischer Unterbau für den spezifisch chinesischen Weg zum Kommunismus dienten.
In Yan'an schloß er auch Bekanntschaft mit der Shanghaier Schauspielerin Jiang Qing, mit der er 1937 die dritte Ehe einging. Seine zweite Frau He Zizhen, die er 1931 geheiratet hatte, soll infolge der Beschwerlichkeiten des Langen Marsches den Verstand verloren haben. Die beiden Kinder aus dieser Ehe, die einer Bauernfamilie anvertraut worden waren, wurden später als vermißt gemeldet.

Berühmte Persönlichkeiten

Mao Zedong
(Fortsetzung)

Im nachfolgenden Krieg gegen Japan, in dem sich die Guomindang wieder mit den Kommunisten verbündete, konnten sich diese aus der Deckung wagen und durch ihre Erfolge das Vertrauen der breiten Volksmassen gewinnen. Nach einem doppelten Sieg über die japanischen Eindringlinge und die Guomindang wurde 1949 die Republik ausgerufen. Bis 1958 bekleidete Mao das Amt des Staatspräsidenten; danach blieb er zwar Parteichef, delegierte die Verwaltungskompetenzen aber an andere. Alle bedeutenden politischen Entwicklungen und Ereignisse des sozialistischen China sind aufs engste mit seinem Namen verknüpft, vom 'Großen Sprung nach vorn' bis zur Kulturrevolution. Dank seines großen Charismas und seiner strategischen Intelligenz gelang es ihm, das riesige Land selbst in krisenreichen Zeiten zusammenzuhalten. Er hat die schwerwiegenden gesellschaftlichen Konflikte und ihre Ursachen nicht nur genau gekannt, sondern auch ihren Ausbruch vorausgeahnt.
Nicht einmal ein Monat war seit seinem Tod am 9. September 1976 verstrichen, als China durch die Verhaftung der sog. Viererbande, zu der auch Maos dritte Frau Jiang Qing gehörte, in eine neue Phase eintrat.

Ni Zan
(1301–1374)

Der in Wuxi/Prov. Jiangsu geborene Dichter, Kalligraph und Landschaftsmaler Ni Zan aus reichem und vornehmen Haus soll in den 40er Jahren des 14. Jh.s seinen ganzen Besitz an Verwandte und Feunde verschenkt und in den folgenden Jahren ein Wanderleben geführt haben, bei dem er sich vor allem in buddhistischen Tempeln aufhielt. Kurz vor dem Ende der Yuan-Dynastie (1368) zog er sich auf ein Hausboot zurück. Das ihm von der Ming-Dynastie angebotene Amt lehnte der Künstler ab. Er führte ein dem Weltlichen abgewandtes, einfaches Leben.
Ni Zan gehört zu den 'Vier Großen Meistern der Yuanzeit'. Charakteristisch für ihn ist eine kreidig wirkende Tuschtechnik. Er malte hautpsächlich Landschaften, die sich meistens mit eigenen Gedichten zu einer poetisch-dichterischen Einheit verbinden. In der Natur kommt für Ni die eigene Persönlichkeit zum Ausdruck.

Marco Polo
(1254–1324)

Marco Polo wurde im Jahr 1254 vermutlich in Venedig geboren. Sein Vater Niccolò und sein Bruder Maffeo waren bereits auf einer Handelsreise (1260–1269) bis nach China gekommen. Sie nahmen Marco 1271 auf eine zweite Reise mit, die von Palästina über Täbris, Hormus am Persischen Golf, Ost-Persien, Pakistan, durch den Pamir, die Wüste Takla-Makan bis nach Kathei führte. Hier kamen sie an den Hof des Mongolenherrschers Kublai Khan, in dessen Auftrag Marco Polo von 1275 bis 1292 v. a. auf Reisen tätig war. 1292 erhielt Marco mit seiner Familie vom Großkhan die Erlaubnis heimzukehren. Sie fuhren per Schiff durch das Südchinesische Meer, an den Küsten Vietnams, Malakkas, Sumatras, Ceylons und Vorderindiens vorbei nach Hormus, von wo sie die Reise über Persien, Armenien und Trapezunt nach Konstantinopel fortsetzten und von dort mit dem Schiff 1295 nach Venedig gelangten.
Den Bericht über seine Reisen mit dem Titel "Livre de devisement du monde" diktierte Marco Polo als genuesischer Gefangene (1298–1299) seinem Mithäftling, dem Pisaner Romanschriftsteller Rustichello, in französischer (frankoitalienischer) Sprache; er wurde sehr bald ins Italienische und Lateinische, später auch in andere Sprachen übersetzt. Ein erheblicher Teil des Buches handelt von Kublai Khan, von seinem Hof und von seinem Reich, das Polo auf seinen Reisen kennenlernte. Aber man glaubte den Schilderungen über die Größe und Pracht der Städte sowie den Reichtum in China nicht und nannte den Reisenden und sein Buch deshalb 'Il Milione', den Aufschneider. Erst im späten 14. Jh. begann die Rezeption Marco Polos in Erdbeschreibungen, Weltkarten und Entdeckungsreisen, wobei vor allem der Großkhan und sein Reichtum Interesse fand.

Sun Yat-sen
(1866–1925)

Sun Yat-sen, auch Zhongshan genannt, gilt als Gründer der Republik und als Vater des modernen China. 1866 im Süden des Landes geboren, stu-

Marco Polo in Tatarentracht ▶

Berühmte Persönlichkeiten

Sun Yat-sen
(Fortsetzung)

dierte er zuerst in Honolulu, dann in Hongkong Medizin und arbeitete anschließend als Arzt. Im Lauf seiner Studienzeit beschäftigte er sich immer mehr mit abendländischem Gedankengut und entwickelte gegen den rohen Regierungsstil der mandschurischen Qing-Dynastie eine tiefe Abneigung, die sich allmählich zur politischen Opposition entwickelte. Schließlich gab Sun Yat-sen sogar seinen Beruf auf, den er in den Kolonien Hongkong und Macao ausgeübt hatte, und widmete sich politischen Aktivitäten, die ihn auf der Suche nach Anhängern und finanzieller Unterstützung für die demokratische Sache in etliche Länder (England, USA, Japan) führte.

1905 gründete er die Republikanische Partei, später in Guomindang umbenannt. In Anlehnung an die demokratischen und freiheitlichen Ideale des Abendlandes, lautete ihre Losung 'Unabhängigkeit, parlamentarische Demokratie und Agrarsozialismus'. Nach Ausrufung der Republik, zu deren Entstehen er aus dem Exil beigetragen hatte, kehrte er nach China zurück und übernahm 1912 das Amt des Staatspräsidenten, das er jedoch schon nach wenigen Wochen wieder niederlegen mußte, um einen Bürgerkrieg zu verhindern. Sein Nachfolger war General Yuan Shi-Kai, welcher der Mandschu-Dynastie, den Großgrundbesitzern und den ausländischen Mächten nahestand. Sun Yat-sen mußte sich erneut ins Exil begeben, nahm jedoch von dort aus die Fäden der demokratischen Bewegung wieder in die Hand und betrieb, mit Hilfe der Kommunistischen Partei Chinas und Rußlands, den Aufstand gegen die Warlords. Es gelang ihm, Teile von Südchina zu befreien und 1923 in Kanton eine Revolutionsregierung einzusetzen. Zwei Jahre darauf starb er. Chiang Kai-shek, der an seine Stelle trat, wich recht bald vom politischen Kurs seines Vorgängers ab und stürzte China in einen Bürgerkrieg. Sun Yat-sens politisches Erbe, in den zwei Werken "Von den drei Grundsätzen der Volksherrschaft" und "Die internationale Entwicklung Chinas" festgehalten, wurde von seiner Frau Soong Ching-Ling weitergetragen, indem sie sich der Kommunistischen Partei Chinas annäherte und ihr zeitlebens verbunden blieb.

Wang Wei
(699 – 759)

Der in Taiyuan geborene Maler, Dichter, Kalligraph und Musiker Wang Wei bestand im Jahr 721 die höchste staatliche Prüfung als Chin-shih und wurde Staatssekretär im Opferamt. Nach dem Tod seiner Frau 730 distanzierte er sich vom Hof, wo er hohe Ehren genoß, und führte ein sehr zurückgezogenes Leben. Nach dem Sturz des Herrschers wurde er von dem Rebellenführer An Lu-shan 756 wieder zum Staatsdienst gezwungen. Dafür bestrafte man ihn mit Gefängnis, als die Hauptstadt zurückerobert worden war. Wang wurde zwar bald begnadigt, sowohl aufgrund der Fürsprache seines kaisertreuen Bruders, als auch wegen seiner Dichtung "See der gefrorenen Perle", in der er seine Trauer über den Sturz des Kaiserhauses zum Ausdruck bringt. Die Inhaftierung hatte ihn jedoch körperlich und seelisch dermaßen zerrüttet, daß er das übernächste Jahr in Chang'an (heute Xi'an) starb.

Wang ist der Erfinder der monochromen Landschaftsmalerei und bis heute das große Vorbild der chinesischen Landschaftsmaler. Er gilt als Begründer der sog. südlichen Richtung. Der Künstler stellt die Landschaften auf einer vergeistigten und doch realistischen Ebene dar.

Von seinen Werken sind nur Kopien erhalten. Sein berühmtestes Bild ist eine Landschaftsrolle, wo sein Landhaus Wang-ch'uan bei Chang'an abgebildet ist, das er nach dem Tod seiner Mutter in ein buddhistisches Kloster umwandelte.

Wang Xizhi
(um 321 bis 379)

Der Maler und Kalligraph Wang Xizhi gehört zu den größten Meistern dieser Kunst in China; er schuf die heutige Form der chinesischen Schrift. Er benutzte die Grasschrift (Kaoshu), bei der mehrere Sprachzeichen zusammenhängend in einer bewegten Linie ausgeführt werden.

Von seinen Kalligraphien sind nur Kopien aus dem 8. Jh., von den Malereien ist nichts erhalten. Diese Kopien geben einen Eindruck von der außergewöhnlichen Schönheit und Ausdruckskraft seiner Schrift, die von einem expressiven, flüssig-eleganten Stil geprägt ist.

Berühmte Persönlichkeiten

Zhou Enlai, Jahrgang 1898, aus einer wohlhabenden südchinesischen Familie stammend, nahm während seiner Studienzeit in Tientsin (hier lernte er seine zukünftige Frau Deng Ying Chao kennen, eine der ersten Akademikerinnen Chinas) und später in Japan, Frankreich und Deutschland aktiv an demokratischen Studentenbewegungen teil. In Europa schrieb er sich in die Auslandssektion der Kommunistischen Partei Chinas ein, die sich in Shanghai formiert hatte. 1924 kehrte er in seine Heimat zurück und war fortan immer in den Führungsgremien der Partei vertreten, wo er seine organisatorischen und diplomatischen Fähigkeiten unter Beweis stellen konnte. Während des Bündnisses mit der Guomindang war er politischer Leiter der Militärakademie

Zhou Enlai (1898–1976)

in Whampoa und zur Zeit des Langen Marsches politischer Kommissar der Roten Armee. Zu Mao pflegte er stets ein enges, freundschaftliches Verhältnis, auch wenn die beiden Staatsmänner oft unterschiedliche Meinungen vertraten, vor allem in Hinblick auf die Rolle, die Zhou Enlai in den 30er Jahren als Vertreter der Partei bei der Dritten Internationale spielte. Maos Positionen standen damals in offenem Widerspruch zu denen der Kommunistischen Parteien Chinas und der Sowjetunion.

Während des Japan- und des anschließenden Bürgerkrieges widmete sich Zhou ganz diplomatischen Aufgaben. Nach der Gründung der Volksrepublik bekleidete er in ununterbrochener Folge das Amt des Ministerpräsidenten und von 1949 bis 1958 zugleich das des Außenministers. Beim chinesischen Volk erfreute er sich wegen seiner ausgewogenen, aufrichtigen und überaus diskreten Persönlichkeit großer Beliebtheit. Als einzige chinesische Führungskraft überstand er unbeschadet alle Säuberungsaktionen und politischen Kampagnen, ohne auch nur einmal zur Zielscheibe öffentlicher Kritik oder Anklage zu werden. Am 6. Januar 1976 starb er an einem Tumor; drei Monate später versammelte sich die Pekinger Bevölkerung anläßlich des Qingming, des Totenfestes, auf dem Tian'anmen-Platz mit Sympathiebezeigungen für den Verstorbenen. Dies war das erste Anzeichen für die gärende Unzufriedenheit, die zu den späteren Unruhen führen sollte.

Kunst und Kultur

Malerei

Der Legende nach erfand ein gewisser Che Huang, der 2500 Jahre vor Christus lebte, den chinesischen Pinsel. Dieser besteht aus einem weichen Tierhaarbüschel, das am Ende eines Bambusrohrs festgebunden wird. Im Gegensatz zu den im Westen gebräuchlichen Pinseln mit steifer Spitze, die genau die Anweisungen der Finger ausführen sollen und sozusagen vom Verstand gelenkt werden, sind die chinesischen Pinsel so weich, daß sie nicht ganz kontrolliert werden können und daher gewissermaßen wie Seismographen auf die seelischen und körperlichen Regungen des Künstlers reagieren. Sie registrieren also nicht nur seinen rationalen Willen, sondern auch all seine Stimmungen und Gemütslagen. "Der Pinselstrich ist der Mensch", besagt ein altes Sprichwort. In der ganzen Geschichte der chinesischen Kunst ist das Grundelement der Pinselstrich, seine Stärke und Leichtigkeit, sein Vermögen, die Welt in der Phantasie entstehen zu lassen.

Bedeutung des Pinsels

Auf diesem Hintergrund werden auch einige grundlegende Unterschiede zwischen der chinesischen und der abendländischen Malerei verständlicher, wie z.B. die geringe Bedeutung, die der Studie des menschlichen Körpers und dem Porträt zukommt. Der chinesische Maler legt keinen Wert darauf, einen Körper oder ein Gesicht der Wirklichkeit nachzubilden; es liegt ihm viel mehr daran, die Bewegungen eines Körpers und seine Beziehungen zur Natur zu erfassen. Auf den meisten chinesischen Bildern ist der Mensch deswegen lediglich ein kleines Detail in einem größeren, übergreifenderen Rahmen. Die Chinesen haben auch nur ein geringes Interesse an der Perspektive, deren Studium hingegen Ausgangspunkt für die abendländische Kunst war. Die chinesische Kunst neigt zu einer psychologischen Lösung dieses Problems, mit verschwommenen Nah- und Fern-Effekten, die zu einem überaus modernen Landschaftsverständnis geführt haben.

Verhältnis Mensch – Natur

Aus diesem Grund malt der chinesische Maler nie nach der Natur und benutzt auch keine Modelle. Sein Verhältnis zur Natur ist vielleicht enger als das seiner westlichen Kollegen. Nachdem er das Sujet lange genug betrachtet und die ihm 'innewohnenden' Eigenschaften in sich aufgenommen hat, wird er es auf Reispapier oder Seide mit einem Zeichen wiedergeben, das seine Seele und geheimsten Gefühle zum Ausdruck bringt, wobei die Darstellung der sichtbaren Formen ganz in den Hintergrund tritt.

Die Materialien, mit denen der chinesische Maler arbeitet – die 'vier Schätze', wie sie in der Tradition des Landes heißen, nämlich Pinsel, Reispapier, Tusche und Wasserfäßchen –, erlauben keine Korrekturen und kein Überdenken, ganz im Gegenteil, sie zwingen zu einer spontanen, flüssigen Ausführung, zu präzisen Gedanken und einer erstklassigen Technik, zu einer geistigen und körperlichen Selbstdisziplin, die mit der der religiösen Meditation und der Kampfkunst vergleichbar ist.

'Vier Schätze'

Geschichte der Malerei

Auf den Bronzegefäßen und Lackmalereien dieser Zeit, in der sich Konfuzianismus und Daoismus durchsetzen, werden bereits die unterscheidenden Merkmale der chinesischen Kunst sichtbar. Jagdszenen, Symbole und Tiere sind nicht mehr, wie bei den archaischen Bronzearbeiten, mit

Zeit der Streitenden Reiche (475 – 221 v. Chr.)

◀ *Der Dichter Li Bai empfängt seine Freunde im Pfirsichbaumgarten*

Malerei

Zeit der Streitenden Reiche (Fortsetzung)

geometrisierenden Zeichen dargestellt, sondern mit wenigen flüssigen Linien, die eine Vorstellung von Bewegung vermitteln. Aus dieser Epoche stammt das älteste, uns überlieferte chinesische Gemälde, ein seidenes Totenbanner, das in der Grabanlage von Mawangdui in der südlichen Provinz Hunan (heute im Provinzmuseum von Changsha) aufgefunden wurde. Darauf ist mit unglaublich zarten Pinselstrichen die Reise einer Prinzessin in die Unterwelt dargestellt.

Han-Dynastie (206 v. Chr. bis 220 n. Chr.)

Unter der Han-Dynastie entstand das erste große chinesische Reich, die 'griechische' Epoche der Kulturgeschichte Chinas, die den Menschen und seine Handlungen über die magischen Riten und Mythologien stellte. Bei den Kunstwerken, die aus dieser Periode noch erhalten sind, handelt es sich um Wandmalereien und Abgüsse von Reliefziegeln, auf denen Sujets aus der Lehre des Konfuzius oder naturalistische Motive des Daoismus vorherrschen. In der Komposition kann man bereits Ansätze von Räumlichkeit und somit auch eine Art Tiefenwirkung erkennen.

Zeit der Sechs Dynastien

Gu Kaizhi (334 – um 406) war in der Zeit tätig, in der das Reich durch den Niedergang der Han-Dynastie in Auflösung begriffen war. Er war der erste Maler, der aus der Anonymität der Schulen und Werkstätten heraustrat. Sein bekanntestes Werk ist "Ermahnungen an die Hofdamen", eine Querrolle mit einer Reihe von Szenen, die als Verhaltensnormen für die kaiserlichen Hofdamen gedacht waren. Diese Rollen, die hier zum ersten Mal auftauchen, haben entweder ein Senkrechtformat (dann heißen sie Hängerollen, oder, mit dem japanischen Namen, Kakemono) oder ein Querformat (dann heißen sie Querrollen oder Makemono). Diese waren so konzipiert, daß sie von rechts nach links entrollt und am anderen Ende gleichzeitig wieder zusammengerollt wurden, so daß jeweils nur eine Szene zu sehen war. Dadurch erhielt der Betrachter eine für die chinesische Kunst sehr wesentliche Pause zum Nachdenken, die heute nicht mehr eingehalten wird, da die Bildrollen in den Museen ganz aufgerollt ausgestellt werden.

Tang-Dynastie (618 – 907)

Das zweite große chinesische Reich, das der Tang, von dem es heißt, es sei 'erlesener als das Han-Reich und weniger manieristisch als das nachfolgende Song-Imperium gewesen', brachte vor allem die Landschaftsmalerei hervor, eine Neuerung, die dem großen Künstler Wu Daozi (geb. um 680) zugeschrieben wird. Seine Landschaftskompositionen, die uns nur auf Kopien überliefert sind, zeichnen sich durch schnelle, spontane Pinselführung aus, wobei die Farbe so gut wie keine Rolle spielt (sie wurde später von seinen Schülern aufgetragen).
Entscheidend vorangetrieben wurde diese Malrichtung durch Wang Wei (699 – 759; → Berühmte Persönlichkeiten), den Erfinder der monochromen Landschaft, in der alles aufs Wesentliche reduziert ist.
Aber das Hauptinteresse der Tang-Malerei galt nach wie vor höfischen und religiösen Sujets. Für die erste Sparte ist insbesondere Han Kan (8. Jh.; → Berühmte Persönlichkeiten), der bedeutendste 'Pferdemaler' der chinesischen Kunstgeschichte, zu nennen.
Unter den Darstellungen religiösen Inhalts ragen vor allem die außerordentlichen Wandmalereien von Dunhuang hervor, bei denen sich die vielschichtige Symbolik und die kräftigen Farben indischer Tradition mit dem für die chinesische Kunst typischen bewegten Linienspiel verbinden.

Zeit der Fünf Dynastien (907 – 960), Song-Dynastie (960 – 1279)

Diese Periode ist die klassische Zeit der chinesischen Malerei, in der die Landschaftsstudien ihren Höhepunkt erlebten.
Die impressionistische Verwendung der Tusche mit all ihren Schattierungsmöglichkeiten stellt den Versuch des Künstlers dar, das 'innerste Wesen der Dinge zu erfassen'. Dazu gesellt sich eine minutiöse Wiedergabe der Details, die von der Bambussprosse bis zur Piniennadel, vom Felsen bis zum Vogel reichen. Selbst Kaiser Huizong (1082 – 1135) rangierte damals unter den begabten Naturmalern. Zu den berühmtesten Künstlern dieses Goldenen Zeitalters gehören Li Cheng († 967) und Xu Daoning (erste Hälfte des 11. Jh.s), die Erfinder der Pingyuan-Technik, die durch abgestufte Tie-

Malerei

Felsmalereien in Tibet

fen die Illusion von Ferne erweckt. Bedeutend ist ebenso Dong Yuan, der seine Berge aus leeren Flächen entstehen läßt, und Ma Yuan (geb. um 1150), der den Mittelpunkt seiner Kompositionen auf ein nebensächliches Detail verlegt und daher auch als Vertreter des 'Eineck-Stils' bezeichnet wird, da er 'von vier Ecken nur eine einzige darstellt'.

In dieser Zeit bildet sich eine für die Geschichte des Fernen Ostens maßgebliche philosophische Schule heraus, die des Chan-Buddhismus, die eher unter der japanischen Bezeichnung 'Zen' geläufig ist. Ihre Anhänger sind der Überzeugung, daß man die Erleuchtung nicht durch geistige Erkenntnis, sondern nur durch Intuition erlangen könne. Abgesehen davon, daß der Chan-Buddhismus mit seinen Vorstellungen von Spontaneität und Einfachheit die ästhetischen Vorstellungen der Chinesen beeinflußte, brachte er auch eine Schule von Malermönchen hervor, deren 'verkürzte Pinselstriche' die Gegenstände nur andeuten, sie aber nie wirklich beschreiben. Die wichtigsten Repräsentanten der Chan-Malerei sind Liang Kai (erste Hälfte des 13. Jh.s), der mit wenigen Strichen die menschliche Figur umreißen konnte, wie sein berühmtes Porträt des Dichters Li Bai zeigt, und Mu Chi (um 1220 – um 1290), der kleine, nebensächliche Dinge wie ein Blatt, Khaki-Früchte oder ein Insekt mit großer Hingabe malte.

Song-Dynastie (Fortsetzung)

Während der mongolischen Fremdherrschaft zieht sich die Malerei scheinbar auf sich zurück; die klassischen Werke werden studiert und nachgeahmt. Die 'Vier großen Meister der Yuan-Zeit', deren Schaffen für die künstlerischen Tendenzen jener Epoche exemplarisch ist, zogen es vor, in den Süden des Landes auszuwandern, statt öffentliche Ämter unter der mongolischen Regierung zu bekleiden. Der bedeutende Pferdemaler Zhao Mengfu (1254–1322) und seine Frau Guan Daosheng, die berühmteste Malerin der chinesischen Kunstgeschichte, nahmen das Angebot hingegen an.

Die Yuan-Meister lebten zwar nach den Grundsätzen der konfuzianischen Ethik – sie blieben z. B. der alten chinesischen Dynastie treu –, in der Male-

Yuan-Dynastie (1271–1368)

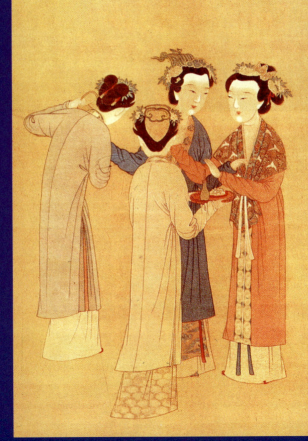

Malerei

rei setzten sie jedoch die daoistischen Ideale einer ruhigen und meditativen Landschaft um. Am bekanntesten ist Ni Zan (1301–1374; → Berühmte Persönlichkeiten), der einen so trockenen Pinsel verwendete, daß man ihm nachsagte, 'er spare Tinte mehr als Gold'. Seine auf das Wesentliche reduzierten Landschaften, in denen es keinen Platz für den Menschen gibt, bestehen aus wenigen leichten Strichen, wobei der weißen Papierfarbe eine wichtige gestaltgebende Rolle zukommt.

Yuan-Dynastie (Fortsetzung)

Unter den Ming-Herrschern erlebte China eine politische und kulturelle Blüte, die jedoch nicht frei von konservativen Elementen war. Die Malerei folgte dem Motto 'Zurück zur Vergangenheit'; Neues und Originelles wurde verachtet, der akademische Kanon mußte eingehalten werden. Mit dieser Art von chinesischer Malerei ist das Abendland zuerst in Berührung gekommen und hat sie besser kennengelernt als andere, sicherlich auch deshalb, weil dieser Stil sehr viel mehr Werke hervorbrachte als der früherer Jahrhunderte. Durch ihre Verbreitung entstand jedoch in der westlichen Welt der Eindruck, die chinesische Kunst sei affektiert und manieriert.
Zu den einflußreichsten Künstlern jener Zeit gehört Dai Jin (1388–1462), der Gründer der Zhejiang-Schule. Seine Werke, die eine scharfe Beobachtungsgabe belegen, sind voller Bewegung und Leben; der Maler sucht nicht nach Emotionen, sondern Erfüllung, nicht nach einer Vereinigung mit dem Unendlichen, sondern, in idyllischen Szenen, nach Ruhe. Im Widerstreit mit der akademischen Tradition orientierte sich die südliche Wu-Schule an den Landschaftsmalereien der Yuan-Maler. So persönlich und gelungen die Arbeiten von Shen Zhou (1427–1509) und Wen Zhengming (1470–1559), den Hauptvertretern dieser Bewegung, auch sind, sie gehen über eine Nachahmung nicht hinaus.

Ming-Dynastie (1368–1644)

Treibt die Herrschaft der Mandschuren den akademischen Ming-Stil durch eine verfeinerte, ja gekünstelte höfische Malerei auch bis zum Äußersten, so können sich zwischen dem 17. und dem 18. Jh. doch 'individualistische' Strömungen entwickeln, die, als Reaktion auf den vorgegebenen Manierismus, Werke entstehen lassen, die zu den interessantesten in der chinesischen Kunst überhaupt zählen. Zhu Da (1693–1775) auch unter seinem buddhistischen Mönchsnamen Bada Shanren bekannt, war der Anführer dieser 'Bohemiens'. Seine aggressive Pinselführung scheint auf eine innere Rebellion hinzudeuten; unverwechselbar sind die groteske Übersteigerung der Figuren und Gegenstände, der sarkastische Humor seiner Gestalten und die Angriffslust seiner Tiere. Deutlich 'expressionistische' Züge weist auch die Schule der 'Acht Exzentriker' von Yangzhou auf, die, unter dem Einfluß experimenteller abendländischer Malstile, in der ausgehenden Qing-Periode nach neuen stilistischen Lösungen suchte.
Von gewissem Einfluß für die chinesische Kunst war das Wirken des italienischen Jesuiten und Malers Giuseppe Castiglione (auf Chinesisch Lang Shining; 1698–1768) am Hof des Kaisers Qianlong. Castiglione akzeptierte zwar formal den klassischen chinesischen Stil, konnte aber dennoch wichtige Neuerungen wie die perspektivische Darstellungsweise und den Gebrauch von Tempera- und Ölfarben auf Seide in China einführen, Techniken also, die eine 'realistischere' Wiedergabe der Dinge ermöglichten. Außerdem machte Castiglione die Chinesen mit dem Porträt vertraut; berühmt ist das von ihm geschaffene Bildnis des Kaisers Qianlong.

Qing-Dynastie (1644–1911)

Im Gegensatz zu anderen Bereichen der Kunst und Kultur hat die Malerei die Zersplitterung des Reiches und die politischen Ereignisse der jüngsten Vergangenheit überdauert, vor allem dank der umfangreichen Produktion einiger Künstler, die internationales Ansehen genießen, wie Qi Baishi (1863 bis 1957), Xu Beihong (1895–1953) und Li Keran (geb. 1907).
In der Zeit der Republik öffnete sich China westlichen Kunstströmungen, wobei der wichtigste Impuls vom Naturstudium (Aktzeichnen, Pleinairmalerei) ausging. Zum erklärten Ziel wurde die Verbindung traditioneller Mal-

Moderne

◀ *"Die Vier Schönen" (Seidenmalerei, 15./16. Jh.)*

Kalligraphie

Malerei,
Moderne
(Fortsetzung)

weisen und -techniken mit einer wirklichkeitsnahen Darstellung des Menschen und seiner Lebenswelt sowie das Studium von Tieren, Pflanzen und Landschaften. An der Spitze dieser Bewegung standen in den 30er und 40er Jahren Huang Binhong (1864–1955); Qi Baishi, der mit lebendig und ausdrucksvoll gestalteten Sujets (Blumen, Tiere und häusliche Gegenstände) die poetische Tradition des Chan-Buddhismus und der Daoisten fortführte; Xu Beihong, der letzte bedeutende Pferdemaler; und Zhang Daqian (1899–1983). In den 50er und 60er Jahren prägten v. a. Fu Baoshi (1904–1965) und die Landschaftsmalerin Li Keran einen neuen Realismus aus, ohne dabei die Errungenschaften der Literatenmalerei aufzugeben.

Kalligraphie

Malerei und
Kalligraphie

In China ist die Malerei eng mit der Schriftkunst verknüpft. Der chinesische Maler ist immer auch Kalligraph, er erlernt die beiden Fertigkeiten parallel. Malerei und Schönschreibkunst erfordern dieselbe Technik und Beherrschung des Striches, der, einmal ausgeführt, kein Überdenken und keine Korrekturen zuläßt. Es ist der 'Pinselstrich, der Auskunft gibt über die Persönlichkeit des Künstlers und sein technisches Können.
Die chinesische Schrift, die ursprünglich auf Bildzeichen beruhte, entstand zu Beginn des zweiten Jahrtausends vor Christus. Im Lauf der Jahrhunderte erfuhr sie immer ausgeprägtere Stilisierungen, wodurch sich die Bildzeichen zu abstrakten Symbolen, den Ideogrammen, entwickelten.
Die Hofastrologen der Shang-Dynastie (16.–11. Jh. v. Chr.), die ihre orakelhaften Inschriften in Schildkrötenpanzer oder Ochsenknochen ritzten, verwendeten bereits eine sehr stilisierte Schriftform. Während der Zhou-Dynastie (11. Jh.–221 v. Chr.) wurde vorwiegend auf rituelle Bronzegefäße geschrieben. Gegen Ende des 9. Jh.s v. Chr. begann man, die Schriftzeichen parallel anzuordnen; zugleich wurde auch die Linienführung feiner und runder.

Kalligraphische
Stile

Aus diesem archaischen Schrifttyp leiten sich verschiedene kalligraphische Stile ab. Der 'Dazhuan' (Große Siegelschrift) und der 'Xiaozhuan' (Kleine Siegelschrift), die ältesten Stile, waren während der Zhou-Dynastie (11. Jh.–221 v. Chr.) und zu Beginn der Qin-Herrschaft (221–206 v. Chr.) üblich. Ihren Schriftzeichen ist der piktographische Ursprung noch anzusehen. So wird beispielsweise die Sonne durch eine kleine Kugel dargestellt, der Berg durch eine Reihe von Gipfeln und das Pferd durch eine Silhouette mit vier Beinen. Diese Zeichen, die schwer auszuführen, aber von hohem ästhetischen Reiz sind, werden von den Chinesen heute noch auf Siegeln (daher der Name 'Siegelschrift') benützt, als Signatur, in der Schönschrift oder als kommerzielles Markenzeichen. Der Durchschnittschinese von heute kann nur noch die einfachsten davon entziffern.
Der 'Lishu', der Beamten- oder Kanzleistil, entstand im Qin-Reich. Es ist eine eckige, leicht verständliche Schrift, die wegen ihrer monumentalen, eleganten Zeichen noch heute für Überschriften in Büchern, Zeitungen, auf Plakaten und Schildern verwendet wird.
Zu Beginn unserer Zeitrechnung entwickelte sich aus dem 'Lishu' dann nach und nach der 'Kaishu', auch Regelschrift genannt, der bis heute die Standardschrift der Chinesen bildet.
Die vielen Tausend Zeichen des chinesischen Wörterbuchs (der durchschnittlich gebildete Chinese beherrscht jedoch nur 4000 bis 5000) setzen sich alle aus einem Grundbestand von etwa 20 Standardstrichen zusammen, die nach ganz bestimmten Regeln ausgeführt werden müssen. Dieses Regelsystem ist freilich flexibel und gesteht somit dem Kalligraphen schöpferische Freiheit zu.

Kursivschrift

Unter der Dynastie der Östlichen Han (24–220) führten die Bemühungen um eine schnellere Schriftform und einen expressiveren Pinselstrich zur Entstehung der Kursivschrift 'Xingshu', aus der sich wiederum die Grasschrift 'Kaoshu' entwickelte, so genannt wegen ihrer bewegten halmförmigen Linien. Mit dieser Schrift, in der sich die Anhänger des Daoismus und des Chan-Buddhismus übten, wurde das Schreiben zu einer eigenen künstlerischen Tätigkeit. Die Bedeutung der Zeichen, die zusammenhängend geschrieben werden, wird nebensächlich, auch deshalb, weil nur die Eingeweihten sie entschlüsseln können. Der berühmteste Kalligraph war vielleicht Wang Xizhi (321 bis 379), dessen Stil man angeblich schon an einem Punkt erkennen konnte.

In China muß jeder Maler zugleich auch Kalligraph sein; ohne mehrere, in einem der klassischen Stil geschriebene Verse ist ein schönes Gemälde nicht denkbar.

Die Schönschreibkunst muß jedoch auch jeder Intellektuelle oder Politiker beherrschen. Zu Mao Zedongs Zeiten hingen die in schöner Xingshu-Schrift gezeichneten Gedichte des 'Großen Vorsitzenden' eingerahmt in jedem öffentlichen Lokal. Auch die Schriftzeichen im Titel der "Renmin Ribao" ("Volkszeitung"), der offiziellen Tageszeitung der Kommunistischen Partei, werden Mao zugeschrieben, während die Inschrift über seinem Mausoleum von Maos Nachfolger Hua Guofeng stammt.

Grasschrift (Kaoshu)

Kalligraphie, Kursivschrift (Fortsetzung)

Kalligraphie und Intellektuelle

Keramik

Die Portugiesen liefen als erste Europäer am Anfang des 16. Jh.s in den Hafen von Kanton ein. So waren es auch Lissaboner Händler, die das in China angefertigte Geschirr, das durch seinen Glanz und seine Leichtheit an Muschelschalen erinnerte, auf dem europäischen Markt einführten. Das außergewöhnliche Material, bald unter dem Namen 'Porzellan' bekannt (nach der Porzellanschnecke, die im Italienischen 'Porcellana' oder regional auch 'Porcella' heißt), fand unglaublichen Anklang an den europäischen Herrscherhöfen. Die französischen Könige tranken aus in Gold und Silber eingefaßten Tassen, und in den 'Wunderkammern' der damaligen Fürsten durfte neben Straußeneiern und dem Stein der Weisen keinesfalls ein weiß-blaues Porzellangefäß aus Kanton fehlen. Doch an der chinesischen Keramikkunst, die sich in der ganzen Welt verbreitete, wußten die Abendländer lange Zeit nur die technische Vollkommenheit des Materials

Porzellan als Handelsware

Keramik

Porzellan als Handelsware (Fortsetzung)

und das exotische Dekor zu schätzen. An unseren ästhetischen Wertmaßstäben gemessen, ist die Keramik nur dekorative Kleinkunst. Noch heute erstaunen uns deshalb die Bewunderung, die das Porzellan in der östlichen Welt hervorruft, und die Preise, die es beim Verkauf erzielt.

Porzellan als Kunstwert

In China dagegen, wo kein erheblicher Unterschied zwischen Kunsthandwerk und Kunst im westlichen Sinn gemacht wird, gehört das Porzellan eher dem kulturellen Bereich als dem des Geschmacks an. Ein Porzellanstück, seine Farben, Formen und seinen Klang zu kennen, seine Oberflächenstruktur ertasten zu können, all das gehört zur Bildung eines Gelehrten, wie auch namhafte Poeten wie Du Fu (→ Berühmte Persönlichkeiten) in ihren Werken bezeugen.

Für dieses besondere ästhetische Empfindungsvermögen gibt es mehrere Gründe. Zum einen spielt dabei die aus der daoistischen Tradition erwachsene Mystik eine Rolle, die das Verhältnis des Chinesen zur Natur bestimmt. Das Porzellan, ein Produkt der Erde und des Feuers, erinnert viel mehr als die kalten Metalle an das warme geheimnisvolle Wesen der Natur. Es wird mit Blumen, Wasser, Schnee und Jade verglichen.

Dekorationstechnik

Zum anderen ist ausschlaggebend, daß die Porzellankunst eng mit der Malerei und der Kalligraphie verbunden ist. Der Porzellanmaler, der während der Glanzzeiten dieser Kunst ein Maler im eigentlichen Sinn war, arbeitet unter ganz ähnlichen Bedingungen, mit den gleichen Pinseln und den gleichen Strichen. Wie die Seidenmalerei oder ein Chan-Gemälde läßt auch seine Arbeit keine Korrekturen zu; sein Werk, dessen Qualität und Gelingen er erst nach dem Brennen überprüfen kann, entzieht sich weithin der Kontrolle durch den Verstand. Dieser hohe Grad an Unberechenbarkeit, der nicht für Bronzearbeiten und Steinskulpturen gilt, scheint ein unfaßbares spirituelles Element in sich zu bergen.

Schließlich ist das Porzellan auch ein Teil der Landestradition; die Sammlungen, die von Generation zu Generation vererbt werden, sind ein Zeichen von Kontinuität und Sicherheit und bezeugen die überlegene Kunstfertigkeit der Vorfahren.

Geschichte der Keramikkunst

Entstehung

Wann das Porzellan in China entstand, ist bis heute nicht restlos geklärt. Im Abendland wird allgemein angenommen, daß seine Ursprünge bis in die Tang-Dynastie (618–907) oder die beginnende Song-Dynastie (960 bis 1279) zurückreichen. In diesen Jahrhunderten tauchten erstmals Gegenstände auf, deren nach dem ersten Brennen aufgetragene Glasur gut mit den Scherben verschmolz; damit war die weiße kristalline Masse geschaffen, die uns heute als Porzellan bekannt ist. Die Chinesen haben einen weit gefaßten Porzellan-Begriff; dazu zählt eine ganze Reihe von Steingutarten, die bei hohen Temperaturen (1000–1300 °C) gebrannt werden und die viel härter sind als Keramik, aber nicht den gläsernen Charakter von weißem Porzellan erreichen. Steingut, porzellanähnliches Steingut und Porzellan werden deshalb im Chinesischen mit demselben Wort 'Ci' (Aussprache: Tsi) bezeichnet. Aus diesem Grund kann man nach Ansicht chinesischer Fachleute die Entdeckung des Porzellans schon in die Zeit der Wei- und Jin-Dynastie, also ins 4. Jh. n. Chr., vorverlegen. Aufgrund von Funden, die in den 70er dieses Jahrhunderts gemacht wurden, meinen einige Experten, man müsse den Ursprung der Porzellankunst sogar ins 16. Jh. v. Chr. datieren, weil damals schon sehr feine Erdpasten (vorwiegend Kaolin und Feldspat) in den Öfen gebrannt wurden, in denen auch die berühmten Bronzewerke der Shang- und Zhou-Dynastie entstanden.

Jedenfalls gehört die Entdeckung des Materials, das keinerlei Flüssigkeit durchläßt, widerstandsfähig und leicht zu reinigen ist, zu den bedeutendsten Errungenschaften des Altertums. Eine Errungenschaft, die freilich nur aus der großen Keramiktradition einer seßhaften Kultur erwachsen konnte. Die übrigen asiatischen Völker, die noch ein Nomadenleben führten, als die

Gefäße für alkoholische Getränke

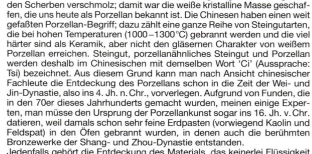

Keramik

Chinesen schon eine umfangreiche Herstellung von Tonware aufweisen konnten, zeigten naturgemäß kein Interesse an so zerbrechlichen und schwer transportablen Gegenständen. In diesem Sinne verkörpert die Keramik auch den Nationalcharakter der Chinesen und deren gesellschaftliche Stabilität.

Geschichte der Keramikkunst, Entstehung (Fortsetzung)

Schon 6000 Jahre vor Christus werden an den Ufern des Huanghe feine Tongefäße der Peiligang-Kultur erzeugt. Die wenig spätere Yangshao-Kultur führt dann die ersten mehrfarbigen Gegenstände ein. Die Longshan-Kultur stellt hingegen eine schwarze glänzende Keramik her, die bereits auf Töpferscheiben geformt wurde. Diese Stücke, die ganz dünne, eierschalenartige Wände haben, dienten in der Geschichte der Keramikkunst immer wieder als Vorbild.

Neolithikum

Mit Beginn der Geschichtsschreibung und der Sklavengesellschaft tauchten die ersten großen Werkstätten auf, die Bronze- und Keramikgegenstände für die adligen Familien herstellten.
In diesen Werkstätten wurde unter anderem auch ein weißes, bei etwa 1000°C gebranntes Geschirr aus feinem Kaolin erzeugt, das man heute als 'Protoporzellan' bezeichnet.

Shang- und Zhou-Dynastie (16. Jh. – 221 v. Chr.)

Durch die Einigung Chinas erfuhr die Keramikkunst einen außergewöhnlichen Aufschwung. Die Abschaffung der mit Menschenopfern zelebrierten Begräbnisriten begünstigte die Entwicklung der Grabkeramik, von der die Terrakotta-Armee von Xi'an beredtes Zeugnis ablegt. In dieser Periode wurden erstmals Glasuren verwendet, welche die Keramiken undurchlässig machten und ihnen einen neuen ästhetischen Wert verliehen. In der Provinz Zhejiang, dem Zentrum der chinesischen Keramikproduktion, tauchten die ersten 'Yue-Seladone' auf.

Qin- und Han-Dynastie (221 v. Chr. – 220 n. Chr.)

Kennzeichnend für die Produktion unter der Tang-Dynastie sind die sog. Drei-Farben-Keramiken, die den chinesischen Kunsthandwerkern auch im

Tang-Dynastie (618–907)

Dreifarbiger Keramikteller aus der Tang-Zeit

Keramik

Tang-Dynastie (Fortsetzung)

Ausland zu Ruhm verhalfen. Krieger und Damen, Szenen aus dem täglichen Leben und die berühmten, unverwechselbar modellierten Pferde charakterisieren diese Blütezeit.

Song-Dynastie (960–1279)

In der Song-Periode, der klassischen Epoche des chinesischen Porzellans, setzten sich ästhetische Normen durch, welche die Entwicklung der Porzellankunst bis zum heutigen Tage geprägt haben. Von den großen Menschen- und Tiergestalten der Tang-Zeit, die rituellen Zwecken dienten, ging man zu kleinen ausgesuchten Gegenständen über, für den täglichen Gebrauch oder für den Schreibtisch des Gelehrten bestimmt, der begann, den Krieger als zentrale Figur der chinesischen Gesellschaft zu ersetzen. Die Keramikherstellung konzentrierte sich nun auf die Qualität des Porzellans und auf seine Formen, während das Dekor als vulgär angesehen wurde.

Yuan-Dynastie (1271–1368)

Während ihrer hundertjährigen Herrschaft über China hinterließen die Mongolen unauslöschliche Spuren in der Keramikkunst. Sie führten die 'Qinghua'-Ware ein, ein weißgrundiges Porzellan, das mit Unterglasurmalerei in Kobaltblau dekoriert wurde. Diese Technik stammte aus dem Mittleren Orient, wo sie bei den moslemischen Töpfern in Gebrauch war. Die für Nomadenstämme typischen geometrischen Muster dominierten dabei. Angefertigt wurden meist große Keramikgefäße, eine Art Nachbildung der Metallgegenstände, wie breite Teller und Feldflaschen, die Dschingis Khans Reiter mit sich trugen. Die einheimischen Ästheten wiesen diesen Stil anfänglich als mit dem chinesischen Geist unvereinbar zurück, übernahmen dann aber nach und nach einige seiner Merkmale.

Ming-Dynastie (1368–1644)

In der Ming-Zeit vermengten sich die eleganten Formen und die Qualität der Song-Keramik mit dem für die Yuan-Dynastie typischen Dekorationsstil zu einem Produkt von unübertroffener Perfektion. In Jingdezhen/Prov. Jiangxi, entstand damals das Zentrum der nationalen Porzellanherstellung mit zirka dreihundert Werkstätten, von denen die besten ausschließlich für den kaiserlichen Hof in Peking tätig waren. Das Dekor schufen berühmte Maler, und ein vom Kaiser eingesetzter Oberaufseher überprüfte die Qualität der Erzeugnisse. Zugleich wurde auch der Keramikhandel mit dem Ausland gefördert; für den Export arbeiteten ganz bestimmte Werkstätten in der Nähe der Häfen Kanton und Quanzhou.

Teekanne aus der Ming-Zeit

Feldflasche aus der Song-Zeit

Tasse aus der Tang-Zeit

Qing-Dynastie (1644–1911)

Die Mandschu-Dynastie verstärkte das Interesse an farbigem Porzellan. Es verbreiteten sich mehrfarbige Glasflüsse, die das Geschirr in einer üppigen Farbenpracht erstrahlen ließen. Je nach Farbe der Grundglasur werden die verschiedenen Porzellanarten daher als 'famille rose', 'famille jaune', 'famille verte', 'famille noire' usw. bezeichnet. Wenn auch die technische Fertigkeit in dieser Periode ein sehr hohes Niveau erreichte und die Werkstätten überaus dünnwandiges Porzellan, riesige Vasen für den Hof und eine unglaubliche Vielzahl an Formen hervorbrachten, besiegelte der Übergang von handwerklicher zu industrieller Produktion (mit mehr als siebzig Herstellungsvorgängen für jedes einzelne Stück) doch das Ende der Kreativität. Der europäische Geschmack spiegelte sich immer stärker in überladenem Dekor, in rokokohaften Vergoldungen und Verzierungen wieder, die der klassischen chinesischen Tradition fremd waren. Ab der Mitte des 19. Jh.s wirkte sich die politische Krise tiefgreifend auf den Keramikbereich aus. Die Erzeugnisse paßten sich immer mehr den Export-

Architektur

bedürfnissen an und ließen den ursprünglichen Phantasiereichtum zusehends vermissen.

Durch die Bürgerkriege und die Invasion der Japaner im 20. Jh. wurden die Brennöfen vernichtet und die Fachkräfte in alle Winde verstreut. Die negative Einstellung des maoistischen Regimes gegenüber der Tradition und das Verbot jeglicher privatwirtschaftlicher Initiative brachten schließlich auch sämtliche Zweige des Kunsthandwerks zum Erliegen. Ein wenig davon ist trotz allem erhalten geblieben, in der naiven Produktion einiger kleiner bäuerlicher Werkstätten, in nahegelegenen Ländern wie Japan, wo eine hohe Nachfrage an Töpfermeistern besteht, und paradoxerweise in der Fälschungsindustrie, die den orientalischen Markt mit fast vollkommen nachgeahmten Produkten überschwemmt und dadurch unbewußt eine alte künstlerische Tradition hochhält.

Keramik, Qing-Dynastie (Fortsetzung)

Moderne

Architektur

Die axiale Nord-Süd-Anordnung, das Viereck und die Mauern: die Kombination dieser drei Elemente, in denen sich das chinesische Denken verdichtet, ist die Grundlage der traditionellen chinesischen Stadt.
Nach den Regeln der Geomantik (Fengshui), die sich auf die zwei Begriffe Yin und Yang – die zwei konstituierenden, gegensätzlichen und komplementären Elemente jeden Dings – stützt, mußte jede menschliche Siedlung sich dem Norden, der für die Kälte und den Schatten (Yin) steht, abwenden und dem Süden, dem Ort des Lichts und der Sonne (Yang), zuwenden. Rechtwinklig zur Hauptachse sollte die Nebenachse verlaufen, wozu später, durch die Übernahme konfuzianischer Ideen, das Prinzip der örtlichen und funktionalen Symmetrie kam.

Struktur der traditionellen Stadt

Auch die Bedeutung des Vierecks geht auf eine alte chinesische Denktradition zurück, die sich den Himmel als eine riesige Kugel und die Erde als Viereck vorstellte. Der Raum konnte daher nur nach dieser geometrischen Figur gestaltet werden; Häuser, Paläste, Tempel, ja ganze Städte folgten diesem Bauprinzip. Unter der Shang- und Zhou-Dynastie (16. Jh. bis 221 v.Chr.) wurden auch die Ländereien schon nach einem Vierecksmuster namens 'Jintian', ein in neun Parzellen gegliedertes Viereck, unterteilt. Die mittlere Parzelle war öffentlicher Besitz und wurde von den acht teilhabenden Familien gemeinsam bebaut.

Viereck

Die Befestigungsmauern sind ein Erbe der ersten chinesischen Dynastie, der kriegerischen Shang (16.–11. Jh. v.Chr.), die ihre Städte stets mit hohen Verteidigungsanlagen umgaben. Aus dieser Zeit stammen auch die beiden Begriffe 'Cheng' (Mauer, Einfriedung) und 'Yi' (Befestigung), die heute noch die chinesischen Wörter für 'Stadt' bilden. Trotz der blühenden Wirtschaft und des regen Handelslebens, die einige Städte zwischem dem 7. und 14.Jh. erlebten, schafften sie es im Lauf der späteren geschichtlichen Entwicklung nicht, über ihre Funktion als militärische Festung und Verwaltungszentrum hinauszuwachsen. Zu dieser statischen Rolle waren sie auch durch die konfuzianische Lehre festgelegt worden, die im Rahmen des klassischen Ritenkodex (Zhou Li), den die gesamte chinesische Gesellschaft zu befolgen hatte, ein städtebauliches Traktat mit dem Titel "Jian Ren" ("Der Erbauer") erarbeitet hatte. Darin war die Funktion der einzelnen städtischen Siedlungen und ihr Verhältnis untereinander bzw. zur Reichshauptstadt genau festgelegt.

Stadtmauern

Auf Verwaltungsebene sah der "Jian Ren" eine der Adelspyramide vergleichbare, hierarchische Struktur der Städte vor. Jeder Figur aus dem Feudalsystem entsprach ein unterschiedlicher Städtetypus. Unter der Stadt des Kaisers, deren Anlage einem Quadrat mit einer in neun Einheiten teilbaren Seitenlänge entsprach – nach dem alten Jintian-Muster, das die

Hierarchie der Städte

Architektur

Anlage eines Bauerngehöfts

Hierarchie der Städte (Fortsetzung)

Aufteilung des Ackerlandes regelte –, rangierten die Städte der untergeordneten Feudalherren, die immer kleiner wurden, je weiter unten diese in der Hierarchie standen. Diesem formalistischen Wertesystem lagen Kriterien wie Größe, Höhe und Menge zugrunde. Es durfte keine Städte geben, die größer waren als die kaiserliche, und vor allem durfte kein Gebäude die höfischen Paläste überragen.

Grundriß der Städte

Der Regelkatalog des "Jian Ren" zeichnete jedoch in der Zeit, in der er verfaßt wurde, kein genaues Bild der viel mannigfaltigeren Wirklichkeit. Die Grundmauern der Zhou-Städte zeigten nicht selten, aufgrund topographischer Gegebenheiten, einen unregelmäßigen Verlauf; ebenso Linzhe (bei Zhengzhou), die Hauptstadt der Qi, die eine asymmetrische Einfriedung besaß; Luoyang, die Stadt mit den ungewöhnlichen Ausbuchtungen, oder auch Shanghai, dessen alter Stadtkern eine elliptische Form aufwies.
Diese Kluft zwischen Theorie und Praxis schloß sich im Lauf der Jahrhunderte, und die städtebaulichen Normen des "Jian Ren" dienten später den Planern des chinesischen Reiches als verbindliches Vorbild.

Erste Tang-Stadt

Die erste nach konfuzianischen Richtlinien erbaute Stadt war Chang'an (das heutige Xi'an), die Hauptstadt der Tang-Dynastie. Sie entstand zwischen 600 und 800 auf den Ruinen der früheren Han-Stadt.
Seitdem umgab ein hoher, viereckiger Befestigungswall – bis zur Mongolenherrschaft aus Stroh und Schlamm, dann aus Steinen und Ziegeln – die Stadt und schützte sie vor den Blicken der Außenwelt. Auf jeder der vier Seiten war, je nach Größe und Bedeutung eines Ortes, eine verschieden hohe Anzahl von Toren in die Mauer eingelassen.

Stadtbild

Die Stadt war in viereckige, ebenfalls umfriedete Bezirke unterteilt. Geradlinige Straßen, entsprechend der Nord-Süd- und Ost-West-Achse rechtwinklig zueinander angeordnet, bildeten die Grenzen zwischen den einzelnen Stadtvierteln, die dagegen ein verworrenes Labyrinth von Gassen

Architektur

umfaßten. Im Zentrum umgab ein zweiter Mauerring die Verbotene Stadt, in welcher der kaiserliche Hof residierte und die Militärgarnisonen stationiert waren. Entlang dieser zweiten inneren Stadtmauer waren die Märkte angesiedelt, was darauf hindeutet, daß alle wirtschaftlichen Aktivitäten der Kontrolle der staatlichen Verwaltungsorgane unterlagen. In der Mitte der Stadt, zugleich auch das Herz der Verbotenen Stadt, erhob sich schließlich der Kaiserliche Palast, der sich wiederum den Blicken des Hofes durch einen hohen Schutzwall entzog.

Stadtbild (Fortsetzung)

Das lange, hartnäckige Festhalten an einem städtebaulichen Modell, das noch alten Architekturtheorien verbunden war, zeugt von der Unfähigkeit der kaiserlichen Bürokratie, ein feudales Entwicklungsstadium zu überwinden. Privatinitiativen wurden unterbunden, boykottiert oder durch eine Unzahl von Auflagen erschwert; die Klasse der Händler und Kaufleute war in der gesellschaftlichen Hierarchie auf einer sehr niedrigen Stufe angesiedelt und wurde wegen ihrer materiellen Tätigkeit geächtet. Der Staat verweigerte diesem Berufsstand jeglichen Schutz und jedwedes Privileg, so auch ein geschriebenes Recht. Aus diesen Gründen erreichten die chinesischen Städte keine wirtschaftliche und politische Autonomie und wurden daher nicht zu einem Ort bürgerlicher Freiheit. Ganz im Gegenteil zogen sie sich auf unproduktive, rein verwaltungstechnische Aufgaben zurück.

Entwicklungshemmender Städtebau

Die wirtschaftlichen Aktivitäten in den Städten verzeichneten einen starken Rückgang, so daß die Bewohner immer mehr zu Konsumenten andernorts hergestellter Produkte wurden. Daher sind die chinesischen Städte zu Beginn des 20. Jh.s völlig in ihrer Verwaltungs- und Konsumhaltung erstarrt. Ihnen fehlen sämtliche Merkmale, die nach abendländischem Verständnis das Wesen einer Stadt ausmachen, d.h. die Stätten gemeinschaftlichen Lebens wie Plätze, Märkte und Thermen, private Wohnhäuser

Erstarrung der Städte

Halle des Erntegebets im Himmelstempel von Peking

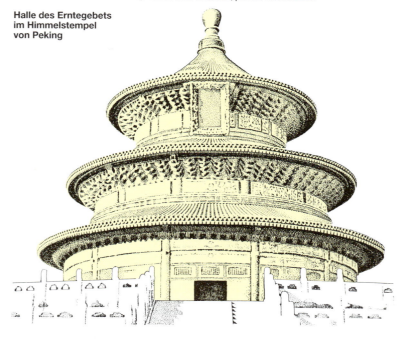

Architektur

Erstarrung der Städte (Fortsetzung)

und öffentliche Gebäude sowie großflächige Infrastrukturen. Wenn man einmal von den Tempeln absieht, die sich allerdings durch Gestalt und Größe nicht besonders aus dem Stadtbild abheben, bestimmen eigentlich nur zwei grundlegende Faktoren die chinesische Gesellschaft und den Aufbau ihrer Städte: der Kaiser und der Untertan bzw. der kaiserliche Palast und das private Wohnhaus.

Jüngste Entwicklungen

Wenn die Mauern einst als unverkennbares Symbol der chinesischen Stadt dienten, so ist es heute – da die Schutzwälle fast überall breiten Ringstraßen weichen mußten, die inzwischen von neuen Wohnvierteln gesäumt werden – schwierig, die chinesische Stadt in Aussehen und Bedeutung so zu rekonstruieren, wie sie in der alten und modernen Literatur Chinas und des Abendlandes reichlich dokumentiert ist. Die selten gewordenen Tore mit massivem Unterbau, über dem sich leichte Holzkonstruktionen erheben; die Portale oder Pailou, die hier und da an glorreiche Ereignisse der Vergangenheit erinnern und nach wie vor Übergänge zwischen fernen oder gar verschwundenen, wirklichen oder ideellen Raumabschnitten markieren; die Pagoden, abstrakte Monumente oder konkrete Zeichen, oder auch die buddhistischen, daoistischen und konfuzianischen Tempel: sie alle sind isolierte Zeugnisse eines nunmehr zerstörten vergangenen Stadtbildes, das zudem nur noch im Grundriß des Stadtkerns zu erkennen ist. Nach der Gründung der Volkrepublik herrschte weitgehend standardisierter Wohnungsbau durch rationale Flächennutzung vor. Aufbau einer Grundstruktur, in der Wohnen, Arbeiten und Versorgung räumlich einander zugeordnet sind, schachbrettartige und radiale Straßenführungen und Monumentalgebäude waren Elemente der städtebaulichen Gestaltung. Die Flächensanierung in Altstadtvierteln mit anschließender Neubebauung führte in vielen Fällen zur Zerstörung historischer Bausubstanz.
Seit etwa einem Jahrzehnt läßt sich vor allem in den Küstenstädten – im Unterschied zu den Städten im Binnenland – eine größere bauliche Formenvielfalt feststellen. Durch den wirtschaftlichen Aufschwung sind Bereiche entstanden, in denen oft international orientierte Bauformen vorherrschen. In den Außenzonen nehmen großflächige Einheiten wie Wohnanlagen und Industriegebiete zu.

Hof und Pavillon

Während das Viereck als urbanistisches Gliederungsprinzip fungierte, ist der vierseitige Hof (Si He Yuan) auf allen Ebenen des Wohnungsbaus, vom kaiserlichen Palast über den Tempel bis zum privaten, städtischen und ländlichen, Wohnhaus, ein obligatorisches Grundelement. Entlang der hohen, unüberwindbaren Mauern, die den Hof des Privathauses überall vor den Blicken von der Straße oder den angrenzenden Gebäuden schützen, ragen innen ein- oder zweistöckige Pavillons auf. Sie werden auf rechteckigem Grundriß erbaut und bilden die Basiseinheit des Wohnhauses, die sich aus zwei oder mehreren nebeneinanderliegenden Raumeinheiten zusammensetzt.
Im Norden Chinas besteht der Pavillon gewöhnlich aus drei Räumen. In seiner Mitte befindet sich der Gemeinschafts- oder auch äußere Saal, der sich auf den Hauseingang und seitlich auf zwei weitere Zimmer öffnet. Auf dem Land ist im Gemeinschaftssaal eine Küche mit Feuerstellen aus Stein untergebracht; die beiden anderen Zimmer sind mit zwei hohen Mauerpodesten (Kang) ausgestattet, unter denen das Feuer brennt und wo sich die Bewohner untertags am Tisch versammeln, essen, trinken, spielen und reden. Während der Nacht dienen sie als Bettstatt. Strohmatten überziehen die Steinflächen, auf denen man nachts in den weichen bunten, mit Baumwolle gefütterten Steppdecken schläft.

Tempel und kaiserliche Paläste

Aus dieser kleinsten Wohneinheit – die Prachthäuser der Beamtenklasse umfaßten eine größere Anzahl von Zimmern, bisweilen sogar mehrere Pavillons oder sogar mehrere Höfe – lassen sich auch der sakrale Pavillon und die geräumigen Audienzsäle in der Residenz des Kaisers ableiten. Tempel und kaiserliche Paläste sind im Grund nur größere und vielgliedrigere Nachbildungen des Hofhauses.

Architektur

Holzkuppel im Pekinger Sommerpalast

Die bauliche Gliederung des Pavillons ist schlicht: Auf steinernen Grundmauern stehen durch ein Balkengefüge miteinander verstrebte Holzpfeiler, die als tragende Elemente für ein eventuelles zweites Stockwerk oder das Dach dienen; die Umfassungsmauern, meist ebenfalls aus Holz, haben hingegen nur abschirmende Funktion.

Tempel und kaiserliche Paläste (Fortsetzung)

Von besonderer Bedeutung ist das Dach der Wohnhäuser: ein Gerüst aus nach unten abfallenden Balken wird mit gräulichen Terrakottaziegeln verkleidet, die mit einer leuchtenden Majolikaglasur – in Gelb, Grün und Blau, den Farben der Tang-Dynastie – überzogen sind.

Dach

Die chinesische Architektur bedient sich, abgesehen von Terrakotta- oder Majolikaziegeln und steinernen Fundamenten, vorwiegend des Holzes. Aus diesem Grund sind viele bedeutende Monumente der Vergangenheit nicht erhalten; sie fielen Bränden, natürlicher Korrosion und Kriegen zum Opfer. Andrerseits wurde dieses Material aber auch deshalb so häufig verwendet, weil es leicht zu reparieren, zu restaurieren und zu ersetzen war. Den Besucher fasziniert diese zerbrechliche Architektur aus dem vergänglichen Baumaterial Holz und Ton. Zum einen steht sie in Kontrast zum Reichtum der chinesischen Geschichte und Kultur sowie der Starrheit der kaiserlichen Verwaltung, zum anderen ist sie Ausdruck eines starken Wiederholungsdranges, eines Nachbildenwollens auf allen Ebenen.
Aus der Bedeutung, die dem Dach zufällt, und der untergeordneten Funktion der Umfassungsmauer – Materialien wie Holz, Glas und Reispapier, die an den offenen Teilen verwendet werden, betonen zudem ihre zweitrangige Rolle als einfache Trenn- oder Schutzwand – ist ersichtlich, wie auch die Baukunst in China auf der Dualität von Yin und Yang beruht, die sich hier in Innen- und Außenraum veranschaulichen.

Baumaterial

Der Hof, der gegenüber der Stadt einen Innenraum darstellt, wird im Verhältnis zum Pavillon zu etwas Äußerlichem oder Leerem. Doch auch der

Garten

Literatur

Architektur,
Garten
(Fortsetzung)

Pavillon trägt diesen Dualismus, der jedem Ding innewohnt, in sich: er ist geschlossener, oder besser, geschützter Raum, aber zugleich auch nach außen, zum Garten hin ausgerichtet. Im Gegensatz zum Gebäude und zur Stadt, die nach Kriterien wie Symmetrie und Rechtwinkligkeit gegliedert sind, ist der chinesische Garten asymmetrisch angelegt, zielt auf eine Nachahmung der Natur ab, benützt krumme Linien, um den Raum und die ihm zugehörigen architektonischen Elemente wie Brücken, kleine Pavillons und überdachte Galerien zu gestalten. Sein Entwurf kann nicht als Ganzes entdeckt, sondern nur Stück für Stück wahrgenommen werden, so wie das Geheimnis, das auch unsere natürliche Welt umgibt. Daher leitet sich der Bau winziger miniaturhafter Gartenabschnitte ab, von denen jeder auf die nachfolgende Szenerie anspielt oder auf sie hinführt, indem er einen kleinen Ausschnitt davon zeigt. Wie die Naturansichten in der Malerei bestehen auch diese Miniaturlandschaften immer aus Gewässern und Bergen, also den beiden Grundbestandteilen der Natur, aus denen sich für das chinesische Denken Landschaft und Umwelt zusammensetzen.

Literatur

Geschichts-
schreibung

Die Existenz einer Schriftsprache, deren Regeln völlig unabhängig von der gesprochenen Sprache waren, machte Literatur und schriftliche Kultur über lange Zeit hinweg zu einem ausschließlichen Gut und zu einem Machtinstrument der Gelehrtenklasse. Durch die Verbreitung des Buddhismus und die auf mündlicher Überlieferung basierende Missionstätigkeit entfaltete sich vom 10. Jh. an eine Romanliteratur in der Volkssprache. In der chinesischen Kulturgeschichte lassen sich drei literarische Hauptgattungen unterscheiden: Geschichtsschreibung, Dichtkunst und Roman. Im ganzen klassischen Altertum galt die Geschichtsschreibung als eigenständige Literaturgattung. Sie gab nicht nur die objektiven Ereignisse wieder (Naturkatastrophen, Verlust von Menschenleben, Mond- und Sonnenfinsternisse, Gebietseroberungen und Vetragsabschlüsse), sondern erzählte auch Anekdoten aus dem Leben bestimmter Personen, kleine Moralparabeln sowie die Riten und Traditionen vergangener Gesellschaften und Epochen.

"Historische
Aufzeichnungen"
("Shi Ji")

Zu den Meisterwerken dieser literarischen Gattung zählen die "Historischen Aufzeichnungen" ("Shi Ji") von Sima Qian (145–86 v.Chr.), einem Geschichtsschreiber, der unter der Han-Dynastie lebte und die Geschichte Chinas von ihren Anfängen bis zu seiner Zeit aufzeichnete. Sima Qian, der immer wieder mit Thukydides und Tacitus verglichen worden ist, legte Fakten dar und deutete sie zugleich, zitierte Quellen und lange Auszüge aus konsultierten Schriften und erstellte mit einer aktuellen Analyse- und Kompilationsmethode Vergleichstabellen. Das Werk Sima Qians bildete die Grundlage für eine systematische Reihe von offiziellen Schriften, den "Vierundzwanzig Dynastiegeschichten", die von den Archivaren und Beamten des Kaiserhofes verfaßt wurden. Sie schildern die gesamte Geschichte des chinesischen Reiches von der Han-Ära bis zum Untergang der Ming-Dynastie.
Die große Verbreitung und Bedeutung historischer Texte wirkte sich zu Ungunsten des epischen Romans aus, der wegen der Kluft zwischen geschriebener und gesprochener Sprache vermutlich nur in mündlicher Form im Umlauf war.

Dichtung

Während die Geschichtsschreibung als vorherrschende Literaturgattung unlösbar mit dem klassischen Altertum verbunden ist, zeichnet sich das sog. Goldene Zeitalter der chinesischen Kultur, das der Tang- und Song-Dynastien (7.–13. Jh.), durch eine hohe Blüte in der Dichtkunst aus. In diesem Genre bewiesen die Chinesen eine unübertreffliche Genialität. Überraschenderweise wirkt die Poesie wie eine Art Katalysator, der imstande ist, Unterschiede und Opposition in der Gesellschaft aufzuheben und das

Literatur

individuelle als auch kollektive Einfühlungsvermögen zu schärfen. Im Leben des chinesischen Volkes ist die Dichtkunst immer und überall gegenwärtig gewesen und ist es auch heute noch. Sie findet sich bei öffentlichen und privaten Ereignissen (Kriegen ebenso wie Hochzeiten), ziert Privatwohnungen und Tempel. Man begegnet ihr auf Porzellanvasen, auf den Sockeln von Statuen, auf den Giebeln von Pavillons, an Garteneingängen und in den Schaufenstern von Geschäften. Es sind Verse, oft nur Zweizeiler, die etwas mitteilen, beschreiben, kommentieren, erzählen oder vorstellen.

Die syntaktisch einfache Struktur der chinesischen Sprache und im Kontrast dazu die Bedeutungsdichte des Schriftzeichens und des Wortes haben der Dichtung ein unendlich reiches Aktionsfeld eröffnet, das von der Anspielung, der Zweideutigkeit, der Assonanz sowie dem Sinn- und Lautspiel lebt und dessen Vielfalt noch wesentlich durch die vier verschiedenen Tonhöhen gesteigert wird. Dank ihres Wohlklangs vermag die Poesie kulturelle Schranken zwischen geschriebener und gesprochener Sprache zu überwinden, ohne daß das schriftliche Werk dabei an formalem Wert verlöre. Ganz im Gegenteil, die verschiedenartige Wirkung des Gedichtes auf Auge und Ohr erhöht seine Faszination.

Dichtung (Fortsetzung)

Die chinesische Dichtkunst hat sich im Lauf vieler Jahrhunderte herausgebildet und verfeinert. Die erste Gedichtsammlung, das "Buch der Lieder", stammt sogar aus der Ära der Zhou-Dynastie und der Streitenden Reiche (11. Jh. – 221 v.Chr.). Es entstand im Zentrum der nördlichen Zivilisation, im Becken des Huanghe, wohingegen die "Elegien von Chu" dem südlichen Kulturkreis angehören.

"Buch der Lieder" ("Shijing")

Herausragende Vertreter der chinesischen Dichtkunst sind die zwei tangzeitlichen Poeten Du Fu (⟶ Berühmte Persönlichkeiten) und Li Bai (⟶ Berühmte Persönlichkeiten). Du Fu, aus der schönen und wohlhabenden Stadt Chengdu in der südchinesischen Provinz Sichuan gebürtig und

Du Fu (712 – 770)

Li Bai empfängt seine Freunde (Ausschnitt aus einem Gemälde von Qiu Ying)

101

Literatur

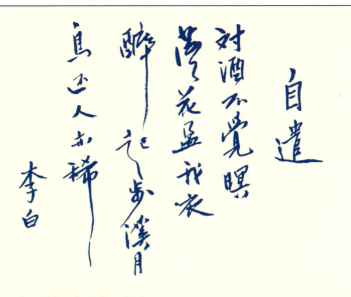

Ich trinke, die Zeit verfließt.
Ich merke es nicht.
Die fallenden Blüten sammeln sich auf meinem Gewand.
Ich taumle am Bach, im Mondschein.
Die Vögel fliegen heim, die Straßen sind leer.

   Li Bai

Du Fu (Fortsetzung)	ein leidenschaftlicher Verfechter konfuzianischer Ideen, schildert in strengem, dichtem Stil das Leid des chinesischen Volkes, die unbarmherzigen Landschaften des Westens, wo die Bevölkerung durch die Kriege zwischen den einzelnen Stämmen umkommt ("Die Heimat ist in Trümmern:/ es bleiben Berge, Flüsse und in den Städten im Frühling/Bäume und dichtes Gras ...").
Li Bai (705–762)	Sein Zeitgenosse Li Bai, vom Daoismus beeinflußt, stand hingegen völlig unter dem Bann der Natur, ihrer Rhythmen, Laute und Farben ("und mir scheint, ich höre die Pinien aus tausend Kehlen atmen,/und ein Fluß fließt vorbei und wäscht das Leid aus meinem Herzen"). In einem Zustand trunkener Euphorie vereint er sich mit dem Lebensfluß, dem Dao, und läßt sich durch Wein, Leidenschaft und Laster berauschen (" ... Wird etwa nicht behauptet, reiner Wein mache den Menschen weise/und trüber Wein befreie den Menschen aus seiner Unwissenheit?").
Lyrik von Kurtisanen	Daß die Poesie eine recht volkstümliche Form der Literatur war, kann man aus der großen Anzahl von Gedichten schließen, die von Kurtisanen verfaßt wurden. Für sie war dichterisches Talent ein Mittel, um Erfolg bei Männern zu ernten, sich aus einer zweitrangigen Rolle zu befreien und zu Ehefrauen oder Konkubinen aufzusteigen. Berühmt sind die Gedichte von Yu Xuanchi und Xue Tao aus der Tang-Zeit (618–907), zwei Kurtisanen unter-

Literatur

schiedlicher gesellschaftlicher Herkunft, die sich ihren Kummer, ihren Sinnestaumel, die Tiefen leidenschaftlicher Liebe, ihre Einsamkeit und die Unsicherheit ihrer Lage von der Seele schrieben.

Lyrik von Kurtisanen (Fortsetzung)

Was den Roman betrifft, so fließt im 14. Jh., der Zeit der mongolischen Fremdherrschaft, die mündliche Erzähltradition in den geschriebenen Roman ein. Die zwei bedeutendsten Werke dieser Epoche sind die "Geschichte von den Drei Reichen" von Luo Guanzhong – er berichtet über die Heldentaten und Abenteuer zahlreicher Gestalten, die zur Zeit der Drei Reiche (220–280 n.Chr.) lebten – und "Geschichte vom Wasserufer" oder "Die Räuber vom Liang-shan Moor" (nach 1368) von Shi Naian, die von daoistischem Volksglauben geprägte Geschichte einer Räuberbande, die Ideale wie Gerechtigkeit und soziale Befreiung verfocht. Unter der Ming-Dynastie im 16. Jh. entstand "Die Reise in den Westen" oder "Das Äffchen" von Wu Cheng'en (1510–1580), wo hingegen in der Beschreibung der Reiseerlebnisse eines Mannes und seiner Gefährten buddhistische Überzeugungen anklingen. Aus der gleichen Zeit stammt auch "Schlehenblüten in goldener Vase" ("Jing Ping Mei"; 1610), ein berühmter erotischer Roman, der auf sehr lebendige Weise die Gesellschaft, Kultur und Sitten Chinas in der Song-Ära (960–1279) schildert. Der letzte große Roman der Kaiserzeit ist schließlich "Der Traum der Roten Kammer" ("Honglou Meng") von Cao Xueqin (1715–1763), der, anhand der Gefühle und Hoffnungen eines Heranwachsenden, den Verfall der kaiserlichen Gesellschaft und die Brüchigkeit sozialer Beziehungen beschreibt.

Roman

Zur modernen Literatur zählen die Werke, die zwischen dem Opiumkrieg und der 4.-Mai-Bewegung von 1919 erschienen; sie trugen entscheidend zur Entstehung und Stärkung eines politischen und sozialen Bewußtseins bei. Eine literarische Revolution brach vor allem in den ersten Jahren des 20. Jh.s aus; Studenten, Schriftsteller, Poeten und Journalisten weigerten sich, die Schriftsprache zu verwenden, und ersetzten sie in Büchern und Zeitungen durch die allgemein verständliche Umgangssprache (Beihua). Auf diese Weise zwangen sie die Regierung, den Gebrauch dieser Sprachvariante auf alle Schulen des Landes auszudehnen. Unter den zahlreichen Persönlichkeiten jener Zeit sticht vor allem Lu Xun (1881–1936; → Berühmte Persönlichkeiten) heraus, der als Vater dieser literarischen Revolution gilt. Der Schriftsteller, ein Anhänger des Marxismus, übersetzte viele Werke aus dem Russischen und machte dadurch den Roman des 19. Jh.s und einige seiner wichtigsten Vertreter (Gogol, Dostojewski) in China bekannt. Vor allem aber schrieb er kritische Erzählungen, u.a. "Das Tagebuch eines Verrückten" (1918) und "Die Wahre Geschichte von Ah Queh" (1921), welche die Mißstände der chinesischen Gesellschaft aufs schärfste anprangerten.

Moderne Literatur

Im 20. Jh. sind außerdem folgende Literaten von Bedeutung: Lao She (1898–1966; → Berühmte Persönlichkeiten), der in seinem berühmten Roman "Rikschakuli" (1937) das Schicksal eines Rikschafahrers erzählt; Mao Dun (1896–1981; → Berühmte Persönlichkeiten) mit seinem Meisterwerk "Shanghai im Zwielicht" (1933), welches das Leben in Shanghai Anfang der 30er Jahre thematisiert; Ba Jin (geb. 1904), der "Familie", "Herbst", "Frühjahr" und "Nebel" verfaßte; Ai Qing und die feministische Schriftstellerin Ding Ling (1904–1986). Für die Poesie ist vor allem Guo Moruo (1892–1978; → Berühmte Persönlichkeiten) zu nennen, der überdies als Novellenschreiber und Mann von großer Bildung geschätzt wird, und für die Theaterdichtung Cao Yu mit seinen Stücken "Sonnenaufgang" und "Wut".

Zeitgenössische Literatur

Innerhalb der Kommunistischen Partei wurden die Schriftsteller 1942 von Mao Zedong auf die Schaffung einer Klassenliteratur festgelegt, die einerseits das Denken und Fühlen des Proletariats wiedergeben, andererseits eine bestimmte Erziehungsfunktion erfüllen sollte. Nach der Gründung der Volksrepublik 1949 belegte man die meisten prominenten Schriftsteller mit Schreibverbot. Förderung erfuhren das einfache Gedicht in der Umgangs-

Oper

Literatur, Zeitgenössische Literatur (Fortsetzung)

sprache, die 'Reportageerzählung' aus dem Bauern- und Arbeitermilieu sowie eine Art zeitgenössischer Heldenroman mit Verherrlichung des Kampfes gegen Landes- und Klassenfeinde. Während der Kulturrevolution beschränkte sich die Literatur nahezu ausschließlich auf die Publikation der Werke von Mao Zedong; nach dessen Tod 1976 erfuhr sie jedoch eine rasche Neubelebung. Fast alle verfemten modernen Schriftsteller wurden (z. T. postum) rehabilitiert, und eine intensive Beschäftigung mit der eigenen klassischen und mit der westlichen Literatur setzte ein. In der neueren Prosa ist neben der Kurzgeschichte (z. B. bei Wang Meng, geb. 1934) das Hervortreten des 'Kleinromans' bemerkenswert, der eine differenziertere Behandlung des Helden erlaubt sowie innere Monologe einschließt.

Weltweit bekannt sind einige Exilliteraten, darunter A Cheng (geb. 1949), Autor von "Schachkönig" (1985) und "Baumkönig", der 1987 nach Amerika emigrierte. Zu den interessantesten jungen Schriftstellern der angelsächsischen Literatur zählt hingegen Timothy Mo, ein Chinese aus Hongkong, von dem die Werke "Süßsauer" und "Der König der Affen" stammen.

Oper

Theateroper

Klänge von Zimbeln, Flöten und Trommeln, die akrobatischen Körperstellungen der Schauspieler, die hohen Töne der Falsettstimmen, die abrupten, geometrischen Bewegungen der Krieger, würdevolles symbolhaftes Gestikulieren, bunte, maskenartige Schminke, schillernde, prächtig bestickte Seidenkostüme: die chinesische Oper ist die Summe vieler großer und kleiner Regeln und Künste, die auf der Bühne zusammen zur Entfaltung kommen.

Das chinesische Theater, das mit der abendländischen Bühnenkunst wenig gemeinsam hat, scheint – ebenso wie der Roman, mit dem es sich anfänglich identifizierte –, auf die Figur eines singenden Buddhistenmön-

Peking-Oper

Oper, Theateroper (Fortsetzung)

ches zurückzugehen, der mit unzähligen Ausdrucksmitteln die Geschichte von Buddha erzählte. Das Theater im eigentlichen Sinn bildete sich erst in der letzten Phase der Song-Dynastie (1100–1200) heraus. Zur eigenständigen, vom Buddhismus unabhängigen Kunstform entwickelte es sich schließlich zur Zeit der Mongolenherrschaft, als einige bedeutende Stücke wie der "Westliche Pavillon" und die "Geschichte der Laute" entstanden. Darin geht es, wie auch in späteren Bühnenwerken, um feinsinnige Liebesgeschichten, Räuberunwesen, höfische Intrigen, mythologische Legenden und religiöse Parabeln.

Peking-Oper

In den darauffolgenden Jahrhunderten setzten sich verschiedene Stilrichtungen der chinesischen Oper durch, doch wurde die südliche Schule trotz ihres hohen stilistischen Niveaus von der nördlichen, der sog. Peking-Oper verdrängt. Bis heute herrscht dieser Opernstil in ganz China vor. Nach der Kulturrevolution, die alle Werke der Vergangenheit von den Bühnen verbannte und durch neue Stücke mit zeitgenössischen Themen (Krieg gegen Japan, Langer Marsch) ersetzte, bringt die Peking-Oper nun wieder alte Originaltexte aus der Yuan- (1271–1368) und Ming-Periode (1368–1644) auf die Bühne. Die weniger entwickelten Lokalopern werden jedoch nach wie vor aufgeführt.
Die Unterschiede zwischen den lokalen Operntraditionen der Randgebiete und der Peking-Oper zeigen sich in dem Gebrauch bestimmter Instrumente oder besonderer Vortragsweisen.

Gestik und künstlerische Zeichensprache

Die Stellung einer Hand, die Bewegung eines Armes, eine hochgezogene Augenbraue, die farbliche Abstufung in der Schminke eines Darstellers: all das sind bedeutungstragende Elemente eines vielschichtigen künstlerischen Codes, dessen Nuancierungen – für die Chinesen völlig verständlich und vertraut – auf unterschiedliche ethnische und kulturelle Wurzeln hindeuten.
Es gibt kein Bühnenbild; Ort und Handlung werden lediglich durch die Mimik, ein weiterer unabdingbarer Bestandteil der chinesischen Oper, heraufbeschworen.

Feierlichkeiten

Geburt

In den Augen der Chinesen ist ein neugeborenes Kind schon beinahe ein Jahr alt, da die Schwangerschaftsmonate mitgerechnet werden. Das Geburtsfest wird einen Monat nach dem Ereignis gefeiert, wenn man dem Kind die ersten Haare abschneidet. Dem erstgeborenen Kind gebühren viel aufwendigere Feierlichkeiten als allen nachgeborenen Geschwistern.

Hochzeit

Traditionsgemäß zieht die Braut in die Familie ihres Ehegatten. Sie wird allerdings erst dann als vollwertiges Mitglied anerkannt, wenn sie ein Kind zur Welt bringt. Die Hochzeitszeremonie – in den Städten inzwischen unüblich, auf dem Lande aber noch lebendig – sieht eine Dreitagesfeier und ein kompliziertes Ritual vor. Der Bräutigam holt die Braut in ihrem Heim ab und führt sie in sein Zuhause, wo ein Hochzeitszimmer eingerichtet wurde. Es findet keine religiöse Zeremonie in engem Sinne statt. Bestätigt wird der Ehebund durch Opfergaben, die man den Ahnen auf dem Hausaltar darbringt.

Totenkult

Die Verehrung der Vorfahren ist die Grundlage für den familiären Zusammenhalt. Tote und Lebende haben gegenseitigen Verpflichtungen nachzukommen. Die Lebenden müssen den Toten Ehrfurcht erweisen, die Toten gewährleisten dafür Wohlstand, Reichtum und ein langes irdisches Leben. Da es den Jungen obliegt, die Alten zu verehren, hat ein Sohn, falls er früh stirbt, keinen Anspruch auf diese Ehrerbietung. Wenn er nämlich vor seinen Eltern stirbt, läßt er sich eine Verfehlung zuschulden kommen; seine Nachkommen werden ihm die gebührende Achtung entgegenbringen,

Küche

Feierlichkeiten, Totenkult (Fortsetzung)

nicht aber seine Eltern oder andere noch lebende Vorfahren. Wer stirbt, ohne Nachfahren zu hinterlassen, verwandelt sich in einen 'hungrigen Geist', der ruhelos umherirrt und nach Menschen sucht, die ihm die rituellen Ehren erweisen. Ein im Herbst begangenes Fest hat die Aufgabe, diese Geister zur Ruhe zu bringen.

Die Begräbnisfeiern zeichnen sich durch langwierige Zeremonien und außergewöhnliche Farbenpracht aus; nicht selten stürzen sich die Familien deshalb in große finanzielle Schulden. Sieben Tage nach der Bestattung (heute meist durch die Einäscherung ersetzt) verbrennen die Familienangehörigen Papier- und Bambusmodelle, die alles mögliche darstellen, vom Essen bis zum Auto. Auf diese Weise wird der Tote mit all dem ausgestattet, was er im Jenseits benötigt. Am siebten Tag wird auf dem Familienaltar oder im Tempel das Ahnentäfelchen aufgestellt.

Küche

Essensphilosophie

Das, was die Abendländer über Jahrhunderte hinweg an der chinesischen Küche am meisten beeindruckte, waren die 'seltsamen' Zutaten: Haifischflossen, Schwalbennester, Bambussprossen, Fischmagen und Quallensalat, ganz zu schweigen von Mäuse-, Schlangen-, Hunde- und Katzenfleisch. Zwar zählen die Chinesen zu den wenigen Völkern dieser Erde, die keine Nahrungstabus kennen, in Wirklichkeit verwenden sie jedoch zu neunzig Prozent dieselben Zutaten, die auch auf unseren Märkten angeboten werden. Der entscheidende Unterschied zu westlichen Kochgewohnheiten liegt vor allem darin, wie verschiedene Geschmacksrichtungen kombiniert oder durch bestimmte Soßen und Gewürze verstärkt werden, wie die Speisen gekocht und serviert, und wie sie verzehrt werden. Die chinesische Küche ist demnach nicht so sehr wegen ihrer Zutaten interessant, sondern vielmehr wegen ihrer 'Philosophie', jener geheimnisvollen, harmonisch zusammenwirkenden Kombination, nach der die unterschiedlichsten Aromen, Farben und Essenzen vermengt werden, in dem jede Einzelheit ihre eigene, von einer uralten Tradition geprägte Bedeutung hat. Daher sollte sich derjenige, der die chinesische Eßkultur wirklich kennen- und schätzenlernen will, mit den Grundprinzipien dieser 'Philosophie' vertraut machen.

Nahrung und Medizin

Im Lauf ihrer Geschichte haben die Chinesen nie zwischen Ernährung und Medizin unterschieden. Essen und auf die Gesundheit achten ist in China ein- und dasselbe. Was dem Körper guttut, ist Medizin und gleichzeitig Nahrungsmittel. Sun Simiao, ein Arzt, der im 6. Jh. vor Christus lebte, äußerte sich dazu folgendermaßen: "Ein guter Arzt versucht zuallererst, die Krankheit durch das Essen zu heilen, und erst, wenn das nichts hilft, verschreibt er Arzneien." Die Ernährungswissenschaft, die in China schon seit Jahrtausenden betrieben wird, rät jedem Arzt, auch ein wenig Koch und jedem Koch, auch ein wenig Arzt zu sein. Während sich die westliche Diätetik im allgemeinen nicht um die Zubereitung der Gerichte kümmert und sich darauf beschränkt, bestimmte Tagesrationen an Fleisch, Gemüse etc. zu empfehlen, muß in China jedes gute Rezept schon von vornherein diätetisch abgestimmt sein. Deshalb sind in der klassischen chinesischen Küche (nicht aber in der chino-moslemischen und in der mongolischen) reine Fleischgerichte wie Braten oder Spieße selten. Tierische Fette und Proteine werden stets durch pflanzliche Zutaten oder reinigende bzw. verdauungsfördernde Gewürze wie Zwiebeln in der Peking-Ente oder Anis im geschmorten Schweinefleisch kompensiert. Obwohl die Chinesen Pilze sehr schätzen, fänden sie es gewiß merkwürdig, beispielsweise nur geschnetzelte Steinpilze zu essen. Den Prinzipien ihrer Medizin zufolge muß jede Speise aus vielen Zutaten bestehen, nie aus einer einzigen, da sonst der menschliche Organismus aus dem Gleichgewicht geraten könnte. Auch reine Süßspeisen sind der traditionellen chinesischen Eßkultur unbekannt; zu etwas Süßem paßt ein salziger und neutralerer

Küche

Gewürze

Geschmack. Zuviel Zucker und Honig 'machen den Magen weichlich und faul'. Die chinesische Küche vermeidet aber nicht nur die schädlichen Verbindungen, sondern verwendet auch sehr viel Mühe darauf, bekömmliche Zusammenstellungen zu finden; sie verarbeitet beispielsweise mit Vorliebe Nieren, Hirn, Knochenmark, Magen und Darm, alles Zutaten, die reich an Vitaminen sowie nahrhaft und verdauungsfördernd sind. Daher ist es selbstverständlich, daß man nach einer chinesischen Mahlzeit kein unangenehmes Völlegefühl empfindet. Falls ein fachkundiger Koch am Werk war, hat er zweifellos ein Menü zusammengestellt, das alle Bedürfnisse unseres Körpers angemessen berücksichtigt.

Nahrung und Medizin (Fortsetzung)

Yue Zecai, ein epikureischer Dichter des 17. Jh.s, sang ein Loblied auf seinen Koch, weil dieser sich weigerte, ein ihm aufgetragenes Gericht zu kochen, weil die Ingredienzen nicht Erzeugnisse der Saison waren.
Die Chinesen haben immer schon sehr gern frische Kost gegessen; deshalb kochen sie Schildkröten lebendig oder nehmen noch dampfendes Hirn zu sich. Auf der Suche nach einem lebensverlängernden Elixier verbrachten die Daoisten den Sonnenaufgang im Freien, um den ersten morgendlichen Tau zu trinken und die eben aufgegangenen Pflanzentriebe zu essen. Abgesehen von Sojapaste, einigen in Essig oder Salzlake eingelegten Gemüsen und ein wenig getrocknetem Fisch hat China nie von Konserven Gebrauch gemacht. Auch heute werden in der Küche noch vorwiegend Erzeugnisse der Saison und frisches Fleisch verwendet. "Besser Gemüse aus dem eigenen Garten", besagt ein Sprichwort, "als den besten Koch des Reiches".

Frische Lebensmittel

Außer Suppen, geschmortem Fleisch und einigen kalten Vorspeisen werden die chinesischen Gerichte entgegen der landläufigen Meinung nicht vorgekocht, sondern ad hoc zubereitet. Bei den meisten Speisen genügt kurzes Kochen auf starker Flamme; dadurch bleiben Fleisch und Gemüse knusprig, saftig und vitaminreich. Ein so zubereitetes Gericht hat leuch-

Kochen als Kunstform

Baedeker Special

Tischsitten

Der Reiz eines chinesischen Festmahls liegt nicht zuletzt in den Begleitritualen, im Zusammenspiel der einzelnen Gänge, die nach einem ganz bestimmten Farb-, Geruchs- und Geschmacksrhythmus aufgetragen werden, in den Trinksprüchen und Tischgesprächen. Auch wenn sich inzwischen sogar viele Chinesen nicht mehr daran halten, dürfte man die Gerichte nicht einzeln à la carte bestellen. In den besseren Restaurants sollte man im Grund nur den Endpreis festlegen und vereinbaren, wie das Menü generell aussehen soll, ob auf Enten- oder Rindfleischbasis oder vegetarisch. Dann liegt es gewöhnlich am Küchenchef, die einzelnen Gänge nach seinem Gutdünken zu gestalten. Dadurch wird es einem im übrigen auch abgenommen, unter Hunderten von Gerichten auswählen zu müssen. Vor der Mahlzeit nimmt man zur Einstimmung des Magens im allgemeinen einen Tee zu sich und streicht sich mit einer nassen, noch heißen Serviette über Gesicht und Hände, um den Blutkreislauf anzuregen und sich zu reinigen.

Zum Essen selbst wird Bier gereicht (am besten ist das Bier aus Qingdao) und ein paar Gläser Reisschnaps (Maotai) oder Reiswein aus Shaoxing, aber nicht Sakè. Traditionsgemäß dürfte man bei Tisch eigentlich nur starke Schnäpse trinken, doch in letzter Zeit sind auch Bier und leichtere, süßere Liköre sehr verbreitet, während aus Trauben gekelterter Wein eine Seltenheit ist. Gekochter oder gebratener Reis, Brot und Nudeln sind reine Beilagen, die nicht mit den sonstigen Speisen vermengt werden.

Die linke Tischseite ist wichtiger als die rechte (außer bei offiziellen und diplomatischen Empfängen). Der Gastgeber setzt sich als letzter und entschuldigt sich dabei immer für die mangelhafte Qualität und die geringe Menge der Speisen. Gewöhnlich wird das Festmahl durch einen Trinkspruch eingeleitet, indem man mit einem "Qing" ("bitte") oder "Ganbei" (was soviel bedeutet wie "Laßt uns die Gläser leeren") das Glas hebt.

Teilnehmer an einem chinesischen Essen müssen sich selbst oder ihre Nachbarn bedienen. Das Essen nimmt man mit Stäbchen von der Platte, und zwar nur so viel, wie man auch verzehren kann. Man darf nichts übriglassen. Mit Trinksprüchen werden die Gäste aufgefordert, ihre Gläser zu leeren. Der ideale Tischgenosse ißt ein wenig von allem und gibt nicht zu verstehen, welches sein Lieblingsgericht ist. Nach zirka zwei Stunden erhebt sich der Älteste der Runde, und die übrigen Gäste folgen seinem Beispiel.

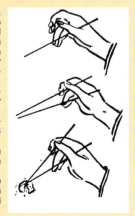

Geräuschvoll die Suppe oder den Tee zu schlürfen, die Nudeln zu verschlingen und zu rülpsen, wird als Geste der Anerkennung gewertet. Im Abendland gilt die Hühnerbrust mit ihrem weißlichen Fleisch als bestes Teil dieses Tieres; in China dagegen erhält der Gast als beste Teile ein Stück Flügel oder Schenkel. Fisch wird mit Kopf und Schwanz serviert, da dies die 'königlichen Bissen' sind.

Die 'Kuaizi', die **Stäbchen**, sind beim Essen unentbehrlich; nur bei der Suppe, die am Ende jeder Mahlzeit kommt, wird der Löffel benutzt.

Man hält das erste Stäbchen bewegungslos zwischen Daumen und Ringfinger, und zwar so, daß dasselbe in der Daumengrube ruht.

Jetzt legt man das zweite Stäbchen in der gleichen Länge zum ersten Stäbchen zwischen die Spitzen von Mittel- und Zeigefinger.

Dann bringt man das zweite Stäbchen (das erste bleibt immer bewegungslos) mit dem ersten zusammen, um den Bissen fest zu fassen, wobei der Daumen als eine Art Scharnier dient.

Küche

Kochen als Kunstform (Fortsetzung)

tende Farben und gehaltvolle Zutaten, mit denen sich die Soße vermengt. Die schnelle, aber hitzeintensive Kochweise ist eine Herausforderung an den Koch, dessen Geschick, Augenmaß und Reaktionsvermögen; seine Bewegungen richten sich an denen der Chan-Kunst aus. Die Vorbereitung mag langwierig und gründlich sein, das Gelingen der Ausführung entscheidet sich jedoch in einem kurzen Augenblick, der enorme Intuition und Konzentration erfordert. Wenn bei so kurzen Kochzeiten etwas mißlingt, kann es nicht korrigiert werden. Für ein erfolgreiches Menü empfehlen die namhaften chinesischen Küchenchefs, auf einen regelmäßigen Schnitt des Fleisches und des Gemüses zu achten und die Zutaten eine nach der anderen zu sautieren, zuerst die hitzebeständigeren, dann die weicheren und zuletzt die verschiedenen Gemüsearten.

Zusammenspiel mehrerer Geschmacksrichtungen

Die Chinesen kennen in der Kochkunst nur ein Tabu: Sie essen kein rohes Gemüse sowie Fisch und Fleisch nur ganz durchgebraten (dies ist eine althergebrachte hygienische Regel aus der chinesischen Arzneikunde). Sie haben wenig Vorurteile, wenn sie verschiedenartige Geschmacksrichtungen aufeinander abstimmen und neue 'Geschmacksakkorde' schaffen. Man hebt nicht so sehr den Eigengeschmack der einzelnen Zutat hervor, sondern kombiniert sie immer wieder aufs neue mit anderen. Besonders stolz sind die Chinesen, wenn ihr Gast nicht genau weiß, was er gerade zu sich nimmt, zumal die von den Einheimischen am meisten geschätzten Nahrungsmittel ziemlich geschmacklos sind und erst durch andere Ingredienzen Würze erhalten. Dazu gehören z.B. Schwalbennester, Haifischflossen und Seegurken. Bei Speisen mit ausgeprägterem Eigengeschmack wagen die chinesischen Köche bunte Mischungen: sie füllen Fisch mit Fleisch und Nudeln, Aal mit Chrysanthemenblättern und Hummer mit Bambussprossen. Hühnerfleisch schneiden sie fischförmig zu und reichen dazu Garnelen; die Schwimmfüße der Ente verwandeln sich in kleine Fische, die mit Paprikaschoten garniert werden. Der enormen Vielfalt der Zutaten steht die genau festgelegte Kochweise gegenüber.

Zubereitung von Nudeln

China in Zitaten

Konfuzius
(551–479 v. Chr.)

Der Meister sprach: "Wenn man durch Erlasse leitet und durch Strafen ordnet, so weicht das Volk aus und hat kein Gewissen. Wenn man durch die Kraft des Wesens leitet und durch Sitte ordnet, so hat das Volk Gewissen und erreicht (das Gute)."

Freiherr Gi Kang fragte den Meister Kung nach (dem Wesen) der Regierung und sprach: "Wenn man die Übertreter tötet, um denen, die auf rechtem Wege wandeln, zu helfen: wie wäre das?" Meister Kung entgegnete und sprach: "Wenn Eure Hoheit die Regierung ausübt, was bedarf es dazu des Tötens? Wenn Eure Hoheit das Gute wünscht, so wird das Volk gut, Das Wesen des Herrschers ist der Wind, das Wesen der Geringen ist das Gras. Das Gras, wenn der Wind darüber hinfährt, muß sich beugen."

Dsï Hia war Beamter von Gü Fu und fragte nach der (rechten Art der) Regierung. Der Meister sprach: "Man darf keine raschen (Erfolge) wünschen und darf nicht auf kleine Vorteile sehen. Wenn man rasche Erfolge wünscht, so (erreicht man) nichts Gründliches; wenn man auf kleine Vorteile aus ist, so bringt man kein großes Werk zustande."

Aus: Konfuzius, Gespräche

Laotse
(um 570 v. Chr. – ?)

ACHTUNG AUFS GERINGE
Was noch in Ruhe ist, kann man leicht behandeln.
Was noch unentschieden ist, kann man leicht bedenken.
Was noch saftig ist, kann man leicht brechen.
Was noch winzig ist, kann man leicht zerstreuen.
Man muß wirken auf das, was noch nicht da ist.
Man muß ordnen, was noch nicht in Verwirrung ist.
Ein Baum von zwei Klafter Umfang wächst aus einem haarfeinen
 Sprößling.
Ein Turm von neun Stockwerken entsteht aus einem Erdhaufen.
Eine Reise von tausend Meilen beginnt mit dem ersten Schritt.
Wer handelt, verdirbt es.
Wer festhält, verliert es.
Also auch der Berufene:
Er handelt nicht, so verdirbt er nichts.
Er hält nicht fest, so verliert er nichts.
Die Leute gehen an ihre Sachen:
Und immer wenn sie fertig sind,
so verderben sie es.
Das Ende ebenso in Acht nehmen wie den Anfang:
Dann gibt es keine verdorbenen Sachen.
Also auch der Berufene:
Er wünscht Wunschlosigkeit.
Er hält nicht wert schwer zu erlangende Güter.
Er lernt das Nichtlernen.
Er wendet sich dem zurück, an dem die Menge vorübergeht.
Dadurch fördert er den natürlichen Lauf der Dinge.
Und wagt nicht zu handeln.

Aus dem "Buch vom Weg und seiner Wirkung" ("Dao De Jing")

Du Fu
(712–770)

Denn was ist das Wesen dieses, des Großen Berges [Taishan]?
In der Tiefe, am Qi und am Lu, zieht sich endlos das Grün,
Hier in der Höh', von der Schöpfung vereint, dämonische Schönheiten,
Wo die Macht des Finstern und die Macht des Lichts Schatten und Sonne
 spalten.

China in Zitaten

In meinem überquellenden Herzen bilden sich die Berge der Wolken,
Und auf Vögel, heimwärts schwingend, trifft mein suchender Blick.
Einmal, als ich den höchsten Gipfel erklommen,
und ich schaute umher – schrumpften drunt' die Berge.

Du Fu
(Fortsetzung)

Die neue Stadt Taidu [Peking] hat ebenfalls einen quadratischen Grundriss und einen Umfang von vierundzwanzig Meilen, so daß jede Seite genau sechs Meilen lang ist. Der ganze Plan ist mit großer Regelmäßigkeit angelegt, und die Straßen sind so gerade, daß man, wenn man durch eines der Tore in die Stadt kommt, das Tor auf der gegenüberliegenden Seite derselben erblicken kann. Zu beiden Seiten der Straßen stehen Buden und Kaufläden aller Art. Alle Grundstücke innerhalb der Stadt, auf denen Wohnhäuser errichtet worden sind, sind rechteckig (...). So gleicht die ganze Stadt einem Schachbrett und weist einen Grad von regelmäßiger Schönheit auf, der unbeschreiblich ist. Der Wall um die Stadt hat zwölf Tore, und über jedem Tor steht ein hübsches Gebäude mit Räumen, in denen die Waffen aufbewahrt sind; jedes Tor wird von tausend Mann bewacht. Man darf aber nicht meinen, daß diese Streitkräfte aus Furcht vor irgendwelchen feindlichen Mächten aufgestellt werden; sie sind nur eine der Ehre und Würde des Großkhans angemessene Wache. (...)
Vor jedem Tor liegt eine Vorstadt von solcher Ausdehnung, daß die Zahl der Bewohner in den Vorstädten zusammen die der inneren Stadt sogar noch übertrifft. Hier gibt es in Abständen von etwa je einer Meile Gasthöfe und Karawansereien, in denen die auswärtigen Kaufleute Unterkunft finden, und jedem Volk ist auch ein besonderes Gebäude angewiesen – wie wir sagen würden: eins den Lombarden, ein anderes den Deutschen, ein drittes den Franzosen und so weiter. (...)
Alles, was in der Welt selten und kostbar ist, findet seinen Weg in diese Stadt; besonders gilt dies von Indien, das Edelsteine, Perlen und verschiedene Spezereien sowie Gewürze schickt. Auch aus den Provinzen Kataias selbst sowie aus den anderen Ländern des Reiches werden alle wertvollen Waren hierher gebracht, um den Bedarf der Menge zu befriedigen. Als Handelsplatz übertrifft Kambalu [Peking] alle anderen Handelsplätze der Welt; denn nicht weniger als tausend Wagen und Packpferde, die nur mit roher Seide beladen sind, ziehen täglich in die Stadt ein, während hier selbst goldene Gewebe und Seidenstoffe aller Art in riesigen Mengen produziert werden. (...)
In der Stadt Kambalu [Peking] befindet sich die Münzanstalt des Großkhans, von dem man wirklich sagen kann, daß er das Geheimnis der Alchimisten kennt, da er die Kunst versteht, Geld zu machen. Er läßt nämlich die Schale von den Maulbeerbäumen, deren Blätter den Seidenraupen als Futter dienen, abstreifen und nimmt davon die dünne Innenrinde, die sich zwischen der rauheren Borke und dem Holz des Baumes befindet. Diese läßt er einweichen und in einem Mörser zerreiben, bis sie zu Brei geworden ist. Daraus wird das Papier gemacht, das dem aus Baumwolle hergestellten gleicht, aber ganz schwarz ist. Dieses wird nun in Geldstücke von verschiedener Größe zugeschnitten, die fast viereckig, aber meistens etwas länger als breit sind. Von diesen gilt das kleinste einen Pfennig, ein etwas größeres einen venezianischen Silbergroschen, das nächste zwei Groschen, dann fünf, dann zehn Groschen, wieder größere gelten einen, zwei, drei bis zu zehn Byzantinen, und all dieses Papier wird so aufwendig hergestellt, als sei es lauter echtes Silber und pures Gold. Denn auf jedes dieser Stücke schreiben mehrere Beamte, die dazu besonders angestellt sind, nicht allein ihre Namen, sondern drücken auch ihr Siegel darauf, und anschließend daran taucht der oberste Münzmeister das ihm anvertraute Siegel in Zinnober und stempelt damit das Papier; auf diese Weise erhält es volle Kraft als gültige Münze, und wenn jemand es nachmachen wollte, würde er als Kapitalverbrecher bestraft werden. Niemand wagt es, das in so großer Menge geprägte Papiergeld, das in allen Provinzen des Großkhans in Umlauf gesetzt wird, als nichtgültige Zahlung abzulehnen. Alle Untertanen nehmen es vielmehr ohne Zögern an, weil sie, wenn sie wollen, auch wieder Perlen, Juwelen, Gold und Silber dafür kaufen können.

Marco Polo
(1254–1324)

China in Zitaten

"Schlehenblüten in goldener Vase" ("Jing Ping Mei"; 1610)

Als heller Tag geworden war, hatte sich die alte Wang aufgemacht, um einen Sarg, Weihrauch, Kerzen sowie einige Silberschuhe und sonstige Gegenstände aus Pappe zu kaufen, wie man sie bei einem Leichenbegängnis zu verbrennen pflegt. Nach ihrer Rückkehr zündete sie eine Totenlampe an und stellte sie zu Häupten der Leiche. (...)
An diesem Abend gab's einen solemnen Schmaus für die Trauergäste, am nächsten Tag mußten die Bonzen aus dem 'Kloster der gnadenreichen Vergeltung' Totenmesse lesen; endlich am übernächsten Tag früh um die Stunde des fünften Trommelschlags erschien ein Trupp Leichenverbrenner und trug den Sarg hinaus vor den Stadtwall. Etliche Nachbarn gaben das Geleit, voran in der Sänfte folge die Witwe in weißer Trauerkleidung. (...) Nachdem der Zug außerhalb des Stadtwalls am 'Platz der irdischen Wandlung' angelangt war, wurde eine Feuer entfacht und der Sarg den Flammen übergeben. Bald war er fein säuberlich in Asche verwandelt. Was an Knochen und Gebeinen übrig blieb, wurde in den nahen Stadtgraben geworfen. Hieran schloß sich eine Abspeisung im Refektorium des 'Klosters der gnadenreichen Vergeltung', selbstverständlich auf Hsi Men's Kosten.
Wieder daheim stellte Goldlotos im Obergeschoß eine Seelentafel mit der Inschrift 'Seele meines verstorbenen Ehemannes Wu Ta' auf und setzte auf das Tafeluntergestell eine brennende Wasserlampe. An dem Gestell befestigte sie goldene und silberne Totenfähnchen und vergaß auch nicht, etwas Totengeld aus Gold- und Silberpappe hinzulegen.

George Lynch

Sein Ehrgeiz ist, China zu revolutionieren (...). Er ist überzeugt, daß es keine andere Möglichkeit gibt als den Sturz der jetzt regierenden Dynastie; was sie vorzögen, sagt er, sei eine Republik. Wie er betonte, bestünden in China bereits die Vorbedingungen für eine große Demokratie. Praktisch ist es schon eine Demokratie: die Gouverneure der großen Provinzen, unter ihnen die Gouverneure der Distrikte, bis wir endlich zum chinesischen Dorf mit seinem Vorsteher kommen. Wo in der Welt gibt es eine demokratischere Einrichtung als das System eines Wettbewerbs bei den Prüfungen, das es dem Ärmsten Dorfbewohner des Reiches ermöglicht, durch seine geistige Leistung zu den höchsten Staatsstellen zu gelangen?
Weit entfernt davon, durch das Resultat des Aufstandes entmutigt zu sein, sagte Sun Yat-sen, seien seine Freunde und er ganz zufrieden und hoffnungsvoll, weil sie festgestellt hatten, wie leicht ihre Anhänger die kaiserlichen Truppen schlagen und ihnen Waffen und Munition abnehmen konnten. Er machte kein Geheimnis daraus, daß er, sobald die Zeit dazu reif wäre, einen neuen Versuch unternehmen würde, und seine einzige Besorgnis war, eine der europäischen Mächte könnte zugunsten der kaiserlichen Regierung eingreifen.

Gepräch des irischen Journalisten George Lynch mit Sun Yat-sen um 1900 in Yokohama

"Die Kochkunst des Herrn von Sui-Yüan" (1924)

Über das Einkaufen:
Alle Dinge haben einen Charakter, wie auch der Mensch seinen Charakter hat. Und hat der Mensch einen dummen und törichten Charkter, so könnte Konfuzius oder sein Jünger ihn unterrichten, und es wäre doch nutzlos. Hat ein Ding einen schlechten Charakter, kann auch ein Meisterkoch es nicht schmackhaft machen.
Ich will Euch nur auf das Wichtigste hinweisen: ein Schwein muß dünne Haut haben und darf nicht riechen. Bei Hühnern muß man Kapaune kaufen, und zwar junge, nicht alte. Die besten China-Karpfen sind flach und haben einen weißen Bauch; die mit schwarzem Rücken fügen sich nicht in die Schüssel ein. Die besten Aale kommen aus Seen und Bächen; die in den Strömen lebenden haben zu gebogene Gräten. Enten, die mit Korn gefüttert wurden, sind fett und weiß. Bambussprossen, die von festem Erdboden stammen, haben wenig Knotenabschnitte und sind wohlschmeckend. Ein Schinken kann hunderterlei Geschmack haben; ein Salzfisch kann von dem anderen verschieden sein wie Eis von Asche. So ist es bei all den anderen Dingen. Im allgemeinen hat der Koch bei einem Essen

China in Zitaten

nur sechs Zehntel getan, die übrigen vier Zehntel aber sind das Verdienst des Einkäufers.
Über die Zutaten:
Die Zutaten sind wie die Kleider und der Schmuck einer schönen Frau: auch eine Himmelsfee – und mag sie noch so gut geschminkt sein – in schlechten Kleidern oder blauen Lumpen würde keiner für vollkommen schön halten.
Der Koch, der sich gut auf das Würzen versteht, gebraucht Sommer-Soja und versucht ihn vorher, ob er wohlschmeckend ist oder nicht. Er gebraucht Sesam-Öl, wobei er prüft, ob es roh oder gekocht ist. Er gebraucht besten Wein, wobei er allen Treber beseitigen muß. Er benutzt nur Reis-Essig, der so klar wie möglich sein muß. (...) Die weiteren Zutaten wie Zwiebel, Pfeffer, Ingwer, Zimt, Zucker und Salz braucht man zwar alle nur in kleinen Mengen, aber man soll doch immer die besten Qualitäten kaufen.

"Die Kochkunst des Herrn von Sui-Yüan" (Fortsetzung)

In sehr vielen Bauernhöfen wird noch Seidenzucht betrieben. Falls der Bauer nicht auf seinem eigenen Grundstück Maulbeerbäume angepflanzt hat, um mit den Maulbeerblättern die Seidenraupen zu füttern, so kann er die Blätter sicher jederzeit kaufen, da diese im Frühjahr und Sommer einen Handelsartikel in den Districten, in denen Seidenraupenzucht betrieben wird, bilden. – Das Füttern und Beobachten der Seidenraupen wird kleinen Kindern schon beizeiten gelehrt, sodass sie auch bald erkennen lernen, wenn die Raupen unlustig werden und der Zeitpunkt beginnt, wenn sie sich einspinnen wollen. Gewöhnlich werden den Raupen zum Einspinnen kleine Strohbündel hingestellt, da sich Kokons leicht von dem Stroh ablösen lassen. – Hat sich nun die Raupe richtig verpuppt, so werden die Kokons von den Stohbündeln abgelöst und dann eine gewisse Anzahl in eine Pfanne mit heissem Wasser getan und mittelst eines Stäbchens die Fädchen der Kokons miteinander vereinigt und durch eine einfache Vorrichtung dieser vereinigte Faden abgehaspelt. Werden die Kokons in fabrikmässiger Weise abgehaspelt, so werden die Puppen in den Kokons in Dörräumen abgetötet. Die Abtötung der Puppen ist nötig, damit dieselben sich nicht durch die Kokons fressen und somit den umsponnenen Seidenfaden an vielen Stellen zerfressen, wodurch derselbe zum Abhaspeln unbrauchbar wird. – Eine gewisse Anzahl Kokons wird aber doch zurück behalten, damit die Puppen darin sich zu Schmetterlingen entwickeln und diese sich durch das Gewirr des Seidenfädchens hindurch fressen. Die Entwicklung der Schmetterlinge ist nötig, um die Nachzucht sicher zu stellen. – Die durchfressenen Kokons werden auch wieder verwandt und zwar wird eine Art Seidenwatte daraus gewonnen, die bei den Chinesen viel zur Fütterung ihrer Winterkleidung benutzt wird, auch werden wunderschöne, leichte Steppdecken daraus gefertigt. Die Seidenwatte hat den Vorzug vor gewöhnlicher Baumwollwatte, dass sie sich garnicht verschieben kann, sondern überall gleichmässig bleibt, da sie aus unendlich vielen längeren Fäden besteht, die eine Art Gewebe darstellen. –
Die abgetöteten Puppen werden getrocknet und den Hühnern und Enten als Futter hingeworfen, oder aber sie werden gemahlen und den Schweinen mit in's Futter getan.

Wilhelm Wilshusen

Aus Wilhelm Wilshusen "Abreise von China" (1901–1909)

Die Straße ist eine riesige Furche, eingezwängt zwischen zwei hohen gelben Erdwällen, die äußerst porös, staubig, von den Füßen ausgetreten und vom Wind zerfurcht sind ... Beim geringsten Regenschauer wird alles zu Schlamm und Schmutz. Die Dörfer sind in die Höhlen der Steilwände hineingebaut und profitieren von dieser natürlichen Architektur: Mauern, Schutzwälle, Feldbegrenzungen, alles ist entweder aus gelber Erde, die, durch den Regen ausgewaschen, zu einer dünnen senkrechten Wand geworden ist, oder aus Lößziegeln, die von einem Mörtel, ebenfalls aus Löß, überzogen sind. Eigentlich fehlt nur noch, daß die Dorfbewohner Löß als Nahrung zu sich nehmen. Doch die kennen weder Not noch Hunger.

Victor Segalen (1878–1919)

China in Zitaten

Victor Segalen (Fortsetzung)

Was für ein Reichtum und was für eine Getreidepracht! ... Die Erde ist ungemein fruchtbar und scheint ganz von allein zu keimen und sich zur Ernte anzubieten ... ich habe noch nie ein so helles Ackerland gesehen.

Victor Segalen schrieb im Jahr 1909 über den Fluß Huanghe.

Baedekers "Rußland" (1912)

Die einheimische B e v ö l k e r u n g besteht aus *Chinesen* und *Mandschu* (...). Die Männer unterscheiden sich im Äußern wesentlich nur durch die Art des Grußes, die Frauen durch die Tracht: Chinesinnen haben kürzeres Obergewand mit sichtbarem Beinkleid, das Haar ist in einem schuhförmigen Knoten am Hinterkopf zusammengeknüpft, die Füße sind durch Zusammenschnüren verkrüppelt; die Mandschufrauen tragen lange Kleider und eine flügelförmige Haartracht und haben natürliche Füße.
In den die Stadt [Peking] von Süden nach Norden durchschneidenenden Verkehrswegen (...) herrscht zumal im Sommer ein buntes S t r a ß e n l e b e n. Die Läden öffnen sich zur Straße hin, von den Wohnhäusern (s. unten) sieht man nur die Haus- und Hofmauern. Auf den oft stark erhöhten Fahrdämmen bewegen sich Karren, Reiter, Kamel- und Maultierkarawanen sowie die häufigen Leichen- und Hochzeitszüge. Der Chinese weicht dem Europäer stets höflich l. aus. Auf dem Fußwege r. und l. haben sich Händler aller Art, Garküchen, Weinwirte u. dgl. in Hütten und Zelten angesiedelt, zwischen denen sich der Strom der Fußgänger und Rikschas durchwinden muß. Hier sitzen im Sommer Märchenerzähler, Gaukler und aufdringliche Bettler, Hausierer haben ihre Waren (darunter schon vieles europäischer Herkunft) auf der Erde ausgebreitet und Verkäufer von Eßwaren rufen ihre Speisen aus. Der Straßenlärm dauert bis in die späte Nacht. Nachts wird auch vielfach Feuerwerk zu ernsten oder frohen Festlichkeiten abgebrannt.
Die chinesische Wohnung ist in der Regel ein kleines Gehöft, das aus drei einstöckigen Häusern besteht, die um einen oft baumbestandenen Hof derart geordnet sind, daß dem Hoftor gegenüberliegende Haupthaus seine Front nach Süden hat.
Hinter und oft auch vor dem Hoftor ist zum Schutz gegen die bösen Geister eine Mauer oder Holzwand; man kann daher von der Straße aus nicht in den Hof hineinblicken. Jedes Haus liegt auf einer meist 0,5 m hohen massiven Terrasse aus Mauerwerk mit gestampfter Füllung. Hinterwand und Seitenwände bestehen aus einer gewöhnlich fensterlosen Mauer, während die vier Säulen der Vorderwand nur ca. 1 m hoch ausgemauert sind; das übrige ist Holzgitterwerk, das innen mit Seidenpapier beklebt ist. Die Tür, mit sehr hoher Schwelle, ist ebenfalls größtenteils Gitterwerk und stets in der Mitte der Vorderwand. Das Innere ist durch geschnitzte Holzwände in drei Zimmer geteilt, die nicht selten ohne besondere Decke sind, so daß der Dachstuhl mit dem schweren, aus Beton und Hohlziegeln hergestellten Zeltdach sichtbar ist.

Aus der siebenten (und letzten) Auflage von Baedekers 'klassischem' Handbuch für Reisende "Rußland" (Leipzig, 1912), das u.a. durch Beschreibungen von Teheran, Port Arthur und Peking ergänzt ist.

Lu Xun (1881–1936)

Zugegeben, ich habe nicht wenig Hoffnung, daß China reformiert wird und einen Wandel durchmacht. Obwohl man mich eine 'Giftfeder' genannt hat und einen Autor ohne Ausweg – ist mit Ausweg das Bestehen der Palastprüfung gemeint? – so glaube ich nicht, daß ich alles durch den Schmutz gezogen habe. Weil ich stets die Menschen der unteren Klassen für besser gehalten habe als die der oberen und die jungen Leute besser als die alten, habe ich sie nie mit meiner Feder besudelt. Ich weiß, daß sie sich in dem Augenblick, wo ihre eigenen Interessen berührt werden, gewöhnlich genauso verhalten wie die Leute der oberen Klassen und die älteren Leute, aber das ist in dieser Gesellschaft unvermeidlich. Und da sie bereits so viele Gegner haben, sah ich keinen Sinn darin, daß auch ich noch mit Steinen nach ihnen werfe. Das ist der Grund, warum ich nur eine Seite der Finsternis enthüllte – nicht etwa, um meine jungen Leser zu täuschen. (...)

China in Zitaten

Indes gehen die Dinge ganz anders aus als man beabsichtigt. Ich fürchte, einige junge Leute, die unseligerweise meine Artikel gelesen haben, könnten zur Teilnahme an der Revolution aufgestachelt worden sein, und das macht mich sehr unglücklich. Das aber nur, weil ich kein geborener Revolutionär bin, denn ein großer Revolutionär würde sich über den Verlust dieser Paar Menschenleben keine Gedanken machen. Vor allem würde er selbst noch am Leben sein, um eine Fortdauer der Führung zu gewährleisten, denn ohne Führung keine Revolution.

Lu Xun
(Fortsetzung)

Aus einem Brief des Schriftstellers Lu Xun aus dem Jahr 1928

Im Vordergrund Reihen schmächtiger Pappeln, dahinter eine Umfriedung aus roten und grauen Hängen, die die Senkung umgeben, in der wir uns befinden. Jenseits davon eine lange Barriere, die oben von Schnee gesäumt ist: der Bogdo-Ula, die Fortsetzung des Tien-Shan. Da sind wir also in Turfan, dem Herzen von Chinesisch-Turkestan. Seit Suchow haben wir einen langen Weg zurückgelegt. Wir sind durch Wüsten gezogen, die wüster sind als alle, die ich kannte. Das Land wird in jeder Richtung grandioser. Wenn man am Ende dieses langen Weges zu den Oasen von Sinkiang kommt, ist man überrascht, auf Leute zu stoßen, die weit eher an den Nahen als an den Fernen Osten erinnern. Eine Minorität von Chinesen, es herrscht der arabische Typ, Türken und Perser, vor. Fast alles ist mohammedanisch; es gibt Moscheen und Minarette, man hört den Muezzin. Die Männer sind majestätisch, feierlich und tragen Bärte. Die Frauen tragen auf dem Kopf ein kleines, rundes Käppchen, und ihre langen Haare fallen in zwei Zöpfen auf ihre langen, grellen Kleider.

Pierre
Teilhard
de Chardin
(1881–1955)

Aus den Reisebriefen (1923–1939) von Pierre Teilhard de Chardin, geschrieben am 7. Juli 1931 in Turfan.

"Es wird allgemein behauptet, daß der steigende Goldpreis und der sinkende Silberkurs der Entwicklung unserer chinesischen Industrie und der Entfaltung unseres Exports zugute komme. Wie verhält es sich damit in der Praxis?" wandte sich Hauptmann Leh an den dicken Zündholzfabrikanten Tschou.
"Ich habe in meinem Geschäft nur Verlust davon", erwiderte Tschou verdrießlich. "Ich beziehe sämtliche Rohstoffe wie Chemikalien, Hölzer, Schachteln aus dem Ausland. Jedes Anziehen des Goldpreises hat also eine Verteuerung meiner Rohmaterialien zur Folge. Wo bleibt da für mich der Nutzen? Wollte ich aber heimische Rohstoffe beziehen, dann hätte ich Herkunftssteuer, Transitzölle und Linkinabgaben draufzuzahlen. Das käme mich noch teurer als der Bezug vom Ausland. Erschwerend kommt die heftige Konkurrenz der japanischen und schwedischen Zündholzfabrikate hinzu. Unser chinesisches Publikum ist ja leider nicht patriotisch genug, um dem einheimischen Fabrikat vor der Auslandsware den Vorzug zu geben, und ..."
Er blieb mitten in seiner schönen Propagandarede zugunsten der heimischen Industrie stecken, kramte sein Taschentuch hervor und wischte sich räuspernd und schnaufend damit über den dicken runden Schädel. Vor sich auf dem Tisch neben dem silbernen Aschenbecher hatte er die wohlbekannte Phönixfabrikmarke einer schwedischen Zündholzschachtel bemerkt!
Politiker Tang, dem der Grund seiner plötzlichen Verlegenheit nicht entgangen war, lachte hellauf, entnahm der Schachtel ein Streichholz, zündete damit bedächtig eine Zigarre an und blies eine dicke Rauchwolke heraus. Dann klopfte er Tschou kräftig auf die Schulter.
"Nimm mir's nicht übel, alter Freund, aber ehrlich gesagt, du solltest etwas mehr auf die Qualität deines geschätzten Fabrikats bedacht sein. Vollkommen sind die anderen Fabrikate natürlich auch nicht, davon kann keine Rede sein, die ausländischen Rotkopfzündhölzer zünden auch nicht immer beim ersten Anstreichen, aber mit dem Fabrikat deiner trefflichen Firma verglichen, sind sie doch weit besser." Seine Kritk hatte die Wirkung,

Mao Dun
(1896–1981)

China in Zitaten

Mao Dun
(Fortsetzung)

daß Tschou's dicker Schädel augenblicklich rot anlief und selber zum flammenden Streichholzkopf wurde. Ein Glück, daß Reeder Sun friedlich vermittelnd eingriff:
"Daraus wird man unserm Freund Tschou sicherlich keinen Vorwurf machen können. Man muß doch auch die heutige Disziplinlosigkeit in der Arbeiterschaft berücksichtigen, es wird zuviel geschwätzt und zu wenig gearbeitet. Seitdem wir die Betriebsräte haben, ist in sämtlichen Fabriken eine Verlangsamung und Verschlechterung der Produktion festzustellen. (...)

Aus dem Roman "Shanghai im Zwielicht" von Mao Dun, in dem das Leben in Shanghai Anfang der 30er Jahre beschrieben wird.

Mao Zedong
(1893–1976)

Es gibt ein altes chinesisches Gleichnis, die Parabel "Yü Gung versetzt Berge". Darin wird erzählt, daß in alten Zeiten im Norden Chinas ein Greis aus den Nördlichen Bergen namens Yü Gung (Närrischer Greis) lebte. Den Weg, der vor seiner Haustür nach Süden führte, versperrten zwei große Berge: der Taihang und der Wangwu. Yü Gung faßte den Entschluß, zusammen mit seinen Söhnen diese Berge mit Hacken abzutragen. Ein anderer Greis namens Dschi Sou (Weiser Alter) lachte, als er sie sah, und meinte: "Ihr treibt aber wirklich Unfug, ihr paar Leute könnt doch unmöglich zwei solche riesigen Berge abtragen!" Yü Gung antwortete ihm: "Sterbe ich, bleiben meine Kinder; sterben die Kinder, bleiben die Enkelkinder, und so werden sich die Generationen in einer endlosen Reihe ablösen. Diese Berge sind zwar hoch, aber sie können nicht mehr höher werden, um das, was wir abtragen, werden sie niedriger werden. Warum sollten wir sie da nicht abtragen können?" Nachdem Yü Gung die falsche Auffassung Dschi Sous widerlegt hatte, machte er sich, ohne auch nur im geringsten zu schwanken, daran, Tag für Tag die Berge abzutragen. Das rührte den Himmelskaiser, und er schickte zwei seiner Götter auf die Erde, die beide Berge auf dem Rücken davontrugen. Gegenwärtig lasten ebenfalls zwei große Berge auf dem chinesischen Volk. Der eine heißt Imperialismus, der andere Feudalismus. Die Kommunistische Partei Chinas ist schon längst entschlossen, diese beiden Berge abzutragen. Wir müssen unseren Entschluß beharrlich in die Tat umsetzen, wir müssen unermüdlich arbeiten, und wir werden die Gottheit ebenfalls rühren; und diese Gottheit ist niemand anderer als die Volksmassen Chinas. Und wenn sich das ganze Volk erhebt, um mit uns zusammen diese Berge abzutragen, sollten wir sie da etwa nicht abtragen können?

Aus einer Rede Mao Zedongs vor dem VII. Kongreß der Kommunistischen Partei Chinas am 11. Juni 1945

Alberto Moravia
(1907–1990)

Aber wir wollen es ruhig wagen, den Mythos der Großen Mauer zu untersuchen. Sagen wir zunächst, daß die Große Mauer offenkundig zwei Gesichter hat: ein inneres, das auf China schaut, während das andere auf die Mongolei blickt. Auf der Seite Chinas war und ist China, also ein riesiges Land, das je nach dem geschichtlichen Augenblick einmal von Wohlstand, Geschäftsverkehr und friedlichem Eifer erfüllt oder durch Bürgerkriege entvölkert und verwildert war. Damit verändert sich die Idee der Großen Mauer. Sie war nicht immer und unveränderlich einem Tresor vergleichbar, der einen Schatz hütet. Der Schatz war da oder war nicht da, je nach den Zeiten. Die Große Mauer aber diente stets dazu, das chinesische Volk im rein existentiellen Sinn zu beschützen. Wovor? Wir kommen nun zur Außenseite der Großen Mauer.
Bekanntlich wurde die Große Mauer errichtet, um die Einfälle der Barbaren zu verhindern. Wer waren diese Barbaren? Man könnte vielleicht antworten, daß es die Mongolen waren; das wäre aber nicht richtig. Als Barbaren galten alle, die nicht Chinesen waren.
Andererseits war für die Chinesen hinter der Großen Mauer kein Volk recht vorstellbar, nicht einmal ein barbarisches Volk, sondern nur Leere. Diese Leere wurde von der Großen Mauer selbst, das heißt, von den Chinesen in

China in Zitaten

dem Augenblick geschaffen, als sie mit dem Mauerbau begannen: Ohne die Große Mauer keine Leere. Die Große Mauer beschützte und verteidigte China also vor der Leere, vor dem Nichts. China war das, was existierte, was Bedeutung hatte. Außerhalb Chinas war nichts, existierte nichts und nichts hatte Bedeutung.
Die Botschaft der Großen Mauer und ihre Ideologie sind also sehr chinesisch. Botschaft und Ideologie sind Teil eines sehr eigentümlichen Konservatismus. (...) Die Große Mauer war gegen die Barbaren errichtet worden, denn die Barbaren hätten frischen Wind und neue Ideen nach China bringen können. Frisches Blut und neue Ideen aber lösen Wandlungen und Revolutionen aus. Und das Ziel Chinas war es nicht, sich zu entwickeln oder sich zu ändern, sondern zu dauern. Der biologische Fortbestand jedoch erfordert Orthodoxie, Unbeweglichkeit, Etikette, Zeremonien und Riten. Die Große Mauer garantierte die endlose Fortdauer dieser Dinge; sie gestattete also dem chinesischen Volk zu dauern, mit oder ohne Kultur, in Ruhe und Ordnung oder verstrickt ins Chaos des Bürgerkrieges, reich oder elend.

Alberto Moravia
(Fortsetzung)

Aus "Die Kulturrevolution in China" (1967) von Alberto Moravia.

Die Jahre nach dem Großen Sprung seien auf Grund ungünstiger Witterungsverhältnisse schlecht gewesen, berichtete Frau Sung. 1962 ging es wieder bergauf, dann aber kam – im August 1963 – das große Ereignis im Leben von Dadschai, eine Naturkatastrophe. Ein Wolkenbruch von sieben Tagen zerstörte fast alle sorgsam gebauten Terrassen und vernichtete das Dorf bis auf wenige Häuser. (...) Auf den Trümmern ihrer Habe, fuhr Frau Sung fort, sei die Brigade in heftige Diskussionen über die weitere Zukunft geraten. Die einen wollten die vom Staat und anderen Brigaden und Kommunen gebotene Hilfe annehmen, die anderen, unter Führung Tschens, beriefen sich auf das Wort des Vorsitzenden Mao, man müsse ohne Hilfe von außen und aus eigener Kraft durchkommen. (Sie zitierte aus dem Gedächtnis den ersten Satz des XXI. Kapitels im 'Roten Büchlein'.) Diese Linie habe gesiegt, und so sei es zu Dadschais "drei Weigerungen" gekommen: Die Brigade weigerte sich, Geld, Lebnsmittel, Material von außen anzunehmen. Innerhalb kürzester Frist sei es gelungen, die Folgen der Katastrophe zu beseitigen, und das Jahr 1964 habe eine doppelte Anerkennung für das Geleistete erbracht: Im März verkündete Mao "In der Landwirtschaft – lernt von Dadschai!", und an seinem Geburtstag, am 26. Dezember 1964, empfing er Tschen in Peking.

Klaus Mehnert
(1906–1984)

Klaus Mehnert berichtet in seinem Buch "China nach dem Sturm" (1972) von einem Besuch bei dem landwirtschaftlichen Musterbetrieb Dadschai.

Ich saß in einer festlich aufgeräumten Bauernstube in einem Dorf nicht weit vom See Taihu, in der Gegend von Suzhou. Die Kommunenleitung hatte den Besuch vermittelt. Vater, Mutter und der vierundzwanzigjährige Sohn saßen mit mir am Tisch.
Der Sohn durfte jetzt heiraten. Das war für sie das wichtigste Ereignis auf lange Zeit. Sie erzählten von den umständlichen Verhandlungen mit dem Vater der Braut, auf den sie anscheinend nicht allzugut zu sprechen waren. Zuerst einmal hatte er in den Verhandlungen folgende Rechnung aufgemacht: "Ich habe", so hatte er argumentiert, "meine Tochter dreiundzwanzig Jahre großgezogen, ernährt, gekleidet. Wenn ich meine Auslagen für sie ganz niedrig, nämlich auf ein Mao (zwölf Pfennig) pro Tag ansetze, macht das in dreiundzwanzig Jahren 839 Yüan (rund eintausend Mark)."
"Da haben wir natürlich noch eine Menge heruntergehandelt", sagte der Vater des Bräutigams, "denn der Brautvater war früher Mittlerer Bauer, und wir haben gesagt, er solle froh sein, daß seine Tochter in die Familie der Niedrigen Mittleren Bauern einheiraten und damit ihren politischen Status aufbessern könne. Der Brautvater meinte, sein Sohn diene in der Armee, und die habe an seinem politischen Status anscheinend nichts auszusetzen; aber das war ein schwaches Argument. Dann", fuhr der Bräutigams-

Erwin Wickert
(geb. 1915)

China in Zitaten

Erwin Wickert (Fortsetzung)

vater fort, "haben wir über die Aussteuer gesprochen. Der Brautvater wollte die drei sich drehenden Dinge für sich und die sechsunddreißig Beine für die Braut haben. Und damit waren wir einverstanden."
"Was für Dinge?" fragte ich.
Es stellte sich heraus, daß die drei sich drehenden Dinge Fahrrad, Nähmaschine und Uhr waren, und die sechsunddreißg Beine waren die Füße von zwei Betten, einem Schrank, zwei Tischen und vier Stühlen. "Dazu wollte der Brautvater noch drei volle Kleiderausstattungen für seine Tochter. Auch damit waren wir einverstanden. Es braucht ja nicht immer die erste Qualität zu sein."

In seinem Buch "China von innen gesehen" erzählt Erwin Wickert von einem Besuch bei einer Bauernfamilie im Jahr 1979.

Chinesische Nationalhymne

Chinesischer Originaltext

Qilai! Bu yuan nulide renmen!
Be womende xuerue, zhucheng women xinde changchen!
Zhonhua minzu daole zui weixiande shiuo
Meigeren bei po-zhe fachu zuihoude housheng. Qilai! Qilai! Qilai!
Women wanzhong yixin mao zhe dirende pao huo qianjin!
Mao zhe dirende pao huo qianjin! Qian! Jin!

Deutsche Nachdichtung

Steht auf! Wir wollen keine Sklaven sein.
Die lange Mauer bauet neu aus Fleisch und Blut.
Denn Chinas Volk schwebt in der äußersten Gefahr,
Und die Bedrückten schreien laut vor Wut: Steht auf! Steht auf!
Mit tausend Leibern, doch im Herzen eins, trotz feindlicher Kanonen: Vorwärts!
Trotz feindlicher Kanonen: Vorwärts! Vorwärts! Voran!

Der Text stammt von dem Dramatiker Tian Han und die Melodie von dem Komponisten Nie Er. Das Lied wurde am 27. September 1949 unter dem Titel "Marsch der Freiwilligen" als Nationalhymne anerkannt und am 4. Dezember 1982 vom nationalen Volkskongreß bestätigt.

Routenvorschläge

Mit den folgenden Reiserouten wird versucht, dem Chinabesucher einen zusammenfassenden Überblick über das Land und seine Sehenswürdigkeiten zu bieten. Querverweise innerhalb des Buches, vor allem auf die Verbindungen zwischen den wichtigsten Städten, deuten an, daß die einzelnen Routenvorschläge nicht als festes, unabänderliches Programm gedacht sind, sondern je nach Interesse und Zeit des Touristen oder der Reisegruppe variiert werden können. Die Verfasser der Texte hatten hauptsächlich den Individualreisenden im Auge, viele Informationen sind aber auch für Gruppenreisende hilfreich.

Als Ausgangspunkt für die Erkundungsfahrten durch das Reich der Mitte dient Peking; wer aber von Hongkong kommt, kann mit den Reiserouten auch bei Kanton beginnen.

Am besten bewegt man sich mit der Eisenbahn oder dem Flugzeug fort. China verfügt nicht über ein ausreichend entwickeltes Straßennetz, außerdem ist das Mieten eines Wagens mit großen Schwierigkeiten verbunden. In den großen Städten gibt es zwar die Möglichkeit, Autos zu mieten, aber nur mit Chauffeur und für begrenzte Strecken.

Aufgrund der langsamen chinesischen Züge benötigt man für jede Fahrt viel Zeit, überdies sollte man stets auch die enorme Ausdehnung des Landes berücksichtigen. Bei der Reiseplanung muß also die Dauer jeder einzelnen Etappe genau einkalkuliert werden. Diese langen Zugfahrten sind freilich bestimmt nie eintönig. Ganz im Gegenteil, es gibt kein besseres Mittel, um Land und Leute näher kennenzulernen. Der Besucher wird immer wieder auf einen aufgeschlossenen bis neugierigen Chinesen treffen, der sich bemüht, mit ihm ins Gespräch zu kommen und dabei in kurzer Zeit eine ganze Menge Landsleute anlockt.

Die Routenführung ist so gewählt, daß die Hauptsehenswürdigkeiten berührt werden. Ihre notwendige Ergänzung finden diese Routen in zahlreichen Hinweisen auf lohnende Umgebungsziele bei den Einzelbeschreibungen des Hauptkapitels 'Reiseziele von A bis Z'. Die vorgeschlagenen Streckenführungen lassen sich auf der beiliegenden Reisekarte verfolgen.

Vorbemerkung

An dieser Stelle seien einige große klassische Reiserouten empfohlen, die in drei bis vier Wochen Reisezeit zu Chinas wichtigsten Sehenswürdigkeiten führen:

a. Peking – Xi'an – Shanghai – Nanking – Hangzhou – Guilin – Kanton – Hongkong
b. Peking – Ürümqi – Dunhuang – Lanzhou – Xi'an – Shanghai – Kanton – Hongkong
c. Peking – Xi'an – Chengdu – Lhasa – Kanton – Hongkong
d. Peking – Xi'an – Chengdu – Tschungking (Flußkreuzfahrt auf dem Changjiang) – Nanking – Shanghai – Kanton – Hongkong

Klassische Reiserouten

Orte und Landschaften, die im Hauptkapitel 'Reiseziele von A bis Z' unter einem Hauptstichwort beschrieben sind, erscheinen innerhalb der folgenden Routenvorschläge **in halbfetter Schrift**.
Sämtliche erwähnten Städte, Orte, Landschaften, Gebirge, Flüsse u. v. a. sowie einzeln stehende Sehenswürdigkeiten sind im Register am Ende des Reiseführers zusammengefaßt, so daß ein rasches und problemloses Auffinden des Gesuchten gewährleistet ist.

Hinweise

1. Von Peking über Taiyuan und Datong nach Hohhot

Von **Peking** erreicht man mit der Eisenbahn (eine Nachtfahrt, die 568 km beträgt und etwa zwölf Stunden dauert) **Taiyuan**, die Hauptstadt der Pro-

Routenvorschläge

vinz Shanxi, wo der Chongshan-Si-Tempel mit seiner reichen Sutra-Sammlung zu besichtigen ist. Von hier gelangt man in acht Stunden (355 km) in die herrliche Stadt **Datong**. Auf keinen Fall entgehen lassen sollte man sich dort die Neun-Drachen-Wand und die weltberühmten Yungang-Shiku-Grotten, die bis auf die Nördliche Wei-Dynastie (460 n.Chr.) zurückreichen. Sie sind mit über 51 000 feinen Basreliefs und buddhistischen Statuen geschmückt.

Route 1 (Fortsetzung)

Datong ist 285 km, d.h. etwa fünf Zugstunden, von **Hohhot**, der Hauptstadt der Inneren Mongolei, entfernt. Hier lohnt sich der Besuch des Fünf-Pagoden-Tempels und des Grabhügels der Prinzessin Wang Zhaojun. Auch die Altstadt ist von Interesse.

Von Hohhot aus kann man verschiedene Ausflüge in die Grassteppe unternehmen. Der kürzeste (87 km) führt in zwei Busstunden zu einem Touristendorf, wo den Besuchern etwa 30 Jurten (mongolische Zelte) zum Übernachten zur Verfügung stehen.

2. Von Peking über Tientsin, Jinan und Tai'an (Taishan) nach Qufu

Von Peking ist man in einer guten Stunde in **Tientsin**, der Stadt mit dem größten Hafen Nordchinas. Mit derselben Eisenbahnlinie gelangt man in zirka sieben Zugstunden (357 km) von Tientsin nach **Jinan** (der Hauptstadt der Provinz Shandong), die nahe bei der für ihre zahlreichen Quellen bekannten Mündung des Huanghe liegt.

Von Jinan aus kann **Tai'an** in etwas mehr als einer Stunde per Fernschnellzug erreicht werden. Nach einem kurzen Aufenthalt im Dai-Miao-Tempel sollte man nicht die Mühe scheuen, den Gipfel des Taishan, des berühmtesten Heiligen Berges in China, zu erklimmen. Wer sich den vier- bis siebenstündigen Aufstieg nicht zutraut, kann von Tai'an (Stadtmitte) bis Zhongtianmen den Bus nehmen und anschließend mit der Seilbahn bis fast auf den Gipfel fahren. Abenteuerlustige und Naturfreunde können auf dem Gipfel des Taishan übernachten und mit etwas Glück in den Genuß eines herrlichen Sonnenaufgangs kommen.

Von Tai'an aus fährt man mit dem Zug in wenigen Stunden bis Yanzhou, dann weiter mit dem Bus (20 km) nach **Qufu**, in Konfuzius' Heimatstadt, um dort den Kong Miao, den Konfuzius-Tempel, zu besichtigen. Ganz in der Nähe steht auch das Wohnhaus der Nachfahren des Philosophen, das zwar in ein Hotel umgebaut wurde, aber trotzdem noch die typischen Merkmale eines chinesischen Hauses bewahrt hat: eine Reihe hübscher Innenhöfe, die von einstöckigen Gebäuden umrahmt werden.

3. Von Peking über Anyang, Zhengzhou, Songshan, Kaifeng und Luoyang nach Xi'an

Eine Reise zu den Wurzeln chinesischer Kultur kann eigentlich nur am Huanghe entlanggehen. Zu empfehlen ist eine Fahrt flußaufwärts, und zwar von Anyang, der Wiege dieser großen Zivilisation, wo den Besucher viele bedeutende Monumente und historisch kostbare Funde aus der Shang-Ära erwarten. Anyang liegt etwa 600 km von der Hauptstadt entfernt an der Eisenbahnlinie Peking – Kanton.

Mit dem Zug geht die Fahrt weiter in Richtung **Zhengzhou** (200 km). Wer noch genügend Zeit hat, kann einen Ausflug in das alte **Kaifeng** unternehmen oder bis zum Gipfel des Songshan hinaufsteigen, um das berühmte Kloster Shaolin zu besichtigen. Kaifeng, eine der ehemaligen Hauptstädte, die etwas abseits der klassischen Touristenrouten liegt, hat noch Teile ihrer ursprünglichen Gestalt bewahren können. Interessant ist vor allem das alte Judenviertel, wo vom 12. Jh. an die größte jüdische Gemeinde in China

◀ *Buddhastatue in den Yungang-Grotten bei Datong*

Routenvorschläge

Route 3 (Fortsetzung)

lebte. Die wenigen baulichen Spuren, die noch von dieser Präsenz zeugen, sind zwischen der Beitu Jie und der Nanjiaojing verstreut. Außerdem sind auch das Xiangguo-Si-Kloster und die Eiserne Pagode einen Besuch wert.

100 km trennen Zhengzhou von **Luoyang**, das hauptsächlich wegen der Longmen-Shiku-Grotten, eine der bedeutendsten Kultstätten Chinas, aufgesucht wird.

Wiederum mit der Eisenbahn geht es weiter bis nach **Xi'an** (400 km, ungefähr sieben Stunden Fahrt). Diese einzigartig schöne Stadt ist so interessant, daß man sich hier mindestens drei Tage aufhalten sollte, um in Ruhe alle alten Kulturzeugnisse bewundern zu können, die sich nicht in der großartigen Terrakotta-Armee erschöpfen.

Von Xi'an kann man in die größten chinesischen Städte fliegen (Peking 1165 km; Shanghai 1500 km; Chengdu 850 km; Kanton 2200 km und Kunming 900 km) oder aber per Zug in Richtung Lanzhou (676 km) fahren, um von dort aus die Seidenstraße anzugehen.

Des weiteren besteht die Möglichkeit, mit dem Bus eine Zweitagesfahrt (einschließlich Hin- und Rückreise) nach **Yan'an** zu machen.

Auf dem Weg dorthin durchquert man die typischen Sandlandschaften des Nordwestens, die mit rauhen, zerfurchten Felsen übersät sind. Die in Stein gehauenen Höhlen von Yan'an, die heute als Museum dienen, beherbergten in den 30er und 40er Jahren das Parteibüro der Kommunistischen Partei Chinas.

4. Von Chengdu über Emei (auf den Emeishan) und Tschungking (durch die Changjiang-Schluchten) nach Wuhan

Chengdu erreicht man von allen großen chinesischen Städten per Zug oder Flugzeug (Peking 2050 km; Shanghai 2350 km; Xi'an 842 km und Kunming 1100 km). Der Charme und die besondere Anziehungskraft dieser Stadt hat vielerlei Gründe: die lebhafte Stimmung der zahlreichen Teehäuser, die engen Gassen mit ihren für diese Gegend typischen niedrigen Bauten, teils aus Holz, teils aus Stein, die üppigen, bunten Märkte und nicht zuletzt die vielen kleinen Restaurants, wo man eine der renommiertesten chinesischen Regionalküchen kosten kann (Vorsicht: Hier wird alles recht scharf zubereitet!).

Von hier gelangt man mit dem Zug (Linie Chengdu–Kunming, 130 km) in die Stadt Emei, Ausgangspunkt für eine Wanderung auf den mächtigsten der Heiligen Berge Chinas, den Emeishan. Für den Aufstieg bis zum Gipfel muß man mindestens zwei Tage einplanen; eine angemessene Ausrüstung, die der Wanderer vor Ort leihen kann, ist vor allem für den zweiten Abschnitt unbedingt erforderlich. Auf dem Gipfel besteht die Möglichkeit, in dem Buddhistentempel Jinding zu übernachten, wo man bei Sonnenaufgang von Gong- und Zimbelklängen geweckt wird, die zum morgendlichen Gebet aufrufen.

Nach diesem Ausflug auf den Heiligen Berg sollte man eine Stippvisite in Leshan erwägen, einem alten Städtchen, das vor zirka 1300 Jahren gegründet wurde. Von hier führt eine kurze Bootsfahrt zu der größten Buddha-Skulptur der Welt.

Von Leshan kann mit dem Überlandbus nach Neijiang (150 km) und dann mit der Bahn weiter nach **Tschungking** (220 km) gefahren werden. Dieses wichtige Industriezentrum, am Zusammenfluß von Chiangjiang und Jialingjiang auf einem Hügel gelegen, ist wegen seines sehr feuchten Klimas fast das ganze Jahr über in dichte Nebenwolken gehüllt.

Tschungking ist Ausgangspunkt für die Flußfahrt auf dem **Changjiang**. Jeden Morgen um 7 Uhr geht ein Boot stromabwärts, nach drei Tagen trifft man in **Wuhan** ein.

Die Bootsfahrt, die durch eine abwechslungsreiche Landschaft (die Drei Schluchten, den Gezhou-Damm und Shashi) führt, ist ein besonders eindrucksvolles Erlebnis. Am frühen Nachmittag des dritten Tages wird in Wuhan angelegt, so daß man noch genug Zeit hat, einen Spaziergang

Routenvorschläge

durch die zwei interessanten Stadtviertel Hankou und Wuchang zu machen.
Wuhan liegt ziemlich genau auf der Mitte der Eisenbahnstrecke Peking–Kanton, 18 Zugstunden von Peking und 17 von Kanton entfernt. Der Flughafen von Wuhan sorgt für regelmäßige Verbindungen mit den chinesischen Großstädten.
Mit einigen der Passagierschiffe, die aus Tschungking kommen, kann man in zwei Tagen nach **Nanking** oder in zweieinhalb Tagen nach **Shanghai** weiterfahren.

Route 4
(Fortsetzung)

5. Von Nanking entlang dem Kaiserkanal über Wuxi, Suzhou und Hangzhou nach Shanghai

Nach **Nanking** gelangt man mit dem Flugzeug, von Shanghai oder Wuhan mit dem Schiff oder auf der Linie Beijing – Shanghai – Fuzhou mit der Bahn (von Peking sind es 1157 km, von Fuzhou 1466 km). Aufgrund seiner breiten Alleen und herrlichen Parks gilt Nanking als eine der schönsten Städte Chinas.
Auf dem Weg von Nanking nach Suzhou (nach 200 km auf der Linie Nanking–Shanghai) fährt der Zug am Kaiserkanal entlang, der viele Jahrhunderte lang einen der wichtigsten Verkehrs- und Transportwege bildete und auf dem sich auch heute noch die Frachtkähne drängeln.
Es lohnt sich, die größten, den Kaiserkanal säumenden Städte wie **Yangzhou**, **Zhenjiang** und **Wuxi** zu besuchen und dabei auf den Spuren Marco Polos zu wandeln, der von diesem Teil Chinas sehr fasziniert war.
Wegen der zahllosen Brücken, welche die Stadtteile über die Kanäle hinweg verbinden, trägt **Suzhou** auch den Beinamen 'Venedig des Ostens'. Die schon im Altertum gegründete Stadt ist sicher eine der schönsten in ganz China; ihre Gärten wurden jahrhundertelang in allen Luxusvillen des Landes nachgeahmt.
Von Suzhou kann man den Kaiserkanal bis **Jiaxing** hinunterfahren (frühmorgens geht ein Schiff, das einen halben Tag unterwegs ist) und dann die Reise in Richtung **Hangzhou**, das als eine der schönsten Städte Chinas gilt, mit dem Zug fortsetzen.
Hangzhou breitet sich an den Ufern des berühmten West-Sees aus, der schon ganze Generationen von Künstlern inspiriert hat. Die ruhige, angenehme Atmosphäre, die in und um die Stadt herrscht, macht sie zu einem idealen Ferienort, an dem man ein paar erholsame Urlaubstage verbringen kann.
In drei Bahnstunden ist man von Hangzhou in **Shanghai**. Den Reiz dieser Stadt entdeckt man vor allem bei einem Spaziergang auf der Uferpromenade, dem sog. Bund, und durch die Hauptstraßen des Zentrums (Nanjing Lu, Huaihai Lu und Sichuan Lu).
Die Geschäfte dieser Gegend gehören zweifelsohne zu den besten in ganz China, ob nun wegen der Vielfalt und der Qualität der gebotenen Ware oder wegen der geschmackvoll dekorierten Schaufenster und des ausnehmend freundlichen Verkaufspersonals.
Der erste Eindruck von Shanghai ist vielleicht problematisch. Die Bevölkerungsmassen, die sich durch die Stadt wälzen, wirken anfangs erschreckend und bedrückend. Doch wenn man erst einmal in das Leben Shanghais eingetaucht ist, begreift man, daß diese Millionen von rastlosen Personen einfach ein wesentlicher Bestandteil dieser Stadt mit den tausend Gesichtern sind.
Nach einem Bummel durch die Innenstadt – wo man sich unbedingt in einer der einheimischen Konditoreien, die noch nach herkömmlichen Verfahren backen, etwas Süßes gönnen sollte –, darf man es nicht versäumen, durch die Gassen der Altstadt zu spazieren.
Im Heping Fandian (Peace Hotel) zu übernachten, ist gewiß der beste Weg, um noch etwas von der Stimmung einzufangen, die zu Beginn des Jahrhunderts in Shanghai herrschte.

Routenvorschläge

6. Von Peking über Shenyang (Mukden), Changchun, Harbin, Dalian (Port Arthur) und Yantai nach Tsingtau

Von Peking in nordöstlicher Richtung fahrend, erreicht man **Shenyang** (Mukden) per Schnellzug in elf Stunden (840 km). Mukden, das vor der Eroberung Chinas (1644) die Hauptstadt der Mandschu war, ist nicht nur ein wichtiges Industriezentrum, sondern hat auch manche Sehenswürdigkeit zu bieten, beispielsweise den Kaiserpalast.

Wenn man Shenyang hinter sich läßt und in nordöstlicher Richtung ungefähr 300 km weiter in die chinesische Steppe vordringt, stößt man auf **Changchun**, die Hauptstadt der Provinz Jilin (Changchun bedeutet ironischerweise 'Ewiger Frühling', in Wirklichkeit ist der Winter in ganz Nordchina sehr lang und hart). Unter der japanischen Besatzung war es Sitz der Regierung von Manzhouguo (1933–1945). Heute ist Changchun eine moderne Stadt und besitzt einige der größten Maschinenbaufabriken des Landes.

Wer von Changchun aus noch weiter nach Norden fährt und die Provinz Jilin verläßt, erreicht nach 240 km **Harbin**, die Hauptstadt der nördlichsten Provinz Chinas, Heilongjiang, nach dem gleichnamigen Fluß (Amur) genannt. Auch Harbin ist eine moderne Stadt mit Flußhafen und vielen wunderschönen Parks, darunter der Sonneninsel- und der Zhaolin-Gongyuan-Park, wo alljährlich zwischen Januar und Februar das bekannte Eislaternenfest stattfindet, bei dem riesige Eisblöcke zu Skulpturen verarbeitet werden.

Nördlich von Harbin dehnt sich der 'Große Norden' Chinas aus, ein Steppengebiet, das sich etwa 400 Kilometer weit bis zur Grenze mit Rußland ausdehnt.

Von Harbin geht es zurück nach Shenyang, von wo man sich Richtung Süden (397 km, zirka 6 Zugstunden) nach **Dalian** begebe, diesem geschäftigen Seehafen, den die Russen im 19. Jh. auf einem der beiden Kaps des Golfes von Bohai erbauten.

In Dalian kann man sich nach **Yantai** einschiffen, der kleinen Hafenstadt an der Nordküste der Shandong-Halbinsel, die wegen ihrer guten Weine renommiert ist.

Die letzte Station auf dieser Route ist **Tsingtau**, eine der Hauptattraktionen des chinesischen Tourismus, bekannt für seine Strände, sein angenehmes Klima, die malerische Umgebung und nicht zuletzt für seine Bierbrauerei.

Von Tsingtau tritt man die Rückreise nach Peking an (etwa 400 km mit einem Nachtzug, der 15 Stunden unterwegs ist, oder mit einem der beiden Flüge pro Woche).

7. Von Kanton über Guilin nach Kunming und weiter in die autonome Region Xishuangbanna

Für Südchina ist dies die klassische Reiseroute.

Kanton ist von mehreren chinesischen Städten mit dem Schiff, mit dem Zug und mit dem Flugzeug erreichbar. Es ist das Tor Chinas für all diejenigen, die aus dem 183 km entfernten Hongkong kommen. Die am Fluß Zhujiang gelegene Stadt ist berühmt für ihre Küche, die als die beste Chinas gilt, für ihre Heiterkeit und ihre Parkanlagen. In der Umgebung von Kanton sind die Conghua-Wenquan-Thermen und der Berg Baiyunshan zu besichtigen.

Von Kanton nach **Guilin** fliegt man am besten; der Flug dauert ungefähr zwei Stunden. Guilin bietet wohl das schönste Naturschauspiel von China. Die Stadt ist am Westufer des Flusses Lijiang gelegen, eingerahmt von einer faszinierenden, durch Wassereinwirkung erodierten Bergwelt mit üppiger Vegetation. Hügel, Höhlen und Parks sind über die ganze Stadt und ihre Umgebung verstreut. Die spektakulärsten Eindrücke gewinnt man freilich bei einer Flußfahrt auf dem Lijiang, die gewöhnlich fünf bis sechs

Routenvorschläge

Stunden dauert und in Yangshuo endet. An den Passagieren ziehen die hoch aufragenden Kegelberge vorbei, die zum Fluß hin abfallen – ein Schauspiel, das durch einen leichten Dunstschleier hindurch noch magischer wirkt.

In Guilin kann man einen Linienflug nach **Kunming**, Hauptstadt der Provinz Yunnan, nehmen. Obwohl Kunming zu einer tropischen Klimazone gehört, liegt es auf ca. 1900 m Höhe. Es zeichnet sich durch ein sehr angenehmes Klima, eine malerische Umgebung und Nationalitätenvielfalt aus (in der Provinz Yunnan leben 22 verschiedene ethnische Minderheiten Chinas). 126 km südöstlich von Kunming erhebt sich der stark besuchte Steinwald, eine einzigartige Schöpfung der Natur: Karstformationen – vielgestaltige, wie einer Phantasiewelt erwachsene Skulpturen, Türme, Säulen und so manches andere –, durch Auswaschung des Gesteins entstanden.

Wer sich von den Landschaften Südostasiens angezogen fühlt, kann von Kunming aus, am besten per Flugzeug, die autonome Region Xishuangbanna aufsuchen, die an Myanmar (Birma), Laos und Vietnam grenzt. Die interessante Völkermischung, die reizvolle Pflanzenwelt und die reiche Fauna (Tiger, Elefanten usw.) machen Xishuangbanna zu einem immer beliebteren Reiseziel.

Wer indes das Meer erleben möchte, ist gut beraten, wenn er auf der Insel **Hainan** Station macht (nur eine Flugstunde von Kanton entfernt). Diese tropische Insel hat, vor allem im Süden, traumhaft schöne Strände und herrliches Wasser zu bieten.

Route 7 (Fortsetzung)

8. Nach Tibet

Auf dem Landweg nach **Tibet** zu reisen, ist auch heute noch ein schwieriges Unterfangen. Die einzige Möglichkeit besteht darin, in Katmandu einen Überlandbus zu nehmen und eine beschwerliche, mehrere Tage dauernde Reise auf sich zu nehmen, die über einen der wenigen chinesisch-nepalesischen Grenzpässe zuerst nach Xigaze und schließlich nach Lhasa führt. Es empfiehlt sich daher, nach Tibet zu fliegen, entweder ab Chengdu (häufige Flüge, die nur zwei Stunden dauern) oder ab Peking (in zirka 4 1/2 Std.). Der einzige Zielflughafen ist der von Lhasa (Gonggar), der sehr weit von der Stadt entfernt ist, weshalb man mit dem Transferbus bis ins Zentrum sehr lange braucht.

Lhasa, die Hauptstadt Tibets, liegt 3650 m hoch, weswegen sie für Reisende ungeeignet ist, die an Herz- oder Atembeschwerden leiden.

Von Lhasa erreicht man nach gut sechsstündiger Fahrt (300 km) **Xigaze**, die zweitgrößte Stadt Tibets.

Ungefähr auf halbem Weg zwischen den beiden Städten sollte man dem Städtchen Gyantse und vor allem dem Kumbum, dem mächtigsten Stupa nepalesischen Stils in Tibet, einen kurzen Besuch abstatten. Zu den Bergen und Seen der Umgebung, die mit zu den schönsten der Welt zählen, werden verschiedene Ausflüge veranstaltet.

Seidenstraße

Als Seidenstraße (Sochou Zhilu) bezeichnet man die alten Karawanenwege, auf denen einst die Händler Waren zwischen West- und Ostasien transportierten. Sie erhielt ihren Namen nach der hochwertigen Seide, deren Gewinnung und Verarbeitung vermutlich seit dem dritten Jahrtausend vor unserer Zeitrechnung bekannt war und die von hier auf dem Zwischenhandelsweg nach Westen gelangte.

Es gilt als gesichert, daß die Seidenstraße im engeren Sinn bereits um die Zeitenwende bestand, vielleicht aber schon Jahrhunderte vorher benutzt wurde. Sie nahm urprünglich ihren Anfang in der mittelchinesischen Stadt Chang'an (Xi'an) – von hier gab es später Verbindungen mit Peking und Tschengtu (Chengdu) – und führte westwärts über Lantschou (Lanzhou)

Geschichte

Routenvorschläge

Seidenstraße, Geschichte (Fortsetzung)

nach Anshi (Anxi) und Tunhwang (Dunhuang), um dann in einem nördlichen und südlichen Arm über die Gebirgsrandoasen das große Tarimbecken mit der Wüste Takla-Makan zu umgehen. Nach Vereinigung der beiden Arme in Kaschgar (Kasgar) führte sie auf verschiedenen Wegen durch oder um das Hochland von Pamir weiter nach Antiochia (Antakya). Ein südlicher Zweig überwandt das Karakorumgebirge in Richtung Indien. – Man schätzt, daß im Altertum eine Reise von Europa nach China und zurück sechs bis acht Jahre dauerte.

Auf den Seidenstraßen, an denen sich in Zentralasien u. a. die Stadtstaaten Turfan, Chotan und Jarkend entwickelten, gelangten von China vor allem Rohseide und Seidenstoffe ins Abendland, im Gegenzug etliche Kulturpflanzen bzw. ihre Früchte (Klee, Pfirsich, Mandeln, Gewürze, Duftöle u. v. a.) und Tiere (z. B. Pferde aus Arabien) sowie Glas, Edelsteine und andere Luxusgüter, aber auch Religionen (Buddhismus, Manichäismus, Nestorianinsmus, Islam) bis in das Reich der Mitte.

Im Verlauf des ersten nachchristlichen Jahrtausends verlor die Seidenstraße wegen der wachsenden Unsicherheit infolge der kriegerischen Auseinandersetzungen zwischen den Völkern Asiens immer mehr an Bedeutung, erfuhr jedoch in den Zeiten der Mongolenherrschaft (13./14. Jh.) einen neuen Aufschwung. So folgte auch Marco Polo auf seiner Reise von Venedig nach China (1271–1295) über weite Strecken den Trassen der alten Seidenstraße. In der Folgezeit wurden für den Handelsverkehr zwischen dem Fernen Osten und der Alten Welt in zunehmenden Maß die neu erschlossenen Seewege bevorzugt, zumal sie sich als sicherer und weniger zeitaufwendig erwiesen, als es die äußerst langwierigen Karawanenreisen auf den Seidenstraßen waren.

Auf der Seidenstraße von Lanzhou über Dunhuang, Turpan und Ürümqi nach Kashgar

Der alten Seidenstraße folgend, begeht man – zwar unter viel geringeren Belastungen als früher, aber immer noch nicht ganz mühelos – genau den Weg, auf dem sich zu Beginn unserer Zeitrechnung die ersten wirtschaftlichen und kulturellen Beziehungen zwischen Abend- und Morgenland entwickelten, um dann nach und nach zu voller Blüte zu gelangen.

Lanzhou (676 km und 15 Zugstunden von Xi'an entfernt) erstreckt sich schmal und lang zwischen dem Huanghe und einer hohen, steilen Felswand. Hinter Lanzhou folgt die Eisenbahn der alten Karawanenstraße am

Routenvorschläge

Auf der Seidenstraße (Fortsetzung)

Gansu entlang, einem dünnen fruchtbaren Streifen Land, der die Hochebene von Qinghai von der Wüste Gobi trennt und den Jiayuguan-Paß überquert (längs der Eisenbahnlinie kann man noch die Reste des letzten Stückes der Großen Mauer erkennen). Nach 24 Stunden (1800 km von Xi'an) trifft man in Liuyuan ein, von wo man mit dem Bus quer durch die Wüste nach **Dunhuang** (150 km) weiterfährt. Etwa 20 km südlich der Stadt liegen die Mogao-Ku-Grotten, die man von der Stadtmitte aus mit einem Linienbus oder mit einem im Hotel zu mietenden Jeep erreicht. Dunhuang war einst eine bedeutende Stadt an der Seidenstraße. Zwischen dem 5. und dem 14. Jh. hinterließen hier in Hunderten von Grotten zahlreiche Mönche, Maler, Bildhauer und andere Künstler eine Vielzahl von Wandmalereien und Skulpturen. Es handelt sich zweifellos um eine Sammlung herausragender Kunstwerke, die in späteren Perioden nur selten an Ausdruckskraft übertroffen wurden.

Wieder nach Liuyuan zurückgekehrt, geht es weiter gen Westen. Nach einer zwölfstündigen Zugfahrt durch die Wüste kommt man zu der außergewöhnlich schönen und beeindruckenden Oasenstadt **Turpan**, die aufgrund ihres Klimas und ihrer Vegetation schon zentralasiatische Züge trägt. Im Sommer sollte man sich hier in acht nehmen, denn Turpan ist die heißeste Stadt Chinas und die Sonnenstrahlen sind hier bisweilen gefährlich stark.

Wer noch tiefer nach Xinjiang eintauchen will, fährt von Turpan mit dem Bus nach **Ürümqi** (6 Std.). Der Ort hat keine besonderen Sehenswürdigkeiten aufzuweisen, von hier kann man jedoch Ausflüge in die Umgebung unternehmen oder vier Tage lang im Bus nach **Kashgar** reisen, der größten und charakteristischsten der über dieses Wüstengebiet verstreuten, uigurischen Oasenstädte. Von Kashgar aus zogen Mönche, Händler und Pilger über den Pamir-Paß nach Westen.

Reiseziele von A bis Z

Städte, Provinzen und autonome Regionen sind alphabetisch aufgeführt, wobei die Namen in der amtlichen Pinyin-Lautumschrift wiedergegeben werden. In einigen Fällen werden allerdings jene Bezeichnungen vorangestellt, die in herkömmlicher Form und Schreibung im deutschen Sprachgebrauch verwurzelt sind (z. B. Peking vor Beijing, Kanton vor Guangzhou). Die überwiegende Zahl der Stadtpläne, Umgebungs- und Detailkarten sind lediglich im Format für diesen Reiseführer bearbeitete Adaptionen originären Kartenmaterials aus China. Die Beschriftung ist zwar englisch, die Schreibung der Eigennamen jedoch in der Pinyin-Umschrift.

Hinweise

Amoy

→ Xiamen

Anhui   Hc – He 28 – 31

安徽省

Chinesische Entsprechung

Provinz
Fläche: 139 000 km²
Einwohnerzahl: 57,61 Mio.
Hauptstadt: Hefei

Übersichtskarte s. S. 130

Die ostchinesische Provinz Anhui liegt zwischen 114° 43′ – 119° 38′ östlicher Länge und 29° 25′ – 34° 39′ nördlicher Breite.

Lage

Anhui wird in westöstlicher Richtung von zwei großen Flüssen, dem Huaihe und Changjiang, durchquert. Man kann es in drei verschiedene Zonen einteilen: die Ebene nördlich des Huaihe, das Hügelgebiet zwischen dem Huaihe und dem Changjiang und das Bergland südlich dieses Flusses.

Naturraum

In der Provinz sind die Sommer heiß und feucht, die Winter kühl, im Norden kalt und trocken. Die jährliche Durchschnittstemperatur bewegt sich um 15 °C. Die Niederschlagsmenge nimmt von Süden nach Norden ab.

Klima

Anhui wurde seit der Qin-Dynastie (221 – 206 v. Chr.) als erstes Gebiet Südchinas von den Han-Chinesen besiedelt. Es erlebte eine unruhige Zeit, als Mitte des 18. Jh.s der Huanghe seinen Flußlauf wechselte. Während des Zweiten Weltkrieges stand die Provinz unter japanischer Besatzung.

Geschichte

Nach 1949 begann die wirtschaftliche Entwicklung der Provinz durch den Abbau der reichen Bodenschätze (Kohle, Eisen- und Kupfererz). Sie wurde zu einem Zentrum der Schwerindustrie.
Auf dem 4,4 Mio. ha umfassenden Ackerland, von dem mehr als die Hälfte bewässert wird, baut man Reis, Getreide, Kauliang, Sojabohnen, Bataten, Baumwolle und Tee an.

Wirtschaft

Neben → Hefei sind → Ma'anshan und → Wuhu sowie der berühmte Huangshan (→ Wuhu) sehenswert.

Reiseziele

◀ *Halle des Erntegebets im Himmelstempel von Peking*

Anshan

Anhui
(Fortsetzung)
Übersichtskarte

Anshan Hh 25

Chinesische Entsprechung

鞍山市

Provinz: Liaoning
Fläche: 70 km²
Einwohnerzahl: 1,21 Mio. (im Großraum 2,51 Mio.)

Lage und Verkehrsanbindung

Anshan liegt zwischen 122° 59′ östlicher Länge und 41° 08′ nördlicher Breite im Zentrum der nordöstlichen Provinz Liaoning, 90 km südlich von Shenyang und 300 km nördlich von Dalian entfernt. Mit diesen beiden Städten ist es durch eine Eisenbahnlinie und Autobahn verbunden.

Allgemeines

Anshan, die 'Hauptstadt des chinesischen Stahls', lebt auch heute noch von der Eisenindustrie. Seine Eisen- und Stahlwerke bilden eines der größten Produktionszentren Chinas. Weitere Wirtschaftszweige sind Chemie-, Textil- und Elektroindustrie sowie Landmaschinenbau und Keramikwerkstätten. Durch Bäume, Blumen und viele Grünanlagen wurde versucht, das Erscheinungsbild einer typischen Industriestadt zu verschönern.

Geschichte

Die Anfänge von Anshan reichen bis ins 2. Jh. v.Chr. zurück. Bald darauf sollte unter der Herrschaft des Kaisers Han Wudi (140–87 v.Chr.) hier auch schon die erste einheimische 'Eisenindustrie' entstehen. In der Tang-Zeit (618–907) verzeichnete die Eisengießerei eine Blüte. Im Jahr 1395 wurde in der Nähe eine Poststation eingerichtet. Nachdem Anshan während des Boxeraufstandes 1900 abgebrannt war und im Russisch-japanischen Krieg (1904–1905) nochmals schwere Zerstörungen erlitten hatte, wurde die neue Stadt 10 km nördlich der alten erbaut. Die wirtschaftliche Entwicklung des Ortes setzte mit der Wiederentdeckung reicher Eisenerzvorkommen zu Beginn des 20. Jh.s ein. Während des Bürgerkrieges wurde Anshan abwechselnd von der Guomindang und den Kommunisten beherrscht, die es endgültig 1948 eroberten.

Umgebung von Anshan

Tausend Berge (Qianshan)

Das bekannte Gebirgsmassiv, das 20 km östlich der Stadt aufragt, wird auch Qianlianshan (Berg der Tausend Lotosblüten) genannt, weil die Gipfel lotosförmig ausgebildet sind. Es weist 999 Erhebungen auf; die höchste, der Xianren Tai (Terrasse der Unsterblichen), mißt 708 Meter.

Tempel und Klöster

Über die Bergtäler sind Dutzende buddhistischer und daoistischer Tempel verstreut, von denen einige bereits 1300 Jahre alt sind; die meisten stammen allerdings aus der Ming-Zeit (1368–1644).
Zu den schönsten Exemplaren gehören der Tempel der Großen Ruhe (Da'an Si) und die Hauptversammlungshalle (Zhonghui Si), die im Bereich des Xianren Tai liegen.
Die Gründung des Klosters Wuliang Guan im nordöstlichen Gebirgsbereich geht auf einen daoistischen Mönch in der zweiten Hälfte des 17. Jh.s zurück.

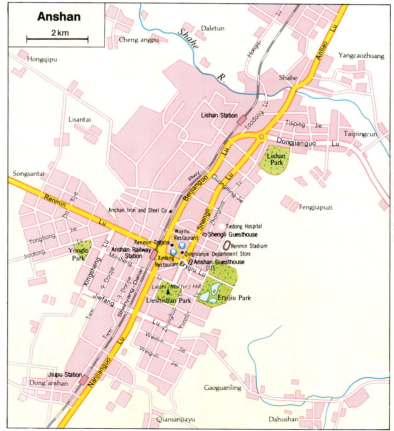

Baotou

Anshan,
Tausend Berge,
Tempel und
Klöster
(Fortsetzung)

Der 1,5 km vom Kloster entfernt liegende Drachenquelle-Tempel (Longquan Si), der nach der hier sprudelnden Quelle benannt ist, wurde laut Überlieferung 1558 erbaut, doch sind einige Hallen älter.
Drei Kilometer westlich dieses Tempels steht das höchstgelegene Kloster des Qianshan, der Tempel der Allgemeinen Ruhe (Pu'an Guan). Von hier kann man den Gipfel des Wufo Ding (Fünf-Buddha-Gipfel) ersteigen, von wo sich eine ausgezeichnete Sicht bietet.

Thermen von
Tanggangzi
(Tanggangzi
Wenquan)

Das beliebte Thermalbad, 10 km südlich von Anshan gelegen und von hier mit der Bahn erreichbar, stammt aus der Zeit des Jin-Kaisers Taizong, der es schon im Jahr 1130 aufsuchte. Das Wasser der insgesamt 18 in einem Park gelegenen Quellen enthält viele Mineralstoffe (u. a. Radium, Kalium, Kalzium und Phosphor); die Temperaturen liegen zwischen 55°C und 70°C. Es wird vor allem zur Heilung von Rheuma verwendet.
Im Park findet sich die Villa, in der Pu Yi in den 30er Jahren wohnte und in der heute ein Sanatorium für Arbeiter untergebracht ist.

Baotou Gk 25

Chinesische
Entsprechung

Autonome Region Innere Mongolei
Höhe: 1000 m ü. d. M.
Fläche: 2152 km²
Einwohnerzahl: 1,5 Mio.

Lage und
Verkehrsanbindung

Baotou liegt im Zentrum der Inneren Mongolei, auf 109° 49′ östlicher Länge und 40° 42′ nördlicher Breite, zirka 140 km westlich von Hohhot, der Hauptstadt der Region, am Nordufer des Huanghe.
Von Peking ist Baotou etwa eineinhalb Flugstunden entfernt, von Hohhot dreieinhalb Zugstunden. Es ist eine wichtige Bahnstation auf der Linie Peking – Lanzhou, die auch durch Hohhot verläuft.

Bedeutung

Dank der Förderung zahlreicher Industriezweige, darunter vor allem der Eisenverhüttung, ist Baotou der wirtschaftliche Mittelpunkt der Inneren Mongolei. Was die Stahlerzeugung betrifft, gehört es neben Anshan, Wushan, Shanghai und Peking zu den wichtigsten Produzenten.

Geschichte

Das Gebiet war schon während der Tang-Dynastie (618–907) besiedelt, doch erst in den letzten Jahrhunderten entwickelte sich der Ort zu einem Handelsplatz. Diese Entwicklung beschleunigte sich durch die Fertigstellung der Eisenbahn nach Peking 1923. Die Stadt wurde zum wichtigsten Handelszentrum der Mongolei und Nordwestchinas. Eine weitere Verkehrsverbesserung brachte die Bahnverbindung nach Lanzhou in den 50er Jahren. Seit dieser Zeit ist Baotou ein Zentrum der Stahlindustrie, dessen Grundlage die reichen Eisenerzvorkommen von Bayan Obo bilden.

Nadam-Fest

Das berühmte mongolische Nadam-Herbstfest, das ursprünglich zur Verehrung der Berg- und Weggötter gefeiert wurde, ist zu einem Volksfest geworden, bei dem traditionelle Wettkämpfe im Reiten, Ringen und Bogenschießen sowie Musik- und Theateraufführungen stattfinden.

Sehenswertes in Baotou

Kundulun Si

Der an tibetischen Stil erinnernde Tempel, der in der Qing-Zeit (1644 bis 1911) entstand, besteht aus zweistöckigen Flachdachbauten. Zu der Anlage gehört auch die Weiße Pagode (Bai Ta), auf der sich ein Stupa erhebt. Beachtenswert ist zudem das Awang Fu, ein großes Ehrentor.

Umgebung von Baotou

Das 70 km nordöstlich von Baotou gelegene lamaistische Weidenbaumkloster ist das besterhaltene der Inneren Mongolei. Unter dem Kangxi-Kaiser (Reg. 1661–1722) errichtet, wurde es 1749 restauriert; über 1000 Mönche lebten einst hier. Die 20 ha große Anlage umfaßt ein Dutzend Tempelbauten, in denen Statuen von Shakyamuni und anderen buddhistischen Heiligen verehrt werden.

*Weidenbaumkloster (Wudang Zhao)

Die 5,5 ha große Grabanlage, in der Dschingis Khan bestattet sein soll, liegt 120 km südlich von Baotou, 15 km südöstlich des Ortes Atengxilian in schöner Umgebung. Im Jahr 1954 wurde sie vom Kloster Kumbum (Ta Er Si) bei Xining hierher verlegt. Das Mausoleum besteht aus drei prunkvollen Hallen, deren Dächer mit gelbglasierten Ziegeln versehen sind. Der Herrscher ruht mit seinen drei Frauen in der Haupthalle, wo auch eine Statue von ihm aufgestellt ist. Die beiden Nebenhallen enthalten Kleidung und Waffen der Mongolen. Im südöstlichen Teil der Anlage steht das Palais des Großkhans. Das nahegelegene Museumsdorf, das aus Jurten besteht, veranschaulicht das Leben der Mongolen zur Zeit von Dschingis Khan.

Grab von Dschingis Khan

Beijing

→ Peking

Changchun Hj 24

长春市

Chinesische Entsprechung

Hauptstadt der Provinz Jilin
Höhe: 200 m ü. d. M.
Fläche: 1116 km²
Einwohnerzahl: 2,2 Mio.

Stadtplan s. S. 134

Changchun liegt auf 125° 19′ östlicher Länge und 43° 52′ nördlicher Breite am Ufer des Yitonghe. – Von Peking aus kann man es per Bahn oder Flugzeug erreichen.

Lage und Verkehrsanbindung

Changchun ('Ewiger Frühling') ist als 'Stadt der Automobile' bekannt, weil 1953 hier das erste chinesische Automobilwerk entstand. Eine bedeutende Rolle spielen außerdem seine Universitäten und Forschungsinstitute, und weithin bekannt sind die Filmstudios von Changchun, die als Wiege der chinesischen Filmkunst gelten.

Bedeutung

Changchun ist eine noch relativ junge Stadt, die Gründung erfolgte im 18. Jahrhundert. In der ersten Hälfte des 20. Jh.s entwickelte es sich durch den Ausbau des chinesischen Eisenbahnnetzes zu einem Knotenpunkt für den Verkehr in die Innere Mongolei und nach Nordkorea. Von 1933 bis 1945 hieß Changchun als Hauptstadt des von Japan abhängigen Staates Mandschukuo Xinjing ('Neue Hauptstadt'). Puyi, der letzte Kaiser der Qing-Dynastie, wurde im Jahr 1934 hier zum Kaiser dieses Staates ernannt.

Geschichte

Sehenswertes in Changchun

Das Provinzmuseum ist in dem ehemaligen Kaiserpalast (Weiman Huanggong) im Nordosten der Stadt untergebracht. Der prächtige Gebäude-

***Provinzmuseum** (Sheng Bowuguan)

Changchun

Provinzmuseum/ehemaliger Kaiserpalast (Fortsetzung)

komplex nimmt eine Gesamtfläche von 43 000 m² ein. Die verschiedenen Bauten bilden zwei Hofanlagen: die innere diente Puyi als Privatwohnung, die äußere nutzte er für offizielle Zwecke.

Palastbauten

Von besonderem historischen Interesse sind folgende Palastteile: der Palast des Studiums und der Liebenswürdigkeit (Jixu Lou), wo Schlaf- und Studierzimmer, Bad und Gebetssaal des Kaisers noch gut erhalten sind; der Palast des Fleißes und der Liebe zum Volk (Qinmin Lou), in dem Puyi zum Herrscher des mandschurischen Staates gekrönt wurde; der für Festmähler vorgesehene Palast der Sehnsucht nach fernen Stätten (Huaiyuan Lou) und schließlich die Halle der Gemeinsamen Tugend (Tongde Dian), wo der Kaiser seine Verwandten empfing.

Museum

Mehrere Trakte des heute zum Museum umgewandelten Palastes beherbergen ständige oder vorübergehende Ausstellungen. Unter anderem werden hier archäologische Funde aus der Provinz, alte Malereien und kalligraphische Dokumente aufbewahrt.

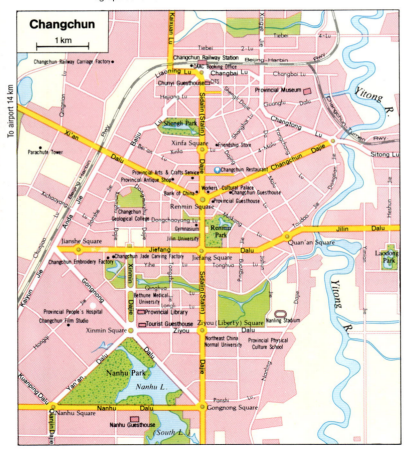

An der Hongqi Jie liegen die bekannten Filmstudios von Changchun. Auf dem Gelände sind Nachbildungen der Straßen, Läden und sonstiger Bauten von Peking zu sehen. Die Requisitenhalle beherbergt echte und unechte Juwelen, Möbel und Kleidung aller Art. Besucher werden in der Filmtrickhalle in die Geheimnisse von Filmeffekten eingeweiht.

Changchun (Fortsetzung) Filmstadt

Umgebung von Changchun

Die Ruinen von Gaojuli befinden sich etwa 300 km südlich von Changchun, nahe der Grenze zu Korea. Gaojuli ist der Name eines antiken Reiches, das 108 v. Chr. gegründet und 427 n. Chr. zerstört wurde. Heute zeugen nur noch wenige Überreste von seiner Existenz.

*Ruinen von Gaojuli (Gaojuli Yizhi)

Guoneicheng, die Hauptstadt dieses Reiches, war in der Nähe des heutigen Ji'an, am Westufer des Yalu-Flusses angesiedelt. Seine noch gut erhaltenen Verteidigungsmauern haben einen Umfang von 2713 m. Die quadratisch angelegte Stadt ist im Osten, Süden und Norden von einem 10 m breiten Graben umgeben, während die Westseite vom Donggou-Fluß begrenzt wird.

Unweit der Ruinen stößt man auf ungefähr zehntausend Gräber aus derselben Zeit. Die aus Stein oder Lehm errichteten Grabstätten haben die Jahrtausende relativ unbeschadet überstanden. Die Innenwände sind oft mit wundervollen Wandbildern geschmückt.

Das Grabmal des Generals wird wegen seiner Kegelform auch als 'Pyramide des Ostens' bezeichnet. Der siebenstöckige Bau ist 12 m hoch und hat einen Umfang von 32 m. Da er vor vielen Jahrhunderten geplündert wurde, ist von der Grabausstattung heute nichts mehr übrig.

Grabmal des Generals (Jiangjun Mu)

Changjiang · Jangtsekiang Ga – Hf 28 – 33

Mit einer Länge von über 6000 km ist der Changjiang ("Langer Fluß") der längste und bedeutendste Strom Chinas und nach dem Amazonas und dem Nil de drittlängste Strom der Erde. Er fließt von Westen nach Osten durch acht Provinzen und teilt China in eine nördliche und südliche Hälfte.

Allgemeines

Der Changjiang ist seit über 2000 Jahren der wichtigste Verkehrsweg Chinas; etwa 2700 km sind schiffbar. Wegen seiner Breite im Mittel- und Unterlauf konnte man den Strom bis in die 50er Jahre nur mit Fähren überqueren, heute bestehen u. a. Brücken bei Tschungking, Wuhan und Nanking. Sein von 700 Nebenflüssen geprägtes Einzugsgebiet umfaßt ein Fünftel der Fläche des Landes, und seine mittlere Jahreswassermenge beträgt 1050 Md. m³. Es ist das größte Landwirtschafts- und Industriegebiet Chinas, in dem ein Drittel der Bevölkerung lebt.

Bedeutung

Der Changjiang entspringt 5600 m hoch am Geladandong im Tanggulashan im östlichen Hochland von Tibet, fließt zunächst nach Osten und bildet auf seinem späteren Lauf nach Süden die Grenze zwischen Tibet und der Provinz Szetschuan. Dann bahnt er sich seinen Weg in großem Zickzack durch Nord-Yunnan und markiert in seinem anschließend nach Nordosten gerichteten Lauf die Grenze zwischen Szetschuan und Yunnan. Mit dem Eintritt nach Szetschuan bei Yibin strömt der von hier aus schiffbare Fluß in nordöstlicher, dann in östlicher Richtung durch Mittelchina zum Ostchinesischen Meer. Oberhalb von Nantong beginnt das 150 km lange Delta. Bei Shanghai mündet der Changjiang mit zwei Armen ins Meer. Über den Kaiserkanal besteht eine Verbindung mit dem Nordosten und Süden Chinas.

Verlauf

Die Wasserführung des Changjiang unterliegt starken jahreszeitlichen Schwankungen, was zu Differenzen zwischen Hoch- und Niedrigwasser

Überschwemmungen

Changjiang · Jangtsekiang

Überschwemmungen (Fortsetzung)	von bis zu 80 m führt; sie ist am Unterlauf maximal doppelt so stark wie beim Mississippi. Die regelmäßig wiederkehrenden Hochwasser des Flusses führen zu großen Verwüstungen. So forderten die verheerenden Überschwemmungen von 1998 2000 Menschenleben. 224 Mio. Menschen waren davon betroffen, und 21 Mio. ha Ackerland standen unter Wasser. Als Ursachen gelten folgende Faktoren: zu viele und immer höhere Deiche, die einen Auslauf des Flusses verhindern; die Besiedlung von Überschwemmungsgebieten; das Verschwinden von Seen, die als Auffangbecken fungierten, und die Vernichtung von Wäldern am Ober- und Mittellauf.
Drei-Schluchten-Damm	Am Changjiang, bei Yichang, ist der gigantische, u.a. aus ökologischen Gründen umstrittene Drei-Schluchten-Damm zur Stromerzeugung und Bewässerung sowie zur Verhinderung von Überschwemmungen im Bau. Er wird mehr als 2 km lang und 185 m hoch und einen See von 600 km Länge aufstauen. 1,8 Mio. Menschen werden umgesiedelt. Die Fertigstellung des Damms ist 2009 vorgesehen. Die malerischen Drei Schluchten, die jedes Jahr Hunderttausende von Touristen anlocken, werden einen Großteil ihres Reizes verlieren.

✱✱Drei Schluchten des Changjiang (Changjiang Sanxia)

Allgemeines	Als landschaftlich schönster Abschnitt des Changjiang wird die 200-km-Strecke zwischen Fengjie, einem Städtchen 260 km östlich von Tschungking, und Yichang in der Provinz Hubei gerühmt. Die Strecke war wegen ihrer reißenden Strömung und etlicher Untiefen einst schwer – und bei Hochwasser oft gar nicht – zu befahren. Flußauf mußten die Boote getreidelt werden. Durch Sprengung der Unterwasserfelsen wurden die Gefahrenstellen unterdessen entschärft. Von Westen nach Osten folgen die drei berühmten malerischen Schluchten Qutang, Wu und Xiling aufeinander. An vielen Stellen windet sich der Fluß mit reißender Strömung und gefährlichen Untiefen durch die von zerklüfteten Felsklippen und hohen Gipfeln gesäumten Schluchten, entlang denen es viele bekannte Sehenswürdigkeiten gibt. Die Besichtigung der Drei Schluchten und der Kulturdenkmäler ist nur mit dem Schiff möglich. In der Regel beginnt die Reise in Tschungking und führt über Changshou, Fuling, Fengdu, Zhongxian und Wanxian nach Yichang.

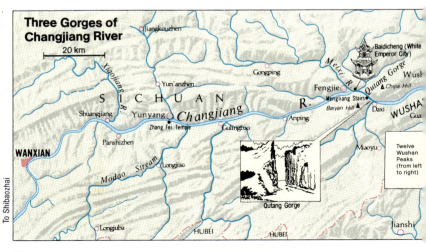

Changjiang · Jangtsekiang

Zwischen Zhongxian und Wanxian ragt die Steinschatzfestung, ein 50 m hohes Felsplateau, auf. Blickfang ist ein ungewöhnlicher pagodenartiger Treppenturm, der unter dem Jiaqing-Kaiser direkt an die Felswand gebaut wurde und den einzigen Zugang zu dem Plateau bildet. Der 56 m hohe zwölfstöckige Bau ist der größte dieser Art in China. Auf dem Gipfel steht die Halle des Himmelssohns (Tianzi Dian), ein Tempel mit einer Buddhastatue und einer Stele, auf der die Baugeschichte verzeichnet ist.
Die Legende berichtet, daß einst aus einem kleinen Loch im Fels täglich Reis fiel, von dem sich die Mönche ernähren konnten. Nach diesem "Schatz" im Fels wurde der Tempel benannt. Als einige Mönche dieses Loch vergrößerten, hörte der Reisfluß auf.

Steinschatzfestung (Shi Bao Zhai)

Auf dem gegenüberliegenden Ufer des Ortes Yunyang steht der Tempel Zhang Fei Miao, der aus der Nördlichen Song-Zeit (960–1127) stammt. Er wurde zum Gedenken an General Zhang Fei errichtet, der im Jahr 220 hier von rebellierenden Offizieren ermordet worden sein soll.

Zhang Fei Miao

In der Qutang Xia (Blasebalg-Schlucht), der engsten der Drei Schluchten, erreichen die Ufer eine Höhe von 500 bis 700 m und die Berge sogar 1000 bis 1400 m. Die engste Stelle, die als "Stelle des mit dem Kopf nach unten hängenden Mönchs" bezeichnet wird, ist nur 100 m breit.
Am Eingang der etwa 8 km langen Schlucht, 4 km von Fengjie entfernt, erblickt man am Nordufer des Changjiang die Ruinen der Stadt des Weißen Kaisers. Den Namen verlieh man ihr im Jahr 25 n. Chr., als Gongsun Shu, der Gründer der Stadt, aus dem Bailong-(Weißen-Drachen-)Brunnen, wie die Legende erzählt, eine weiße Nebelschwade aufsteigen sah und sich daraufhin zum Weißen Kaiser ernannte. Ganz in der Nähe steht der nach ihm benannte Tempel Baidi Miao, der ursprünglich aus dem späten 7. Jh. stammt. Er ist vor allem berühmt wegen der über 70 Stelen aus der Sui-Ära (581–618) und der in der Haupthalle Mingliang Dian aufgestellten Statuen von Liu Bei, Zhuge Liang, Guan Yu und Zhang Fei, die zur Zeit der Drei Reiche (220–280) lebten. Liu Bei, der Herrscher des Shu-Staates, bestimmte noch kurz vor seinem Tod den Kanzler Zhuge Liang zu seinem Nachfolger. Zum Gedenken an diesen Vertrauensbeweis wurde der Tempel erbaut. Guan Yu und Zhang Fei waren Feldherren im Dienst von Liu Bei.
In der Nähe der Fengxiang Xia sollte man auf die aus einem Felsen hervortretenden Holzsärge achten. Im Altertum pflegten die Einwohner von Sze-

Schlucht Qutang Xia

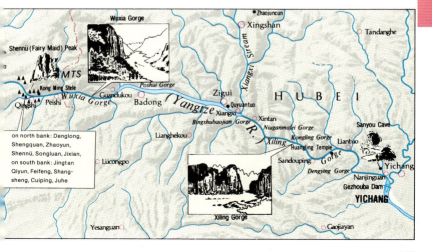

137

Changjiang · Jangtsekiang

Schlucht Qutang Xia (Fortsetzung)

tschuan die Särge ihrer verstorbenen Angehörigen in natürlichen Felsennischen und -höhlen oder auf massiven, im Stein verankerten Holzbalken aufzubewahren.

Drei Kleine Schluchten

Am Beginn der Hexenschlucht, bei Wushan mündet der Daninghe in den Changjiang. Von hier kann man Ausflüge zu den sog. Drei Kleinen Schluchten (Longmen, Bawu, Dicui), die eine Gesamtlänge von 50 km aufweisen, unternehmen.
In der Bawu-Schlucht sind vom Fluß die Särge aus dem Altertum zu sehen, die in etwa 500 m Höhe in Höhlen der steilen Felswand am östlichen Ufer aufbewahrt werden.
In der Dicui-Schlucht, die von üppigem Bambus und Bäumen geprägt ist, befindet sich ein imposanter Wasserfall. In einer Steinhöhle der steilen Bergwand am westlichen Ufer ist ein sog. Bootsarg, der auf einen alten Bestattungsbrauch zurückgeht, untergebracht.

Hexenschlucht (Wu Xia)

Der westliche Teil der insgesamt 40 km langen Schlucht Wu Xia gehört zur Provinz Szetschuan, der östliche zur Provinz Hubei. Wegen der zwölf das Ufer säumenden Berggipfel – am höchsten ist der Feengipfel mit 912 Metern – und des herrlichen Panoramas wird sie als schönste der drei Schluchten angesehen.

Feengipfel (Shennü Feng)

Auf dem Yao Ji geweihten Feenberg ragt eine 7 m hohe Steinsäule in Gestalt einer Frau empor. Ji, Tochter der Himmelsmutter Xi Wangmu, half der Legende nach Da Yu, dem Herrscher des Chu-Reiches, die häufigen Überschwemmungen des Flusses zu verhindern. Zwischen den beiden entspann sich eine Liebesgeschichte, und Ji beherbergte ihn eine Nacht lang im Gaotang-Tempel, von dem heute nur noch wenige Ruinen zeugen. Am nördlichen Fuß des Feenberges, auf einem flachen Felsvorsprung, der Shoushu-Tai-Terrasse, soll sie Da Yu die Anleitung zur Bändigung des Flusses gegeben haben.

Blick in eine der Schluchten des Changjiang

Neben dem Feengipfel liegen der Kiefergipfel (Songluan Feng) und der Unsterblichengipfel (Jixian Feng). Unterhalb dieses Gipfels steht an einer steilen Bergwand eine Stele, in welche die Inschrift "Chong Ya Die Zhang Wu Xia" ("Wu-Schlucht mit aufeinanderliegenden Felswänden und hintereinanderstehenden Bergen") in eindrucksvoller Kalligraphie eingemeißelt ist. Überlieferungen zufolge soll diese Inschrift von Zhuge Liang (auch Kong Ming genannt), Stratege und Kanzler des Staates Chu aus der Zeit der Drei Reiche (220–280), stammen.

Changjiang (Fortsetzung) Zhuge-Liang-Stele (Kong Ming Bei)

Die Xiling-Xia-Schlucht, rund 450 km östlich von Tschungking in der Provinz Hubei gelegen, ist mit knapp 80 km die längste der drei Schluchten. Sie weist gefährliche Untiefen, große Stromschnellen und zahlreiche Riffe auf. An ihren Ufern reihen sich unzählige Felsengebilde mit den seltsamsten Namen aneinander: die Schlucht der Militärschriften und des Schwertes (Bingshu Baiojian Xia), in der ein Fels zu sehen ist, der wie ein Schwert in der Erde steckt (General Zhuge Liang soll hier ein von ihm geschriebenes Lehrbuch versteckt haben, als er keinen geeigneten Nachfolger fand); die Schlucht der Ochsenleber und der Pferdelunge (Niuganmafei Xia), die Schlucht des Gelben Rindes (Huangniu Xia). Auf der Sohle der letztgenannten steht ein gleichnamiger, 1618 rekonstruierter Tempel (Huangniu Miao), der aus der Han-Zeit (206 v. Chr. bis 220 n. Chr.) stammen soll.

Schlucht Xiling Xia

Etwa 50 km östlich des Schluchtausganges erblickt man am Nordufer die kleine Stadt Xiangxi (Duftender Fluß), benannt nach dem an ihr vorbeifließenden Fluß. Um den bildhaften Namen rankt sich eine Legende: Vor über 2000 Jahren lebte hier Wang Zhaojun, eine wunderschöne Frau, die ihre Gewänder im Wasser dieses Flusses zu waschen pflegte und ihm dadurch mit der Zeit einen herrlichen Duft verlieh.

Xiangxi

Changsha · Tschangscha   Hb 31

Chinesische Entsprechung

Hauptstadt der Provinz Hunan
Höhe: 44 m ü. d. M.
Fläche: 117 km²
Einwohnerzahl: 6,3 Mio.

Stadtplan
s. S. 140

Changsha liegt am Ufer des Xiangjiang, eines großen Nebenflusses des Changjiang, im Nordosten der Provinz Hunan, auf 112° 58' östlicher Länge und 28° 12' nördlicher Breite, in fruchtbarem Ackerbaugebiet. Verkehrsmäßig ist die Stadt durch die Bahnlinie Peking–Kanton und einen kleinen Flughafen erschlossen.

Lage und Verkehrsanbindung

Changsha blickt auf eine zweitausendjährige Geschichte zurück. In der Frühlings- und Herbst-Periode und der Zeit der Streitenden Reiche (771 bis 221 v.Chr.) war der Ort unter dem Namen Qingyang wegen seiner handwerklichen und künstlerischen Leistungen (Textilverarbeitung, Metallurgie und Lackarbeiten) bekannt. Den heutigen Namen erhielt er in der Qin-Zeit (221–206 v.Chr.), als er zu den bedeutendsten chinesischen Städten zählte. Unter den Song (960–1279) wurde Changsha zum Bildungszentrum. Die Qing erhoben es im Jahr 1664 zur Provinzhauptstadt von Hunan. Unter dem Druck westlicher Mächte wurde 1904 der Handelshafen der Stadt für Ausländer geöffnet. Mao Zedong lebte von 1911 bis 1923 in dieser Stadt; er studierte und unterrichtete an der Pädagogischen Schule. Im Japanisch-chinesischen Krieg (1937 bis 1945) wurde ein Großteil von Changsha zerstört; der Wiederaufbau begann erst nach Gründung der Volksrepublik 1949. Die Stadt konnte ihre Stellung als Handelszentrum weiter ausbauen. Zudem ist sie heute ein Wirtschaftszentrum.

Geschichte

Changsha · Tschangscha

Sehenswertes in Changsha

Teich des klaren Wassers (Qingshuitang)
Im Gebäude Qingshuitang wird die frühe Geschichte des Parteikomitees der Provinz dargestellt. Zu sehen sind Versammlungsräume und die Wohnräume von Mao Zedong.

Märtyrer-Gedenkpagode (Lieshi Jinianta)
Der Märtyrer-Park (Lieshi Gongyuan) mit der Gedenkpagode wurde im Jahr 1955 zum Gedenken an die Opfer des Befreiungskampfes angelegt. Im Sockel der 38 m hohen Pagode befindet sich eine Ausstellungshalle.

*Provinzmuseum (Hunansheng Bowuguan)
Das Provinzmuseum liegt im Nordosten der Stadt am Ufer des Nianjia-Sees. Auf einer Ausstellungsfläche von insgesamt 10 000 m² werden die

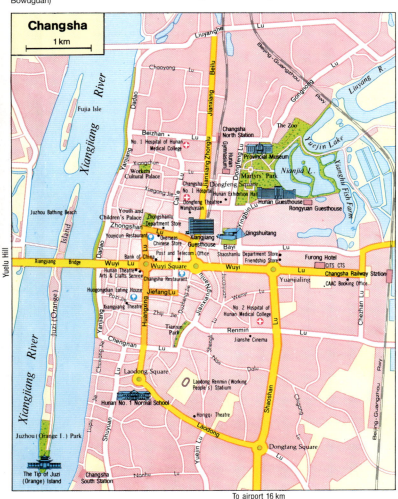

Changsha · Tschangscha

verschiedensten archäologischen Funde präsentiert: u.a. Bronzegegenstände aus der Shang-Ära (16.–11. Jh. v.Chr.) und Lackgegenstände aus der Zeit der Streitenden Reiche (475–221 v.Chr.). Zudem sind Funde aus der Grabanlage von Mawangdui (s. unten) aus der Dynastie der Westlichen Han (206 v.Chr. bis 24 n.Chr.) zu sehen. Sie umfassen die Mumie einer adeligen Frau (für sie wurde eigens das Museum erbaut), die durch sorgfältige Präparierung ganz erhalten ist, und die dazugehörigen prachtvollen Särge und Grabbeigaben. Der Leichnam war in ca. 20 Lagen Seiden- und Leinentücher gehüllt. Das auf einem inneren Sarg gelegene Seelenbanner in Form eines T-förmigen Seidenbildes, das durch seine Maltechnik und strahlenden Farben besticht, gehört als eines der frühesten Zeugnisse chinesischer Seidenmalerei zu den herausragenden Funden. Es stellt die Reise der Verstorbenen ins Jenseits dar und zeigt Wesen aus der Mythologie.

Provinzmuseum (Fortsetzung)

Der Pavillon des Himmelherzens ragt aus dem südöstlichen Abschnitt der Stadtmauern von Changsha hervor. Seine Entstehungszeit ist ungewiß; man weiß nur, daß er 1759 restauriert wurde.

*Pavillon des Himmelherzens (Tianxin Ge)

An der im Süden der Stadt sich befindenden Schule, die 1938 abbrannte und nach 1949 originalgetreu wiederaufgebaut wurde, hat Mao Zedong studiert (1913–1918) und unterrichtet (1920–1921). In dieser Zeit organisierte er einen Studentenverband und eine Arbeiterabendschule, ferner gründete Mao eine marxistische Studiengruppe. In der Schule dokumentieren Fotos, Manuskripte und Bücher seine politische Arbeit.

Hunan Pädagogische Schule Nr. 1 (Hunan Diyi Shifan Xuexiao)

Die Orangeninsel – benannt nach den zahlreichen Orangenbäumen, die hier wachsen – ist ein 5 km langer, schmaler Sandstreifen inmitten des Xiangjiang. Das Südende der Insel wurde in einen öffentlichen Park verwandelt. Hier findet man einen hübschen Pavillon und eine Steintafel, auf der ein Gedicht von Mao Zedong über die Stadt eingraviert ist. Von der Südspitze hat man einen besonders guten Blick über den Fluß.

*Orangeninsel (Juzi Zhou)

Maos Geburtshaus in Shaoshan (Beschreibung s. S. 143)

Changsha · Tschangscha

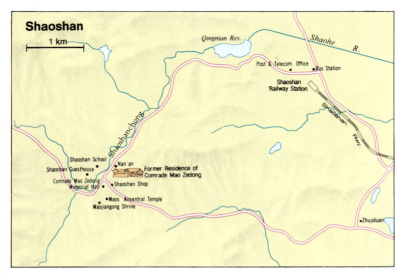

*Hügel Yuelushan	Der 297 m hohe Yuelushan-Hügel, der sich westlich der Altstadt am Westufer des Xiangjiang erhebt, ist landschaftlich sehr reizvoll. Seine Hänge sind mit kunsthistorisch interessanten Monumenten übersät. Die 976 gegründete Yuelu-Akademie (Yuelu Shuyuan) befindet sich am östlichen Fuß des Hügels, sie ist seit 1925 Sitz der Universität von Hunan. Von dem 1792 errichteten und 1952 restaurierten Pavillon zum Genießen der Abenddämmerung (Aiwan Ting) hat man abends einen eindrucksvollen Ausblick. Die auf der Spitze des Hügels stehende Inschriftenstele (Yuwang Bei) aus dem Jahr 1212 berichtet von den Kämpfen des mythischen Kaisers Yu gegen Überschwemmungen. Der im Jahr 268 erbaute Lushan-Si-Tempel ist eines der ältesten Buddhistenheiligtümer der Provinz. Zu sehen ist noch das Haupttor und der Pavillon Cangjing Ge. Unweit davon steht eine kostbare Steintafel des berühmten Kalligraphen Li Yong (678 – 747), auf der mit mehr als 1400 Zeichen über den Bau des Tempels berichtet wird.
*Tempel des Beginns der Glückseligkeit (Kaifu Si)	Der in der Kaifu-Si-Straße gelegene Tempel entstand im Jahr 907. Die wichtigsten Gebäude wurden allerdings nach wiederholten Zerstörungen in den vergangenen Jahrhunderten restauriert. Die Anlage umfaßt die Hallen Sansheng Dian, Pilu Dian und die 1923 wiederaufgebaute Halle des Großen Buddha (Daxiong Badian). Im Tempel werden zwei Steintafeln mit Inschriften aus dem 17. und 19. Jh. aufbewahrt.

Umgebung von Changsha

**Han-Gräber in Mawangdui	Die drei Han-Gräber, 4 km nordöstlich der Stadt, kamen bei Ausgrabungen in den Jahren 1972 bis 1974 ans Licht. Sie gehörten einer adeligen Familie, die zu Beginn der Westlichen Han-Dynastie (206 v.Chr. bis 24 n.Chr.) gelebt hat. Die erste Grabstätte, die der Gemahlin des Fürsten Li Cang, barg außer einer vollkommen erhaltenen Mumie reiche Grabbeigaben (heute im Provinzmuseum in Changsha): u.a. Inschriften und Malereien auf Seide, auf Bambusplättchen geschriebene Bücher, Lackgegenstände, Seidentücher. Die anderen beiden Gräber waren für den Fürsten und seinen Sohn bestimmt.

Das Haus, in dem Mao Zedong 1893 als Sohn eines recht wohlhabenden Bauern zur Welt kam und in dem er bis 1910 lebte, steht in dem 100 km von Changsha entfernt gelegenen Dorf Shaoshan. Das in typischem Hunan-Stil gestaltete Bauernhaus (s. Abb. S. 141) wurde 1964 in ein Museum verwandelt. Hier sind persönliche Gegenstände des jungen Mao und Fotos aus seiner revolutionären Zeit ausgestellt.

Changsha (Fortsetzung)
*Geburtshaus von Mao Zedong (Mao Zedong Guju)

Der 300 km westlich von Changsa gelegene, 13 000 ha große Nationalpark Wulingyuan, der 1992 von der UNESCO zum Weltnaturerbe erklärt wurde, ist die landschaftliche Hauptattraktion der Provinz Hunan. Er wird geprägt von steilen bizarren Sandsteinfelsen (bis 400 m) und dichtem Wald, der fast das ganze Gebiet bedeckt. Das milde Klima hat eine große Vielfalt von Pflanzen und Tieren hervorgebracht. Der Nationalpark umfaßt drei Teile: die Schlucht Suo Xi, das bis zu 1262 m hohe Gebirge des Himmelssohns (Tian Zi Shan) und den Naturpark Zhang Jia Jie. Sehr beeindruckend ist die Höhle Huanglong Dong mit einem phantastischen Stalagmitenwald.

*Wulingyuan

Changzhou   Hd 26

常州市

Chinesische Entsprechung

Provinz: Jiangsu
Fläche: 94 km²
Einwohnerzahl: 500 000

Changzhou liegt auf 119° 57′ östlicher Länge und 31° 42′ nördlicher Breite an der Bahnlinie Nanking–Shanghai. Von Peking oder Kanton benötigt man mit dem Flugzeug zwei Stunden.

Lage und Verkehrsanbindung

Der Kaiserkanal in Changzhou

Die Stadt besteht schon seit über 2500 Jahren. Dank der Lage am Kaiserkanal erlebte Changzhou Perioden schnellen und blühenden Wachstums. Heute ist es eine für die Provinz Jiangsu wichtige Industriestadt.

Changzhou (Fortsetzung) Geschichte

Sehenswertes in Changzhou und Umgebung

Die in der Altstadt angesiedelte Tempelanlage der Himmlischen Ruhe, bis 1111 Kloster der Großen Glückseligkeit (Guangfu Si) genannt, stammt aus den Jahren 901–904. Von der ursprünglichen großen Anlage, die aus acht Tempelhallen, 50 größeren und zahlreichen kleineren Nebengebäuden bestand, blieb nichts erhalten. Die heutigen sechs Hallen wurde alle in der Qing-Zeit (1644–1911) erbaut. Sehenswert ist eine steinerne Darstellung der 500 Arhats.
Alle sechzig Jahre wird in dem Kloster die 'Große Buddhistische Tonsur' (Chuanjie Dafahui) zelebriert. Die letzten Feierlichkeiten fanden 1990 statt.

*Tempel der Himmlischen Ruhe (Tianning Si)

Mitten im Pflaumenbaum-Park steht der in den Jahren 1008 bis 1016 errichtete gleichnamige Pavillon (Hongmei Ge). Der zweigeschossige, 17 m hohe Holzbau wurde 1295 nach einem vorsätzlich gelegten Brand neu aufgebaut. Von der siebenstöckigen, 48 m hohen Pagode in Pinselform (Wen Ti Ta), die 1000 Jahre alt ist, hat man einen Panoramablick auf die Stadt. Bekannt wurde der Park vor allem durch die im März/April rot blühenden Pflaumenbäume.

*Pflaumenbaum-Park (Hongmei Gongyuan)

Der kleine klassisch-chinesische Garten wurde zur frühen Qing-Zeit, in den Jahren von 1668 bis 1672, angelegt, doch wahrt er noch Stilelemente der späten Ming-Zeit.

Garten Jin Yuan

7 km südwestlich von Changzhou liegen die Ruinen der Stadt Yan aus der Zeit der Westlichen Zhou (11. Jh. – 770 v.Chr.), eine der am besten erhaltenen alten Städte Chinas.

Yancheng

Chengde

He 25

承德市

Chinesische Entprechung

Provinz: Hebei
Höhe: 46 m ü.d.M.
Fläche: 622 km²
Einwohner: 208 000

Chengde liegt auf 117° 54′ östlicher Länge und 40° 58′ nördlicher Breite, 250 km nordöstlich von Peking. Von dort erreicht man es per Zug.

Lage und Verkehrsanbindung

Im 16. Jh. war Chengde, das früher Jehol hieß, noch ein kleines Dorf. Zu Beginn des 18. Jh.s ließ der Kangxi-Kaiser hier eine Sommerresidenz errichten. Im Laufe der Jahre gewann die Stadt immer mehr an Bedeutung. Heute ist Chengde wirtschaftliches Zentrum im Norden der Provinz Hebei.

Geschichte

Sehenswertes in Chengde

Der Bau der Residenz Bishu Shanzhuang (Bergschloß, in dem man der Sommerhitze entflieht; geöffnet tgl. 8.00–18.00 Uhr), die sich bis in die Hügel nördlich der Stadt erstreckt, begann 1703 unter dem Kangxi-Kaiser und wurde erst 1790 vollendet. Der Qianlong-Kaiser ließ die Anlage

****Kaiserlicher Sommerpalast** (Bishu Shanzhuang)

◀ *Die Pagode Wen Ti Ta im Pflaumenbaum-Park in Changzhou*

Chengde

Kaiserlicher Sommerpalast (Fortsetzung)

um Bauten im Stil der verschiedenen Nationalitäten erweitern. Als 1820 der Jiaqing-Kaiser in der Nähe des Palastes vom Blitz erschlagen wurde, faßte der Hof dies als schlechtes Omen auf und verließ für immer die Residenz. Die Residenz umfaßt über 110 Gebäude und nimmt eine Fläche von 560 ha ein und ist von einer 10 km langen Mauer umgeben. Der größte Teil besteht aus einem parkartigen Landschaftsgarten und aus bewaldetem Hügelland. Die eigentlichen Palastbauten machen im Süden nur einen geringen Teil der Fläche aus.

Man betritt den relativ kleinen Palastbezirk durch das Schöne Haupttor (Lizheng Men), das drei Durchgänge besitzt, einen mittleren großen, der dem Kaiser vorbehalten war, und zwei seitliche kleinere. Die Anlage schließt folgende Bauten ein: die mit Schnitzereien reich verzierte Haupthalle (Zheng Gong) aus feinstem Nanmu-Holz, wo der Kaiser Minister, Generäle, Vertreter der nationalen Minderheiten und diplomatische Gesandte empfing; der Palast der Schäumenden Wellen (Qing Gong) mit dem kaiserlichen Schlafzimmer; die Residenz der Kiefer und des Storches (Songhe Zhai), welche die Mutter und einige Konkubinen des Qianlong-Kaisers bewohnten; das Studierzimmer des Windes im Kiefernwald und in den Zehntausend Tälern, wo der Kaiser las und sich ausruhte.

Das Parkgelände (geöffnet Sommer bis 22.00 Uhr) besteht aus drei Teilen: dem Seengebiet, das von verschiedenartigen Gartenpalästen, Pavillons und Steinbrücken geprägt ist, der Hügellandschaft und der Grasebene.

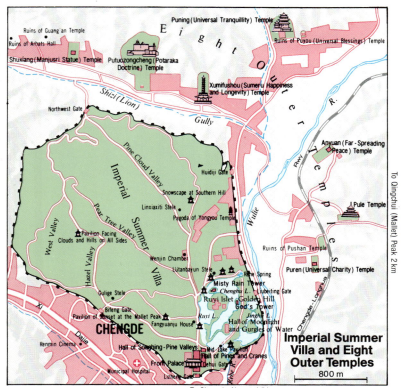

Chengde

Seine besonders malerischen Anziehungspunkte wurden künstlich angelegt und sind südchinesischen Privatgärten, den mongolischen Grassteppen und den Bergen nördlich des Blauen Flusses nachempfunden. Am südlichen Ende des Seengebiets überspannt eine Steinbrücke mit drei kleinen Shuixin-Pavillons den Silbersee und den Unteren See, und im nördlichen Teil steht das Yanyu Lou (Nebel- und Regenhaus), von wo die Kaiser bei Regen den Anblick der Berge genossen.

Nordwestlich befindet sich das 1774 erbaute Wenjin Ge, eine der sieben Bibliotheken des Qianlong-Kaisers. Zu den bekanntesten Werken, die hier aufbewahrt wurden, zählte eines der wenigen Exemplare der 36 304 Bände umfassende Literatursammlung Siku Quanshu (Vollständige Schriften der vier Speicher; heute in der Staatsbibliothek in Peking).

Kaiserlicher Sommerpalast (Fortsetzung)

Im Norden und Osten des Palastes entstanden von 1713 bis 1780 mehrere prächtige Tempelklöster zur Beherbergung mongolischer und tibetischer Gesandter. Acht der einst zwölf Anlagen unterstanden damals einer Behörde in Peking, die für den Verkehr mit jenen nichtchinesischen Völkern zuständig war, die dem Manschureich angehörten. Als "äußere" Tempel gelten die Bauten wegen ihrer Lage außerhalb der Hauptstadt. Sieben der Heiligtümer blieben weitgehend erhalten.

✻ Acht Äußere Tempel (Waiba Miao)

Der Tempel der Umfassenden Menschenliebe (Puren Si) wurde 1713 anläßlich des 60. Geburtstages des Kangxi-Kaisers östlich des Kaiserlichen Sommerpalastes errichtet.

Tempel der Umfassenden Menschenliebe

Der Tempel der Universalen Freude, etwa 500 m nordöstlich des Tempels der Umfassenden Menschenliebe, stammt aus dem Jahr 1766 und wurde anläßlich des Besuchs von Vertretern mongolischer und anderer nordwestchinesischer Minderheiten errichtet. Kunsthistorisch interessant ist der auf einer zweistufigen, quadratischen Terrasse stehende Pavillon der Morgenröte (Xuguang Ge), auch "Runder Pavillon" genannt, mit seinem herrlichen Deckenschmuck. Von hier beginnt der lohnenswerte dreistündige Aufstieg zum Kröten- und Hammerfelsen.

Tempel der Universalen Freude (Pule Si)

Möbel und Kunstwerke im Kaiserlichen Sommerpalastes

Chengdu · Tschengtu

Chengde (Forts.)
Tempel zur Befriedung der Fernen Gebiete
(Anyuan Miao)

Der Tempel, weiter nördlich gelegen, entstand 1764 auf Geheiß des Kangxi-Kaisers zum Gedenken an die Unterwerfung der Dsungaren. Im Innern ist die mit Schnitzereien verzierte Statue von Ksitigarbha, dem Herrscher der Unterwelt, sehenswert.

Tempel des Universalen Friedens
(Puning Si)

Den Tempel des Universalen Friedens, der auch Großer-Buddha-Tempel genannt wird, ließ der Qianlong-Kaiser 1755 nordöstlich des Sommerpalastes in chinesisch-tibetischem Mischstil erbauen, nachdem er die nordwestlichen Gebiete wieder unter Kontrolle gebracht hatte. Bekannt wurde der Tempel durch eine 22 m hohe und 110 t schwere hölzerne Guanyin-Bodhisattwa-Statue in der 37 m hohen Haupthalle (Dacheng Ge), die von der Mond- und Sonnenhalle flankiert ist.

Tempel der Glückseligkeit und des Langen Lebens des Sumeru-Berges
(Xumifushou Miao)

Den weiter südöstlich gelegenen Tempel der Glückseligkeit und des Langen Lebens des Sumeru-Berges – eines der prachtvollsten Denkmäler Chinas – ließ der Qianlong-Kaiser 1780 errichten in Anlehnung an das tibetische Kloster Tashilhunpo anläßlich des Besuchs des sechsten Panchen Lama. Sehenswert ist besonders das Dach der Haupthalle, das mit vergoldeten Kupferziegeln und vergoldeten Kupferdrachen verziert ist, von denen jeder 5 m lang ist und 1 t wiegt; insgesamt wurden 1500 kg Gold verwendet. An der höchsten Stelle der Anlage steht eine Pagode mit glasierten Ziegeln an der Außenseite.

Tempel der Putuo-Lehre
(Putuozongcheng Miao)

Der Tempel der Putuo-Lehre nördlich des Kaiserpalastes – die größte der Äußeren Tempelanlagen – wurde von 1767 bis 1771 nach dem Vorbild des Potala-Palastes in Lhasa anläßlich des 60. Geburtstags des Qianlong-Kaisers Hongli erbaut. Das Hauptgebäude ist die 43 m hohe Große Rote Terrasse (Dahongtai). Auf großen Steinplatten wird die Geschichte des mongolischen Turgut-Stammes wiedergegeben; dieser kehrte 1770 von der Wolga, wohin er sein Gebiet ausgedehnt hatte, in einem 5000 km langen Marsch nach China zurück. Der mächtige Hauptbau umschließt einen Innenhof, in dem wiederum die mit vergoldeten Kupferziegeln gedeckte "Goldene Halle" steht. Die umlaufenden Galerien bergen eine Ausstellung buddhistischer Kunstwerke.

Tempel der Manjushri-Statue
(Shuxiang Si)

Der Tempel der Manjushri-Statue wurde im Jahr 1774 nach dem Vorbild eines gleichnamigen, jedoch wesentlich älteren sakralen Bauwerks auf dem heiligen Wutaishan/Prov. Shanxi errichtet.

Chengdu · Tschengtu Gh 30

Chinesische Entsprechung

Hauptstadt der Provinz Szetschuan
Höhe: 500 m ü. d. M.

Stadtplan
s. S. 150/151

Fläche: 1447 km²
Einwohnerzahl: 11,3 Mio.

Lage und Verkehrsanbindung

Chengdu liegt auf 104° 04′ östlicher Länge und 30° 35′ nördlicher Breite im Zentrum der südwestchinesischen Provinz Szetschuan, in einem wichtigen Reis- und Weizenanbaugebiet Chinas.
Von Peking, Shanghai und Kanton kann man Chengdu mit dem Flugzeug oder mit der Bahn erreichen. Zahlreiche Schnellzüge und Direktflüge verbinden es mit den wichtigsten chinesischen Städten.

Geschichte

Chengdu war die Hauptstadt des Shu-Reiches, das 316 v. Chr. von den Qin erobert wurde. Unter der Qin- und Han-Dynastie (221 v. Chr. bis 220 n. Chr.) avancierte es zum politischen, wirtschaftlichen und kulturellen Mittelpunkt Südwestchinas. Schon damals war die Seidenraupenzucht und Brokatweberei hoch entwickelt. Eine der ältesten und angesehensten chinesischen Staatsschulen wurde ins Leben gerufen. In der Zeit der Drei Reiche (220–280) kam in Chengdu, nun Hauptstadt des Shu-Han-Staa-

Chengdu · Tschengtu

tes, die Brokatwebekunst zu voller Entfaltung. Im 8. Jh. war es ein Zentrum von Handel und Gewerbe (Lack- und Silberfiligranarbeiten). Zur Zeit der Fünf Dynastien (907–960) ließ Kaiser Meng Chang (919–965) an der Stadtmauer und Straßen zahlreiche Hibiskusbäumchen pflanzen. Bereits 1368 wurde Chengdu Hauptstadt von Szetschuan.

Aufgrund dieser Vergangenheit ist Chengdu auch heute noch als Brokat-Stadt (Jin Cheng) oder als Hibiskus-Stadt (Rong Cheng) bekannt. Es ist zudem ein Verkehrsknotenpunkt und eine wichtige Industriestadt mit mehreren Betrieben der Leicht- und Schwerindustrie. Derzeit herrscht hier ein enormer Bauboom, bei dem vor allem Hochhäuser errichtet werden. Außerdem bildet die Stadt mit ihren 14 Hochschulen, darunter die 1927 gegründete Szetschuan-Universität, ein kulturelles Zentrum.

Geschichte (Fortsetzung)

Nach der Kulturrevolution lebte die für Chengdu typische Tradition der Teehäuser wieder auf. Es handelt sich dabei vorwiegend um Teegärten nach Art von Biergärten.
Der Gast kauft sich eine Portion Teeblätter und erhält dazu eine Deckeltasse. Ein Wasserausschenker geht herum und brüht die Blätter nach Bedarf wiederholt auf.
Es gibt heute eine große Anzahl dieser Teehäuser. Eines der berühmtesten ist das Yuelai-Teehaus (Yuelai Chaguan).

Teehäuser

Sehenswertes in Chengdu

Chengdus bedeutende Moschee, südlich des Glockenturmes in der Altstadt gelegen, wurde 1941 bei einem japanischen Luftangriff teilweise zerstört. Erhalten blieb jedoch die 11,7 m breite und 15,7 m lange Gebetshalle. Sie ist mit glasierten Ziegeln gedeckt. An ihrem Firstbalken verweist eine Inschrift – "Siebtes Jahr der Qianlong-Ära" – auf das Baujahr der Halle: 1742.

*Moschee (Qinzhen Si)

Hinterhof in einem typischen Viertel von Chengdu

Chengdu · Tschengtu

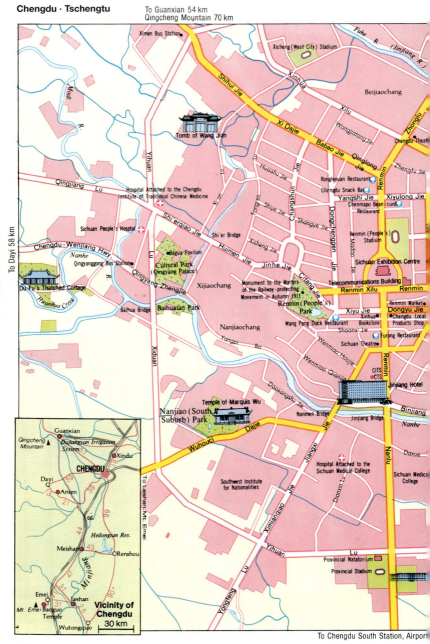

Chengdu · Tschengtu

*Tempel des Fürsten von Wu (Wuhou Ci)

Den ersten Tempel erbaute ein Li Xiong 302 zu Ehren von Zhuge Liang (181–234), einem bis heute berühmten Militärstrategen und Staatsmann, der u. a. Kanzler des Shu-Han-Reiches (221–263) war. Für seine Verdienste wurde Zhuge Liang im Jahre 223 zum Fürsten von Wu ernannt. Die 1672 wiederaufgebaute Tempelanlage (geöffnet tgl. 8.30–18.00 Uhr) befindet sich im Südwesten von Chengdu.

In der mittleren Halle steht eine vergoldete Tonfigur des Zhuge Liang, davor drei Bronzetrommeln, die vor dem 6. Jh. v. Chr. entstanden sind. Die beiden kleinen Statuen, welche die Figur des Fürsten flankieren, stellen dessen Sohn und Enkel dar.

Zudem ist ein Tempel dem Herrscher des Shu-Han-Reiches Liu Bei gewidmet. Westlich dieses Baus ragt der 12 m hohe Grabhügel auf, in dem der Herrscher seine letzte Ruhestätte fand. Im östlichen und westlichen Wandelgang sind 28 Tonstandbilder von Ministern, Generälen und hohen Beamten aus dem Shu-Han-Staat aufgestellt. Vor jeder Statue befindet sich eine kleine Stele, die über das Leben des Betreffenden berichtet.

Qingyang Gong

Im Westteil der Stadt steht im Kulturpark (Wenhua Gongyuan) der alte daoistische Tempel Qingyang, der auf die Tang-Zeit (618–907) zurückgeht. Die heutigen Gebäude stammen aus der Qing-Zeit (1644–1911). Sehenswert ist der Pavillon der acht Trigramme (Bagua Ting) mit acht Steinsäulen, auf die u. a. Drachenmuster geschnitzt sind.

*Strohhütte des Du Fu (Du Fu Caotang)

Das Haus des Du Fu (712–770; geöffnet tgl. bis 19.00 Uhr), des berühmten Dichters der Tang-Dynastie, befindet sich im Westen der Stadt an einer Windung des Flusses Huanhuaxi. Es handelt sich hier aber nicht mehr um den Originalbau aus Stroh, den Du Fu vier Jahre (759–763) lang bewohnte, da er den Dichter nicht lang überdauerte. Die Gebäude, die der Besucher heute vorfindet, sind Nachbildungen in Stein und Holz aus den Jahren 1500 und 1811, die 1949 restauriert wurden.

Die mehrhöfige Anlage, die eine Sammlung zu Leben und Werk von Du Fu birgt, liegt inmitten eines gepflegten schattigen Parks mit kleinen Brücken, Pavillons, einem Bambushain und einem Teehaus.

Grabmal des Wang Jian (Wang Jian Mu)

Die auch als 'Ewiges Mausoleum' (Yong Ling) bekannte, gut erhaltene Grabstätte des Wang Jian (847–918), Herrscher im Reich der Früheren Shu, liegt im Nordwesten der Stadt. Der 15 m hohe Bau, der in drei Kammern gegliedert ist, wurde 1942 geöffnet. In der mittleren Kammer befindet sich der kunstvoll verzierte Sarkophag des Königs, in der hinteren eine Steinstatue von Wang Jian.

*Manjushri-Tempel (Wenshu Yuan)

Der Manjushri-Tempel im Norden der Stadt nimmt eine Fläche von 5 ha ein. Die aus fünf Stein- und Holztempeln bestehende Anlage entstand 1691 über den Ruinen eines früheren Klosters aus der Zeit der Südlichen Dynastien (420–589).

In der Halle Shuofa Tang stehen 10 Eisenstatuen von buddhistischen Wächtergottheiten aus der Song-Epoche (960–1279) und im Cangjing Lou über 100 Bronzeskulpturen von Buddhas und buddhistischen Heiligen aus der Qing-Ära (1644–1911).

Daci Si

Der Daci Si, in der Straße Dongfeng Lu gelegen, stammt ursprünglich aus der Tang-Zeit (618–907), die heutigen Bauten gehen jedoch auf die Regierungsperiode Tongzhi (1862–1874) zurück. Den Tempel zierten ehemals wertvolle Wandmalereien.

*Park mit dem Turm des Flußblicks (Wangjianglou Gongyuan)

Der Park (geöffnet 7.30–18.00 Uhr) wurde durch die berühmte Dichterin Xue Tao (769–834) bekannt, die hier gelebt hat. Auf dem Gelände erhebt sich der viergeschossige, 30 m hohe Turm des Flußblicks (Wangjianglou). Nur wenige Schritte entfernt kann man noch einen Brunnen aus der Tang-Zeit (618–907) besichtigen, dessen Wasser die Dichterin zur Herstellung des von ihr benutzten roten Papiers verwendet haben soll, das noch heute ihren Namen trägt. Im Park stehen mehrere Bauten, die alle an die Dichte-

Chengdu · Tschengtu

Blumenmarkt

rin erinnern: der Turm der Gedichtrezitation (Yinshi Lou), der Pavillon des Papierwaschens (Wanjian Ting) und der Turm des Brokatwaschens (Zhou Lou). Zudem wurden ihr zu Ehren Bambushaine mit 140 Arten angepflanzt, da sie diese Pflanze besonders mochte.

Park mit dem Turm des Flußblicks (Fortsetzung)

Umgebung von Chengdu

Das Kloster des Kostbaren Lichtes steht in Xindu, einer kleinen Stadt 18 km nordöstlich von Chengdu. Es soll noch aus der Zeit der Östlichen Han-Dynastie (24–220) stammen. Über eine Fläche von 8 ha sind mehr als 20 Bauten (eine Pagode, fünf Tempel und 16 Höfe) verstreut, die fast alle 1670 errichtet wurden. Aus der Tang-Zeit (618–907) erhalten hat sich die 13stöckige Sarira-Pagode (Sheli Ta). Als archäologisch besonders wertvolle Ausstellungsstücke gelten die Steinplatte mit 1000 Buddha-Reliefs aus dem Jahr 540 n.Chr. und 500 überlebensgroße Tonstatuen aus der Qing-Ära (1644–1911), die Luohans in individueller Weise darstellen.

*Kloster des Kostbaren Lichts (Baoguang Si)

Das Bewässerungssystem, das sich am Oberlauf des Minjiang, 55 km nordwestlich von Chengdu bei der Stadt Guanxian befindet, wurde im Jahr 250 v.Chr. unter der Leitung von Li Bing, Präfekt von Szetschuan zur Zeit der Streitenden Reiche, zur Verhinderung der katastrophalen Überschwemmungen geschaffen. Er ließ den Fluß durch Erdaufschüttung teilen, wobei der eine Teil sich in Nebenarme und Kanäle verzweigt, die zur Bewässerung der Felder dienten. Die Anlage besteht aus dem als Wasserscheide und Deich fungierenden 'Fischmaul' (Yuzhui), dem Wehr 'Fliegender Sand' (Feisha Yan) und dem Kanal 'Hals der Wertvollen Flasche' (Baoping Kou). Durch dieses ausgeklügelte System ist der Minjiang in den letzten 2200 Jahren nie mehr über die Ufer getreten, und die westliche Ebene von Mittel-Szetschuan wurde zu einem der fruchtbarsten Gebiete Chinas.

**Bewässerungssystem von Dujiangyan (Dujiangyan)

Chengdu · Tschengtu

Tempel der Zwei Könige (Erwang Miao)

Am Ostufer des Minjiang trifft man auf dem Berg Yulaishan auf den imposanten Tempel der Zwei Könige, der in der Qing-Zeit (1644–1911) über den Ruinen eines Vorgängerbaus aus dem 6. Jh. errichtet wurde. Hier werden die Schöpfer des Bewässerungssystems, Li Bing und sein Sohn Li Erlang, verehrt, von denen jeweils eine Statue in den Hallen aufgestellt ist.

Tempel des Drachenbezwingers (Fulong Guan)

Auf der Nordspitze einer kleinen Flußinsel erhebt sich auf der Höhe der Mündung des Kanals 'Hals der Wertvollen Flasche' ein weiteres Gebäude von historischer Bedeutung, der Tempel des Drachenbezwingers. Einer Legende zufolge trat der Minjiang so oft über die Ufer, weil ein böser Drache genau an dieser Stelle in seinen Gewässern hauste. Li Bing und seinem Sohn gelang es, den Drachen zu bändigen, so daß keine Überschwemmungen mehr zu befürchten waren. Es ist ungeklärt, wann hier der erste Tempel zu Ehren des Drachenbezwinger erbaut wurde. Man weiß nur, daß der heutige Bau aus der Qing-Zeit (1644–1911) stammt. Im Tempel verdient die Steinstatue des Li Bing aus dem Jahr 168 besondere Beachtung. Die 2,9 m hohe und 4,5 t schwere Skulptur wurde 1974 aus dem Fluß geborgen. Eine Inschrift auf der Brust zeigt den Monat und das Jahr an, in dem das außergewöhnliche Kunstwerk entstand.

*Berg Qingchengshan

16 km südwestlich der Bewässerungsanlage von Dujiangyan ragt der 37 Gipfel umfassende Qingchengshan auf. Er ist eines der daoistischen Pilgerziele Chinas. Über den landschaftlich reizvollen Berg sind imposante Paläste, Türme und Pavillons zerstreut.

Palast der Schaffung des Glücks

Am Fuß des Qingchengshan steht der daoistische Palast der Schaffung des Glücks (Jianfu Gong), der auf die Tang-Zeit (618–907) zurückgeht. Die heutigen Gebäude wurden 1888 errichtet.

Höhle des Himmlischen Meisters (Tianshi Dong)

Es heißt, Zhang Daoling (34–156), der legendäre Begründer der daoistischen Religion, habe in einer Höhle dieses Berges gelehrt. Seither wird sie Höhle des Himmlischen Meisters genannt. Der Tempel stammt aus der Sui-Zeit (589–618), wurde aber am Ende der Qing-Dynastie (1644–1911) erneuert. In den Räumen sind ein Tonbildnis von Zhang Daoling und drei 90 cm große Steinstatuen aus dem Jahr 723 zu besichtigen, die Fuxi, Shengnong und Xianyuan darstellen, drei Herrscher, die im prähistorischen China gelebt haben sollen.

Tempel der Höchsten Reinheit (Shangqing Gong)

Auf dem Berggipfel Laoxiao Ding thront majestätisch der von 1860 bis 1870 erbaute Tempel der Höchsten Reinheit. Er ersetzte einen wesentlich älteren Bau aus dem 3. Jh., der um die Mitte des 17. Jh.s einem Brand zum Opfer fiel.

**Naturschutzgebiet Wolong (Wolong Gou)

Das 2000 km² große Reservat dehnt sich etwa 130 km westlich von Chengdu aus. In dem von mehr als 5000 m hohen Bergen umschlossenen Naturschutzgebiet leben 60 verschiedene Arten von Säugetieren, darunter auch Pandas und Stumpfnasenaffen, 300 Vogelarten und 4000 Pflanzenspezies, zu denen u. a. die Riesensequoien zählen. Hier wurde eine Beobachtungs- und Forschungsstation für Pandas eingerichtet.

Leshan

**Großer Budhha von Leshan (Leshan Dafo)

Die kolossale, Maitreya darstellende Steinstatue befindet sich in Leshan, einer kleinen Stadt zirka 120 km südlich von Chengdu, am westlichen Fuß des Berges Lingyunshan. Die 71 m hohe Skulptur wurde aus einem Felsen geschlagen. Als erster arbeitete ein buddhistischer Mönch namens Haitong von 713 bis zu seinem Tod daran; danach führten zahlreiche Mönche und Künstler das Mammutwerk fort, bis es 803 fertiggestellt war. Die Figur gilt als größte Buddha-Skulptur der Welt.

Großer Buddha von Leshan ▶

Chengdu · Tschengtu

Seelenpagode (Lingbao Ta)	Auf dem Lingyunshan steht die 38 m hohe Seelenpagode aus der Song-Zeit (960–1279). Sie weist 13 Stockwerke auf, die mit Buddha-Statuen geschmückt sind. Von hier hat man einen schönen Ausblick auf die Umgebung.
Felsengräber	Sehr eindrucksvoll sind die Felsengräber in den Vororten von Leshan, die aus dem 1. bis 6. Jh. stammen. Ihre Tiefe reicht von 6 bis 90 m.
Wuyou Si	Auf dem Wuyoushan errichtete man während der Tang-Zeit (618–907) den gleichnamigen Tempel. Zu dessen Schätzen gehören drei buddhistische vergoldete Skulpturen aus Kampferholz.
Elternhaus von Guo Moruo	35 km östlich von Leshan, in Shawan Cheng, kann das Elternhaus des berühmten Schriftstellers und Politikers Guo Moruo (1892–1978) besichtigt werden.

✱✱Berg Emeishan

Allgemeines — Der bekannte, dem Bodhisattwa Puxian geweihte Emeishan ragt 160 km südwestlich von Chengdu auf; seine höchste Erhebung, der Zehntausend-Buddha-Gipfel (Wanfo Ding), erreicht 3099 m. Er wird von den buddhistischen Chinesen als einer der vier Heiligen Berge (die anderen drei sind der Wutaishan in der Provinz Shanxi, der Jiuhuashan in der Provinz Anhui und der Putuoshan in der Provinz Zhejiang) verehrt und ist umrankt von Sagen und Mythen.

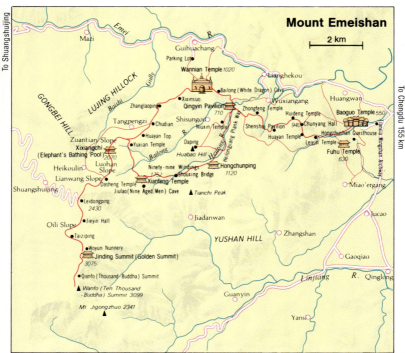

Chengdu · Tschengtu

Die ersten daoistischen Tempel des Emeishan entstanden unter den Östlichen Han (25–220). Von der Tang-Ära (618–907) an wurde der Berg allerdings – wegen der ca. 200 Sakralbauten, die nach und nach entstanden –, zu einem der bedeutendsten buddhistischen Pilgerziele. Erhalten sind noch 20 Tempel und Klöster, um deren Restaurierung sich die Provinzregierung bemüht.

Emeishan, Allgemeines (Fortsetzung)

Von Chengdu erreicht man den Ort Emei mit dem Zug, von wo Busse zur Seilbahn-Station, die auf den Gipfel des Emeishan fährt, verkehren.
Eindrücke von der außergewöhnlich schönen Landschaft mit faszinierender Flora und Fauna erhält man allerdings nur bei dem eigenen Aufstieg. Dazu nimmt man den Bus von Emei nach Baogua am Fuß des Berges. Die nördliche Aufstiegsroute ist 44 km lang, die südliche 66 km. Alle drei bis sechs Kilometer gibt es Tempel, Klöster und Imbißstuben, in denen Essens- und Übernachtungsmöglichkeiten angeboten werden.
Man sollte sich vor Affen in acht nehmen, die es besonders auf Taschen und Rucksäcke abgesehen haben.

Aufstieg

Der Tempel der Landesverdienste erhebt sich am Fuß des Emeishan auf 550 m Höhe. Er bildet sozusagen die Eingangspforte zu diesem buddhistischen 'Mekka'. Die zahlreichen, unter Kaiser Wanli (1573–1620) errichteten Tempelbauten hüten viele wertvolle Kunstwerke, darunter eine 2,4 m hohe Buddha-Statue in farbigem emailliertem Porzellan aus dem Jahr 1415. Überdies kann man eine 7 m hohe, 14stöckige Bronzepagode aus der Ming-Zeit (1368–1644) bewundern, auf der über 4700 kleine Buddha-Figuren und die gesamte Sutra von Avatamsaka erscheinen.

Tempel der Landesverdienste (Baoguo Si)

Der Tempel des Bezwungenen Tigers liegt etwa 1 km westlich des Tempels der Landesverdienste. Die heutigen Gebäude wurden 1651 über den Resten eines älteren Sakralbaus aus der Tang-Epoche (618–907) errichtet. Da diese Gegend einst von wilden Tigern bedroht war, gab die einheimische Bevölkerung dem Tempel seinen Namen, in der Hoffnung, er möge sie vor dem Raubtier bewahren.

Tempel des Bezwungenen Tigers (Fuhu Si)

Der Pavillon des Klaren Klangs, 15 km westlich des Tempels der Landesverdienste in 770 m Höhe am Zusammenfluß des Weißen-Drachen-Flusses (Bailongjiang) mit dem Schwarzen-Drachen-Fluß (Heilongjiang) gelegen, ist nach dem sanften Plätschern dieser beiden Gewässer benannt. Zwei steinerne Bogenbrücken überspannen die Wasserläufe.

Pavillon des Klaren Klangs (Qingyin Ge)

Der Tempel der Ewigkeit liegt ungefähr 1 km nordwestlich des Pavillons des Klaren Klangs in 1020 m Höhe. Der Originalbau, unter den Jin (265 bis 420) begonnen und in der Ming-Zeit (1368–1644) vollendet, wurde 1946 durch einen Großbrand fast völlig zerstört. Nur die unter Kaiser Wanli (1573–1620) entstandene Ziegelhalle (Zhuan Dian) blieb unversehrt und wurde 1953 restauriert und um zwei Tempelhallen vergrößert. In diesem Gebäude steht eine 7,3 m hohe und 62 t schwere Bronzestatue des Bodhisattwa Puxian aus dem Jahr 980. Die buddhistische Gottheit ist auf dem Rücken eines sechsrüsseligen Elefanten dargestellt.

Tempel der Ewigkeit (Wannian Si)

Das auf 1120 m Höhe gelegene Kloster stammt aus der Ming-Zeit (1402 bis 1644). Sehenswert ist die hohe Bonzelampe, die mit Hunderten von Buddha-Figuren und Drachen verziert ist.

Hongchun Ping

In der daoistischen Höhle der Neun Alten (Jiulao Dong) sollen neun alte Männer gelebt haben.

Höhle der Neun Alten

Der Tempel des Gipfels der Unsterblichen (Xianfeng Si) in 1752 m Höhe stammt aus dem Jahr 1612.

Tempel des Gipfels der Unsterblichen

Beim Elefantenbadeteich (Xixian Chi), auf 2070 m Höhe und 14 km vom Tempel des Gipfels der Unsterblichen entfernt gelegen, vereinigen sich die

Elefantenbadeteich

Dali

Chengdu, Emeishan (Fortsetzung)

beiden Aufstiegsrouten auf den Emeishan wieder. Der Legende badete der Bodhisattwa Puxian in dem sechseckigen Teich seinen Lieblingselefanten. Der Tempel am Ufer des Teiches stammt von 1699.

Kloster der Liegenden Wolken (Woyun'an)

Auf dem Goldenen Gipfel stehen das Kloster Huacang Si und das Kloster der Liegenden Wolken. Letzteres ist für eine Bronzestele aus der zweiten Hälfte des 15. Jh.s berühmt.

"Buddhaglanz"

Wenige Schritte vom Kloster entfernt liegt die bekannte Terrasse der Schönen Aussicht (Duguang Tai), von der aus man "die drei herrlichen Ansichten des Emeishan" – Sonnenaufgang, Wolkenmeer und den "Buddhaglanz" – genießt. Als "Buddhaglanz" bezeichnet man die Naturerscheinung, wenn am Nachmittag die Sonne die Wolken durchdringt und einen kreisrunden Regenbogen bildet.

Weitere Sehenswürdigkeiten in der Umgebung von Chengdu

*Huanglong

Der Naturpark Huanglong (Gelber Drache) im südlichen Mingshan-Gebirge, bei der Stadt Songpan, nördlich von Chengdu gelegen, wurde 1983 eingerichtet und 1992 von der UNESCO zum Weltnaturerbe erklärt. Er ist ein Hochtal, das von den schneebedeckten Bergen Sichuans umgeben ist. Hauptattraktion dieser Landschaft sind die terrassenförmigen, kristallklaren Seen, die herrliche Farbspiele bieten, die durch Algen, Bakterien und Spiegelungen hervorgerufen werden. Zum Huanglong-Tempel, nach dem man den Naturpark benannte, führt ein 9 km langer Wanderweg. Die Fünf-Farben-Teiche neben dem Tempel faszinieren die Besucher durch ihre von Mineralien hervorgerufene Farbenpracht.

*Jiuzhaigou-Tal

Etwa 110 km nördlich vom Huanglong breitet sich das Jiuzhaigou-(Neun-Dörfer-)Tal aus, das ebenfalls seit 1992 zum Weltnaturerbe der UNESCO gehört. Es ist durch bewaldete Hänge und tief eingeschnittene Täler gekennzeichnet. Aber auch hier ist die Hauptattraktion die 108 kristallklaren Seen. Am meisten beeindruckt die Landschaft während der Laubverfärbung im Herbst. Durch den Wasserreichtum ist in dem Tal eine große Vielfalt von Pflanzen und Tieren zu finden.

Dali   Gf 33

Chinesische Entsprechung

大理市

Provinz: Yunnan
Höhe: 1980 m ü.d.M.
Einwohnerzahl: 2,5 Mio.

Lage und Verkehrsanbindung

Dali befindet sich auf 100° 12′ östlicher Länge und 25° 37′ nördlicher Breite, ungefähr 400 km nordwestlich von der Provinzhauptstadt Kunming, mit dem es durch Flugzeuge und Überlandbusse verbunden ist.

Allgemeines

Dali gehört zum autonomen Bezirk der Bai-Minderheit, welche die Mehrheit der Bewohner stellt. Außerdem leben hier Angehörige der Yi- und Naxi-Nationalität. Dali ist nicht nur wegen seiner Sehenswürdigkeiten, sondern auch wegen seiner ergiebigen Marmorvorkommen bekannt. Der hier gebrochene Marmor heißt nach der Stadt "Stein von Dali".

Geschichte

Der Ursprung von Dali liegt in dunkler Vergangenheit. Bekannt ist nur, daß es unter dem Namen Taihe Hauptstadt des Nanzhao-Reiches (738–902)

Markant im Stadtbild von Dali ist das Tor Wuhua Lou. ▶

Dali

Geschichte (Fortsetzung)

war. Der Ort hatte jahrhundertelang Bedeutung als Handelsplatz. Auch zur Zeit der Song (960–1279) bestand hier ein unabhängiges Reich. Im 13. Jh. stand Dali zeitweise unter der Herrschaft der Mongolen.

Fest des Dritten Monats (Sanyue Jie)

Das Sanyue-Jie-Fest – ein Markt im Freien, der seit mehr als 1000 Jahren von den Bai im Westteil von Dali veranstaltet wird – findet jedes Jahr am 15. Tag im dritten Mondmonat (daher sein Name) statt und dauert gewöhnlich fünf bis sieben Tage. Auch andere nationale Minderheiten, die z. T. von weither anreisen, nehmen in Festtagstrachten daran teil. Erstmals wurde das Fest in der Tang-Ära (618–907) gefeiert, um Guanyin, die Göttin der Barmherzigkeit, zu ehren. Auf dem reich bestückten Markt wird alles mögliche feilgeboten: von herkömmlichen Arzneimitteln über alltägliche Gebrauchsgegenstände bis zu Pferden. Die Festteilnehmer singen, tanzen und tragen Wettkämpfe, z. B. Pferderennen und Drachenbootrennen, aus.

Sehenswertes in Dali

* **See Erhai**

Der Erhai ist 7 km breit, rund 40 km lang und nimmt eine Fläche von 250 km² ein. Der etwa 2 km östlich vom Stadtzentrum gelegene schöne See legt beredtes Zeugnis von der glorreichen Vergangenheit Dalis ab. Auf einer Insel und an den Ufern sind zahlreiche Baudenkmäler zu besichtigen.

* Königlicher Sommerpalast

Von der einstigen Residenz des Königs von Nanzhao (Nanzhao Bishugong) sind nur wenige Reste auf der Insel Goldene Spindel (Jinsuo) erhalten.

* Ruinen von Taihe (Taihecheng Yizhi)

Am Westufer des Erhai-Sees kann man noch die Reste von Taihe sehen: zwei Mauern aus Stampflehm, eine im Jahr 747 erbaute Festung und eine Steinplatte von 766. Die in die Platte gemeißelte Inschrift berichtet von einem kriegerischen Ereignis und den Beziehungen zwischen dem Königreich Nanzhao und dem Kaiserreich der Tang-Dynastie.

Abendstimmung am Erhai-See in Dali

Der Tempel des Erhabenen Heiligen, auch Drei-Pagoden-Tempel (Santa Si) genannt, ist ebenfalls am Westufer des Erhai-Sees zu finden. Bekannt ist er vor allem für seine drei Pagoden. Die größte, die Pagode der Tausend Nachforschungen (Qianxun Ta), ein viereckiger, sechzehnstufiger Bau, ragt 69 m hoch auf und zeigt große Ähnlichkeit mit der Kleinen Wildgans-Pagode von Xi'an. Ihre Entstehungszeit ist umstritten, die meisten Experten sprechen sich für die 30er Jahre des 9. Jh.s aus. Auf jedem Stockwerk findet sich vorne in der Mitte eine Nische mit einer marmornen Buddha-Statue. Die zwei kleineren Pagoden erheben sich nördlich und südlich der großen Pagode. Beide sind achteckig, zehnstufig, 42 m hoch und stammen aus der Zeit der Fünf Dynastien (907–960). Bei Renovierungsarbeiten fand man 1978 im Fundament und in der Spitze der Pagoden zahlreiche kulturhistorisch interessante Gegenstände. Die hinter den Pagoden liegende Halle Yutong Guanyin Dian ist wegen einer bronzene Bodhisattwa-Skulptur und einer marmornen Stele (1325) von besonderem Interesse.

Dali (Fortsetzung) Tempel des Erhabenen Heiligen (Chongsheng Si)

Umgebung von Dali

Das Cangshan-Gebirge, westlich von Dali gelegen, zieht sich über 50 km von Nord nach Süd und ist reich an Marmorsteinbrüchen. Seine neunzehn Gipfel sind alle über 3000 m hoch. Die mächtigste Erhebung, der Malong, mißt 4122 m. Zwischen den Gipfeln bahnen sich 18 Gebirgsbäche ihren Weg zum Erhai-See hinunter. Der Naturfreund kommt angesichts der "Vier Schönheiten", die ihm das Cangshan-Gebirge bietet – Wolken, Schnee, Gipfel und Bäche –, voll auf seine Kosten.

*Gebirge Cangshan

Einen Besuch lohnt die über 30 m hohe Schlangenknochen-Pagode, die 14 km südlich von Dali bei dem Ort Xiaguan steht. Sie erinnert an einen jungen Mann, welcher der Legende nach die Gegend von einer menschenfressenden Riesenschlange befreite und dabei umkam.

Schlangen-knochen-Pagode (Shegu Ta)

Die Kreisstadt Lijiang liegt 190 km nördlich von Dali, auf einem 2600 m hohen Plateau in wunderschöner Landschaft. Ihre Bewohner gehören zum Volk der Naxi. Lijiang, das in die Liste des Weltkulturerbes der UNESCO aufgenommen wurde, ist vor allem bekannt für seine zauberhafte Altstadt. Am Fuß des Xianshan (Elefantenberg) nördlich breitet sich der See Heilong Tan (Schwarzer-Drachen-Teich) aus. Auf einer Insel im See steht der Pavillon De Yue Lou (Pavillon zur Verehrung des Mondes), der Tempel Longwang Miao (Tempel des Drachenkönigs) am Ufer wurde 1737 erbaut. Besonders schön ist der Pavillon Fayun Ge nördlich des See mit einer außergewöhnlichen Dachkonstruktion. 10 km nordwestlich von Lijiang erstreckt sich der Yulong Xueshan (Jadedrachen-Gebirge); von seinen zwölf schneebedeckten Gipfeln ist der Shanzidou (5596 m) der höchste. Das Gebirge besitzt eine überaus reiche Flora. In Baisha (15 km entfernt) sind Tempel und Paläste der ehemaligen Naxi-Herrscher erhalten; wertvoll sind die Wandmalereien (14.–17. Jh.). In der Schlucht Hutiao Xia (Tigersprung-Schlucht) westlich von Lijiang fließt der Jinsha Jiang in einer 15 km langen Schlucht, überragt von 3000 m hohen Bergen.

*Lijiang

Dalian

Hf 26

大连市

Chinesische Entsprechung

Provinz: Liaoning
Fläche: 1000 km^2
Einwohnerzahl: 1,48 Mio. (im Großraum 4,72 Mio.)

Lageplan
s. S. 162/163

161

Dalian

Lageplan

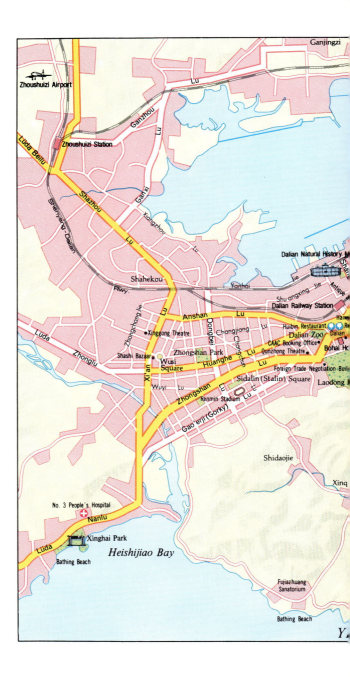

Lageplan

Dalian

Lage und Verkehrsanbindung
: Dalian liegt auf 121° 40' östlicher Länge und 38° 52' nördlicher Breite, am südlichsten Ausläufer der Halbinsel Liaodong.
Mit Mukden ist es durch eine Bahnlinie und eine Autobahn, mit Shanghai durch Linienschiffe, mit Peking (1 Std.) und Hongkong (3,5 Std.) durch regelmäßige Flüge verbunden.

Bedeutung
: Dalian, das füher Lüda (Zusammensetzung aus Lüshun und Dalian) hieß, besitzt einen der größten Handelshäfen Chinas. Es verfügt über Werften, Maschinen- und Eisenbahnbau sowie Stahl-, chemischer, petrochemischer, Zement-, Textil- und Konservenindustrie.
Dalian ist berühmt für seine Äpfel, welche die Chinesen anderem Obst vorziehen, und wurde wegen des milden Klimas und der vielen Sandstrände zu einer bekannten Sommerfrische im Norden Chinas.

Geschichte
: Wann die Stadt gegründet wurde, ist unklar. Bekannt ist lediglich, daß Dalian nach dem Jahr 108 v. Chr., als Kaiser Han Wudi eine Schiffahrtslinie zwischen den Halbinseln Liaodong und Shandong eröffnete, eine beachtliche Ausdehnung erfuhr. Gegen Ende des 19. Jh.s ließ die mandschurische Regierung in Dalian einen Marinestützpunkt errichten, wodurch ein weiterer Entwicklungsschub erfolgte. Von 1894 an stand die Stadt unter russischer Herrschaft. Dalian wurde ausgebaut; Hafenanlagen entstanden. Im Jahr 1905 kam es an Japan, 1945 wieder an die Sowjetunion. Seit 1949 wächst seine Bedeutung als Industriestadt. Im Jahr 1976 baute man einen großen Ölhafen.

Sehenswertes in Dalian

Naturkundemuseum
: Im Naturkundemuseum, nördlich vom Bahnhof gelegen, sind Exponate zu Säuge- und Meerestieren sowie Pflanzen und Mineralien zu sehen. Es besteht auch die Möglichkeit, eine Glasbläserei zu besuchen.

*Park Xinghai Gongyuan
: Der etwa 15 ha große Xinghai-Gongyuan-Park im Südwesten der Stadt wird auf drei Seiten vom Meer umspült. Er bietet Bademöglichkeiten.

Aussichtsturm Meerblick (Wanghai Lou)
: Auf einem Felsvorsprung erhebt sich der Aussichtsturm Meerblick, ein beliebtes Ziel für Naturfreunde.

Höhle der Meereserforschung
: Zum Meer gelangt man auch, indem man in die Höhle der Meereserforschung (Tanhai Dong) hinuntersteigt, die sich an einem Hügelhang im Südosten des Parks verbirgt. – In der Nähe der Grotte ragt ein großer Felsen auf.

Park des Tigerstrandes (Laohutan)
: Aus dem mit üppiger Vegetation bewachsenen Park, im Südosten der Stadt auf einem Felsvorsprung gelegen, ragen hübsche Pavillons im klassischen chinesischen Stil hervor, deren Dächer mit bunten Emailziegeln gedeckt sind.
Der Name des Strandes geht auf eine Sage zurück, derzufolge diese Gegend von einem wilden Tiger verwüstet wurde, den dann ein junger Mann namens Shi Cao tötete.
Ganz in der Nähe erinnern zwei Hügel an diese Legende: der eine heißt Hügel des Gespaltenen Tigerkopfes (Bania Ling), der andere Hügel des Shi Cao (Shi Cao Ling).

Höhle des Tigers (Laohu Dong)
: Im Westen des Parks stößt man an einem Hügelabhang auf die Höhle des Tigers, deren Eingang von einer Tigerskulptur bewacht wird.

Moderne Satellitenstadt (Wucai Cheng)
: Dieses kuriose architektonische Sammelsurium liegt im Nordosten des Industriegebietes von Dalian an der Küste. Die 10,5 ha große Vorstadt ist in sechs unterschiedliche Viertel mit den Bezeichnungen A, B, C, D, E und F gegliedert. Die Gebäude des Viertels A sind typisch chinesisch, die des Viertels B spiegeln westeuropäischen Baustil wieder und die des Viertels C

kleinasiatische Architektur. Das Viertel D ist von zahlreichen Wolkenkratzern geprägt, das Viertel E vermischt westlichen und östlichen Wohngeschmack. Im Viertel F wechseln sich Wolkenkratzer mit niedrigen Häusern ab.

Moderne Satellitenstadt (Fortsetzung)

Umgebung von Dalian

Das aus der Östlichen Han-Zeit (25–220) stammende Grab wurde 1931 südlich des Dorfes Shagang im Bezirk Gangjingzi, 25 km nördlich von Dalian, entdeckt. Es besteht aus einer Hauptkammer, zwei Vorräumen, einer hinteren und einer Seitenkammer. Man achte vor allem auf die Fresken an der Ost-, Süd- und Nordwand der Hauptkammer. Sie zeigen den Verstorbenen, wie er ins Himmlische Reich eingeht.

✻ Han-Grab in Yingchengzi (Yingchenzi Hanmu)

Lüshun (Port Arthur)

Die in der westlichen Welt unter ihrem früheren Namen Port Arthur (einst japanisch Ryojun) bekannte Hafenstadt Lüshun liegt rund 60 km südwestlich von Dalian auf der Südostspitze der Halbinsel Liaodong und breitet sich an der Nord- und Ostseite einer gut 5 km langen, ringsum von bis über 200 m hohen felsigen Hügeln eingerahmten, stets eisfreien Hafenbucht des Gelben Meeres aus. Der gut geschützte, von der offenen See her nur durch eine ca. 350 m breite Wasserstraße erreichbare Hafen ist nach wie

Hafenstadt

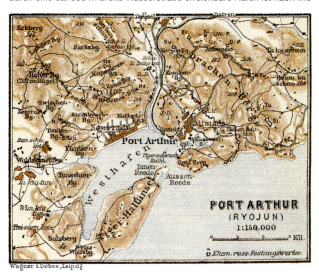

Historischer Situationsplan von Port Arthur (heute chinesisch Lüshun) aus Baedekers Reisehandbuch „Rußland" (7. Aufl., S. 524; Leipzig 1912)

J.-D. = Japanisches Denkmal · K.-M. = Kriegsmuseum · R.-D. = Russisches Denkmal

EHEMALIGE	Er.	Erlungschan	O.-P.	Ost-Panlunschan
RUSSISCHE	HS.	Hsiao an tsu schan	Si.	Silberhügel
FESTUNGS-	Ich.	Ichinohe	Su.	Sungsuschan
WERKE	Itz.	Itzuschau	S.-Taj.	Süd-Tajanku
	Ki.	Kikwanschan	T.-R.	Tempelredoute
	L.	Lao lu tsui	Ta.	Taantzuschan
	N.-Taj.	Nord-Tajanku	Tu.	Tungschikwanschan
	N.-Tu.	Nord-Tungschikwanschan	W.-P.	West-Panlunschan

Datong

Dalian, Lüshun (Fortsetzung)

vor ein strategisch wichtiger Flottenstützpunkt und deshalb für Fremde nur bedingt zugänglich.

Festung Port Arthur

Die von dem chinesischen Vizekönig Li Hung Tschang († 1901) angelegte Hafenfestung war im Chinesisch-japanischen Krieg 1894 von den Japanern von der Landseite her eingenommen worden, wurde jedoch 1898 aufgrund eines fragwürdigen russisch-chinesischen Pachtvertrages (auf 25 Jahre) von Rußland besetzt und 1904 nach einer überaus hartnäckigen Belagerung durch die Japaner von diesen zurückerobert, was den Russisch-japanischen Krieg (1904/1905) auslöste.

Belagerung und Erstürmung im Russisch-japanischen Krieg (1904/1905)

Am 8. Februar 1904 griff der japanische Admiral Togo die auf der Außenreede von Port Arthur liegende russische Flotte mit Erfolg an. Ein Ausfall der russischen Schiffe wurde am 13. April 1904 zurückgeschlagen; das Flaggschiff "Petropawlowsk" (mit Admiral Makarow an Bord) lief auf eine Mine und sank.
Nach der für die Russen (unter General Stössel) verlorengegangenen Schlacht bei Chinchou (26. Mai 1904) schlossen die Japaner (unter General Nogi) die noch nicht ausgebaute, von Stössel verteidigte Festung ein und begannen am 8. August 1904 den Angriff: Am 9. August 1904 wurde der Hügel Takunschan (212 m ü. d. M.; östlich) genommen und von dort die russische Flotte unter Feuer genommen, bis sie den Hafen verließ und letztlich besiegt wurde. Bis zum 2. November 1904 waren die Belagerten auf ihre Hauptverteidigungslinie zurückgeworfen, doch hatten die Kämpfe die Angreifer schwere Verluste gekostet; bei den Sturmangriffen auf das Fort Panlunschan (nordöstlich) verloren sie am 19. August 1904 etwa 15 000 Mann. Dann gingen die Japaner zum Minenkrieg über, versuchten am 26. November 1904 erneut einen Sturm, der jedoch abgeschlagen werden konnte und sie ca. 9000 Soldaten kostete. Nach tagelanger Bestürmung gelang es am 5. Dezember 1904 den Japanern schließlich, die Schlüsselstellung der Russen auf dem Hohen Berg (203 m ü. d. M.; nordwestlich), dem sog. 203-Meter-Hügel, zu erobern; ihre Verluste werden bis dahin auf weitere 12 000 Mann geschätzt. Am 15. Dezember 1904 fiel bei der Verteidigung des Forts Kikwanschan der russische General Kondratenko. Nach dem Verlust der nordöstlichen Forts Erlungschan und Sungsuschan räumten die Russen die Nordfront. Am 1. Januar 1905 bot General Stössel die Übergabe an, die am folgenden Tag unterzeichnet wurde. Bei den Kampfhandlungen um Port Arthur sollen die Russen etwa 50 000 Soldaten verloren haben (davon 25 000 Gefangene), die Gesamtverluste der Japaner werden auf bis zu 70 000 Mann beziffert.

Bemerkenswertes in Lüshun

In Lüshun, wo noch etliche im Kolonialstil erbaute Häuser erhalten sind, gibt es ein kulturhistorisches Museum, in dem u. a. archäologische Funde aus der Umgebung gezeigt werden.
Beim Hafenviertel befindet sich am Aufweg zum aussichtsreichen Hügel Bay Yu (nördlich) die Märtyrergedenkstätte Wan Zhong Mu (Grab der 10 000 Getreuen) mit der Asche der im Chinesisch-japanischen Krieg (1894/1895; Einmarsch der Japaner in Lüshun am 21. November 1894) gefallenen Chinesen.

Datong Hb 25

Chinesische Entsprechung

大同市

Provinz: Shanxi
Höhe: 1216 m ü. d. M.
Einwohnerzahl: 605 000 (im Großraum 896 000)

Lage

Die Industriestadt Datong liegt auf 113° 12′ östlicher Länge und 40° 07′ nördlicher Breite im Norden der Provinz Shanxi auf einer Hochebene, die

Datong

gegen Süden und Norden durch zwei Abschnitte der Großen Mauer abgeschirmt wird. – Von Peking ist Datong mit der Bahn erreichbar.

Lage (Fortsetzung)

Vermutlich fällt das Gründungsdatum von Datong ins 5. Jh. v. Chr. Von 398 bis 495 n.Chr. war der Ort unter dem Namen Pingcheng Sitz der Nördlichen Wei-Dynastie. Aus dieser Zeit stammen viele Kunstwerke, die heute in den Yungang-Shiku-Grotten zu sehen sind. Unter den Ming (1368 bis 1644) wurde Datong zu einem strategisch wichtigen Ort.
Die beträchtlichen Kohlelager, die ganz in der Nähe liegen, haben Datong den Namen 'Kohlenhauptstadt' eingetragen; ein weiterer Industrieschwerpunkt ist der Landmaschinenbau.

Geschichte

Sehenswertes in Datong

Das westlich vom Zentrum erbaute Huayan-Kloster ist einer der wenigen noch gut erhaltenen Sakralbauten aus der Liao-Zeit (916–1125). Huayan war eine buddhistische Schule, die in dieser Zeit weit verbreitet war. Im

** **Huayan-Kloster**
(Huayan Si)

Stadtplan

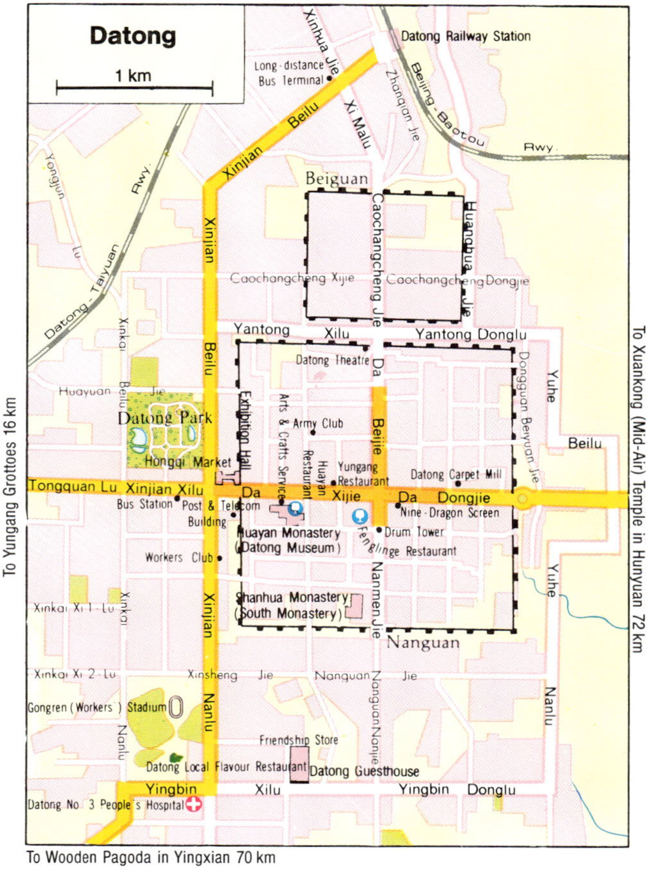

Datong

Huayan-Kloster (Fortsetzung)

Jahr 1122 wurde das Kloster zerstört und bald darauf wieder aufgebaut. Im Grund handelt es sich um zwei separate Anlagen: das Untere Kloster (Xia Huayan Si) und das Obere Kloster (Shang Huayan Si). Diese Einteilung besteht seit dem 15. Jahrhundert. Beide Klöster sind für ihren religiösen Bildschmuck berühmt.

Sutren-Tempel (Boqiejiao Cangdian)

Die Haupthalle des Unteren Klosters ist der Sutren-Tempel aus dem Jahr 1038, der als Bibliothek für die buddhistischen Schriften diente. Derzeit werden in den 38 ebenfalls unter der Liao-Dynastie angefertigten Einbauschränken 18 000 Bände aufbewahrt, die aus der Ming- und Qing-Zeit (1368–1911) stammen. Hauptschatz der Halle sind die 31 in drei Gruppen zusammenstehenden lebendig wirkenden Altarfiguren aus Ton. Sie stammen aus der Bauzeit der Halle und stellen Bodhisattwas, Buddhaschüler und Gläubige dar, die sich um die Buddhas der drei Zeitalter scharen.

Kostbare Halle des Großen Helden (Daxiong Baodian)

Das Obere Kloster ordnet sich um die 1140 errichtete Halle des Großen Helden an, die einen 1122 abgebrannten Vorgängerbau aus dem 11. Jh. ersetzt. Mit 1560 m² ist sie eine der größten Tempelhallen Chinas. Der bedeutende Figurenschmuck der Halle stammt aus der Ming-Zeit (1368 bis 1644). Im Zentrum stehen die fünf Buddhas der Himmelsrichtung (mittlere drei aus Holz, die anderen aus Ton). Die zwanzig himmlischen Gesetzeswächter zu beiden Seiten stehen um 15° vornübergeneigt. Alle Tempelwände sind mit Wandbildern bemalt, die das Leben und Wirken von Shakyamuni veranschaulichen und von Dong An in der Ära des Kaisers Guangxu (1875–1908) auf einer Gesamtfläche von 887 m² ausgeführt wurden. Die aus 973 Kassetten bestehende Hallendecke wurde in der Qing-Ära (1644–1911) mit geometrischen Motiven und Blumendekor verziert. In einem weiteren Teil des Tempels ist das Stadtmuseum untergebracht.

*Kloster Shanhua Si

Das Shanhua-Si- oder Nan-Si-Kloster (Südliches Kloster; geöffnet tgl. 8.30–17.30, Winter 9.30–16.00 Uhr) liegt, wie dieser Name besagt, im Süden der Stadt. Der Bau wurde zwar im 8. Jh. begonnen, ein Großteil der Anlage fiel aber im Jahre 1122 einem Brand zum Opfer. Der Wiederaufbau

Die Grotten Yungang Shiku enthalten eine Vielzahl buddhistischer Kunstwerke.

Datong

erfolgte in den Jahren 1128 bis 1143. Heute gehören zum Kloster: die Kostbare Halle des Großen Helden aus der Liao-Zeit (916–1125), die Halle der Drei Heiligen (12. Jh.) und der Puxian-Pavillon (Puxian Ge) von 1154.

Kloster Shanhua Si (Fortsetzung)

Die Kostbare Halle des Großen Helden beherbergt fünf auf einem Lotosblumenthron sitzende Tathagata-Statuen (Tathagata ist einer der zehn Beinamen von Shakyamuni); jede ist von mehreren Anhängern und Bodhisattwas umgeben. Auf beiden Tempelseiten stehen 24 Götterstatuen mit unterschiedlichen Gesichtszügen. Bis auf zwei Wächterbildnisse aus der Jin-Zeit (1115–1234) sind alle diese Figuren der Liao-Ära (916–1125) zuzuschreiben. Die Wandgemälde stammen zwar aus der Qing-Zeit (1644 bis 1911), sind aber im Stil der Yuan-Dynastie (1271–1368) gehalten.

Kostbare Halle des Großen Helden (Daxiong Baodian)

In der Halle der Drei Heiligen, die ein typisches Beispiel für die Architektur der Jin-Dynastie ist, sind die Bildnisse der drei Heiligen Shakyamuni, Wenshu- und Puxian-Bodhisattwa zu sehen.

Halle der Drei Heiligen (Sansheng Dian)

Die 45,5 m lange, 8 m hohe und 2,02 m dicke Neun-Drachen-Wand (geöffnet tgl. 8.00–18.30 Uhr), in der Dongjie-Straße im Stadtzentrum, entstand 1392 als Zierelement vor der Residenz von Zhu Gui, 13. Sohn des ersten Ming-Kaisers Zhu Yuanzhang. 1644 brannte der Palast ab, nur die aus farbigen Keramikziegeln erbaute Mauer, die mit Bas- und Hochreliefs geschmückt ist, blieb von den Flammen verschont. Auf der Mauer sind neun Drachen dargestellt, die segenbringende Wesen, die in glückverheißender Neunzahl in den Wolken tanzen und nach Drachenperlen haschen.

*Neun-Drachen-Wand (Jiulong Bi)

Umgebung von Datong

**Grotten Yungang Shiku

Die Yungang-Shiku-Grotten, 16 km westlich von Datong am Südhang der Wuzhou-Berge gelegen, erstrecken sich über 1 km in Ost-West-Richtung. Wie die Höhlen Mogao Ku und Longmen beherbergen auch sie eine Vielzahl buddhistischer Kunstwerke, die indische und hellenistische Stileinflüsse erkennen lassen.

Öffnungszeiten Tgl. 8.30–17.00

Die insgesamt 53 Grotten enthalten mehr als 51 000 Statuen, von denen die größte 17 m und die kleinste 2 cm mißt, sowie Hochreliefs. Die Anlage entstand im wesentlichen zwischen 460 und 494. Stifter waren die Toba-Kaiser (Nördliche Wei-Dynastie), allen voran Wencheng, der ein gläubiger Buddhist war. Zehntausende von Künstlern arbeiteten unter der Leitung des Mönches Tao Yao an diesem ungeheuren Werk mit.

Grotte Nr. 3, die größte der Yungang-Shiku-Grotten, enthält einen Buddha und zwei Bodhisattwas, die durch ihre ausdrucksvolle Haltung und elegante Kleidung besonders interessant sind. Aufgrund dieser Darstellung vermutet man, daß sie aus der frühen Tang-Zeit (618–907) stammen.

Grotte Nr. 3

In Grotte Nr. 5 steht die mit 17 m größte Statue von Yungang. Der sitzende Buddha wurde zwar im 5. Jh. geschaffen, aber in der Tang-Ära mit farbigem Ton verkleidet.

Grotte Nr. 5

In der Mitte von Grotte Nr. 6 erhebt sich eine 16 m hohe Säule, welche die Gestalt einer zweistöckigen Pagode besitzt. Sie ist mit vielen Basreliefs geschmückt, die das Leben Shakyamunis von der Geburt bis ins Nirwana beschreiben. Weitere Episoden aus seinem Leben sind in die Ost-, Süd- und Westwand der Grotte gemeißelt.

Grotte Nr. 6

Datong

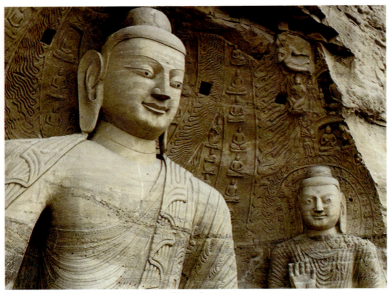

Buddhistische Statuen in den Yungang-Shiku-Grotten

Grotten Yungang Shiku (Forts.) Grotte Nr. 7	In Grotte Nr. 7 sind zwei Steinlöwen vor einer Buddha-Figur und sechs betende Bodhisattwa-Skulpturen interessant.
Grotte Nr. 8	Verschiedene Stileinflüsse sind in der Grotte Nr. 8 zu erkennen. Die Darstellung der indischen Gottheiten Vishnu und Shiva bezeugt indischen und der Wächter mit dem Dreizack hellenistischen Einfluß.
Grotte Nr. 11	Eine Inschrift an der Ostwand der Grotte Nr. 11 berichtet von deren Bau im Jahr 483. Diese ist mit 95 großen Steinschnitzereien und unzähligen Bodhisattwa-Figuren in kleinen Nischen versehen.
Grotte Nr. 12	Grotte Nr. 12 ist wegen der Darstellung von Musikinstrumenten aus dem 5. Jh. bemerkenswert.
Grotte Nr. 13	Die in Grotte Nr. 13 stehende, 13 m hohe Maitreya-Statue weist eine ungewöhnliche Haltung auf. Ihre Hand wird von einer vierarmigen Figur gestützt, die auf ihrem Bein steht.
Grotten Nr. 14 und Nr. 15	Die beiden Grotten Nr. 14 und 15 sind stark verwittert, allerdings wegen der tausende kleiner Bodhisattwa-Figuren in den Nischen der Wände sehenswert.
Grotte Nr. 16	Grotte Nr. 16, die mit den Grotten Nr. 17–20 zu den fünf ältesten in Yungang zählt, bewahrt eine Buddha- und fünf Bodhisattwa-Skulpturen. Diese sind über 13 m hoch und porträtieren fünf Kaiser der Nördlichen Wei-Dynastie.
Grotte Nr. 17	In Grotte Nr. 17 wird eine Statue des mit überkreuzten Beinen dasitzenden Maitreya verehrt.
Grotte Nr. 18	Grotte Nr. 18 beherbergt eine beindruckende stehende Shakyamuni-Statue, in deren Gewand unzählige kleine Bodhisattwa-Figuren geschnitzt sind.
Grotte Nr. 19	In Grotte Nr. 19 thront eine ebenfalls Shakyamuni-Skulptur, die 16,7 m hoch ist.
Grotte Nr. 20	Grotte Nr. 20 enthält ebenfalls eine sitzende, 13,7 m hohe Shakyamuni-Figur. Die zum Symbol der Yungang-Grotten gewordene Skulptur gilt als herausragende Meisterleistung.

Weitere Sehenswürdigkeiten in der Umgebung von Datong

Die 1056 errichtete Holzpagode von Yingxian erhebt sich in Yingxian, ungefähr 70 km südlich von Datong. Sie gilt als die älteste Holzpagode Chinas und als Meisterwerk der chinesischen Holzbaukunst. Der achteckige Bau, der ohne einen einzigen Nagel entstand, beeindruckt durch seine Höhe (67 m). Im Erdgeschoß sind eine große Shakyamuni-Statue und sechs Wandbilder zu sehen, die Tathagata, eine der zehn Erscheinungsformen von Buddha, zeigen. Im dritten Stock steht eine Bodhisattwa-Statue mit vier Gesichtern, von denen jedes in eine Himmelsrichtung weist. Die Gesichter versinnbildlichen die unermeßliche Weisheit Buddhas, dessen Blick alles durchdringt. In der Mitte des fünften Geschosses thront eine von acht Bodhisattwas umringte Shakyamuni-Skulptur. Da die Bildnisse von Shakyamuni in diesem Gebäude vorherrschend sind, ist es auch unter dem Namen Pagode des Shakyamuni (Sajia Ta) bekannt.

*Holzpagode von Yingxian (Yingxian Muta)

Der 72 km südöstlich von Datong aufragende heilige Nordberg Hengshan zählt zu den fünf mythischen Bergen Chinas (die übrigen vier sind der Taishan/Prov. Shandong, der Huashan/Prov. Shaanxi, der Hengshan/Prov. Hunan und der Songshan/Prov. Henan). Früher galten sie als heilig, und im kaiserlichen Auftrag wurde ihnen geopfert. Der höchste Gipfel des Hengshan erreicht 2017 m.

*Berg Hengshan

Über die Hänge des Hengshan sind verschiedene Denkmäler verstreut. Am berühmtesten ist das 5 km von Hunyuan entfernte Hängende Kloster, das in der Nähe vom Paß des Goldenen Drachen (Jinlong Kou) an eine steile Felswand 30 m über dem Talboden gebaut wurde.
Manche der kleinen Hallen des im 6. Jh. gegründeten Klosters ruhen auf dünnen Stelzen, die auf Felsvorsprüngen stehen. In den Gebäuden kann man 80 Bronze-, Eisen, Ton- und Steinskulpturen aus unterschiedlichen Epochen besichtigen.

**Hängendes Kloster (Xuankong Si)

Das Hängende Kloster (Xuankong Si) ist in eine steile Felswand hineingebaut.

Dunhuang

Dunhuang Gc 25

Chinesische Entsprechung

敦煌

Provinz: Gansu
Höhe: 1100 m ü. d. M.
Einwohnerzahl: 110000

Lage und Verkehrsanbindung

Dunhuang liegt auf 94° 38' östlicher Länge und 40° 09' nördlicher Breite im Westen der Provinz Gansu an der weltbekannten Seidenstraße.
Von nahegelegenen Städten ist Dunhuang per Flugzeug erreichbar; von Liuyuan (etwa 150 km nördlich), der nächsten Bahnstation an der Strecke Peking – Ürümqi, verkehren Busse nach Dunhuang.

Geschichte

Unter der Herrschaft des Han-Kaisers Wudi wurde Dunhuang 111 v. Chr. zur Stadt erhoben. Die Lage an der Seidenstraße, die sich hier in eine nördliche und eine südliche Route teilte, verhalf Dunhuang zu wirtschaftlicher Blüte. Über diese Handelsstraße kamen neue Ideen, religiöse Lehren wie der Buddhismus und wissenschaftliche Erkenntnisse nach Osten und Westen. So entwickelte sich Dunhuang seit dem 4. Jh. zu einem buddhistischen Zentrum. Im Jahr 619, als es Sitz des gleichnamigen Verwaltungsbezirkes war, wurde es in Shazhou umbenannt, dessen Überreste westlich des heutigen Dunhuang liegen.

Umgebung von Dunhuang

✳✳ Grotten Mogao Ku

Hinweis

Die Grotten sind nur im Rahmen von Führungen zu besichtigen, bei denen nur ausgewählte Grotten gezeigt werden.

Öffnungszeiten
Tgl. 8.30–12.00,
14.00–17.00

Hauptanziehungspunkt der Gegend um Dunhuang sind gewiß die einmaligen Kunstschätze der Mogao-Ku-Grotten, auch unter dem Namen Tausend-Buddha-Höhlen bekannt (Qianfo Dong). Mogao ist ein kleiner Ort 25 km südöstlich von Dunhuang. Die Höhlen sind ein sehr bedeutsames Zentrum buddhistischer Kunst und geben Einblick in das politische und wirtschaftliche Leben der Entstehungszeit. Die erste Grotte wurde im Jahr 366 von dem Mönch Lezun ausgehauen. Mit der Verbreitung des Buddhismus stieg auch die Anzahl der Grotten beträchtlich, die über eine Zeitspanne von ca. 1000 Jahren in eine 1600 m lange Sandsteinwand geschlagen wurden; in der Tang-Zeit (618–907) waren es sogar über tausend. In der Ming-Zeit (1368–1644) gerieten die Höhlen langsam in Vergessenheit. Erst seit 1949 bemüht sich die chinesische Regierung um den Erhalt dieses einmaligen Kulturdenkmals und richtete dafür ein eigenes Forschungsinstitut ein. 1987 hat die UNESCO die Grotten in die Liste des Welt-Kulturerbes aufgenommen.
492 meist rechteckige oder quadratische Höhlen mit 2415 farbigen Tonstatuen, 45000 m^2 Wandmalereien und fünf Holzbauten haben die Zeiten überdauert, die anderen Höhlen sind durch Witterungseinflüsse zerstört worden. Die größte Grotte ist 40 m hoch sowie 30 m breit und tief, die kleinste nur weniger als 1 m hoch. Jede Höhle ist mit einer Tafel versehen, auf der die Nummer, das Entstehungsdatum und die Dynastie vermerkt sind. Die Skulpturen sind alle aus bemaltem Ton, die größte ist 33 m hoch, die kleinste knapp 10 cm. Abgebildet sind Buddhas, Bodhisattwas, Heilige, Jünger und buddhistische Gläubige. Die Wandmalereien haben die unterschiedlichsten Sujets: buddhistische Gestalten, Episoden aus den Sutras, den Lehrschriften Buddhas, Legenden, Märchen, Alltagsszenen sowie Blumenmotive und geometrisches Dekor.

Dunhuang

Im Jahr 1900 entdeckte der Mönch Wang Yuanlu in der Grotte Nr. 16 einen gewaltigen Schriftenhort von unschätzbarem Wert, zu dem neben mehr als 40 000 Schriftrollen mit buddhistischen und daoistischen sowie konfuzianischen Texten auch Seidengemälde, Stickereien und Bronzestatuetten gehörten. Die Fundstücke stammen aus dem 4. bis 11. Jahrhundert. Sie waren vermutlich 1035 eingemauert worden, als eine feindliche Armee anrückte. Die Mönche, die dies getan hatten, flohen und kehrten nicht mehr zurück, so daß der Hort in Vergessenheit geriet. Wang meldete den Fund zwar den Behörden, die aber nichts unternahmen. Schließlich verkaufte er den größten und wertvollsten Teil des Schatzes an britische, französische und japanische Forscher.

Grotten Mogao Ku (Fortsetzung) Bibliothek

Die Wei-Höhlen verraten unverkennbar in der Themenwahl und in der Art der Darstellung indischen Einfluß. Die Statuen fallen durch ihre eindrucksvolle Größe auf; die Wandmalereien stellen hauptsächlich Szenen aus dem Leben des historischen Shakyamuni Buddha dar. In Grotte Nr. 254 greifen die Wandmalereien ein im Buddhismus sehr beliebtes Thema auf: die Selbstaufopferung für den Nächsten. Ein Bild zeigt den Fürsten Sudana, der mit einem Stück getrockneten Bambusrohr Fleisch aus seinem eigenen Körper schneidet, um den Hunger des neben ihm liegenden Tigers zu stillen. In der nächsten Szene sieht man seine Eltern und Geschwister, die verzweifelt den toten Fürsten beweinen. Grotte Nr. 259 beherbergt die Statue einer buddhistischen Heiligen. Ihre weichen Gesichtszüge und ihr mysteriöses Lächeln haben ihr den Beinamen 'Mona Lisa' eingetragen. Berühmt ist die Grotte Nr. 275 aus der zweiten Hälfte des 4. Jh.s für das Gemälde, das die Selbstaufopferung des Shakyamuni in seinem früheren Leben zeigt. Shakyamuni, damals König Sivi, sitzt mit überkreuzten Beinen da und betrachtet zufrieden eine Taube, die er gerettet hat, während ein Henker Fleisch aus seinem Körper schneidet, um damit einen Adler zu füt-

Grotten der Nördlichen Wei-Dynastie (386 – 534)

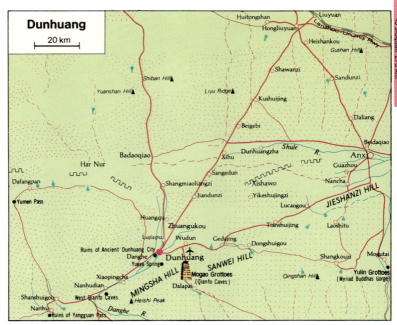

Dunhuang

tern. Sein heiteres Gesicht steht in scharfem Kontrast zu der grimmigen Miene des Henkers. Weitere schöne Beispiele für die Kunst dieser Periode sind die Höhlen Nr. 248, 257, 260, 263, 272, 428, 431, 435 und 439.

Grotten Mogao Ku (Fortsetzung)

An einer Wand der Grotte Nr. 249, die zu den Grotten der Westlichen Wei-Dynastie gehört, sind Szenen aus einer Tiger- und Antilopenjagd wiedergegeben; man sieht einen reitenden Jäger, der drei Gazellen verfolgt, und einen zweiten, der gerade einen Tiger erlegt. Sehenswert sind noch die Höhlen Nr. 285 und 432.

Grotten der Westlichen Wei-Dynastie (535–557)

Die Höhle Nr. 428 aus der Nördlichen Zhou-Dynastie (557–581) stellt die Selbstaufopferung des Prinzen Sudana dar. – Auch die Höhle Nr. 296 ist von Interesse.

Grotten der Nördlichen Zhou-Dynastie

Aus der Sui-Dynastie, in der die buddhistische Kunst eine chinesische Prägung erfährt, sind 95 Höhlen erhalten. Die Grotte Nr. 419 bewahrt eine Gruppe von farbigen Tonstatuen, die u. a. Buddha, zwei Bodhisattwas und Ananda (Buddhas Lieblingsjünger) darstellen. Besondere Beachtung verdient die Skulptur des Asketen Mahakasyapa; er strahlt die Freude dessen aus, der die Prüfungen des Lebens überstanden hat. Seine verfaulten Zähne, die tiefen Gesichtsfalten und die hervortretenden Halsadern verraten, wie sehr dieser Asket gelitten hat. Die Wandmalerei in Grotte Nr. 423 zeigt den Ostgott, ein unsterbliches Wesen aus der chinesischen Mythologie. Bemerkenswert sind zudem die Höhlen Nr. 244, 294, 295, 305, 404, 420 und 427.

Grotten der Sui-Dynastie (581–618)

Die 213 erhalten gebliebenen Höhlen der Tang-Zeit, bei denen z. T. wieder indische Einflüsse erkennbar sind, stellen die umfangreichste Gruppe dar. Die größte Statue von Dunhuang, einen 33 m hohen Buddha Amitabha, findet man in Grotte Nr. 96. Grotte Nr. 130 enthält eine 26 m hohe Figur und Nr. 158 eine liegende Buddha-Figur, d. h. er geht ins Nirwana ein. Das Wandgemälde in Grotte Nr. 220 zeigt ein Konzert mit Musikinstrumenten der Zeit – ein wertvolles Zeugnis für die chinesische Musikgeschichte. In Grotte Nr. 329 befindet sich das berühmte Wandgemälde mit dem 'Buddha-Land', dem Land der Reinheit. In der Mitte des Bildes sitzt Amitabha auf einem Thron aus Lotosblumen, auf beiden Seiten je ein Bodhisattwa. Vor ihm tanzen mehrere junge Frauen, und ein Orchester spielt. Am Himmel schweben Asparas, buddhistische Engel. Weiterhin von Interesse sind die Höhlen Nr. 45, 112, 156, 217, 320–322, 328 und 445.

Grotten der Tang-Dynastie (618–907)

Die Verfolgung des Buddhismus im Jahr 845 brachte eine Stagnation der buddhistischen Kunst mit sich. Da für zusätzliche Höhlen kein Platz mehr vorhanden war, wurden später die bestehenden restauriert. Aus dieser Zeit sind noch 35 Höhlen erhalten, von denen vor allem Nr. 61 wichtig ist. Diese enthält ein 13,5 × 5 m großes Gemälde, das die Landschaft des Wutaishan-Gebirges und Alltagsszenen aus dieser Berggegend zeigt. Es handelt sich um eine Art Landkarte, eine der ältesten dieser Art in China. Bemerkenswert ist noch die Höhle Nr. 98.

Zeit der Fünf Dynastien (907–960) und der Frühen Song (960–1279)

In der Periode der Westlichen Xia wurden an den Höhlen überwiegend nur Restaurierungsarbeiten ausgeführt, während in der Yuan-Zeit neun neue Grotten hinzukamen. Grotte Nr. 465 aus dieser Ära birgt über 60 guterhaltene Wandmalereien, die Hirten und Handwerker bei der Arbeit abbilden.

Westliche Xia (1032–1227) und Yuan-Zeit (1271–1368)

Weitere Sehenswürdigkeiten in der Umgebung von Dunhuang

Die Sanddüne Mingshashan, 5 km südlich von Dunhuang, ist 40 km lang und 20 km breit. Wenn man den Hügel hinunterrutscht, entsteht ein pfeifendes Geräusch, wovon sich der Name "Klingender Sandberg" ableitet.

Klingender Sandberg (Mingshashan)

◀ *Statue aus der Tang-Zeit in den Mogao-Ku-Grotten*

Foshan

Dunhuang (Fortsetzung) Mondsichel-See (Yueyaquan)	Am Fuß des Mingshashan breitet sich der 200 m lange Mondsichel-See aus, dessen Name auf seine Form hinweist. Die Entstehung des Sees ist auf eine geologische Besonderheit – der Nord- und Südhang sind höher als der Ost- und Westhang – und auf den von Westen nach Osten wehenden Wind zurückzuführen. Der Wind wird zunächst in südöstlicher Richtung, dann nach oben gepreßt und macht eine spiralförmige Drehung, bevor er schließlich in östlicher Richtung abzieht. In 1000 Jahren ist der See deswegen noch nie von Sand zugeschüttet worden.
Westliche Höhlen der 1000 Buddhas (Xi Qianfo Dong)	30 km südwestlich von Dunhuang trifft man auf die weniger bedeutenden Westlichen Höhlen der 1000 Buddhas. Zu sehen sind Malereien aus der Nördlichen Wei-Zeit (386–534), der Tang-Periode (618–907) und der Zeit der Fünf Dynastien (907–960).
Yumen Guan	Das 80 km nordwestlich von Dunhuang gelegene Fort Yumen Guan (Paß des Jadetors) mit seinem 10 m hohen, mächtigen Lehmmauern ist ein Rest jener Grenzbefestigungen, die in der Han-Zeit (206 v.Chr.–220 n.Chr.) Chinas westliches Ende markierten. Alle Reisenden mußten es zwecks Grenzkontrollen passieren.

Foshan   Hb 34

Chinesische Entsprechung	佛山市
	Provinz: Guangdong Höhe: 5 m ü.d.M. Fläche: 77 km^2 Einwohnerzahl: 333000 (im Großraum 2,63 Mio.)
Lage	Foshan liegt im südlichen Zentrum der Provinz Guangdong, etwa 20 km südwestlich von Kanton.
Geschichte	Die Gegend war schon vor 2000 Jahren bewohnt. Im Jahr 628 wurden drei Buddha-Statuen aus Bronze wiederentdeckt, die der Stadt ihren Namen gaben. Foshan bedeutet nämlich "Buddha-Berg". Es war eine wichtige Stätte des Buddhismus. Unter der Song-Dynastie (960–1279) war Foshan als Zentrum der Keramikherstellung (Shiwan-Keramik), Metallverarbeitung und Seidenweberei bekannt. Auch heute noch ist die Keramikproduktion von Bedeutung, ebenso das Kunsthandwerk (Papierscherenschnitte).

Sehenswertes in Foshan

*Tempel Zumiao	Der aus der zweiten Hälfte des 11. Jh.s stammende daoistische Tempel Zumiao wurde 1372 nach einem Brand restauriert. Er ist dem Nordgott, dem Herrscher über die Gewässer, geweiht. Der chinesische Name Zumiao bedeutet zwar "Ahnentempel", doch ist damit lediglich gemeint, daß dieser Tempel als ältester der Stadt, als "Tempelahn" gilt. Am interessantesten ist der reiche Dachschmuck mit vielen Figuren. Die 3000 m^2 große Anlage schließt folgende Bauten ein: die Vorhalle (Qian Dian), die Haupthalle (Zheng Dian), die Festhalle der Wahrheit (Qingzhen Lou), den Teich des Duftenden Brokats (Jinxiang Chi) und die Theaterbühne des Tausendfachen Glücks (Wanfu Tai), die mit vergoldeten Schnitzereien verziert ist. Vor der Haupthalle befindet sich in dem ummauerten Teich eine Steinschildkröte mit einer Schlange, die Symboltiere des Nordgottes.
Institut für Volkskunst	Im ehemaligen Tempel der Nächstenliebe und des Langen Lebens (Ren Shou Si) hat das Institut für Volkskunst seinen Sitz. Hier werden Keramik, Papierscherenschnitte und Lampions hergestellt.

Fujian · Fukien

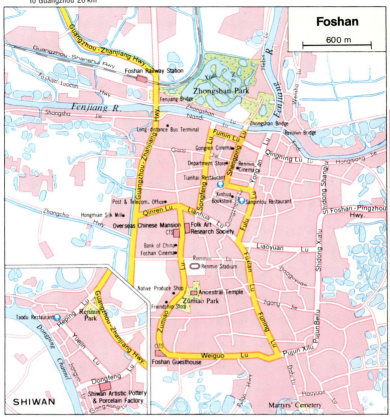

Fujian · Fukien　　　　　　　　　　　　　　　　Hc – Hf 31 – 34

福建省

Provinz
Fläche: 121 380 km²
Einwohnerzahl: 30,79 Mio.
Hauptstadt: Fuzhou

Die Provinz Fujian liegt zwischen 115° 50′ – 120° 47′ östlicher Länge und 23° 30′ – 28° 19′ nördlicher Breite an der Südostküste Chinas. Die Formosastraße trennt sie von der Insel Taiwan.

Die Provinz besteht zu 90 % aus Bergland, das von Südwesten nach Nordosten parallel zur Küste verläuft. Die wenigen Ebenen dehnen sich im Osten zum Meer hin aus. Die Waldfläche umfaßt 6,5 Mio. ha.

Chinesische
Entsprechung

Übersichtskarte
s. S. 178

Lage

Naturraum

Fushun

Fujian
(Fortsetzung)
Übersichtskarte

China

Provinz Fujian (Fukien)

Volksrepublik China
Zhonghua Renmin Gongheguo

Klima — Das subtropische Klima dieser Zone wird sehr stark von Monsunen beeinflußt. Die Frostperiode ist auf 100 Tage beschränkt.

Geschichte — Fujian gehörte vom 8. bis 1. Jh. v. Chr. abwechselnd zu einem eigenständigen Königreich oder zum Chinesischen Reich, wo es außer in der ersten Hälfte des 10. Jh.s blieb. Bereits seit dem 11. Jh. setzte ein Aufschwung im Außenhandel ein, der für Fujian immer von besonderer Bedeutung war. Mit zunehmenden Überseehandel begann eine Aussiedlungswelle aus der Provinz, u. a. nach Südostasien. Seit 1949 verlor der Außenhandel durch die Taiwan-Frage an Bedeutung.

Wirtschaft — Fujian ist eine Sonderwirtschaftszone, wodurch es in den 80er Jahren eine stürmische wirtschaftliche Entwicklung erfuhr. Eine wichtige Rolle im Wirtschaftsleben spielt der Anbau von Reis (zwei Reisernten pro Jahr), Tee und Zuckerrohr sowie die Holzwirtschaft und die Fischerei. Weitere landwirtschaftliche Produkte sind Bataten, Zitrusfrüchte, Bananen, Weizen, Erdnüsse, Raps und Tabak.
Auf industriellem Sektor sind Nahrungsmittel-, Stahl- und chemische Betriebe von Bedeutung. Wichtige Bodenschätze sind Kohle, Eisen, Kupfer und Wolfram.

Reiseziele — Neben der Provinzhauptstadt → Fuzhou sind → Xiamen und → Quanzhou wegen ihrer Sehenswürdigkeiten von Interesse.

Fushun   Hg 25

Chinesische
Entsprechung

抚顺市

Provinz: Liaoning
Fläche: 200 km^2
Einwohnerzahl: 1,19 Mio. (im Großraum 2,06 Mio.)

Fushun

Fushun liegt auf 123° 51' östlicher Länge und 41° 50' nördlicher Breite am Hunhe im Osten der Provinz Liaoning, zirka 50 km von Shenyang entfernt. – Von dort gelangt man per Zug oder Bus nach Fushun.

Lage und Verkehrsanbindung

Fushun ist rund 4000 Jahre alt; seinen heutigen Namen erhielt es jedoch erst im Jahr 1384. Bevor die Mandschuren ganz China eroberten, wählten sie die Stadt zu ihrem Regierungssitz und benannten sie in Xinjing ('Neue Hauptstadt') um.
Zu Beginn des 20. Jh.s begann man, die reichen Kohlevorkommen der Gegend abzubauen, was bald im großen Umfang geschah.
Von den fünfziger Jahren an entwickelten sich auch andere wichtige Wirtschaftszweige wie Raffinerien sowie Eisen-, Elektronik- und Maschinenindustrie.

Geschichte

Sehenwertes in Fushun

Die unter der Liao-Dynastie (916–1125) erbaute Pagode von Gao'ershan ragt im Norden der Stadt hinter dem Pavillon der Göttin der Barmherzigkeit (Guanyin Ge) auf. In Details wie der achteckigen Form des Unterbaus spiegelt sie den typischen Stil ihrer Entstehungszeit wider.

Pagode von Gao'ershan (Gao'ershan Ta)

Umgebung von Fushun

Der Stausee Dahoufang, der 15 km von Fushun entfernt in einer wunderschönen Landschaft liegt, wurde von 1954 bis 1958 auf einer Fläche von 110 km² angelegt.

Stausee Dahoufang

Direkt am Stausee befindet sich das Grabmal Yuanshualin, das ursprünglich 1929 als Ruhestätte für den Kriegsherrn Zhang Zuolin gebaut wurde.

Grabmal Yuanshualin

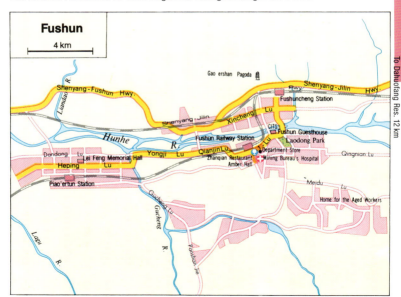

Fuzhou · Futschou

Fushun, Grabmal Yuanshualin (Fortsetzung)	Nach der Invasion der Japaner 1931 mußten die Bauarbeiten abgebrochen werden. Sehenswert sind die zahlreichen Steinschnitzereien und Skulpturen aus der Ming- und Qing-Zeit (14.–20. Jh.); sie stammen zum Großteil aus dem Tempel Long'en Si in Peking.
Berg Sa'erhushan	Der 70 m hohe Sa'erhushan südöstlich des Stausees war der Schauplatz einer Schlacht, in der die Qing über die Ming siegten. Zum Gedenken daran ließ Kaiser Hongli im Jahr 1776 hier eine Steinstele aufstellen.
*Mausoleum Yongling	Das 1598 erbaute Mausoleum, etwa 100 km östlich von Fushun gelegen, ist eines der drei Kaisergräber der Qing (1644–1911) im Nordosten Chinas; die anderen beiden befinden sich bei Shenyang, der Hauptstadt der Provinz Liaoning. In der 11 880 m² großen Grabanlage ruhen Vater, Großvater und Urgroßvater des ersten Qing-Kaisers. Die Anlage besteht aus drei Teilen: dem Eingangshof (Qianyuan) mit vier Gedenkstelen, der viereckigen Festung mit dem Glückstempel (Qiyundian) und der Schatzzitadelle (Baocheng) mit den vier Gräbern.

Futschou

→ Fuzhou

Fuzhou · Futschou   He 32

Chinesische Entsprechung	福州市

Hauptstadt der Provinz Fujian
Höhe: 10 m ü.d.M.
Fläche: 1043 km²
Einwohnerzahl: 1,17 Mio. (im Großraum 1,83 Mio.)

Lage und Verkehrsanbindung	Fuzhou liegt auf 119° 18′ östlicher Länge und 26° 06′ nördlicher Breite am Minjiang im Osten der Provinz Fujian, etwa 50 km vom Meer entfernt. Von Peking, Shanghai, Kanton, Tientsin und Hangzhou ist die Stadt per Bahn oder Flugzeug erreichbar.
Geschichte	Fuzhou kann auf eine mehr als 2000 Jahre lange Vergangenheit zurückblicken. 202 v.Chr. war es die Hauptstadt des Yue-Reiches und im 10. Jh. des Min-Reiches. Sein heutiger Name wurde im Jahre 725 geprägt. Fuzhou ist als 'Banyanen-Stadt' bekannt wegen der unter den Song (960 bis 1279) angepflanzten, subtropischen Banyan-Bäume. Seit dieser Zeit entwickelte sich hier immer stärker der Außenhandel, wodurch sich viele Ausländer, vor allem auf der Insel Nantai, ansiedelten. 1842 wurde Fuzhou nach den Opiumkriegen zu einem der fünf für den Auslandshandel offenen Häfen erklärt. Nach 1949 begann mit der Anbindung an die wichtigsten Eisenbahnlinien und dem Ausbau des Minjiang für den Schiffsverkehr die Industrialisierung, deren Schwerpunkte der Maschinenbau und die Leichtindustrie sind.

Sehenswertes in Fuzhou

*Hügel Yushan	Der die Stadtmitte überragende Aussichtsberg Yushan ist vor allem wegen der über hundert Inschriften aus dem 10. bis 19. Jh. bekannt, die seine Felswände schmücken.

Fuzhou · Futschou

Das Wahrzeichen der Stadt, die 41 m hohe siebenstöckige Weiße Pagode am westlichen Fuß des Hügels, wurde im Jahr 904 als holzverkleideter Ziegelbau errichtet, brannte aber 1534 infolge eines Blitzschlages ab. 1548 baute man sie mit Ziegeln wieder auf.

Dahinter steht eine Tempelhalle (Baita Si), die unter der Qing-Dynastie (1644–1911) über den Resten eines buddhistischen Tempels aus dem Jahre 905 entstand. Heute ist hier eine Bibliothek untergebracht.

Weiße Pagode (Baita)

Der östlich davon gelegene Tempel wurde 1918 zu Ehren des Generals Qi Jiguang (1528–1587) geschaffen, der 1562 japanische Piraten bekämpft hatte.

Tempel des Generals Qi (Qigong Si)

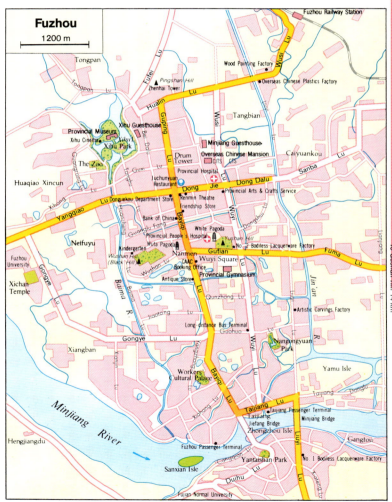

Fuzhou · Futschou

Halle des
Großen Meisters
(Dashi Dian)
: Die 1713 erbaute Halle des Großen Meisters, auch Guanyin-Halle (Guanyin Ge) genannt, erhebt sich auf der Hügelspitze. Im Jahr 1911 wurde sie zum Hauptquartier der Revolutionsarmee umfunktioniert. Auf einer Steinplatte erzählt eine Inschrift des Kaisers Qianlong (1736–1796), wie sich der Bodhisattwa Avalokiteshvara in eine Frau, die von den chinesischen Buddhisten sehr verehrte Göttin der Barmherzigkeit (Guanyin), verwandelte.

Schwarzer Hügel
(Wushan)
: Ebenfalls in der Stadtmitte, etwa 1,5 km westlich des Yushan, erhebt sich der Schwarze Hügel, der seit Jahrhunderten ein beliebtes Ausflugsziel ist. In seine Felswände sind über 200 Inschriften eingraviert; am bekanntesten ist die, welche Li Yangbing, ein namhafter Kalligraph der Tang-Dynastie, im Jahre 772 verfaßte. Von historiographischer Bedeutung sind die Inschriften einiger Eunuchen aus der Ming-Ära (1368–1644), die detailliert Auskunft über ihre vielfältigen Tätigkeiten geben, vor allem über ihre Arbeit in den Schiffswerften.

Schwarze Pagode
(Wuta)
: Am östlichen Ausläufer des Hügels steht die 35 m hohe granitene Schwarze Pagode aus dem Jahr 941, so genannt als Gegenstück zur Weißen Pagode. Sie ersetzt einen Stupa aus der Tang-Zeit (618–907). Durch eine umfassende Restaurierung konnte man 1957 dem seitlichen Absinken der Pagode Einhalt gebieten. Neben der Schwarzen Pagode erblickt man eine Stele aus der Tang-Zeit.

West-See
(Xihu)
: Der West-See, der sich im Nordwesten der Stadt in dem gelichnamigen Park ausbreitet, wurde nach seinem berühmten Vorbild in Hangzhou benannt; er ist ein beliebtes Freizeitgelände. Banyan-Bäume und Weiden prägen die Uferregion.
Der See wurde 282 n. Chr. im Rahmen eines Bewässerungsprojekts angelegt. – Auch das Provinzmuseum findet man im Xihu-Park.

Tempel Hualin Si
: Am Südhang des Pingshan im Norden von Fuzhou liegt der Hualin-Si-Tempel, der aus der Tang-Zeit (618–907) stammt. Nur das Hauptgebäude, die Kostbare Halle des Großen Helden (Daxiong Baodian), ist aus der Song-Zeit (960–1279) erhalten geblieben. Die übrigen Bauten entstanden während der Qing-Dynastie (1644–1911).

Grab des Lin Zexu
: Das Grab befindet sich in einem nördlichen Vorort von Fuzhou. Der Oberkomissar Lin Zexu (1785–1850) ließ 1839 20000 Kisten Opium, das die Engländer aus Indien nach China eingeschmuggelt hatten, beschlagnahmen und verbrennen, wodurch der Opium-Krieg ausgelöst wurde.

Umgebung von Fuzhou

Tempel des
Erhabenen Glücks
(Chongfu Si)
: Am Fuß des Nord-Bergs (Beiling), 8 km nördlich von Fuzhou, steht der Tempel des Erhabenen Glücks, dessen Gründung auf das Jahr 977 zurückgeht. Die erhalten gebliebenen Gebäude datieren jedoch in die Guangxu-Periode (1875–1908).

Trommelberg
(Gushan)
: Der 969 m hohe Trommelberg, ca. 14 km östlich der Stadt, wurde nach einem seiner Gipfelfelsen benannt, der bei Sturm und Regen trommelähnliche Töne von sich geben soll. Er hat viele Sehenswürdigkeiten zu bieten.

Tempel der
Sprudelnden
Quelle
(Yongquan Si)
: Das auf 455 m gelegene Kloster, im Jahre 908 im Auftrag des Herzogs von Fujian errichtet, um dem Mönch Shen Yan eine Unterkunft zu bieten, wurde 1542 durch einen Brand zerstört und 1627 wiederaufgebaut. Zu den Kulturschätzen gehört u. a. eine umfangreiche Buddhistenbibliothek mit über 10000 Sutra-Bänden und die Statue eines liegenden Buddhas aus weißer Jade. Ein Teil dieser Bücher wurde mit dem Blut einiger Asketen geschrieben, die sich mit einer Nadel in den Zeigefinger stachen und ihn anschließend als Pinsel benutzten.

Die zwei neunstöckigen, knapp 7 m hohen Pagoden aus gebranntem Ton vor dem Tempel gehen auf das Jahr 1082 zurück. Sie gehörten ursprünglich zum Glücksdrachen-Tempel (Longrui Si) auf der Nantai-Insel und wurden 1972 hierher versetzt. An ihren Außenwänden sind insgesamt 1078 Buddha-Miniaturen angebracht.

Fuzhou
(Fortsetzung)
Tausend-Buddha-Keramikpagoden
(Qianfo Taota)

Die überall in der Umgebung sichtbaren Felsschriften (Moya Shike), über 400 an der Zahl, von der Song-Ära (960–1297) bis ins 20. Jh. hinein entstanden, stammen zum Teil von berühmten Kalligraphen, Gelehrten und Staatsmännern.

Ca. 19 km von Fuzhou entfernt, auf dem Beifengshan liegt der Linyang-Si-Tempel aus dem Jahr 931. Die heute erhaltenen Bauten wurden jedoch um die Jahrhundertwende erstellt.

Tempel Linyang Si

Die Luoxing-Ta-Pagode aus der Song-Zeit (960–1279) erhebt sich auf dem gleichnamigen Berg bei dem Hafen Mawei Gang, 21 km südöstlich der Stadt.

Luoxing Ta

Der Legende zufolge soll sie von einer Frau zum Gedenken an deren unschuldig hingerichteten Mann errichtet worden sein. Der Bau, der durch seine erhöhte Lage weithin sichtbar ist, wurde von 1621 bis 1627 restauriert.

✳ Berg Wuyishan

Der Wuyishan liegt im Norden der Provinz Fujian an der Grenze zur Provinz Jiangxi. Zu erreichen ist er von Fuzhou mit der Bahn über Nanping und weiter mit dem Bus.

Allgemeines

Die landschaftlichen Schönheiten dieses Gebirges werden seit Jahrhunderten gerühmt. Bekannt ist es auch durch den Wulong-Tee und die diversen Heilkräuter. Wegen der vielen Pflanzen- und Tierarten wurde das Terrain zum Naturschutzgebiet erklärt.

Bei Wanderungen sollte man wegen der hier vorkommenden Giftschlangen vorsichtig sein.

Hinweis

Sehenswert ist vor allem das Gebiet des Flusses der Neun Windungen (Jiuqu Xi), der 7 km durch das Gebirge fließt. Die Bootsfahrt flußabwärts durch dieses Gebiet dauert 1 1/2 Std.

Besichtigungsfahrt

An der ersten Windung erhebt sich der Große Königsgipfel (Dawang Feng). Über eine schmale Felsspalte an der Südseite kann man auf den Gipfel klettern.

Im Bereich der dritten Windung sieht man hoch oben im Felsen in Spalten Holzboote, in denen die Minderheit der Guyue vor mehr als 2000 Jahren ihre Toten bestattete.

Bei der fünften Windung befand sich eine Privatschule, an welcher der Philosoph Zhu Xi (1130–1200) lehrte.

Gansu · Kansu   Ga–Gk 24–29

Chinesische
Entsprechung

Provinz
Fläche: 451 000 km²
Einwohnerzahl: 22,85 Mio.
Hauptstadt: Lanzhou

Übersichtskarte
s. S. 184

Die Provinz Gansu liegt im Nordwesten Chinas, auf 93° 28′–108° 44′ östlicher Länge und 32° 36′–42° 48′ nördlicher Breite.

Lage

Gansu · Kansu

Übersichtskarte

Naturraum

Die Höhenlage der Provinz liegt zwischen 1000 m und 3000 m, die höchste Erhebung mißt 5808 m, die niedrigste 600 m. Im Norden und Osten herrschen Hochebenen vor, im Süden und Westen dagegen Steppengebiete (fast 30%). Der östliche Teil von Gansu ist Lößgebiet, durch das der Huanghe fließt. Nach Nordwesten bildet die Provinz zwischen dem Nordostrand des Qinghai-Tibet-Plateaus und der Gobi einen langgestreckten 'Korridor', desssen Oasen, die von den Qilianshan-Bergen mit Wasser gespeist werden, die Seidenstraße markieren.

Klima

Das Klima hat festländischen Charakter, es ist durch kalte, trockene Winter und warme, feuchte Sommer gekennzeichnet.

Geschichte

Schon unter Kaiser Shihuang von der Qin-Dynastie (221–206 v. Chr.) kam Gansu zum chinesischen Reich. Durch den Oasengürtel des Gebiets eignete es sich als Verbindungsweg von Osten nach Westen. Auf diesem Weg kam bereits im 1. Jh. v. Chr. der Buddhismus hierher. So entwickelten sich einige alte Handelsstädte an der Seidenstraße wie Dunhuang und Jiuquan zu Zentren der neuen Religion. Entlang des Handelsweges entstanden zahlreiche Höhlentempel, von denen die berühmtesten in Dunhuang sind.

Wirtschaft

Die traditionell arme Provinz durchlief in den letzten Jahrzehnten eine rasche industrielle Entwicklung, wobei Lanzhou das Industrie- und Verkehrszentrum bildet. Von großer Bedeutung ist die Erdölförderung. Weitere wichtige Bodenschätze sind Kohle sowie Kupfer, Blei und Zink.
In den meisten Gebieten der Provinz mangelt es an Wasser, weshalb Bewässerungsprojekte die Grundlage für die landwirtschaftliche Entwicklung sind. Die Projekte beinhalten jedoch oft große problematische Umsiedlungsaktionen; die meisten Bauern wollen ihr Land nicht verlassen. Die wichtigsten landwirtschaftlichen Anbauprodukte sind Weizen, Mais, Hirse, Baumwolle, Leinsamen und Melonen. Zudem wird Schweine-, Schaf-, Rinder- und Pferdezucht betrieben.

Reiseziele

Besondere Sehenswürdigkeiten bieten die Städte → Dunhuang und → Jiuquan.

Häuser aus Stampflehm in Gansu

Große Mauer Gc – Hg 25 – 27

万里长城

Chinesische Entsprechung

"Wer nicht auf der Großen Mauer war, ist kein echter Kerl". Dieser beliebte Spruch zeugt von der hohen Bedeutung, welche die Chinesen diesem einmaligen Monument beimessen. Die Große Mauer, auf chinesisch Wanli Chang Cheng (Zehntausend Li lange Mauer), erstreckt sich heute über insgesamt 6700 km, von der Festung Shanghaiguan (→ Qinhuangdao) im Osten bis zur Festung Jiayuguan (→ Jiuquan) im Westen. Sie verläuft durch Hebei, Tientsin, Peking, Shanxi, die Innere Mongolei, Ningxia, Shaanxi und Gansu. Das Bauwerk ist im Durchschnitt 6 bis 8 m, stellenweise bis 16 m hoch, an der Krone 6 bis 7 m breit und mit Zinnen und Wachttürmen versehen. Aufgrund des schlechten Erhaltungszustands der Mauer können nur einige Abschnitte besichtigt werden.

Allgemeines

Der Bau erster Grenzbefestigungen begann in der Frühlings- und Herbst-Periode, zwischen dem 8. und 5. Jh. v. Christus. Aus Furcht vor den Nachbarstaaten, vor den Hunnen und anderen in Nord- und Westchina angesiedelten Stämmen, ließen die einzelnen Herrscher an ihren Landesgrenzen in den folgenden Jahrhunderten z. T. auch schon Stampflehmmauern errichten. Nach der Reichseinigung im Jahr 221 v. Chr. ließ Kaiser Qin Shi Huangdi die verschiedenen Befestigungswälle miteinander verbinden und so zu einer einzigen Mauer ausbauen, die jedoch weiter nördlich als die heutige Mauer verlief. Unter der Westlichen Han-Dynastie (206 v. Chr. – 9 n. Chr.) wurde diese Mauer verstärkt und nach Westen über Dunhuang hinaus bis zur Festung Yumen Guan (→ Dunhuang) verlängert. Im Osten reichte die Mauer bis zur Liaodong-Halbinsel. Die Arbeiten wurden von Soldaten und Frondienstleistenden, vor allem Bauern, verrichtet. Die Sui-

Baugeschichte

Große Mauer

Baugeschichte (Fortsetzung)

Dynastie (581–618) begann erneut mit dem Bau einer Mauer, und zwar diesmal südlich der alten. Diesem Verlauf folgte dann die bis heute erhaltene Mauer der Ming (1368–1644). Sie wurde zum Schutz vor den Mongolen errichtet, nachdem diese aus China vertrieben worden waren (mongolische Yuan-Dynastie, 1271–1368). Die Ming-Mauer wurde im Bereich zwischen dem Bohai-Golf (Festung Shanhaiguan) und dem Gelben Fluß deutlich mächtiger dimensioniert als ihre Vorgänger und vor allem im Bereich von Peking mehrfach gestaffelt; dabei erhielten die wichtigen Pässe zusätzlich Befestigungen. Entlang der ganzen Länge wurden Truppen stationiert; bewacht wurde der Grenzwall von den an herausragenden Punkten – etwa alle 200 bis 300 m – erbauten Wachttürmen aus. Unter der mandschurischen Qing-Dynastie (1644–1911), die außer dem chinesischen Kernland auch die Mongolei, die Mandschurei und weitere Gebiete nördlich der Mauer beherrschte, wurde das Bauwerk nicht mehr benötigt und verfiel. Erst nach der Gründung der Volksrepublik 1949 und verstärkt seit den achtziger Jahren wurden einige Abschnitte für den Fremdenverkehr restauriert.

* Paß Jugongguan

Der Jugongguan-Paß beginnt 50 km nordwestlich von Peking, erstreckt sich über 20 km durch ein Tal und endet 5 km vor Badaling. Er war früher strategisch sehr wichtig, denn er sicherte den nördlichen Zugang nach Peking. Die hier bestehende Festung stammt aus dem 14. Jahrhundert. Auf der um 1345 angelegten Wolkenterrasse (Yuntai) aus Marmor, 10 m hoch, 27 m lang und 18 m breit, erhoben sich einst drei Türme und später ein Tempel. Heute befindet sich hier ein Bogentor, das mit Reliefs von Gottheiten, Himmelswächtern, mythologischen Vögeln sowie mit buddhistischen Inschriften in Sanskrit, Tibetisch, Mongolisch, der Xixia-Sprache, Uigurisch und Chinesisch geschmückt ist.

** Badaling

Der am meisten besuchte Mauerabschnitt (geöffnet tgl. 6.30–21.30 Uhr) befindet sich am Badaling-Paß (660 m ü. d. M.), rund 60 km nordwestlich

Die Große Mauer bei Peking

von Peking. Er wurde 1957 restauriert. Der Befestigungswall ist in diesem Bereich 7 bis 8 m hoch und 5 bis 6 m breit. Darauf können zehn Menschen oder fünf Pferde nebeneinander Platz finden. Die Mauer war nämlich auch als Verkehrsweg von großer Bedeutung. Die Pflasterung besteht aus drei Schichten von Backsteinen. Entlang der inneren Kante zieht sich eine 1 m hohe Brustwehr und entlang der äußeren doppelt so hohe Zinnen. Den besseren Ausblick bietet der steilere westliche Abschnitt.

Große Mauer, Badaling (Fortsetzung)

Landschafltich eindrucksvoller ist der ebenfalls restaurierte Mauerabschnitt bei Mutianyu. Er liegt 70 km nordöstlich von Peking.

Mutianyu

Beeindruckend ist auch der Mauerabschnitt bei Gubeikou, 130 km von Peking entfernt. Er wurde auf die Berge Panlong und Wohu gebaut; von hier hat man einen herrlichen Ausblick. Von dem in der Ming-Zeit (1368 bis 1644) errichteten Festungsturm ist nur noch eine Ruine erhalten.

Gubeikou

Guangdong

Gk – Hd 33 – 35

Chinesische Entsprechung

Provinz
Fläche: 198 500 km²
Einwohnerzahl: 70 Mio.
Hauptstadt: Kanton

Übersichtskarte
s. S. 188

Guangdong

Übersichtskarte

Lage und Allgemeines	Die vom Wendekreis des Krebses durchquerte Provinz Guangdong liegt in Südchina, zwischen 108° 13' –119° 59' östlicher Länge und 3° 28' –25° 31' nördlicher Breite. Zu ihrem Hoheitsgebiet zählen das Festland und eine Vielzahl von Inseln, die über das Südchinesische Meer verstreut sind. Der wichtigste Dialekt ist der kantonesische, der vor allem im Westen und Zentrum der Provinz gesprochen wird. Der Hakka-Dialekt ist im Norden und der Fujian-Dialekt im östlichen Küstenbereich zu hören.
Naturraum	Guangdong ist geprägt durch ein Bergland, welches im Norden durch das Nanling-Gebirge von fast 2000 m Höhe vom Tal des Changjiang abgeschirmt ist, und durch Ebenen im Mündungsgebiet des Xijiang und auf der Halbinsel Leizhou.
Klima	Die Provinz weist ein für die chinesischen Tropen- und Subtropengebiete typisches Monsunklima auf. Das Barometer klettert oft auf 40°C, und die meisten Niederschläge fallen in den drei Sommermonaten. In dieser Zeit wird Guangdong oft von Taifunen heimgesucht.
Geschichte	Unter dem Qin-Kaiser Shi Huangdi (Reg. 221–210 v. Chr.) kam Guangdong, das damals nicht von Han, sondern von Minderheiten bewohnt war, z. T. zum chinesischen Reich, das dann in der Han-Zeit (206 v. Chr. bis 220 n. Chr.) das ganze Gebiet umfaßte. Durch seine Lage am Meer ist hier schon seit der Tang-Zeit (618–907) ausländischer Einfluß spürbar; damals entstand eine Moschee in Kanton. Bis zum 12. Jh. entwickelte sich in der Region ein lebhafter Außenhandel. In diesem und den folgenden Jahrhunderten kamen viele Han nach Guangdong. Seit dem 16. Jh. begannen die Europäer in Guangdong Einfluß zu nehmen. Im Jahr 1553 wurde Macao portugiesisch, von 1841 bis 1842 kam Hongkong unter britische und 1898 Kanton unter französische Verwaltung. Viele Menschen wanderten nach Südostasien und Nordamerika aus. Die Hälfte der Chinesen aus Übersee stammt aus Guangdong.
Wirtschaft	Guangdong ist die reichste Provinz Chinas; ein Achtel der Gesamteinnahmen des Landes kommt hierher. Im Jahr 1992 verzeichnete es eine

Wachstumsrate von ca. 19%. Die inländischen Investitionen stiegen um 35%, und fast die Hälfte der ausländischen Investitionen in China gelangten in diese Provinz. Zum Wirtschaftswachstum trägt die Nähe zu Hongkong und Macao bei.
Die Leichtindustrie (Nahrungsmittel- und Textilindustrie) spielt eine wichtige Rolle und im Bereich der Schwerindustrie sind besonders Metallverarbeitung sowie Maschinen- und Schiffbau zu nennen.
Nur etwa 15% der Gesamtfläche der Provinz sind landwirtschaftlich nutzbar. Durch das Klima sind 2 bis 3 Reisernten – zwei Drittel des Ackerlandes werden für den Reisanbau genutzt – pro Jahr möglich.
Von Bedeutung ist auch der Obstanbau (Bananen, Mandarinen, Ananas und Lychees). Weitere landwirtschaftliche Produkte sind Zuckerrohr, Tee, Tabak und Erdnüsse. Eine große Rolle spielt die Fischerei im Südchinesischen Meer.

Wirtschaft (Fortsetzung)

Sehenswert sind außer der Provinzhauptstadt → Kanton → Foshan, → Zhaoqing, → Shenzhen, → Shantou, → Zhanjiang und → Zhuhai.

Reiseziele

Guangxi Gh – Hb 32 – 35

广西壮族自治区

Chinesische Entsprechung

Autonome Region
Fläche: 236 000 km²
Einwohnerzahl: 43,24 Mio.
Hauptstadt: Nanning

Die autonome Region Guangxi liegt in Südchina, zwischen 104° 29′ bis 112° 03′ östlicher Länge und 20° 54′ – 26° 23′ nördlicher Breite.
Ein großer Bevölkerungsanteil von Guangxi bildet nach den Han die ethnische Minderheit der Zhuang, deren Sprache dem Thai ähnelt. Daneben

Lage und Allgemeines

Übersichtskarte

Guilin

Guangxi, Lage und Allgemeines (Fortsetzung)

leben hier die Volksgruppen der Yao, Miao, Dong, Maonan, Hui, Jing, Yi, Shui und Gelao. Deswegen gründete die Zentralregierung 1958 die autonome Region Guangxi, eines der fünf autonomen Gebiete für nationale Minderheiten mit provinzähnlichem Status (die anderen vier sind Xinjiang, die Innere Mongolei, Tibet und Ningxia). Die für Han bindende Geburtenkontrolle gilt nicht für die Minderheiten, wodurch deren Bevölkerungszuwachsrate z. T. deutlich über der der Han liegt.

Naturraum

Die im Einzugsgebiet des oberen Xijiang gelgene Region ist zu ca. 85 % ein stark gegliedertes, von Karstgestein geprägtes Berg- und Hügelland, das von der Küstenebene am Golf von Tonkin (Beibu Wan) im Süden, die den zentralen Teil der Region einnimmt, zu den Plateaus von Guizhou und Yunnan ansteigt. Der höchste Berg ist der 2142 m hohe Miao'ershan, der sich in der nördlichen Bergkette Yuecheng Ling erhebt.

Klima

Das subtropische Monsunklima wird geprägt durch lange heiße Sommer und überaus milde Winter. Im Juli beträgt die Durchschnittstemperatur im Norden 27 °C und im Süden 32 °C sowie im Januar 4 °C im Norden und im Süden 16 °C. Die Niederschläge verteilen sich auf die Monate April bis September, sie erreichen jährliche Werte von 1000 bis 2000 mm.

Geschichte

Die Geschichte von Guangxi war geprägt von Kämpfen um dieses Gebiet. Bis ins 19. Jh. stritten sich Han-Chinesen und ethnische Minderheiten um den Besitz, dann versuchten die Franzosen und Engländer, die Region unter ihre Kontrolle zu bringen. Um die Jahrhundertwende mußten Longzhou, Wuzhou und Nanning dem ausländischen Handel geöffnet werden. In den Jahren 1939 und 1944 besetzten die Japaner Guangxi.

Wirtschaft

Seit 1949 entwickelte sich die Industrie von Guangxi zunehmend; wichtige Zweige sind die Nahrungsmittelindustrie (Zuckerfabriken), metallurgische und chemische Industrie, Maschinenbau, Zement- und Elektroindustrie. In der Provinz werden an Bodenschätzen Erdöl, Erdgas, Kohle, Eisen, Zink, Nickel und Bauxit gefördert. Die Landwirtschaft ist der wichtigste Wirtschaftszweig von Guangxi, obwohl nur 12 % der Landesfläche dafür nutzbar sind. Hierbei ist der Anbau von Südfrüchten (Ananas, Bananen) zu nennen. Das Klima ermöglicht vor allem im Süden den Anbau von Reis (zwei Ernten im Jahr) und Zuckerrrohr. Im waldreichen Norden wird Sandelholz und Kork gewonnen. Auch die Fischerei spielt eine wichtige Rolle.

Reiseziele

Die Provinz gehört zu den landschaftlich schönsten Gebieten Chinas. Außer der Hauptstadt → Nanning sind auch → Guilin, → Luizhou und → Wuzhou interessant.

Guangzhou

→ Kanton

Guilin   Ha 33

Chinesische Entsprechung

桂林市

Stadtplan s. S. 192

Autonome Region Guangxi
Höhe: 150 m ü. d. M.
Fläche: 54 km^2
Einwohnerzahl: 290 000 (im Großraum 685 000)

Wunderschöne Landschaft bei Guilin ▶

Guilin

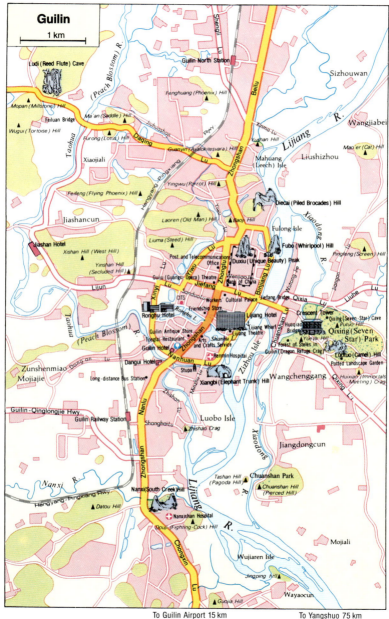

Guilin

Guilin liegt auf 110° 17' östlicher Länge und 25° 16' nördlicher Breite, im Nordosten der autonomen Region Guangxi, inmitten einer traumhaft schönen Landschaft.

Da Guilin zu den größten Touristenattraktionen des Landes gehört, gibt es häufige Flugverbindungen mit Peking, Kanton und Hongkong. Von Nanning, der Hauptstadt der autonomen Region, erreicht man Guilin nach etwa elfstündiger Bahnfahrt.

Lage und Verkehrsanbindung

Mehrere Flüsse schlängeln sich durch die Stadt, die von einem ganzen Gürtel von Bergen mit bizarren Felsformationen und Grotten umgeben ist. Das Landschaftsbild wurde im Laufe von ca. 200 Mio. Jahren geschaffen, als das Meer noch bis hierher reichte. Muschelkalk setzte sich ab. Dann hob sich die Erdkruste, der Kalk schichtete sich um und wurde vom Wasser und Wind geformt, wodurch unzählige Höhlen entstanden.
All das macht Guilin zu einem einzigartigen Naturerlebnis. Dichter und Maler waren jahrhundertelang fasziniert von der Schönheit der einmaligen Landschaft, die von Märchen und Legenden umwoben ist. Im Herbst ist die Stadt erfüllt vom Duft der Kassienbäume (Zimtbäume).

**Stadtbild

Qin-Kaiser Shi Huangdi (Reg. 221–210 v. Chr.) ließ hier den Lingqu-Kanal anlegen, der den Lijiang und den Xiangjiang miteinander verband. Der Kanal blieb jahrhundertelang der Hauptverkehrsweg zwischen Süd- und Zentralchina. Heute wird er hauptsächlich zur Bewässerung genutzt. In dieser Zeit wurde Guilin zur Hauptstadt des gleichnamigen Verwaltungsbezirkes. Seinen Namen ('Zimtbaumwald') verdankt es den subtropischen Zimtbäumen, die bereits zu jener Zeit das Stadtbild prägten.
Mitte des 17. Jh.s errichtete die Ming-Regierung auf der Flucht vor den Mandschuren hier ihre Residenz. Unter den nachfolgenden Qing (1644 bis 1911) war Guilin Hauptstadt von Guangxi und noch einmal von 1936 bis 1949, anschließend verlor es diesen Status endgültig an Nanning. In der Zeit des Chinesisch-japanischen Krieges war Guilin Zufluchtsort vieler Menschen aus dem Norden. In den letzten Jahrzehnten wurde die wirtschaftliche Entwicklung vorangetrieben.

Geschichte

Sehenswertes in Guilin

Auf den in der Stadtmitte aufragenden, 152 m hohen Berg der Einzigartigen Schönheit führt ein steil ansteigender Weg mit 306 Stufen. Von oben hat man einen herrlichen Ausblick auf die Stadt und die Umgebung.
Den Gipfel beherrscht ein Bogenbau, das sog. Südliche Himmelstor (Nantian Men). In die Berghänge wurden viele Grotten geschlagen, deren Innen- und Außenwände mit Inschriften aus der Tang- und Qing-Ära (618 bis 907, 1644–1911) bedeckt sind.
Südlich des Gipfels auf dem Gelände der Pädagogischen Hochschule befindet sich der Wangcheng, die ehemalige Residenz des Königs von Jingjiang. Erhalten sind noch Reste der Mauer sowie Balustraden und Treppen.

*Gipfel der Einzigartigen Schönheit (Duxiu Feng)

Der Berg der Besänftigten Wellen liegt 300 m östlich des Berges der Einzigartigen Schönheit. Aus dem Tempel Dingyue Si der Qing-Zeit (1644 bis 1911) vom Diecaishan stammen die 2,5 t schwere eiserne Glocke und ein riesiger Tausend-Mann-Topf.

Berg der Besänftigten Wellen (Fuboshan)

Am Fuß des Berges der Besänftigten Wellen befindet sich die Höhle der Zurückgegebenen Perle. Der Legende nach lebte hier ein Drache, der eine leuchtende Perle besaß. Ein Fischer entdeckte diese und nahm sie mit. Er wurde jedoch von Gewissensbissen geplagt und brachte das Kleinod wieder zurück. In der Höhle findet sich der Schwertprüfstein, an dem die Schwerter erprobt wurden. Auf dem Felsen Qianfo Yan sind über 200 buddhistische Skulpturen und Inschriften aus der Tang- und Song-Ära (7.–13. Jh.) zu sehen.

Höhle der Zurückgegebenen Perle (Huanzhu Dong)

193

Guilin

Berg der Farbigen Schichten (Diecaishan)

Der mehrgipfelige Berg der Farbigen Schichten oder auch Berg der Zimtbäume – früher wuchsen diese immergrünen Bäume an seinen Hängen – liegt im Norden der Stadt am Westufer des schönen Lijiang. Wegen der vielen Pavillons und Monumente, die Beamte und Literaten hier errichten ließen, war er schon vor über 1000 Jahren ein beliebtes Reiseziel. Leider hat kein einziges Bauwerk die Wirren der Zeit überdauert. In den Höhlen sind buddhistische Skulpturen und Inschriften an den Felswänden aus der Tang- und Song-Zeit (7.–13.Jh.) zu finden. Von dem höchsten Gipfel, dem Mingyue Feng (223 m ü. d. M.), hat man einen malerischen Ausblick auf die Stadt und die Umgebung.

*Park der Sieben Sterne (Qixing Gongyuan)

Im Osten der Stadt breitet sich der Park der Sieben Sterne aus. Mit seinen 40 ha ist er die größte öffentliche Grünanlage in Guilin. Sein Name leitet sich von der Anordnung der sieben Hügel ab, die der Konstellation der Sterne im Großen Bären entspricht. Am Eingang befindet sich die Blumenbrücke (Huaqiao) aus der Song-Zeit (960–1279). Der Putuoshan umfaßt die vier nördlichen Berge, die von mehreren Höhlen, darunter die Sieben-Sterne-Höhle, durchzogen sind. Die drei südlichen Gipfel bilden den Yueyashan. Interessant ist hier der Steintafelwald mit Inschriften vor allem aus der Song-Zeit.

Kamelberg (Luotuoshan)

Der ca. 22 m hohe Kamelberg erhebt sich im Südosten des Parks, der, wie sein Name schon sagt, an ein sitzendes Dromedar erinnert. Er ist übersät mit Pfirsichbäumen, die ihn im Frühling rosa färben. An seinem Westfuß kann man den Städtischen Zoo aufsuchen.

Sieben-Sterne-Höhle (Qixing Yan)

Die insgesamt 800 m lange Sieben-Sterne-Höhle, die aus einem unterirdischen Flußbett entstand, setzt sich aus mehreren kleinen und großen, durch schmale Zick-Zack-Gänge verbundenen Grotten zusammen. Sie ist seit Jahrhunderten eine bekannte Sehenswürdigkeit. Die größte Grotte ist 43 m breit und 27 m hoch mit einer beständigen Innentemperatur von etwa 20°C. Auch hier sind die Wände voller Inschriften und Gedichte berühmter Kalligraphen, Literaten und Staatsmänner (älteste Inschrift von 590).

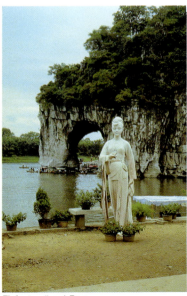

Elefantenrüssel-Berg

Fluß Lijiang

Guilin

Die Höhle des Drachenverstecks im Westteil des Parks zählt über hundert Inschriften von der Nördlichen Song-Ära (960–1126) bis zum frühen 20. Jahrhundert.

Höhle des Drachenverstecks (Longyin Yan)

Der Elefantenrüssel-Berg erhebt sich am Westufer des Lijiang, im Süden der Stadt. Seine Gestalt erinnert an einen Elefanten, der seinen Rüssel in den Fluß taucht. Der Legende nach kam ein Elefant, der dem Himmelskaiser gehörte, auf die Erde, um den Menschen bei ihrer Arbeit zu helfen. Darüber erboste der Himmelskaiser und erstach ihn, als er gerade am Ufer des Flusses trank, worauf das Tier zu Stein erstarrte. Die Höhle zwischen dem 'Körper' und dem 'Rüssel' hat eine besonders eindrucksvolle Form, die alte und moderne Dichter zu zahlreichen, in die Felswände eingravierten Versen inspiriert hat. Die Gedichte von Lo You, Fan Chengda und anderen Poeten der Song-Dynastie (960–1279) sind von unschätzbarem literarischen und archäologischen Wert. Auf der Spitze des Felsens steht die Pagode Puxian Ta, die den Griff des Dolches darstellt, mit dem der Elefant getötet wurde.

*Elefantenrüssel-Berg (Xiangbi Shan)

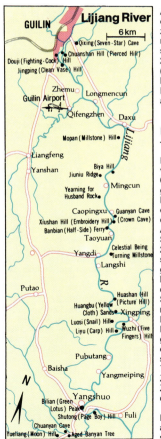

Am Südrand der Stadt erhebt sich der Berg des Südflusses mit seinen zwei symmetrischen Gipfeln, der reich an Grotten und kunstvoll beschrifteten Felswänden ist. Die etwa 200 Inschriften gehen auf die Tang- (618–907) und Song-Epoche (960 bis 1279) zurück. Am nördlichen Bergrand erstreckt sich eine Parkanlage gleichen Namens.

Berg des Südflusses (Nanxishan)

Umgebung von Guilin

Die Schilfrohrflöten-Höhle, ganz verborgen am Guangming-Berg, 6 km nordwestlich der Stadt, gelegen, ist die größte und beeindruckendste Höhle von Guilin. Ihr Name erklärt sich aus dem Umstand, daß diese Gegend bereits seit dem Altertum für die Herstellung von Schilfrohrflöten bekannt ist. In der 240 m tiefen Tropfsteinhöhle bahnt sich der Besucher seinen 500 m langen Weg durch ein Meer von Stalaktiten und Stalagmiten, die durch die künstlichen Lichteffekte aus Scheinwerfern und Neonlampen immer wieder andere faszinierende Formen annehmen. Eine Grotte, die Kristallpalast des Drachenkönigs genannt wird, faßt 1000 Menschen; eine Steinsäule stellt den Zauberstab des Drachenkönigs dar. Über 70 Wandinschriften aus der Tang-Zeit (618–907) legen beredtes Zeugnis von der langen Geschichte der Höhle ab.

**Schilfrohrflöten-Höhle (Ludi Yan)

Im Süden der Stadt (10 km entfernt), am Fuß des Berges Dushan befindet sich die Höhle Zengpi Yan, in der

Zengpi Yan

Guiyang · Kweiyang

Guilin,
Zengpi Yan
(Fortsetzung)

1965 Spuren einer steinzeitlichen Siedlung entdeckt wurden. In einem Ausstellungsraum sind die Funde, Werkzeuge aus Stein und Knochen, Keramik, Feuerstellen und Gräber, zu sehen.

✴✴ Fluß Lijiang (Übersichtskarte s. S. 195)

Flußfahrt

Die Fahrt auf dem Lijiang gehört zu den Höhepunkten einer China-Reise. Von Guilin nach Yangshuo schlängelt sich der Fluß über 83 km durch eine wunderschöne Landschaft aus Bambuswäldern, dichtem Schilfrohr und höchst bizarren Felsformationen. Ab und zu sieht man ein Fischerboot mit zwei oder drei Kormoranen an Bord vorbeigleiten. Der Fischfang mithilfe dieser Tiere geht zurück, weil es nicht mehr lukrativ ist. Man passiert den Durchbohrten Berg (Chuanshan), die Saubere Vase (Jingpingchan), den Bestickten Berg (Xiushan) und nach ca. der Hälfte des Weges den Gemäldeberg (Huashan). Das örtliche Touristikbüro veranstaltet Flußfahrten (Dauer: 5 Std.) unter der Leitung eines Führers.

Yangshuo

Yangshuo, dem Zielpunkt der Lijiang-Fahrt, ist ein Zentrum für Individualtouristen mit vielen kleinen billigen Hotels. An der Anlegestelle lockt ein hübscher Markt, auf dem kunsthandwerkliche Gegenstände angeboten werden. In der Umgebung von Yangshuo ist der Grüne-Lotos-Berg (Bilian Feng) sehenswert. Zudem steht nur wenige Kilometer südlich von Yangshuo ein gewaltiger jahrhundertealter Banyan-Baum. 3 km von dem Baum entfernt erhebt sich der Mondberg (Yueliangshan), dessen Gipfel ein halbmondförmiges Loch aufweist.

Guiyang · Kweiyang   Gj 32

Chinesische
Entsprechung

Hauptstadt der Provinz Guizhou
Höhe: 1070 m ü. d. M.
Fläche: 54 km²
Einwohnerzahl: 3,5 Mio.

Lage und
Verkehrsanbindung

Guiyang, auch Zhu genannt, liegt auf 106° 37′ östlicher Länge und 26° 34′ nördlicher Breite, im Zentrum der Provinz Guizhou, mitten in einer von hohen Bergen begrenzten Hochebene. Es erstreckt sich an den Ufern des Nanminghe, eines Nebenflusses des Wujiang. Von Tschungking und Kunming erreicht man die Stadt, die einen Verkehrsknotenpunkt darstellt, mit der Bahn, von Peking, Shanghai, Kanton und anderen großen chinesischen Städten per Flugzeug.

Geschichte

Der Ursprung von Guiyang liegt in grauer Vorzeit. Schon zur Zeit der Han-Dynastie (206 v. Chr. bis 220 n. Chr.) ist es als städtische Siedlung bezeugt. Als Militärstützpunkt diente es in der Yuan-Ära (1271–1368). Unter den Ming (1368–1644) erfuhr Xingui, wie es damals hieß, einen erheblichen Aufschwung. Seit dem Jahr 1913 nennt man es Guiyang. In den letzten Jahrzehnten entstand Schwerindustrie sowie chemische, Textil- und Konsumgüterfabriken.

Sehenswertes in Guiyang

*Pavillon des
Literaten
(Jiaxiu Lou)

Der 20 m hohe, dreidachige Bau in der Stadtmitte entstand 1689. Den Vorplatz schmücken zwei Eisensäulen aus den Jahren 1732 bzw. 1797. Im

Der Huangguoshu ist der größte Wasserfall Chinas. ▶

Guiyang (Fortsetzung)	Innern des Pavillons sind an Wänden, Pfeilern und auf von der Decke herabhängenden Tafeln zahlreiche alte Inschriften angebracht.
*Park Qianlingshan Gongyuan	Der ca. 300 ha große Qianlingshan-Gongyuan-Park erstreckt sich 1,5 km nordwestlich der Stadt. Es handelt sich um einen Miniatur-Naturpark, wo neben Bäumen und Heilkräutern weitere 2500 verschiedene Pflanzenarten gedeihen und Dutzende von Rhesusaffen und 50 Vogelarten vorkommen. Zu dem Park gehört auch ein malerischer See, der von mehreren Hügeln eingerahmt wird.
Berg Qianlingshan	Inmitten des Geländes erhebt sich der Qianlingshan (1300 m ü. d. M.). Vom Westgipfel bietet sich ein herrlicher Blick über die Stadt.
Tempel des Großen Glücks (Hongfu Si)	Am Qianlingshan wurde im Jahr 1672 der Tempel des Großen Glücks erbaut, der aus mehreren Hallen besteht.
Obelisk	Dahinter spitzt aus einem Kiefernwald ein Obelisk hervor, der den Opfern des Bürgerkrieges von 1949 gewidmet ist.
Zoo	Ganz in der Nähe befindet sich der Zoo von Guiyang, wo über 80 seltene Tierarten wie Stumpfnasenaffe, Tiger und Panda besichtigt werden können.
Grotte des Einhorns (Qiling Dong)	In einem anderen Winkel des Parks stößt man auf die vor 1530 entdeckte Grotte des Einhorns, in der die Guomindang-Regierung viele Jahre lang die Generäle Chang Hsueliang und Yang Hucheng gefangen hielt, die man beschuldigte, 1937 bei der Gefangennahme von Chiang Kai-shek in Xi'an mit der kommunistischen Partei kollaboriert zu haben.

Umgebung von Guiyang

Park Huaxi Gongyuan	Der Huaxi-Gongyuan-Park, 17 km südlich der Stadt, säumt die Ufer des Blumenflusses (Huaxi), der nahe der Bashang-Brücke den Huaxi-Wasserfall bildet. Die Gegend, die wegen ihrer landschaftlichen Schönheit von den Einheimischen 'Blume der Guizhou-Hochebene' genannt wird, ist von Inseln, Brücken, Pavillons und Teehäusern geprägt.
*Unterirdischer Garten (Dixia Gongyuan)	Der Unterirdische Garten, in einer weitläufigen Höhle zirka 23 km südlich der Stadt gelegen, wurde erst 1965 entdeckt. Der Weg durch die 587 m tiefe Höhle führt an einer Unzahl von Stalaktiten und Stalagmiten vorbei, deren surreale Wirkung durch das Beleuchtungssystem noch verstärkt wird.
*Huangguoshu-Wasserfall (Huanggshu Pubu; Abb. s. S. 197)	Der Huangguoshu-Wasserfall – mit über 60 m Höhe und 80 m Breite der größte Chinas – liegt etwa 150 km südwestlich von Guiyang, wo der Baishui-Fluß auf einer Strecke von gut 2 km neun steile Gesteinsstufen durch ebensoviele Wasserfälle überwindet.

Guizhou · Kweitschou Gg – Gk 31 – 33

Chinesische Entsprechung	贵州省
	Provinz Fläche: 170 000 km^2 Einwohnerzahl: 33,15 Mio. Hauptstadt: Guiyang

Guizhou · Kweitschou

Lage und Allgemeines

Die Provinz Guizhou liegt im Südwesten Chinas zwischen 103° 37′ bis 109° 32′ östlicher Länge und 24° 37′–29° 13′ nördlicher Breite.
In Guizhou leben viele nationale Minderheiten (Dong, Hui, Yao, Zhuang), wobei die Miao in der Mehrzahl sind.

Naturraum

Guizhou besteht zu 85% aus einer von Gebirgen – die höchste Erhebung mißt 2900 m – durchzogenen Hochebene. Das von Westen nach Osten in drei Höhenstufen abfallende Gelände weist durch das dichte Netz von Flüssen und Tälern eine sehr komplexe Struktur auf.

Klima

Hier herrscht ein typisches Monsunklima mit milden Wintern und warmen Sommern. In der Hauptstadt Guiyang liegen im Juli die Durchschnittstemperaturen bei 24°C und im Januar bei 4°C.
Die Niederschläge sind so reichlich (1000–1500 mm im Jahr), daß der Himmel nur an wenigen Tagen ganz wolkenlos ist. Daher zitieren die Chinesen, wenn von der Provinz Guizhou die Rede ist, gerne folgendes Sprichwort: "Der Himmel ist nie drei Tage klar, die Erde nirgends drei chi (etwa 3 Fuß) eben".

Geschichte

Das Gebiet war ursprünglich von Minderheiten, vor allem den Miao, bewohnt. Seine Geschichte war geprägt von den Aufständen gegen die immer mehr zunehmenden Einflüsse der chinesischen Zentralregierung.

Wirtschaft

Die Eisen- und Stahl-, Maschinenbau-, Elektro-, Reifen-, Zement- und Düngemittelindustrie in Guizhou ist vor allem in Guiyang und Zunyi ansässig. Die wichtigsten Bergbauprodukte sind Quecksilber, Kohle und Bauxit sowie Manganerze.
In der Landwirtschaft ist vor allem der Anbau von Reis, Weizen und Mais, ferner Raps, Kartoffeln und Tabak zu nennen. Von Bedeutung ist zudem die Seidenraupenzucht und die Tungölgewinnung.
Weltweit bekannt ist der Schnaps Maotai Jiu, der aus Weizen und Sorghum hergestellt wird.

Reiseziele

Außer der Provinzhauptstadt → Guiyang sind auch → Maotai und Huangguoshu (→ Guiyang) lohnende Reiseziele.

China

Übersichtskarte

Volksrepublik China
Zhonghua Renmin Gongheguo

Haikou Ha 35

Chinesische
Entsprechung

海口

Hauptstadt der Provinz Hainan
Fläche: 218 km²
Einwohnerzahl: 300 000

Lage und Verkehrsanbindung

Haikou liegt am Nordende der Insel Hainan, auf 110° 18′ östlicher Länge und 20° 01′ nördlicher Breite.
Von Kanton, Peking, Shanghai und anderen chinesischen Großstädten kann man nach Haikou fliegen.

Geschichte

Haikou war bereits unter den Song (960–1279) als Seehafen bekannt. Zwischen 1911 und 1926 wuchs es rapide zu einer modernen Stadt heran. Heute ist Haikou das politische, wirtschaftliche und kulturelle Zentrum der Provinz Hainan sowie ein wichtiger Hafen und Verkehrsknotenpunkt.

Sehenswertes in Haikou

*Tempel der Fünf Würdenträger (Wugong Ci)

Der Tempel am Südrand der Stadt wurde 1889 zum Andenken an fünf Staatsmänner aus der Tang- und Song-Ära (618–1279) errichtet, die auf die Insel Hainan verbannt worden waren. Vor dem Tempel erblickt man auf einer Steintafel die Inschrift eines berühmten Kalligraphen, des Song-Kaisers Huizong (1082–1135).

*Tempel des Su Shi (Sugong Ci)

Neben dem Tempel der Fünf Würdenträger steht der Tempel des Su Shi, der 1617 über den Grundmauern des Klosters der Goldenen Hirse (Jinsu An) erbaut wurde, zum Gedenken an den berühmten Dichter Su Shi, der im Jahre 1097 einige Zeit hier verbrachte.

Brunnen

Die zwei Brunnen, die der Dichter Su Shi anlegen ließ, sind auch heute noch vorhanden: der Brunnen der Herzenswäsche (Xixin Quan) und der Brunnen der Schwimmenden Hirse (Fusu Quan).

Tempel der Zwei Würdenträger (Ergong Ci)

Der Tempel der Zwei Würdenträger gehört zum selben Areal wie der Tempel der Fünf Würdenträger. Hier werden Hai Rui, ein Minister der Ming-Dynastie (1368–1644), und sein Zeitgenosse, der Philosoph Qiu Xun, verehrt. Beide wurden in der Nähe von Haikou geboren.

*Grab des Hai Rui (Hai Rui Mu)

Das Grab des Hai Rui befindet sich in der Nähe des Vororts Bingy. Hai Rui (1514–1587), Minister am Hof der Ming, hatte es im Jahr 1566 gewagt, den Kaiser zu tadeln, weil er die Staatsgeschäfte vernachlässigt und dem Daoismus zuviel Aufmerksamkeit gewidmet habe. Diese verwegene Tat brachte ihm mehrere Jahre Kerker ein. Kurz nach seiner Rehabilitation wurden ihm erneut alle Ämter entzogen, weil er mehrere Minister und Generäle kritisiert hatte.
Die heftige Kritik, die Mao Zedong an Wu Hans Bühnenstück "Die Absetzung des Hai Rui" übte, markierte den Beginn der Kulturrevolution (1966 bis 1976).

Umgebung von Haikou

Akademie Qiongtai Shuyuan

Die 1710 erbaute Qiongtai-Shuyuan-Akademie, in der kleinen Stadt Qiongshan, nur wenige Kilometer südlich von Haikou gelegen, umfaßte ursprünglich zahlreiche Bauten. Heute steht nur noch das Rote Gebäude (Hong Lou), das eine Lehrerbildungsanstalt beherbergt.

Hainan Gk/Ha 35/36

海南岛

Chinesische Entsprechung

Provinz
Fläche: 34 380 km²
Einwohnerzahl: 6,74 Mio.
Hauptstadt: Haikou

Die vom Südchinesischen Meer umgebene Provinz Hainan, die südlichste Insel Chinas, liegt zwischen 108° 34'–111° 02' östlicher Länge und 18° 16'–20° 13' nördlicher Breite, 48 km vor der Küste von Guangdong.

Lage

Die Insel, 'Chinas Hawaii', die in Ost-West-Richtung 260 km und in Nord-Süd-Richtung 210 km mißt, hat in der letzten Zeit eine enorme touristische Entwicklung vollzogen. Die Li sind mit mehr als 1 Mio. nach den Han die zweitgrößte Bevölkerungsgruppe der Insel. Daneben gibt es noch etwa 60 000 Miao und 5000 moslemische Hui.

Allgemeines

Die Insel ist zu zwei Dritteln eben. Die Bergketten verlaufen, entgegen den übrigen chinesischen Gebirgen, in nordöstlich-südwestlicher Richtung und übersteigen nie die 2000-m-Grenze. Die höchste Erhebung ist der Fünf-Finger-Berg (Wuzhishan) mit 1879 m.
Bis in die 50er Jahre war fast ein Drittel von Hainan von tropischem Regenwald bedeckt, der bis auf etwa 2400 km² der Gewinnung von Anbauflächen weichen mußte. Inzwischen versucht man, den dadurch entstandenen Schaden durch Aufforstung wieder gutzumachen. Zum Schutz der Tierwelt wurden drei Naturschutzgebiete ausgewiesen.

Naturraum

Das subtropische und tropische Klima bringt hohe Jahresdurchschnittstemperaturen und starke Regenfälle mit sich; im Südosten fallen bis zu 2000 mm Niederschläge.

Klima

China

Übersichtskarte

Volksrepublik China
Zhonghua Renmin Gongheguo

Handan

Hainan (Fortsetzung) Geschichte	Während der Tang- und Song-Zeit (7.–13. Jh.) diente die Insel als Verbannungsort für unliebsame Beamte und Intellektuelle. Die Li, die Ureinwohner, wurden seit dem 15. Jh. durch vom Festland einwandernde Han-Chinesen in die Berge und Wälder des Südens vertrieben. 1939 eroberten die Japaner die Insel. Hainan bildet erst seit 1988 eine eigene Provinz, vorher gehörte es zu Guangdong.
Wirtschaft	1988 wurde die Provinz zur Sonderwirtschaftszone erkärt. Die Wirtschaft der Insel stützt sich auf Gummiherstellung, Abbau von Eisenerz und – bei einer landwirtschaftlich nutzbaren Fläche von 50 % – auf den Anbau von tropischen Früchten wie Bananen und Ananas. Zudem werden Kohle- und Buntmetallvorkommen ausgebeutet und vor der Küste Öl gefördert. Von Bedeutung ist außerdem die Fischerei. Derzeit wird Hainan zum internationalen Touristenzentrum ausgebaut.
Reiseziele	Von touristischem Interesse ist neben der Provinzhauptstadt → Haikou auch die Stadt → Sanya.

Handan   Hc 27

Chinesische Entsprechung	邯郸市

Provinz: Hebei
Höhe: 60 m ü.d.M.
Fläche: 420 km²
Einwohnerzahl: 400 000

Lage und Verkehrsanbindung	Handan liegt auf 114° 23′ östlicher Länge und 36° 32′ nördlicher Breite, am östlichen Ausläufer des Taihang-Massivs im Süden der Provinz Hebei. Es säumt das Westufer eines Nebenflusses des Huanghe. Handan ist durch eine Bahnlinie mit Peking verbunden.
Geschichte	Die Anfänge Handans liegen im dunkeln. In der Frühlings- und Herbst-Periode (770–476 v.Chr.) ist es als reiche Siedlung bezeugt. In der Zeit der Streitenden Reiche (476–221 v.Chr.) war es von 386 bis 228 v.Chr. Hauptstadt des Zhao-Reiches, dann zerstörten es Truppen des Qin-Reiches (221–206 v.Chr.). Während der Östlichen Han-Ära (206 v.Chr. bis 24 n.Chr.) wurde Handan wieder aufgebaut und gehörte zu den fünf größten Städten Chinas. In den nachfolgenden Jahrhunderten verfiel es jedoch durch lange Kriegswirren sehr. Von den 50er Jahren des 20. Jh.s an gelangte es zu neuer Blüte und ist heute eine der wichtigsten Industriemetropolen der Provinz Hebei.

Sehenswertes in Handan

***Ruinen aus der Zeit des Zhao-Staates** (Zhaowangcheng Yizhi)	Die Ruinen der alten Hauptstadt der Zhao liegen 4 km südwestlich des Zentrums. Die Stadt war in drei Bezirke unterteilt, einen östlichen, westlichen und nördlichen. Im westlichen Teil sind die Überreste der 284 m langen und 265 m breiten Drachenterrasse (Longtai) zu sehen, auf welcher der Hauptpalast gestanden haben soll.
Congtai-Plattform	Die 26 m hohe Congtai-Plattform befindet sich im nordöstlichen Teil des Ruinenfeldes. Die Datierung der Terrasse ist umstritten. Einer Legende nach wurde sie auf Befehl von König Wuling (Reg. 325–299 v.Chr.), dem Herrscher des Zhao-Reiches, erbaut und diente ihm als Beobachtungsplattform für militärischen Übungen sowie für Sing- und Tanzaufführungen.
Tempel der Sieben Weisen (Qixian Ci)	In der Nähe der Plattform erhebt sich der Tempel der Sieben Weisen, der Lin Xiangru, Lian Po und weiteren fünf Persönlichkeiten aus der Zeit der Streitenden Reiche (474–221 v.Chr.) geweiht ist.

Volksfest in Handan

Umgebung von Handan

Der 10 km nördlich von Handan gelegene Tempel ist eine Gründung der Tang-Zeit (618–907), der heutige Bau wurde jedoch in der Ming-Dynastie (1368–1644) erstellt. Er ist dem Unsterblichen Lü Weng (geb. 798) geweiht. In der Halle des Ahnen Lü (Lüzu Dian) steht eine Steinstatue von ihm.

Tempel des Ahnen (Lüzu Ci)

Die Zahl der Grotten, ungefähr 25 km südwestlich der Stadt am Berg Shigushan gelegen, beträgt 16. Sieben befinden sich an dem südlichen Ausläufer des Berges und neun an der 15 km entfernten Westseite des Berges. Die größte Grotte ist 13,3 m breit und 12,5 m tief. Die ersten Höhlen wurden im 6. Jh. n.Chr. geschaffen, die letzten in der Ming-Zeit (1368–1644). Sie enthalten insgesamt ca. 3400 Statuen. Die Tausend-Buddha-Grotte (Qianfo Dong) beherbergt allein schon 1028 Figuren und viele Hochreliefs.

*Grotten des Echohallen-Berges (Xiangtangshan Shiku)

Hangzhou · Hangtschou   Hf 30

杭州市

Chinesische Entsprechung

Hauptstadt der Provinz Zhejiang
Höhe: 5 m ü.d.M.
Fläche: 429 km²
Einwohnerzahl: 1,22 Mio. (im Großraum 5,44 Mio.)

Stadtplan s. S. 204/205

Hangzhou liegt im Norden der Provinz Zhejiang, im Delta des Qiantangjiang-Flusses, nur ein paar Dutzend Kilometer westlich des Golfes von Hangzhou, auf 120° 12′ östlicher Länge und 30° 15′ nördlicher Breite.

Lage und Verkehrsanbindung

Hangzhou · Hangtschou

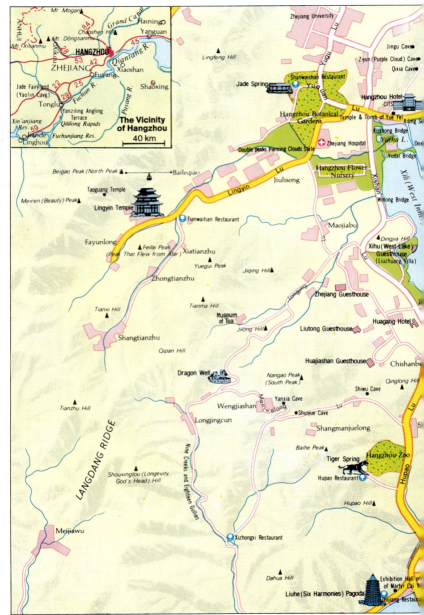

Hangzhou · Hangtschou

Hangzhou · Hangtschou

Der von Bergen umgebene West-See (Xihu)

Lage und Verkehrsanbindung (Fortsetzung)

Eine Bahnlinie verbindet die Stadt mit Shanghai, Nanking, Peking und Kanton. Außerdem kann man sie von den wichtigsten chinesischen Großstädten und von Hongkong aus per Flugzeug erreichen.

Allgemeines

Das noch eher beschaulich wirkende Hangzhou, das den Beinamen 'Seidenstadt' führt, gilt als eine der schönsten Städte Chinas, was in einem bekannten Sprichwort zum Ausdruck kommt: "Im Himmel gibt es das Paradies, hier auf Erden sind Suzhou und Hangzhou". In diesem Gebiet wird der bekannte Drachenbrunnentee (Longjing Cha) angebaut, der zweimal im Jahr in Handarbeit gepflückt wird.

Geschichte

Hangzhou, eine der sechs historischen Hauptstädte Chinas, kann sich einer 2100 Jahre alten Geschichte rühmen. Unter der Bezeichnung Qiantang tauchte es bereits 221 v. Chr. als bedeutende städtische Siedlung auf. Seinen heutigen Namen erhielt es im Jahr 589 unter der Sui-Dynastie (581–618). Als damals der Kaiserkanal von Peking nach Hangzhou entstand, war der Stadt ein beachtliches Wachstum beschieden. Vom frühen 9. Jh. an wurde Hangzhou 237 Jahre lang von 14 Kaisern immer wieder zur Hauptstadt erkoren. Seine große Blütezeit begann, als die Herrscher der Südlichen Song-Dynastie (1127–1279) hierher flüchteten, nachdem sie Nordchina mit der Hauptstadt Kaifeng eingebüßt hatten und Handan zu ihrer Hauptstadt machten. Mit ihnen kamen Künstler und Gelehrte.
Marco Polo stattete Hangzhou im 13. Jh. einen Besuch ab und würdigte es als schönste Stadt der Welt. Er war hingerissen von dieser 'Himmelstadt', wie sie damals genannt wurde. Freilich begeisterten ihn nicht so sehr die "schönen Paläste", "die wunderbar gebauten Häuser", die zwölftausend Steinbrücken, die mit Steinen und Ziegeln gepflasterten Straßen und die türkischen Bäder, sondern vielmehr das Schiffahrtssystem der Stadt, das sie zugleich zum Fluß- und Seehafen machte, die vielfältigen Handwerksbetriebe und ihre Ausmaße ("in jeder Werkstatt arbeiten mindestens zehn, wenn nicht fünfzehn, zwanzig, dreißig oder gar vierzig Männer").

Hangzhou · Hangtschou

✱✱West-See (Xihu)

Der 5,66 km² große und durchschnittlich 1,5 m tiefe West-See, der an drei Seiten von Bergen umgeben ist, dehnt sich westlich der Altstadt von Hangzhou aus. Er wird durch die Dämme Sudi und Baidi in fünf Abschnitte unterteilt: Äußerer See (Wai Hu), der größte von allen; Innerer Nordsee (Beili Hu); Innerer Westsee (Xili Hu); Südsee (Xiaonan Hu) und Yue-See (Yue Hu). Außerdem gibt es vier Inseln im West-See: Gushan, Xiaoyingzhou, Ruangongdun und Huxinting (Pavillon im Herzen des Sees).

Allgemeines

Der auch als Deich des Herrn Su (Sugongdi) bekannte, 2,8 km lange Damm entstand im Jahr 1089 auf Anweisung des berühmten Dichters Su Shi, der damals Präfekt von Hangzhou war. Er befindet sich im Westteil des Westsees und verbindet Nord- und Südufer. Zum Bau des Dammes wurde Schlamm aus dem See verwendet, den man an der Sonne trocknen ließ und mit Seealgen stärkte.

✱Sudi-Damm

Es ist ein großes Vergnügen, im Frühjahr, am besten in den frühen Morgenstunden, über den Damm zu spazieren, vorbei an schönen Blumenbeeten, blühenden Pfirsichbäumen und Trauerweiden, die ihre ersten Schatten auf die sechs steinernen Bogenbrücken werfen. Ein Sonnenaufgang im Frühling, vom Sudi-Damm beobachtet, gehört zu den großartigsten Eindrücken, die Hangzhou zu bieten hat.

Im Norden des Sees verläuft der 1 km lange Baidi-Damm oder auch Deich des Herrn Bai (Baigong Di), benannt nach Bai Juyi, dem berühmten Dichter der Tang-Zeit (618–907). Er beginnt bei der Zerbrochenen Brücke (Duanqiao) und endet auf der Insel des Berges der Einsamkeit (Gushan).

Baidi-Damm

Die Zerbrochene Brücke verbindet den Baidi-Damm mit dem Ufer. Besonders schön ist sie im Winter anzusehen, wenn sie von Schnee bedeckt ist. Einer in China weitverbreiteten Liebesgeschichte zufolge sollen sich vor

Zerbrochene Brücke (Duanqiao)

Die idyllische Blumenbucht (Huagang) am Südufer des West-Sees (Xihu)

Hangzhou · Hangtschou

West-See Zerbrochene Brücke (Fortsetzung)

vielen Jahrhunderten auf dieser Brücke die Weiße Schlange in Gestalt einer schönen Frau und der Gelehrte Xu Xian erstmals begegnet sein. Zwischen den beiden entbrannte eine leidenschaftliche Liebe, die jedoch ein niederträchtiger Mönch hintertrieb.

*Insel des Berges der Einsamkeit (Gushan)

Ihren Namen verdankt die Insel dem 38 m hohen Berg der Einsamkeit, der in ihrer Mitte aufragt; von hier hat man einen guten Ausblick auf die Umgebung. Über eine Fläche von 20 ha sind folgende Gebäude verteilt: der Sun-Yat-sen-Park (Zhongshan Gongyuan), das Provinzmuseum, die kaiserliche Bücherhalle und der Sitz der 1903 gegründeten Stempelschneider-Gesellschaft. Im Provinzmuseum sind Exponate zur Stadtgeschichte und eine umfangreiche Kunstsammlung ausgestellt.

*Pavillon Herbstmond über dem Stillen See (Pinghu Qiuyue)

Der 1699 errichtete Pavillon Herbstmond über dem Stillen See erhebt sich am Ende des Baidi-Dammes, an der Ostspitze der Gushan-Insel. Vor allem, wenn man sich im Herbst in dieser Gegend aufhält, sollte man hier einen Abend verbringen und zusehen, wie das Mondlicht den ganzen See in eine geheimnisvolle, ja magische Stimmung taucht.
Der Pavillon wurde für den Qianlong-Kaiser (Reg. 1735–1796) errichtet, der von hier im Herbst bei Mondschein auch den Ausblick auf den See genoß, woran eine Stele mit einer Inschrift des Herrschers erinnert. Daher hat der Ort seinen poetischen Namen.

Kranich-Pavillon (Fanghe Ting)

Im Norden der Insel befindet sich der Kranich-Pavillon, der in der Yuan-Zeit (1279–1368) zu Ehren des Dichters Lin Hejing (967–1028) errichtet wurde. Dieser hat sich aus Abscheu über die korrupte Beamtenschaft hierher zurückgezogen und ein beschauliches Leben geführt. Neben dem Pavillon befindet sich das Grab des Dichters.

Stempelschneider-Gesellschaft (Xiling Yinshe)

In den Gebäuden der Xiling-Gesellschaft sind Kalligraphien und Malereien ausgestellt. Darunter befindet sich die älteste Steinplatte der Provinz Zhejiang, die 1852 wiederentdeckte Sanlao-Stele (Sanlao Bei) aus der Östlichen Han-Zeit (25–220).

Kleine Paradiesinsel (Xiaoyingzhou)

Die 1607 aus Seeschlamm geschaffene, 7 ha große Insel weist vier kleine, durch eine zickzackförmige Brücke, die Neun-Bogen-Brücke (1727), verbundene Seen auf, in denen Lotos und Seerosen gezüchtet werden. Die Pavillons, Terrassen und Naturschönheiten vermitteln dem Besucher den Zauber des West-Sees.

*Drei den Mond Spiegelnde Tiefen (Santan Yinyue)

Die drei, etwas über 2 m hohen, runden Steinpagoden mit Namen Drei den Mond Spiegelnde Tiefen ragen nahe dem Südufer der Insel im Kleinen Ozean aus dem See.
Sie entstanden 1621 an der Stelle, wo der Präfekt Su Shi drei ältere Pagoden hatte erbauen lassen, die aber bald zerstört wurden. Ursprünglich sollten die Bauwerke die Bevölkerung davon abhalten, in dem von ihnen abgedeckten Gebiet Wasserpflanzen zu züchten, um die Ansammlung von Schlamm zu vermeiden.
Heute dienen die Pagoden freilich einem anderen Zweck, nämlich die Touristen mit raffinierten Lichtspielen zu unterhalten. In der Abenddämmerung wird hinter eines ihrer fünf runden Fenster, die mit Seidenpapier verkleidet sind, eine brennende Kerze gestellt. Wenn das Mondlicht dann auf die Pagoden fällt, entstehen bezaubernde Lichteffekte auf dem Wasser.

*Blumenbucht (Huagang)

Die 20 ha große Blumenbucht, auch Huagang-Park genannt, am Südufer des West-Sees ist voller Blumenbeete (Päonien). Schon unter der Südlichen Song-Dynastie (1127–1279) war sie ein beliebtes Ausflugsziel. In einem damals angelegten See tummeln sich Tausende verschiedenfarbiger Fische.

Park des Gesangs der Nachtigall von den Weidenzweigen

Der am Ostufer des Sees gelegene, 17 ha große Park des Gesangs der Nachtigall von den Weidenzweigen (Liulang Wenying Gonyuan) ist übersät mit Weiden- und Kirschbäumen. Unter den Südlichen Song (1127–1279) war er der kaiserliche Garten. In seiner Mitte steht ein Denkmal, das an den Friedensschluß zwischen Japan und China erinnnert.

Zickzack-Brücke auf der Kleinen Paradiesinsel (Xiaoyingzhou) im West-See

Weitere Sehenswürdigkeiten in Hangzhou

Hangzhou zählt zu den chinesischen Städten, in denen man am besten einkaufen kann. Unter den einheimischen Erzeugnissen ragt vor allem die Seide hervor. Auch Brokat, Tee (die Sorte Longjing) und Scheren der Marke Zhang Xiaoquan sind empfehlenswerte Produkte dieser Gegend. Man bekommt sie insbesondere in den zahlreichen Geschäften an der Zhongshan Zhonglu, an der Jiefang Lu, der Hubin Lu und der Yan'an Lu, die das Haupteinkaufsviertel der Stadt bilden.

*Einkaufszentrum (Shangye Qu)

Ein besonderes Erlebnis bietet der allabendliche Markt. Man kann hier alles Mögliche kaufen und Kulinarisches probieren. Zudem bieten Handwerker ihre Dienste an.

Markt

Erbaut wurde die Pagode im Jahr 1933 am Nordufer des West-Sees über den Ruinen einer älteren Pagode aus der zweiten Hälfte des 10. Jh.s, die im Auftrag eines hohen Beamten entstanden war. Dieser wollte damit um den Schutz Buddhas für Qiang Hong Chu, den Herrscher des Wu-Reiches, bitten. Daher leitet sich der Name der Pagode ab, 'Baochu' bedeutet 'Chu schützen'. Der 45 m hohe Bau ist eines der Wahrzeichen der Stadt.

Pagode Baochu Ta

Die Höhle des Gelben Drachen liegt etwa 500 m westlich der Baochu-Pagode am Fuße des Qixia-Ling. In der ersten Hälfte des 13. Jh.s wohnte hier ein Mönch, der draußen vor der Höhle eine Hütte errichtete, die gegen Ende der Qing-Dynastie (1644–1911) zu einem daoistischen Kloster ausgebaut wurde. Bemerkenswert ist, daß aus dem Maul eines Drachens eine Quelle sprudelt. In der Nähe der Höhle sind Bambushaine angelegt.

Höhle des Gelben Drachen (Huanglong Dong)

Im Jahr 1221 wurde am nördlichen Ende des Sudi-Dammes des West-Sees zu Ehren des Generals Yue Fei (1103–1142) dieser Tempel (geöffnet 7.00–18.00 Uhr) erbaut. Obwohl der General mehrere Tataren-Einfälle er-

*Tempel des Generals Yue Fei (Yue Miao)

Hangzhou · Hangtschou

Tempel des Generals Yue Fei (Fortsetzung)

folgreich zurückgeschlagen hatte, klagten ihn Kaiser und Kanzler des Hochverrats an und ließen ihn zum Tod verurteilen. Zusammen mit seinem Sohn Yue Yun wurde er hingerichtet. Nach seiner Rehabilitierung im Jahr 1163 errichtete man westlich des heutigen Tempels zwei Gräber und überführte die beiden Leichname dorthin. In der Halle, deren Decke mit Kranichen, Symbolen der Unsterblichkeit, verziert ist, steht eine Statue des Generals. Außerdem werden in dem Tempel 86 Steinplatten aufbewahrt, in die der Song-Kaiser Gaozong (1107–1187) und seine Frau klassische konfuzianische Texte eingravierten.

Der Weg zu der nordwestlich des Tempels gelegenen Grabanlage ist von Steinfiguren, Beamten, Tigern, Schafen und Pferden, gesäumt. Vor den Grabstätten sind die vier für die Verurteilung des Generals verantwortlichen Personen in gußeisernen knieenden Statuen dargestellt: der Kanzler, seine Frau und zwei hochgestellte Beamte. In den beiden Gängen kann man 125 Stelen mit Gedichten des Generals und Inschriften vieler bekannter Persönlichkeiten bewundern, die seine Verdiensten rühmen.

Botanischer Garten

Westlich vom Tempel des Generals Yue Fei erstreckt sich der Botanische Garten, der auf einer Fläche von mehr als 200 ha ca. 4000 Pflanzenarten aufweist. Besondere Beachtung haben der Kräutergarten und die große Anzahl von Bambusarten. Ein Fischteich wird von der Jadequelle gespeist.

*Jade-Quelle (Yu Quan)

Die Jade-Quelle entspringt 2 km westlich des Tempels des Generals Yue Fei in einem Garten. Die Inschrift auf der Holztafel, die über dem Gesims des die Quelle umrahmenden Bauwerks hängt, stammt von dem bekannten Maler Dong Qichang (1555–1636). Die drei Ideogramme "Yu Le Guo" bedeuten "Reich der Fröhlichen Fische".

**Kloster der Verborgenen Unsterblichen (Lingyin Si)

Das Kloster der Verborgenen Unsterblichen aus dem Jahr 326 v. Chr., knapp 3 km südwestlich der Jade-Quelle, ist eines der berühmtesten in China. Im 10. Jh. sollen hier ca. 300 Gebäude bestanden und 3000 Mönche gelebt haben. Die Anlage wurde nach den Zerstörungen während des Taiping-Aufstandes (1851–1864) wieder aufgebaut.

In der Halle der Himmelskönige (Tianwang Dina) ist eine sitzende Maitreya-Skulptur und eine Holzstatue des Weituo aus der Südlichen Song-Zeit (1127–1279) zu sehen. Seitlich findet man die Statuen der vier Himmelskönige.

In der 34 m hohen Kostbaren Halle des Großen Helden (Daxiong Baodian) wird eine vergoldete, 17 m hohe Shakyamuni-Statue aus 24 Kampferholzstücken verehrt. Hinter der Statue erkennt der Besucher eine Figur von Guanyin.

*Herbeigeflogener Gipfel (Feilai Feng)

Ein wenig weiter südlich erhebt sich der Herbeigeflogene Gipfel, den nur ein Gebirgsbach von dem Kloster der Verborgenen Unsterblichen trennt. Der Überlieferung nach soll ein indischer Mönch, der im Jahr 326 hierher kam, folgende Frage gestellt haben: "In welchem Jahr kam dieser indische Berg herbeigeflogen? Als Buddha noch am Leben war, zogen sich die Unsterblichen mit Vorliebe hierher zurück". Davon leitet sich der Name des Berges und des Klosters ab.

Der 168 m hohe Berg wird von unzähligen Höhlen und Nischen durchbrochen. In den Nischen sind etwa 380 Buddha-Statuen untergebracht, die bis in die Epoche der Fünf Dynastien, also bis ins 10. Jh., zurückreichen. An der Ostwand der Qinglin-Grotte sind die drei ältesten Exemplare aus dem Jahr 951 zu sehen: eine Shakyamuni-, Avalokiteshvara- und Bhaisajya-(oder Medizinbuddha-)Statue. Die größte Skulptur des Herbeigeflogenen Gipfels befindet sich an seinem Nordhang; es ist ein zufrieden lächelnder Maitreya aus der Song-Ära (960–1279), der in einer Hand eine Gebetskette hält.

Gipfel Beigao Feng

Nördlich vom Kloster der Verborgenen Umsterblichen erhebt sich der Beigao Feng, zu dem Stufen hinaufführen. Von dort hat man einen herrlichen Ausblick auf den West-See und die Umgebung.

Interessant sind noch die folgenden Museen: das Apothekenmuseum (Hu Qingye Tang), ein Museum für traditionelle chinesische Heilkunst; das Seidenmuseum (südlich des West-Sees) mit der Darstellung der 5000jährigen Geschichte der Seidenproduktion und das Teemuseum (südwestlich des West-Sees), wo man auch Tee probieren und kaufen kann.

Museen

Umgebung von Hangzhou

Zirka 3 km südwestlich des West-Sees, östlich des gleichnamigen Dorfes, liegt der Drachenbrunnen inmitten einer wunderschönen, von Teeplantagen geprägten Landschaft, aus denen der feine Drachenbrunnentee (Longjing Cha) gewonnen wird. Man sollte auch eine der Teefabriken besichtigen, in denen die frischen Teeblätter weiterverarbeitet werden.

* Drachenbrunnen (Longjing)

Die 5 km südlich des West-Sees entspringende Quelle zählt zu den drei bekanntesten in China. Eine Legende erzählt, sie sei im Jahr 819 mit Hilfe von zwei Tigern entdeckt worden. Die Quelle liefert pro Sekunde etwa 0,37 m³ Wasser, das als besonders gut angesehen wird und ideal zum Teekochen ist. Interessant ist die hohe Oberflächenspannung des Wassers, was die Besucher nachprüfen, indem sie versuchen, eine Münze auf dem Wasser schwimmen zu lassen. In dem nahegelegenen ehemaligen Tempel ist ein Teehaus eingerichtet.

* Quelle des Laufenden Tigers (Hupao Quan)

Ungefähr 8 km südlich der Stadt stößt man am Nordufer des Qiantangjiang auf die 60 m hohe Pagode der Sechs Harmonien. Den ursprünglichen Baukern aus Ziegeln behielt man bei dem Wiederaufbau von 1899 bei, hinzugefügt wurde lediglich die äußere Holzverkleidung.
An dieser Stelle stand einst eine ca. 150 m emporragende Pagode, die 970 erbaut, aber 1121 von einem feindlichen Heer in Brand gesteckt worden

** Pagode der Sechs Harmonien (Liuhe Ta)

Pagode der Sechs Harmonien (Liuhe Ta) am Ufer des Qiantangjiang

Harbin

Hangzhou,
Pagode der
Sechs Harmonien
(Fortsetzung)

war. Die Pagode sollte vor Überschwemmungen schützen und diente als Leuchtturm. Das achteckige Gebäude scheint von außen 13 Stockwerke zu haben, innen sind es jedoch nur sieben. Auf einer Treppe, die im Holzmantel der Pagode angelegt wurde, kann man fast bis auf die Spitze des Gebäudes hinaufsteigen. Von dort sieht man u. a. die 1322 m lange Straßen- und Eisenbahnbrücke über dem Qiantangjiang, die von 1934 bis 1937 nach einem Entwurf des Architekten Mao Yisheng entstand.

Freilandpark

Bei der Pagode der Sechs Harmonien findet sich ein interessanter Freilandpark mit etwa 80 Nachbildungen von Pagoden aus allen Teilen Chinas.

*Berg Moganshan

Der 719 m hohe Moganshan liegt etwa 50 km nordwestlich von Hangzhou und 200 km südwestlich von Shanghai. Von beiden Städten kann man ihn mit dem Bus erreichen. Mogan ist ein aus zwei Namen gebildetes Wort: Mo Xie und Gan Jiang, ein Ehepaar, das um das 5. Jh. v. Chr. lebte. Beide waren sehr erfahren in der Schwertschmiedekunst; sie opferten ihr Leben, um für den Herrscher zwei unvergleichlich schöne Schwerter zu schaffen.

Schwertsee
(Jian Chi)

Unter den vielen malerischen Flecken, welche die Umgebung zu bieten hat, sei besonders auf den Schwertsee verwiesen, an dessen Ufern Mo Xie und Gan Jiang der Überlieferung nach ihre frisch geschmiedeten Schwerter schliffen. Der See wird von einem eindrucksvollen dreistufigen Wasserfall gespeist, der aus einer Höhe von etwa 100 m herabstürzt.

Harbin Hk 23

Chinesische
Entsprechung

哈尔滨市

Hauptstadt der Provinz Heilongjiang
Höhe: 143 m ü. d. M.
Fläche: 156 km²
Einwohnerzahl: 9 Mio.

Lage und
Verkehrsanbindung

Harbin liegt in einer fruchtbaren Ebene am Ufer des Songhuajiang, im Süden der nördlichsten Provinz Chinas, auf 127° 08′ östlicher Länge und 45° 41′ nördlicher Breite. Mit der Hauptstadt Peking ist es durch Bahn- und Flugverkehr verbunden. Auch von anderen chinesischen Metropolen wie Shanghai, Kanton, Xiamen u. a. gibt es Flüge nach Harbin.

Geschichte

Vor 900 Jahren siedelten erstmals die Mandschuren an dieser Stelle, sie gründeten ein kleines Dorf namens Arjin. Vom späten 19. Jh. an wuchs das Dorf nach und nach zu einer Stadt heran. Diese Entwicklung wurde durch den Bau der ersten Eisenbahnlinie durch die Russen noch vorangetrieben. Seit der Jahrhundertwende ließen sich neben anderen Ausländern viele Russen hier nieder, vor allem nach der Oktoberrevolution (1917), was im Stadtbild an den zahlreichen russischen Kirchen und Häusern zu erkennen ist. Nach 1946 kehrten viele Flüchtlinge wegen des Amnestie-Angebots von Stalin in ihre Heimat zurück. Heute ist Harbin ein wichtiges Industriezentrum für Nordostchina. 1998 war die Stadt von verheerenden Überschwemmungen des Soghuajiang betroffen.

Sehenswertes in Harbin

**Tempel des
Paradieses**
(Jile Si)

Der 26 000 m² große Tempel des Paradieses, der sich in der Dongda Zhijie Nr. 5 in der Stadtmitte erhebt, stammt aus dem Jahr 1924 und gilt als das größte Buddhistenkloster der Provinz Heilongjiang.
Er besitzt vier große Hallen: die Halle der vier Himmelskönige (Tianwang Dian) mit den Statuen des Maitreya und der vier Himmelskönige, die Kost-

Harbin

bare Halle des großen Helden (Daxiong Baodian), die Halle der drei Heiligen (Sansheng Dian) mit den Statuen des Amitabha, Guanyin und Dasizhi und den Pavillon der heiligen Bücher (Cangjing Lou).

Außer den Hallen verdient die siebenstufige Pagode Qiji Futu Ta besondere Beachtung. Die Nischen an den Außenwänden der Pagode bergen über 30 kleine Statuen buddhistischer Heiliger, der Arhats. Im Innern des Gebäudes führt eine Holztreppe zu den oberen Geschossen.

Vom Erdgeschoß gelangt man in einen benachbarten Tempel mit sieben Bronzestatuen, die Shakyamuni, Guanyin, Bhaisajya (den Medizinbuddha) und vier Bodhisattwas abbilden.

Tempel des Paradieses (Fortsetzung)

Pagode Qiji Futu Ta

Die ganz in der Nähe des Tempels des Paradieses gelegene orthodoxe Nikolaus-Kirche wurde 1899 im neugotischen Stil erbaut. Das Tragwerk ist ganz aus Holz und reich mit Skulpturen verziert. Unter den 17 christlichen Gotteshäusern Harbins ist diese Kirche eine der größten.

Nikolaus-Kirche

Der ebenfalls in der Dongda Zhijie gelegene Konfuzius-Tempel wurde 1926 in traditionellem Stil errichtet. Er gliedert sich in eine Haupthalle und zwei Nebenhallen. Die Haupthalle enthält Statuen von Konfuzius und weiterer Gelehrter.

Konfuzius-Tempel (Wenmiao)

Eine besondere Attraktion hat der Kinderpark zu bieten. Eine 2 km lange Eisenbahnlinie wird von Kindern betrieben.

Kinderpark (Ertong Gongyuan)

Harbin

Das Museum ist vor allem wegen seiner naturkundlichen Abteilung von Interesse, in der die Exponate die Menschheitsgeschichte darstellen.	Museum der Provinz Heilongjiang
Der Zoo im Süden der Stadt besitzt 140 Tierarten, wovon der nordchinesische Tiger eine besondere Rarität darstellt.	Zoo
Unweit des Songhua-Flusses erstreckt sich im Nordwesten der Stadt der dem General Li Zhaolin (1908–1946) gewidmete Zhaolin-Gongyuan-Park. Sein Grab liegt im Norden der Grünanlage.	Park Zhaolin Gongyuan
Jedes Jahr wird hier vom 5. Januar bis 5. Februar das Eislaternenfest gefeiert. Aus diesem Anlaß werden alle Straßen und Häuser der Stadt mit Laternen und Skulpturen aus Eis geschmückt. Der Park selbst füllt sich mit einem Meer von Laternen, Statuen, Häuschen, Tempeln, Tieren, Pflanzen, Schiffen und anderen Fahrzeugen, alles Eisgebilde, die von einheimischen Künstlern geformt werden. Tagsüber herrschen um diese Zeit hier 20 bis 30°C unter Null.	Eislaternenfest
Der Stalin-Park, der sich unweit am Südufer des Songhuajiang erstreckt, bietet vielseitige Freizeitmöglichkeiten (Wassersport). Das Monument im Park erinnert an das Hochwasser des Jahres 1957 und an den Einsatz vieler freiwilliger Helfer dabei.	Stalin-Park (Sidalin Gongyuan)
Die Sonneninsel ist eine 38 km² große Sandbank-Insel am gegenüberliegenden Ufer des Songhuajiang. Der Park ist ein beliebtes Ausflugsziel und Kurort mit Sanatorien. Im Hochsommer kommen oft ganze Familien zum Picknick hierher.	Sonneninsel-Park (Taiyang Dao Gongyuan)

Umgebung von Harbin

Etwa 30 km südöstlich von Harbin, dort, wo sich heute die Stadt Ancheng ausbreitet, lag zwischen 1115 und 1153, also bevor die Jin fast ganz Nordchina eroberten, die Hauptstadt dieses Volksstammes. Von dieser einstigen Siedlung sind noch zwei Abschnitte der Stadtmauer und die Fundamente des Wuchong-Palastes zu sehen. 300 m westlich der Palastruinen kann man den etwa 10 m hohen Grabhügel von Taizu, dem ersten Kaiser der Jin-Dynastie, besichtigen. 1908 wurde in der Umgebung eine Grabplatte aus dem Jahr 1188 entdeckt mit einer Inschrift, die vom Leben und Werk des Buddhistenmönchs Bao Yan berichtet. Die Grabplatte ist heute im Provinzmuseum in Harbin zu besichtigen.	***Historische Stadt Huining** (Shangjing Huiningfu)
Die 159 km westlich von Harbin gelegenen und von hier mit der Bahn erreichbaren Ölfelder von Daqing, die zu den größten in ganz China gehören, wurden 1960 erschlossen. Hier wird knapp die Hälfte des chinesischen Rohöls gefördert, und 600 000 Menschen arbeiten hier.	Ölfelder von Daqing (Daqing Youtian)
Die Ruinen von Longquan befinden sich in der Gemeinde Bohai (Kreis Ning'an), zirka 300 km südöstlich von Harbin. Longquan war einst die Hauptstadt des 698 von den Mandschuren gegründeten Bohai-Reiches, das 926 ein anderer Volksstamm zerstörte. Auch Longquan wurde fast ganz dem Erdboden gleichgemacht. Geblieben sind nur einige Mauerreste, ein paar Steinbauten und Skulpturen.	***Historische Stadt Longquan** (Longquan Gucheng)
Sehenswert ist der Emailbrunnen, der lediglich vom König und von den Adeligen benutzt wurde.	Emailbrunnen (Liuli Jing)
Der in der Qing-Zeit (1644–1911) entstandene Tempel des Gedeihens umfaßt die Halle des Kriegsgottes (Guandi Dian) und die Halle der drei Weißen (Sansheng Dian) mit einem großen Steinbuddha.	Tempel des Gedeihens (Xinglong Si)

◀ *Eislaternenfest: gefrorene Skulpturen*

Hebei · Hopei

Harbin (Forts.) Steinlampenpagode

Hier ragt die 6 m hohe Steinlampenpagode (Shi Dengta) aus der Tang-Zeit (618–907) empor, die aus zwölf Basaltstücken besteht.

*Spiegelsee (Jingpo Hu)

Der 95 km² große Spiegelsee, 10 km südlich von Bohai auf einer Höhe von 350 m gelegen, ist auf vulkanische Erscheinungen zurückzuführen. Eruptivgestein blockierte den Oberlauf des Mudan-Flusses und führte so zur Entstehung des Spiegelsees. An seinem Nordende stürzt sich ein 40 m breiter Wasserfall 20 m weit in die Tiefe.
Den See umgibt ein Gürtel von zehn Kratern. Auf dem Grund von vier Kratern (Durchmesser 50–500 m, Tiefe 40–45 m) wachsen die verschiedensten Baumarten, die den sog. Unterirdischen Wald (Dixia Senlin) bilden.

Fünf Miteinander Verbundene Seen (Wuda Lianchi)

Auch die Fünf Miteinander Verbundenen Seen, 300 km nördlich von Harbin inmitten von Vulkanbergen gelegen, sind vulkanischen Ursprungs. Die ganze Umgebung ist reich an vulkanischen Gebilden, Eruptivgestein und heißen Quellen.

Hebei · Hopei Hc–Hg 24–27

Chinesische Entsprechung

河北省

Provinz
Fläche: 190 000 km²
Einwohnerzahl: 62,2 Mio.
Hauptstadt: Shijiazhuang

Lage

Die Provinz Hebei liegt in Nordchina am Golf von Bo Hai und umgibt Peking und Tientsin zwischen 113° 27′–119° 53′ östlicher Länge und 36° 04′–42° 37′ nördlicher Breite. Ihren Namen verdankt sie ihrer geographischen Lage; Hebei bedeutet nämlich 'nördlich des Flusses', womit der Huanghe gemeint ist.

Übersichtskarte

Die über den Norden und Westen der Provinz verstreuten Gebirgszüge (bis 2000 m ü.d.M.) machen etwa 60% der Gesamtfläche aus, und 40% entfallen auf die Hebei-Ebene, ein fruchtbares Schwemmland. Der überwiegende Teil von Hebei liegt im Einzugsgebiet des Haihe.

Hebei (Fortsetzung) Naturraum

Das Klima hat kontinentalen Charakter und ist von kalten, trockenen Wintern und warmen, feuchten Sommern gekennzeichnet.

Klima

Historisch gesehen hatte Hebei bis ins 11. Jh. nur Bedeutung als Grenzregion. Erst als die Yuan (1271–1368) ihre Hauptstadt nach Peking verlegten, rückte es in den Mittelpunkt des Reiches, womit die Entwicklung von Handel und Handwerk einsetzte.
Von 1421 bis 1928 hieß das Gebiet Chihli. Die Industrialisierung begann in der zweiten Hälfte des 19. Jahrhunderts. Nach 1949 wurde durch Aufforstung des Gebirgslandes, den Bau von Wasserreservoiren und die Anlage eines Be- und Entwässerungssystems die Überschwemmungsgefahr, die seit alters her das größte Problem von Hebei war, gebannt.

Geschichte

An Bodenschätzen verfügt Hebei über Kohle, Eisen- und Kupfererz. In den Salzsümpfen des Bo-Hai-Golfes wird Meersalz gewonnen.
Es ist ein für China sehr wichtiger Baumwollproduzent. Außerdem werden Weizen, Mais, Hirse, Sojabohnen, Bataten und Ölfrüchte angebaut. In den Bergländern wird auch Obstbau betrieben.

Wirtschaft

Außer der Provinzhauptstadt → Shijiazhuang sind auch → Chengde, → Handan, → Qinghuangdao und → Tangshan lohnende Reiseziele.

Reiseziele

Hefei Hd 30

合肥市

Chinesische Entsprechung

Hauptstadt der Provinz Anhui
Höhe: 26 m ü.d.M.
Fläche: 458 km²
Einwohnerzahl: 930000 (im Großraum 3,53 Mio.)

Stadtplan s. S. 218

Hefei liegt auf 117° 16′ östlicher Länge und 31° 51′ nördlicher Breite, im Zentrum der Provinz Anhui, am Zusammenfluß von Dogfei und Nanfei. Von Nanking (6 Std.) und Shanghai (11 Std.) ist es mit dem Zug, von Peking (2 Std.), Shanghai (1 Std.), Kanton (2 Std.) und anderen chinesischen Großstädten per Flugzeug erreichbar.

Lage und Verkehrsanbindung

Die Stadt weist eine über 2000 Jahre alte Geschichte auf, die in der Westlichen Han-Ära (206 v.Chr. bis 8 n.Chr.) ihren Anfang nahm. Schon damals war sie ein wichtiger Handelsplatz für landwirtschaftliche Erzeugnisse, Vieh und Kunsthandwerk. Hefei war zur Zeit der Drei Reiche (220–265) und erneut unter der Südlichen Song-Dynastie (1127–1279) Militärstützpunkt. 1949 wurde es zur Hauptstadt der Provinz Anhui erklärt. Mittlerweile gibt die Stadt in Politik, Wirtschaft, Kultur und Wissenschaft den Ton an. Hier hat die renommierte Universität für Wissenschaft und Technologie ihren Sitz.

Geschichte

Sehenswertes in Hefei

Die im Osten der Stadt gelegene, 5 m hohe und 3700 m² große Plattform zur Unterweisung im Armbrustschießen wurde im 2. Jh. auf Anweisung von Cao Cao, dem Kanzler des Wei-Staates, errichtet. Hier wurden 500 Bogenschützen zur Verteidigung der Stadt ausgebildet. Auf der Plattform

* **Plattform zur Unterweisung im Armbrustschießen**
(Jiaonu Tai)

Hefei

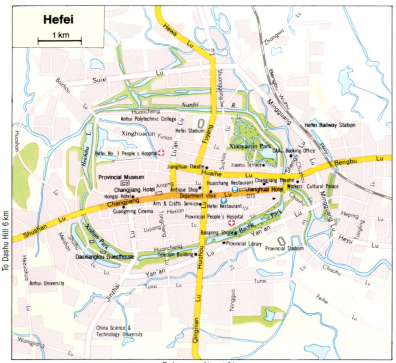

Jiaonu Tai (Fortsetzung)	steht ein Brunnen aus dem Jahr 269, an dessen Brüstung das Schleifen der Seile tiefe Furchen hinterlassen hat.
Tempel des Klaren Unterweisens (Mingjiao Si)	Der Tempel des Klaren Unterweisens, um die Mitte des vergangenen Jahrhunderts errichtet, ersetzt einen wesentlich älteren Buddhistenbau aus dem 8. Jahrhundert.
*Park der Bequemen Furt (Xiaoyaojin)	Im Nordosten schließt sich an die Plattform zur Unterweisung im Armbrustschießen der 20 000 m² große Park der Bequemen Furt an. Um einen See breiten sich hier Blumenbeete und Wiesen aus. Der Park enthält auch ein Grabmal, in dem früher die Kopfbedeckung und die Rüstung des Generals Zhang Liao aus dem Wei-Reich aufbewahrt wurden. Im Jahr 215 hatte der General hier das Heer des Wu-Reiches in die Flucht geschlagen.
*Tempel des Bao (Baogong Ci)	Der Tempel des Bao – im Südosten der Stadt, am Westende des beschaulichen Baohe-Gongyuan-Parkes – wurde 1882 über den Ruinen eines Tempels aus dem 14. Jh. erbaut und 1946 restauriert. Er entstand an der Stelle, wo der in Hefei geborene Bao Zheng (999–1062), der verschiedene hohe Ämter wie das des Präfekten von Kaifeng und des Vizeministers bekleidete, seinen Studien nachging. Beim Volk genoß er wegen seiner moralischen Integrität und seiner Unbestechlichkeit große Beliebtheit. Er verurteilte sogar einen Schwiegersohn des Kaisers zum Tod. Neben dem Tempel steht ein von einem Pavillon überdachter Brunnen. Im Volksmund heißt es, sein Wasser tue rechtschaffenen Beamten gut, korrumpierte Staatsdiener bekämen aber Kopfweh davon.

Heilongjiang · Heilungkiang

Das Museum zeigt zahlreiche Ausstellungsstücke zur Geschichte von Anhui.
Das kostbarste Exponat ist ein prächtiges Grabgewand aus Jadeplättchen, mit dem ein Adliger aus der Han-Zeit (206 v.Chr. bis 220 n.Chr.) bestattet wurde.

Hefei
(Fortsetzung)
Provinzmuseum

Heilongjiang · Heilungkiang   Hc – Jc 19 – 24

黑龙江省

Chinesische Entsprechung

Provinz
Fläche: 469 000 km²
Einwohnerzahl: 35,75 Mio.
Hauptstadt: Harbin

Heilongjiang, die nördlichste Provinz Chinas, liegt zwischen 121° 13' bis 135° 06' östlicher Länge und 43° 26' – 53° 34' nördlicher Breite. Von Rußland wird sie nur durch zwei Flüsse getrennt, den Heilongjiang (russ. Amur), welcher der Provinz ihren Namen gab, und den Wusulijiang (russ. Ussuri).

Lage

Heilongjiang umfaßt den Kleinen Chingan, den nördlichen Abschnitt des zentralen mandschurischen Berglandes und das Sumpfgebiet an den Unterläufen des Songhuajiang und Wusulijiang.

Naturraum

Das Klima ist kontinental, mit langen und sehr harten Wintern (am 13. Februar 1969 sank das Thermometer auf -52,3°C!) und überaus kurzen, sehr warmen Sommern. Die Durchschnittstemperaturen liegen im Januar in den Ebenen bei –20°C, im Gebirge bei –30°C und im Juli bei 23°C. In einigen Gegenden des äußersten Nordwestens gibt es so gut wie keinen Sommer.

Klima

Übersichtskarte

Henan

Heilongjiang (Fortsetzung) Geschichte

Heilongjiang war bis ins 19. Jh. ein Gebiet, wo Viehzucht und Fischfang betrieben wurden. Mit dem Bau der Eisenbahn von 1896 bis 1903 begann die Industrialisierung. In den Jahren 1900 bis 1905 war das Gebiet von den Russen besetzt und ab 1931 von den Japanern. Nach 1949 wurde es zu einem wichtigen Erschließungsgebiet Chinas. Die Ebenen wurden urbar gemacht und die Wälder genutzt. Bei den verheerenden Überschwemmungen 1998 am Songhua verloren 500 000 Menschen ihre Unterkunft.

Wirtschaft

Auf dem Industriesektor sind die holzverarbeitende Industrie (u. a. Papierfabriken) und Zuckerfabriken von Bedeutung. Reiche Kohlelagerstätte werden u. a. bei Shuanggyashan abgebaut, und bei Anda liegt das riesige Erdölfeld Daqing. Wichtige landwirtschaftliche Produkte sind Weizen, Zuckerrüben und Flachs. Zudem ist die Provinz ein bedeutender Holzlieferant.

Reiseziele

In Heilongjiang ist vor allem → Harbin und Umgebung sehenswert.

Heilungkiang

→ Heilongjiang

Henan · Honan Ha – Hc 27 – 30

Chinesische Entsprechung

河南省

Provinz
Fläche: 167 000 km²
Einwohnerzahl: 89,49 Mio.
Hauptstadt: Zhengzhou

Lage

Henan, eine der am dichtesten besiedelten Provinzen Chinas, liegt in Zentralchina, am Unterlauf des Huanghe, auf 110° 22′ –116° 38′ östlicher Länge und 31° 23′ – 36° 22′ nördlicher Breite. Henan bedeutet 'südlich des Flusses', weil sich die Provinz weitgehend südlich des Huanghe ausdehnt.

Naturraum

Henan läßt sich topographisch in zwei Teile gliedern: das Hügelland im Westen und Teile der Nordchinesischen Ebene im Osten. Das Gebiet wird von drei Flußsystemen durchflossen: dem Huanghe im Norden, dem Huaihe im Süden und dem Tanghe und Taohe im Südwesten.

Klima

Das Klima ist kontinental geprägt: kalt und trocken im Winter, warm und feucht im Sommer. Die Durchschnittstemperaturen im Januar betragen im Norden -2 °C und im Süden +2 °C, im Juli in den Ebenen 28 °C. Im Frühjahr hat Henan immer wieder unter langen Trockenperioden und heftigen Sandstürmen zu leiden, die erhebliche Schäden verursachen.

Geschichte

In Henan wurden Siedlungsspuren bis ins Neolithikum gefunden (Yangshao-Kultur). Die Shang-Dynastie (16. – 11. Jh. v. Chr.) soll seit dem Jahr 1384 v. Chr. in der Nähe von Anyang ihre Hauptstadt gehabt haben. Vom 8. bis zum 3. Jh. v. Chr. war Luoyang Hauptstadt der Zhou-Herrscher, diese Funktion hatte es bis ins 10. Jh. abwechselnd mit Chang'an (Xi'an) inne. Anschließend wurde für kurze Zeit Kaifeng Hauptstadt.

Wirtschaft

Unter den Bodenschätzen von Henan ist nur Kohle von Bedeutung. – Die Provinz ist sehr fruchtbar (weiträumige, mächtige Lößablagerungen), wobei sich 60 – 70 % der kultivierten Fläche in den Ebenen im Osten der Provinz befinden. Angebaut werden Weizen, Ölpflanzen, Mais, Sorghum, Sojabohnen und Obst sowie Baumwolle und Tabak. Zudem ist Henan ein

Hengyang

China

Provinz Henan (Honan)

Volksrepublik China
Zhonghua Renmin Gongheguo

Henan
(Fortsetzung)
Übersichtskarte

wichtiger Sesam-, Walnuß- und Teeproduzent; die Seidenherstellung hat hier eine lange Tradition.

Wirtschaft
(Fortsetzung)

Da Henan eine der Geburtsstätten der chinesischen Zivilisation ist, sind hier zahlreiche historische Bauten zu besichtigen, vor allem um → Luoyang, → Kaifeng und → Zhengzhou.

Reiseziele

Hengyang   Hb 32

衡阳市

Chinesische
Entsprechung

Provinz: Hunan
Fläche: 34 km²
Einwohnerzahl: 383 000

Hengyang liegt am Xiangjiang im Innern der Provinz Hunan, auf 112° 38' östlicher Länge und 26° 52' nördlicher Breite.
Mit der Provinzhauptstadt Changsha ist es durch die Eisenbahnlinie Peking – Kanton verbunden. Von Kanton kann man auch nach Hengyang fliegen (1,5 Std.).

Lage und
Verkehrs-
anbindung

Hengyang kann sich einer langen Geschichte rühmen, die auch durch die Werke von Dichtern aus der Tang-Zeit (618–907) sowie von Literaten und Politikern späterer Epochen bezeugt ist. Heute ist es das zweitgrößte wirtschaftliche und kulturelle Zentrum der Provinz Hunan.

Geschichte

Sehenswertes in Hengyang

Der Berg der Steinernen Trommel (Shigushan) erhebt sich nahe dem Nordtor der Stadt, am Zusammenfluß des Zhengshui und des Xiangjiang. Ein

*Berg der Stei-
nernen Trommel

Hengyang

Berg der Steinernen Trommel (Fortsetzung)

2 m hoher Felsen hier hat die Form einer Trommel. Schon Li Daoyuan (472?–527) beschrieb ihn in seinen "Aufzeichnungen über die Flüsse".

Akademie der Steinernen Trommel

Im Jahre 997 wurde am Fuß des Berges der Steinernen Trommel eine höhere Lehranstalt gegründet, die 1035 den Namen Akademie der Steinernen Trommel erhielt. Sie gehörte damals zu den vier maßgeblichen Bildungsinstitutionen Chinas (die anderen drei waren die Yingtian- und die Yuelu-Akademie sowie die Weißhirschhöhlen-Schule). Die ursprünglichen Akademiebauten wurden in den 40er Jahren von japanischen Truppen niedergebrannt. Nur einige Stelen und Inschriften aus der Ming- und Qing-Zeit (1368–1911) blieben von den Flammen unversehrt.

Umgebung von Hengyang

Berg der Rückkehr der Wildgänse (Huiyanfeng)

Nur einen halben Kilometer südlich der Stadt ragt der Berg der Rückkehr der Wildgänse auf. Der Überlieferung nach konnten die von Süden nach Norden ziehenden Wildgänse diesen Berg nicht überwinden und mußten deshalb umdrehen. Das im Jahre 742 erbaute Kloster wurde bis auf einen Tempel im Zweiten Weltkrieg zerstört.

✻✻ Berg Hengshan

Der 1290 m hohe Hengshan gehört zu den fünf Heiligen Bergen Chinas. Selbst Kaiser pilgerten hierher, um den Göttern Opfer zu bringen.
Der 50 km nördlich von Hengyang gelegene Berg, auch Südberg (Nanyue) genannt, ist bekannt für seine landschaftliche Schönheit, seine 72 Gipfel und eine große Anzahl von Baudenkmälern, die seine kulturelle und geschichtliche Bedeutung belegen. Es sind noch zahlreiche Inschriften von Gelehrten und Dichtern vorhanden.

Tempelkloster des Südberges (Nanyue Damiao)

Das Tempelkloster des Südberges, am Fuß des Berges bei dem kleinen Dorf Nanyue Zheng gelegen, ist eine gewaltige, 98000 m² einnehmende Anlage, im Jahr 725 erbaut, seitdem aber mehrfach restauriert und erweitert. Die 1882 rekonstruierte Haupthalle (Zhengdian) ist 22 m hoch; die 72 mit reichem Skulpturenschmuck versehenen Säulen an der Fassade versinnbildlichen die 72 Gipfel des Hengshan.

Weihe-Tempel (Zhusheng Si)

Weitere nennenswerte Bauten sind: die Kaiserliche Bibliothek (Yushu Lou), der Pavillon für den Gedenkstein des Kaisers (Yubei Ting), die Kaiserliche Residenz (Qing Gong) und der Weihe-Tempel, 300 m östlich des Tempelklosters des Südberges. Zu diesem 1714 wiederaufgebauten Tempel gehören die Buddha-Halle (Dafo Dian), der Tempel des San Guan (Guansheng Dian), der Tempel des Medizinbuddhas (Yaoshi Dian) und der Palast der Arhats (Luohan Tang). Die Ost- und Westwände dieses Palastes zieren 500 Alabasterbildnisse buddhistischer Heiliger.

Tempel zur Aufbewahrung des Tripitaka (Cangjing Dian)

Der Tempel zur Aufbewahrung des Tripitaka, 1931 über den Resten eines Vorgängerbaus aus dem Jahr 568 errichtet, hütete einst einen seit langem verschollenen Band des Tripitaka (hl. Schrift des Hinayana-Buddhismus), den der erste Ming-Kaiser Zhu Yuanzhang gestiftet hatte.

Tempel des Feuergottes (Huosheng Miao)

Der aus dem 16. Jh. stammende Tempel des Feuergottes – am Hang des Zhurong Feng, der mit seinen 1290 m den höchsten Gipfel des Hengshan stellt – weist eine Besonderheit auf: Sein Dach ist mit Eisenziegeln gedeckt.

Tempel der Südterrasse (Nantai Si)

Der Tempel der Südterrasse, 4 km nordwestlich des Tempelklosters des Südberges gelegen, geht in seiner heutigen Gestalt auf die Jahre 1902 bis 1906 zurück; der ursprüngliche Bau aus dem 6. Jh. existiert nicht mehr.

Außer mehreren Buddhistentempeln umfaßt er auch das Grab des Mönches Xi Qian, der im Jahre 743 hierher kam, um den Buddhismus zu verbreiten. Er wird als Gründer einer japanischen Buddhismus-Schule angesehen. Der nordwestlich davon gelegene Fangguang Si ist eine Gründung aus dem Jahr 503.

Hengyang, Hengshan, Tempel der Südterrasse (Nantai Si) (Fortsetzung)

Hohhot · Huhehot

呼和浩特市

Chinesische Entsprechung

Hauptstadt der Autonomen Region Innere Mongolei
Höhe: 1080 m ü. d. M.
Fläche: 65 km²
Einwohnerzahl: 778 000 (im Großraum 1,42 Mio.)

Hohhot (Huhehaote) liegt auf 111° 32′ östlicher Länge und 40° 28′ nördlicher Breite, im Zentrum der Inneren Mongolei, südlich des Daqingshan. Mit Peking ist es durch Zug- und Flugverkehr verbunden. Auch von Shanghai (4 Std.), Kanton (4,5 Std.), Nanking (4 Std.), Shenyang (3,5 Std.), Xi'an (3,5 Std.) usw. ist es per Flugzeug erreichbar.

Lage und Verkehrsanbindung

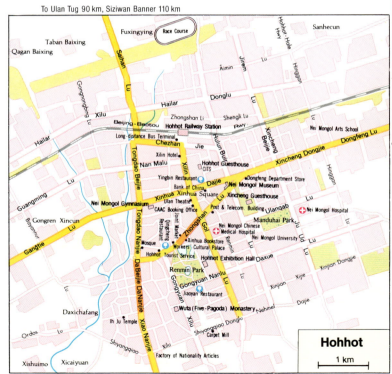

Hohhot · Huhehot

Geschichte

Im Gegensatz zu vielen anderen chinesischen Städten ist Hohhot noch ziemlich jung; es wurde 1581 von dem Mongolenfürst Altan Khan unter dem Namen Kuku-khoto (Blaue Stadt) gegründet. Der Kangxi-Kaiser Xuanye (Reg. 1661–1722) sicherte die Oberherrschaft Chinas über die Mongolei und stationierte Truppen in der Stadt. Im Jahr 1947, als die Innere Mongolei zur Autonomen Region erkärt wurde, bestimmte man Hohhot zu ihrer Hauptstadt.

Heute ist Hohhot das politische, kulturelle und wirtschaftliche Zentrum der Region. Auf wirtschaftlichem Gebiet spielen neben Woll- und Lederwaren-Produktion die Metall-, Baustoff-, Maschinenbau- und chemische Industrie eine wichtige Rolle.

Sehenswertes in Hohhot

Lamatampel Xilitu Zhao

Der sich in der Altstadt befindende Lamatempel Xilitu Zhao ist eine Gründung aus der Ming-Zeit (1368–1644); hier lebte der berühmte Huofo Xitiuke, der den 4. Dalai Lama unterrichtete. Südöstlich der Haupthalle, die wie alle anderen Hallen im tibetischen Stil angelegt ist, steht ein 15 m hoher Stupa, der als einer der schönsten der Inneren Mongolei gilt.

Kloster Dazhao

Das Koster Dazhao (östlich des Xilitu Zhao) im sino-tibetischen Stil wurde 1567 von Altan Khan gegründet, der die Mongolen zur tibetischen Gelupga-Sekte bekehrte. Es besitzt eine silberne Buddha-Figur, weshalb die Anlage auch Silberbuddha-Tempel heißt.

Museum der Inneren Mongolei

Das in der Xinhua Dajie Nr. 1 gelegene Museum informiert über die Mongolei und ihre Bewohner; so wird beispielsweise Kunsthandwerk gezeigt.

*Fünf-Pagoden-Tempel

Von dem Fünf-Pagoden-Tempel (Wuta Si) im Süden der Stadt, etwa 200 m vom Park des Volkes (Renmin Gongyuan) entfernt, der in der Regierungs-

Die Diamantenpagode des Fünf-Pagoden-Tempels (Wuta Si)

periode Yongzheng (1723–1735) erbaut wurde, ist nur die Diamantenpagode erhalten geblieben. Auf ihrem Sockel, den Blumen- und Tiermotive, geometrische Muster und Zitate in Chinesisch, Mongolisch, Tibetisch und Sanskrit aus den heiligen buddhistischen Schriften zieren, erheben sich fünf nebeneinanderstehende Pagoden, von denen die mittlere die höchste ist. Sie sind mit Buddha- und Bodhisattwa-Figuren geschmückt.

In eine Ziermauer hinter den Pagoden ist eine Steintafel mit 144 cm Durchmesser eingelassen, in die eine astronomische Karte mit den zwölf Tierkreisen, den zwölf Zeichen des chinesischen Horoskops und etwa zweitausend Sternen eingraviert ist. Die Inschriften sind in mongolischer Schrift verfaßt. Diese Karte zeugt von dem hohen Stand, den die chinesische Astronomie zu Beginn des 18. Jh.s hatte.

Fünf-Pagoden-Tempel (Fortsetzung)

Die im chinesischen Stil gehaltene Moschee, nordwestlich des Fünf-Pagoden-Tempels gelegen, am alten Nordtor der Stadt, wurde im 18. Jh. gegründet und 1933 restauriert. Die islamische Gemeinde hat ca. 20000 Mitglieder.

Neben der Haupthalle umfaßt die Moschee ein moslemisches Bad. Im Tempel werden 30 Bände des Korans in Arabisch aufbewahrt, die zweihundert Jahre alt sind. Das Minarett trägt auf seiner Spitze einen kleinen Pavillon.

*Moschee von Hohhot (Qingzhen Si)

Auf der Pferderennbahn im Norden der Stadt werden traditionelle mongolische Reiterspiele sowie Pferde- und Kamelrennen veranstaltet.

Pferderennbahn (Sai Ma Chang)

Umgebung von Hohhot

Der 33 m hohe Grabhügel, 9 km südlich der Stadt gelegen, ist die letzte Ruhestätte von Wang Zhaojun (Zhaojun Mu), der Konkubine eines Kaisers

*Grab der Wang Zhaojun

Moschee

Hongkong

Hohhot
(Fortsetzung)
Grab der
Wang Zhaojun
(Fortsetzung)

der Westlichen Han-Dynastie. Sie wurde im Jahr 33 v.Chr. mit einem Fürsten der Xiongnu vermählt, um die Beziehungen des Reiches zu diesem Volk zu verbessern. Das Leben von Wang Zhaojun ist Gegenstand vieler Legenden und Dichtungen; sie wurde zum Symbol des Friedens. Schon ein Buch aus der Tang-Ära (618–907) erwähnte diesen Grabhügel; Die Tafel vor dem Grab trägt eine Inschrift des einstigen Präsidenten der Volksrepublik China Dong Biwu (1885 bis 1975). Nahebei wird in einer Ausstellungshalle über das Leben von Wang Zhaojun informiert.

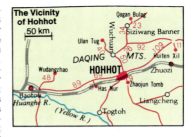

*Weiße Pagode
(Bai Ta)

Die 43 m hohe, aus Holz und Ziegeln bestehende Weiße Pagode, ca. 18 km östlich des Stadtzentrums, entstand Ende des 10. Jahrhunderts. Die Außenwände der sieben Stockwerke sind mit Inschriften in Chinesisch, Altpersisch, Altsyrisch und anderen heute ausgestorbenen Sprachen versehen; die älteste stammt aus dem Jahre 1162.

Grasland

Man kann von Hohhot ein- oder mehrtägige Ausflüge ins Grasland unternehmen, z.B. ins Grasland Xilamuren (87 km nördlich) oder Gegentala ('Leuchtendes Gras'; 145 km nördlich). Die Besucher übernachten in Jurten. Angeboten wird ein vielfältiges Programm: Pferde- und Kamelreiten, Besuch bei Hirtenfamilien, Ringkämpfe und Lagerabende. Zudem ist es möglich, die typische mongolische Küche zu probieren.

Honan

→ Henan

Hongkong Hc 34

Chinesische
Entsprechung

Sonderverwaltungszone
Landfläche: 1071 km²
Höhe: 0–958 m ü.d.M.
Bevölkerungszahl: ca. 7 Mio.
Hauptstadt: Central District

Hinweis

Die Beschreibung von Hongkong in diesem Führer beschränkt sich auf die Hauptsehenswürdigkeiten. Ausführliche Informationen enthält der Baedeker Allianz Reiseführer "Hongkong".

Lage und Gebiet

Die Sonderverwaltungszone Hongkong – englisch Hong Kong, chinesisch Xiang Gang – liegt rund 145 km südsüdöstlich von Kanton (Guangzhou) an der südchinesischen Küste im Bereich des bis zu 30 km breiten Kantondeltas, das der Perlfluß (Zhujiang) mit mehreren Mündungsarmen bildet. Die exakte Lage unweit südlich vom Wendekreis des Krebses ist zwischen 22° 9′ und 22° 37′ nördlicher Breite sowie 113° 62′ und 114° 30′ östlicher Länge definiert. Im Norden grenzt das Gebiet an die Provinz Guangdong, im Süden an das Südchinesische Meer.

Hongkong

Die Bezeichnung 'Hongkong' ('Weihrauchhafen') gilt sowohl für die dem Festland vorgelagerte Insel als auch für die gesamte Sonderverwaltungszone.

Dieses Gebiet besteht aus der eigentlichen Insel Hongkong (Hong Kong Island) mit dem Verwaltungszentrum Central District, früher Victoria bezeichnet, der Halbinsel Kowloon mit dem gleichnamigen Stadtbereich sowie den teilweise noch ländlichen New Territories, zu denen auch fast alle nahen Inseln und Eilande gezählt werden.

Lage und Gebiet (Fortsetzung)

Die Gesamtfläche des Gebietes mißt einschließlich der Gewässerflächen 2911 km^2. Die reine Landfläche beträgt insgesamt 1071 km^2; davon entfallen auf Hong Kong Island 78 km^2, auf Kowloon 10 km^2 und auf die New Territories 977 km^2.

Hongkongs stark zergliederte Topographie gleicht einem Labyrinth von felsigen Inseln (über 230) sowie Halbinseln mit schmalen Küstenebenen und zahllosen versteckten Buchten.

Zwischen der Hauptinsel Hongkong und der Halbinsel Kowloon erstreckt sich der Hafen von Victoria.

Die höchste Erhebung ist der in den New Territories gelegene Taimo Shan (958 m ü. d. M.)

Fläche und Topographie

Das Klima in Hongkong ist ausgeprägt subtropisch. Die Sommer sind heiß und feucht, die Winter kühl, doch stets trocken und sonnig, Frühling und Herbst sehr kurz. Die Niederschläge fallen überwiegend im Frühjahr und Sommer, oft als heftige Schauer. Mit nur 5,5 °C ist der mittlere Temperaturunterschied zwischen Tag und Nacht gering. Die sommerlichen Tagestemperaturen liegen gewöhnlich zwischen 25 °C und 31 °C. Die hohe Luftfeuchtigkeit von vielfach 90% macht das Klima zu dieser Jahreszeit drückend. Zwischen Juli und Oktober wird Hongkong häufig von Taifunen heimgesucht.

Im Winter fallen die Temperaturen nur selten unter 10 °C und steigen an Schönwettertagen sogar auf über 20 °C an. Der Spätherbst und der frühe Winter (Oktober – Dezember) sind bei tiefblauem Himmel und angenehm

Klima

Hong Kong Kowloon New Territories

Hongkong

Klima (Fortsetzung)

wärmender Sonne für einen Besuch die weitaus angenehmste Jahreszeit. Im Frühling (Februar/März) ist es feucht und neblig; im Mai hält der Sommer bereits Einzug.

Bevölkerung

Bei der ersten Volkszählung (1851) lebten in der Kolonie 32983 Menschen; davon waren 31463 Chinesen. Im Jahr 1931 war die Bevölkerung bereits auf 878947 Menschen (davon 859425 Chinesen) angewachsen. Die Flut der legalen und illegalen Einwanderer und Flüchtlinge aus der Volksrepublik China und anderen krisengeschüttelten Gebieten Ostasiens haben die Einwohnerzahl seit 1949/1950 auf ca. 7 Mio. anschwellen lassen. Etwa 98% der Bewohner Hongkongs sind Chinesen, überwiegend Kantonesen. Die britische Gemeinde zählt etwa 18000 Menschen; über 15000 sind US-Amerikaner und mehr als 100000 Angehörige anderer Staaten (besonders aus dem britischen Commonwealth of Nations). Etwa 60% der Einwohner wurden in Hongkong geboren.

Die Bevölkerungsdichte ist schon im Durchschnitt mit ca. 5500 Einwohnern pro Quadratkilometer extrem hoch und erreicht im Stadtbereich von Kowloon mit ca. 200000 (!) Einw./km^2 das absolute Maximum auf der Erde. Die jährliche Wachtumsrate liegt derzeit bei 1,5%, die mittlere Lebenserwartung bei 76 Jahren, die Analphabetenrate bei 11%. Die Erwerbstätigen sind überwiegend im Dienstleistungssektor und in der Industrie tätig. Der Anteil der städtischen Bevölkerung beläuft sich auf weit über 90%.

Der Wohlstand ist in Hongkong zwar sehr ungleich verteilt, auf Grund der guten Versorgung mit Sozialmiet- und auch Sozialeigentumswohnungen sowie eines nach britischem Vorbild gestalteten Gesundheitswesens gibt es jedoch sehr wenig krasse Armut. Weitere Sozialleistungen werden von den Kirchen erbracht. Dagegen mangelt es bei der Altersvorsorge. Eine außerordentliche Belastung für die Stadt ist das Flüchtlingsproblem.

Wohnverhältnisse

Dank einer äußerst intensiv und erfolgreich betriebenen staatlichen Wohnungsbautätigkeit konnten die einst erheblichen Mißstände bei den Wohnverhältnissen inzwischen sehr weitgehend entschärft werden. Slumsiedlungen, sogenannte squatter areas, spielen heute keine Rolle mehr, und auch die Sozialwohnungsblöcke der ersten Generation aus den fünfziger und sechziger Jahren des 20. Jh.s, in denen für jede Familie nur ein Raum zur Verfügung stand, sind modernisiert worden, so daß heute jede Familie auch über eine Küche und ein bescheidenes eigenes Duschbad mit WC verfügen kann.

Schwierig sind die Wohnverhältnisse dagegen bei alleinstehenden alten Menschen, die kein Anrecht auf eine Sozialwohnung besitzen und vereinzelt auch in vielpublizierten käfigartigen Miniverschlägen leben müssen. Sehr stark abgenommen hat die Zahl der reinen Bootsbewohner, die heute meist noch Wohnungen an Land besitzen.

Religion und Kultur

Die aus buddhistischen, daoistischen und konfuzianischen Elementen gemische Volksreligion ist am weitesten verbreitet. Daneben gibt es eine bedeutende christliche Minderheit (ca. 500000) sowie muslimische, hinduistische, israelitische und andere Minoritäten. In Hongkong existieren religiöse Stätten der verschiedensten Glaubensrichtungen und Weltanschauungen friedlich nebeneinander: Tempel, Kirchen, Moscheen und Synagogen.

Kulturell besitzt Hongkong eine weitgehend durch die kantonesischen Fernsehprogramme sowie durch Kinofilme bestimmte eigene Identität, die besonders über Musik und Schlager auch stark nach China ausstrahlt. Daneben existiert jedoch ein durchaus beachtenswertes Angebot an europäisch-amerikanischer Kultur.

Sprache

Amtssprachen sind Chinesisch (Kantonesisch; seit 1974) und Englisch.

Staat und Verwaltung

Hongkong war seit 1842 britische Kronkolonie, der 1860 die Halbinsel Kowloon, 1898 die New Territories (Pachtvertrag für 99 Jahre) angefügt wurden. Jedes dieser drei Gebiete ist in Bezirke (Districts) untergliedert.

Hongkong

Staat und Verwaltung (Fortsetzung)

Regierungsform: Präsident, Executive Council, Legislativ Council
Laut britisch-chinesischem Vertrag soll Hongkong ab 1997 für 50 Jahre einen Sonderstatus mit eigener Gesetzgebung und Jurisdiktion behalten.

Geschichte

Das Gebiet um Hongkong war bereits zur Zeit der Longshan-Kultur (um 3000 v. Chr.) besiedelt und teilte bis in die Neuzeit im wesentlichen die Geschicke des chinesischen Kulturraumes.

Im 18. Jahrhundert erreichte die britische Handelsflotte China. Von dem portugiesischen Handelsposten Macao betrieben die Briten ihre Geschäfte am Zhujiang aufwärts bis Kanton. Die Chinesen, die sich den Fremden kulturell überlegen glaubten, beschränkten die Kontakte allein auf den Handel; für Tee und die begehrte Seide nahmen sie ohnehin genügend Silbergeld ein. Als sich allerdings die Zahlungsbilanz mit der Zeit allzusehr zu Lasten der Briten neigte, griffen diese zum Opium als Gegenmittel. Die Droge war erstmals im 17. und 18. Jahrhundert durch die Portugiesen nach China gelangt. Während nur ein kleiner Teil davon medizinischen Zwecken diente, floß der Löwenanteil dem illegalen Verbrauch zu, bis der chinesische Kaiser 1729 den Handel mit Opium untersagte. Trotzdem wuchsen die Opiumeinfuhren weiterhin rasch. Der chinesische Kaiser erneuerte 1796 zwar das ursprüngliche Einfuhrverbot, doch 1836 hatten die Briten den Opiumhandel in China enorm ausgeweitet. Die Chinesen verlangten das Ende des Opiumhandels, während die Briten ihn fortzuführen wollten, indem sie sich auf die Rechte des freien Handels beriefen. Dies führte schließlich zum Ersten Opiumkrieg (1840–1842). Die schon zuvor besetzte Insel Hongkong wurde 1842 von den Chinesen im Friedensvertrag von Nanking vollends Großbritannien übergeben. Des weiteren mußte China als Folge des zweiten anglo-chinesischen Krieges (Zweiter Opiumkrieg; 1856–1858) in der Ersten Konvention von Peking (1860) die Halbinsel Kowloon und Stonecutters Island an Großbritannien abtreten.

Erst 1898 erwarben die Briten zur Sicherung ihrer territorialen Ansprüche gegenüber den rivalisierenden Handelsnationen an der chinesischen Küste und zur besseren Verteidigung ihrer Kolonie die 99jährige Pacht über das 959 km^2 große und viele Inseln umfassende Gebiet der New Territories.

Seit den vierziger Jahren des 19. Jh.s bis zu den fünfziger Jahren des 20. Jh.s diente Hongkong – mit Ausnahme der Zeit der japanischen Besetzung im Zweiten Weltkrieg von 1941 bis 1945 – als Überseehafen und Drehscheibe für den Handel zwischen China und der westlichen Welt. Doch der Koreakrieg (1950–1953) und das gegen die Volksrepublik China gerichtete US-amerikanische Embargo für strategische Güter schwächte diese Rolle. Um überleben zu können, mußte Hongkong seine Industrie aufbauen und seine Möglichkeiten als Finanzzentrum entwickeln.

In den Jahren 1966 bis 1968 haben die Wirren der chinesischen 'Kulturrevolution' auch Hongkong ergriffen und schwer erschüttert (antibritische Ausschreitungen).

Im September 1984 einigten sich Großbritannien und die Volksrepublik China wie folgt: Ganz Hongkong wird am 1. Juli 1997 chinesischer Souveränität unterstellt, erhält jedoch auf weitere fünfzig Jahre als eigenständige Verwaltungsregion einen Sonderstatus.

1993 begannen die Verhandlungen zwischen den beiden Staaten über die Demokratisierung Hongkongs.

Bei den letzten Wahlen in der Kronkolonie 1995 gewann die Demokratische Partei mit großer Mehrheit.

Die Demokratisierung wurde jedoch 1997 im Vorfeld der Übergabe Hongkongs an China durch eine Reihe von Gesetzesänderungen gestoppt, was zu Demonstrationen führte.

Schließlich fiel die Kronkolonie nach 145 Jahren unter britischer Herrschaft am 30. Juni 1997 an China zurück. Der pekingtreue Geschäftsmann Tung Che Hwa wurde Regierungschef.

Obwohl 1998 die peking-kritischen Demokraten bei den Wahlen erneut die Mehrheit gewannen, sind sie auf Veranlassung der Pekinger Regierung in der Opposition.

Hongkong

Wirtschaft
Schwerpunkte

Handel und Finanzgeschäfte sowie Tourismus dominieren. – Agrarprodukte: Gemüse, Früchte. – Fischfang. – Bodenschätze: Quarz, Feldspat, Kaolin. – Industrie: Herstellung von Textilien und Bekleidung, Metallverarbeitung, elektrotechnische und elektronische Erzeugnisse. – Importe: Maschinen, feinmechanische Geräte, Garne, Farbstoffe. – Exporte: Textilien, Möbel, chemische Produkte, Elektrogeräte.

Führender internationaler Finanz- und Handelsplatz

Hongkong ist heute ein führender Weltfinanz- und Handelsplatz. Weit über hundert internationale Banken haben sich hier niedergelassen; der Goldmarkt ist einer der größten der Erde. Freie Marktwirtschaft und freier Handel werden durch die Behörden garantiert. Die allgemeine steuerliche Belastung ist außerordentlich niedrig. Eine Mehrwertsteuer existiert nicht. Lediglich Alkohol und Tabak sind stark besteuert. Der Kapitalverkehr unterliegt keinerlei Beschränkungen. Diese günstigen Umstände haben sehr viele ausländische Unternehmer, besonders Überseechinesen, angezogen. Hongkong ist zudem ein führender Umschlagplatz für Diamanten, Schmuck und Uhren. 1998 wirkte sich die Finanz- und Wirtschaftskrise in Südostasien negativ auf Hongkong aus. Als Stadtstaat mit der Funktion eines Welthandelszentrums verfügt Hongkong über einen nur bescheidenen lokalen Markt. Hervorzuheben sind lediglich die Landwirtschaft und die Fischereiindustrie, ferner die Bauwirtschaft. Schwerpunkt des gesamtwirtschaftlichen Geschehens sind Import und Export. Fast 80% der arbeitenden Bevölkerung sind im Dienstleistungssektor beschäftigt. In Industrie und Baugewerbe arbeitet nur noch ein gutes Fünftel der Erwerbstätigen.

Internationale Drehscheibe

Hongkong ist eine bedeutende internationale Drehscheibe für Handel, Finanzgeschäfte, Kommunikation, Industrie und Gewerbe. Ursprünglich eröffnete es den Briten Zugang zum asiatischen Kontinent und verschaffte den Chinesen einen weiteren Ausgangspunkt für ihren Handel. Hier wurden mit jeder Wendung des Schicksals Vermögen gemacht oder verloren, so daß die Bevölkerung gelernt hat, ihr Denken und Handeln den Gegebenheiten anzupassen, ihre Strategie rechtzeitig zu ändern und auch ungünstige Zeiten zu überstehen. Diese Flexibilität des einzelnen und die geringe wirtschaftliche Reglementierung durch Verwaltungsvorschriften haben Hongkong zu seiner international bevorzugten Stellung verholfen.

Wichtige Produktionszweige

Wichtigster Produktionszweig ist die Textil- und Bekleidungsindustrie. Ihr folgen die Druckindustrie sowie Gerätebau und Optik. Die einst bedeutende Kunststoffverarbeitung – vor allem zur Spielzeugherstellung – wurde dagegen nahezu vollständig in die Volksrepublik China verlagert und spielt heute keine Rolle mehr. Beachtenswert sind auch die Leistungen der Uhren- und Schmuckindustrie. Die Wirtschaftsbereiche haben erheblich dazu beigetragen, Hongkongs heutige Stellung unter den Welthandelszentren zu sichern, gestützt auf ein internationales Kommunikationsnetz und eine liberale Gesetzgebung.

Devisenquelle für die Volksrepublik China

Für die Volksrepublik China ist Hongkong eine wichtige Devisenquelle geworden, seit die ehemalige Kronkolonie Konsumgüter, Nahrungsmittel, Baumaterialien und andere Waren in großem Umfang aus China abnimmt. Darüber hinaus überweisen Chinesen aus Hongkong und Südostasien erhebliche Geldbeträge an ihre Verwandten in China. Seit Hongkongs Rückkehr zu China unterhält die Regierung der Sonderverwaltungszone intensive Kontakte mit der Pekinger Regierung. Diese wiederum unterhält in Hongkong eine Zweigstelle des Außenministeriums.

Bedeutender Seehafen

Das Nervenzentrum von Hongkong ist der Seehafen Victoria (Victoria Harbour; zwischen der Insel Hongkong und der Halbinsel Kowloon), der rund 6000 ha groß ist und eine Breite zwischen 1,6 und 9,6 km hat. Er zählt zu den schönsten natürlichen Häfen der Erde und steht, gemessen an der Tonnage, weit oben in der Weltrangliste; der Containerterminal (im Nordwesten von Kowloon) ist der größte der Welt. Ein bedeutender Teil des Personentransports wird auf dem Wasser abgewickelt.

Hongkong

Gesetzliches Zahlungsmittel ist der Hongkong-Dollar (Hong Kong Dollar/ HKD) zu je 100 Cent (c).

Währung

Innerhalb Asiens spielt Hongkong in jeder Hinsicht eine eigene Rolle. Trotz des geringen Anteils von Nichtchinesen an der Bevölkerung ist Hongkong eine kosmopolitische Stadt. Die grünen Hügel von Hongkong Island und die Berge der New Territories ragen über den Großstadtdunst hinweg in den tiefblauen Himmel oder sind während der Regenzeit in dichte Wolken gehüllt. Im Kontrast zur Lieblichkeit der Landschaft stehen die extrem dicht bevölkerten Wohnviertel. Neben reizvollen Inseln im Südchinesischen Meer, mit einsamen Sandbuchten, gibt es von Menschenhand geschaffene Attraktionen: Stauseen graben sich in grüne Talschaften, von spektakulären Bergstraßen bieten sich atemberaubende Ausblicke, und Wolkenkratzer erheben sich bis knapp 375 m Höhe. Es gibt aber auch weniger Erbauliches: stickige Straßenschluchten, triste Fabrikhochhäuser, Verkehrsstaus, überall große Menschenmassen und vor allem viel Lärm.

Kosmopolitismus und Kontrastfülle

Wenngleich oberflächlich verwestlicht, ist Hongkong dennoch durch und durch chinesisch. Auch in den wohlhabenden Zentren von Victoria und Kowloon gibt es viele Straßen mit Ladenfronten und Wohnhäusern, die sich nur wenig von denen anderer ostchinesischer Hafenstädte des 19. Jh.s unterscheiden, mit Ausnahme des heute ungleich vielfältigeren Warenangebotes.

Wenn Singapur als idealer Einstieg für Asienbesucher gilt, so ist Hongkong eher für Fortgeschrittene geeignet. Wer sich rasch in das Gewirr und hektische Treiben der Stadt hineinwagt, kann leicht von der Fülle der Impressionen erdrückt werden und entwickelt dann möglicherweise eine Aversion. Wer sich hingegen zur Eingewöhnung und Besinnung Zeit nimmt, der wird feststellen, daß Hongkong Außergewöhnliches bietet.

Der Reiz liegt im Widerspruch. Läßt man die moderne Hochhauskulisse von Hongkong Island und Kowloon hinter sich, so zeigt sich in den abgelegenen Teilen der New Territories und auf den autofreien kleineren Inseln eine gänzlich andere Welt: Beim hier und da noch betriebenen Gemüseanbau oder der Geflügelzucht ist immer noch viel Handarbeit nötig. An den freilich immer seltereren, abseits liegenden Orten wirkt das Leben und Treiben für die Außenstehenden nach wie vor altertümlich und exotisch. Die meisten chinesischen Speisehäuser haben ihre alten Sitten und Gebräuche bewahrt; lediglich das allenthalben ausgeschenkte Bier ist eine moderne Zutat. Fernsehen und Radio senden zuweilen chinesische Opern, und die traditionsreichen farbenfrohen Feste werden alljährlich mit großem Aufwand gefeiert.

Die Lebendigkeit alter Traditionen ist auch in der Stadt erlebbar, so an den Schreinen, die in den traditionellen Läden und Restaurants sowie an deren Eingängen angebracht sind, und in den Tempeln und deren Umgebung, wo Weihrauchstäbchen, Toten- und Geistergeld, Hausschreine und anderer Religionsbedarf verkauft wird.

Im Trubel des Alltags nimmt Hongkong seine Besucher kaum wahr, was angesichts der großen Zahl an Fremden erstaunlich ist. Handel und Wandel sind von großer Betriebsamkeit bestimmt, die Läden mit allen nur erdenklichen Waren angefüllt; besonders auffällig ist das Angebot an kunstgewerblichen Gegenständen und Handarbeiten. In hervorragenden Restaurants werden die wohl besten chinesischen Speisen auf der Welt gereicht. Der Hafen ist von Schiffen, Jachten, Booten, Dschunken und Sampans überfüllt.

Den Besucher beeindruckt die überschäumende Vitalität der Menschen und die Dynamik ihrer Tätigkeiten. Erholung spielt im Leben der meisten Einwohner von Hongkong eine untergeordnete Rolle, und bedauerlicherweise werden Höflichkeit und gutes Benehmen im Kampf um Lebensvorteile nicht selten vernachlässigt.

Trotz der beherrschenden Rolle, die Geld und Geschäfte in Hongkong spielen, besitzt es noch immer schöne, friedliche und unberührte Flecken und Sehenswürdigkeiten. Die New Territories und die vielen Inseln waren einst Oasen der Ruhe für die Einheimischen. Obwohl auch sie nun zu-

Hongkong

Kosmopolitismus
und Kontrastfülle
(Fortsetzung)

nehmend von der modernen Industrieentwicklung überrollt werden, sind sie noch immer eine Alternative für Besucher, die nicht am 'Shopping' allein interessiert sind. Für den eiligen Besucher Hongkongs gibt es viel Faszinierendes zu bestaunen und zu unternehmen, mit den schwerwiegenden strukturellen Problemen wird er dabei jedoch kaum konfrontiert. Eines allerdings wird ihm rasch klar werden: Hongkong ist nicht mehr billig! In den letzten Jahren sind praktisch alle Waren und Dienstleistungen um ein Vielfaches teurer geworden, doch erhält man im allgemeinen für sein Geld noch immer einen annehmbaren Gegenwert.

Insel Hongkong

*Victoria Peak

Um den besten Überblick über Hongkong zu gewinnen, empfiehlt sich der Aufstieg zum Victoria Peak, der mit 554 m ü.d.M. höchsten Erhebung auf der Insel Hongkong (im Nordwesten). Auf 379 m ü.d.M. steht die Bergstation der Victoria Peak Tramway; etwa acht Minuten dauert die steile, atemberaubende Bergfahrt von der Talstation im Untergeschoß des St. John's Building gegenüber vom US-Konsulat an der Garden Road im Central District. Diese Standseilbahn wird seit 1888 unfallfrei betrieben und ist damit eines der ältesten und sichersten Transportmittel der Sonderverwaltungszone. Die beiden Züge halten gegenseitig das Gleichgewicht, wenn der eine bergauf, der andere talwärts gleitet. Bei Bergfahrt ist die Peak Tramway häufig überfüllt, bei Talfahrt hingegen meist weniger besetzt; es ist daher angeraten, die Fahrt hinauf im Taxi oder Minibus zu unternehmen und mit der Bergbahn wieder hinabzufahren.

**Aussicht

Der Peak Tower, die Bergstation der Standseilbahn, wurde nach Plänen des britischen Architekten Terry Farrell umgestaltet. Hier befindet sich ein Einkaufszentrum mit Geschäften und Restaurants. Von der Aussichtsterrasse bietet sich ein faszinierender Ausblick über das Central District, den Hafen, Kowloon und die Berge der New Territories.
Bei klarem Wetter sollte man unbedingt einen Rundgang um den Berggipfel machen (ca. 1 Std.); nach Süden und Südwesten öffnet sich hierbei der Blick über die gesamte Insel Hongkong und die vorgelagerten Eilande. Besonders eindrucksvoll ist der Sonnenuntergang, ein Leckerbissen für Fotografen; die schönsten Aufnahmen kann man bei Einbruch der Dunkelheit machen, wenn sich Hongkong in ein riesiges Lichtermeer verwandelt. Lohnend ist ferner der Aufstieg zum Victoria Peak Garden, einem Gartenpark am oberen Südhang des Victoria Peak.
Im Bereich des Victoria Peak wohnten früher ausschließlich Ausländer. Erst nach dem Zweiten Weltkrieg wurde es auch Chinesen gestattet, sich in dieser Gegend niederzulassen. Der Berg ist im Frühjahr häufig in Dunst gehüllt, und die Temperaturen können dann recht kühl sein. Im Sommer allerdings findet man hier Erfrischung von der drückenden Hitze, welche die tiefergelegenen Stadtbereiche erfüllt.

Central District

Der Central District im Nordwesten von Hong Kong Island, früher als Victoria bezeichnet, ist Honkongs traditionelles Zentrum und heute das am dichtesten bebaute Bürohaus- und Einkaufsviertel des Territoriums. Hier stehen auf Grundstücken, deren Preise inzwischen astronomische Höhen erreicht haben, die Wolkenkratzer der Banken und Handelshäuser; sie haben die alten Bauten aus der früheren Kolonialzeit fast ganz verdrängt. Sieht man sich in den Straßen und auf dem Statue Square zwischen dem Hotel Mandarin und der Bank of China um, so ist es nur schwer vorstellbar, daß in dieser Gegend noch bis in die sechziger Jahre dieses Jahrhunderts geweißte Häuser mit vier bis fünf Verandastockwerken gestanden haben. Die Anlagen und Wasserspiele des weiten Statue Square sind erst 1966 vollendet worden. Moderne Hochhausbauten prägen nunmehr dieses geschäftige Viertel, das seit den ausgehenden siebziger Jahren des 20. Jh.s mit dem neuen Admirality-Viertel eine erhebliche Ausweitung nach Osten, Richtung Wan Chan, erfahren hat.

Hongkong

Vom Victoria Peak hat man den besten Überblick über Hongkong.

Als letzte Reste aus der Kolonialzeit sind erhalten das Legco Building (erbaut als Sitz des Obersten Gerichtshofs 1903–1912, heute Sitz des Stadtparlaments) gegenüber dem War Memorial (Kriegerdenkmal), die 1847 bis 1849 errichtete St. John's Cathedral gegenüber der Talstation der Victoria Peak Tramway sowie das Government House an der Upper Albert Road, bis 1997 die Residenz des britischen Gouverneurs.

Insel Hongkong, Central District (Fortsetzung)

Südwestlich vom Government House erstrecken sich der Zoological Garden und der Botanical Garden, durch die Albany Road voneinander getrennt. Hier finden sich am frühen Morgen stets Chinesen zum traditionellen Schattenboxen ein.

Zoological Garden, Botanical Garden

Zu den ältesten Gebäuden zählt auch das luxuriöse Hotel 'Mandarin' neben dem mit Keramikreliefs geschmückten Prince's Building, das für seine guten Geschäfte bekannt ist.

Hotel Mandarin

Das eindrucksvollste Bauwerk in dieser Gegend ist jedoch 'The Landmark', ein fünfstöckiger Komplex, der um einen großen Innenhof (1860 m²; Wasserspiel) angelegt ist und in dem rund 100 Läden untergebracht sind. Zuweilen wird der große Brunnen im Lichthof in eine Bühne verwandelt, dann sind hier kostenlose Aufführungen verschiedener Art zu sehen.

The Landmark

Folgt man der Queen's Road westwärts, so nimmt das Straßenbild zunehmend chinesische Züge mit offenen Ladenfronten an. Nach Südwesten zweigen von der Hauptachse steile und schmale Treppengassen bergan ab, in deren winzigen Ständen und kleinen Läden eine unübersehbare Fülle an Waren feilgeboten wird. Besonders malerisch zeigt sich die bekannte Ladder Street (Leiterstraße) mit ihren Trödelläden; mit Kuriositäten aller Art wird an der Cat Street (Upper & Lower Lascar Row) gehandelt. Einen Besuch verdienen die zwei benachbarten volkstümlichen Tempel an der nahen Hollywood Road (beide in Nr. 124): Man-Mo-Tempel (von 1848) und Lit-Shing-Kung-Tempel.

Ladder Street
Cat Street
*Man-Mo-Tempel, Lit-Shing-Kung-Tempel

Hongkong

Insel Hongkong, Central District (Fortsetzung)

Weiter nordöstlich unterhalb der Queen's Road verläuft entlang den Fähranlegern die Connaught Road. Sie beginnt im Osten beim Hochhaus Connaught Centre, auffällig durch seine kreisrunden Fenster, in welchem der Fremdenverkehrsverein 'Hong Kong Tourist Association' (HKTA) seinen Sitz hat (Informationsbüro). Westlich des Connaught Centre erheben sich die Drei Türme der Börse (Exchange Square). Nordöstlich gegenüber befinden sich das General Post Office (Hauptpost).

City Hall

Noch weiter östlich, am Edinburgh Place (Queen's Pier am Hafen), liegt die City Hall, Sitz der Stadtverwaltung und Begegnungsstätte für Kultur- und Kunstfreunde (Konzertsaal, Theater, Ausstellungsräume).

Hong Kong Park

Unweit südlich der City Hall breitet sich der neugestaltete Hong Kong Park aus. Hier findet man Gewächshäuser verschiedener Klimazonen und eine große Freiflughalle mit 150 südostasiatischen Vogelarten. Der Park wird von Hochzeitspaaren gern als Kulisse für Fotos genutzt.

Flagstaff House/ *Museum of Tea Ware

Im Hong Kong Park steht oberhalb vom Cotton Tree Drive das 1846 in neoklassizistischem Stil erbaute Flagstaff House, einst Sitz des britischen Militärkommandanten. Es wurde weitgehend stilgetreu restauriert und beherbergt jetzt das interessante Museum of Tea Ware (geöffnet Di.–Do, 10.00–17.00 Uhr). Das reichhaltige Museum verfügt über eine Sammlung von Teegeschirr von der Zeit der Streitenden Reiche (475–221 v. Chr.) bis zur Gegenwart. Außerdem wird in acht Ausstellungsräumen die hohe Kunst der Teezubereitung anschaulich dargestellt.

Star Ferry, Macau Terminal

Von der City Hall westwärts reihen sich am Victoria Harbour die Anleger der Fährschiffe nach Kowloon (Star Ferry) und zu den verschiedenen Inseln aneinander bis zum neuen Macau Terminal (Fährschiffe und Tragflügelboote von und nach Macao in 1–3 1/2 Std.).

University of Hong Kong

*University Museum

An der Bonham Road in den sogenannten Midlevels, dem Hanggebiet zwischen dem Victoria Peak und den sich an der Küste hinziehenden Stadtteilen, hat die englischsprachige University of Hong Kong ihren Sitz.
Im Jahr 1953 wurde innerhalb der Universität von Hongkong das beachtenswerte University Museum (94, Bonham Road) gegründet, dessen Sammlungen sich auf chinesische Keramik und Bronzen konzentrieren. Aber auch Gemälde und Skulpturen sind ausgestellt.

Wan Chai

An den Central District schließt im Osten der Stadtbezirk Wan Chai an, die Heimat der Romanfigur Suzie Wong (im Hotel "Luk Kwok") und ein Vergnügungsviertel u. a. für Seeleute; der Flitter der Bars und die bunten Leuchtreklamen der Geschäfte bestimmen im Bereich Lockhart Road/Luard Road das nächtliche Bild.
Außer einigen kleinen Tempeln seien hier noch das 66stöckige Hopewell Centre und das Arts Centre (Theater, Kunstausstellungen) erwähnt.

*Causeway Bay

Wan Chai geht ostwärts in den Stadtbezirk Causeway Bay über, der sich seit der Eröffnung des Straßentunnels unter dem Victoria Harbour hindurch nach Kowloon (Cross-Harbour Tunnel) zu einem beliebten Einkaufs- und Restaurantviertel entwickelt hat.
Im Typhoon Shelter, einem künstlich angelegten Taifunschutzhafen, liegen sowohl die Luxusboote und Freizeitjachten des Royal Hong Kong Yacht Club als auch noch etliche traditionelle Motorschunken.
Unweit südlich vom Jachtklubgebäude sieht der Besucher das World Trade Centre.

Happy Valley

Südlich von Wan Chai dehnt sich inseleinwärts der Bezirk Happy Valley mit großen Sportanlagen (u.a. eine Pferderennbahn) aus. Ein interessantes Dokument der Lokalgeschichte sind vier Friedhöfe (ein parsischer, ein katholischer, ein moslemischer und ein anglikanisch-protestantischer) an der Straße hinter dem Royal Hong Kong Jockey Club.

Hongkong

Im Flagstaff House ist das Museum of Tea Ware untergebracht.

Weiter südostwärts kommt man zum Tiger Balm Garden (Tai Hang Road), einem ebenso bekannten wie umstrittenen Vergnügungspark, der 1935 angelegt und nach der von dem Chinesen Aw Boon Haw erfundenen Mentholsalbe 'Tigerbalsam' benannt ist. Es gibt hier – auf der Grenze zwischen Kunst und Kitsch – gipserne Fabeltiere aus der chinesischen Mythologie, künstliche Berge mit Höhlen und Grotten sowie Darstellungen aus dem Leben im alten China; Wahrzeichen ist eine 50 m hohe weiße Pagode.

<small>Insel Hongkong, Happy Valley (Fortsetzung) Tiger Balm Garden</small>

An der Südwestküste der Insel Hongkong liegt der zu einer großen Satellitenstadt mutierte Fischerort Aberdeen, in dessen Hafen noch einige Tausend Menschen auf Dschunken leben; sie arbeiten teils als Fischer, teils im Hafengewerbe. Zu empfehlen ist eine Sampan-Rundfahrt. Aberdeen ist bekannt für seine drei riesigen schwimmenden Restaurantpaläste, zu denen man mit kostenlosen Fähren übersetzen kann.
Dem Hafen von Aberdeen vorgelagert und mit dem Ort durch eine Brücke verbunden ist die Insel Ap Lei Chau ('Entenzunge').

<small>Aberdeen (Heung Kong Tsai)</small>

Auf einer Halbinsel südöstlich von Aberdeen wurde der Ocean Park angelegt, Hongkongs größter Besuchermagnet. Vom Haupteingang aus (daneben das Spaßbad Water World) gelangt man zunächst in den unteren Teil mit Schmetterlingshaus, Bühne, Abenteuerpark für Kinder und Rundumkino. Von hier fährt man mit einer 1,4 km langen Seilbahn zum hochgelegenen Hauptteil des Parks. Wichtigste Attraktionen sind das Ocean Theatre mit Delphin- und Seelöwenshow, die Loopingbahn, ein Haifischaquarium und ein Atollriff mit zahllosen Meerestieren. Über eine Rolltreppenstraße gelangt man weiter zum Middle Kingdom, einem China-Themenpark.

<small>✺✺Ocean Park</small>

An der buchtenreichen Südküste der Insel Hongkong finden sich etliche Badestrände unterschiedlicher Qualität; die besten, zur sommerlichen Badesaison jedoch auch meist überfüllten erstrecken sich an der Deepwater Bay und der Repulse Bay sowie an der South Bay (einfacher).

<small>Badestrände</small>

Hongkong

Insel Hongkong (Fortsetzung)
Stanley

Die Halbinsel Stanley ist der südlichste Ausläufer von Hong Kong Island. Hier liegt das Hauptgefängnis der Kolonie (ehemals Internierungslager aus der Zeit der japanischen Besatzung im Zweiten Weltkrieg). Im Ort Stanley wird der Markt (v. a. Textilien) gern besucht; Badegelegenheit bietet sich am schmalen Strand der Stanley Bay. Erwähnung verdient ferner der Tin-Hau-Tempel von 1767.
Von Stanley kann man u. a. eine lohnende Wanderung nordwärts zum Tai-Tam-Wasserreservoir unternehmen.

Big Wave Bay, Shek O

An der Ostküste der Insel Hongkong dehnen sich die Badestrände der Big Wave Bay (auch Surfgelegenheit) und weiter südlich jener von Shek O aus.

Kowloon

Lage und Bedeutung

Nördlich der Insel Hongkong, jenseits des breiten Victoria Harbour, der von der U-Bahn (MTR), der Flughafenbahn und drei Stadtautobahntunnels unterquert wird, liegt die Halbinsel Kowloon, der zweite städtische Bereich von Hongkong.

Tsim Sha Tsui
Ocean Terminal

Das Südende der Halbinsel nimmt das Stadtviertel Tsim Sha Tsui ein. An der Südwestspitze befindet sich das große Kreuzfahrtterminal Ocean Terminal mit einem Einkaufszentrum und der Star Ferry Pier, der Anleger für die Hafenfähren von und nach der Insel Hongkong. Als Überbleibsel des früher hier gelegenen Bahnhofes steht noch der Clock Tower (Uhrturm).

*Kulturzentrum

Der sich nach Osten erstreckende Uferbereich ist durch Aufschüttungen verbreitert und als Cultural Centre neu gestaltet worden. Zu diesem Komplex gehören neben einer Konzerthalle und einem Theater das besuchenswerte Kunstmuseum und das interessante Space Museum, ein Weltraummuseum mit Zeiss-Planetarium und einer Abteilung für Solarwissenschaft. Nordöstlich des Cultural Centre findet man in der Science Museum Road das Science Museum, das den wissenschaflich-technischen Fortschritt in vielen Lebensbereichen zum Thema hat.
Weiter ostwärts sind im Bereich der Salisbury Road bis hin zum Bahnhof Kowloon, dem Hauptbahnhof von Hongkong, etliche Hotelbauten und Einkaufszentren entstanden.

*Museum of Art
*Space Museum
Science Museum

*Nathan Road

Von der neuen Uferzone am Victoria Harbour verläuft schnurgerade nach Norden die rund 4 km lange Nathan Road bis zur Boundary Street, der nördlichen Quergrenze des Stadtbezirkes Kowloon. Diese auch als 'Goldene Meile' bezeichnete vielbefahrene Verkehrsachse (darunter die U-Bahn MTR) wird auf beiden Seiten von Hotels, Restaurants, Kaufhäusern, Kinos, Ladengeschäften und Nachtlokalen gesäumt. Das Angebot an Waren und Vergnügungen ist überreich.

Kowloon Park

An die Westseite der Nathan Road grenzt etwa 500 m nördlich vom Hafenufer der ausgedehnte Kowloon Park, in dem sich außer einem islamischen Zentrum (mit Moschee) auch das Museum of History (Zugang von der Haiphong Road) mit Exponaten zur Ortsgeschichte befindet.

*Museum
of History

Yau Ma Tei
Tin-Hau-Tempel

An den Kowloon Park schließt im Norden das Stadtviertel Yau Ma Tei an. Zentrum des Stadtteils ist der vergleichsweise große Tin-Hau-Tempel am Public Square. Er wurde 1876 erbaut und besteht aus fünf nebeneinander liegenden Hallen, in denen unter anderem die sechzig Jahresgötter verehrt werden und Totenfeiern stattfinden. Die äußerste rechte Halle wird von Wahrsagern genutzt. Hauptgöttin (in der mittleren Halle) ist Tin Hau, die Schutzpatronin der Seefaher. Nach diesem Tempel hat auch die Temple Street ihren Namen, auf der jeden Abend Hongkongs größter Nachtmarkt stattfindet. Neben dem Tempel sieht man dann viele Wahrsager, außerdem führen Laien konzertante kantonesische Opernszenen auf.

Nachtmarkt

Jade Market

Unweit westlich, an der Kreuzung von Kansu Street und Reclamation Street wird täglich der bekannte Jade Market (Jademarkt) abgehalten.

Hongkong

Im Bereich Nelson Street/Canton Road befindet sich ein beliebter Lebensmittelmarkt. Im Nordosten von Mong Kok liegen sowohl der kleine Blumenmarkt (Flower Market Road) als auch der 1997 hierher verlegte Vogelmarkt (entlang der Bahnlinie östlich vom Blumenmarkt).

Kowloon
(Fortsetzung)
Mong Kok
Märkte

Weiter nordwestlich hat man 1955 im Stadtviertel Sham Shui Po (41 Tonkin Street) die Grabanlage Lei Cheng Uk entdeckt, die der Spätzeit der Han-Dynastie (25–220 n. Chr.) zugeordnet wird. Die bei den Grabungen freigelegten Ton- und Bronzegegenstände sind in einem kleinen Museum ausgestellt. Die Anlage befindet sich inmitten eines großen Sozialwohnungsareals.

Sham Shui Po
٭ Grabanlage Lei Cheng Uk

Auch wenn der Wong-Tai-Sin-Tempel einer der jüngsten Tempel in Hongkong ist – die Haupthalle wurde 1973 eingeweiht –, gehört er doch zu den sehr sehenswerten. Er ist dem daoistischen Gott Wong Tai Sin geweiht, der zur Heilung von Krankheiten angerufen wird. Jährlich kommen 3 Mio. Menschen in den Tempel, um Opfer darzubringen.
Hinter der aus mehreren Gebäuden bestehenden Anlage breitet sich der Garten der guten Wünsche aus, ein in chinesischem Stil angelegter Landschaftsgarten.

Wong Tai Sin
٭ Tempel Wong Tai Sin

Das an der Südspitze von Kowloon gelegene Lei Yue Mun ist eines der wenigen Fischerdörfer, die sich über die Zeit des ausufernden Wachstums retteten. Besucher genießen hier die Atmosphäre des Marktes und die vorzüglichen Fischrestaurants.

Lei Yue Mun

New Territories

Die überwiegend bergigen New Territories (Neue Territorien) nehmen flächenmäßig den weitaus größten Teil von Hongkong ein. Sie erstrecken sich im Norden von Kowloon bis zur Provinz Guangdong, wobei sie weit nach Westen und Osten ausgreifen. Der Osten ist von zahlreichen großen und kleineren Buchten zerlappt.
Außerdem gehören mit Ausnahme der Hauptinsel Hongkong und Stonecutters Island die zahlreichen Inseln, darunter die große Insel Lantau, zum Verwaltungsbereich der New Territories.
Der festländische Teil der New Territories bietet heute Raum für mehrere gewaltige Satellitenstädte (Sha Tin, Tai Po, Fanling, Sheung Shui, Yuen Long, Tuen Mun), die vorwiegend seit den siebziger Jahren des 20. Jh.s entstanden.
Der größte Teil des Berglandes darf jedoch nicht bebaut werden, um Hongkongs Wasserreserven zu schützen. Der Osten der New Territories ist bis heute einsam und nahezu menschenleer.

Lage und Gebiet

Im Ostteil der New Territories liegt die in den siebziger Jahren des 20. Jh.s erbaute Satellitenstadt Sha Tin, in der über 500 000 Menschen leben. Man erreicht Sha Tin am schnellsten mit der Eisenbahn vom Bahnhof Kowloon.
Die wichtigste Sehenswürdigkeit von Sha Tin ist der Tempel der 10 000 Buddhas, der auf 320 m ü. d. M. steht und nur über eine steile Treppe zu erreichen ist. Die Tempelanlage gliedert sich in zwei Ebenen mit dem Haupttempel auf der unteren und einem zweiten aus vier Gebäuden bestehenden Tempel auf der oberen. Der Haupttempel der 10 000 Buddhas – inzwischen sind es über 12 800 Figuren – entstand 1950. Er ist dem 1965 verstorbenen Stifter Kuan Yin gewidmet, dessen einbalsamierter Leichnam in Buddhastellung hinter Glas zu sehen ist. Im Vorhof erhebt sich eine neunstöckige Pagode.
Eine weitere Attraktion in Sha Ti ist die Art Gallery of the Institute of Chinese Studies, die Kunstgalerie der Chinesischen Universität, mit wertvollen Sammlungen (Malerei, Kalligraphien, Siegel u. a.) aus verschiedenen Epochen der chinesischen Geschichte.

Sha Tin

٭ Tempel der 10 000 Buddhas (z. Zt. nicht zugänglich)

٭ Art Gallery of the Institute of Chinese Studies

Hongkong

New Territories (Fortsetzung)
Pferderennbahn

Im Jahr 1978 hat der Royal Hong Kong Jockey Club in Sha Ti eine zweite Pferderennbahn eröffnet; die erste befindet sich in Happy Valley auf Hongkong Island. Auf der Pferderennbahn werden an Wochenenden regelmäßig Rennen ausgetragen.

Amah Rock

Im Süden von Sha Ti ragt der Amah Rock auf, ein markanter Felsen, dessen Formen an eine Frau erinnern, die ihr Kind auf dem Rücken trägt.

Country Parks

Die New Territories besitzen etliche Natur- und Landschaftsschutzgebiete – Country Parks – und bieten mit viel Grün, zahlreichen Wasserflächen, lieblichen Ententeichen, Strandpartien (guter Badestrand z. B. an der Clearwater Bay im äußersten Südosten) und aussichtsreichen Höhen eine willkommene Abwechslung zu dem hektischen Großstadtgetriebe in Kowloon und im Central District.
Von West nach Ost zieht sich quer durch die New Territories der 100 km lange McLehose Trail, ein ausgeschilderter Wanderweg, der auch auf den Tai Mo Shan, Hongkongs höchsten Gipfel, führt.
Ein beliebtes Wandergebiet erstreckt sich zudem um den großen Tai-Lam-Chung-Stausee im Südwesten der festländischen New Territories.

Lau Fau Shan

Der Fischerort Lau Fau Shan, der auf einer in die Deep Bay (Hau Hoi Wan) ragenden Landzunge in den westlichen New Territories liegt, war einst berühmt für seine Austernzucht. Das sehenswerte Fischerdorf bietet vorzügliche Fischrestaurants.

Mai Po

Am Ende der Deep Bay erstrecken sich die Mai-Po-Sümpfe, ein Feuchtbiotop von internationaler Bedeutung. In den unter Naturschutz stehenden Watt- und Mangrovenflächen finden vor allem Vögel reiche Nahrung. Rund 250 Vogelarten wurden hier bereits beobachtet; die meisten kommen im Winter als Zugvögel. Am häufigsten sind Reiherarten, Ibisse und Eisvögel. Landseitig geht das Gebiet in eine Zone mit zahlreichen Fischteichen über. Die Mai-Po-Sümpfe können unter Führung von Mitarbeitern des World Wide Fund of Nature (WWF) besichtigt werden. Der WWF unterhält hier auch ein Informationszentrum und Stände zur Vogelbeobachtung.

Castle Peak

Den äußersten Westen der New Territories nimmt der als Ausflugsziel (Strände) beliebte Bezirk Castle Peak ein, so benannt nach dem gleichnamigen Berg (583 m ü. d. M.), bei dem mehrere historische Schlachten geschlagen worden sein sollen. Villenviertel im Grünen und große Sozialwohnungsbauten prägen das Bild. Von den hier angesiedelten Industrieanlagen sei die Meerwasserentsalzungsanlage Lok On Pai erwähnt.

Kloster Po Toi

Am Hang des Castle Peak Hill liegt das buddhistische Kloster Po Toi mit einem kleinen Tempel und 'Drachengärten' (Nachbildung alter chinesischer Bauwerke u. a.).

Ching-Chun-Tempel

In der Nähe vom Castle Peak Hospital steht der daoistische Ching-Chun-Tempel von 1959 mit bemerkenswerten Dachverzierungen.

Inseln Lantau, Cheung Chau, Peng Chau, Lamma

Schiffsverbindungen

Zu den westlich von Kowloon und Hongkong gelegenen Inseln bestehen regelmäßige Fährverbindungen; die Fährschiffe legen auf der Insel Hongkong am Landungssteg 'Outlying Islands' (Connaught Road) ab und an; ferner kann man Bootsrundfahrten zu den Inseln unternehmen.

*Lantau

Lantau ist mit weitem Abstand die größte Insel von Hongkong (etwa doppelt so groß wie Hong Kong Island). Die stellenweise noch immer sehr ländliche Insel ist seit 1997 durch eine Autobahn und eine Schnellbahn über die Kap-Shui–Mun-Schrägseilbrücke und die gewaltige, 1377 m spannende Tsing-Ma-Hängebrücke mit der Insel Tsing Yi und von dort über weitere Brücken mit dem Festland verbunden. Inzwischen entstand in Tung Chung nahe dem Flughafen eine erste Satellitenstadt, so daß die zuvor mit etwa 30 000 noch sehr geringe Einwohnerzahl der Insel binnen kürzester Zeit auf nunmehr 100 000 emporgeschnellt ist. Dennoch bietet Lantau ein noch überwiegend ländliches, traditionelles Gesicht, so vor allem im Fischerort Tai O am äußersten Westende der Insel. Hier lebt ein Großteil der Bevölkerung noch in Pfahlbauten.

Im mittleren Inselwesten liegt auf 800 m ü.d.M. das Kloster Po Lin, mit dessen Bau 1921 begonnen wurde. Die gewaltige Buddhafigur hat eine Höhe von 34 m, ihr Grundriß einen Durchmesser von 52 m; sie ist damit die weltgrößte Statue im Lotussitz. Es besteht die Möglichkeit, im Kloster zu essen (vegetarisches Essen). Südlich unterhalb des Klosters liegen die Teeplantagen des Ngong-Ping-Plateaus, die einzigen in Hongkong.

Südwestlich vom Lantau Peak ist in malerischer Landschaft das Shek-Pik-Wasserreservoir gelegen, dessen Umwanderung lohnt. Unterwasserpipelines leiten das hier gespeicherte Wasser zu den Inseln Cheung Chau und Hongkong.

Im mittleren Norden der Insel Lantau steht das Fort Tung Chung, das zur Verteidigung gegen die eindringenden Europäer 1817 von den Chinesen errichtet worden ist.

Ein weiterer Anziehungspunkt auf Lantau ist das Trappistenkloster des katholischen Zisterzienserordens Tai Shui Hong ("Trappist Heaven") im Nordosten der Insel. Es wurde 1956 von Mönchen gegründet, die vor den chinesischen Machthabern in Peking geflohen waren; sie betreiben heute lukrative Milchwirtschaft. Hier kann man bescheiden übernachten.

Durch Abtragen und Vergrößern der unbewohnten Insel Chek Lap Kok entstand nördlich von Lantau Hongkongs neuer Großflughafen, der im Juli 1998 den bisherigen innerstädtischen Flughafen Kai Tak ablöste. Die neue Insel hat eine Größe von 13 km² und ist damit größer als die Halbinsel Kowloon. Insgesamt wurden 75 Mio. m³ Kies und Sand bewegt. Fast ebenso aufwendig wie der Bau des eigentlichen Flughafens war der Bau der Verkehrsverbindungen (zwei Hochbrücken, zwei Hafentunnels sowie weitere Brücken und Tunnels).

Die Lantau östlich vorgelagerten kleinen Inseln Cheung Chau (im Süden) und Peng Chau (im Norden) sind beide dicht besiedelt (viele Fischer), jedoch frei von Autoverkehr. An den Wochenenden ergießen sich wahre Ströme von Besuchern über diese typisch chinesischen Ausflugsziele. Auf Cheung Chau sind kleine, aber sehenswerte Felszeichnungen aus prähistorischer Zeit oberhalb des vom Strand Tung Wan abgehenden Weges in etwa 4 m Höhe zu sehen.

Die ebenfalls autofreie Insel, südwestlich von Hongkong Island gelegen, wird ein immer beliebteres Ausflugsziel für Wochenendurlauber. Man kommt hierher entweder zum Baden an die schönen Sandstrände oder zum Essen in die ausgezeichneten Fischrestaurants.

Hsining

→ Xining

Huai'an Hc 29

淮安县

Provinz: Jiangsu
Fläche: 1644 km²
Einwohnerzahl: 1,1 Mio.

Hubei

Huai'an
(Fortsetzung)
Lage und
Verkehrs-
anbindung

Huai'an liegt auf 119° 09′ östlicher Länge und 33° 29′ nördlicher Breite, knapp 200 km nördlich von der Provinzhauptstadt Nanking. Der Westteil der Stadt wird vom Großen Kaiserkanal umflossen. – Zwischen Nanking und Huai'an verkehren Busse.

Geschichte

Huai'an kann auf eine fünftausendjährige Geschichte zurückblicken. Zunächst war es ein wichtiger militärischer Stützpunkt. Durch die Eröffnung des Kaiserkanals unter den Song erfuhren Wirtschaft und Handel der Stadt im 6. und 7. Jh. großen Auftrieb. Im 16. Jh. mußten sich die Bewohner wiederholt gegen die Überfälle japanischer Piraten zur Wehr setzen. Während des Japanisch-chinesischen Krieges (1939–1945) war Huai'an Quartier von Guerillaeinheiten.

Die Stadt ist der Geburtsort von Wu Cheng'en (1500–1582), des Verfassers des bekannten Romans "Reise in den Westen", und des Politikers Zhou Enlai (→ Berühmte Persönlichkeiten).

Sehenswertes in Huai'an

Huai-Fluß
Bewachender
Turm
(Zhenhuai Lou)

Der zweistöckige, 8 m hohe, auf einem Ziegelsockel erbaute Holzturm im Stadtzentrum geht in seiner heutigen Gestalt auf das Jahr 1881 zurück. Da der Huai-Fluß häufig über die Ufer trat und dabei viele Menschenleben forderte und Sachschaden verursachte, gab die Bevölkerung dem Turm diesen Namen, in der Hoffnung, mit viel Umsicht ließe sich etwas bändigen. Er ist auch als Trommelturm (Gu Lou) bekannt, nach dem unter den Song (960 bis 1279) errichteten Vorgängerbau, der dem neuen Gebäude weichen mußte. Heute ist hier ein kleines Museum untergebracht.

*Geburtshaus von
Zhou Enlai
(Zhou Enlai Guju)

Das Haus, in dem der bekannte Staatsmann am 5. August 1898 geboren wurde, liegt 300 m nordwestlich des Trommelturms in einer kleinen Gasse. Zhou Enlai (→ Berühmte Persönlichkeiten) lebte bis 1910 hier, dann nahm ihn sein Onkel mit nach Shenyang. Nach seinem Tod im Jahr 1976 wurde das Haus restauriert und der Öffentlichkeit zugänglich gemacht.

*Wentong-Pagode
(Wentong Ta)

Die 44 m hohe Wentong-Pagode, ein Ziegelbau mit Holzgesimsen, im Nordwesten der Stadt, am Ostufer des Großen Kaiserkanals gelegen, wurde 984 errichtet und im Lauf der Jahrhunderte mehreren Restaurierungen unterzogen. Ihre parabolische Form stellt eine architektonische Seltenheit dar.

Umgebung von Huai'an

*Gräber der
Ming-Ahnen
(Mingzu Ling)

Die Gräber am Westufer des Hongzehu-Sees, ca. 150 km südwestlich von Huai'an, ließ der erste Kaiser der Ming-Dynastie (1368–1644) im Jahr 1387 erbauen, um hier seine Vorfahren – seinen Groß-, Ur- und Ururgroßvater – würdig zu bestatten. Der Seelenweg wird von verschiedenen Weihetempeln und zahlreichen Steinstatuen von Reitern, Beamten, Soldaten, Löwen, Einhörnern u. a. gesäumt.

Hubei   **Gk – Hd 29 – 31**

Chinesische
Entsprechung

湖北省

Provinz
Fläche: 180 000 km^2
Einwohnerzahl: 55,12 Mio.
Hauptstadt: Wuhan

Hubei

Lage

Die Provinz Hubei liegt nördlich des Sees Dongting Hu (daher ihr Name: Hubei bedeutet 'nördlich des Sees'), am Mittellauf des Changjiang, zwischen 108° 21′–116° 07′ östlicher Länge und 29° 01′–33° 16′ nördlicher Breite.

Naturraum

Ein Großteil von Hubei, das 'Land der 1000 Seen' genannt wird, besteht aus einer nach Süden hin offenen seenreichen Flußniederung am stark mäandrierenden Changjiang und am Hanshui, die im Westen, Norden und Osten von Gebirgszügen begrenzt wird. Im Westen erhebt sich der von einem riesigen Urwald umgebene, 3105 m hohe Berg Shengnongjia; diese Gegend wurde zum Naturschutzgebiet erklärt.

Klima

Die Provinz hat am Festlands- und Monsunklima teil, daher sind alle vier Jahreszeiten ausgeprägt. Der Winter ist kurz und kalt, der Sommer heiß und feucht. Die Durchschnittstemperaturen liegen im Januar bei 4°C und im Juli bei 30°C. Die Provinzhauptstadt Wuhan zählt mit Tschungking und Nanking zu den heißesten Städten Chinas; im Sommer liegen die Temperaturen oft über 40°C.

Die Niederschläge (600–700 mm) fallen vorwiegend im Frühling und zu Sommerbeginn.

Geschichte

Während der Zhou-Dynastie (11. Jh.–221 v.Chr.) gehörte Hubei zum Königreich von Chu. Von dem Qin-Kaiser Shi Huangdi (Reg. 221 bis 210 v.Chr.) wurde es in das chinesische Reich eingegliedert. Durch seine Lage am Changjiang erlangte das Gebiet große Bedeutung. Im Jahr 1644 bildete man die Provinz Hubei. Seit 1860 standen den westlichen Mächten hier einige Städte als Handelsplätze offen. Wuhan war Ausgangspunkt der Revolution von 1911, die zum Sturz der Qing-Dynastie führte.

Wirtschaft

Auf der Grundlage reicher Eisenerzvorkommen entstanden die Eisen- und Stahlkombinate von Wuhan und Huangshi; zudem ist die Gipsförderung sowie der Kupfererz- und Phosphatabbau von Bedeutung. Im industriellen Bereich sind Maschinen- und Schiffbau sowie chemische Betriebe zu nennen.

Übersichtskarte

Hunan

Hubei,
Wirtschaft
(Fortsetzung)

Hubei ist eine der wichtigsten Reiskammern (Naßreisanbau) von China. Weitere wichtige Anbauprodukte sind Baumwolle, Tee (im Bergland), ferner im Trockenfeldbau Weizen, Mais, Sojabohnen und Sesam sowie Obst; hinzu kommt eine bedeutende Holzölgewinnung. In den zahlreichen Seen werden Fischzucht und Fischerei betrieben.

Reiseziele

Außer der Provinzhauptstadt → Wuhan sind auch → Shashi, → Xiangfan und → Yichang sehenswert.

Huhehot

→ Hohhot

Hunan Gk – Hb 30 – 33

Chinesische
Entsprechung

湖南省

Provinz
Fläche: 210 000 km²
Einwohnerzahl: 62,09 Mio.
Hauptstadt: Changsa

Lage

Die Provinz Hunan liegt in Zentralchina, zu einem großen Teil südlich des Sees Dongting Hu (ihr Name bedeutet nämlich 'südlich des Sees'), zwischen 108° 47′ – 114° 13′ östlicher Länge und 24° 38′ – 30° 08′ nördlicher Breite.

Naturraum

Hunan gehört im wesentlichen dem Einzugsgebiet des am Nordrand gelegenen Dongting Hu und dessen Zuflüssen Xiangjiang, Zishui, Yuanjiang

Übersichtskarte

und Lishui an. Der Norden ist ebenes Land, das von Westen, Osten und Süden durch Hügelland und Gebirgszüge eingeengt und gebuchtet wird.

Hunan, Naturraum (Fortsetzung)

Das Klima ist kontinental, aber sehr vom Monsun beeinflußt. Der Winter ist kurz und bringt reichlich Niederschläge in Form von Regen und Schnee mit sich. Der Sommer ist feucht-heiß. Die Durchschnittstemperaturen betragen in Changsha im Juli 30 °C und im Januar 6 °C.

Klima

In der Zeit der Streitenden Reiche (475–221 v. Chr.) gehörte Hunan zum Königreich Chu. Ab dem 3. Jh. wanderten immer wieder Han-Chinesen in dieses von Miao und Yao bewohnte Gebiet ein. Schon seit der Yuan- und Ming-Dynastie (13.–17. Jh.), als Hunan und Hubei in der Provinz Huguang zusammengefaßt waren, spielte es eine wichtige Rolle bei der Reisversorgung des Landes, was in dem Sprichwort "Wenn in Huguang die Ernte gut war, geht es dem Reich gut!" zum Ausdruck kommt. Eine eigenständige Provinz wurde Hunan im Jahr 1664. Als Heimatregion von Mao Zedong war sie im 20. Jh. Mittelpunkt der revolutionären Bewegung.

Geschichte

Hunan ist reich an Bodenschätzen, besonders an Wolfram- und Antimonerzen, ferner an Mangan-, Blei- und Zinkerzen, Zinn, Kupfer, Kohle und Phosphaten. Die wichtigsten Industriestädte liegen am Xiangjiang.
Hunan, das noch weitgehend von der Landwirtschaft geprägt ist, stellt eines der chinesischen Hauptanbaugebiete von Reis dar, der etwa die Hälfte der landwirtschaftlich nutzbaren Fläche (ein Fünftel der Provinz) einnimmt, und Tee; weitere Anbauprodukte sind Baumwolle, Ramie, Mais, Getreide, Sojabohnen, Sorghum und Bataten. Auch die Holzgewinnung (Fichte, Ahorn, Bambus, Zeder, Kiefer) hat Bedeutung.

Wirtschaft

Neben der Provinzhauptstadt → Changsha sollte man auch → Hengyang mit dem Hengshan, einem der fünf Heiligen Berge Chinas, sowie → Xiangtan und → Yuegang aufsuchen.

Reiseziele

Huzhou   Hf 30

湖州

Chinesische Entsprechung

Provinz: Zhejiang
Fläche: 10 km²
Einwohnerzahl: 111 000 (im Großraum 936 000)

Huzhou liegt 50 km nördlich von Hangzhou und 200 km südwestlich von Shanghai, auf 121° 07' östlicher Länge und 30° 52' nördlicher Breite. – Von Hangzhou und Shanghai verkehren Busse nach Huzhou.

Lage und Verkehrsanbindung

Über den Ursprung von Huzhou ist nichts Gesichertes bekannt. Fest steht nur, daß es im Jahr 602 bereits eine wichtige Siedlung gewesen sein muß, weil es damals zur Hauptstadt eines Verwaltungsbezirks erhoben wurde, der direkt der Provinz unterstand. Vom 7. Jh. an entwickelte sich der Ort zu einem der wichtigsten Seidenzentren im Südosten Chinas. Unter den zwei letzten kaiserlichen Dynastien vom 14. Jh. bis ins frühe 20. Jh. nahm er die Spitzenposition bei der Herstellung von Pinseln ein, die Huzhou auch heute noch für sich beanspruchen kann. Ein weiteres bekanntes Erzeugnis der Gegend sind Federfächer.

Geschichte

Sehenswertes in Huzhou

Das im Stadtzentrum stehende Bauwerk wird auch Pagode in der Pagode (Tali Ta) genannt, weil sie aus zwei konzentrischen, achteckigen Bauten

*Pagode Feiying Ta

Innere Mongolei

Huzhou, Pagode Feiying Ta (Fortsetzung)

besteht. Die innere Pagode ist aus massivem Stein, die äußere aus Ziegeln und Holz. Das ursprüngliche Gebäude aus dem 8. Jh. wurde 1150 von einem Blitz zerstört. Im selben Jahr wurde der innere Teil, 1234 der äußere wiederaufgebaut.

*Tempel des Eisernen Buddhas (Tiefo Si)

Der Tempel des Eisernen Buddhas im Westen der Stadt stammt aus dem Jahr 1369.
Man nennt ihn auch Tempel der Göttin der Barmherzigkeit, weil in der Haupthalle eine 2 m hohe Eisenstatue des Avalokiteshvara aus dem Jahr 1022 aufbewahrt wird.

Iangsi

→ Jiangxi

Innere Mongolei · Neimenggu   Gd–Hh 19–27

Chinesische Entsprechung

内蒙古自治区

Autonome Region
Fläche: 1 200 000 km^2
Einwohnerzahl: 21,84 Mio.
Hauptstadt: Hohhot

Lage und Allgemeines

Die Autonome Region Innere Mongolei liegt zwischen 97° 12′–126° 04′ östlicher Länge und 37° 24′–53° 23′ nördlicher Breite, im Norden Chinas, an der Grenze zu Rußland und zur Mongolei.
Der große Mehrheit der Bevölkerung ist han-chinesisch, nur etwa 13 % sind Mongolen.

Übersichtskarte

Innere Mongolei · Neimenggu

Weidende Kamele

Die überwiegend aus Steppen und Wüsten bestehende Region umfaßt einen Teil des mongolischen Plateaus, der eine durchschnittliche Höhe von 1000 m aufweist, das vom Huanghe umflossene Wüstengebiet des Ordos-Plateaus und im Nordosten den Großen Chingan.	Naturraum
Das extreme Kontinentalklima bringt lange und sehr kalte Winter mit sich (das Januarmittel beträgt −10°C); nur drei bis fünf Sommermonate sind frostfrei. Die Niederschläge sind spärlich, pro Jahr fallen nur 150 bis 500 mm. Die wärmsten und zugleich niederschlagreichsten Monate stellen Juli, in dem durchschnittliche Temperaturen von 21°C herrschen, und August dar; 60% der jährlichen Niederschlagsmenge fallen in diesen beiden Monaten.	Klima
Bereits im 10. Jh. v. Chr. war das Gebiet von Xiongnu besiedelt. Seit dem 5. Jh. bauten die Chinesen die Große Mauer gegen die Stämme aus der Steppe. Kaiser Wudi von der Han-Dynastie (206 v. Chr. bis 220 n.Chr.) besetzte Teile der Inneren Mongolei zur Sicherung der Handelswege nach Westen.	Geschichte

Im 5. Jh. brachten Turkvölker das Land unter ihre Herrschaft. Unter Dschingis Khan eroberten die Mongolen im 13. Jh. das Jin-Reich und begründeten die Yuan-Dynastie. Doch schon 1368 mußte der letzte Kaiser dieser Dynastie aus Peking zurück in die Mongolei fliehen.

Mit Beginn der mandschurischen Qing-Dynastie (1644–1911) wurde das Gebiet dem Reich angeschlossen. In dieser Zeit siedelten sich hier verstärkt Han-Chinesen an; es kam zu Aufständen und Unabhängigkeitsbestrebungen.

1911 gelang es mongolischen Freiheitskämpfern mit russischer Unterstützung, die Unabhängigkeit der Äußeren Mongolei zu erringen.

Der Einfall der Japaner in die Mandschurei (1931) brachte die Innere Mongolei in deren Einflußsphäre. Geheimbünde kämpften mit Hilfe der chinesischen Kommunisten um die Selbständigkeit des Gebiets.

Innere Mongolei

Mongolische Familie vor ihrer Jurte

Geschichte (Fortsetzung)	Die autonome Region Innere Mongolei wurde am 1. Mai 1947, also vor allen anderen Gebieten mit Autonomiestatus (Xinjiang, Ningxia, Guangxi und Tibet), gegründet. 1949, als die Mongolei wieder unter chinesische Herrschaft kam, und noch einige Male in den 50er Jahren wurde die Region vergrößert. Nachdem während der Kulturrevolution (1966–1976) das Gebiet von den chinesischen Machthabern aus Angst vor separatistischen Bestrebungen auf fast ein Drittel verkleinert worden war, stellte man 1979 die Grenzen von 1956 wieder her.
Wirtschaft	An Bodenschätzen werden Steinkohle, Chrom, Kupfer, Edelmetalle und Eisenerze gefördert (Hüttenwerke in Baotou). In den Salzseen der Wüstengebiete gewinnt man Salz und Soda. Etwa die Hälfte der Fläche der Provinz kann als Weideland genutzt werden (vor allem Schafe und Ziegen, zudem Rinder, Pferde und Kamele). Die Regierung versucht, die Nomaden durch finanzielle Anreize seßhaft zu machen. Nur das Tal des Huanghe, der in seinem Oberlauf Hunderte von Kilometern die Provinz durchfließt, ist fruchtbar und wird kultiviert. Auf dem Gebiet des Ackerbaus, der nur in den 110 bis 160 frostfreien Tagen möglich ist, werden Getreide, Zuckerrüben, Ölsaaten, Kartoffeln, Mais und Kauliang produziert.
Reiseziele	Touristisch erschlossen sind die Städte → Hohhot und → Baotou. Wer etwas Besonderes erleben will, kann in einer Jurte übernachten.

Jangtsekiang

→ Changjiang

Jiangsu · Kiangsu

Hd – Hf 28 – 30

江苏省

Chinesische Entsprechung

Provinz
Fläche: 102 600 km²
Einwohnerzahl: 68,44 Mio.
Hauptstadt: Nanking

Jiangsu erstreckt sich an der Ostküste Chinas, am Unterlauf des Changjiang. Es liegt zwischen 116° 21′ –121° 54′ östlicher Länge und 30° 46′ bis 35° 08′ nördlicher Breite.

Lage

17% der Gesamtfläche entfallen auf Wasserläufe und Seen, das restliche Territorium besteht aus von wenigen Hügeln aufgelockerten Ebenen. Das Gebiet umfaßt das tiefgelegene Schwemmland des Changjiang und des alten Mündungsgebiets des Huanghe (1863 umgeleitet), eine flache, von Kanälen durchzogene Küstenlandschaft. Die beiden Flüsse haben im Lauf der Jahrtausende mit ihren Schlammassen die Küste um mehrere Kilometer ins Meer verschoben, wodurch große Seen (Taihu, Gaoyou Hu, Hongze Hu) entstanden sind.

Naturraum

Das Klima ist sehr unterschiedlich; während der Süden feuchtgemäßigtes Klima aufweist, ist der Norden kühler. Die jährlichen Niederschläge, die von Süden nach Norden abnehmen, belaufen sich auf ca. 1000 mm. Im Sommer und Herbst ist häufig mit Taifunen zu rechnen.

Klima

Das Gebiet gehörte bis zum 6. Jh. v. Chr. größtenteils zum Wu-Reich. Als die Mongolen im 12. Jh. Nordchina eroberten, flüchtete die Song-Dynastie in den Süden, wodurch sich Süd-Jiangsu zu einem wirtschaftlichen, kulturellen und politischen Zentrum entwickelte. Die Provinz, deren Name sich von ihren beiden Präfekturen Jiangning und Suzhou ableitet, wurde im

Geschichte

Übersichtskarte

247

Jiangxi · Iangsi

Jiangsu, Geschichte (Fortsetzung)	Jahr 1667 unter dem Kangxi-Kaiser der Qing-Dynastie gegründet. 1839 bis 1842 rückten die Engländer in das Gebiet des Changjiang-Deltas vor. Während des antijapanischen Krieges (1931–1945) besetzte Japan Jiangsu, das dadurch großen Schaden erlitt.
Wirtschaft	Nach 1949 sind neben die traditionelle Textil- und Nahrungsmittelindustrie Maschinenbau, Kfz- und chemische Industrie getreten. Auf dem Landwirtschaftssektor ist der Anbau von Gemüse, Getreide, Baumwolle und Raps zu nennen. Zudem wird in der Küstenlandschaft Salz gewonnen. Zentren für Seide, die Jiangsu im In- und Ausland bekannt gemacht hat, sind Wuxi und Suzhou.
Reiseziele	Für den Chinareisenden interessant sind vor allem → Nanking, → Changzhou, → Huai'an, → Lianyungang, → Suzhou, → Wuxi, → Xuzhou, → Yixing und → Zhenjiang.

Jiangxi · Iangsi   Hb – He 30 – 33

Chinesische Entsprechung	江西省
	Provinz Fläche: 166 600 km² Einwohnerzahl: 38,65 Mio. Hauptstadt: Nanchang
Lage	Die Provinz Jiangxi in Südost-China, südlich des Changjiang, liegt zwischen 113° 34′–118° 28′ östlicher Länge und 24° 29′–30° 15′ nördlicher Breite.
Naturraum	Jiangxi umfaßt den von Süden nach Norden fließenden Ganjiang (daher die Kurzbezeichnung 'Gan' für die Provinz) mit dem größten Süßwasser-
Übersichtskarte	**China**

Volksrepublik China
Zhonghua Renmin Gongheguo

see Chinas, dem Poyang Hu (3583 km²), umgeben von einer sich über 20000 km² ausdehnenden Ebene, die im Westen, Osten und Süden von Gebirge (bis 2000 m ü. d. M.) begrenzt wird.

Jiangxi, Naturraum (Fortsetzung)

Das Klima ist recht mild; das Januarmittel beträgt 6°C. Die Provinz hat reichliche und regelmäßige Niederschläge zu verzeichnen.

Klima

Das Gebiet, das überwiegend von Nicht-Chinesen bewohnt war, wurde vom 3. bis 6. Jh. von Han-Chinesen besiedelt, die vor den Steppenvölkern aus dem Norden hierher flohen. Während der Ming-Zeit (1368–1644) entstand die Provinz in ihren heutigen Grenzen. Im 20. Jh. war Jiangxi die erste Machtbasis der kommunistischen Revolutionäre.

Geschichte

Von industrieller Bedeutung sind die großen Kohlevorkommen, Wolframerz in den Bergen Dayu Ling und Kaolin (Porzellanherstellung in Jingdezhen). In der Landwirtschaft werden in der 10 bis 11 Monate langen Vegetationsperiode v. a. Reis (Naßreisanbaugebiet am Poyang Hu) angebaut, wofür 70% der Ackerflächen verwendet werden, ferner Tee, Gerste, Weizen, Sesam, Raps, Mais und Süßkartoffeln. Zudem ist Jiangxi ein wichtiger Obstproduzent (Wassermelonen, Birnen, Dattelpflaumen, Äpfel, Orangen und die bekannten kernlosen Mandarinen). Außerdem spielt die Holzwirtschaft (Zeder, Kampfer, Ahorn, Kiefer) eine Rolle.

Wirtschaft

Man sollte neben der Provinzhauptstadt → Nanchang auch → Jingdezhen, → Jinggangshan und → Juijiang besuchen.

Reiseziele

Jiaxing

Hf 30

嘉兴市

Chinesische Entsprechung

Provinz: Zhejiang
Fläche: 13 km²
Einwohnerzahl: 117000 (im Großraum 666000)

Jiaxing liegt auf 120° 45′ östlicher Länge und 30° 43′ nördlicher Breite, im äußersten Norden der Provinz Zhejiang, nordöstlich der Provinzhauptstadt Hangzhou, inmitten eines fruchtbaren Reisanbaugebietes. Von Hangzhou erreicht man es in zweistündiger, von Shanghai in dreistündiger Bahnfahrt.

Lage und Verkehrsanbindung

Das hohe Alter der Stadt ist durch ein Dokument aus der Qin-Ära (221–206 v. Chr.) belegbar. Damals war sie unter dem Namen Youquan bekannt. Die heutige Bezeichnung geht auf die Zeit der Drei Reiche (220–280 n. Chr.) zurück. Im Jahr 1921 wurde auf dem See Nanhu von einem Schiff aus die Gründung der Kommunistischen Partei Chinas verkündet. Jiaxing ist seit Jahrhunderten ein wichtiger Umschlagplatz für Reis und Seide.

Geschichte

Sehenswertes in Jiaxing

Der aus zwei miteinander verbundenen Teilseen bestehende Süd-See im Süden der Stadt nimmt eine Gesamtfläche von ca. 35 ha ein. Am Südostufer der Insel Herz des Sees (Huxin Dao) liegt das berühmte Schiff vor Anker, auf dem die Kommunistische Partei Chinas gegründet wurde.

* **Süd-See** (Nanhu)

Die kleine Insel hat noch ein weiteres Denkmal vorzuweisen, den Palast des Rauchenden Regens, der 1549 über den Ruinen eines Gebäudes aus dem Jahr 940 errichtet wurde. In dem Palast werden über 50 alte Steinschnitte aufbewahrt.

Palast des Rauchenden Regens (Yanyu Lou)

Umgebung von Jiaxing

*Garten Yi Yuan — Der Yi-Yuan-Garten – auch als Garten der Familie Feng bekannt, nach der Familie benannt, die ihn 1871 anlegen ließ – befindet sich in Haining, einer kleinen Stadt ca. 25 km südöstlich von Jiaxing. Es handelt sich hier um den besterhaltenen und zudem größten Privatgarten der Provinz. Der Öffentlichkeit ist er seit 1964 zugänglich.

Jilin · Kirin   Hf – Ja 22 – 25

Chinesische Entsprechung

吉林省

Provinz
Fläche: 187 400 km²
Einwohnerzahl: 25,09 Mio.
Hauptstadt: Changchun

Lage und Allgemeines — Jilin liegt im Nordosten Chinas, an der Grenze zu Rußland und Nord-Korea, zwischen 121° 38′ – 131° 17′ östlicher Länge und 40° 52′ – 46° 18′ nördlicher Breite.
Die Provinz heißt in mandschurischer Sprache 'Jilinwula', was 'den Songhua-Fluß entlang' bedeutet. Hier leben ca. 30 verschiedene Minderheiten, darunter Koreaner, Hui, Mandschuren und Mongolen.

Naturraum — Jilin umfaßt Teile der fruchtbaren mandschurischen Ebenen im Einzugsgebiet des Soghuajiang, des wichtigsten Flusses der Provinz, und einen Teil des ostmandschurischen waldreichen Berglandes.

Klima — Das Kontinentalklima bringt lange kalte Winter und kurze Sommer mit sich. An maximal 240 Tagen sinkt die Temperatur unter den Gefrierpunkt. Der

Übersichtskarte

Jilin · Kirin

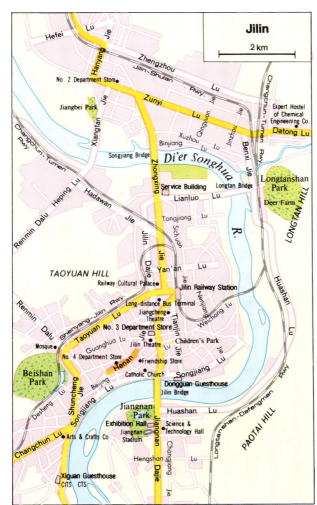

Übersichtsplan der Stadt Jilin (Beschreibung s. S. 252)

überwiegende Teil der Niederschläge, die von Osten nach Westen abnehmen, fällt von Mai bis September.

Klima (Fortsetzung)

Die 1907 gegründete Provinz war nach der Besetzung durch die Japaner Teil des Marionetten-Staates Manchuguo. Im Jahr 1945 marschierten russische Truppen in Jilin ein und dann die chinesischen Nationalisten, die schließlich 1948 von den Kommunisten vertrieben wurden.

Geschichte

Reiche Bodenschätze (Steinkohle, Ölschiefer, Eisen-, Kupfer-, Blei-, Zink-, Silber- und Golderze) sind Grundlage einer vielfältigen Industrie.

Wirtschaft

Jilin

Wirtschaft (Fortsetzung)
In der Landwirtschaft werden Sojabohnen, Mais, Weizen, Zuckerrüben, Kauliang, Reis, Sorghum und Hirse angebaut. Zudem spielt die Holzwirtschaft eine wichtige Rolle, denn 27 % der Provinz sind bewaldet. Von Bedeutung ist außerdem die Pelzgewinnung.

Reiseziele
Die Provinz Jilin ist eine der Geburtsstätten der mandschurischen Zivilisation und hat daher eine Vielzahl an Sehenswürdigkeiten zu bieten. Am interessantesten sind → Changchun und Jilin, nach dem die Provinz benannt ist.

Jilin Hk 24

Chinesische Entsprechung

吉林市

Provinz: Jilin
Höhe: 150 m ü. d. M.
Fläche: 27 100 km²
Einwohnerzahl: 4 Mio.

Lage und Verkehrsanbindung
Die Stadt Jilin liegt am Di'er Songhuajiang im Zentrum der gleichnamigen Provinz, auf 126° 30' östlicher Länge und 43° 48' nördlicher Breite.
Sie ist ca. 100 km von der Provinzhauptstadt Changchun entfernt; von dort kann man Jilin per Zug oder Bus in etwa 2 Std. erreichen.

Geschichte
Jilin ist über 300 Jahre alt; die Stadtgründung erfolgte im Jahr 1673 mit dem Bau eines hölzernen Verteidigungsringes, der 1727 durch Lehmmauern ersetzt wurde. Heute ist Jilin ein wichtiges Industrie- (Nahrungsmittel-, Chemie-, Elektro-Betriebe) und Handelszentrum der Provinz.

Sehenswertes in Jilin

Beishan-Park
Der Beishan-Park, im Südwesten der Stadt gelegen, besteht zum Großteil aus Hügeln, die eine Höhe von ca. 200 m erreichen. Im Ostteil befinden sich der Tempel des Kriegsgottes (Guandi Miao) von 1692 und der Pavillon des Jadekaisers (Yuhuang Ge; 1725). Von diesen Tempeln und einem Aussichtspavillon kann man einen Ausblick auf die Stadt genießen.

Umgebung von Jilin

See Songhua Hu
24 km südöstlich von Jilin liegt am Wasserkraftwerk von Fengman, das vom Songhuajiang gespeist wird, der Stausee Songhua Hu, ein beliebtes Ausflugsziel. Auf einer Gesamtfläche von 550 km² breitet sich der malerische und stille See mit seinem klaren Wasser aus. Hier befindet sich die Fünf-Tiger-Insel (Wuhu Dao), wo Möglichkeiten zum Baden, Rudern und Angeln bestehen.

Ruinen des Bohai-Reiches
Die Ruinen des 698 gegründeten Bohai-Reiches liegen im Südosten von Dunhua, ca. 150 km südöstlich von Jilin. Sie umfassen Mauerreste der Hauptstadt Aodong und rund achtzig Gräber, in denen Mitglieder der Königsfamilien bestattet sind.

*Naturschutzgebiet des Changbaishan (Changbaishan Ziran Baohuqu)

Das 220 000 ha große Naturschutzgebiet des Changbaishan, das größte Schutzgebiet Chinas, erstreckt sich 250 km südöstlich von Jilin an der

Grenze zu Korea. Er wurde in das internationale Naturschutzprogramm der UNESCO aufgenommen. Die Felsen des Changbaishan schimmern weiß, wovon sich der Name ableitet (Changbai bedeutet 'immer weiß'). In dem Naturpark sind über 1500 Pflanzen- und etwa 300 Tierarten, darunter Marder, Tiger, Leoparden und Hirsche, zu finden. Um in das Gebiet zu kommen, fährt man von Jilin nach Erdaobaihe und von hier weiter mit dem Bus.

Jilin, Naturschutzgebiet des Changbaishan (Fortsetzung)

Einer der reizvollsten Gipfel des Changbaishan ist der 2155 m hohe Weißkopf-Berg, ein erloschener Vulkan.
Auf der Spitze des Weißkopf-Berges breitet sich der bekannte, 9,2 km² große Himmelssee aus, ein über 300 m tiefer Krater, der bei einem Vulkanausbruch im Jahr 1702 entstand und sich mit Wasser füllte. Der durchschnittlich 204 m tiefe See, der ringsum von schroffen Felsen umgeben wird, ist die Hälfte des Jahres über zugefroren. Hier soll ein Ungeheuer leben, das Jili ("Glücksbringer") genannt wird. Seit 1961 ist es von etwa 100 Personen gesehen worden, nach deren Angaben es einem Rind oder Dinosaurier ähnlich sei.
Durch eine Öffnung am Nordufer des Sees entweichen Wassermassen, die sich in 1250 m Höhe 68 m in die Tiefe stürzen und den berühmten Changbai-Wasserfall (Changbai Pubu) bilden, wodurch der Erdao Baihe, einer der beiden Quellflüsse des Songhuajiang, entsteht.
An der Nordseite des Baitoushan erstreckt sich, 900 m vom Wasserfall entfernt, ein weitläufiges Gebiet mit Thermalquellen, die Temperaturen bis zu 82°C erreichen.

Weißkopf-Berg
(Baitoushan)
Himmelssee
(Tian Chi)

Jinan · Tsinan   Hd 27

济南市

Chinesische Entsprechung

Hauptstadt der Provinz Shandong
Fläche: 483 km²
Einwohnerzahl: 3 Mio.

Stadtplan
s. S. 254/255

Jinan liegt im Westen der Provinz Shandong, zwischen dem Huanghe im Norden und dem Taishan im Süden, auf 117° östlicher Länge und 36° 41' nördlicher Breite. Von Peking, Kanton, Nanking, Shanghai und anderen chinesischen Metropolen gelangt man per Zug oder Flugzeug nach Jinan. Ein umfangreiches Buslinennetz sorgt zudem für tägliche Verbindungen mit vielen Provinzstädten.

Lage und Verkehrsanbindung

Bekannt ist Jinan für seine Federbilder und für seine geflochtenen Gebrauchsartikel. Die traditionelle Lokaloper (Lüju) erfreut sich besonderer Popularität. Sie unterliegt nicht so starren Regeln wie die Pekingoper, wodurch die Darsteller mehr Möglichkeiten der Entfaltung haben.

Allgemeines

Jinan existierte bereits vor 2700 Jahren. Unter der Westlichen Han-Dynastie, also vor ungefähr 2100 Jahren, erhielt es seinen heutigen Namen Jinan ('südlich des Flusses Ji', so hieß der Huanghe im Altertum). Schon früh wurde der Ort zum Handelszentrum und unter den Ming (1368–1644) dann auch zum politischen Mittelpunkt der Provinz.
Jinan kannte man auch unter der Bezeichnung 'Stadt der Quellen'. Eine Steintafel aus der Jin-Zeit (1115–1234) nennt 72 Quellen. Heute sind es über 100 Quellen, die eine konstante Temperatur von 18°C aufweisen.

Geschichte

Sehenswertes in Jinan

Die Emporspritzende Quelle (Baotu Quan) entspringt im Baotuquan-Gongyuan-Park im Stadtzentrum, inmitten von Gebäuden, die zum Teil

*Emporspritzende Quelle (Fortsetzung s. S. 256)

Jinan · Tsinan

Jinan · Tsinan

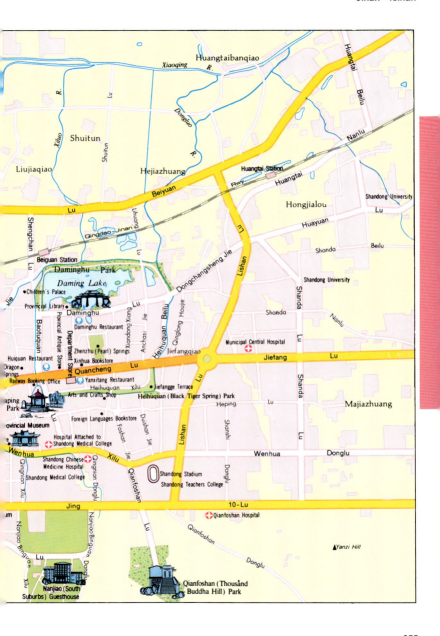

Jinan · Tsinan

Emporspritzende Quelle (Fortsetzung von S. 253)

noch aus der Song-Ära (760–1279) stammen. Die Quelle gilt seit alters her als die schönste von China, wie auch eine Tafel mit der Inschrift 'Die erste Quelle der Welt' dokumentiert. Ihren Namen verdankt sie der vehementen Kraft, mit der die Wassermassen in drei Fontänen (ca. 1600 l/Sek.) aus dem Boden schießen.

Gedächtnishalle für Li Qingzhao

Im Baotuquan-Gongyuan-Park findet man zudem die 1956 errichtete Gedächtnishalle für die bekannte in Jinan geborene Poetin Li Qingzhao (1084 – ca. 1151), die wegen ihrer Gedichte geschätzt wird.

Pavillon der Rauschenden Wellen

Im Pavillon der Rauschenden Wellen (Gualan Tang) stehen einige Steinplatten, die im 14. Jh. und später angefertigt wurden.

Provinzmuseum

Das Provinzmuseum südlich der Emporspritzenden Quelle besitzt eine naturkundliche und historische Abteilung.
So sind u.a. Bronzen und Steinschnitte aus der Shang- (16.–11. Jh. v.Chr.), Zhou- (11. Jh. bis 221 v. Chr.) und Han-Zeit (206 v.Chr. bis 220 n.Chr.) ausgestellt. Der hier zu sehende Kalender, auf ca. 130 v.Chr. datiert, gilt als der älteste Chinas.

*Teich der Fünf Drachen (Wulong Tan)

Der mehrere hundert m² große Teich der Fünf Drachen, 200 m nördlich der Emporspritzenden Quelle, wird von fünf Quellen gespeist. Er war schon zur Zeit der Tang-Dynastie (618–907) berühmt.

*See des Großen Lichts (Daming Hu)

Im Norden der Stadt dehnt sich der über 46 ha große See des Großen Lichts aus, der von mehreren Quellen gespeist wird. Um den See sind Pavillons und Wandelgänge errichtet.

Nordpavillon (Beji Ge)

An seinen Ufern reihen sich viele alte Bauten aneinander. Der Nordpavillon am Nordufer wurde in der Yuan-Zeit (1271–1368) gegründet.

Garten der Phantasie

Am gegenüberliegenden Ufer erstreckt sich der 1909 angelegte Garten der Phantasie (Xia Yuan).

*Perlenquelle (Zhenzhu Quan)

Die Perlenquelle entspringt südlich des Sees des Großes Lichts in einem öffentlichen Park. Das aus dem Boden sprudelnde Wasser erinnert in seiner Form an eine Perlenkette.

In der Umgebung hatte zwischen dem 15. und 19. Jh. die Bezirksregierung ihren Sitz.

Quelle des Schwarzen Tigers (Heihu Quan)

Die im 12. Jh. entdeckte Quelle des Schwarzen Tigers liegt 1 km östlich der Emporspritzenden Quelle. Das Wasser ergießt sich hier aus den Spalten dreier schwarzer Felsen, die einen Tigerkopf formen.

*Tausend-Buddha-Berg (Qianfoshan)

Der 285 m hohe Tausend-Buddha-Berg erhebt sich ca. 2,5 km südlich des Stadtzentrums. Der Überlieferung nach lag am Fuß dieses Berges der Garten des Kaisers Shun, einer der mythischen Herrscher der Chinesen in prähistorischer Zeit.
Seine Hänge, die Grotten an seinem Fuße und das im 7. Jh. errichtete Kloster des Gedeihens des Landes (Xingguo Si) bergen eine Vielzahl von buddhistischen Statuen – daher sein Name –, die 1400 Jahre alt sind.

Pavillon der Schönen Aussicht (Yilan Ting)

In der Nähe des Gipfels steht der Pavillon der Schönen Aussicht. Von hier genießt man einen herrlichen Blick auf Jinan.

Umgebung von Jinan

Kloster Shentong

Von dem alten Kloster Shentong, 30 km südlich von Jinan am Berg des Grünen Drachen (Qinglong Shan), sind nur wenige Bauten erhalten.

Dazu gehört die quadratische Vier-Tore-Pagode, bei deren Restaurierung im Jahre 1972 man im oberen Teil eine kleine Steintafel entdeckte, in die ihr Entstehungsjahr – 611 n.Chr. – eingraviert war. Das 15 m hohe Alabastergebäude gilt als eine der ältesten Steinpagoden Chinas.

Jinan (Forts.)
*Vier-Tore-Pagode
(Simen Ta)

Die Drachen- und Tiger-Pagode ist das Grabmonument für einen Mönch, der vermutlich zwischen dem 10. und 14. Jh. lebte. Das aus vier reich skulptierten Steinplatten errichtete Denkmal steht auf einem dreistufigen Sockel, der ebenfalls mit vielen Basreliefs geschmückt ist. Der obere Ziegelbau ist mit einem doppelten Gesims versehen.

Drachen- und Tiger-Pagode
(Longhu Ta)

Der 65 m hohe Felsen weist über 100 Nischen auf, in denen 200 buddhistische Skulpturen, vor allem aus der frühen Tang-Zeit (618–907), aufbewahrt werden.

*Felsen der Tausend Buddhas
(Qianfo Ya)

Der Bau des Tempels des Göttlichen Felsens, 80 km südlich von Jinan im Kreis Changqing, wurde unter den Nördlichen Wei (386–534) begonnen und unter den Song (960–1279) vollendet. Die Sakralanlage, die einst zu den vier bekanntesten Buddhistenklöstern Chinas gehörte, umfaßte 40 Gebäude und 500 Räume.

Tempel des Göttlichen Felsens
(Lingyan Si)

Die Haupthalle ist die Halle der Tausend Buddhas aus der Ming-Epoche (1368–1644). Unter den zahlreichen Statuen, die hier aufgestellt sind, beeindrucken insbesondere die 40 Luohan-Tonskulpturen, die wegen ihrer lebendigen Gestaltung als die schönsten dieser Art in China gelten. Die Datierung ist zwar umstritten, aber die meisten Kunsthistoriker halten sie für Werke aus der Song-Zeit (960–1279).

Halle der Tausend Buddhas
(Qianfo Dian)

Man sollte nicht versäumen, in dem Tempelbezirk auch die achteckige Pagode Pizhi Ta aus dem 11. Jh. und, etwas weiter westlich, den monumentalen Wald der Grabpagoden mit 167 Pagoden aufzusuchen. Die älteste Grabpagode (Huizong Ta), die zu Ehren des Mönchs Huizong, der hier in den Jahren 742 bis 756 gewirkt hat, errichtet wurde, stammt aus dem 8. Jahrhundert.

Pagode Pizhi Ta

Wald der Grabpagoden
(Muta Lin)

Jingdezhen

Hd 31

景德镇

Chinesische Entsprechung

Provinz Jiangxi
Fläche: 140 km²
Einwohnerzahl: 250 000

Jingdezhen liegt auf 117° 11′ östlicher Länge und 29° 19′ nördlicher Breite, im Nordosten der Provinz, etwa 150 km nordöstlich von der Provinzhauptstadt Nanchang. Von dort ist Jingdezhen per Eisenbahn und Flugzeug erreichbar, mit vielen anderen Großstädten Chinas ist es ebenfalls durch regelmäßige Flüge verbunden.

Lage und Verkehrsanbindung

Vor dem 11. Jh. befand sich hier ein kleines Dorf namens Xinping, das sich aber schon damals durch die hohe Qualität seiner Porzellanproduktion einen Namen gemacht hat. Kaiser Jingde (1004–1007) erklärte den Ort zum Produktionszentrum für das kaiserliche Porzellan und befahl, fortan alle Stücke mit dem Zeichen 'Hergestellt in der Jingde-Periode' zu kennzeichnen. Im Lauf der Zeit ersetzte der Name des Kaisers die ursprüngliche Bezeichnung der Stadt. Unter den Ming (1368–1644) war Jingdezhen eines der vier Zentren, in denen Porzellan hergestellt wurde, und zählte insgesamt 100 Werkstätten. Dieses Porzellan wird als weiß wie Jade, klar wie ein Spiegel, dünn wie Papier und sein Klang als rein gerühmt.

Geschichte

Heute hält die Stadt das Primat der chinesischen Porzellankunst für sich beanspruchen. Ein Fünftel der Einwohner ist noch in diesem Industriezweig beschäftigt. Kaolin, der Ausgangsstoff des Porzellans, kommt vom Berg Gaolin und ist auch danach benannt.

Jinggangshan

Porzellanherstellung in Jingdezhen

Sehenswertes in Jingdezhen

Porzellanmuseum · Das Museum in der Fengling Lu enthält schöne Ausstellungsobjekte, welche die Entwicklung der Porzellanherstellung veranschaulichen. Daneben befindet sich eine in altem Stil rekonstruierte Porzellanmanufaktur.

Umgebung von Jingdezhen

*Brennöfen (Guyao Zhi) · Am Stadtrand kann man noch Reste von alten Brennöfen besichtigen. Am bekanntesten sind die von Baihuwan (9 km östlich des Stadtzentrums), Liujiawan (22 km vom Zentrum entfernt), Huangnitou (7,5 km östlich der Stadtmitte) und Hutian. Ausgestellt sind zahlreiche gebrannte und ungebrannte Porzellangegenstände aus dem 10.–17. Jahrhundert.

Jinggangshan — Hc 32

Chinesische Entsprechung

井冈山

Provinz: Jiangxi
Fläche: 714 km²
Einwohnerzahl: 47 000

Lage und Verkehrsanbindung · Jinggangshan liegt auf 114° 09′ östlicher Länge und 26° 33′ nördlicher Breite, im Süden der Provinz Jiangxi, an der Grenze zu Hunan.
Von der Provinzhauptstadt Nanchang verkehrt ein Bus hierher, ansonsten fliegt man bis Ganzhou und setzt die Reise mit dem Bus fort.

In den zwanziger Jahren des 20. Jh.s war diese Gegend mit den Jinggangshan-Bergen Schauplatz von Maos ersten revolutionären Bestrebungen; sie wurde Stützpunkt der Roten Armee, die Mao ausbildete. Von hier brachen die Kommunisten 1934 zu dem berühmten Langen Marsch auf.
Heute ist das Gebiet wegen der interessanten Baudenkmäler und der malerischen Orte ein beliebtes Reiseziel.

Jinggangshan, Geschichte

Sehenswertes in Jinggangshan

Ciping Zhen ist der bedeutendste Stadtteil von Jinggangshan. Hier bezog die von Mao gebildete Bauernarmee ihr Hauptquartier.

***Stadtteil Ciping Zhen**

Zu besichtigen sind das Hauptquartier des Neuen IV. Korps, das Haus Maos und das Städtische Museum.

Maos Haus

Der Stadtteil Dajing breitet sich in einem von hohen Bergen eingerahmten Tal aus. Hier befinden sich mehrere an die maoistische Revolution erinnernde Bauten: der Schlaftrakt der Roten Armee, Maos Wohnung und das Feldlazarett.

Stadtteil Dajing Zhen

Umgebung von Jinggangshan

Die 1000 m lange Grotte der Steinernen Schwalbe liegt 9 km nordöstlich von Ciping Zhen. Im tiefergelegenen Teil haben sich sieben kleine Tropfsteinhöhlen mit Stalaktiten und Stalagmiten gebildet, die durch sehr schmale Gänge miteinander verbunden sind. Entstanden ist die Höhle durch jahrhundertelange Erosion des Kalkgesteins.

*Grotte der Steinernen Schwalbe (Shiyan Dong)

Jinghong   Gf 34/35

景洪

Chinesische Entsprechung

Provinz: Yunnan
Fläche: 1920 km²
Einwohnerzahl: 700 000

Jinghong liegt am Lancangjiang (Mekong), auf 100° 51′ östlicher Länge und 22° 01′ nördlicher Breite, im Süden der Provinz Yunnan, an der Grenze zu Myanmar (Birma).
Von Kunming verkehren Busse und Flugzeuge hierher.

Lage und Verkehrsanbindung

Jinghong, ein an folkloristischen Traditionen reicher Ort, ist die Hauptstadt des Autonomen Bezirks Xishuangbanna, der überwiegend von der nationalen Minderheit der Dai (45 % der Bevölkerung), zudem von weiteren Volksgruppen (u. a. Hani, Bulang, Jinuo, Yi) bewohnt wird. Die traditionelle Behausung der Dai sind Pfahlbauten.
Obwohl hier der Buddhismus sehr verbreitet war und es viele Tempel und Pagoden gab, ist wenig davon erhalten geblieben.

Allgemeines

Viele Touristen fahren nach Jinghong, um das alljährlich im April gefeierte Wasserfest mitzuerleben, nach dem Dai-Kalender das Neujahrsfest. In freudiger Stimmung ziehen die Einheimischen an das Ufer des Lancangjiang und bespritzen sich gegenseitig mit Wasser; je nasser man ist, desto mehr Glück wird einem beschieden sein. Die Feierlichkeit ist an eine alte Legende geknüpft. Man erzählt, das Volk habe ein schönes Mädchen mit Eimern voller Wasser gereinigt, das einem Ungeheuer den Kopf abge-

Wasserfest (Poshui Jie)

Jinghong

Dai-Häuser

Wasserfest (Fortsetzung)

schnitten und sich dabei mit seinem Blut besudelt hatte. Zudem werden während des Festes Drachenbootrennen ausgetragen.

Umgebung von Jinghong

✻ Naturschutzgebiet Xishuangbanna Ziran Baohuqu

Das Naturschutzgebiet Xishuangbanna Ziran Baohuqu um Jinghong, das sich über eine Fläche von 200 000 ha bis an die Grenze zu Laos und Myanmar (Birma) erstreckt, ist das größte in China und verfügt über ein ausgewogenes Ökosystem. Eine Besonderheit dieses Naturparks ist der tropische Regenwald, in dem einige sehr seltene Pflanzenarten, wie die Stielfruchteibe (Podocarpus) und Cyatheagewächse (Cyatheaceae), gedeihen. Zugleich bietet er auch vielen Tierarten, z.B. dem Elefanten, Tiger, Dschungelrind, Gibbon, Faulaffen, ideale Lebensbedingungen.

✻ Weiße Pagode von Damenglong (Feilong Baita)

Die 1204 erbaute, 16 m hohe Weiße Pagode von Damenglong (50 km südlich von Jinghong), die zu Ehren von Shakyamuni Buddha angelegt wurde, ist von acht 9 m hohen Stupas umgeben. Sie zählt zu den schönsten buddhistischen Gebäuden der Region. Als Fundament dient ihr ein großer Felsen mit einer Einbuchtung, die an den Fußabdruck eines Giganten erinnert. Der Überlieferung nach hat ihn Shakyamuni hinterlassen.

Achteckiger Pavillon von Jingzhen (Jingzhen Bajiaoting)

Der gut 15 m hohe Achteckige Pavillon von Jingzhen steht ca. 50 km westlich der Stadt, 14 km westlich des Ortes Menghai auf dem Berg Jingzhenshan. Das im Jahre 1701 errichtete Gebäude setzt sich aus drei Teilen zusammen: der Ziegelbasis, dem mittleren, ebenfalls aus Ziegeln erbauten Abschnitt, dessen Wände bunte Glaskompositionen zieren, und der kegelförmigen Dachkonstruktion aus Holz, die einer Kopfbedeckung Buddhas nachempfunden sein soll. Der Baustil offenbart starke buddhistische Einflüsse.

Jinhua He 31

Chinesische Entsprechung

Provinz: Zhejiang
Fläche: 301 km²
Einwohnerzahl: 125 000 (im Großraum 833 000)

Jinhua liegt auf 119° 35' östlicher Länge und 29° 09' nördlicher Breite, im Zentrum der Provinz Zhejiang.
Von der 185 km entfernt gelegenen Provinzhauptstadt Hangzhou ist es mit dem Zug (4 Std.) oder Bus erreichbar, auch von anderen Städten gelangt man mit diesen beiden Verkehrsmitteln hierher.

Lage und Verkehrsanbindung

Die Siedlung, bereits unter den Östlichen Han (25–220) bekannt, erhielt ihren heutigen Namen in der Sui-Ära (581–618). Zur Zeit der Südlichen Song (1127–1279) bildete sich hier eine bedeutende philosophische Richtung heraus, die Jinhua-Schule, eine eklektische Strömung des Konfuzianismus.
Seit alters war Jinhua ein bedeutendes Handelszentrum, an dem Holz und landwirtschaftliche Produkte umgeschlagen wurden.
In den vergangenen Jahrhunderten verhalf eine kulinarische Spezialität, der Schinken von Jinhua, der Stadt zu einem gewissen Ansehen.

Geschichte

Sehenswertes in Jinhua

Der ursprüngliche Turm der Acht Gedichte im Norden der Stadt wurde im Jahr 494 auf Veranlassung des Präfekten Shen Yue errichtet, der nach Fertigstellung des Baus auf den Turm stieg und acht Gedichte vortrug. Seither diente er als Begegnungsstätte von Literaten.
Das heutige Gebäude wurde originalgetreu unter den Qing (1644–1911) wieder aufgebaut.
Von dem Turm hat man einen schönen Ausblick auf die Stadt und die Umgebung.

*Turm der Acht Gedichte (Bayong Lou)

Umgebung von Jinhua

Die Zwei-Drachen-Grotte liegt an einem Hang des Nordbergs (Beishan), 15 km nördlich der Stadt. Am Eingang befinden sich zwei gewaltige Stalagmiten, die die Form eines Drachenkopfes haben.
Die Grotte gliedert sich in zwei Teile, einen äußeren und einen inneren, 1200 m bzw. 2100 m lang, die durch einen schmalen, 12 m langen Kanal miteinander verbunden sind. Da die Grotte unter Wasser steht, besichtigt man sie mit einem kleinen Boot.

*Zwei-Drachen-Grotte (Shuanglong Dong)

Die 50 m lange Grotte der Eisvase liegt 200 m oberhalb der Zwei-Drachen-Grotte. Ihren Namen verdankt sie der Form, die in etwa an eine Vase erinnert, und den niedrigen Temperaturen, die hier auch an warmen Tagen herrschen.
In der Mitte der Grotte wird man von einem kleinen, ca. 20 m hohen Wasserfall überrascht, der zwischen den Felspalten versiegt.

Grotte der Eisvase (Binghu Dong)

Die Grotte der Huldigung an den Wahren Unsterblichen liegt 1 km oberhalb der Grotte der Eisvase, zwischen den Felsen versteckt.
Einer Legende zufolge soll hier einst ein daoistischer Eremit gewohnt haben, der Unsterblichkeit erlangte, indem er viele Jahre lang Alchimie betrieb.

Grotte der Huldigung an den Wahren Unsterblichen (Chaozhen Dong)

Jiujiang Hd 31

Chinesische Entsprechung

九江市

Provinz: Jiangxi
Fläche: 555 km²
Einwohnerzahl: 364 000

Lage und Verkehrsanbindung

Jiujiang liegt auf 115° 58′ östlicher Länge und 29° 47′ nördlicher Breite, im Norden der Provinz Jiangxi.
Von Nanchang, der Provinzhauptstadt, ist sie 135 km entfernt, die man per Zug (3 Std.) oder Bus zurücklegen kann. Zwei Flughäfen stehen dem Besucher Verfügung. Von Wuhan, Tschungking, Nanking und Shanghai verkehren auch Schiffe nach Jiujiang.

Geschichte

Die Stadt – im Altertum unter den Namen Xunyang, Chaisang und Jiangzhou bekannt – ist über 2000 Jahre alt, denn schon die Qin-Herrscher (221 – 206 v. Chr.) richteten hier eine Präfektur ein. Im Lauf der Jahrhunderte fungierte sie als großer Umschlagplatz für Tee und Porzellan. Viele Künstler kamen nach Jiujiang und hinterließen eine enorme Anzahl von Malereien, Skulpturen sowie Inschriften und Zeichnungen auf Stein. Im Jahr 1862 mußte sich die Stadt dem ausländischen Handel öffnen. Seit 1949 spielt die Leichtindustrie im Wirtschaftsleben eine wichtige Rolle.

Sehenswertes in Jiujiang

*See Gantang Hu

Der 18 ha große Gantang-Hu-See im Stadtzentrum wird von Quellen gespeist, die auf dem Lushan entspringen. Durch einen 50 m langen Damm, auf dem sich die Brücke der Sehnsucht der Weisen (Sixian Qiao) aus der Song-Zeit (960 – 1279) befindet, wird der See geteilt.

*Wellenbrunnen (Lang Jing)

Der 201 v. Chr. ausgehobene Wellenbrunnen ist im Norden der Stadt, am Ufer des Changjiang zu sehen. Viele Jahrhunderte lang war ein sehr merkwürdiges Phänomen zu beobachten: Wenn der Fluß einen starken Wellengang verzeichnete, kräuselte sich auch das Brunnenwasser. Als der Changjiang nach Norden umgeleitet wurde, verschwand dieses Phänomen; der Brunnen heißt aber heute noch danach.

Umgebung von Jiujiang

**Berg Lushan

Der 250 km² einnehmende Berg Lushan, eines der beliebtesten Erholungsgebiete Chinas, liegt südlich von Jiujiang (von hier mit dem Bus erreichbar) zwischen Changjiang und dem Poyang-Hu-See. Das Gebirgsmassiv zählt mehr als 90 Gipfel; der höchste, der Hanyang-Feng-Gipfel, mißt 1474 m. Unter den Han (206 v. Chr. bis 220 n. Chr.) entwickelte sich der Lushan zu einem Zentrum des Buddhisten. Die Literaten späterer Jahrhunderte besangen den unwiderstehlichen Reiz dieser Berglandschaft. Einem Dichter zufolge hat der Lushan mindestens 2000 eindrucksvolle Naturszenerien zu bieten. Das Gebirge bietet reizvolle Felsformationen, Wasserfälle, Quellen, Teiche, Pavillons, Tempel und Steininschriften.

Tempel des Ostwaldes (Donglin Sin)

Der Tempel des Ostwaldes am Nordwesthang des Lushan ist für den Buddhismus von außergewöhnlicher Bedeutung, weil hier der Mönch Huiyuan (334 – 416) die Schule des Reinen Landes (Jingtu Zong), eine buddhistische Sekte, ins Leben rief. Im Jahr 381 ließ der Mönch den Tempel

erbauen, in dem er viele Jahre lebte und die Lehrschriften Buddhas kommentierte.
Die Pagode des Westwaldes, die sich westlich des Tempels erhebt, stammt aus dem 8. Jahrhundert.

Tempel des Ostwaldes (Fortsetzung)

Das auf 1167 m gelegene Guling im Zentrum des Lushan ist ein Kurort, der auch den Beinamen 'Garten zwischen den Wolken' trägt. Mehrere moderne Hotels bieten den Reisenden Unterkunft.

Guling

Von dem 2 km südwestlich von Guling aufragenden Drachenkopf-Felsen hat man einen wundervollen Ausblick auf Kiefernwälder, Wasserfälle, verschlungene Pfade und höchst ungewöhnliche Felsformationen.

Drachenkopf-Felsen (Longshou Ya)

In der annähernd 10 m tiefen Höhle des Unsterblichen, im Nordwesten von Guling gelegen, soll einst, so erzählt eine Legende, der unsterblich gewordene daoistische Mönch Lü Dongbing (geb. 798) gelebt haben. Die Inschrift am Höhleneingang stammt aus dem Jahr 1255.

Höhle des Unsterblichen (Xianren Dong)

Der Blumenweg, der sich östlich der Höhle des Unsterblichen hinzieht, wurde schon in der Tang-Zeit (618–907) von dem Dichter Bai Juyi gerühmt. Im Hauptpavillon wird ein Steintäfelchen mit der Inschrift 'Blumenweg' aufbewahrt, die von Bai Juyi selbst eingraviert worden sein soll.

Blumenweg (Hua Jing)

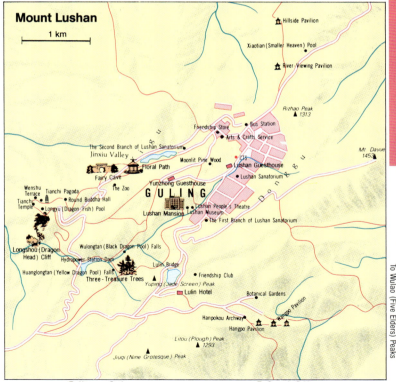

Den Pavillon der Kaiserlichen Stele, unweit der Höhle des Unsterblichen in nordwestlicher Richtung, ließ der Ming-Kaiser Taizu im 14. Jh. erbauen, zum Andenken an eine Begegnung mit dem unsterblichen Daoisten Zhou Dian. Die Inschrift auf der Stele stammt von diesem Kaiser.

Jiujiang, Lushan (Fortsetzung)
Pavillon der Kaiserlichen Stele (Yubei Ting)

Die Drei Kostbaren Bäume, etwa 1 km südlich von Guling, soll ein buddhistischer Mönch vor 1500 Jahren gepflanzt haben. In den "Reiseaufzeichnungen des Xu Xiake" aus der Ming-Zeit (1368–1644) werden sie beschrieben.

Drei Kostbare Bäume (San Baoshu)

Der Hanpokou-Hügel, etwa 2 km südöstlich von Guling, wird von den zwei Pavillons Hanpo Ting und Wangpo Ting beherrscht. Von hier eröffnet sich dem Besucher ein malerischer Blick auf den Poyang-Hu-See und den Changjiang.

Hanpokou-Hügel

Die Gipfel der Fünf Alten Männer im Südosten des Bergmassivs werden, wie der Name besagt, oft mit den Gestalten von fünf Greisen oder aber mit fünf Lotosblüten assoziiert.

Gipfel der Fünf Alten Männer (Wulao Feng)

Der sich im östlichen Teil des Lushan findende Wasserfall Sandie Quan stürzt in drei Stufen ins Tal.

Wasserfall Sandie Quan

Die Weißhirschhöhlen-Schule, im Tal des Wulao Feng gelegen, ist eine der vier berühmtesten Bildungsstätten der Song-Ära (960–1279), in der auch der bekannte konfuzianische Philosoph Zhu Xi (1130–1200) unterrichtete. Hinter der Schule befindet sich eine Höhle mit der Steinskulptur eines weißen Hirsches aus dem 16. Jahrhundert. Sie entstand zu Ehren der Brüder Li Bo und Li Shu, die im Jahr 785 in der Grotte Zuflucht gesucht hatten und ihre Tage in Gesellschaft eines weißen Hirsches verbrachten.

Weißhirschhöhlen-Schule (Bailudong Shuyuan)

Jiuquan Ge 26

酒泉市

Chinesische Entsprechung

Provinz: Gansu
Höhe: 1400–1800 m ü.d.M.
Fläche: 3300 km²
Einwohnerzahl: 270 000

Jiuquan liegt auf 98° 29′ östlicher Länge und 39° 47′ nördlicher Breite, an der Seidenstraße, im Westen der Provinz Gansu. Mit dem übrigen Land ist es durch Eisenbahn- und Flugverkehr sowie Fahrstraßen verbunden.

Lage und Verkehrsanbindung

Einer Legende nach hat General Huo Qubing (140–117 v. Chr.) nach dem Sieg über ein nördliches Steppenvolk hier Station gemacht. Um ihm für seine Tat zu danken, sandte ihm Kaiser Wudi Wein. Da der General das Geschenk aber mit seinen Soldaten teilen wollte, goß er den ganzen Wein in einen Brunnen. Daher kommt der Name Jiuquan ('Weinbrunnen'). Gegründet wurde Jiuquan im Jahr 343. Es war eine Station an der Seidenstraße. Die Stadt hat durch ihre reichen Bodenschätze wirtschaftliche Bedeutung erlangt.

Geschichte

Sehenswertes in Jiuquan

Der dreistöckige Pavillon, das Wahrzeichen von Jiuquan, wurde auf einem alten Tor im späten 19. Jh. errichtet.

Trommel- und Glockenturm

◀ *Der Berg Lushan wurde von Dichtern wegen seiner Schönheit gerühmt.*

Jiuquan

Park des Weinbrunnens

Der Park des Weinbrunnens (Jiuquan Gongyuan) breitet sich im Osten der Stadt um den alten legendären Brunnen aus, auf den der heutige Name des Ortes zurückgeht. Die Quellwasser dieses Brunnens speisen einen kleinen See. Überall im Park erfreuen hübsche Pavillons, Brücken und üppig geschmückte, überdachte Galerien den Besucher.

*Museum der Großen Mauer (Changcheng Bowuguan)

Das im Jahr 1989 eröffnete Museum der → Großen Mauer ist das einzige, das ausschließlich der Großen Mauer und ihrer Geschichte gewidmet ist. In den sieben Sälen, die zusammen eine Fläche von 3120 m² einnehmen, kann man sich über die Entstehungsgeschichte des Bauwerks und die Ergebnisse der wissenschaftlichen Forschungen in den letzten Jahrzehnten informieren. Zu den zahlreichen Ausstellungsstücken gehören archäologische Funde, Fotografien, Miniaturmodelle von mehreren Mauerabschnitten und ein elektronisches Gerät, das die verschiedenen Richtungsänderungen der Mauer vom Baubeginn bis zur Ming-Dynastie (1368–1644) auf einem Bildschirm sichtbar macht.

Umgebung von Jiuquan

Grab Dingjiazha Gumu

Das Grab, dessen Wandmalereien kunsthistorisch besonders interessant sind, liegt 3 km westlich von Jiuquan in der Wüste. Man vermutet, daß der Verstorbene ein Adeliger war, der vor etwa 1600 Jahren lebte. Eine ganz mit Fresken geschmückte Wand der Gruft ist noch gut erhalten. Im oberen Teil ist der Himmel mit Sonne, Mond und zwei Gottheiten abgebildet, die von Vögeln, fliegenden Pferden, Hirschen, Kröten u.a. umgeben sind. Unten wird hingegen die irdische Welt anhand von Jagd- und Weideszenen, Festmählern, Konzerten usw. geschildert.

Berg Wenshushan

15 km südwestlich von Jiuquan erhebt sich der Wenshushan, wo ab dem 4. Jh. ein bedeutendes buddhistisches Zentrum lag. Es sind noch mehrere Tempel und Höhlen erhalten; besonders sehenswert sind die Tausend-Buddha-Grotte (Qianfo Dong), die Zehntausend-Buddha-Grotte (Wanfo Dong), die Alte Buddha-Grotte (Gufo Dong) und die Guanyin-Grotte (Guanyin Dong).

*Paß Jiayuguan

Zum Jiayuguan-Paß, der 25 km westlich von Jiuquan liegt, führen eine Bahn- und Buslinie. Mit Dunhuang und Ürümqi ist er durch Fluglinien verbunden. Beherrscht wird der Paß von einer 33 500 m² großen Festung aus dem Jahr 1372, die das Westende der Großen Mauer markiert. Sie ist von zwei Mauern, einer äußeren, niedrigen und einer inneren, 12 m hohen, umgeben. Diese wird von einem Zinnenkranz abgeschlossen und ist mit zwei 17 m hohen, dreigeschossigen Türmen (1506) im Osten und Westen versehen. Der Bauplan der Festung soll so genau gewesen sein, daß nur ein einziger Mauerstein übrigblieb, der bis heute hier aufbewahrt wird.

Die Festung am Jiayuguan-Paß

Das 1098 entstandene Kloster des Großen Buddha erhebt sich im Stadtzentrum von Zhangye, 150 km südöstlich von Jiuquan. Es enthält eine 34 m hohe Buddha-Statue aus mehrfarbigem Ton und einem hölzernen Kern. Besonders interessant sind die Wandfresken des Klosters, die von daoistischen Schriften und alten Märchen inspiriert sind.

Jiuquan (Fortsetzung)
*Kloster des Großen Buddha (Dafo Si)

Kaifeng

Hc 28

开封市

Chinesische Entsprechung

Provinz: Henan
Höhe: 77 m ü.d.M.
Fläche: 359 km²
Einwohnerzahl: 300 000 (im Großraum 580 000)

Kaifeng ('das Siegel brechen') liegt auf 114° 21′ östlicher Länge und 34° 41′ nördlicher Breite an der Bahnstrecke von Lianyungang nach Ürümqi.

Lage

Kaifeng

Bahn- und Buslinien verbinden Kaifeng mit der Provinzhauptstadt Zhengzhou, mit Peking, Shanghai, Nanking, Kanton, Xi'an und anderen Städten.

Verkehrsanbindung (Fortsetzung)

Ausgrabungen haben ergeben, daß Kaifeng schon zur Zeit der Shang (16.–11. Jh. v.Chr.) existierte. In der Umgebung wurden zudem Reste einer neolithischen Siedlung entdeckt. In der Frühlings- und Herbst-Periode (770–476 v.Chr.) war der Ort ein Grenzposten des Zheng-Reiches; der Herrscher Zheng Zhuanggong errichtete hier ein Getreidelager. Von da an wuchs die Bedeutung von Kaifeng zusehends. Unter den Wei-Herrschern (220–280) war es zum ersten Mal Hauptstadt und erhielt diesen Status auch in der Zeit der Fünf Dynastien (907–960). Seine Glanzzeit erlebte Kaifeng jedoch unter der Nördlichen Song-Dynastie (960–1127), als es 167 Jahre lang Hauptstadt und mit etwa 1 Mio. Einwohnern eine Metropole war. Der Ausbau des Kanalsystems erbrachte einen weiteren wirtschaftlichen Aufschwung. Kaifeng besaß eine sehr gut belegbare jüdische Gemeinde. Das damals entstandene, berühmte Rollbild "Das Qingming-Fest am Fluß" (Qingming Shanghe Tu; heute im Kaiserpalast von Peking) veranschaulicht den Reichtum und Wohlstand jener Epoche. Mit dem Sturz der Song-Dynastie erlitt die Stadt Zerstörungen und verlor an Bedeutung. Um die Mitte des 17. Jh.s wurde sie mehrfach von verheerenden Überschwemmungen des Huanghe heimgesucht; so ließ man 1644 die Deiche gegen die eindringenden Mandschuren öffnen, wobei 300000 Menschen den Tod fanden. Deswegen sind nur noch sehr wenige Baudenkmäler aus der Song-Zeit erhalten. Heute ist das Seiden- und Stickereigewerbe eine wichtige Einnahmequelle von Kaifeng.

Geschichte

Sehenswertes in Kaifeng

In der Altstadt von Kaifeng wurde ein 400 m langer Straßenzug mit 36 Gebäuden im Song-Stil rekonstruiert, wo für die damalige Epoche typische Erzeugnisse und Dienstleistungen angeboten werden.
Am interessantesten ist die Nachbildung der alten, in vielen klassischen Werken erwähnten Gaststätte Fan. In einem dieser Werke wird erzählt, daß der Song-Kaiser Huizong in unauffälliger Kleidung den Palast zu verlassen pflegte, um hier einzukehren und in Gesellschaft der berühmten Schauspielerin Li Shishi, die dann zu seiner Lieblingskonkubine wurde, einen fröhlichen Abend zu verbringen.
Zwischen den Straßen Beitu Jie und Nanjiaojing finden sich noch Spuren des alten Judenviertels, wo vom 12. Jh. an die größte chinesische jüdische Gemeinde lebte.

* Straße im Song-Stil (Song Jie)

Der im Jahr 555 gegründete Tempel des Kanzlers im Stadtzentrum, der jahrhundertelang ein berühmtes buddhistisches Zentrum war, wurde mehrmals zerstört – so auch bei der Überschwemmung von 1644 – und wieder aufgebaut, zuletzt 1766. Seinen heutigen Namen verlieh ihm ein Kanzler der Tang-Ära (618–907), der sich um seine Instandsetzung verdient gemacht hatte.

* Tempel des Kanzlers (Xiangguo Si)

Das wichtigste Gebäude der Anlage ist der Achteckige Keramikpalast, der u.a. eine 7 m hohe Guanyin-Statue beherbergt. Das vergoldete Bildnis der Göttin, die vier Gesichter, 1000 Arme und 1000 Augen hat, wurde aus einem einzigen Stück Ginkgo-Holz geschaffen. Im benachbarten Glockenturm hängt eine riesige, 4 m hohe und über 5 t schwere Bronzeglocke aus der Qing-Zeit (1644–1911).

Achteckiger Keramikpalast (Baijiao Liulidian)

Der Drachenpavillon, 1,5 km nördlich des Tempels des Kanzlers im gleichnamigen Park gelegen, wurde 1692 anstelle eines Ming-Palastes, der bei der Überschwemmung von 1644 zerstört worden war, erbaut. Zu ihm führt eine Treppe, die mit einem Drachenmotiv geschmückt ist. Der Pavillon enthält eine steinerne Sitzbank, ebenfalls mit Drachenmotiven.

Drachenpavillon (Longting)

◀ *Im Tempel des Kanzlers*

Kanton · Guangzhou

Kaifeng (Fortsetzung)
*Eiserne Pagode (Tieta)

Die aus dem Jahr 1049 stammende Eiserne Pagode erhebt sich im Nordosten der Stadt, im Zentrum des gleichnamigen Parks. Aufgrund der rostbraunen Keramikziegel, mit denen sie verkleidet ist, könnte man meinen, sie sei aus Eisen, woraus sich ihr Name ableitet. Der Aufstieg bis zur Spitze der 55 m hohen achteckigen Pagode mit 13 Stockwerken wird mit einer schönen Aussicht auf Kaifeng und Umgebung belohnt.

Terrasse des Königs Yu (Yuwangtai)

Die Terrasse liegt im Südosten der Stadt, südlich der Eisenbahnlinie, 3 km vom Tempel des Kanzlers entfernt, in dem gleichnamigen schönen Park. Der Überlieferung nach hielt sich der legendäre Da Yu während der Bändigung des Huanghe hier auf. Auf der Terrasse erhebt sich der Tempel des Königs Yu (Yuwang Miao). Südlich davon steht ein hölzerner Bogen, an dem eine kleine Tafel mit der Inschrift 'Antike Terrasse des Musikers' hängt. Denn hier soll, so eine weitere Legende, der berühmte Musiker Shi Kuang in der Frühlings- und Herbst-Periode (770–476 v. Chr.) Konzerte abgehalten haben. Deshalb wird die Terrasse auch als Musikterrasse (Guchui Tai) bezeichnet.
Eine der Hallen ist den berühmten Poeten der Tang-Zeit (618–907) wie Du Fu, Li Bai u. a. gewidmet, die hier gedichtet haben.

Pagode Pota

Die sechseckige Pagode Pota, einst Teil eines Tempels aus der Nördlichen Song-Zeit (960–1127), erhebt sich westlich der Terrasse des Königs Yu. Ursprünglich bestand sie aus sechs Stockwerken, von denen nach teilweiser Zerstörung im 14. Jh. noch drei übrigblieben.

Kansu

→ Gansu

Kanton · Guangzhou   Hb 34

Chinesische Entsprechung

Hauptstadt der Provinz Guangdong
Höhe: 5 m ü. d. M.

Stadtplan s. S. 272/273

Fläche: 1345 km²
Einwohnerzahl: 6,8 Mio.

Lage und Verkehrsanbindung

Kanton liegt in einer fruchtbaren Ebene im Zentrum der südchinesischen Provinz Guangdong, im Delta des Zhujiang, auf 113° 14' östlicher Länge und 23° 12' nördlicher Breite.
Von Hongkong ist es per Flugzeug, Bahn, Fährschiff oder Bus erreichbar, von Peking per Zug oder Flugzeug. Flugverbindungen gibt es auch mit etlichen anderen chinesischen Städten wie Shanghai (2,5 Std.), Tientsin (3 Std.), Shijiazhuang, Wuhan, Changzhou, Qinhuangdao und Hohhot.

Bedeutung

Kanton ist nicht nur ein wirtschaftliches, sondern auch ein kulturelles Zentrum. Die Sun-Yatsen-Universität (Zhongshan Daxue) hat überregionale Bedeutung. In den Opernhäusern wird die chinesische Oper gepflegt. Berühmt ist die Kanton-Küche, in der Meeresfrüchte eine besondere Rolle spielen.

Geschichte

Eine für Kanton wichtige Legende erzählt, daß fünf Götter auf Ziegen zur Erde niederfuhren und den Bewohnern fünf Ähren schenkten, um sie vor Hungersnöten zu bewahren.

Straßenszene in Kanton ▶

Kanton · Guangzhou

Geschichte (Fortsetzung)

Die Geschichte der ursprünglich Fanyu genannten Stadt reicht über 2000 Jahre zurück. 214 v.Chr. bestimmte sie Kaiser Qin Shi Huangdi wegen ihrer wachsenden Bedeutung als Fluß- und Seehafen zur Hauptstadt des Verwaltungsgebietes Nanhai (Südliches Meer). Im Jahr 226 n.Chr. wurde sie in Guangzhou umgetauft. Seit der Tang-Dynastie (618–907) entwik-

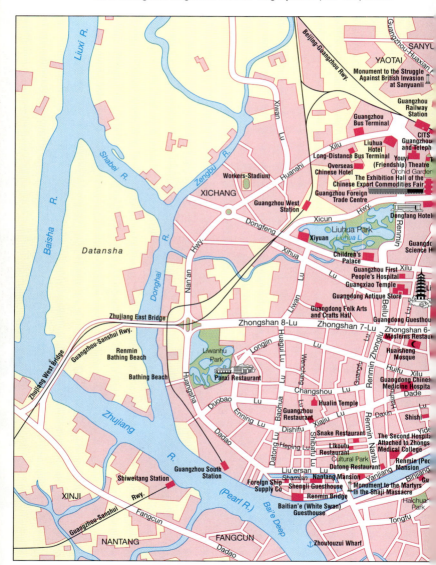

Kanton · Guangzhou

kelte sich Kanton zu einem Außenhandelszentrum. Im Zuge dessen entstand hier eine große islamische Gemeinde. Unter den Song (960–1279) erlebte die Stadt eine Blütezeit. 1517 landeten die Portugiesen hier, ihnen folgten Spanier, Niederländer, Briten und Franzosen. Im Lauf der Zeit wurde der Hafen immer größer; 1684 verlegte die Ostindische Kompanie

Geschichte (Fortsetzung)

Kanton · Guangzhou

Geschichte
(Fortsetzung)

ihren Sitz hierher, um den Handel des aus Indien eingeführten Opiums besser organisieren zu können. 1839 ließ ein kaiserlicher Oberkommissar in Humen, einem kleinen Dorf bei Kanton, 1185 t Opium, die englische und amerikanische Händler importiert hatten, vernichten und löste damit die Opiumkriege aus. Im Jahr 1841 leistete die Stadt den angreifenden englischen Truppen hartnäckigen Widerstand. Im Vertrag von Nanking (1842) mußte sich die Stadt dem ausländischen Handel öffnen. 1858 wurde die Insel Shamian zu ausländischem Konzessionsgebiet. Die Konfrontation mit dem Ausland ließ bei den Kantonesen früh Nationalismus, Reformbereitschaft und revolutionäre Ideen entstehen. Zu Beginn des 20. Jh.s führte Sun Yat-sen hier zahlreiche Aufstände gegen die Qing-Regierung an.
Ab 1918 wurde die Stadt modernisiert; breite Straßen wurden angelegt, wobei man zahllose Hütten abriß, Kanäle wurden aufgefüllt und die Stadtmauer wurde abgetragen.
In das Jahr 1924 fiel die Gründung der Whampoa-Militärakademie, wo u. a. Zhou Enlai studierte. In der folgenden Zeit lehrten Zhou, Guo Moruo und Mao Zedong am hiesigen Institut der Bauernbewegung. Nach dem Bruch zwischen den Kommunisten und der Guomindang kamen bei einem Arbeiteraufstand 1927 mehr als 5000 Kommunisten durch die Truppen der Guomindang ums Leben. 1949 fiel Kanton an das kommunistische Regime.
In den fünfziger Jahren entwickelte es sich zu einem bedeutenden Industrie- (Stahl, Chemie, Textilien, Lebensmittel) und Außenhandelszentrum, was durch die Nähe zu Hongkong begünstigt wird. Seit 1957 findet hier zweimal im Jahr die bekannte Kanton-Messe statt.

Sehenswertes in Kanton

*Tempel der
Sechs Banyan-
Bäume
(Liurong Si)

Die Tempelanlage Liurong Si (geöffnet tgl. 8.00–17.00 Uhr), in der Chaoyang-Beilu-Straße in der Altstadt gelegen, wurde 537 n. Chr. im Auftrag des damaligen Provinzgouverneurs Xiao Yu erbaut, um einen Knochen Buddhas aufzunehmen. Sie ist nach den sechs Banyan-Bäumen genannt, die einst im Hof standen und denen der Dichter Su Dongpo eine Kalligraphie widmete.

Halle des Sechsten Patriarchen
(Liuzu Tang)

In der Halle des Sechsten Patriarchen kann man eine in der Song-Zeit (960 bis 1279) gegossene Bronzestatue des Mönches Huineng, des Begründers der Südlichen Schule des Chan- (Zen-)Buddhismus bewundern.

Blumenpagode

Die ursprünglich 537 errichtete Blumenpagode brannte im 10. Jh. ab und wurde 1097 nach einer Zeichnung des Originalbaus in ihrer heutigen Gestalt rekonstruiert. Während der Restaurierungsarbeiten von 1980 entdeckte man einige Ziegel mit Inschriften, die wohl der Song-Ära zuzuordnen sind. Die Spitze der 57 m hohen Pagode, die über eine Treppe bestiegen werden kann, krönt eine reich verzierte, 5 t schwere Bronzesäule.

Halle der Göttin
der Barmherzigkeit
(Guanxin Dian)

Die Halle der Göttin der Barmherzigkeit stammt aus dem Jahr 1663. Darin wird eine 4 m hohe und 5 t schwere Bronzeskulptur aufbewahrt, die Guanyin, die Lieblingsgöttin der Chinesen, darstellt.

*Tempel des
Lichts und
der Kindesliebe
(Guangxiao Si)

Das Tempel des Lichts und der Kindesliebe (geöffnet tgl. 8.00–17.00 Uhr), eines der ältesten Bauwerke der Stadt, ist nur wenige Schritte vom Tempel der Sechs Banyan-Bäume entfernt. Im 1. Jh. v. Chr. wohnte hier Zhao Jiande, der König des Staates Nanyue. Unter der Westlichen Jin-Dynastie (265–316) wurde die königliche Residenz in einen Tempel verwandelt. Seither haben hier meist indische Mönche gelebt, die nach China gekommen waren, um den Buddhismus zu verbreiten. Hier legte Huineng, der 6. Patriarch des Zen-Buddhismus, seine Mönchsgelübde ab. Im Jahr 1151 erhielt das Gebäude seinen heutigen Namen. Von den ursprünglich 30 Tempeln und Palästen sind nur etwa zehn übriggeblieben.

Eisenpagoden

Ein besonderes Augenmerk sollte man auf die zwei Eisenpagoden links und rechts des Haupttempels richten. Sie gelten als die ältesten in China. Die Östliche Eisenpagode (Dongtie Ta) stammt aus dem Jahr 967; sie zieren über 900 Nischen mit Buddha-Statuetten. Die Westliche Eisenpagode (Xitie Ta) von 963 besitzt nur noch drei "Geschosse"

Kanton · Guangzhou

Der buddhistische Tempel des Lichts und der Kindesliebe (Guangxiao Si)

Die Moschee des Andenkens an den Weisen (nicht zugänglich), 300 m südlich des Tempels der Sechs Banyan-Bäume in der Stadtmitte gelegen, ist eine der ältesten Moscheen Chinas. Im Jahr 627 soll sie ein Araber zu Ehren Mohammeds erbaut haben. Sie heißt auch Leuchtturm-Moschee (Guangta Si), weil ihr 36 m hohes Minarett mit einer Beleuchtungsanlage ausgestattet ist und früher einmal als Leuchtturm diente. Heute ist das Bethaus Zentrum der Moslem-Gemeinde.

*Moschee des Andenkens an den Weisen (Huaisheng Si)

In den Jahren von 1890 bis 1894 wurde der große Ahnentempel der Familie Chen (geöffnet tgl. 8.30–17.30 Uhr) in der Zhongshan Lu erbaut, der für seine Holzschnitzereien und Skulpturen bekannt ist. Besonders hervorzuheben sind die Figuren auf den Dachfirsten, die Themen aus der Mythologie und der klassischen Literatur aufgreifen.
Heute ist hier das Volkskundemuseum untergebracht, in dem Kunstgewerbeerzeugnisse von Kanton und Guangdong ausgestellt sind.

Ahnentempel der Familie Chen (Chenjia Ci)

Der Yuexiu-Gongyuan-Park (928 000 m²) erstreckt sich am Fuß des gleichnamigen Hügels im Norden der Stadt. Er umfaßt mehrere Teiche, eine Blumenhalle, einen Orchideengarten, eine Sportanlage und ein Freilichtkino.

*Park Yuexiu Gongyuan

Auf dem Hügel steht ein fünfstöckiger Palast, das die See Überblickende Gebäude (geöffnet tgl. 8.30–17.30 Uhr). Er wurde 1380 errichtet und 1686 zu einem Wachtturm gegen Piratenüberfälle umgestaltet.
Heute ist das Gebäude Sitz des Historischen Museums von Guangzhou. In den einzelnen Stockwerken sind Ausstellungsstücke aus den verschiedenen Epochen der chinesischen Geschichte zu sehen, und in der obersten Etage wird über die kommunistische Bewegung in Kanton informiert.

Die See Überblickendes Gebäude (Zhenhai Lou)

Die 49 m hohe Gedenkhalle befindet sich am Südende des Parks Yuexiu Gongyuan und ist dem Andenken Sun Yat-sens (→ Berühmte Persönlichkeiten) gewidmet, des ersten Präsidenten der 1911 gegründeten Chinesi-

Sun-Yat-sen-Gedenkhalle (Zhongshang Jiniantang)

Kanton · Guangzhou

Sun-Yat-sen-Gedenkhalle

Sun-Yat-sen-Gedenkhalle (Fortsetzung)

schen Republik. Das mächtige Bauwerk wurde 1931 im klassischen chinesischen Stil errichtet. Die Halle, die für kulturelle Veranstaltungen genutzt wird, bietet mehr als 4000 Menschen Platz.
Im Vorgarten des Palastes erhebt sich eine Bronzestatue von Sun Yat-sen. Westlich davon befindet sich ein kleines Museum, in dem die Erinnerung an den Politiker wachgehalten wird.

* Grabstätte der 72 Märtyrer auf dem Gelben-Blumen-Hügel (Huanghuagang Qishi'er Lieshimu)

Die Grabstätte der 72 Märtyrer auf dem Gelben-Blumen-Hügel, die während des von Sun Yat-sen angeführten Aufstandes vom 27. April 1911 gegen die Qing-Regierung ums Leben kamen, befindet sich an der Xianlie Lu, rund 3 km östlich des Yuexiu-Gongyuan-Parks. Sie wurde 1918 errichtet und ist von einem Park umgeben. Auf dem Bogen am Südeingang stehen Sun Yat-sens Worte 'Ewiger Ruhm' geschrieben. Die Anlage umfaßt einen Obelisken, einen Pavillon und einen pyramidenförmigen Bau, dessen oberer Abschnitt aus 72 Steintafeln besteht, welche die 72 Märtyrer versinnbildlichen.

Zoo

Etwas weiter nordöstlich der Grabstätte der 72 Märtyrer auf dem Gelben-Blumen-Hügel befindet sich der Zoo, einer der größten Chinas. Besonders beliebt sind die Pandabären.

Gedenkpark für die Märtyrer des Kantoner Aufstandes (Lieshi Lingyuan)

Etwa 4 km östlich des Stadtzentrums, an der Zhongshan Lu wurde im Jahr 1957 ein 26 ha großer Friedhof für die Opfer des von der Kommunistischen Partei angeführten Kantoner Aufstandes von 1927 angelegt. Die Guomindang-Regierung ließ damals 5700 Menschen erschießen. Diese sind in einem Tumulus bestattet. Zudem beherbergt der Gedenkpark einen Pavillon der chinesisch-sowjetischen und einen der chinesisch-koreanischen Freundschaft von 1957 bzw. 1964, die daran erinnern sollen, daß in dem Aufstand auch Russen und Koreaner ihr Leben ließen.
Im Westteil der Anlage ist das Museum der Revolutionsgeschichte von Guangdong zu finden.

Kanton · Guangzhou

Die Lehranstalt der Bauernbewegung befindet sich westlich der Gedenkstätte für die Märtyrer des Kantoner Aufstandes. Sie wurde gemeinsam von der Kommunistischen Partei und der Guomindang im Juli 1924 in einem ehemaligen Konfuziustempel gegründet. Die Bildungsstätte, in der Kader durch die Kommunistische Partei ausgebildet wurden, stand seit 1926 unter der Leitung von Mao Zedong; zum Lehrkörper zählte auch Zhou Enlai. Zu besichtigen sind u. a. Maos Büro, ein großer Saal, eine Bibliothek, eine Mensa und ein Schlafsaal der Kursteilnehmer.

Lehranstalt der Bauernbewegung (Nongmin Yundong Jiangxisuo)

Die 58 m hohe Kathedrale des Heiligen Herzens in der Yide-Lu-Straße ist das größte christliche Gotteshaus in China. Der französische Architekt Guillemin erbaute sie von 1863 bis 1888 in neugotischem Stil.

*Kathedrale des Heiligen Herzens (Shengxin Dajiaotang)

Der 8 ha große Kulturpark im Süden der Stadt bietet vielerlei Unterhaltungsmöglichkeiten. Hier gibt es Ausstellungshallen, eine Freilichtbühne sowie eine Opern- und Konzerthalle.

Kulturpark (Wenhua Gongyuan)

Der sehenswerte Markt, der sich die Qingping Lu entlangzieht, besteht aus zwei sich kreuzenden, z. T. überdachten Straßenzügen. Hier findet man alle Lebensmittel (Obst, Gemüse, Fische, Schlangen, Schildkröten und Geflügel), dazu verschiedene Tiere (u. a. Hunde, Katzen, Affen), Kräuter sowie Ton- und Porzellanwaren. Zudem werden Antiquitäten angeboten.

*Qingping-Markt

Die 900 m lange und 300 m breite Insel liegt im Südwesten der Stadt und ist über mehrere Brücken mit dem Norduser des Zhujiang verbunden. Unter den Ming (1368–1644) diente sie als Anlegestelle. Während des Opiumkriege wurde sie wegen ihrer strategischen Lage von den Stadtoberen hartnäckig verteidigt. 1861 trat man die Insel als Konzession an England und Frankreich ab. Die ausländischen Mächte errichteten hier ihre Konsulate, zudem Villen, Banken, Kirchen sowie einen Tennisplatz und Segelklub. Chinesen durften die Insel nur mit einer Sondergenehmigung betreten. Erst seit 1949 gehört Shamian erneut zum chinesischen Herrschaftsbereich. Heute noch haben hier einige große Konsulate ihren Sitz.

Insel Shamian

Umgebung von Kanton

In nordöstlicher Richtung der Stadt erhebt sich der Gebirgszug der Weißen Wolken mit seinen mehr als dreißig Gipfeln; die höchste Erhebung, die die Sterne Berührende Spitze (Moxing Ling), erreicht 382 m ü. d. M. Zu den malerischsten Orten des Gebirges zählen die 2000 Jahre alte Neun-Drachen-Quelle (= Jiulong

*Gebirge der Weißen Wolken (Baiyunshan)

Kashgar · Kaschgar

Kanton, Baiyunshan (Fortsetzung)

Quan), das Grab von Zhang Erqiao, einer bekannten Sängerin der Ming-Zeit, und die Villa der Wellen im Kiefernmeer (Songtao Bieyuan).

*Conghua-Thermen (Conghua Wenquan)

Die Conghua-Wenquan-Thermen befinden sich in dem gleichnamigen Kurort, 80 km nordöstlich von Kanton. Hier sind ein Dutzend kalzium-, magnesium- und natriumhaltige Quellen sowie mehrere Thermalbäder über eine etwa 10 km² große Fläche verstreut. Die Wassertemperaturen reichen von 50° bis 70°C. Es gibt zahlreiche Sanatorien und Gästehäuser.

*Geburtshaus von Sun Yat-sen (Zhongshan Guju)

Das Haus, im dem Sun Yat-sen (→ Berühmte Persönlichkeiten) 1866 zur Welt kam, steht in dem Dorf Cuiheng (Kreis Zhongshan), etwa 100 km südlich von Kanton. Es ist noch mit den Originalmöbeln ausgestattet. In einem benachbarten Gebäude wurde ein Museum zum Andenken an den Gründer der ersten chinesischen Republik eingerichtet.

Kaschgar

→ Kashgar

Kashgar · Kaschgar Fd 26

Chinesische Entsprechung

喀什市

Autonome Region Xinjiang
Höhe: 1289 m ü. d. M.
Einwohnerzahl: 100000 (im Großraum 300000)

Id-Kah-Platz in Kashgar

Kashgar · Kaschgar

Die Oasenstadt Kashgar (auch Kaxgar, chin. Kashi) liegt an der alten Seidenstraße im Westen der Autonomen Region Xinjiang, auf 75° 58′ östlicher Länge und 39° 35′ nördlicher Breite.
Sie ist rund 1000 km von Ürümqi, der Hauptstadt der Region, entfernt und mit ihr durch regelmäßigen Flugverkehr (ca. 4 Std.) sowie Busse (3–5 Tage) verbunden.

Lage und Verkehrsanbindung

Kashgar, die westlichste Stadt Chinas, wird vornehmlich von Uiguren bewohnt und ist vom Islam geprägt. Zum traditionellen Kunstwerk gehören u. a. Teppiche, Stickereien und Musikinstrumente.

Allgemeines

Kashgar wurde vor über 2100 Jahren von Hunnen, Indoskythen, Uiguren und anderen ethnischen Gruppen gegründet. Nach der Entstehung der Seidenstraße und der Bildung einer örtlichen Regierung unter den Westlichen Han (206 v.Chr. bis 8 n.Chr.) erfuhr die Siedlung eine beachtliche Entwicklung. Zur Zeit der Tang-Dynastie (618–907) diente sie auch als militärischer Stützpunkt.

Geschichte

Sehenswertes in Kashgar

Die Id-Kah-Moschee, die größte der Autonomen Region, auf dem Platz gleichen Namens im Stadtzentrum gelegen, kann bis zu 8000 Gläubige aufnehmen. Der 1 ha große Sakralbau wurde 1798 errichtet, seitdem aber mehrmals restauriert und erweitert. Die mit üppigen Blumenmotiven verzierte Decke wird von 140 grünen Säulen mit Skulpturenschmuck getragen. – Nahebei befindet sich der noch recht urtümliche Basar (Bazha).

*Id-Kah-Moschee (Aitiga Qingzhensi)

Jeden Sonntag findet am Nordostrand der Stadt ein Markt statt, auf dem man alle möglichen örtlichen Erzeugnisse erwerben kann: Teppiche, Hüte, Schmuck, uigurische Messer und sogar Esel und Pferde. Mit durchschnitt-

*Markt

Grabmal von Abakh Hoja (Beschreibung s. S. 280)

Kunming

Kashgar, Markt (Fortsetzung)

lich 150 000 Besuchern ist er angeblich der größte Markt der Welt unter freiem Himmel.

*Grabmal von Abakh Hoja (Aba Heijia Mu)

Das Grabmal des Abakh Hoja, eine typische islamische Grabanlage aus dem 17. Jh., 1807 von Grund auf restauriert, liegt am Ostrand der Stadt. Es besteht fast ganz aus grünen Keramikziegeln. Der Eingang ist mit geometrischen Mustern, die Mauern mit stuckierten Basreliefs geschmückt. Bis vor fünfzig Jahren krönte das Kuppeldach eine 1,5 kg schwere Figur aus massivem Gold. Im Innern sind 72 Mitglieder der Familie Abakh Hoja beigesetzt, als deren Stammvater ein islamischer Heiliger des 17. Jh.s gilt.

Umgebung von Kashgar

*Grotten der Drei Unsterblichen (Sanxian Dong)

Die miteinander verbundenen Grotten der Drei Unsterblichen aus der Östlichen Han-Zeit (25–220) liegen 10 km nördlich der Stadt, an den Hängen eines steilen Hügels. Jede der drei länglichen Höhlen ist in einen vorderen und hinteren Teil gegliedert. Im hinteren Trakt der mittleren Grotte wird eine schwer beschädigte Buddha-Statue aufbewahrt. An den Wänden der linken Höhle sieht man etwa 70 Buddha-Bildnisse, die vor 1700 Jahren entstanden. Ein Buddha an der hinteren Wand ist mit nacktem Rücken dargestellt – ein seltenes Phänomen in den Wandmalereien jener Epoche.

Hanoi

30 km nordöstlich von Kashgar finden sich die spärlichen Reste der Stadt Hanoi aus der Tang-Zeit (618–907).

Kiangsu

→ Jiangsu

Kirin

→ Jilin

Kunming   Gg 33

Chinesische Entsprechung

昆明市

Hauptstadt der Provinz Yunnan
Höhe: 1893 m ü. d. M.
Stadtplan s. S. 282/283
Fläche: 6235 km²
Einwohnerzahl: 4 Mio.

Lage und Verkehrsanbindung

Kunming liegt auf 102° 43′ östlicher Länge und 25° 05′ nördlicher Breite, im Zentrum der Provinz Yunnan am Nordufer des Dianchi-Sees. Von Peking, Shanghai, Chengdu, Kanton, Xi'an, Hongkong und anderen chinesischen Großstädten kann man nach Kunming fliegen. Von Chengdu und Guiyang erreicht man die Stadt mit der Bahn.

Allgemeines

Kunming wird wegen seines milden Klimas und seiner üppigen Vegetation als "Stadt des ewigen Frühlings" gerühmt. Dennoch können innerhalb eines Tages erhebliche Temperaturschwankungen auftreten. Die Stadt ist der kulturelle Mittelpunkt der Provinz; sie verfügt über Universitäten, Hochschulen und ein Minderheiteninstitut.

Kunming

Das urbanisierte Gesicht von Kunming

In der Stadt leben viele verschiedene Nationalitäten zusammen, was ihr ein multikulturelles Flair verleiht. Hier gibt es ein reichhaltiges Angebot an kunsthandwerklichen Produkten, z. B. bestickte Blusen und Mützen. Obwohl seit 1990 das historische Stadtzentrum abgerissen wurde, besitzt Kunming eine Mischung von traditionellem chinesischem Leben und urbaner Atmosphäre.

Allgemeines (Fortsetzung)

Im 3. Jh. v. Chr. zog sich General Zhuang Qiao ans Ufer des Dianchi-Sees zurück und gründete hier die Stadt Kunming. Unter den Tang (618–907) fungierte sie dann als militärischer Stützpunkt. Wenig später wurde sie zur Hauptstadt des Nanshao-Reiches erwählt. Kunming entwickelte sich zum Warenumschlagplatz nach Indien, Indochina, Birma und Szetschuan. Marco Polo beschrieb es 1287 als "herrliche Metropole", deren Bevölkerung sich aus vielen verschiedenen Rassen zusammensetzt. Zudem berichtete er vom Reichtum der Handelshäuser und von der Salzgewinnung. Gegen 1650 suchte der letzte Erbprinz der Ming-Dynastie in Kunming Zuflucht und gründete hier das Südliche Ming-Reich, das elf Jahre später von den Qing-Truppen ausgelöscht wurde. Im Jahr 1855 unternahm die Stadt eine Rebellion gegen die mandschurischen Fremdherrscher, die aber brutal niedergeschlagen wurde. Nach 1910, als die Eisenbahnlinie nach Haiphong (heute Hanoi) eröffnet war, verwandelte sich Kunming in eine moderne Stadt. In der Zeit der japanischen Invasion wurden zahlreiche Forschungseinrichtungen und Fabrikanlagen hierher verlegt, um diese vor Zerstörung zu bewahren. In den letzten vierzig Jahren erfuhr Kunming einen enormen Entwicklungsschub auf wirtschaftlichem Gebiet.

Geschichte

Sehenswertes in Kunming

Das 1964 eröffnete Museum in der Dongfeng Xilu verfügt über 50 000 Exponate, darunter wertvolle Bronzegeräte der nationalen Minderheiten.

Provinzmuseum

Kunming

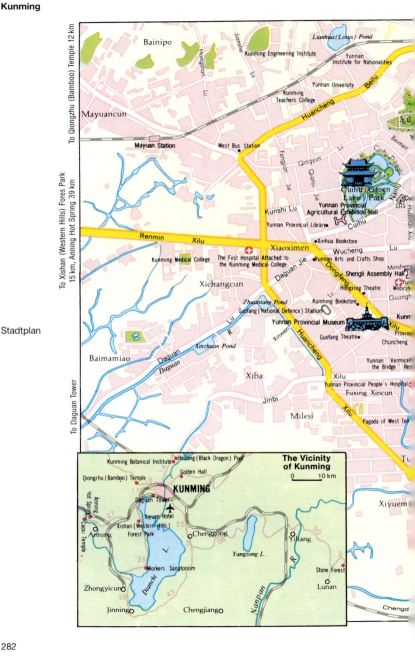

Stadtplan

Kunming

Kunming

600 m

Stadtplan

Kunming

Buddha-Statuen im Tempel der Vollkommenheit und des Erfolgs

Jade-See (Cuihu)

Der von neun Quellen gespeiste Jade-See liegt im Nordwesten der Stadt in dem gleichnamigen Park. Auf einer Insel in der Mitte des Sees steht der im späten 17. Jh. erbaute Pavillon der Grünen Wellen (Biyi Ting). Zwei Dämme prägen das Erscheinungsbild des Sees: der in Nord-Süd-Richtung verlaufende, durch drei Brücken unterbrochene Deich des Gouverneurs Ruan (Ruan Di), der gegen Ende des 18. Jh.s errichtet wurde, und der Deich des Herrn Tang (Tang Di) aus dem Jahre 1919, der sich von Osten nach Westen erstreckt.

**Tempel der Vollkommenheit und des Erfolgs (Yuantong Si)

Der Tempel der Vollkommenheit und des Erfolgs, im Norden der Stadt südlich des gleichnamigen Zoos gelegen, wurde unter den Tang (618–907) errichtet, von 1301 bis 1320 wieder aufgebaut und in späteren Jahrhunderten mehrfach restauriert. Sehenswert ist ein achteckiger Pavillon in einem quadratisch angelegten Teich. Im Haupttempel, der Halle der Vollkommenheit und des Erfolgs (Yuantong Baodian), achte man auf einige buddhistische Statuen des 14. Jh.s und auf zwei ming-zeitliche (1368 bis 1644) Drachen aus farbigem Ton, die sich um zwei Säulen winden.

Pagode des Westtempels, Pagode des Osttempels

Im Süden der Stadt erheben sich nahe beieinander die Pagode des Westtempels (Xisi Ta) und die Pagode des Osttempels (Dongsi Ta) aus der Tang-Zeit (618–907), die nach dem Moslem-Aufstand 1868 originalgetreu rekonstruiert wurden.

Umgebung von Kunming

****See Dianchi**

Der 297 km² große und durchschnittlich 5,5 m tiefe Dianchi-See, der heute auch Kunming-See genannt wird, breitet sich etwa 4 km südwestlich der Stadt aus. Er wird von 20 Flüssen und Bächen gespeist. Bereits vor 2000 Jahren soll es hier Siedlungen gegeben haben.

An seinen Ufern trifft man auf etliche Sehenswürdigkeiten wie z.B. den Park Daguan Lou Gongyuan mit dem gleichnamigen Turm am Westufer des Sees. Dieser 1691 vollendete Bau war zweistöckig, 1828 wurde ein drittes Geschoß hinzugefügt. Über viele Jahre hinweg diente der Turm als Versammlungsstätte der örtlichen Literaten. 1857 wurde er während des Krieges zerstört, und 1869 baute man ihn wieder auf. Das Bauwerk hat ein Doppeldach, das mit gelbglasierten Ziegeln bedeckt ist. An die beiden vorderen Säulen hat der bekannte Kalligraph Sun Ranweng 1888 das mit 180 Schriftzeichen längste 'Parallelgedicht' (Duilian) Chinas eingraviert.

Park Daguan Lou Gongyuan

Die über 2300 m hohen Westberge erheben sich am Westufer des Dianchi-Sees, ca. 15 km von Kunming entfernt (von hier mit dem Bus erreichbar). Zwischen dem höchsten Gipfel, dem Taihuashan, und dem See besteht ein Höhenunterschied von 470 m.
Etwas versteckt in den Gebirgstälern liegen mehrere buddhistische und daoistische Tempel.
Am Fuß des Gaoraoshan findet man das Grab des aus Kunming gebürtigen Komponisten Nie Er (1912–1935), der die chinesische Nationalhymne schuf. Zu seinem Grab führen 24 Stufen, die das Alter des Verstorbenen symbolisieren.

Westberge (Xishan)

An dem daoistischen Pavillon der Drei Reinen wurde sechs Jahrhunderte lang gebaut, in der Yuan-, Ming- und Qing-Zeit (1279 bis 1911).

Pavillon der Drei Reinen (Sanqing Ge)

Von hier gelangt man zur Höhle Ciyun Dong und weiter zum 500 m hoch gelegenem Drachentor (Longmen), zu dem auch eine Seilbahn führt. Über einen Tunnel mit Steinstufen ist der Steinpavillon (Datian Ge) zu erreichen, von dem man einen wunderschönen Blick auf den Dianchi-See hat.
Am Fuß des Taihuashan befindet sich der gleichnamige Tempel aus der Yuan-Zeit (1279–1368). In der Nähe steht der Seeblick-Turm (Wanghai Lou).

Park bei Kunming

Kunming

Westberge (Fortsetzung)	Nördlich des Tempels trifft man auf den song-zeitlichen (960–1279) Huating Si, dessen Haupthalle drei vergoldete Buddha-Skulpturen und 500 Luohan-Figuren beherbergt.
Goldene Halle (Jin Dian)	Die 1671 erbaute Goldene Halle, 7 km nordöstlich der Stadt auf dem Berg Minfeng Shan gelegen, ist einem Vorläuferbau aus dem Jahr 1602 nachempfunden, der 1637 nach Binchuan bei Dali verlegt wurde. Sie hat einen quadratischen Grundriß mit 6,2 m Seitenlänge und ist 6,7 m hoch. Der Bau ist ganz aus Bronze, ebenso seine Ausstattung samt Statuen. Der Name leitet sich von den in der Sonne wie Gold glänzenden Dächern ab.
*Bambustempel (Qiongzhu Si)	Am Ausläufer des Yu'anshan-Berges, 10 km nordwestlich von Kunming, erhebt sich der Bambustempel. Sein genaues Gründungsdatum konnte bisher nicht ermittelt werden, er entstand jedoch sicher vor dem Ende des 13. Jahrhunderts. Der Tempel beherbergt mehrere wertvolle Kunstwerke: die yuan-zeitliche (1271–1368) Statue der Buddhas der Drei Welten aus mehrfarbigem Ton (in der Buddha-Halle); eine kleine Steintafel, in die auf Chinesisch und Mongolisch ein kaiserlicher Erlaß von 1316 eingraviert ist, der Soldaten und Zivilbevölkerung zur Beschützung des Tempels aufrief (in der Buddha-Halle); die 500 Luohan-Statuen aus Ton (1883–1890) des Bildhauers Li Guangxiu (in der Buddha-Halle und zwei benachbarten Bauten), die in sehr lebendiger und individueller Darstellung verschiedene soziale Schichten repräsentieren.
*Teich des Schwarzen Drachens (Heilong Tan)	Der Teich des Schwarzen Drachens, 14 km nördlich der Stadt im gleichnamigen Park gelegen, ist vor allem für den daoistischen Tempel der Drachenquelle (Longquan Guan) bekannt, der vermutlich unter der Han-Dynastie, d.h. vor etwa 2000 Jahren, gegründet wurde.
Palast des Schwarzen Drachens (Heilong Gong)	Weiter unten, am Westufer des Teichs, befindet sich der zweite Teil der Tempelanlage, der Palast des Schwarzen Drachens aus dem Jahr 1454. Auf dem Tempelgelände gedeihen heute noch ein Pflaumenbaum aus der Tang-Zeit (618–907), eine Zypresse aus der Song-Ära (960–1279) und eine Kamelie aus der Ming-Epoche (1368–1644).
Thermen von Anning (Anning Wenquan)	Die Thermalquellen von Anning liegen 40 km südwestlich von Kunming bei der Ortschaft Anning. Sie wurden bereits von den Östlichen Han (25–220) entdeckt, finden aber erst seit dem frühen 15. Jh. Anwendung. Die 45°C heißen Quellen enthalten Kalzium, Magnesium, Natrium und andere Mineralstoffe; sie sind besonders angezeigt bei Hautkrankheiten und Rheumaleiden.
*Tempel Caoxi Si	Westlich der Thermalquellen (1 km) erhebt sich der Caoxi-Si-Tempel, unter den Tang (618–907) errichtet und später mehrmals wieder aufgebaut. In der Haupthalle aus der Song-Zeit (960–1279) wird eine Buddha-Statue verehrt, der ein sonderbares Phänomen geradezu mythische Anziehungskraft verleiht. Alle 60 Jahre fällt am Abend des 15. Tages des 8. Monats (nach dem chinesischen Kalender) ein Mondstrahl durch ein kleines Fenster auf die Stirnmitte des Buddha und bildet dort einen Lichtpunkt; während der Mond langsam am Himmel emporsteigt, bewegt sich der Lichtpunkt immer weiter nach unten, bis er schließlich den Bauchnabel der Skulptur erreicht und verschwindet.
Perlenquelle (Zhenzhu Quan)	Zu erwähnen ist noch die südlich des Tempels gelegene Perlenquelle.

Steinwald (Shilin)

Allgemeines	Der Steinwald liegt 120 km südöstlich von Kunming im Kreis Lunan. Nach dem Verschwinden des Meeres vor Millionen von Jahren verursachten tektonische Bewegungen tiefe Spalten im Gestein, das dann durch Erosionsprozesse geformt wurde.

Kunming

Auf einer Gesamtfläche von über 26 000 ha ragen Tausende von schmalen, bizarr geformten Felsen auf, die zwischen fünf und dreißig Meter hoch sind. 80 ha dieses Areals sind für Besucher zugänglich.

Steinwald (Fortsetzung)

Die Felsen haben eindrucksvolle Namen, z.B. Zehntausend-Jahre-Pilz (10 m hoch), Mutter-Sohn, Kamel auf dem Rücken eines Pferdes, Avalokiteshvara-Felsen, Stein des Buddha, Nashorn, das den Mond betrachtet und Schönes, dem Wasser entstiegenes Mädchen.

Bezeichnungen

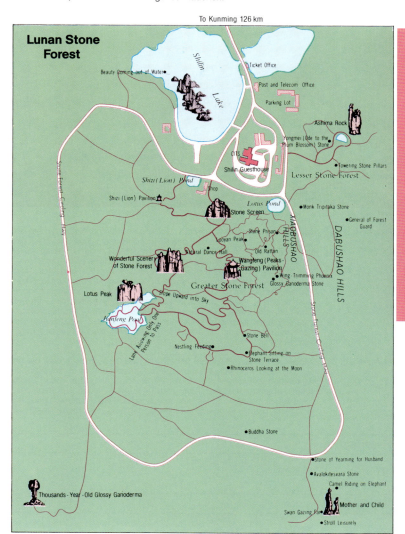

Kunming

Der Steinwald (Shilin) fasziniert durch seine bizarren Felsformationen.

Steinwald (Fortsetzung) Aufteilung

Man kann den Steinwald, der auf sorgfältig angelegten Wegen zu besichtigen ist, in drei Areale gliedern: den Kleinen Steinwald (Xiao Shilin), auf den man gleich nach dem Nordeingang, etwas südlich des Steinwald-Sees (Shilin Hu), stößt; den Großen Steinwald (Da Shilin), südlich des Kleinen Steinwaldes, mit dem Schwertspitzenteich (Jianfeng Chi) und zahlreichen Grotten; und den Äußeren Steinwald (Wai Shilin) mit dem umliegenden Gebiet. Die schönsten Stellen im Steinwald sind am Lotosblumengipfel (Lian Huang Feng) und am Schwertspitzenteich. Zudem hat man vom Gipfelblickpavillon (Wang Feng Ting) einen guten Überblick über das faszinierende Naturschauspiel. Bei Sonnenuntergang ist die Besichtigung des Steinwaldes durch die Schattenspiele der Felsformationen besonders beeindruckend.

Fackelfest

Mitten im Kleinen Steinwald öffnet sich eine 2 ha große Wiese, die am 24. Tag des 6. Mondmonats Schauplatz des Fackelfestes ist, das die Sani-Minderheit veranstaltet. Es dauert 24 Stunden; untertags finden Sportwettkämpfe in nationaler Tracht statt (eine Art Ringkampf, Kampfkunst, Scheibenschießen und Pferderennen); anschließend die ganze Nacht hindurch ein überaus imposanter Fackelzug mit Sing- und Tanzeinlagen.

Kweitschou

→ Guizhou

Kweiyang

→ Guiyang

Lantschou

→ Lanzhou

Lanzhou · Lantschou   Gg 27

Chinesische
Entsprechung

Hauptstadt der Provinz Gansu
Höhe: 1508 m ü. d. M.
Fläche: 2122 km²
Einwohnerzahl: 1,43 Mio. (im Großraum 2,4 Mio.)

Stadtplan
s. S. 290/291

Lanzhou liegt auf 103° 42' östlicher Länge und 36° 02' nördlicher Breite, im Osten der Provinz Gansu. Die Stadt ist nicht nur ein Verkehrs- und Eisenbahnknotenpunkt, sondern verfügt auch über einen modernen Flughafen, der sie mit allen chinesischen Metropolen verbindet.

Lage und
Verkehrs-
anbindung

Lanzhou wurde vor mehr als 2000 Jahren gegründet. Im Jahr 81 v. Chr. hatte es bereits die Ausmaße einer Stadt erreicht. Lanzhou entwickelte sich zu einer wichtigen Station an der Seidenstraße. 581 erhielt es den Namen 'Lanzhou'. Durch den Ausbau der Longhai-Eisenbahn im 20. Jh., die von Jiangsu bis nach Xinjiang reicht, erwarb die Stadt als Verbindungsglied zwischen Ost und West große Bedeutung.
Nach 1949 machte Lanzhou eine große wirtschaftliche Entwicklung durch; es wurde zu einem bedeutenden Industriezenturm (Petrochemie, Webereien, Metallverarbeitung) und führend auf dem Gebiet der Kernenergieforschung. Heute ist die Stadt das politische, wirtschaftliche, wissenschaftliche und kulturelle Zentrum der Provinz Gansu und die zweitgrößte Stadt Nordwestchinas. Zudem ist sie berühmt für ihre Obsterzeugnisse, vor allem für ihre Melonen.

Geschichte

Sehenswertes in Lanzhou

Das Museum zeigt u. a. Keramiken, die teilweise aus dem Neolithikum stammen. Am bekanntesten ist die Bronzeskulptur "Fliegendes Pferd von Gansu", dessen Huf auf einem Vogel steht; sie stammt aus einem im Jahr 1969 entdeckten Grab der Östlichen Han-Zeit (24 – 220).

Provinzmuseum
(Sheng Bowuguan)

Im Norden der Stadt erhebt sich der Baitashan, benannt nach der siebenstöckigen, 17 m hohen Weißen Pagode, die unter den Yuan (1271 –1368) auf dem Gipfel errichtet und um die Mitte des 15. Jh.s neu aufgebaut wurde; von hier hat man einen schönen Ausblick. Zusammen mit den sie umgebenden Sakralbauten bildet die Pagode den Mittelpunkt einer 8000 m² einnehmenden öffentlichen Grünanlage, die 1958 angelegt wurde.

Berg der
Weißen Pagode
(Baitashan)

Im Süden der Stadt ragt der ca. 1600 m hohe Wuquanshan auf, der nach den Fünf Quellen am Fuß des Berges benannt ist. Über seine Hänge sind mehrere Monumente von erheblicher kultureller und archäologischer Bedeutung verstreut. Man hat hier den Park der Fünf Quellen angelegt.

* **Park der
Fünf Quellen**
(Wuquanshan
Gongyuan)

Am bedeutendsten ist der 1372 erbaute Tempel der Ehrfurcht und der Feierlichkeiten. Hier kann man eine 3 m hohe Eisenglocke aus dem Jahr 1202 mit einem Gewicht von ca. 5 t und eine über 5 m hohe bronzene Buddha-Skulptur von 1370 besichtigen. Vom Gipfel des Berges bietet sich eine schöne Aussicht auf die Stadt.

Tempel der
Ehrfurcht und der
Feierlichkeiten
(Chongqing Si)

Lanzhou · Lantschou

Umgebung von Lanzhou

✱✱Grotten des Tausend-Buddha-Tempels (Bingling Si Shiku)

Zu den Grotten im Berg Xiaojishishan, ca. 90 km westlich von Lanzhou und 35 km südwestlich von Yongjing gelegen, gelangt man mit dem Bus. Der 420 entstandene Komplex erlangte schon unter den Tang (618–907) Berühmtheit. Zur Zeit der Yuan-Dynastie (1271–1368) wurde er in ein tibetisches Kloster verwandelt. Der chinesische Namen 'Bingling' ist die Transliteration eines tibetischen Ausdrucks, der 'Tausend Buddhas' oder auch 'Hunderttausend Buddhas' bedeutet.

Die Tempelanlage umfaßt 34 Grotten und 149 Nischen mit 679 Steinskulpturen, 82 Tonstatuen – die größte Statue ist 27 m, die kleinste 20 cm hoch – und 900 m² Wandmalereien. In der 40 m hohen Grotte Nr. 169 sieht man an der Nordwand eine Inschrift, die das Entstehungsjahr angibt: 'Im ersten Jahr des Jian Hong', d.h. 420 n.Chr.

In den Jahren 1964 bis 1974 entstand das Wasserkraftwerk Liujia Xia, das Gansu und einen Teil der angrenzenden Provinzen mit Energie versorgt. Bei dem Bau wurde eine 200 m langer Damm errichtet, um die Grotten vor den Fluten zu schützen; diese können somit auch vom Boot aus besichtigt werden.

Tempel des Donnergottes (Leizu Miao)

Die 8,5 m hohe, 106 m lange und 60 m breite Terrasse des Donnergottes liegt 250 km nordwestlich von Lanzhou, bei der Stadt Wuwei. Auf ihr steht der Tempel des Donnergottes, der unter den Qing (1644–1911) rekonstruiert wurde. Im Oktober 1960 entdeckte man unter der Terrasse ein Han-Grab aus dem frühen 2. Jahrhundert. Zu den kostbaren Grabbeigaben zählt auch die bekannte Statue eines galoppierenden Pferdes, die das Staatliche Reisebüro zu ihrem Wahrzeichen erkor.

Kloster Labrang

Ca. 250 km südwestlich von Lanzhou (von hier mit dem Bus erreichbar), bei der Stadt Xiahe befindet sich das bedeutende Labrang-Kloster der Gelupka-Sekte, das um 1710 gegründet wurde und in dem einst zwischen 3000–4000 Mönche lebten.

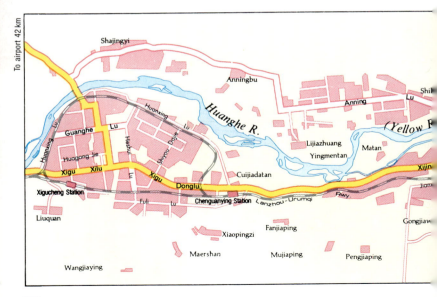

Die Grotten des Maijishan, 300 km südöstlich von Lanzhou und 35 km südöstlich des Städtchens Tianshui gelegen, erreicht man von Lanzhou aus mit der Bahn. Vom 4. Jh. an wurden hier in zwei Felsenwände 194 Grotten gehauen, die über 7000 Skulpturen und 1300 m² Fresken bergen. Zu den dargestellten Motiven gehören buddhistische Sujets und Szenen aus dem politischen und alltäglichen Leben jener Epoche. Die Grotten sind über eine mehrstöckige Holzgalerie zu erreichen.

Lanzhou, (Fortsetzung)
*Grotten des Maijishan (Maijishan Shiku)

Lhasa

Ga 31

拉萨市

Chinesische Entsprechung

Hauptstadt der Autonomen Region Xizang (Tibet)
Höhe: 3685 m ü. d. M.
Fläche: 38 km²
Einwohnerzahl: 180 000

Lhasa (tibetisch "Stätte der Götter") ist auch unter dem Namen "Sonnenstadt" bekannt, weil es auf der tibetischen Hochebene, dem "Dach der Welt", angesiedelt ist, die von der Sonne sehr verwöhnt wird. Es liegt am Ufer des gleichnamigen Flusses (Lhasahe · Kyichu), im Süden von Tibet. Von Peking erreicht man Lhasa, dessen Flughafen sich 90 km außerhalb befindet, per Flugzeug (4½ Std.), von Chengdu ebenfalls per Flugzeug (2 Std.) und Bus (ca. zwei Wochen). Mit Katmandu ist es durch Fahrstraßen verbunden.

Lage und Verkehrsanbindung

Lhasas Geschichte beginnt mit Songtsen Gampo, Tibets großem ersten König (Reg. 620–649), der seine Residenz hierher verlegte und an der Stelle des späteren Potala-Palastes eine erste Festung errichten ließ. Seither war die Stadt, wenn auch unter einer starken Erbrivalität zu Shi-

Geschichte

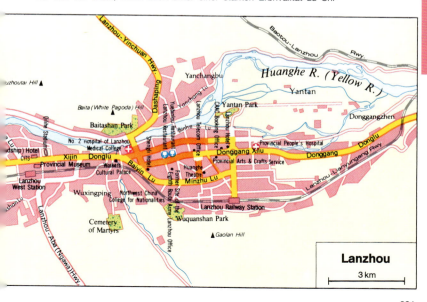

Lhasa

Geschichte (Fortsetzung)

gatse, das bedeutendste politische und relgliöse Zentrum Tibets. Mit der Gründungszeit der Stadt sind auch die Anfänge des tibetischen Buddhismus verknüpft: Die nepalesische Prinzessin Bhrikuti, eine Buddhistin, wurde Songtsen Gambos dritte Frau und gründete den Jokhang, den ältesten Tempel der Stadt. Die Bedeutung dieses Baus und die Stellung des Buddhismus in Lhasa stiegen noch, nachdem als vierte Frau die chinesische Prinzessin Wencheng an den Hof gekommen war. Durch den großen Reformator Tsongkhapa (1357–1419) wurde das Kloster Drepung außerhalb der Stadt das herrschende Zentrum des tibetischen Buddhismus (Lamaismus); hier entstand auch die Institution des Dalai Lama. Lhasa wahrte sein historisches Aussehen bis zur militärischen Intervention chinesischer Truppen im Jahr 1959, die zur Flucht des 14. Dalai Lamas führte. Von einigen Stellen wie dem Potala-Palast und letzten Altstadtteilen rund um den Jokhang abgesehen, unterscheidet sich die Stadt heute kaum noch von jeder beliebigen chinesischen Provinzstadt.

Sehenswertes in Lhasa

*Stadttempel Jokhang/ Tsuglagkhang

Der im Zentrum der Altstadt gelegene Tempel Tsuglagkhang, gewöhnlich als Jokhang bezeichnet, ist die älteste und am meisten verehrte buddhistische Kultstätte Tibets und als solche Ziel eines ständigen Pilgerstroms. Obwohl vermutlich von der nepalesischen Prinzessin Bhrikuti, Songtsen Gampos dritter Frau, um 640 gegründet, ist er im allgemeinen Bewußtsein stärker mit dem Namen Wenchengs verbunden, der chinesischen Prinzessin, die bald darauf nach Lhasa kam und jene Figur des zwölfjährigen Buddha Shakyamuni mitbrachte, die den eigentlichen Schatz des Tempels ausmacht und höchste Verehrung genießt. Vermutlich stammt die heutige Figur jedoch aus dem 12. Jahrhundert. Nachdem ein Großteil des reichen Bilderschmucks – darunter Statuen von Songtsen Gampo und den zwei Prinzessinnen – der Kulturrevolution zum Opfer fiel, handelt es sich bei den

Jokhang-Tempel: Rad der Buddhalehre zwischen zwei Gazellen

Lhasa

heutigen Darstellungen meist um Repliken aus neuester Zeit. Beachtenswert sind die reichen Wandmalereien, die die Gründungslegende des Jokhang erzählen.

Stadttempel Jokhang (Fortsetzung)

In einem großen Kreis um den Jokhang zieht sich der heilige Umwandlungsweg, der Barkhor. Hier sowie auf dem in neuerer Zeit angelegten Vorplatz des Tempels wird täglich ein großer Markt abgehalten, auf dem vor allem die zahlreichen nach Lhasa strömenden Pilger einkaufen. Hier findet man eine große, noch immer sehr exotisch wirkende Warenfülle, darunter Filzhüte, bunte Kissen, Gebetsfahnen, allerlei Schmuck, Pferdesättel, Nahrungsmittel, Kleidung und Antiquitäten. Ein Teil der Erzeugnisse kommt aus den benachbarten Ländern Nepal, Bhutan und Sikkim.

Barkhor und Pilgermarkt

Tibets gewaltigstes Bauwerk war als Festung und Residenz des Dalai Lama das politische Machtzentrum des Landes, ist mit seinen überreichen Bildwerken und Schätzen gleichzeitig aber auch einer der eindrucksvollsten Zeugen tibetischer Religiosität. Die Einheit von Religion und Herrschaft in der Stellung des Dalai Lama wie in Tibet überhaupt verkörpert sich hier in perfekter Weise.

✲✲Potala-Palast

Der 320 m lange und 110 m hohe Bau gliedert sich in den Weißen und den Roten Palast. Der Weiße Palast mit seinem wehrhaften Sockel entstand in seiner heutigen Form unter dem 5. Dalai Lama in den Jahren 1645 bis 1648 unter Einsatz einer großen Zahl von Fronarbeitern. Von der älteren Feste, die auf dem Burgberg spätestens seit Songtsen Gampo (7. Jh.) bestand, ist nichts mehr nachweisbar. Der Weiße Palast enthält Räumlichkeiten mit vorwiegend praktischer Funktion, darunter die Schlaf-, Studien- und Audienzräume des Dalai Lama. Ferner befinden sich hier ein Klostertrakt und die Verwaltungsräume. Die Privatgemächer des heutigen 14. Dalai Lama blieben seit dessen Flucht 1959 nahezu unverändert.

Weißer Palast

Die wichtigsten Heilgtümer befinden sich im Roten Palast, der unter dem Regenten, der anstelle des 6. Dalai Lama die Macht ausübte, in den Jah-

Roter Palast

Potala-Palast: das religiöse Zentrum Tibets

Lhasa

Potala-Palast (Fortsetzung)

ren bis 1694 errichtet wurde. Seither hat sich das Aussehen des Potala kaum mehr verändert. Zentrum des Roten Palastes ist die Große Westhalle, der Inthronisationssaal. Seine Wände sind mit Malereien bedeckt, die Episoden um die Dalai Lama, die tibetischen Könige sowie Erscheinungsformen des Bodhisattwa Avalokitschwara darstellen. Die vier Räume, die die Große Westhalle umgeben, kann man hinsichtlich ihrer religiösen Botschaft als Geschichte des tibetischen Buddhismus lesen. Die Halle Padmasambhavas markiert dessen Anfänge: Sie ist einem indischen Heiligen geweiht. Nächste Station ist die Halle des Reformators Tsongkhapa. Diesen und seinen nächsten vier Inkarnationen ist die dritte Halle geweiht. Die vierte schließlich birgt die Grabstupas mit den Leichnamen des 5., 10. und 12. Dalai Lama. Es handelt sich um bis zu 14 m große, überreich vergoldete und mit Ecksteinen verzierte Reliquienpagoden. Der mittlere Stupa des 5. Dalai Lama ist das prunkvollste Schmuckstück des ganzen Palastes. In ähnlichen Schreinen ruhen im Roten Palast die sterblichen Hüllen von insgesamt acht der tibetischen Priesterkönige. Die vergoldeten Dächer des Palastes markieren ihre Lage nach außen hin. Im Roten Palast befindet sich auch die sogenannte Brautkammer oder Meditionshöhle. Dieser als Grotte gestaltete Raum soll auf die Gründungszeit Lhasas, die Anfänge des Potala und des tibetischen Buddhismus verweisen.

Ramoche

Ein weiterer wichtiger Sakralbau ist der Ramoche-Tempel, der im 7. Jh. errichtet wurde. Nach mehreren Zerstörungen renovierte man ihn in den 80er Jahren des 20. Jh.s.

**Edelstein-Garten (Norbulingka/ Luobulinka)

Der 4 km entfernte, am westlichen Stadtrand gelegene Park ist die meistbesuchte Grünanlage von Lhasa. Er gehört zu der Sommerresidenz des Dalai Lama. Deren Bau wurde in den 40er Jahren des 18. Jh.s begonnen; die heutigen Gebäude stammen allerdings größtenteils aus den Jahren 1954 bis 1956. Die 360 000 m² große Anlage umfaßt prunkvolle Paläste, verschiedenartige Pavillons, Laubengänge und kleine Seen.

Kloster Drepung: das größte lamaistische Kloster Tibets

Umgebung von Lhasa

Das Kloster Sera, 5 km nördlich von Lhasa, wurde 1419 von Lamaisten gegründet, um 5500 Mönchen eine Bleibe zu geben. Hier werden eine tibetische Abschrift des Tripitaka aus dem 15. Jh. und ein ming-zeitliches (1368–1644) auf Seide gesticktes Porträt aufbewahrt.

Kloster Sera
(Sela Si)

Das Kloster Drepung, das sich 10 km nordwestlich von Lhasa am Hang eines Hügels befindet, wurde 1416 von Anhängern des Gelbmützen-Ordens (Gelupka) in typisch tibetischem Stil erbaut; es war das politische Zentrum dieser Sekte. Hier haben vier Buddhistenseminare ihren Sitz. Die Sakralbauten, die bis zu 8000 Mönche aufnehmen können, bilden das größte lamaistische Kloster Tibets. Hier sind die Grabstupas des 2., 3. und 4. Dalai Lamas zu finden.
Südwestlich des Klosters erhebt sich der 1530 entstandene Palast, in dem der Dalai Lama residierte.
Das in der Nähe liegende Kloster Nechong war Sitz des tibetischen Staatsorakels.

*Kloster Drepung
(Zhebang Si)

Lianyungang

He 28

连云港

Chinesische Entsprechung

Provinz: Jiangsu
Fläche: 740 km²
Einwohnerzahl: 380000 (im Großraum 2,93 Mio.)

Lianyungang liegt auf 119° 28′ östlicher Länge und 34° 38′ nördlicher Breite, im Nordosten der Provinz Gansu am Gelben Meer.
Hier beginnt die interkontinentale Eisenbahnlinie, die in Ost-West-Richtung ganz China und dann Rußland durchquert und schließlich in Rotterdam endet (Gesamtlänge: 10700 km). Diese 'euroasiatische Brücke' wurde Ende 1990 für den Verkehr freigegeben.

Lage und Verkehrsanbindung

In einer Urkunde aus dem Jahr 65 n.Chr. wird in der Gegend von Lianyungang eine Buddhistengemeinschaft erwähnt, die vermutlich auch an der Ausführung der Basreliefs am Kongwangshan-Berg beteiligt war. Im 16. Jh. kam in Lianyungang Wu Cheng'en zur Welt, der Autor des berühmten Romans "Reise in den Westen" (Xiyou Ji). Am Ostrand der Stadt legten die Holländer 1933 einen Hafen an. – Eine wichtige Rolle im Wirtschaftsleben der Stadt spielt die Salzgewinnung.

Allgemeines

Umgebung von Lianyungang

Der Kongwangshan-Berg, 2 km südlich der Stadt, ist für seine 108 Skulpturen im Hochrelief bekannt, die in eine 16 m lange und 10 m hohe Felswand gemeißelt wurden. Sie entstanden unter den Östlichen Han (25–220), also zwei Jahrhunderte vor den Dunhuang-Grotten. Vor diesen Relieffiguren stehen zwei Skulpturengruppen: ein Elefant mit seinem Wächter und eine riesige Kröte in Kauerstellung.

**Berg Kongwangshan

Am Fuß des Kongwangshan liegt die Drachengrotte, deren Wände mit 24 Inschriften überzogen sind. Die ältesten stammen aus dem Jahr 1072.

Drachengrotte
(Long Dong)

In der Pfirsichblüten-Schlucht (Taohua Gou) des 10 km außerhalb der Stadt gelegenen Jinpingshan kann man einen Felsen besichtigen, in den

*Berg Jinpingshan

Liaoning

Lianyungang, Berg Jinpingshan (Fortsetzung)

vor 4000 Jahren der Volksstamm der Yi eine Vielzahl von anthropomorphen und geometrischen Motiven einritzte. Damals diente der Felsen als Opferaltar.

Berg Huaguoshan

15 km südöstlich der Stadt erhebt sich der 625 m hohe Berg. In ca. 400 m Höhe findet man den Tempel Sanyuan Gong aus dem 7. Jahrhundert.
In der Wassertropfenvorhanghöhle (Shuilian Dong) soll der Affenkönig Sun Wukong aus dem Roman "Reise in den Westen" (Xiyou Ji) von Wu Cheng'en gewohnt haben.

*Berg Yuntaishan

Das 625 m hohe Yuntaishan, der für seine bizarr geformten Felsen bekannt ist, erhebt sich 20 km östlich der Stadt.
Einige Gelehrte sind der Ansicht, Wu Cheng'en habe sich bei dem 'Berg der Blumen und des Obstes' in seinem Roman "Reise in den Westen" vom Yuntaishan anregen lassen.

Kloster Sanyuan Gong

Auf 400 m Höhe steht das Sanyuan-Gong-Kloster, ein 1300 Jahre alter daoistischer Baukomplex. – Am Fuß des Berges ragt eine Ziegelpagode von 1026 auf.

Liaoning Hf – Hh 24 – 26

Chinesische Entsprechung

辽宁省

Provinz
Fläche: 145 700 km²
Einwohnerzahl: 39,90 Mio.
Hauptstadt: Shenyang

Lage

Die Provinz Liaoning liegt zwischen 118° 53' – 125° 46' östlicher Länge und 38° 43' – 43° 26' nördlicher Breite im südlichen Teil Nordostchinas.

Übersichtskarte

Die überwiegende Mehrheit der Bewohner sind Han-Chinesen. Mehr als zwei Drittel der Minderheiten stellen die Mandschuren, daneben gibt es Koreaner, Hui und Mongolen.

Liaoning (Fortsetzung) Allgemeines

Der Osten der Provinz mit der Halbinsel Liaodong wird fast ganz von dem waldreichen Changbai-Massiv eingenommen. Der Westen besteht aus Hügelland, das im Nordwesten zum Großen Chingan auf über 2000 m ansteigt. Zwischen diesen beiden Höhengebieten erstreckt sich über 30 % des Territoriums die Ebene des Liaohe. Liaoning weist eine 1650 km lange Küste auf.

Naturraum

Das Klima hat kontinentalen Charakter, wird aber von Monsunen gemildert; das Jahresmittel beträgt um 8 °C. In Shenyang herrschen im Januar Durchschnittstemperaturen von -13 °C und im Juli 25 °C. Die Frostperiode dauert oft bis zu 200 Tagen. Drei Viertel der jährlichen Niederschläge fallen von Juni bis September.

Klima

Schon früh ließen sich in der Ebene des Liaohe Ackerbauern nieder, und in den Randgebieten betrieben meist Mandschuren und Mongolen Viehhaltung und Holzwirtschaft. Im Lauf der Zeit wurde Liaoning immer mehr zum Einwanderungsland der Han-Chinesen. Im 19. Jh. waren ausländische Mächte besonders an diesem an Bodenschätzen reichen Gebiet interessiert. Es war von 1932 bis 1945 Teil des von Japan abhängigen Staates Manzhouguo. Nach 1949 wurde beim Ausbau der Industrie besonderes Gewicht auf die Schwerindustrie gelegt.

Geschichte

Reiche Bodenschätze ließen während der japanischen Besatzungszeit die lange Zeit vorherrschende Schwerindustrie entstehen. Da heute jedoch der Bergbau, die Stahl- und auch die traditionelle Textilindustrie auslaufende Branchen sind, ist Liaoning wirtschaftlich an den Rand gedrängt worden.
Die Energieversorgung sichern Wärmekraftwerke sowie ein gemeinsam mit Nord-Korea betriebenes Wasserkraftwerk am Yalujiang.
In der Landwirtschaft dominieren die Hauptnahrungsmittel Kauliang und Hirse sowie Mais; darüber hinaus ist die Provinz ein wichtiger Baumwoll- und Tabakerzeuger. Auf der Halbinsel Liaodong werden Seidenraupenzucht und Obstbau (v. a. Äpfel) betrieben.

Wirtschaft

Für den Besucher sind → Dalian, → Anshan und → Fushun interessant.

Reiseziele

Liuzhou

Gk 33

柳州市

Chinesische Entsprechung

Autonome Region Guangxi
Höhe: 90–120 m ü. d. M.
Fläche: 541 km²
Einwohnerzahl: 600 000

Liuzhou liegt am Liujiang, auf 109° 24' östlicher Länge und 24° 19' nördlicher Breite, 130 km von Guilin und 255 km von Nanning, der Hauptstadt der Region, entfernt. Es ist ein wichtiger Eisenbahnknotenpunkt an den Strecken Hunan–Guangxi, Guizhou–Guangxi und Zhicheng–Liuzhou. Von Guilin, Nanning und anderen Städten gelangt man per Bus, von Kanton per Flugzeug nach Liuzhou.

Lage und Verkehrsanbindung

Das Gebiet um Liuzhou war schon vor 15 000 Jahren besiedelt. Im Jahr 219 hatte der Ort eine gewisse Bedeutung erlangt; seit 634 trägt er den heutigen Namen. Liu Zongyuan (773–819), ein bekannter Literat und unter

Geschichte

Luoyang

Liuzhou,
Geschichte
(Fortsetzung)

den Tang Ritenminister, wurde 815 nach einem gescheiterten Reformversuch nach Liuzhou verbannt, stieg aber durch seine Verdienste zum Stadtoberhaupt auf und genoß großes Ansehen bei der Bevölkerung. Er hat eine herrliche Beschreibung der Stadt hinterlassen.
Heute ist Liuzhou überwiegend ein Industriezentrum.

Sehenswertes in Liuzhou

***Park des Fürsten Liu** (Liuhou Gongyuan)

Der im Stadtzentrum gelegene Park des Fürsten Liu trägt den Namen von Liu Zongyuan. Den Titel eines Fürsten verlieh ihm zu Beginn des 12. Jh.s posthum der Song-Kaiser Huizong.

Ahnentempel des Fürsten Liu (Liuhou Ci)

Im Park befinden sich zwei Monumente, die an den Poeten erinnern: ein Grabmal, das freilich nur seine Kopfbedeckung und einige Kleidungsstücke enthält, und der Ahnentempel des Fürsten Liu, 821 errichtet und 1729 wieder aufgebaut. Hier werden viele alte Steinplatten mit Inschriften von Gelehrten aus der Tang-, Song- und Yuan-Zeit (9.–13. Jh.) und ein auf eine Stele eingraviertes Porträt von Liu Zongyuan aufbewahrt.

Pferdesattel-Berg (Ma'anshan)

Der 150 m hohe Pferdesattel-Berg, nach der einem Sattel ähnlichen Form benannt, erhebt sich im Süden der Stadt. Bereits in der Tang-Ära (618 bis 907) erregte er das Interesse vieler Reisender. Eine seiner Hauptsehenswürdigkeiten ist eine tiefe Tropfsteinhöhle voller Stalagmiten und Stalaktiten. Besucher haben über 100 Inschriften auf den Felswänden des Berges hinterlassen, darunter auch eine aus dem Jahr 1112.

*Fischgipfel-Berg (Yufengshan), Kleiner Drachen-Teich (Xiaolong Tang)

Die Spitze des 80 m hohen nahegelegenen Fischgipfel-Berges im gleichnamigen Park spiegelt sich im Kleinen Drachen-Teich (Xiaolong Tang) wider und erinnert dabei an einen aus dem Wasser hüpfenden Fisch; daher kommt der Name. An Berg und Teich ist eine alte Legende geknüpft: Vor vielen Jahrhunderten lebte in der Gegend ein Mädchen namens Liu Sanjie, das auf den Berg zu steigen pflegte und dort Klagelieder gegen die örtlichen Herrscher sang. Diese begannen daraufhin, sie mit allen Mitteln zu verfolgen. Irgendwann hielt es das Mädchen nicht mehr aus und warf sich in den Teich. Sogleich brach ein schweres Gewitter herein, und zwei Fische sprangen aus dem Teich; einer trug das Mädchen in den Himmel, der andere fiel auf die Erde, verwandelte sich in einen Berg und erdrückte die Tyrannen. Auf dem Yufengshan steht eine Steinstatue des Mädchens. Zum Andenken an Liu Sanjie wird alljährlich am 15. Tag des 8. Mondmonats ein Liederfest veranstaltet.

Umgebung von Liuzhou

Großer Drachen-Teich (Dalong Tan)

Südlich der Stadt (4 km) erstreckt sich der Große Drachen-Teich. Auch sein Name geht auf eine Legende zurück, derzufolge auf dem Grund des Sees ein himmlischer Drache hauste, der Donner, Blitz und Regen herbeiwünschen konnte. Der etwa 100 ha große See liegt inmitten von immergrünen Wäldern und unwegsamen mit Inschriften übersäten Felsen.

Luoyang   Hb 28

Chinesische Entsprechung

Provinz Henan
Fläche: 544 km^2
Einwohnerzahl: 582 000 (im Großraum 978 000)

Luoyang

Luoyang liegt auf 112° 27′ östlicher Länge und 34° 41′ nördlicher Breite, im Westen der Provinz Henan, am Fluß Luohe. Sein Name bedeutet 'nördlich des Luo'.

Mit Peking, Shanghai, Kanton, Xi'an und Zhengzhou ist es durch die Eisenbahn verbunden. Ein Flughafen sichert den Flugverkehr mit Kanton, Peking, Nanking, Lanzhou, Shanghai, Xi'an und Ürümqi.

Lage und Verkehrsanbindung

Funde aus dem Gebiet belegen, daß hier schon im Neolithikum Siedlungen bestanden (Yangshao- und Longshan-Kultur). Luoyang war von 770 v. Chr. an Hauptstadt von neun Dynastien – zunächst die der Östlichen Zhou-Dynastie (770–221 v. Chr.) unter dem Namen Wangcheng – und damit der militärische, wirtschaftliche und kulturelle Mittelpunkt des Landes.

Geschichte

Während der Östlichen Han-Dynastie (25–220), die ebenfalls hier residierte, wurden eine große kaiserliche Akademie gegründet, an der im Lauf ihres Bestehens etwa 30 000 Studenten unterrichtet wurden, und eine gigantische Bibliothek erbaut. In diese Periode fielen die Erfindung des Papiers durch Cai Lun und die Ankunft des Buddhismus. Im Jahr 68 n. Chr. errichtete man den Tempel der Weißen Pferde, das älteste Buddhistenkloster Chinas.

In der Zeit der Drei Reiche ist Luoyang Hauptstadt des Wei-Reiches und anschließend der Westlichen Jin-Dynastie (265–316). Die Herrscher der Nördlichen Wei-Dynastie (386–534), die auch hier ihre Residenz hatten, waren große Förderer des Buddhismus; in dieser Zeit entstanden mehr als 1000 Tempel. Am Ende dieser Periode wurde Luoyang zerstört und unter den Sui (581–616) wieder aufgebaut.

In der Tang-Zeit (618–907) war es neben Chang'an die östliche Hauptstadt. Seit dieser Periode gilt Luoyang als Stadt der Päonien (Pfingstrosen), die als Symbole des Reichtums gelten.

Die berühmten Dichter Du Fu und Li Bai lebten und arbeiteten hier. Kaiserin Wu Zetian (Reg. 690–705) hatte eine besondere Vorliebe für Luoyang.

Nachdem die Jin im Jahr 937 ihre Hauptstadt nach Kaifeng verlegt hatten, büßte Luoyang ebenso wie Xi'an seine einstige Bedeutung ein und war fortan nur noch eine kleine Provinzstadt. Erst in der zweiten Hälfte des 20. Jh.s erlebte die Stadt – auch dank zweier wichtiger Industriebetriebe, einer Traktoren- und einer Kugellagerfabrik – einen Wiederaufstieg. Die Herstellung von Laternen hat hier zudem eine lange Tradition.

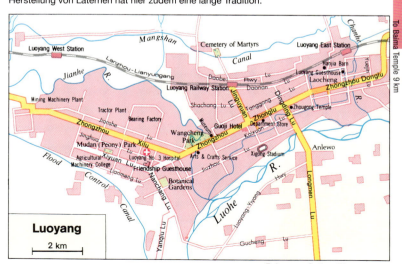

Luoyang

Sehenswertes in Luoyang

*Park Wangcheng Gongyuan
Der Wangcheng-Gongyuan-Park liegt in der Stadtmitte, auf dem Gelände, wo sich einst die von den Zhou im 11. Jh. v.Chr. erbaute Königsstadt (Wangcheng) befand. Der Park wird wegen seines Pfingstrosenreichtums berühmt. Hier kann man die meisten der etwa 180 Päonienarten bewundern, die seit mehr als tausend Jahren in Luoyang gezüchtet werden.

Luoyang-Museum
Das 1958 eingerichtete Museum liegt am Wangcheng-Park und ist in dem Tempel Guandi Miao untergebracht. Hier sind Funde ausgestellt, die Archäologen seit den 50er Jahren des 20. Jh.s in der Umgebung der Stadt gemacht haben. Es finden sich u. a. neolithische Keramik sowie frühchinesische Bronzegefäße und Porzellan aus der Song-Zeit (960–1126).

Gräbermuseum (Gumu Bowuguan)
Am nördlichen Stadtrand liegt das Grab des Toba-Kaiers Xuanwu aus dem Jahr 516. Dessen Grabkammer bildet den Kern des Gräbermuseums, zu dem weitere 22 historische Grabkammern gehören, die in Luoyang und Umgebung entdeckt, hierher verlegt und durch einen unterirdischen Gang miteinander verbunden wurden. Die Gräber stammen aus dem 1. bis 12. Jh. und sind großenteils ausgemalt oder mit Reliefs verziert. Auch Grabbeigaben sind ausgestellt.

Umgebung von Luoyang

** Longmen-Grotten (Longmen Shiku)

Die Longmen-(Drachentor)-Grotten, die mit den Höhlen von Datong und Dunhuang zu den wichtigsten Höhlentempeln Chinas gehören, erstrecken sich über 1 km an den Hängen des 12 km südlich der Stadt gelegenen

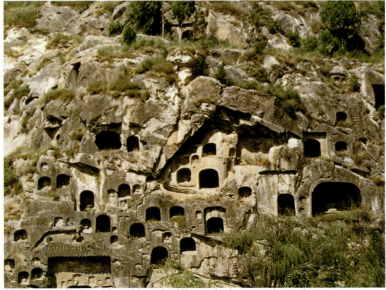

Die Longmen-Grotten ziehen sich an den Hängen des Longmenshan entlang.

Luoyang

Longmen-Grotten (Fortsetzung)

Longmenshan-Berges entlang. Außer den 1352 Grotten umfaßt diese buddhistische Kultstätte auch 750 Nischen und 40 Pagoden, die viele Wandmalereien, 3680 Felsinschriften und fast 100 000 Figuren und Darstellungen, vorwiegend als Reliefs, bergen. Die ersten Höhlen wurden 494 n. Chr. geschaffen, als die Nördliche Wei-Dynastie (386–534), die den Buddhismus förderte, ihre Hauptstadt nach Luoyang verlegte. In den letzten Jahrhunderten wurde vieles zerstört, zum einen durch den Menschen, u. a. auch von Sammlern, und zum anderen durch Erosion.

Tempel Qianxi Si

Der Qianxi Si aus dem 7. Jh. enthält eine Skulptur des Buddha Amitabha, umgeben von zwei Schülern. Zudem sind zwei Bodhisattwas und zwei Himmelswächter zu sehen.

Grotten Binyang

Die drei nebeneinander liegenden Binyang-Grotten entstanden zwischen dem 6. und 7. Jh. auf Veranlassung des Xuanwu-Kaisers zu Ehren seiner Eltern. Kulturhistorisch besonders bedeutsam ist die reich ausgestattete mittlere Grotte. Sie birgt an der Rückwand eine Figur des Shakyamuni, flankiert von zwei Jüngern und zwei Bodhisattwas, sowie an den beiden Seitenwänden je einen zentralen Buddha zwischen zwei weiteren Bodhisattwas. Diese Skulpturen zeichnen sich durch schmale Gesichter, langgestreckte Körper und faltenreiche Gewänder aus, Merkmale, die typisch für die Bildhauerkunst der Nördlichen Wei-Epoche sind. Von den ursprünglich vier Basreliefs auf den beiden Seitenwänden sind nur noch drei erhalten. Sie veranschaulichen Episoden aus dem Leben von Shakyamuni.

Grotte der Zehntausend Buddhas (Wanfo Dong)

Die Grotte der Zehntausend Buddhas wurde im Jahr 680 fertiggestellt. Sie beherbergt nicht 10 000, sondern 15 000 buddhistische Relieffigürchen an den Seitenwänden. An der Decke ist eine riesige Lotosblüte zu sehen.

Lotosblüten-Höhle (Lianhua Dong)

Die Lotosblüten-Höhle ist nach der Lotosblüte an der Decke benannt. In der Mitte steht eine große Skulptur des Shakyamuni.

Tempel Fangxian Si: Bodhisattwa, Himmelskönig und Wächterfigur

Luoyang

Tempel Fengxian Si
(s. Abb. S. 301)

Die nach oben offene, gewaltige Anlage ist mit etwa 36 mal 41 m Grundfläche die mit Abstand größte Grotte. Sie wurde zwischen 672 und 675 geschaffen und war einst mit einem Holzdach versehen. Um die Hauptfigur, einen 17 m hohen Locana-Buddha, gruppieren sich hier Buddhaschüler, Himmelskönige und grimmige Wächter in monumentaler Größe. Der rundwangige Buddha in seinen üppigen Formen ist kennzeichnend für seine Epoche, die größte Blütezeit der buddhistischen Kunst in China.

Rezept-Grotte
(Yaofang Dong)

In der unter Kaiserin Wu Zetian (624–705) angelegten Rezept-Grotte stößt man auf über 140 Inschriften aus dem frühen 7. Jh., die medizinische Ratschläge zur Behandlung von Verdauungsbeschwerden, Angina, Malaria und anderen Krankheiten geben. Sie ist deswegen für Forschungen zur traditionellen chinesischen Medizin besonders interessant.

Grotte Guyang Dong

Die Grotte Guyang Dong im Süden des Berghanges entstand vor allen anderen im Jahr 493. Aus den Nischen der Höhlenwände treten zahlreiche Skulpturen mit weichen Konturen hervor.
Überdies hütet diese Grotte eine Vielzahl von Steininschriften, die Meisterwerke der Kalligraphie darstellen. Statuen wie Inschriften stammen aus der Entstehungszeit der Höhle.

Grotte Kanjing Si

Auf dem Xiangshan ist besonders die Kanjing-Si-Grotte von Interesse. Die Wände der Ende des 7. Jh.s entstandenen Grotte sind mit 29 Luohan-Figuren geschmückt.

Weitere Sehenswürdigkeiten in der Umgebung von Luoyang

Grab von General Guan Yu
(Guan Lin)

Unter dem großen Grabhügel, 7 km südlich der Stadt, ist angeblich der Kopf von Guan Yu (? bis 219) bestattet, einem General des Shu-Reiches, der enthauptet auf dem Schlachtfeld starb. Beim Volk gilt er wegen seiner aufopfernden Taten auch heute noch als Symbol der Loyalität, der Treue und der moralischen Integrität.

Grab des Dichters Bai Juyi
(Bai Juyi Mu)

Das Grab des Bai Juyi befindet sich auf dem Gipfel der Dichterischen Vollkommenheit (Pipa Feng) des Berges Xiangshan am Ostufer des Yihe. Der berühmte Dichter (772–846), der lange Zeit als Lehrmeister am Hof einiger Erbprinzen der Tang-Dynastie tätig war, verbrachte seine letzten Lebensjahre am Fuße des Xiangshan.

Tempel der Weißen Pferde
(Baima Si)

9 km von Luoyang entfernt erhebt sich am östlichen Stadtrand der im Jahr 68 n. Chr. gegründete Tempel der Weißen Pferde, der als erster buddhistischer Tempel in China gilt. Sein Name ist an eine Legende geknüpft: Der Han-Kaiser Mingdi schickte im Jahr 64 zwei Mönche nach Indien, damit sie dort die heiligen Schriften Buddhas studierten. Sie schlossen Freundschaft mit zwei indischen Priestern namens Kasyapamatang und Dharmaranya und baten sie, die Sutras nach China zu bringen und ihre Lehren zu verbreiten. Die beiden indischen Geistlichen brachten die buddhistische Schriften auf zwei Schimmeln mit nach Luoyang (daher leitet sich der Name ab). Zur sicheren Aufbewahrung der Sutras ließ der Kaiser diesen

Tempel erbauen. Über 1000 Mönche kamen hierher, um die Lehren der beiden Meister zu hören. Als diese starben, wurden sie in diesem Tempel beigesetzt. In der Pförtnerei kann man ihre Gräber besichtigen. Die heutigen Gebäude der Anlage stammen aus der Ming-Zeit (1368–1644). Vor dem Tempel stehen zwei Pferdeskulpturen aus Stein, die auf die Song-Zeit (960–1279) datieren.

Tempel der Weißen Pferde (Fortsetzung)

Südöstlich des Tempels der Weißen Pferde ragt die 24 m hohe, dreizehnstöckige Wolkenkratzer-Pagode auf, die unter der Späteren Tang-Dynastie (618 bis 907) errichtet und unter den Jin wieder aufgebaut wurde. Sie ist ein typisches Beispiel des tangzeitlichen Stils.

Wolkenkratzer-Pagode (Qiyun Ta)

Berg Songshan

Der Songshan, 50 km südöstlich von Luoyang und 15 km nordwestlich der Kreisstadt Dengfeng gelegen, ist einer der fünf heiligen buddhistischen Berge Chinas, die im Rahmen des Staatskultes, also im kaiserlichen Auftrag, mit Opferzeremonien geehrt wurden. Die anderen vier sind der Taishan (Prov. Shandong), der Heengshan (Prov. Hunan), der Hengshan (Prov. Shanxi) und der Huashan (Prov. Shaanxi). An den Hängen und im Umkreis des bis zu 1440 m hohen Songshan stehen viele Baudenkmäler.

Das 495 erbaute Shaolin-Kloster am Westhang des Songshan ist die Geburtsstätte des Chan-Buddhismus, den der indische Mönch Bodhidharma (Damo) zu Beginn des 6. Jh.s begründete. Da dieser durch lange Meditationsphasen körperlich sehr geschwächt war, dachte er sich in Zusammenarbeit mit seinen Schülern eine Reihe von Übungen aus, die dem Körper Kraft und Beweglichkeit verleihen sollten. Auf diese Weise entstand die berühmte Kampfbox-Schule von Shaolin (Shaolin Quan), die heute in ihrer weiterentwickelten Form, dem Kungfu, von unzähligen Buddhisten und Nichtbuddhisten praktiziert wird. Unter den Ming und Qing, also vom 14. bis zum frühen 20. Jh., wurde das Kloster fast völlig neu aufgebaut. Die Inschrift 'Shaolin Si' über der Tür des Haupteingangs stammt von dem Kangxi-Kaiser (1662–1722).

Shaolin-Kloster

Die Tausend-Buddha-Halle, eines der Hauptgebäude des Klosters, schmückt ein 300 m² großes ming-zeitliches (1368–1644) Wandgemälde, auf dem 500 Luohans dem Vairocana huldigen. Die Vertiefungen im Boden sollen von den jahrhundertelangen Übungen im Shaolin-Kampfsport stammen.

Tausend-Buddha-Halle (Qiabfo Dian)

Einige hundert Meter westlich des Klosters beginnt der Pagodenwald, in dem über 220 Grabpagoden aufgestellt sind. Hier wurden von 791 bis 1803 die berühmtesten Äbte und Mönche des Klosters beigesetzt.

Pagodenwald (Talin)

1988 wurde im Kloster Shaolin der Palast der Kampfsportkünste eröffnet, ein Ausbildungszentrum, in dem Anhänger des Shaolin-Kampfboxens oder des Kungfu Kurse besuchen können (Dauer: 7 Tage bis zu 1 Jahr). Hier werden überdies grundlegende Kenntnisse des Buddhismus, der traditionellen chinesischen Heilkunst und der chinesischen Sprache vermittelt. Die Kurse sind auch für Ausländer zugänglich. Zudem werden Vorführungen zum Kampfsport gezeigt.

Palast der Kampfsportkünste

Nördlich vom Kloster befindet sich der Tempel des Ersten Vorfahren, der im 6. Jh. entstand und 1125 restauriert wurde.

Tempel des Ersten Vorfahren (Chuzu An)

Die Ziegelpagode Songyue Ta des Tempels Songyue Si, 5 km nordwestlich von Dengfeng, ist die älteste ihrer Art in China. Der aus dem Jahr 520 stammende zwölfeckige Bau ist 40 m hoch.

Pagode Songyue Ta

Die Songyang-Akademie, am Fuß des Junyi-Gipfels, der höchsten Erhebung des Songshan, gelegen, ist im 11. Jh. aus dem Songyang-Tempel von 484 hervorgegangen und zählt zu den vier bedeutendsten Bildungsstätten des alten China. Die zwei Zypressen im Hof gelten als die ältesten in ganz China.

Songyang-Akademie

Ma'anshan

Pagodenwald beim Shaolin-Kloster

Luoyang,
Berg Songshan
(Fortsetzung)
Tempel Zhongyue
Miao

Der im 3. Jh. v. Chr. erbaute Tempel Zhongyue Miao (4 km östlich von Dengfeng) war der Ort des dem Berg gewidmeten Staatskults. Die heutigen Gebäude stammen aus dem 18. Jh.; die Haupthalle wurde 1653 vollendet. Mit seinen rund 100 000 m² Grundfläche ist er der in jeder Hinsicht größte Sakralbau der Provinz. Die teils mit kaisergelben glasierten Ziegeln gedeckten Hallen sind symmetrisch angeordnet. Eine Besonderheit stellen die vier überlebensgroße Wächterfiguren aus Eisen dar.

Observatorium von
Dengfeng
(Dengfeng
Guanxingtai)

Das 1276 entstandene Observatorium von Dengfeng, 14 km von Dengfeng am südöstlichen Fuß des Songshan gelegen, ist das älteste in China. Der Ziegel- und Steinbau ist 13 m hoch und mit einer 31 m langen steinernen Sonnenuhr ausgestattet.
Hier arbeitete der berühmte Astronom und Mathematiker Guo Shoujing, der nach langen Beobachtungen und genauen Berechnungen bereits im Jahr 1199 die Umlaufzeit der Erde um die Sonne bis auf 26 Sekunden genau bestimmen konnte.

Ma'anshan

He 30

Chinesische
Entsprechung

马鞍山

Provinz: Anhui
Fläche: 278 km²
Einwohnerzahl: 300 000

Lage und
Verkehrs-
anbindung

Ma'anshan liegt auf 118° 29′ östlicher Länge und 31° 42′ nördlicher Breite, am Changjiang, im Osten der Provinz Anhui.
Es ist etwa 80 km von Nanking entfernt und von dort per Eisenbahn, Auto-

bus und Schiff erreichbar. Mit der Provinzhauptstadt Hefei ist es durch Bahn- und Buslinien verbunden.

Ma'anshan, Verkehrsanbindung (Fortsetzung))

Ma'anshan bedeutet "Pferdesattel-Berg", ein Name, der auf eine alte Legende zurückgeht. Im Jahre 202 v.Chr. beging der von seinem Rivalen, dem Han-König Liu Bang, bezwungene Xiang Yu, König des Chu-Reiches, in dieser Gegend Selbstmord. Sein Pferd war über das Ausbleiben des Herrn beunruhigt und lief auf einen Hügel, in der Hoffnung, ihn von dort aus am Horizont erspähen zu können. Nachdem das treue Tier tagelang umsonst Ausschau gehalten hatte, stieß es einen langen verzweifelten Seufzer aus und starb; der Sattel fiel zu Boden. Zum Andenken an diese Begebenheit wurde der Hügel "Pferdesattel-Berg" genannt.
Bis in die dreißiger Jahre dieses Jahrhunderts war Ma'anshan nur ein kleines Dorf mit knapp 300 Einwohnern. Nachdem vor gut 60 Jahren in der Umgebung eine ergiebige Eisengrube entdeckt wurde, entwickelte sich Ma'anshan in Kürze zu einer Industriestadt, die heute eines der wichtigsten Eisenhüttenwerke in China besitzt.

Geschichte

Umgebung von Ma'anshan

Die Felsen der Bunten Kieselsteine befinden sich 7 km südlich der Stadt am Ufer des Changjiang. Aufgrund ihrer strategischen Lage waren sie jahrhundertelang umkämpft.
Heute erstreckt sich hier eine weitläufige Parkanlage, die viele Monumente enthält, die zum Teil an berühmte Persönlichkeiten erinnern.

* **Felsen der Bunten Kieselsteine**
(Caishi Ji)

Der Pavillon des Li Bai (→ Berühmte Persönlichkeiten), ursprünglich im 9. Jh. erbaut, in der Folgezeit aber mehrfach zerstört und erneuert, ist dem herausragenden Dichter geweiht, der seine letzten Lebensjahre in einem nahegelegenen Ort verbrachte. Der heutige dreistöckige Bau stammt aus der zweiten Hälfte des 19. Jahrhunderts. Im ersten Geschoß stehen zwei aus Buchsbaumholz gefertigte Statuen des Poeten. Vom zweiten Stock bietet sich ein Ausblick über die herrliche Umgebung.

Pavillon des Li Bai
(Taibai Lou)

Die Terrasse zum Einfangen des Mondes ist ein steil über dem Changjiang hängender Felsen. Der Überlieferung nach sprang der betrunkene Li Bai von dieser Terrasse aus in die Fluten, um das Spiegelbild des Mondes im Fluß einzufangen, und ertrank dabei.

Terrasse zum Einfangen des Mondes
(Zuoyue Tai)

Der 131 m hohe Berg der Grünen Schnecke erhebt sich 7 km südlich der Stadt am Ufer des Changjiang. Seinen Namen verdankt er seiner üppigen Vegetation und der schneckenähnlichen Gestalt.

* **Berg der Grünen Schnecke**
(Cuiluo Shan)

Inmitten dieser Vegetation verstecken sich mehrere interessante Sehenswürdigkeiten wie z.B. das Grab des Li Bai, wo die Kleidung des ertrunkenen Dichters aufbewahrt wird; sein Leichnam konnte nicht geborgen werden.

Grab des Li Bai
(Li Bai Yiguan Jiong)

Macao · Macau   Hb 34/35

Chinesische Entsprechung

Sonderverwaltungszone
Fläche: 26 km² (durch Landgewinnung wachsend)
Höhe: 0–174 m ü.d.M.
Bevölkerungszahl: 450000
Hauptstadt: Macao

Macao · Macau

Hinweis

Eine ausführliche Darstellung von Macao bietet der Baedeker Allianz Reiseführer "Hongkong · Macao".

Lage, Gebiet und Fläche

Die Sonderverwaltungszone Macau, englisch Macao, chinesisch Ao Men (von "A Ma Gao" = Bucht der A Ma, der chinesischen Göttin der Seefahrer und Fischer), liegt ca. 90 km südlich von Kanton an der südchinesischen Küste, rund 60 km westsüdwestlich von Hongkong an der Westseite des Kantondeltas, des weiten Mündungsbereiches des Zhujiang. Das Gebiet von Macao grenzt im Norden an die Provinz Guangdong und umfaßt bei einer durch stetige Landgewinnung anwachsenden Gesamtfläche von rund 26 km² die hügelige Halbinsel Macao mit der gleichnamigen Hauptstadt des Territoriums sowie die südlich vorgelagerten und durch zwei Hochbrücken bzw. einen Straßendamm mit ihr bzw. untereinander verbundenen Inseln Taipa und Coloane.

Klima

Das Klima von Macao ist subtropisch, das Wetter warm bis heiß mit einer mittleren Jahrestemperatur von gut 20 °C (durchschnittliches Jahresmaximum 28 °C), einer relativen Luftfeuchte von 73 – 90 % und einem Niederschlagsmaximum in der Zeit von April bis Oktober. Kühler Seewind macht die heiße Jahreszeit allerdings erträglicher als in Hongkong. Das Winterhalbjahr ist niederschlagsarm und weniger heiß (unter 20 °C). Die angenehmsten Wetterverhältnisse herrschen im November und Dezember. Von Mai bis September treten gelegentlich Wirbelstürme (Taifune) auf.

Bevölkerung

Die Bevölkerung (450 000 Einw.) besteht zu 95 % aus Chinesen; ansonsten gibt es Minderheiten von Portugiesen, Indern und Mischlingen (Macaenses). Ein großer Teil der chinesischen Einwohner sind Flüchtlinge, die während der Besetzung Chinas und Hongkongs durch japanische Truppen im Zweiten Weltkrieg sowie während der Kulturrevolution Mao Zedongs aus China eingewandert sind. Alle bis zum 31. Dezember 1979 im Territorium geborenen Macaenser sind automatisch portugiesische Staatsbürger und können jederzeit in das EU-Mutterland Portugal ausreisen.

Religion

Die Macaenser bekennen sich mehrheitlich zum Buddhismus (ca. 77 %). Mit nur etwa 25 000 Katholiken ist Macao Sitz eines Bistums.

Sprache

Amtssprachen sind Portugiesisch und Chinesisch (Kantonesisch); Verkehrs- und Handelssprache ist vorwiegend das Englische.

Geschichte

Macao ist die älteste europäische Kolonie in China. Nach militärischen Auseinandersetzungen überließen 1557 die in der chinesischen Provinz Kanton herrschenden Mandarine den Portugiesen das Gebiet gegen einen Pachtzins. Macao war schon früh ein Missionszentrum; 1575 wurde die Diözese gegründet, zu deren Bereich die Christenheit in China und Japan gehörte. Im ersten Jahrhundert seines Bestehens wurde Macao durch den Handel mit China und Japan wohlhabend, aber schon bald folgte ein steter Niedergang, den vor allem die konsequente Abriegelung Japans gegen die Außenwelt verursacht hatte. Außerdem mußten sich die Portugiesen vieler Konkurrenten und auch Piraten erwehren, unter denen sich eine beträchtliche Anzahl von Abenteurern aus den Niederlanden und anderen europäischen Ländern befand.

Im Jahr 1845 wurde Macao zum Freihafen erklärt (ein Status, der noch heute gilt); die Zahlung der bisher an die Chinesen entrichteten Einfuhr-, Umsatz- und Pachtabgaben wurde eingestellt. Der Gouverneur João Ferreira do Amaral, der 1846 eintraf, verfolgte diese Politik weiter, indem er die chinesischen Steuereintreiber verjagte. Sein hartes Regiment führte dazu, daß er später von aufgebrachten Bauern angefallen und getötet wurde. Die 1862 im Abkommen von Tientsin vereinbarte Oberhoheit Portugals über Macao und die beiden Inseln Taipa und Coloane anerkannte China erst am 1. Dezember 1887. Im Gegenzug sagte Portugal zu, Macao und die Inseln niemals ohne Zustimmung Chinas zu veräußern. Als durch die günstigen Bedingungen mehr und mehr Kaufleute vom Chinahandel angezogen wur-

Macao · Macau

den, war Macao bald der bevorzugte Sommeraufenthalt vor allem der britischen Handelsherren, die hier den Anbruch der nächsten Saison abwarteten. Im Zweiten Weltkrieg blieb Macao neutral und wurde deshalb nicht von den Japanern besetzt; 1951 erklärte man das Gebiet zur portugiesischen Überseeprovinz. Im Jahr 1966 gab es bei Demonstrationen für den Anschluß an die Volksrepublik China Tote und Verletzte, aber bald kehrte wieder Ruhe ein. Noch immer schien China triftige Gründe für eine Beibehaltung des Status quo zu haben.

Der Machtwechsel in Portugal, der 1974 mit dem unblutigen Militärputsch gegen den Diktator Salazar erfolgte, brachte jedoch eine Entkolonialisierungsbewegung mit sich. Doch die Volksrepublik China lehnte zunächst das Angebot Portugals ab, Macao zurückzugeben. Allerdings erhielt das Gebiet 1976 ein neues Autonomiestatut, das die innere Unabhängigkeit gewährleistet. Macao war seither "chinesisches Territorium unter portugiesischer Verwaltung".

Im Jahr 1986 haben Portugal und China vereinbart, daß Macao gemäß dem seit 1557 gültigen Pachtvertrag am 20. Dezember 1999 (nach 442 Jahren!) an China zurückgegeben werde. 1999 erfolgte dann die Rückgabe Macaos an China. Macao erhielt den Status einer Sonderverwaltungszone unter Beibehaltung des bisherigen demokratischen Systems. Der Bankier Edmund Ho wurde von einem chinesischen Wahlausschuß zum Verwaltungschef (Chief Executive) gewählt.

Geschichte (Fortsetzung)

Die Wirtschaft Macaos beruht vor allem auf den Spielbanken, die mehr als die Hälfte der Haushaltseinnahmen des Territoriums ausmachen. Eine große Rolle spielt in diesem Zusammenhang auch der Tourismus, wobei die Besucher aus Hongkong die Mehrheit stellen. Weitere Wirtschaftszweige sind Textilien, Keramik, optische Geräte, Mikroelektronik, Plastik- und Lederwaren sowie Feuerwerkskörper. Es überwiegen kleine und mittelständische Unternehmen.

Wirtschaft

1 Pataca (MOP) = 100 Avos (Avs). Es gibt Banknoten zu 5, 10, 50, 100 und 500 Patacas, außerdem Münzen zu 10, 20 und 50 Avos sowie zu 1 und 5 Patacas.

Währung

Bis vor wenigen Jahren liefen Macaos überregionale Verkehrsverbindungen jahrzehntelang fast alle über Hongkong. Noch heute tragen von dort über die Mündung des Zhijiang in dichter Folge verkehrende Tragflächen-, Luftkissen- und Katamaranfähren die Hauptlast im auswärtigen Passagierverkehr. Sie legen am neuen Fährterminal auf der Ostseite an. Von dort bestehen mit Hongkong auch Hubschrauberverbindungen.

Infrastruktur und Landgewinnung

Schon seit der Entwicklung moderner Dampfschiffe spielte der Überseeverkehr keine große Rolle mehr, da die an die Halbinsel angrenzenden Gewässer zu seicht sind und nur von Dschunken und anderen kleinen Schiffen geringen Tiefgangs befahren werden können. Dies gilt besonders für den taifungeschützten Hafen an der Westseite, den Porto Interior. Erst in jüngster Zeit wurde im Nordosten der Insel Coloane ein Containerhafen gebaut, in dem auch größere Frachter anlegen können. Dieser Hafen ist nur eines von mehreren großen Infrastrukturprojekten, die die Verkehrsverbindungen Macaos in den neunziger Jahren des 20. Jh.s völlig revolutioniert haben. Die wichtigste Maßnahme war der Bau des 1995 eröffneten Flughafens östlich der Insel Taipa, der sich ganz auf künstlich aufgeschüttetem Land befindet.

Um den Flughafen anzubinden, wurde bis 1994 eine zweite Brücke zwischen dem Festland und Taipa errichtet; die erste Brücke war 1974 in Betrieb genommen worden, hätte aber die neuen Verkehrsströme allein nicht bewältigen können.

Da Macao unter noch extremerer Landknappheit als Hongkong leidet, wurden zudem große Landgewinnungsprojekte in Angriff genommen. Am bedeutendsten ist die Aufschüttung entlang des Dammes, der die Inseln Taipa und Coloane miteinander verbindet und beide schon bald als nur noch eine Insel erscheinen lassen.

307

Macao

Hotel Lisboa	Vom Fährterminal aus, an dem alle Schiffe von und nach Hongkong anlegen, gelangt man per Bus oder Taxi ins Stadtzentrum und zu den Hotels, die sich überwiegend östlich des Zentrums – teils auf neu aufgeschüttetem Land – befinden. Der Weg in die Stadtmitte sowie zur älteren Taipa-Brücke führt am Hotel Lisboa vorbei, einem auffälligen runden Gebäude. Zu diesem Hotel gehört das bekannteste Kasino der Stadt. Vor dem Hotel steht ein Denkmal für Gouverneur Ferreira do Amaral, den Begründer des unabhängigen Macao.
Macau Forum	Nahe beim Äußeren Hafen befindet sich das 1985 eröffnete Kultur-, Sport- und Freizeitzentrum Macau Forum.
Avenidas Infante Dom Henrique und Almeida Ribeiro	Vom Hotel Lisboa und der Zufahrt zur alten Taipa-Brücke führt der schnurgerade Straßenzug aus Avenida Infante Dom Henrique und Avenida Almeida Ribeiro quer durch die Halbinsel zum Inneren Hafen, wo sich das schwimmende Spielkasino Macau Palace befindet. Die Avenida Almeida Ribeiro, im Volksmund nur San Ma Lo ("Neue Pferdestraße") genannt, ist die Haupteinkaufsstraße der Stadt.

Macao · Macau

Im Zentrum erweitert sich die Avenida Almeida Ribeiro zum Largo do Senado, dem historischen Herz der Stadt. Den dreieckigen Platz säumen restaurierte alte Gebäude. Benannt wurde er nach dem repräsentativen Bau, der ihn im Süden abschließt: das Senatsgebäude Leal Senado. Seinen Beinamen "leal" ("loyal") erhielt der Senat von Macao, weil er dem vor den napoleonischen Truppen nach Brasilien geflüchteten portugiesischen Hof im Jahr 1809 ein Kriegsschiff zur Unterstützung gesandt hatte. Das heutige Senatsgebäude ist angeblich 1784 an der Stelle eines älteren Baues errichtet worden. Die Fassade wurde erst 1870 angefügt und das gesamte Bauwerk 1939–1940 gründlich restauriert. Es umschließt einen reizvollen Innenhof; im ersten Stock der Ratssaal und die Bibliothek (etliche Bücher aus dem 16. Jh.).

*Leal Senado

Am nordöstlichen Ende des Platzes steht die Santa Casa da Misericórdia, die Niederlassung einer 1498 gegründeten karitativen Einrichtung. Ihre Entstehung verdankt die Casa da Misericórdia dem Jesuiten Dom Melchior Nunes Cameiro Leitão, dem ersten Bischof von China und Japan; sein Haupt wird in einem gläsernen Reliquiar aufbewahrt.

Santa Casa da Misericórdia

Wenige Schritte östlich steht die Sé Catedral (Kathedrale), 1844 bis 1850 an der Stelle einer Kirche aus dem 17. Jh. erbaut und 1938 rekonstruiert. Sie zeigt den Stil einer Basilika mit zwei festen Türmen; im Schrein über der Kapelle die Überreste christlicher japanischer Märtyrer, die im 17. Jahrhundert den Tod gefunden haben.

*Sé Catedral

Vom Leal Senado führt die Rua Central südwestlich zur 1586 erbauten, 1814 erneuerten und 1875 umgebauten Kirche Santo Agostinho (St. Augustinus), der größten in dieser Gegend. Gegenüber steht das Teatro de Dom Pedro V, das heute zum Club de Macau gehört. Einige Schritte weiter die Kirche São Lourenço (St. Lorenz; urspr. 16. Jh., im 19. Jh. mehrmals umgestaltet) mit barockisierendem Inneren. Dahinter erstreckt sich hügelabwärts der charakteristischste alte Wohnbezirk der Stadt.
Unmittelbar hinter der Lorenzkirche steht das St.-Joseph-Seminar mit einer 1746–1758 erbauten Kirche, zu deren Fassade eine Treppe hinaufführt; hier ist ein Museum sakraler Kunst eingerichtet.

Santo Agostinho

*Teatro de Dom Pedro V

São Lourenço

Museum sakraler Kunst

Von São Lourenço gelangt man durch eine schmale Straße hinab zur Bahia da Praia Grande, wo sich der Palácio do Governo, der Regierungssitz von Macao, ein dreiflügeliger klassizistischer Bau, befindet.
Von der Praia Grande nach Süden, der Spitze der Halbinsel zu, verläuft eine Straße hinan zum Hügel Penha mit der Kirche Ermida da Penha und der Residência Episcopal (Bischöfliche Residenz; unbewohnt). Hier bietet sich ein guter Blick über Stadt und Hafen; etwas unterhalb das mit rosarotem Stuck verputzte Haus des Gouverneurs.

Palácio do Governo

Residência Episcopal
*Aussicht

Ein Gang um die Spitze der Halbinsel (jenseits der Mauern des einstigen Fort Barra, in dem heute die Pousada de São Tiago eingerichtet ist, und jenseits des Marinemagazins) führt zum Ma-Kok-Tempel, welcher der Meeresgottheit A Ma geweiht ist. Der angeblich sechshundert Jahre alte Tempel ist auf Felsgestein gebaut, das nahebei gebrochen wurde. An jener Stelle ist das farbig gefaßte Relief des Schiffes zu sehen, mit welchem die Göttin hier gelandet sein soll. Dem Tempel gegenüber befindet sich das Museu Marítimo de Macau (Seefahrtsmuseum).

Ma-Kok-Tempel

Museu Marítimo

Südlich der Südspitze erhebt sich seit 1993 als größtes Monument der Stadt die Porta do Entendimento, das "Tor der Verständigung". Das mit polierten schwarzen Steinplatten verkleidete Denkmal ist 40 m hoch und soll die "über viereinhalb Jahrhunderte währenden herzlichen Beziehungen zwischen Portugal und China" verkörpern.

Porta do Entendimento

An der Westseite der Halbinsel (im Gebiet nördlich vom Porto Interior und der Avenida Almeida Ribeiro) liegen die Camões-Gärten, von denen man

*Camões-Gärten

309

Macao · Macau

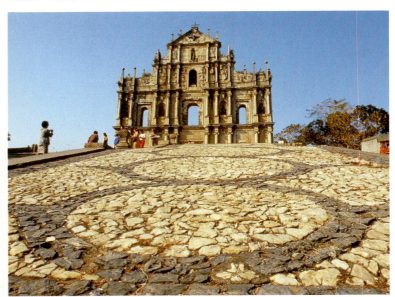

Fassade der einstigen Pauluskirche

Camões-Gärten (Fortsetzung)
den Inneren Hafen und die Hügel des nahen chinesischen Festlandes überblickt. Sie sind nach dem großen portugiesischen Dichter Luís Vaz de Camões (1524–1580) benannt.

Camões-Museum
Auf dem Gartengelände steht ein um 1770 errichtetes Gebäude, das einst der East India Company als Verwaltungssitz gedient hat und heute das besuchenswerte Camões-Museum (geöffnet Mi.–So. 9.00–17.00 Uhr) enthält. Das Museum zeigt wertvolle Kunstsammlungen, u. a. Guangdong-Keramik und Gemälde aus dem frühen 19. Jahrhundert.

**Fassade von São Paulo
Die wohl bekannteste Sehenswürdigkeit von Macao ist die mächtige Fassade der Kirche São Paulo, der Rest der 1835 durch Feuer zerstörten Pauluskirche, die 1602–1637 von japanischen Katholiken unter der Leitung italienischer Jesuiten errichtet worden war. Die eindrucksvolle Fassade zeigt eine bemerkenswerte Mischung europäischer und fernöstlicher Baustile. Man kann hinter der Fassade hochsteigen. Auf dem Platz der ehemaligen Kirche wurde die Krypta rekonstruiert. In einem kleinen Museum ist religiöse Kunst ausgestellt.

Fortaleza do Monte/Macao Museum
Ein guter Überblick bietet sich von der einstigen Bergfestung Fortaleza do Monte, die um 1620 angelegt wurde und in deren Ruinen einige alte Geschütze stehen. 1998 wurde hier das Macao Museum eröffnet, in dem Dokumente zur Stadtgeschichte und zum Chinahandel zu sehen sind.

Guia-Hügel
Auch der Guia-Hügel (174 m ü. d. M.), auf den eine Kabinenbahn fährt, wird von einem alten Fort (1637) bekrönt. Hier befinden sich ferner eine Kapelle und der 1865 in Betrieb genommene Leuchtturm Farol da Guia (geöffnet tgl. 9.00–17.30 Uhr), der älteste seiner Art an der chinesischen Küste. Von dieser höchsten Erhebung Macaos genießt man eine vortreffliche Aussicht über das gesamte Territorium.

*Leuchtturm Farol da Guia
**Aussicht

**Kun Iam Tong (Guanyin-Tempel)
Im Norden des Stadtzentrums, an der Avenida do Coronel Mesquita, steht der interessante labyrinthartige Guanyin-Tempel, auch als Kun Iam Tong

Macao · Macau

bekannt; im Inneren schöne Buddhafiguren und in der Haupthalle ein geschnitztes Bild von Guanyin, der Göttin der Barmherzigkeit. Im Garten des Tempels liegt der Steinblock, auf dem angeblich der erste Vertrag zwischen China und den USA (1844) unterzeichnet worden sein soll.
(Kun Iam Tong (Fortsetzung))

Noch weiter im Norden der Lin-Fong-Tempel ("Lotosgipfel-Tempel"). Er wurde 1592 von Taoisten errichtet und diente lange als Rastplatz für Reisende nach China. Am Eingang zum Garten des Tempels halten steinerne Fabelwesen aus der chinesischen Mythologie Wache.
Tempel Lin Fong

Die am nördlichen Rand von Macao gelegene 'Portas do Cerco', das Grenztor zur Volksrepublik China, wurde 1994 zu einer Sehenswürdigkeit umgestaltet. Der Grenzübertritt, der nur für Einheimische möglich ist, findet jetzt in einem neuen Gebäude statt.
*Portas do Cerco

Auf dem Rückweg zum Senatsgebäude kann man das an der Avenida Sidónio Pais stehende Gedenkhaus des Sun Yat-sen (Mansão Evocativa de Sun Yat-sen) besuchen. Das Gebäude im maurischen Stil wurde zur Erinnerung an den Gründer der ersten chinesischen Republik Sun Yat-sen (1866–1925) errichtet, der in Macao zeitweise als Arzt praktiziert hat. Sein ursprüngliches Wohnhaus diente als Sprengstofflager und wurde durch eine Explosion zerstört.
*Sun-Yat-sen-Gedenkhaus

In den restaurierten kolonialzeitlichen Gebäuden an der Avenida Conselheiro Ferreira de Almeida sind die Archive untergebracht, in welchen Bücher und Dokumente über das portugiesische Kolonialreich und die Beziehungen Macaos zum Mutterland sowie zu den asiatischen Nachbarländern zusammengetragen sind (u. a. ein umfangreiches Mikrofilmarchiv).
Macao-Archiv

Inseln Taipa und Coloane

Auf der Insel Taipa (30000 Einw.) am Ende der 2,9 km langen älteren und der 4,7 km langen neuen Brücke (1975 bzw. 1994 eingeweiht) wurden Industrie- und Freizeitanlagen angesiedelt, so auch die moderne Pferderennbahn und das 1997 fertiggestellte Sportstadion. In der Mitte der Nordküste liegt die Universität. Ganz im Osten wurde der Flughafen ins Meer hinausgebaut. Während es im alten Taipa-Dorf mit seinen kleinen Tempeln und gemütlichen Restaurants noch recht geruhsam zugeht, wachsen daneben Hochhaussiedlungen in den Himmel. Östlich des Dorfes liegt an einer früheren Uferstraße mit Blick auf neue Landaufschüttungen, die Taipa mit Coloane vereinen, das Taipa House Museum (Avenida da Praia). Dort sieht man, wie die "besseren Leute" (Beamte, Juristen, Lehrer) im Macao der Jahrhundertwende wohnten. Auch einen buddhistischen Tempel gibt es, den Pou Tai Un (Estrada Lou Lim Lok), erbaut 1984 bis 1991. Er ist besonders bekannt für sein gutes vegetarisches Restaurant. Einen Besuch lohnt zudem das Taipa-Folklore-Museum mit Kunstgalerien und einem Handwerksmuseum. Zwischen der neuen Brücke und dem Flughafen liegt Macaos chinesischer Friedhof.
Taipa

Von Taipa führt die Straße über einen Damm weiter zur Insel Coloane. Diese besitzt drei Meeresbuchten mit schönen Sandstränden und eine interessante Kirche aus dem frühen 20. Jahrhundert, die zum Gedenken an portugiesische Soldaten errichtet wurde, die Kinder aus der Gewalt von Piraten befreit hatten. Die Uferstraße endet im Süden an einem kleinen Tempel, der dem Schutzpatron Tam Kung geweiht ist. Hier sieht man ein aus einem Walknochen geschnitztes Schiff.
Die Pousada de Coloane (Hotel) steht in der Nähe der Cheoc-Van-Bucht (im Süden; Freizeitanlagen).
Mit einer Freizeitanlage, dem Macau Golf & Country Club, kann auch die Hac-Sa-Bucht im Südosten der Insel aufwarten.
Coloane

Maotai Gj 32

Chinesische Entsprechung

茅台

Provinz: Guizhou
Fläche: 4 km²
Einwohnerzahl: 10000

Lage und Verkehrsanbindung

Maotai liegt auf 106° 22' östlicher Länge und 27° 49' nördlicher Breite, etwa 150 km nördlich der Provinzhauptstadt Guiyang. Von hier fährt man zuerst mit dem Zug bis Zunyi und dann per Bus weiter nach Maotai.

Geschichte

Vor wenigen Jahrhunderten war Maotai noch ein kleines Dorf. Im Jahr 1741 erhielt es einen Hafen und wurde zum Umschlagplatz für das aus der Provinz Szetschuan importierte Salz. In der Folgezeit erfuhr der Ort durch die zunehmende Zahl der Schnapsbrennereien eine rapide Entwicklung.
Obwohl Maotai heute zu einem wichtigen Handelszentrum für die Provinzen Guizhou und Szetschuan herangewachsen ist, hat es sein fast mittelalterlich anmutendes Stadtbild mit Steintreppen, engen Gassen und im traditionellen chinesischen Stil erbauten Häuschen bewahrt.

Sehenswertes in Maotai

*Schnapsbrennerei von Maotai (Maotai Jiuchang)

Maotai ist weltweit bekannt für seinen Schnaps, der mit dem schottischen Whisky und dem französischen Cognac zu den drei renommiertesten Spirituosen der Welt zählt. Der hochprozentige (53°) Schnaps, der mithilfe eines komplizierten Destillationsverfahrens aus Sorghum und Weizen gebrannt wird, ist das Symbol chinesischer Gastfreundschaft und wird bei fast allen offiziellen Festessen gereicht. Sein unverwechselbares Aroma ist dem langwierigen und aufwendigen Herstellungsprozeß zuzuschreiben, der acht Fermentations- und sieben Destillationsphasen sowie mehrere Jahre Lagerung in einem Spezialkeller erfordert. Die Fabrik liegt im Zentrum der Stadt.

Nanchang Hc 31

Chinesische Entsprechung

南昌市

Hauptstadt der Provinz Jiangxi
Höhe: 20 m ü. d. M.
Fläche: 65 km²
Einwohnerzahl: 850000 (im Großraum 2,45 Mio.

Lage und Verkehrsanbindung

Nanchang liegt auf 115° 53' östlicher Länge und 28° 41' nördlicher Breite, im Norden der Provinz Jiangxi, am Fluß Ganjiang. Von fast allen chinesischen Großstädten erreicht man es per Flugzeug.

Geschichte

Die erste Siedlung in dieser Gegend ist vor 5000 Jahren bezeugt. Im 2. Jh. v. Chr. nahm sie die Ausmaße einer Stadt an, erhielt den Namen Nanchang ('blühende Stadt des Südens') und wurde Umschlagplatz für landwirtschaftliche Produkte. Am 1. August 1927 organisierten hier die chinesischen Kommunisten unter Führung von Zhou Enlai einen bewaffneten Aufstand und trieben die Truppen Chiang-Kai-sheks vorübergehend aus der Stadt. Dieser Tag gilt als Gründungsdatum der Roten Armee.
Heute ist Nanchang das politische, wirtschaftliche, kulturelle und wissenschaftliche Zentrum der Provinz.

Sehenswertes in Nanchang

Zu dem 1932 angelegten Park des 1. August im Stadtzentrum gehören der Ost-See (Dong Hu) mit der Hundert-Blumen-Insel (Baihua Zhou). Unter den Südlichen Song (1127–1279) diente der See als Übungsstätte für die kaiserlichen Truppen. Danach war der Park bis zum Anfang unseres Jahrhunderts Schauplatz der kaiserlichen Staatsprüfungen auf Bezirks- und Provinzebene.

** **Park des 1. August** (Bayi Gongyuan)*

Auf der Hundert-Blumen-Insel liegt der Garten des Herrn Su, benannt nach dem Gelehrten Su Yunquin, der ihn vor ca. 1000 Jahren anlegte.

Garten des Herrn Su (Suweng Pu)

Im Westen der Stadt, in der Zhongshan Lu, liegt das Revolutionsmuseum (Baiyi Qiyi Jinianguan), ursprünglich ein fünfstöckiges Hotel, das anläßlich

Revolutionsmuseum

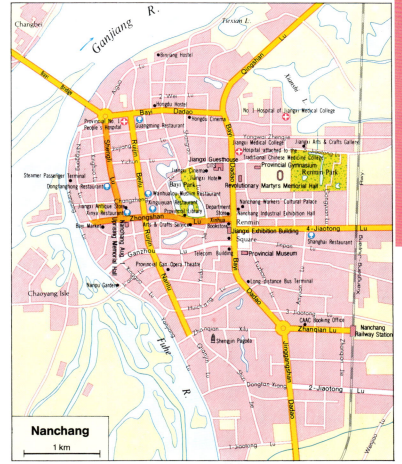

Nanchang

Revolutionsmuseum (Fortsetzung)

des Aufstandes vom 1. August 1927 zum Hauptquartier der Kommunisten umfunktioniert wurde.

Turm des Prinzen Teng (Tenwangge)

Der Turm des Prinzen Teng (geöffnet tgl. 8.00–18.30 Uhr), am Ufer des Ganjiang gelegen, wurde 653 errichtet und viele Male wiedererbaut. Im Innern sind Kalligraphien und Tuschmalereien ausgestellt, darunter das bekannte "Vorwort zum Turm des Prinzen Teng" von Wang Bo (650–676).

Tempel des Großes Friedens (Da'an Si)

Der Tempel des Großen Friedens, eine Gründung aus dem 4. Jh., befindet sich in der Yuzhanghou Jie. Im Innern wird ein großes eisernes Gefäß aus der Zeit der Drei Reiche (220–263) aufbewahrt.

Gedenkhalle für die Märtyrer der Revolution

Die in der Bayi Dadao gelegene Gedenkhalle für die Märtyrer der Revolution (Geming Lieshi Jiniantang) erinnert an zehn Schlachten des Bürgerkrieges und an gefallene Revolutionäre.

Provinzmuseum

Das 1958 eröffnete Provinzmuseum zeigt archäologische Funde, Kalligraphien und Keramiken aus der Ming- und Qing-Zeit (1368–1911) sowie technische Ausstellungsstücke.

Gedenkpagode des Nanchang-Aufstandes (Bayi Nanchang Qiyi Jinianta)

Die 45 m hohe Gedenkpagode des Nanchang-Aufstandes am Platz Bayi Guangchang wurde 1977 anläßlich des 50. Jahrestages des Aufstandes von 1927 errichtet. Die Inschriften auf dem mit Marmor und Granit verkleideten Gebäude geben die damaligen Ereignisse wieder.

***Golddraht-Pagode (Shenjin Ta)**

Die Golddraht-Pagode im Süden der Stadt datiert aus dem frühen 10. Jahrhundert. Während der Ausgrabungsarbeiten im Umfeld wurden vier Bündel Golddrähte und drei Schwerter zu Tage gefördert. Die Pagode stürzte 1708 ein, wurde aber fünf Jahre später wieder aufgebaut. Im Jahr 1788 bekrönte man sie mit einem goldenen Dreifuß, der Brände abwehren soll. Die achteckige, 59 m hohe Pagode weist sieben Stockwerke auf.

Straßenszene in Nanchang

Die Gründungszeit des daoistischen Tempels der Blauen Wolken, in einem südlichen Vorort der Stadt gelegen, ist umstritten; die Datierungen schwanken zwischen dem Jahr 321 und dem Jahr 641.

Nanchang, Tempel der Blauen Wolken (Qingyunou)

Hier ist ein Museum (geöffnet tgl. 8.15–17.00 Uhr) untergebracht, in dem Werke des Malers Badashanren und seiner Schüler ausgestellt sind. Zhu Da (ca. 1626–ca. 1705), besser unter dem Künstlernamen Badashanren (Mann der Acht Großen Berge) bekannt, war einer der größten Maler seiner Epoche. Sein Werk, das sich von dem herrschenden Stil absetzte, übte nachhaltigen Einfluß auf die Impressionisten der Moderne aus. Badashanren lehnte die seit 1644 regierende Qing-Dynastie ab und zog sich 1661 für 26 Jahre in einen Tempel zurück.

Die drei Haupthallen sind dem Kriegsgott Guandi, dem daoistischen Heiligen Lü Dongbin und dem legendären Drachentöter Xu Dun geweiht.

Nanjing

→ Nanking

Nanking · Nanjing

He 29

南京市

Chinesische Entsprechung

Hauptstadt der Provinz Jiangsu
Höhe: 15 m ü. d. M.
Fläche: 867 km²
Einwohnerzahl: 7 Mio.

Stadtplan
s. S. 316/317

Nanking liegt am Changjiang, im Westen der Provinz Jiangsu, auf 118° 42' östlicher Länge und 32° 07' nördlicher Breite. Im Osten der Stadt erhebt sich der Purpurberg (Zijinshan) und im Westen die Steinstadt (Shitou Cheng), die mit einem zusammengerollten Drachen bzw. einem Tiger verglichen werden.

Lage und Verkehrsanbindung

Mit Peking, Shanghai, Tientsin und anderen chinesischen Großstädten ist die Stadt durch Eisenbahn, Fahrstraßen, Flugverkehr und Flußschiffahrt verbunden. Von Hongkong verkehren regelmäßig Linienflüge.

Nanking ist der politische, wirtschaftliche – hier ist die Schwerindustrie zu nennen – und kulturelle Mittelpunkt der Provinz Jiangsu. Die Stadt ist seit Jahrhunderten für die Produktion von Samt, Seide und Brokat bekannt. Wichtige landwirtschaftliche Produkte des Umlands sind Reis, Getreide, Obst, Gemüse und Tee. Die Nanking-Universität ist im In- und Ausland bekannt.

Allgemeines

Nankings Stadtbild hat sich in den neunziger Jahren des 20. Jh.s radikal gewandelt. Immer mehr dominieren modernste Hochhäuser an mehrspurigen, meist schnurgeraden Straßen. Im Bereich der Altstadt (Fuzimiao-Viertel) sind jedoch auch noch die von einem dichten Blätterdach beschatteten Alleen zu finden, für die Nanking einst bekannt war; zudem blieb dort auch die traditionelle ein- oder zweigeschossige Bebauung erhalten oder wurde rekonstruiert.

Stadtbild

Die Gegend von Nanking war bereits vor 5000 Jahren besiedelt. 495 v. Chr., zur Zeit der Streitenden Reiche, entstand hier eine Waffengießerei, in deren Umkreis nach und nach eine Stadt heranwuchs, die schließlich zur Hauptstadt des Wu-Reiches (220–280) erhoben wurde. In späteren Jahrhunderten residierten hier die Herrscherhäuser der Östlichen Jin, die (Liu-)Song, der Qi, der Liang und der Chen. Der erste Ming-Kaiser machte Nanking

Geschichte

(Fortsetzung s. S. 318)

315

Nanking · Nanjing

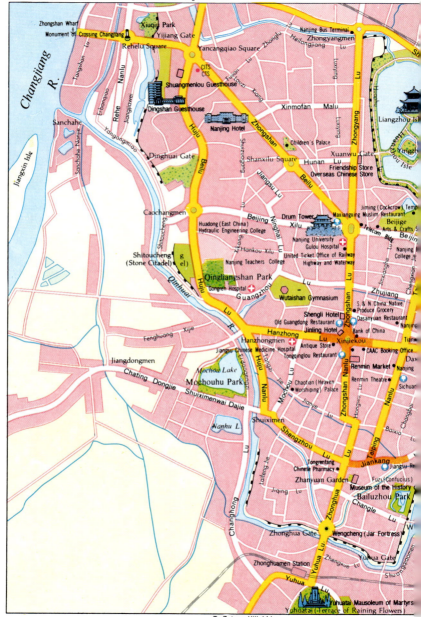

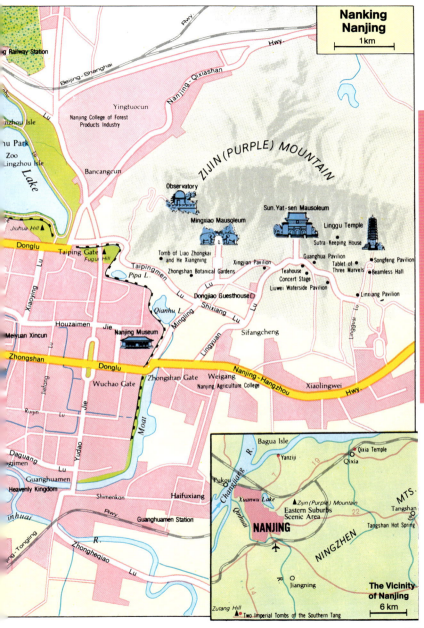

Nanking · Nanjing

Geschichte (Fortsetzung von S. 315)

1368 erstmals zum politischen Zentrum des gesamten Reiches. Dabei entstand die Stadt in jenen gewaltigen Dimensionen, die heute noch von den Resten der Stadtmauer markiert werden. Selbst als die Hauptstadt 1421 nach Peking verlegt wurde, behielt Nanking – das nun erstmals als Nanjing, "Südhauptstadt", bezeichnet wurde – seine wirtschaftliche und kulturelle Bedeutung.

1842 wurde hier der Vertrag von Nanking unterzeichnet, der den 1. Opiumkrieg abschloß und für China eine Phase wachsender ausländischer Dominanz einleitete.

1853 richteten die Taiping-Rebellion in Nanking ihre Hauptstadt ein; bei der Niederschlagung des Aufstandes wurde die alte Ming-Stadt, die bis dahin überdauert hatte, völlig verwüstet. Der Wiederaufbau zog sich über Jahre hin. 1912 wurde in Nanking die chinesische Republik ausgerufen. Von 1928 bis 1937 residierte hier die chinesische Nationalregierung. Ende 1937 richteten japanische Truppen, die die Stadt besetzten, ein Massaker an, dem an die 100 000 Menschen zum Opfer fielen.

Im Jahr 1949 eroberte die Volksbefreiungsarmee Nanking, das dann 1952 zur Hauptstadt der Provinz Jiangsu erklärt wurde.

Sehenswertes in Nanking

*Trommelturm (Gu Lou)

Der 1382 erbaute Trommelturm, der sich im Stadtzentrum auf der Westseite des Volksplatzes erhebt, wird heute für Ausstellungen der Malerei, der Kalligraphie u. a. genutzt. In der Ming-Zeit (1368–1644) bildete er das Zentrum der Stadt, das sich jetzt in Xinjiekou, ca. 2 km weiter südlich, befindet.

Glockenpavillon (Dazhong Ting)

Nahe dem Trommelturm steht der Glockenpavillon, der im 19. Jh. anstelle eines im 17. Jh. eingestürzten Turms erbaut wurde. Er enthält eine 23 t schwere Glocke aus dem 14. Jahrhundert.

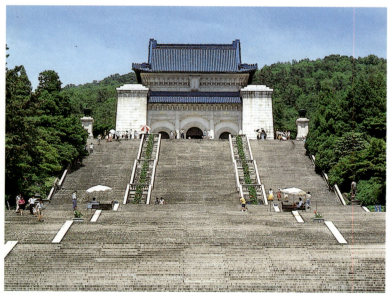

Mausoleum des bekannten Staatsmannes Sun Yat-sen

Nanking · Nanjing

Das Palais des Himmelskönigs im Zentrum stammt aus der Zeit, als Nanking Hauptstadt des 'Himmlischen Reiches' der Anführer des Taiping-Aufstandes war. Von der großen Anlage blieb nur weniges erhalten.

Palais des Himmelskönigs (Tianwang Fu)

Der 395 ha große See des Schwarzen Drachen im Nordosten der Stadt nimmt einen Großteil der gleichnamigen Parkanlage ein. Er weist fünf kleine durch Brücken und Dämme miteinander verbundene Inseln auf: die Kirschbaum-Insel (Yingzhou), die Balken-Insel (Liangzhou), die Runde Insel (Huanzhou), die Insel der Wasserkastanie (Lingzhou) und die Smaragd-Insel (Cuizhou). Seinen Namen erhielt der See zu Beginn des 5. Jh.s, nachdem darin ein schwarzes Tier gesehen worden war, angeblich ein Drache, in Wirklichkeit aber wahrscheinlich ein Krokodil.

*Schwarzer-Drachen-See (Xuanwuhu)

Unter der Ming-Dynastie (1368–1644) war auf der Balken-Insel das größte Staatsarchiv von China untergebracht; es bestand aus zwei Teilen, dem Einwohnerregister (Huang Ce) und dem Grundbesitzregister (Yuling Ce). Alle zehn Jahre wurde eine Volkszählung durchgeführt. Das Archiv verfügte über mehr als 80 Angestellte, nach den Volkszählungen wurden vorübergehend zusätzlich weitere 1000 Mitarbeiter beschäftigt.
Heute ist die Balken-Insel die größte Touristenattraktion des Sees, weil sie viele Baudenkmäler in malerischer Umgebung aufweist: u.a. den Tempel der Seegeister (Husheng Miao), den Lotosblumen-Pavillon (Shanghe Ting) und den Turm der Schönen Aussicht (Lansheng Lou).

Balken-Insel (Liangzhou)

Einige Abschnitte der einst die ganze Altstadt umgebenden Stadtmauer (geöffnet tgl. 8.00–19.00 Uhr), die zu Beginn der Ming-Dynastie, Ende des 14. Jh.s, erbaut wurde, haben sich bis heute erhalten. Ursprünglich war der Verteidigungswall 33 km lang, 12 m hoch und 8 m dick.
Das einzige original erhaltene Stadttor ist das Südtor der Stadtbefestigung. Die 128 m lange, wehrhafte Anlage umschließt drei Höfe. Vom Dach aus blickt man auf erhaltene Abschnitte der Stadtmauer und des -grabens.

*Stadtmauer aus der Ming-Zeit (Mingdai Chengqiang)

Chinator (Zonghuan Men)

Das Nanking-Museum (geöffnet tgl. 8.30–12.00, 13.30–17.00 Uhr) nahe dem Osttor der alten Stadtmauer imitiert den Baustil der Liao-Zeit (907 bis 1125). Es besitz eine sehr gute Jade-, Keramik- und Bronzesammlung. Thematisch besonders aufbereitet wurden die Abteilungen Verkehr (Schiffs- und Wagenmodelle), Textilien, Speisegeräte und religiöse Kunst.

Nanking-Museum (Nanjing Bowuyuan)

Westlich des Museums stand einst der Palast Zhu Yuanzhangs, des Gründers der Ming-Dynastie. Von der 1368 bis 1379 erbauten Anlage blieben nur das Mittagstor Wumen sowie die Fünf-Drachen-Brücke erhalten.

Reste des Palastes Zhu Yuanzhangs

Am Ostrand der Stadt liegt am Fuß des Purpurberges (Zijinshan) die Grabstätte des ersten Ming-Kaisers Zhu Yuanzhang (1328–1398). Sie wurde von 1381 bis 1383 errichtet und ist das größte aller 14 Ming-Gräber (die anderen 13 befinden sich am Nordrand von Peking). Das Mausoleum wurde im Lauf der Zeit stark beschädigt.
Die Anlage besteht aus dem von Steintierpaaren sowie von Steinfiguren militärischer und ziviler Beamter gesäumten Seelenweg, dem Haupttor, dem Sockel der einstigen Opferhalle sowie dem bewaldeten Grabhügel und dessen torartigem Vorbau, den man besteigen kann.

Grabmal des ersten Ming-Herrschers (Mingxiao Ling)

Östlich des Ming-Grabes findet man auf einem Hügel das Sun Yat-sen-Mausoleum (geöffnet tgl. 7.30–18.15 Uhr), das insgesamt eine Fläche von 80000 m² einnimmt. Der Leichnam des bekannten Staatsmannes, der 1925 verstarb, wurde im Jahr 1929 vom Pekinger Tempel der Azurblauen Wolken nach Nanking überführt und hier beigesetzt. Auf dem Hauptportal ist die bekannte Sentenz "Die Welt gehört allen" (Tianxia Wei Gong) des Politikers angebracht. Der Haupbau enthält die Gedenkhalle aus weißem Granit und die Grabkammer. In der Mitte der Gedenkhalle zeigt eine sitzende Statue Sun Yat-sen. In die Wände ist auf schwarzem Marmor sein "Allgemeines Programm zum Wiederaufbau der Nation" eingraviert.

*Sun Yat-sen-Mausoleum (Zhongshan Ling)

Nanking · Nanjing

*Tempel des Geistertals (Linggu Si)

Der östlich des Mausoleums von Sun Yat-sen gelegene Tempel des Geistertals, im 6. Jh. gegründet, stand ursprünglich dort, wo sich das Grab des ersten Ming-Kaisers befindet. Als dieser den Platz für sein Mausoleum aussuchte, wurde der Tempel 1381 hierher verlegt. Er verdankt seine Bekanntheit vor allem der Balkenlosen Halle (Wuliang Dian), die noch gut erhalten ist. Zum Bau des Gebäudes wurden nur Ziegel verwendet, die, geschickt ineinandergefügt, das Keramikziegeldach mit doppeltem Gesims tragen. Der mittlere und zugleich größte der fünf Bögen, die den Pavillon gliedern, ist 14 m hoch und 11 m breit.

*Observatorium des Purpurberges (Zijinshan Tianwentai)

Das Observatorium auf einem westlichen Gipfel des Purpurberges – das größte astronomische Forschungsinstitut in China – wurde 1934 gegründet. In seinem Besitz befinden sich viele moderne astronomische Instrumente, aber auch einige aus den vergangenen Jahrhunderten, darunter eine bronzene Armillarsphäre aus der Ming-Ära (1368–1644).

Konfuziustempel (Fuzi Miao)

Der Konfuziustempel (geöffnet tgl. bis 22.00 Uhr) bildet im Süden der Stadt den Mittelpunkt des nach ihm benannten quirligen Altstadtviertels Fuzimiao mit vielen Läden, Gaststätten und Marktstraßen, wo auch ein Vogelmarkt abgehalten wird. Ein erster Konfuziustempel wurde hier 1034 erbaut. Die jetzigen Tempelgebäude stammen von 1986, nachdem der Vorgängerbau durch japanische Truppen 1937 zerstört worden war.

*Garten des Schönen Ausblicks (Zhanyuan)

Der Garten des Schönen Ausblicks westlich des Konfuziustempels war zu Beginn der Ming-Dynastie (1368–1644) der Privatgarten des Generals Xu Da. Seinen heutigen Namen verlieh ihm Kaiser Qianlong im 18. Jh.; von ihm stammen auch die beiden Ideogramme über dem Eingangstor.

Museum des Taiping-Aufstandes

Das Gebäude gehörte ursprünglich zu einer Palastanlage des ersten Herrschers der Ming-Dynastie, Zhu Yuanzhang (1328–1398). Im Jahr 1853, als das Himmlische Reich der Taiping Nanking zu seiner Hauptstadt erkor,

Statue von Mochou in der Parkanlage des Mochouhu-Sees

Nanking · Nanjing

residierte hier einer ihrer wichtigsten militärischen Anführer, Yang Xiuqing. 1958 wurde in dem Bau das Museum des Taiping-Aufstandes (Taiping Tianguo Lishi Bowuguan) untergebracht.

Museum des Taiping-Aufstandes (Fortsetzung)

Die Blumenregen-Terrasse liegt im Süden der Stadt auf einem Hügel. Hier soll der Legende nach ein buddhistischer Mönch so eindrucksvoll gepredigt haben, daß ein Blumenregen vom Himmel fiel (daher der Name).
Eine Gedenkstätte erinnert an die Opfer, die auf Befehl Chiang Kaisheks 1927 hingerichtet wurden.

Blumenregen-Terrasse (Yuhuatai)

Der 47 ha große Mochouhu-See breitet sich im Westen der Stadt aus. Seinen Namen verdankt er einer schönen Frau namens Mochou, die im 5. Jh. in dieser Gegend lebte und deren Statue westlich des Tulpen-Pavillons (Yujin Tang) zu sehen ist. Die heutigen Gebäude entstanden in den 50er Jahren des 20. Jahrhunderts.

See Mochouhu

Unweit davon erhebt sich der Turm der Gewonnenen Schachpartie aus dem Jahr 1871. Sein Name erinnert an eine Schachpartie, die der Ming-Kaiser Taizu gegen den General Xu Da austrug. Da der Kaiser das Spiel verlor, schenkte er seinem Gegner den See samt Monumenten.

Turm der Gewonnenen Schachpartie (Shengqi Lou)

Im Westen der Stadt, am Ufer des Qinhuai-Flusses zeugt nur noch eine ca. 3000 m lange, durchschnittlich 0,3 bis 0,7 m (an der höchsten Stelle 17 m) hohe Steinmauer von der Befestigungsanlage mit Burg und Verteidigungsring, die Sun Quan, König von Wu, im 3. Jh. an dieser Stelle anlegen ließ.

Steinmauer (Shitoucheng)

Die von 1960 bis 1968 errichtete Brücke über den Changjiang im Nordwesten von Nanking besteht aus zwei Ebenen: einer 6772 m langen Eisenbahnbrücke und einer 4589 m langen Brücke für den Autoverkehr. Die Chinesen sind stolz auf das Bauwerk, weil es ohne ausländische Hilfe entstanden ist.

Große Changjiang-Brücke (Changjiang Daqiao)

Brücke über den Changjiang (Jangtsekiang)

Nanning

Umgebung von Nanking

Schwalbenstein (Yanzi Ji)	Etwa 12 km nördlich der Stadt ragt der Schwalbenstein des Berges Yanshan am Changjiang auf; er ähnelt einer fliegenden Schwalbe. Auf dem Felsen steht ein Pavillon, in dem sich eine Steinstele mit einer Kalligraphie des Qianlong-Kaisers (Reg. 1735–1796) befindet.
*Tempel der Wohnstatt der Abendwolken (Qixia Si)	Der Tempel der Wohnstatt der Abendwolken, 22 km nordöstlich der Stadt am 440 m hohen Qixia Shan gelegen, wurde ursprünglich 483 von dem Eremiten Ming Sengshao errichtet, aber 1855 durch einen Brand zerstört. Die meisten der heutigen Gebäude stammen aus dem Jahr 1908. Sie bergen viele Skulpturen aus der Tang- und Song-Zeit (618 bis 1279). – Die 15 m hohe Sarira-Pagode (Sheli Ta) soll aus dem Jahr 601 stammen.
Amitayus-Halle (Wuliang Dian)	In geringer Entfernung erhebt sich die Amitayus-Halle, die der Sohn des Einsiedlermönches Ming Sengshao 484 erbaute, um der 10 m hohen Statue des Buddhas der Unendlichen Lebensdauer (Wuliangshou Fo) zu huldigen. Eingerahmt wird der Buddha von zwei Bodhisattwa-Figuren.

Nanning   Gk 34

Chinesische Entsprechung

Hauptstadt der Autonomen Region Guangxi
Höhe: 80–100 m ü. d. M.
Fläche: 68 km²
Einwohnerzahl: 4,5 Mio.

Stadtplan s. S. 324/325

Lage und Verkehrsanbindung	Nanning liegt auf 108° 16′ östlicher Länge und 22° 49′ nördlicher Breite im Süden der Autonomen Region Guangxi, am Ufer des Yongjiang. Von wichtigen Städten ist es mit der Bahn oder per Flugzeug erreichbar.
Allgemeines	Nanning, in dem es das ganze Jahr lang grünt und blüht, ist eine lebhafte Industriestadt. Die wichtigsten Anbauprodukte hier sind Reis und Zuckerrohr. Dank des günstigen Klimas werden subtropische Früchte wie Mangos und Litschis geerntet.
Drachenbootfest	Das Drachenbootfest, das Anfang Juni (am 5. Tag des 5. Monats nach dem Mondkalender) stattfindet, zieht jedes Jahr zahllose Besucher an. Es finden mitreißende Drachenbootrennen auf dem Yongjiang statt.
Geschichte	Die Stadt, die schon vor mehr als 1600 Jahren das politische Zentrum und die militärische Hochburg Südwestchinas war, erhielt ihren heutigen Namen unter den Yuan (1271–1368). 1912 wurde Nanning zur Hauptstadt der Provinz Guangxi und in den 50er Jahren zum Regierungssitz der Autonomen Region Guangxi der Zhuang-Nationalität ernannt. 1952 gründete man ein Minoritäteninstitut.

Sehenswertes in Nanning

*Museum der Autonomen Region Guangxi (Guangxi Bowuguan)	Das 12 900 m² große Museum der Autonomen Region Guangxi, nahe der Stadtmitte, wurde 1954 errichtet und 1978 erweitert. Es gewährt Einblick in die Geschichte der verschiedenen Nationalitäten Guangxis. Zu den Exponaten gehören auch 320 alte Bronzepauken, die ethnische Minderheiten der Gegend anfertigten.

Bizarre Tropfsteingebilde in der Yiling-Yan-Grotte ▶

Nanning

*Volkspark (Renmin Gongyuan)

Der Volkspark im Nordosten der Stadt zählt zu den malerischsten Orten von Nanning. In dieser vielbesuchten Grünanlage gedeihen 200 seltene Baum- und Blumenarten.

Stadtplan

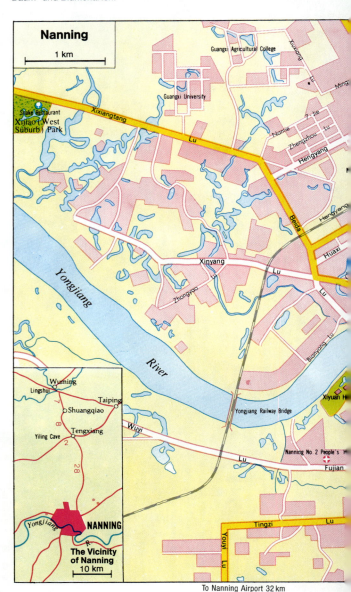

Nanning

Der eine Fläche von 93 ha umfassende Süd-See liegt im Südosten der Stadt. Besondere Sehenswürdigkeiten sind ein Orchideengarten und eine Bonsai-Ausstellung.

Süd-See (Nanhu)

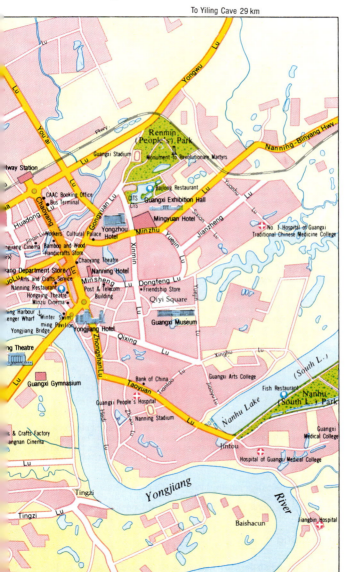

Stadtplan

Nantong

Nanning,
Süd-See
(Fortsetzung)

An seinem Ostufer lädt ein vorzügliches Restaurant zu schmackhaften Fischgerichten ein.
In dem nahen Botanischen Garten werden über 1900 verschiedene Heilkräuter gezüchtet.

Umgebung von Nanning

Grotte Yiling Yan

Die Yiling-Yan-Grotte liegt an einem Hügel 29 km nördlich der Stadt (von hier mit dem Bus erreichbar). Im Volksmund heißt es, vor ca. 1500 Jahren habe hier ein daoistischer Eremit gewohnt. In unsicheren Zeiten suchte die Bevölkerung in der Grotte Schutz. In der 1100 m langen Tropfsteinhöhle kann man vielgestaltige Stalagmiten und Stalaktiten bestaunen; eine Neonbeleuchtung erzeugt phantastische Lichteffekte.

* Wasser der
Seelen
(Ling Shui)

Der 1 km umfassende See Wasser der Seelen liegt 43 km nördlich von Nanning im Kreis Wuming. Er wird von Quellen gespeist, die immer klar sind. Die Wassertemperatur beträgt das ganze Jahr über 18°C–22°C. Die Seeufer sind von Badeanstalten, Pavillons, Kiosken und anderen Einrichtungen gesäumt.

Nantong   Hf 29

Chinesische
Entsprechung

Provinz: Jiangsu
Fläche: 18 km²
Einwohnerzahl: 293 000

Lage und
Verkehrsanbindung

Nantong liegt auf 120° 51′ östlicher Länge und 32° 02′ nördlicher Breite, im Südosten der Provinz Jiangsu, am Nordufer der Flußmündung des Changjiang. Von Shanghai gelangt man in sechs Stunden Flußschiffahrt, von der Provinzhauptstadt Nanking per Bus oder Schiff nach Nantong.

Geschichte

Obwohl sich Nantong einer tausendjährigen Geschichte rühmen kann, blieb es bis in die 50er Jahre nur ein bescheidener Ort von wenigen Tausend Einwohnern. Heute ist es hingegen ein Industriezentrum der Provinz Jiangsu.

Sehenswertes in Nantong

* Tempel der
Himmlischen Ruhe
(Tianning Si)

Der Tempel der Himmlischen Ruhe in der Stadtmitte stammt aus der zweiten Hälfte des 9. Jh.s. Die meisten Gebäude wurden jedoch 1430 neu aufgebaut. Hier werden Dokumente aufbewahrt, die besonders für Spezialisten der chinesischen Architektur der Ming-Zeit (1368–1644) von Interesse sind.

* Museum von
Nantong
(Nantong
Bowuyuan)

Das im Jahr 1905 gegründete Museum im Osten der Stadt ist insofern von Bedeutung, als es das erste moderne Museum Chinas darstellt. Es zeigt u. a. zahlreiche archäologische Funde aus Nantong und Umgebung.

Umgebung von Nantong

* **Wolfs-Berg**
(Lang Shan)

Etwa 10 km südlich der Stadt ragt am Nordufer des Changjiang der 107 m hohe Wolfs-Berg auf.

Den Gipfel des Wolfs-Bergs beherrscht die im 15. Jh. errichtete Pagode, die die Wolken trägt, ein viereckiger, fünfgeschossiger Bau aus Holz und Ziegeln.

Am Nordosthang des Berges ist eine alte Inschrift zu erkennen, die der damalige Präfekt der Gegend, Yao Cun, 937 auf einem Felsen hinterließ.

Nantong, Pagode, die die Wolken trägt (Zhiyun Ta)

Neimenggu

→ Innere Mongolei

Ningbo Hf 30

Chinesische Entsprechung

Provinz: Zhejiang
Fläche: 1033 km²
Einwohnerzahl: 500 000

Ningbo liegt auf 121° 32' östlicher Länge und 29° 51' nördlicher Breite, im Nordosten der Provinz Zhejiang, 25 km vom Ostchinesischen Meer entfernt, am Zusammenfluß von Yaojiang und Yongjiang.

Die von vielen schiffbaren Kanälen durchzogene bedeutende Hafenstadt trägt als reges Industrie- und Handelszentrum den Beinamen 'Klein-Shanghai'. Von der Provinzhauptstadt Hangzhou und Shanghai ist die Stadt per Bus, Zug, Flugzeug oder Schiff zu erreichen.

Lage und Verkehrsanbindung

Schon zur Zeit der Qin, vor ca. 2300 Jahren, spielte die Stadt eine beachtliche Rolle. Unter den Tang (618–907) wuchs sie zu einem der wichtigsten Häfen Chinas heran. Als die Song 1127 ihren Herrschaftssitz nach Hangzhou verlegten, nahm Ningbo einen ungeheuren Aufschwung. Schon im 16. Jh. liefen ausländische Schiffe die Stadt an. Über Jahrhunderte waren allein Ningboer Kaufleute zum Überseehandeln mit Korea und Japan privilegiert. Durch den Vertrag von Nanking, der 1842 den 1. Opiumkrieg beendete, wurde der Hafen von Ningbo auch für den Handel mit England und bald darauf für Schiffe aus anderen europäischen Staaten und aus Amerika geöffnet. Um die Mitte des 19. Jh.s entstanden die ersten modernen Fabriken.

Heute besitzt Ningbo den Status einer "für den Außenhandel geöffneten Küstenstadt" und verzeichnet daher seit etlichen Jahren einen erheblichen Industrie- und Hafenverkehrsbereich.

Geschichte

Sehenswertes in Ningbo

Die Bibliothek Tianyi Ge, im Westen der Altstadt, ließ der hohe Beamte Fan Qin in den Jahren 1561 bis 1566 zur Aufbewahrung seiner Privatbibliothek, die zu den ältesten ihrer Art in China gehört, erbauen. Vor dem zweistöckigen Holzbau wurde ein künstlicher Teich angelegt, der im Fall eines Brandes Löschwasser liefern sollte. Ursprünglich bestand die Büchersammlung aus 70 000 chinesischen Bänden, im Lauf der Jahrhunderte wurde sie trotz gelegentlicher Verluste weiter gepflegt und wahrte ihr Renommee. Heute umfaßt die Bibliothek über 80 000 chinesische Bände, Inkunabeln, alte Manuskripte und eine große Anzahl von Steininschriften aus dem 14. bis 19. Jahrhundert.

*Bibliothek Tianyi Ge

Die ca. 55 m hohe, siebengeschossige Tianfeng-Ta-Pagode im Süden von Ningbo stammt aus dem Jahr 695, also aus der Tang-Ära; daher auch die

Pagode Tianfeng Ta

Ningbo

Pagode Tianfeng Ta (Fortsetzung)

volkstümliche Bezeichnung Tang Ta (Pagode der Tang). Der sechseckige Bau wurde mehrfach durch Blitzschlag und Brandstiftung zerstört. Die heutige Gestalt geht auf das Jahr 1330 zurück, und die letzte Instandsetzung erfolgte im Jahr 1957.

Es empfiehlt sich, ins oberste Geschoß der Pagode zu steigen, um das herrliche Stadtpanorama zu genießen.

Umgebung von Ningbo

* **Tempel Baoguo Si**

Der Baoguo-Si-Tempel, 15 km nördlich von Ningbo, umfaßt zahlreiche Gebäude.

Schatzhalle des Großen Helden (Daxiong Baodian)

Die Buddha geweihte Haupthalle, die Schatzhalle des Großen Helden, aus dem Jahr 1013 ist der älteste Holzbau der Provinz. Die im Tempel verehrte Buddha-Skulptur geht auf das Jahr 1102 zurück, wie die Inschrift auf dem Sockel der Statue besagt.

* Tempelkloster Tiantong Si

35 km östlich von Ningbo, am Fuß des Taibaishan, liegt das Tiantong-Si-Kloster aus dem Jahr 300, das oftmals erneuert und erweitert wurde. Die heutigen Gebäude entstanden in der Qing-Ära (1644–1911). Das Kloster übte großen Einfluß auf die Entwicklung des japanischen Buddhismus aus. Im 13. Jh. kam der japanische Mönch Dogen zum Studium hierher. Er begründete die Sotoshu-Sekte, eine heute noch wichtige Glaubensrichtung in Japan, deren Anhänger öfter das Kloster besuchen.

In der Haupthalle sind drei Skulpturen zu sehen, die die Buddha der Vergangenheit, Gegenwart und Zukunft wiedergeben. Die beiden kleineren Statuen zu Seiten des mittleren sind Ananda und Kashyapa, zwei der zehn Lieblingsjünger von Buddha. Im Umfeld stehen noch weitere 18 Bildnisse von Arhats.

* Ashoka-Kloster (Ayuwang Si)

Das 425 gegründete Ashoka-Kloster, unweit des Tiantong Si, erlangte durch einen Stupa Berühmtheit, der angeblich einen Knochen von Shakyamuni enthält. Der Überlieferung nach fand ihn Liu Sake im Jahr 282. Der Knochen wird heute in einer Holzdagoba im Innern des steinernen Stupa verwahrt, zu dessen Schutz eigens ein Tempel errichtet wurde. Hinter dem Stupa nimmt man eine Statue wahr, die den ins Nirwana eingehenden Shakyamuni darstellt. Auf der Rückwand des Tempels sind im Hochrelief vier Himmelswächter abgebildet. Auf der Terrasse vor dem Gebäude stehen einige Stelen, wovon die älteste aus dem Jahr 833 stammt. Die 36 m hohe Ziegelpagode westlich des Tempels wurde 1365 erbaut.

* Ruinen der Hemudu-Kultur (Hemudu Wenhua Yizhi)

In dem Dorf Hemudu, ca. 50 km nordwestlich von Ningbo, wurden 1973 die Reste einer sehr alten Zivilisation entdeckt. Die erste und zweite der insgesamt vier Ausgrabungsschichten werden dem Neolithikum zugeordnet. Zu den Funden zählen Terrakottagegenstände, Geräte aus Holz und Knochen, Reiskörner, Knochen von Zuchtschweinen und -büffeln – Zeugnisse für die hohe Entwicklungsstufe, welche die vor 6000–7000 Jahren in dieser Gegend siedelnden Menschen erreicht hatten.

** **Berg Putuoshan**

Der rund 100 km östlich von Ningbo gelegene Putuoshan ist eine knapp 12 km^2 großen Insel, die zur Zhoushanquando-Inselgruppe gehört. Zusammen mit dem Wutaishan, dem Emeishan und dem Jiuhuashan gehört er zu den vier Heiligen Bergen des Buddhismus.

Um den Berg und die Insel ranken sich viele Legenden: Im Jahr 916 wollte ein japanischer Mönch eine Statue der Göttin der Barmherzigkeit (Guanyin) in sein Land bringen, doch als er in diese Gegend kam, stieg eine eiserne Lotosblume aus dem Wasser auf und versperrte ihm den Weg zu seinem Schiff. Daraufhin legte der Mönch das Gelübde ab, er werde einen Tempel errichten, und die Lotosblume verschwand. Wenig später entstand am Hang des Berges der "Tempel der Guanyin, die nicht weggehen will" (Bukengqu Guanyinyuan). Einer anderen Legende zufolge soll die Göttin der Barmherzigkeit nach langem Meditieren auf dem nahen Luojiashan die Erleuchtung erlangt haben. Danach überquerte sie mit einem einzigen Sprung das Meer und setzte sich auf dem Putuoshan zur Ruhe, wo sie einen Fußabdruck hinterließ.

Ningbo, Berg Putuoshan (Fortsetzung)

Zwischen dem 10. und dem frühen 12. Jh. wurden auf dem Berg 218 Klöster errichtet, in denen etwa 3000 Mönche lebten.

Klöster

Unter all diesen Sakralbauten sticht besonders das Kloster des Allgemeinen Heils (Puji Si) aus dem Jahr 1080 hervor. Über eine Fläche von 14000 m² sind sieben Tempel, 12 Pavillons und 16 weitere Gebäude verstreut. In der Yuantong-Baodian-Halle, der größten der ganzen Tempelanlage, finden über 1000 Personen Platz. Das zweitgrößte Kloster ist das Fayu Si. Im Nonnenkloster Yangzhi ist besonders das Steinbildnis der Guanyin interessant. Der Prinzenstupa (Duota) stammt aus dem 14. Jahrhundert.

Der Tiantaishan, etwa 100 km südlich von Ningbo, gilt als die Geburtsstätte der buddhistischen Tiantai-Schule.

** **Berg Tiantaishan**

An den Hänge des Tiantaishan sind viele buddhistische Baudenkmäler zu finden. Am bekanntesten ist das Guoqing-Si-Kloster aus dem Jahr 598. Die Tiantai-Schule verbreitete sich ab 805 durch einen japanischen Mönch, der im Jahr zuvor eine Pilgerfahrt auf den Tiantaishan unternommen hatte, auch in Japan. Das Kloster besitzt 14 Hallen und viele Kunstwerke von unschätzbarem Wert, u.a. Steinplatten, Steininschriften und Votivtafeln. In der Haupthalle wird eine 6,8 m hohe und 13 t schwere bronzene Shakyamuni-Statue aus der Ming-Ära (1368–1644) verehrt. Die 18 im 13. und 14. Jh. geschnitzten Holzskulpturen stellen Luohan dar.

Kloster Guoqing Si

Auf dem Hügel östlich des Klosters erhebt sich eine 60 m hohe Ziegelpagode, deren Alter auf etwa 1300 Jahre geschätzt wird. Sie hat einen sechseckigen Grundriß und ragt neun Geschosse empor.

Ningxia Gh/Gj 26–28

宁夏回族自治区

Chinesische Entsprechung

Autonome Region
Fläche: 66400 km²
Einwohnerzahl: 4 Mio.
Hauptstadt: Yinchuan

Übersichtskarte s. S. 330

Ningxia ist die kleinste der fünf Autonomen Regionen Chinas. Es liegt zwischen 104° 17'–107° 40' östlicher Länge und 35° 14'–39° 22' nördlicher Breite, im Nordwesten Chinas.

Lage

Der Huanghe fließt durch den mittleren und nördlichen Teil der Provinz, die auch über ein dichtes, im Lauf der Jahrhunderte entstandenes Kanalnetz verfügt. Das Territorium besteht zu drei Vierteln aus Hochebenen – im Süden mit dem Liupanshan – und zu einem Viertel aus Ebenen (um Yinchuan). Der höchste Berg ist der Helanshan mit 3556 m.

Naturraum

In Ningxia herrscht ein typisches Kontinentalklima mit einem Jahresmittel von 7°C vor. Die Winter erweisen sich als sehr streng (die durchschnittliche Januartemperatur beträgt –10°C), während die Sommer nicht sehr heiß sind (die durchschnittliche Julitemperatur beträgt 20°C). Der Jahresniederschlag liegt unter 200 mm.

Klima

Die ethnische Minderheit der muslimischen Hui macht mit 1,2 Mio. einen beträchtlichen Anteil der Bevölkerung aus; zudem finden sich hier Mongolen und Mandschuren. Daher wurde Ningxia 1958 zur Autonomen Region erklärt.

Bevölkerung

Peking · Beijing

Ningxia
(Fortsetzung)
Übersichtskarte

Volksrepublik China
Zhonghua Renmin Gongheguo

Geschichte

Seit der Qin-Dynastie (221–206 v. Chr.) war Ningxia verschiedenen Verwaltungsgebieten zugeordnet, bis es 1928 zur Provinz wurde. 1958 entstand die Autonome Region Ningxia Huizu Zizhiqu.

Wirtschaft

An Bodenschätzen besitzt Ningxia vor allem Kohle. Die durch ein Kanalsystem gut bewässerte Ebene im Norden wird als 'Kornkammer' von Nordwestchina angesehen. Es werden Reis, Weizen, Hirse, Baumwolle, Zuckerrüben und Melonen erzeugt. Außerdem wird Schafzucht betrieben.

Reiseziele

In der Hauptstadt → Yinchuan und ihrer Umgebung sind viele Sehenswürdigkeiten konzentriert.

Peking · Beijing Hd 26

Chinesische
Entsprechung

北京市

Hauptstadt der Volksrepublik China
Regierungsunmittelbare Stadt
Höhe: 52 m ü. d. M.
Fläche: 16807 km²
Einwohnerzahl: 15 Mio.

Stadtplan
s. S. 336/337

Lage und
Verkehrs-
anbindung

Peking liegt auf 116° 20′ östlicher Länge und 39° 56′ nördlicher Breite im Nordwesten der nordchinesischen Ebene, unweit der Westhänge des Yanshan, etwa 150 km vom Bo-Hai-Meer entfernt.
Ein dichtes Flug-, Bahn- und Straßennetz verbindet Peking mit den wichtigsten chinesischen Städten.

Allgemeines

Peking, regierungsunmittelbare Stadt im Rang einer Provinz, ist nicht nur das politische Zentrum des Landes, sondern spielt auch auf kultureller, wirtschaftlicher und wissenschaftlicher Ebene eine herausragende Rolle.

Peking · Beijing

Allgemeines (Fortsetzung)

Hier sind viele Handels- und Industriebetriebe angesiedelt. Die wichtigsten Kultur- und Bildungseinrichtungen sind neben neun Akademien der verschiedenen Wissenschaften, darunter die Academia sinica, mehrere Universitäten (darunter die Universität Peking, 1898 gegr.; die Qinghua-Universität, 1911 gegr.; die Volks-Universität, 1950 gegr.) und Technische Universitäten, zahlreiche Hochschulen, Institute (bes. das Zentralinstitut für Nationalitäten und die Fremdsprachenhochschule) und Forschungseinrichtungen sowie viele Museen und Bibliotheken (darunter die der Universität Peking mit 10 Mio. Bänden und 22 000 Periodika), ferner das Planetarium und der zoologische und botanische Garten.

Die Pekinger Bevölkerung besteht zu etwa 97 %, aus Han, aber auch Hui, Mandschuren, Mongolen und andere Volksgruppen leben in der Stadt.

Geschichte

Die ältesten Siedlungsspuren auf dem Gebiet des heutigen Peking stammen aus der frühen Steinzeit, als der Pekingmensch (sinanthropus pekinensis) vor 460 000 Jahren in einer Höhle bei Zhoukoudian südwestlich des Stadtgebiets lebte. Peking selbst wurde vor etwa 3000 Jahren gegründet. Die zunächst Ji ("Schilf") genannte Siedlung erlangte als Handelsplatz Bedeutung und wurde zur Zeit der Streitenden Reiche (475 – 221 v. Chr.) Sitz des Herzogs von Yan. Die Bezeichnung Pekings als Yanjing ("Hauptstadt von Yan") findet sich zuweilen noch heute. Nach der Reichseinigung im Jahr 221 v. Chr. sowie bis zum Ende der Han-Zeit (220 n. Chr.) war Peking eine wichtige Garnisonsstadt an der durch Nomadeneinfälle gefährdeten Nordgrenze des Reiches, fungierte jedoch auch als Knotenpunkt für Verkehr und Handel mit den nichtchinesischen Völkerschaften im Norden, die in der folgenden Zeit in Nordchina kurzlebige Königreiche schufen.

Unter den Tang-Herrschern (618 – 907) wurde der Ort Youzhou genannt. Zwischen 916 und 1125, unter der Liao-Dynastie, avancierte Ji unter der Bezeichnung Nanjing ('Südliche Hauptstadt') zur zweitwichtigsten Stadt in deren Reich.

Die Jin bestimmten es 1153 zu ihrer Hauptstadt, die sie Zhongdu ('Mittlere Hauptstadt') nannten. Sie ließen durch Hunderttausende von Arbeitern Schutzwälle und Palastanlagen errichten. 1215 wurde die Stadt von den Mongolen zerstört. Deren Herrscher Kublai Khan, Gründer der Yuan-Dynastie (1271 –1368), wählte sie unter dem Namen Dadu ('Große Hauptstadt') zum Herrschersitz und ließ sie größer als je zuvor völlig neu errichten. Dadu wurde nun zum politischen Zentrum des chinesischen Reiches.

Marco Polo, der sich in jener Zeit hier aufhielt, bevorzugte in seiner Beschreibung der Pracht der Stadt deren mongolischen Namen Cambaluc (eine Transliteration von Khanbaliq, was auf mongolisch 'Stadt des Khan' bedeutet).

Zu Beginn der Ming-Dynastie (1368 –1644) wurde die Hauptstadt nach Nanking verlegt, und Dadu nahm daraufhin den Namen Beiping ('Nördlicher Friede') an. Der Yongle-Kaiser (1403 –1424) erhob jedoch Beiping wieder zum Regierungssitz und gab ihm seinen heutigen Namen Beijing ('Nördliche Hauptstadt'). Die meisten der heute noch vorhandenen Bauten und die Stadtgliederung (s. u.) gehen auf diese Provinz zurück. Ab der Mitte des 19. Jh.s war es Schauplatz der Auseinandersetzungen zwischen dem Kaiserhof und ausländischen Mächten. Englische und französische Truppen zerstörten den alten Sommerpalast. Die Regierung mußte den Kolonialmächten Exterritorialrechte einräumen und das Gesandtschaftsviertel zur Verfügung stellen. Im sog. Boxer-Aufstand besetzten Aufständische dieses Stadtviertel, mußten aber bald den ausländischen Truppen weichen.

Nach dem Sturz der Qing-Dynastie 1911 wurde Peking Hauptstadt der neuen Republik. Als im Versailler Vertrag festgelegt wurde, daß die ehemaligen deutschen Besitzungen an Japan fallen, kam es hier am 4. Mai 1919 zu Demonstrationen. Zwischen 1928 und 1949, als Nanking Hauptstadt war, veränderte man den Namen der Stadt erneut; die Nationalisten griffen auf die frühere Bezeichnung zurück. In den Jahren 1937 bis 1945 stand sie unter japanischer Besatzung.

Peking · Beijing

Am 1. Oktober 1949 verkündete Mao Zedong die Gründung der Volksrepublik China und erkor die Stadt unter dem Namen Beijing wieder zur Kapitale, die seitdem das politische Zentrum der Volksrepublik darstellt. Im Juni 1989 unterdrückte die Volksbefreiungsarmee eine überwiegend von Studenten getragene friedliche Demokratiebewegung mit Gewalt.

Geschichte (Fortsetzung)

Der historische Stadtkern aus der Ming-Zeit (14.–17.Jh.) hat seine ursprüngliche Gestalt weitgehend bewahren können. Es sind noch die Spuren der zweigeteilten mittelalterlichen Stadt, die an den vier Himmelsrichtungen orientiert ist, zu sehen: die quadratisch angelegte Nordstadt, früher auch Tatarenstadt genannt, die durch eine 20 km lange Mauer mit neun Toren (zwei im Osten, drei im Süden, je zwei im Westen und im Norden) befestigt war, und die Südstadt, umgeben von einem 14 km langen Verteidigungswall mit sieben Toren.

Stadtbild

Nach 1949 hat sich das Stadtbild nachhaltig verändert. Die alten Stadtmauern wurden in den sechziger Jahren des 20. Jh.s fast vollständig abgerissen. Nur Teile von zwei Stadttoren, ein Eckturm sowie die nördlichen und südlichen Stadtgräben blieben bis heute erhalten. Bei den Stadttoren handelt es sich um das Qianmen südlich des Mao-Mausoleums sowie um das Desheng Men im Norden. Bis Ende der fünfziger Jahre wurden die Ost-West-Achse der Chang'an Jie sowie der Tian'anmen-Platz angelegt. Viele alte Häuser mußten außerdem repräsentativen Großbauten von Museen, Sportpalästen und Ausstellungshallen weichen. In den sechziger Jahren wurde zudem mit dem U-Bahn-Bau begonnen, dabei folgt ein Teil der Ringlinie der ehemaligen Stadtmauer. Seit den späten siebziger Jahren schießen unablässig phantasielose, eintönige Wolkenkratzer aus dem Boden, die als Hotels, Wohnhäuser – bedingt durch die ständig zunehmende Einwohnerzahl –, Verwaltungszentren usw. genutzt werden.

Von Mitte der achtziger Jahre an nahm die Zerstörung der Altstadt zwar noch zu, doch wurden gleichzeitig die Bauhöhen in der Umgebung des Kaiserpalastes beschränkt und eine zu bewahrende Altstadtzone im Bereich der nördlichen Seen ausgewiesen, alte Baudenkmäler wurden restauriert und der Öffentlichkeit erneut zugänglich gemacht.

Aus dem Blickwinkel des Touristen betrachtet, ist Peking die interessanteste Stadt in China. Zu seinen vielen Geschichts- und Kulturdenkmälern zählen u. a. der Kaiserpalast, der Beihai-Park, der Park des Kohlehügels und der Himmelstempel. Am Stadtrand kann man den Sommerpalast, den Duftenden Berg, die Große Mauer, die Ming-Gräber und viele andere Sehenswürdigkeiten aufsuchen.

In der Industrie, die sich erst nach 1949 in stärkerem Maß entwickelte, dominieren Eisen- und Stahlproduktion, Maschinen-, Kraftfahrzeug-, Lokomotiv- und Waggonbau sowie petrochemische Industrie (u. a. Erdölraffinerie mit Pipeline von Daqing). Die Leichtindustrie umfaßt vor allem elektotechnische und elektronische, Textil- (v. a. Baumwollverarbeitung), polygraphische und Nahrungsmittelindustrie. Daneben besteht eine umfangreiche handwerkliche Produktion von Porzellan, Elfenbein- und Jadeschnitzereien, Lack, Email-Cloisonné, Kupfergeschirr, Teppichen, Stickereien, Spitzen und anderem.

Wirtschaft

In den Außengebieten wird Landwirtschaft betrieben, v. a. Gemüse- und Obstbau, Baumwoll- und Erdnußanbau sowie Kleintierhaltung (v. a. Enten).

Als Hauptstadt ist Peking auch ein Knotenpunkt des Straßen- und Schienennetzes und besitzt den größten internationalen Flughafen des Landes. 1996 wurde der neue Westbahnhof eingeweiht, der mit 500000 m^2 der größte Bahnhof Asiens ist. Tong Xian östlich der Stadt ist nördlicher Endpunkt des Kaiserkanals. Im innerstädtischen Bereich fährt eine U-Bahn, mit der einige wichtige innerstädtische Ziele zu erreichen sind.

Verkehr

Die Stadt leidet unter enormem Verkehr; die Straßen können die Autoflut kaum noch aufnehmen.

◀ *Himmelstempel, Symbol von Himmel und Erde*

Peking · Beijing

Sehenswertes im Stadtzentrum

**Platz des Himmlischen Friedens
(Tian'anmen Guanchang)

Der im Zentrum der Stadt gelegene Platz des Himmlischen Friedens ist rund 40 ha (500×800 m) groß und gilt als größter innerstädtischer Platz der Erde. Im Hinblick auf das zehnjährige Staatsjubiläum 1958 an der Stelle einer älteren namenlosen Freifläche vor dem Tor des Himmlischen Friedens angelegt, bietet er bis zu einer Million Menschen Platz und bildet den Mittelpunkt des sozialistischen China.

Seine symbolische Bedeutung geht auf den 4. Mai 1919 zurück, als hier Studenten gegen die Chinabestimmungen des Versailler Vertrages demonstrierten. In der Folge des 4. April 1976, des Totengedenktags, als zahllose Pekinger des beliebten verstorbenen Ministerpräsidenten Zhou Enlai gedachten, kam es zu Demonstrationen gegen die Gruppe um Jiang Qing, die gewaltsam niedergeschlagen wurden.
Im Frühsommer 1989 fanden hier Demonstrationen für Demokratie und gegen Pressezensur statt, die ebenfalls brutal unterdrückt wurden.

*Denkmal der Volkshelden
(Renmin Yingxiong Jinianbei)

In der Mitte des Platzes des Himmlischen Frieden erhebt sich das Denkmal der Volkshelden, ein 38 m hoher Obelisk. Seine Einweihung fand 1958 statt. Es steht auf einer zweistufigen Plattform und besteht aus 17 000 Granit- und Marmorstücken.
Die Nordseite ziert eine Inschrift Maos: "Ewiger Ruhm den Helden des Volkes!" An der Südseite steht eine Widmung von Zhou Enlai an die Revolutionsmärtyrer, die in den Kriegen nach 1840 ihr Leben ließen. Die zehn Basreliefs mit insgesamt 170 Figuren auf dem Sockel stellen – von der Ost- zur Nordseite – die wichtigsten Ereignisse der chinesischen Revolutionsgeschichte dar: die Opiumverbrennung in Humen, den Aufstand in Jintian, die Rebellion in Wuchang, die Bewegung des 4. Mai 1919 und des 30. Mai 1925, den Aufstand in Nanchang, den Partisanenkrieg gegen Japan und die Überquerung des Changjiang.

Platz des Himmlischen Friedens: Mittelpunkt Pekings

Peking · Beijing

Das 1417 vollendete und 1651 restaurierte Tor des Himmlischen Friedens (geöffnet tgl. 8.30–16.30 Uhr), an der Nordseite des Platzes, bildete einst den Haupteingang zur einstigen Kaiserstadt. Der 34 m hohe Holzbau steht auf einem über 10 m hohen Unterbau aus rotem Backstein mit weißem Marmorsockel. Das zweistöckige Dach ist mit Keramikziegeln gedeckt. Vor dem Tor stehen zwei Steinlöwen und zwei Säulen mit dem Fabeltier Kong auf der Spitze. Über dem Portal hängt ein Porträt Mao Zedongs, zur Linken steht die Parole "Lang lebe die Volksrepublik China", rechts "Lang lebe die Einheit der Völker der Welt". Hier wurden einst die kaiserlichen Dekrete bekanntgegeben und von den Würdenträgern in Empfang genommen. Und hier rief Mao am 1. Oktober 1949 die Volksrepublik aus.

*Tor des Himmlischen Friedens (Tianan Men)

Am Fuß des Tores führen die sieben Goldwasser-Brücken aus weißem Marmor mit skulptierten Geländern über den gleichnamigen Bach.

Goldwasser-Brücken (Jinshui Qiao)

An der Westseite des Platzes des Himmlischen Friedens erhebt sich die monumentale, 1959 entstandene Große Halle des Volkes (geöffnet 8.30 bis 15.00 Uhr), die eine Gesamtfläche von 171800 m^2 einnimmt. Die 76 m breite und 60 m tief Haupthalle faßt über zehntausend Menschen. Außerdem verfügt der Bau über einen großen Bankettsaal mit mehr als 5000 Plätzen und 30 Sälen, einen für jede Provinz, autonome Region und regierungsunmittelbare Stadt, jeweils in dem entsprechenden lokalen Stil gestaltet. Hier werden die Sitzungen des Nationalen Volkskongresses und die wichtigsten politischen Versammlungen abgehalten.

Große Halle des Volkes (Renmin Dahuitang)

Das Museum der Chinesischen Geschichte (geöffnet Di.–So. 8.30–16.00 Uhr) aus dem Jahr 1959, das über eine Ausstellungsfläche von 8000 m^2 verfügt, ist im rechten Flügel des riesigen säulenverzierten Gebäudes (1961 eingeweiht) untergebracht, das die Ostseite des Platzes abschließt. Die über 9000 Exponate veranschaulichen entsprechend der chinesisch-marxistischen Geschichtsschreibung die verschiedenen Entwicklungsphasen der chinesischen Zivilisation, von der prähistorischen Zeit über die Sklavenhaltergesellschaft (2100–475 v.Chr.) und die Feudalgesellschaft (475 v.Chr. bis 1840) bis zur halbkolonialen und halbfeudalen Gesellschaft. Sie umfassen archäologische Funde und Nachbildungen von Erfindungen wie beispielsweise der Papiers.

*Museum der Chinesischen Geschichte (Zhongguo Lishi Bowuguan)

Das ebenfalls 1959 eingerichtete Museum der Chinesischen Revolution (z.Zt. wegen Restaurierung geschlossen), das während der Kulturrevolution und in den darauffolgenden Jahren geschlossen war, erstreckt sich im linken Gebäudeflügel über zwei Stockwerke. Hier illustrieren die Ausstellungsstücke die wichtigsten Etappen der chinesischen Revolution ab 1919 und die Entwicklung der Kommunistischen Partei Chinas.

*Museum der Chinesischen Revolution (Geming Bowuguan)

Die viereckige Mao-Zedong-Gedenkhalle (geöffnet Mo.–Sa. 8.30–11.30, Mo., Mi. Fr. 14.00–16.00 Uhr), die 33 m hoch ist und von 44 Granitsäulen getragen wird, entstand 1977 im Süden des Platzes des Himmlischen Friedens. Die Inschrift "Gedenkhalle des Präsidenten Mao" über dem Eingang wurde von Hua Guofeng kalligraphiert. In der Eingangshalle steht eine Marmorstatue von Mao Zedong, im Hintergrund hängt ein Landschaftsbild des Malers Huang Yongyu. In der mittleren Halle ruht der Leichnam Maos in einem Kristallsarkophag. In der Rückwand ist eine Huldigung an den "Großen Vorsitzenden" eingraviert: "Ewiger Ruhm dem Präsidenten Mao, unserem großen Führer und Meister!"

*Mao-Zedong-Gedenkhalle (Mao Zhuxi Jiniantang)

Am Südende des Tian'anmen-Platzes erheben sich das turmartige Vordere Tor sowie jenseits der Straße der zugehörige Geschützturm. Beide Teile sind einst durch Mauern verbunden, die einen Innenhof umschlossen. Das Vordere Tor bildete früher den zentralen Durchlaß in der Mauer zwischen der Inneren und Äußeren Stadt. Nachdem es im Jahr 1421 errichtet wurde, brannten die hölzernen Aufbauten mehrmals ab, zuletzt beim Boxeraufstand (1900).

Vorderes Tor (Qianmen)

Peking · Beijing

Peking · Beijing

** Kaiserpalast (Gugong)

Öffnungszeiten
8.30–16.30

Der Kaiserpalast, auch Verbotene Stadt genannt, ist das größte und bedeutendste Bauwerk Chinas. Die Anlage, die in ihren Ursprüngen auf die Yuan-Dynastie (1271–1368) zurückgeht, ließ der Yongle-Kaiser der Ming-Dynastie von 1406 bis 1420 zu seiner heutigen Größe erweitern, nachdem er die Hauptstadt von Nanking nach Peking verlegt hatte. Sie war 490 Jahre lang die Residenz von 24 Ming- und Qing-Kaisern. Der Palast durfte von keinem normalen Sterblichen betreten werden.

Die offizielle alte Bezeichnung des Palastes als "Purpurne Verbotene Stadt" (Zijincheng) verweist auf die vorherrschende Farbe der Mauern. Das Purpurrot verkörpert den Polarstern als einer himmlischen Entsprechung des Kaisers. Dagegen sind die Hauptgebäude mit gelb glasierten Ziegeln gedeckt. Dieses dem Kaiser vorbehaltene Gelb verkörpert die von ihm gegenüber dem Himmel vertretene Erde Chinas. Auch mit der strengen Ausrichtung des rechteckigen Grundrisses und der Gebäude an den Himmelsrichtungen greift der Palast die kosmische Ordnung auf. Die Haupthallen liegen auf der zentralen Nord-Süd-Achse der Hauptstadt, die mit der des Palastes identisch ist.

Der 720 000 m² große Komplex ist von einer 10 m hohen Mauer mit vier Ecktürmen und einem 50 m breiten Wassergraben umgeben und unterteilt sich in zwei Bereiche: den größeren südlichen für repräsentative, zeremonielle und administrative Funktionen sowie den kleineren nördlichen, der der private Wohnbereich des Kaisers und der Konkubinen sowie der Eunuchen war.

Tore

Den Palast kann man als Besucher heute an zwei Stellen betreten: im Süden durch das Mittagstor, das den Haupteingang bildet, und im Norden durch das Tor der Geisterkrieger (Shenwu Men). Außerdem existieren im Osten das Tor des Blühenden Ostens (Donghua Men) und im Westen das Tor des blühenden Westens (Xihua Men).

Kaiserpalast: eine der Hauptsehenswürdigkeiten Chinas

Peking · Beijing

Gugong (Palace) Museum

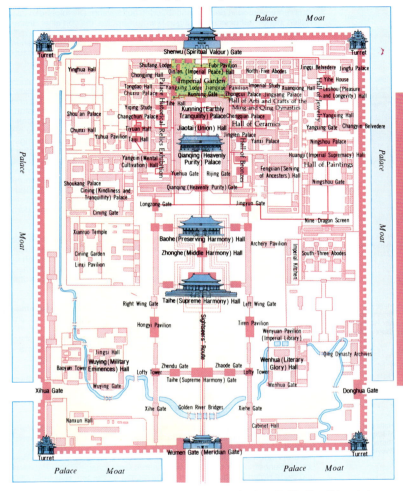

Das Mittagstor wird auch Fünf-Phönix-Tor genannt, nach seinen fünf Pavillons. Es wurde 1420 erbaut und mehrmals restauriert. Von hier gab der Kaiser alljährlich den neuen Kalender bekannt und entschied über das Los von Gefangenen.

Kaiserpalast (Fortsetzung) Mittagstor (Wumen)

Wer das Mittagstor passiert, blickt auf fünf weiße Marmorbrücken mit reichem Skulpturenschmuck, die ebenfalls Goldwasser-Brücken heißen.

Goldwasserbrücken (Jin Shui Qiao)

Dahinter ragen drei Tore auf. Das mittlere, das Tor der Höchsten Harmonie, wird von zwei Bronzelöwen, Symbolen der kaiserlichen Macht, flankiert. In dem sich anschließenden riesigen Innenhof versammelten sich bei großen

Tor der Höchsten Harmonie (Taihe Men)

Peking · Beijing

Kaiserpalast, Tor der Höchsten Harmonie (Fortsetzung)

Zeremonien bis zu einigen tausend Personen. Die dazu benötigte Staffage – Zeremonialfächer, Ehrenbanner, Waffen – sowie die Roben und Musikinstrumente wurden in den Seitengebäuden aufbewahrt. Die folgenden drei Hallen stehen auf einer dreistufigen Marmorterrasse, die von einer dreifachen Marmorbalustrade umgeben ist. Drei Treppen führen hinauf. Die mittlere Treppe, die mit einer drachengeschmückten Marmorplatte versehen ist, war ausschließlich dem Kaiser vorbehalten, der in einer Sänfte hinaufgetragen wurde.

Halle der Höchsten Harmonie (Taihe Dian)

In der 35 m hohen Halle der Höchsten Harmonie – auch Thronsaal (Jinluan Dian) genannt, weil sie den prächtig verzierten und vergoldeten Kaiserthron beherbergt – fanden bedeutende Zeremonien wie die Krönung und die Hochzeit des Kaisers sowie Geburtstags- und Neujahrsfeiern statt. Hier verkündete der Herrscher außerdem die Namen der erfolgreichen Absolventen der Palastprüfung. Die Halle ist mit einer Fläche von mehr als 2000 m^2 sicher die größte Holzkonstruktion in China. Viele Ausstattungsgegenstände haben symbolhaften Charakter. Die 18 bronzenen Räuchergefäße zu beiden Seiten des Aufgangs symbolisieren die 18 Provinzen des Kaiserreiches. Die bronzenen Schildkröten und Kraniche verheißen ein langes Leben. Ein Getreidemaß links von der Halle und eine Sonnenuhr rechts stehen für die kaiserliche Gerechtigkeit. Im Innern stützen 24 Säulen, die sich auf die 24 Stunden des Tages beziehen, die reich verzierte Kassettendecke. Die sechs Säulen, die den Thron umgeben, sind mit dem vergoldeten kaiserlichen Drachenmotiv geschmückt.

Halle der Vollkommenen Harmonie (Zhonghe Dian)

Die Halle der Vollkommenen Harmonie befindet sich hinter der Halle der Höchsten Harmonie. Hier ruhte sich der Kaiser aus und nahm die Huldigungen der Zeremonienmeister und Beamten entgegen, bevor er sich in die Halle der Höchsten Harmonie begab. Manchmal kam er auch hierher, um die Berichte und Reden seiner Minister zu lesen. Einmal im Jahr prüfte der Kaiser hier das Saatgut, um eine gute Ernte zu gewährleisten.

Halle der Erhaltung der Harmonie (Baohe Dian)

Die Halle der Erhaltung der Harmonie liegt hinter der Halle der Vollkommenen Harmonie. Sie diente dem Kaiser als Bankettsaal. Vom späten 18. Jh. an wurden hier die kaiserlichen Prüfungen abgehalten. Das untere Ende der Rampe auf der Rückseite der Halle wird vom größten Dachreliefstein des Palastes gebildet. Es handelt sich um eine 250 t schwere Marmorplatte. Der Kaiser wurde über diese Rampe in seiner Sänfte getragen.

Halle der Literarischen Blüte (Wenhua Dian)

Südöstlich der drei Haupthallen erhebt sich die Halle der Literarischen Blüte, die unter der Ming-Dynastie dem Erbprinzen vorbehalten war und von 1644 bis 1911 von den Kaisern als Studierzimmer genutzt wurde. Neben der Halle steht die Kaiserliche Bibliothek (Wenyuan Ge).

Halle der Militärischen Tapferkeit (Wuying Dian)

Im Südwesten von den Haupthallen erblickt man die Halle der Militärischen Tapferkeit, die als Wohnstätte und privater Audienzsaal des Kaisers fungierte.
Die drei Haupthallen bilden zusammen mit den zwei Seitengebäuden den sog. Außenhof, hinter dem sich die 'Inneren Gemächer' mit drei Palästen und zwölf Höfen (sechs links und sechs rechts) verbergen. Hier befanden sich die Privatgemächer der kaiserlichen Familie.

Palast der Himmlischen Reinheit (Qianqing Gong)

Der Palast der Himmlischen Reinheit ist hinter dem gleichnamigen Tor (Qianqing Men) gelegen, das den 'Außenhof' von den 'Inneren Gemächern' trennt. In der Ming-Zeit (1368–1644) residierten hier die Kaiser, aber seit den 30er Jahren des 18. Jh.s nutzten sie die Gebäude für Studien.

Halle der Berührung von Himmel und Erde

Die Halle der Berührung von Himmel und Erde (Jiaotai Dian) liegt zwischen dem Palast der Himmlischen Reinheit und dem Palast der Irdischen Ruhe. Hier krönte man unter den Qing-Dynasten (1644–1911) die Kaiserinnen und feierte ihre Geburtstage. Heute sind in dem Gebäude 25 kaiserliche Siegel, eine Glockenspiel- und eine bronzene Wasseruhr zu sehen.

Kaiserpalast: Bronzelöwe vor dem Tor der Höchsten Harmonie (Taihe Men)

Der Palast der Irdischen Ruhe (Kunning Dong) war zur Ming-Zeit (1368 bis 1644) das Wohn- und Schlafgemach der Kaiserinnen. Unter den Qing (1644–1911) wurden hier Opferriten vollzogen. Die kaiserlichen Paare brachten in der Brautkammer die Hochzeitsnacht zu.

Kaiserpalast (Fortsetzung) Palast der Irdischen Ruhe

Hinter dem Tor der Irdischen Ruhe (Kunning Men) erstreckt sich der 130 m breite und 90 m lange Garten, der ein schönes Beispiel für die chinesische Gartenbaukunst darstellt. Alte Kiefern, künstliche Hügel, üppige Bambushaine, seltene Blumen und graziöse ming-zeitliche (1368–1644) Pavillons bilden eine harmonische Gartenlandschaft. In der Mitte des Gartens befindet sich die Halle des Kaiserlichen Friedens (Qin'an Dian), deren Eingang von zwei Einhörnern bewacht wird.

Kaiserlicher Garten (Yuhuayuan)

Um die sechs westlichen Höfe reihen sich ebensoviele Paläste, in denen die Kaiserinnen, die Konkubinen und die Prinzen lebten. Offiziell durfte ein Kaiser drei Gattinnen, sechs Lieblingsfrauen und 72 Konkubinen haben, aber manche hielten sich bis zu 3000 Frauen.

Westliche Sechs Paläste (Xiliu Gong)

Die Sechs Paläste in den sechs östlichen Höfen werden heute als Museen genutzt. Sie enthalten Sammlungen von hohem geschichtlichen, archäologischen und kulturellen Wert: Gemälde, Keramiken, Bronzegefäße, Schmuck, kunsthandwerkliche Gegenstände und alte Uhren.

Östliche Sechs Paläste (Dongliu Gong)

Der nordöstliche Teil des Kaiserpalastes wird ganz von dem Palast des Altwerdens in Frieden eingenommen. Hier verbrachte der Qianlong-Kaiser die letzten Lebensjahre, nachdem er sich zur Ruhe gesetzt hatte. Die vielhöfige Anlage mit eigenem Garten und eigenem Theater birgt heute einen Teil der Kunstsammlungen (u. a. Tuschmalerei), darunter die kaiserliche Schatzkammer. Diesen Teil des Kaiserpalastes erreicht man durch das Tor Xiping Men, neben dem sich die 30 m lange Neun-Drachen-Mauer (Jiulong Bi) entlangzieht.

Palast des Altwerdens in Frieden (Ningshou Gong)

Weitere Sehenswürdigkeiten im Stadtzentrum

*Kohle- und Aussichtshügel (Jingshan Gongyuan)

Der Kohle- und Aussichtshügel liegt dem Nordtor des Kaiserpalastes genau gegenüber. Unter den Ming-Kaisern (1368–1644) wurde an seinem Fuß Kohle gelagert, daher seine Bezeichnung als Kohlehügel (Meishan). Im Jahr 1416, während der Errichtung des Kaiserpalastes, wuchs die ursprünglich niedrige natürliche Erhebung durch Anhäufung von Bauschutt der alten Stadtmauer und Erdmassen, die bei den Aushebungen der Wassergräben um die Kaiserpaläste anfielen, in die Höhe.

An seinem südöstlichen Fuß befindet sich noch die alte Akazie, an der sich der letzte Ming-Kaiser am 17. März 1644 erhängt haben soll.

Pavillon des Ewigen Frühlings (Wanchun Ting)

Vom Qianlong-Kaiser (Reg. 1735–1796) wurden auf den fünf Hügelkuppen Pavillons errichtet, die sich bis heute erhalten haben. Der mittlere und zugleich höchste heißt Pavillon des Ewigen Frühlings. Von hier aus bietet sich ein malerischer Ausblick auf das Stadtzentrum und den Kaiserpalast.

Halle der Kaiserlichen Langlebigkeit

Im Norden der zum Kohlehügel gehörenden Parkanlage steht die Halle der Kaiserlichen Langlebigkeit (Shouhuang Dian), ebenfalls vom Qianlong-Kaiser errichtet.

**Nord-See-Park (Beihai Gongyuan)

Der 680 000 m² große Nord-See-Park, nordwestlich des Kaiserpalastes und westlich des Kohlehügels gelegen, ist einer der ältesten kaiserlichen Gärten in Peking. Er wurde zu Beginn des 10. Jh.s angelegt. Sein Name geht auf den hier gelegenen Beihai, den Nord-See, zurück, dessen Name daher kommt, daß sich im Süden der Zhonghai (Mittlere See) und der Nanhai (Süd-See) anschließen (beide Seen für die Öffentlichkeit gesperrt). Am Süd-See befindet sich der Sitz des Staatsrates und des Zentralkomitees der Kommunistischen Partei.

Im 12. Jh. ließen die Herrscher der Jin den großen See der Westlichen Blume (Xihua Tan) ausheben, die Insel der Erlesenen Jade aufschütten und darauf den Palast Guanghan Gong errichten. Die an der Südspitze des Sees gelegene Runde Stadt bildete das Zentrum der yuan-zeitlichen (1271–1368) Hauptstadt Dadu. Viele der heute noch erhaltenen Gebäude stammen vom Qianlong-Kaiser (Reg. 1735–1796).

Der von einer hohen Mauer umgebene Park hat sich zu einem bevorzugten Ausflugsziel Pekings entwickelt. Er ist durch drei Tore, das Süd-, Nord- und Osttor, zugänglich.

Residenz des Prinzen Gong (Gongwangfu)

Westlich des mittleren der Drei Nördlichen Seen (Shicha Hai) liegt diese bedeutende alte Prinzenresidenz, die nach ihrem früheren Besitzer, dem Mandschuprinzen Gong (1833–1898), benannt ist. Prinz Gong war eine der wichtigsten Politikerpersönlichkeiten des 19. Jh.s. Erhalten blieb lediglich der Garten. Mit seinen Pavillons, künstlichen Felsgebirgen, Ziersteinen und Wandelgängen sowie einem Teich ist er das bedeutendste Beispiel chinesischer Gartenkunst in Pekings Altstadt. Ein besonderes Schmuckstück der Anlage ist das heute wieder zu Opernaufführungen genutzte Privattheater des Prinzen.

Residenz Song Qingling (Song Qingling Guju)

Am Ostufer des mittleren der Drei Nördlichen Seen befindet sich jenseits einer hohen Mauer die großzügige Residenz Song Qinglings (1893–1981), in der die Witwe des Republikgründers Sun Yat-sen 18 Jahre bis zu ihrem Tod lebte. Die in den sechziger Jahren des 20. Jh.s neu erbauten Wohn- und Amtsräume – Song Qingling hatte nach 1949 bedeutende politische Funktionen – dienen heute als Museum (geöffnet tgl. 9.00–16.00 Uhr) zu Leben und Werk dieser wichtigen Idendifikationsfigur des neuen China.

Wohnhaus von Mei Lanfang (Mei Lanfang Guju)

Mei Lanfang (1894–1961), der berühmte Star der Pekingoper, war auf den Rollentyp der Frau spezialisiert. Die letzten zehn Jahre seines Lebens verbrachte er in dieser 700 m² großen, klassischen Pekinger Hofhausanlage westlich der Residenz des Prinzen Gong. Exponate informieren über Leben und Werk des Künstlers. Ein Teil der originalen Einrichtung blieb erhalten. Geöffnet Di.–So. 9.00–12.00, 13.00–16.30 Uhr; geschlossen 1. Nov.–15. Apr.

Peking · Beijing

Das Wohnhaus des berühmten Literaten und Historikers Guo Moruo, in dem dieser von 1963 bis zu seinem Tod 1978 lebte, zeigt den traditionellen Pekinger Hofhausstil. Es liegt unweit des Nordtors des Nord-See-Parks. Die Anlage mit ihren zwei Höfen ist von mittlerer Größe und sehr gepflegt. Die Wohnräume mit der teils chinesischen, teils traditionellen Ausstattung sind zu besichtigen (geöffnet Di. – So. 9.00 – 16.00 Uhr).

Wohnhaus Guo Moruos
(Guo Moruo Gufu)

Nahe beim Südtor gelangt man zunächst zu dem von einer 5 m hohen Mauer (15. Jh.) umschlossenen, 4500 m² großen Runden Fort aus der Yuan-Zeit (1271 – 1368). Die heutigen Gebäude gehen auf die Regierungszeit (1735 – 1796) des Qianlong-Kaisers zurück.

*Rundes Fort
(Tuancheng)

Hauptattraktion der Anlage ist die Halle der Erleuchtung aus dem Jahr 1690. Eine Nische im hinteren Palastteil birgt eine wunderschöne, 1,5 m große sitzende Buddha-Skulptur, die aus einem einzigen weißen Jadeblock gefertigt ist. Sie soll in der Regierungsperiode Guangxu (1875 bis 1908) von Birma nach Peking gebracht worden sein und wurde durch alliierte ausländische Truppen im Jahr 1900 am linken Arm beschädigt.

Halle der Erleuchtung
(Chengguang Dian)

Vor der Halle der Erleuchtung steht ein Pavillon, der ein großes, schwarzes Jadegefäß aus dem frühen 12. Jh. hütet. Es ist 60 cm hoch, hat einen Durchmesser von 1,5 m, wiegt 3500 kg und ist mit Darstellungen von Drachen und Meerestieren verziert. Man entdeckte es 1745; vier Jahre später ließ der Qianlong-Kaiser zu seiner Aufbewahrung den Pavillon errichten. Nach Meinung von Archäologen handelt es sich um das größte Jadegefäß, das je in China gefunden wurde. Der Überlieferung nach diente es Kublai Khan zur Lagerung von Wein.

Über die Brücke des Ewigen Friedens (Yong'an Qiao), die noch aus der Yuan-Zeit (1271 – 1368) stammt, erreicht man die Insel der Erlesenen Jade, auf der einst der unter dem Mongolenherrscher Kublai Khan erbaute Palast Guanghan Gong stand. 1651 wurde über dessen Ruinen der Tempel des Ewigen Friedens erbaut, dessen Gebäude sich den Hügel entlangziehen. Auf dem Weg hinauf passiert man die Halle Shanyin Dian mit gelben und grünen Glasurziegeln und 455 Nischen mit Buddha-Darstellungen.

Insel der Erlesenen Jade
(Qionghua Dao)

Tempel des Ewigen Friedens
(Yong'an Si)

Dahinter erhebt sich die 40 m hohe Weiße Pagode in tibetischem Stil, ebenfalls 1651, anläßlich des Besuchs des Dalai Lamas in Peking errichtet. Die Pagode wurde 1679 durch ein Erdbeben zerstört, einige Jahre später wieder aufgebaut und unter dem Qianlong-Kaiser restauriert. An ihrer Südseite ist eine Nische mit rotem Emblem zu sehen, die vermutlich zur Aufbewahrung heiliger Gegenstände diente.

Weiße Pagode
(Baita)

Überdachte Stufen führen den Nordhang hinab zum ebenfalls überdachten, mit Malereien reich verzierten Wandelgang Yilan Tang.
Hier ist auch das Fangshan-Restaurant untergebracht, in dem die Spezialitäten der ehemaligen kaiserlichen Küche angeboten werden.
Im Südwesten der Insel ist noch der Pavillon zum Lesen der Klassiker (Yuegu Lou) sehenswert, der eine Sammlung von Kalligraphien enthält.

Wandelgang
Yilan Tang

Mit einem Fährboot gelangt man zum Nordufer des Sees, wo zuerst die Fünf-Drachen-Pavillons aus dem Jahr 1602 zu sehen sind, die durch Steinbrücken miteinander verbunden sind.

Fünf-Drachen-Pavillons
(Wulong Ting)

Nördlich davon steht die Halle Zhenguan mit der Eisernen Mauer, die auf die Yuan-Zeit zurückgeht. Sie besteht aus Vulkangestein und ist fast 2 m hoch und 3,5 m lang.

Eiserne Mauer
(Tieying Bi)

Weiter westlich liegt der Pavillon des kleinen westlichen Himmels (Xiaoxitian) aus der Qianlong-Periode, nördlich davon der Botanische Garten und der Zehntausend-Buddha-Turm (Wanfo Lou).

Die Neun-Drachen-Mauer (1417) im Norden ist 5 m hoch und 27 m lang und mit neun Drachen-Darstellungen in sieben Farben geschmückt.

Neun-Drachen-Mauer

An der nördlichen Ecke des Sees findet sich der Altar der Seidenraupe (Can Tan). Weiter südlich folgen das Studio auf bemaltem Boot (Huafang Zhai) und der Pavillon zwischen den Flüssen Hao und Pu (Haopu Ting), beide aus der Qianlong-Periode.

Der gut besuchte Park, südwestlich des Kaiserpalastes, wurde 1914 der Öffentlichkeit zugänglich gemacht, seit 1928 heißt er Sun-Yat-sen-Park.

Sun-Yat-sen-Park
(Zhongshan Gongyuan)

Peking · Beijing

Sun-Yat-sen-Park (Fortsetzung)

Auf diesem Gelände ließ der Yongle-Kaiser 1421 den Altar der Erde und Ernten (Sheji Tan) errichten. Hier opferten fortan die Kaiser zweimal im Jahr, im Frühjahr für eine gute Ernte und im Herbst als Dank.

Die quadratische Altarterrasse, die mit Erde in den Farben der fünf Weltgegenden bedeckt und von einer in den entsprechenden Farben glasierten Balustrade umgeben ist, blieb ebenso erhalten wie die nach Norden anschließende große Opferhalle. Nachdem Sun Yat-sen hier zeitweilig aufgebahrnt worden war, wurde sie 1928 in Sun-Yat-sen-Halle umbenannt. Sie gilt mit ihren 550 Jahren als die älteste, guterhaltene Holzkonstruktion von Peking.

Der Pavillon zur Einübung der Zeremonien (Xili Ting) im Süden des Areals unterstand einst der Zeremonienkammer.

Das weiße Tor war ursprünglich dem Andenken an den im Boxeraufstand ermordeten Baron von Ketteler gewidmet. Nach der Niederlage der Deutschen im Ersten Weltkrieg änderte man die Inschrift in "Die Gerechtigkeit siegt" und dann in "Verteidigt den Frieden", kalligraphiert von Guo Moruo.

Stelenpavillon (Lanting Bei Ting)

Im nahegelegenen Stelenpavillon ist eine Stele aus dem 18. Jh. zu besichtigen, die ursprünglich im Garten der Vollkommenheit und des Lichts (Yuanmin Yuan) stand.

Kulturpark der Werktätigen (Laodong Renmin Wenhuagong)

Südöstlich vom Kaiserpalast erstreckt sich der Kulturpark der Werktätigen, der auf den kaiserlichen Ahnentempel zurückgeht, den der Yongle-Kaiser 1420 errichten ließ. Er steht heute der Bevölkerung für Freizeit- und Kulturzwecke zur Verfügung; Kino- und Theateraufführungen, Ausstellungen und Konzerte finden hier statt, außerdem gibt es Sportmöglichkeiten.

Vom Südtor gelangt man durch ein dreibogiges Tor und das Tor Daji Men zum eigentlichen Tempelbereich mit drei hintereinander angeordneten Hallen. In der Vorderen Halle (Taimiao) fanden die Zeremonien der Ahnenverehrung statt, in der Mittleren Halle (Zhongdian) wurden die Ehrentafeln der verstorbenen Kaiser aufbewahrt – die Tafeln brachte man nur für die Zeremonien in die Vordere Halle –, und die Hintere Halle (Houdian) bildet den Abschluß der Tempelanlage.

Einkaufsstraßen

Außer dem Freundschaftsladen im Osten der Stadt (Jianguomenwai Dajie 21) und dem berühmten Seidengeschäft beim Nordeingang zum Himmelstempel sind für den Erwerb von Seide, Tee, Porzellan, kunstgewerblichen Artikeln, Kunstgegenständen und Antiquitäten folgende Einkaufsstraßen empfehlenswert: die Wangfujing Dajie östlich des Kaiserpalastes, wo verschiedene große Warenhäuser und Kunstgalerien versammelt sind; die Xidan Beidajie, westlich des Kaiserpalastes gelegen; die Qianmen Dajie südlich der Verbotenen Stadt mit der berühmten Apotheke Tongrentang, die über viele chinesische Heilmittel verfügt; die im Ming-Stil wiederaufgebaute Liulichang, die traditionelle Straße des Kunst-, Kunstgewerbe- und Antiquitätenhandels mit reichem und lohnenden Angebot.

Nationalgalerie (Zhonguo Meishuguan)

Die größte Kunsthalle der Stadt, gegenüber vom Nordende der Einkaufsstraße Wangfujing gelegen, wurde zum zehnjährigen Staatsgründungsjubläum im Jahr 1959 errichtet. Zu sehen sind ausschließlich Wechselausstellungen – meist mehrere gleichzeitig –, in denen vorwiegend das aktuelle chinesische Kunstschaffen, zuweilen aber auch ausländische Kunst präsentiert wird. Künstler können die Säle mieten, um ihre Werke zu verkaufen. Neben Öl- und Tuschbildern werden auch Fotografien, Kalligraphien, Lackarbeiten sowie Keramik und andere Beispiele plastischer Kunst ausgestellt.

Ehemaliges Gesandtschaftsviertel

Östlich vom Tiananmen-Platz blieben an der Straße Dongjiaomin Niang (einst Legation Street) sowie an den quer dazu verlaufenden Straßen Zhengyi Lu (einst Rue Meiji) und Taijichang Jie (einst Rue Marco Polo) einige bedeutende Zeugen der imperialistischen Ära erhalten. Nachdem England und Frankreich im 2. Opiumkrieg das Recht durchgesetzt hatten, in Peking ständige Gesandtschaften zu errichten, entstand hier das erste Diplo-

Peking · Beijing

matenviertel der Hauptstadt. Die ursprünglichen Bauten wurden jedoch im Boxeraufstand des Jahres 1900 zerstört, danach entstand das Viertel fast völlig neu. Chinesen durften hier nicht mehr wohnen, chinesische Polizei hatte keinen Zutritt. Zentrum ist die zweitürmige französische Kathedrale St Michel im neugotischen Stil (Kreuzung Taijichang Jie/Dongjiaomin Xiang). Nördlich davon blieb das Haus des einstigen Pekinger Club erhalten. Südlich gegenüber der Kathedrale stehen noch die Gebäude der belgischen Gesandtschaft, der einzigen, die noch ihr altes Aussehen wahrt. An der Nordseite der nach Westen führenden Legation Street ist ein Tor zu sehen, das zur französischen Gesandtschaft gehörte; westlich davon befindet sich das alte Postamt des Viertels. Der Altbau an der Ecke zur Zhengyi Lu entstand als Filiale der Yokohama Species Bank. Entlang der Zhengyi Lu stehen noch das zur einstigen japanischen Gesandtschaft gehörende Tor – auf dem Gelände befindet sich nun das Pekinger Rathaus – sowie gegenüber, im chinesischen Stil, Gebäude der britischen Gesandtschaft. Weiter nach Westen entlang der Donjiaomin Xiang sind gegenüber vom Neubau des Obersten Gerichtshofs alte Bankgebäude sowie rechter Hand hinter der nächsten Querstraße das einstige französische Hospital zu sehen.

Ehemaliges Gesandschaftsviertel (Fortsetzung)

Das in den Gassen nördlich des International Hotel versteckte buddhistische Heiligtum geht auf das Jahr 1444 zurück und bildet eines der bedeutendsten original-mingzeitlichen Gebäudeensembles der Altstadt. Im ersten Hof stehen Glocken- und Trommelturm. Hinter dem folgenden Haupttor erhebt sich die Haupthalle. Jenseits des nächsten (dritten) Hofes steht das kunsthistorisch wichtigste Bauwerk der Anlage, die zweigeschossige Tathagata-Halle (Rulai Dian), benannt nach der Darstellung eines transzendenten Buddha (= Tathagata), die sie birgt. Eine weitere Bezeichnung des Baus lautet "10000-Buddha-Halle" nach den zahlreichen (ursprünglich etwa 9000) kleinen Buddhafiguren, deren Schreine die Wände bedecken. Der Bildschmuck stammt noch aus der Bauzeit des Tempels. Den prächtigen Mittelteil der Kassettendecke verkauften die Mönche in den dreißiger Jahren des 20. Jh.s in die USA.

Tempel Zhihua Si

Sehenswürdigkeiten außerhalb des Stadtzentrums

Der Himmelstempel (geöffnet tgl. 8.00–17.00 Uhr) im Süden der Stadt ist eine von üppiger Vegetation umgebene Sakralanlage aus dem Jahr 1420. Die Anlage symbolisiert mit ihrem südlichen rechteckigen Abschnitt und dem halbkreisförmigen nördlichen Erde und Himmel. Am Tag der Wintersonnenwende bestieg der Kaiser nach dreitägigen Meditationen und Fasten den Himmelsaltar, um den Himmel in einer feierlichen Zeremonie um eine reiche Ernte zu bitten und Opfer darzubringen.

✲✲ Himmelstempel (Tiantan)

Der 1530 erbaute Altar des Himmelsrunds besteht aus drei übereinanderliegenden weißen Marmorterrassen, die das Dreigestirn "Mensch–Erde–Himmel" versinnbildlichen. Das Architekturmaß beruht auf der Zahl 9, der wichtigen Himmelszahl. So reicht die Anzahl der Steine der Ringe des Altars von 9, 18, 27 usw. bis 243.

Altar des Himmelsrunds (Huanqiu Tan)

Über einen erhöht angelegten Weg erreicht man die 1530 errichtete und 1752 wiederaufgebaute Halle des Himmelsgewölbes, die mit einem konischen Dach aus blauen Ziegeln gedeckt ist. Hier stehen die für den Opferkult benötigten Tafeln des Himmels und der Amtsvorgänger, in den Seitenhallen darüber hinaus die Tafeln der Gestirne und der meteorologischen Erscheinung. Die Umfassungsmauer des Tempels läßt selbst sehr leise Stimmen widerhallen, daher kommt ihr Name Echomauer (Huiyin Bi).

Halle des Himmelsgewölbes (Huangqiongyu)

Vor der Halle sind außerdem drei außergewöhnliche Echosteine zu finden, auf denen durch den unterschiedlichen Abstand zur Halle ein ein-, zwei- oder dreifaches Echo entsteht.

Ein marmorner Dammweg führt anschließend zur Halle des Erntegebets. Sie wurde 1420 auf dem Altar des Ernteopfers erbaut, 1545 restauriert, 1889 durch einen Blitzschlag zerstört und ein Jahr später wieder aufge-

Halle des Erntegebets (Qinian Dian)

Peking · Beijing

Himmelstempel, Halle des Erntegebets (Fortsetzung)

baut. Hier betete der Kaiser für eine gute Ernte. Das 38 m hohe Bauwerk mit einem Durchmesser von 30 m ist, wie in der chinesischen Holzbauweise üblich, ohne Verwendung von Nägeln erbaut. Es erhebt sich auf einer dreistufigen Marmorterrasse mit Balustraden und weist ein ebenfalls dreistufiges Dach mit 50000 blauen Glasurziegeln auf. Das Bauwerk wird von 28 symbolträchtigen Säulen getragen, die sich in drei Kreisen anordnen. Die vier großen Säulen in der Mitte, die Drachenbrunnensäulen, versinnbildlichen die vier Jahreszeiten, die je zwölf kleineren des zweiten und dritten Kreises stehen für die zwölf Monate und, nach einer alten chinesischen Tradition, für die zwölf Tagesabschnitte.

Im Zentrum der Halle sieht man am Boden eine Marmorplatte, den Drachen- und Phönixstein, der kaiserliche Symbole darstellt.

Ackerbaualtar (Xiannong Tan)/ Museum für chinesische Architektur (Jianzhu Bowuguan)

Die nach dem Himmelsaltar einst flächengrößte der kaiserlichen Altaranlagen liegt diesem westlich der Pekinger Nord-Süd-Achse gegenüber (heutiger Zugang von Norden). Hier eröffnete der Kaiser einst im Fühjahr die Ackerbausaison, indem er acht Furchen persönlich pflügte. Der größte Teil des Geländes wurde in den letzten Jahrzehnten bebaut. Unter den erhalten gebliebenen Gebäuden kann derzeit nur die Halle der Jahresgötter (Taisui Dian) mit den dazugehörigen Nebengebäuden besichtigt werden. In diesem mit humusschwarz glasierten Ziegeln gedeckten größten Hallenbau des Areals opferte der Kaiser dem Gott des jeweiligen Jahres und bat um eine gute Ernte. Heute ist hier das Museum für chinesische Architektur (geöffnet Di.–So. 9.00–16.00 Uhr) untergebracht. Modelle, Zeichnungen und Fotografien informieren über Stilformen, Stilwandel und Konstruktion von traditionellen chinesischen Hallenbauten, aber auch von Brücken und anderen Bauwerken.

Park Taoranting Gongyuan

Bereits im 3. Jh. v. Chr. befanden sich auf diesem Gelände (westlich des Himmelstempels gelegen) Wohnstätten. Schon in der Liao-Zeit (947 bis 1125) gab es einen Park. Während der Yuan-Dynastie (1271–1368) baute man hier das Kloster der Güte und des Mitleids (Cibei An), und 1695 ließ der Beamte Jiang Zao daneben den Pavillon Taoran Ting in Anlehnung an ein Gedicht von Bai Juyi (772–846) erbauen, wonach der Park benannt wurde. In der Qing-Periode (1644–1911), als die Anlage bereits öffentlich zugänglich war, bildete sie einen beliebten Treffpunkt für Dichter. 1952 wurde der Park umfassend erneuert.

Das Kloster und der Pavillon befinden sich zwischen den beiden Seen des Parks. Im Innenhof des Klosters sind zwei buddhistische Säulen (1099 und 1131) und eine Guanyin-Stele aus dem Jahr 1663 zu sehen. Südwestlich des Tempels stehen zwei Pavillons aus der Qianlong-Zeit (Reg. 1735 bis 1796), die 1954 hierhergebracht wurden.

*Moschee in der Rindergasse (Niujie Qingzhen Si)

Die Moschee in der Rindergasse, die größte und älteste Pekings, liegt in einem islamischen Viertel im Südwesten der Stadt, ca. 2 km westlich des Himmelstempels. Sie wurde im Jahr 995 von zwei Arabern gegründet. Unter den drei Dynastien Yuan, Ming und Qing (13.–19. Jh.) baute man sie mehrfach um. Seit 1949 ist sie wiederholt restauriert worden.

Auf einer Fläche von gut 6000 m² stehen mehrere Bauten: die Gebetshalle, das Minarett (Bangge Lou), ein sechseckiger Mondbeobachtungsturm (Wangyue Lou) und zwei Pavillons mit zahlreichen Stelen, in die arabische und chinesische Inschriften eingraviert sind. Die Gebäude aus Ziegel und Holz entsprechen in ihrer äußeren Gestaltung dem klassischen chinesischen Stil, während die Innenausstattung arabisch ist.

*Tempel der Quelle des Gesetzes (Fayuan Si)

Der Tempel der Quelle des Gesetzes (geöffnet Do.–Di. 8.30–11.30 und 13.30–16.30 Uhr), etwa 500 m östlich der Moschee, stammt aus dem Jahre 645. Seinen heutigen Namen erhielt er erst 1734. Die Anlage setzt sich aus mehreren Hallen zusammen, in denen wichtige Steininschriften aufbewahrt werden, wovon die ältesten im 7. Jh. entstanden. Im Lauf der Geschichte war der Tempel Schauplatz wichtiger Ereignisse: Eine Zeitlang wurde hier der Song-Kaiser Huizong (1100–1156) festgehalten; 1173 fand

Peking · Beijing

eine kaiserliche Prüfung zur Vergabe höchster Staatsämter statt; 1289 funktionierte man den Tempel in ein Privatgefängnis für den ehemaligen Minister Xie Fang um. Unter den Qing (1644–1911) glich er einem botanischen Garten. Gegenwärtig wird er als Kultstätte genutzt, ist jedoch auch Sitz der Buddhistischen Akademie, der bedeutendsten buddhistischen Lehranstalt in China. – Im ersten Hof sieht man den Glocken- und den Trommelturm.

In der Halle sind die vier Himmelskönige (Tianwang Dian), eine Maitreya- und eine Weituo-Statue zu sehen.

Die Halle enthält den Buddha der Gegenwart, der Vergangenheit und der Zukunft sowie 18 Luohan-Figuren.

Zu den wertvollsten Objekten des Tempels gehört die Keramikstatue aus der Östlichen Han-Dynastie (25–220) in der Halle Dabianjue Tang.

Tempel der Quelle des Gesetzes (Fortsetzung)

Halle der Himmelskönige

Mahavira-Halle (Daxiong Baodian)

Halle Dabianjue Tang

Die Südliche Kathedrale befindet sich in der Xuanwumendong Dajie. Das heutige Gebäude wurde 1904 nach dem Vorbild des Gotteshauses rekonstruiert, das 1650 der deutsche Jesuit Johann Adam Schall von Bell mit finanzieller Unterstützung des Kaisers errichtet hatte. Hier werden regelmäßig Gottesdienste abgehalten, denen viele Ausländer beiwohnen.

Südliche Kathedrale (Nantang)

Gut 2 km weiter westlich liegt das bedeutende daoistische Tempelkloster der Weißen Wolken (geöffnet 8.30–17.00 Uhr). Es wurde 1227 auf Geheiß Dschingis Khans zu Ehren des daoistischen Gelehrten Qiu Chuji (1148 bis 1227) gegründet, dessen Weisheit ihn beeindruckt hatte. Heute befindet sich hier der Sitz der Chinesischen Daoistenvereinigung. Entlang der Hauptachse reihen sich jenseits eines Schmucktors und des inneren Tors vier Höfe mit Hallen. In der ersten Halle steht eine Wächterfigur, in der zweiten thront der Jadekaiser, die höchste Gottheit des Daoismus, umgeben von Stern- und Himmelsgöttern. Die dritte Halle zeigt Figuren von sieben Heiligen, während die letzte zweigeschossige Halle eine Art Mausoleum für Qiu Chuji (Beiname: Changchun) darstellt. Seine Gebeine ruhen unter seinem Standbild im Erdgeschoß, während im Obergeschoß die Drei Reinen, Hochgötter der daoistischen Religion, verehrt werden. Die kleineren Hallen der westlichen Nebenhöfe sind unter anderem Muttergottheiten – für Fruchtbarkeit, schmerzlose Geburt und Gesundheit des Nachwuchses zuständig –, bedeutenden Konfuzianern sowie den sechzig Jahresgöttern – für die Geburtsjahrgänge des chinesischen Sechzigerzyklus – geweiht. Im Klostergarten, ganz im Norden der Anlage, sind unter anderem eine Ordinationsterrasse sowie zwei farbige Wandbilder – Darstellungen des daoistischen Pantheons und der acht Unsterblichen beim Überqueren des Meeres – zu sehen.

Tempel der Weißen Wolken (Baiyun Guan)

In dem sinostalinistischen Monumentalbau (nordwestlich des Tempels der Weißen Wolken) wird mit Gemälden, Modellen, historischen Fotos und Schlachtplänen Chinas Militärgeschichte der letzten 3000 Jahre nachgezeichnet – die vormoderne Zeit im 2. Obergeschoß des (linken) Westflügels, die Kriege des 20. Jh.s um ganzen Ostflügel. Gegenüber dem Eingang befindet sich die große Waffenhalle, in der Geräte der Gegenwart, darunter Panzer und Flugzeuge, zu sehen sind. Geöffnet 8.30–17.30 Uhr

Militärmuseum (Zhonguo Junshi Bowuguan)

Vom alten Peking aus Richtung Abend gesehen, also in der westlichen Vorstadt, liegt der Mondaltar. Dieser kleinste unterr Pekings kaiserlichen Altären wurde im Jahr 1530 angelegt. Die quadratische Altarterrasse ist gemäß der Yin-Qualität des Mondes sechsstufig sowie gemäß der zugeordneten Westrichtung von Osten her zu betreten, so daß der Opferritus in Richtung Westen vollzogen wurde. Neben der Altarterrasse blieben auch die Hallen zur Aufnahme der Geistertafeln von Mond und Sternen sowie des Zeremonialgeräts erhalten.

Mondaltar (Yuetan)

Der Tempel der Allgemeinen Nächstenliebe (nicht zugänglich), an der Fuchengmennei Dajie gelegen, ist eine Gründung aus dem 12. Jh. und wurde 1457 umfassend ausgebaut. In den 30er Jahren fiel er einem ver-

Tempel der Allgemeinen Nächstenliebe (Guangji Si)

347

Peking · Beijing

Tempel der Allgemeinen Nächstenliebe (Fortsetzung)

heerenden Brand zum Opfer, und nach und nach baut man ihn wieder auf. Beachtenswert ist vor allem die Halle Yuantong Baodian, die Guanyin geweiht ist. Der Tempel ist heute Sitz der Buddhistischen Gesellschaft.

Tempel der Weißen Pagode (Baita Si)

Westlich des Tempels der Allgemeinen Nächstenliebe steht dieser Tempel mit der 50 m hohen Weißen Pagode, der vom Ende des 11. Jh.s stammt und 1270/1271 von Kublai Khan nach den Entwürfen eines nepalesischen Architekten restauriert wurde. Er brannte jedoch einige Jahre später nieder und wurde erst 1457 wieder aufgebaut. Bei der Restaurierung von 1978 fand man in der Spitze der Pagode zahlreiche Kultgegenstände und Schriftrollen, die heute im Tempel ausgestellt sind.

Museum Lu Xun (Lu Xun Bowuguan)

Das Museum Lu Xun Bowuguan (geöffnet Di. – So. 8.30 – 11.00 und 13.30 bis 5.30 Uhr), unweit des Tempels der Weißen Pagode gelegen, zeigt Briefe, Tagebücher, Handschriften und eines der wenigen Exemplare des Gesamtwerks des Dichters Lu Xun (→ Berühmte Persönlichkeiten). Die Ausstellung gliedert sich entprechend den Lebensdaten des Dichters in vier Abteilungen: Kindheit und Ausbildung sowie erste Übersetzungen (1881 – 1909), Reisen und frühe Schriften (1909 – 1927), Aufenthalt in Shanghai (1927 – 1936) und der Einfluß des Werkes.
Neben dem Museum befindet sich das Haus, in dem Lu Xun von 1924 bis 1926 lebte. Es ist ein in traditionellem Stil gehaltenes Gebäude, das noch mit den Originalmöbeln ausgestattet ist.

Xu-Beihong-Museum (Xu Beihong Jinianguan)

Der 1953 verstorbene Maler Xu Beihong ist vor allem für seine in traditioneller Tuschtechnik ausgeführten Pferdebilder bekannt, die seither immer wieder imitiert werden. Xu, der unter anderem in Paris studierte, verwendete jedoch auch westliche Maltechiken. Das 1983 fertiggestellte Museum (geöffnet Di. – So. 9.00 – 12.00, 13.00 – 16.00 Uhr), das südlich der U-Bahnstation Jishuitan liegt, verfügt über 1200 Bilder des Meisters und über 10 000 von ihm gesammelte Gemälde anderer Künstler.

*Pekinger Zoo (Beijing Dongwuyuan)

Der Zoo (geöffnet 7.30 – 17.00 Uhr), im Nordwesten Pekings gelegen, besitzt gegenwärtig etwa 3000 Tiere, die über 400 Arten angehören, darunter auch den mandschurischen Tiger und der Stumpfnasenaffe. Sehr sehenswert ist das Panda-Haus.

Tempel der Fünf Pagoden (Wuta Si)

Jenseits des Nanchang-Flusses, nördlich vom Zoo blieb von dem im 15. Jh. gegründeten Tempel Zhenjue Si der Hauptbau erhalten, eine steinerne, mit zahllosen Reliefs geschmückte Diamantthronpagode im indischen Stil. Da sich auf ihrem hohen Sockel fünf kleinere Pagoden erheben, nennt man die Anlage heute stets Tempel der Fünf Pagoden. Auf dem Gelände befindet sich heute das Pekinger Steinschriftenmuseum. Unter anderem sind hier zahlreiche lateinisch-chinesische Grabsteine von Jesuiten zu sehen, die im 18. bis 19. Jh. in Peking wirkten.

Purpurbambus-Park (Zizhu Yuan)

Bereits in der Yuan-Dynastie (1271 – 1368) wurden die drei Seen hier ausgehoben und das Wasser über den Kanal Changhe nach Peking geleitet. Nordwestlich des Parks, am anderen Ufer des Kanals steht seit 1557 der Tempel Wanshou Si. Hier ist heute ein kleines Kunstmuseum (Beijin Yishu Bowuguan) untergebracht.

Tempel der Großen Glocke (Dazhong Si)

Im Tempel der Großen Glocke (geöffnet 9.00 – 16.30 Uhr), im Norden der 3. Ringstraße gelegen, befindet sich eine Sammlung von 160 alten Glokken, darunter eine der größten der Welt. Diese ist 6,75 m hoch, hat eine Durchmesser von ca. 3,5 m und wiegt 46,5 t. Sie wurde während der Regierungsperiode Yongle (1402 – 1424) aus Bronze gegossen. Ihr Korpus ist mit Sutrentexten im Umfang von 227 000 Schriftzeichen bedeckt.

Trommelturm (Gulou)

Der Trommelturm, knapp 2 km nördlich des Kaiserpalastes, stammt aus dem Jahr 1420. Hier wurde nachts die Trommel geschlagen, um den Wechsel der Nachtwachen anzuzeigen.

Peking · Beijing

Nördlich des Trommelturms erhebt sich der Glockenturm von 1420. Seine Glocke gab den Einwohnern der Stadt die Zeit an. Der Glockenturm schließt die 13 km lange Nord-Süd-Achse Pekings im Norden an.

Glockenturm (Zhonglou)

Der Lamatempel (geöffnet Di. – So. 9.00 – 16.30 Uhr) im Nordosten ist einer der attraktivsten und besterhaltenen Tempel Pekings. Er entstand 1744/ 1745 durch Umwandlung einer Prinzenresidenz. Es handelte sich dabei um ein kaiserliches Projekt – daher die kaisergelben Dachziegel –, dessen politischer Sinn darin bestand, dem Lamaismus als Religion des zuvor einverleibten Tibet eine offizielle Heimstatt in der Hauptstadt zu geben. Die Anlage ist entsprechend großzügig dimensioniert sowie mit kostbaren und monumentalen Bildwerken ausgestattet. Man betritt den Tempel durch das Südtor und gelangt nach dem Garten in einen Hof mit (links) dem Trommelturm, (rechts) dem Glockenturm und zwei Stelenpavillons.

✽✽Lamatempel (Yonghe Gong)

Auf dem weiteren Weg wird die erste der fünf wichtigen Hallen, die Halle der Himmelskönige, erreicht, in der eine Maitreya-Statue, umgeben von den vier Himmelskönigen, aufgestellt ist. Diese sind mit symbolischen Gegenständen versehen: der Osthimmelskönig mit einer Pipa, der Südhimmelskönig mit einem Schwert, der Westhimmelskönig mit einer Schlange und der Nordhimmelskönig mit einem Schirm. Beachtung verdient auch die Statue von Weituo mit einer Eisenstange in der Hand.

Halle der Himmelskönige (Tianwang Dian)

Im nächsten Hof steht der Pavillon der Viersprachigen Stele, der eine Stele von 1792 beherbergt, auf der in Chinesisch, Mandschurisch, Tibetisch und Mongolisch die Geschichte des Lamaismus aufgezeichnet ist. Dahinter befindet sich eine in Bronze gearbeitete Darstellung des Paradiesberges Sumeru. In den Nebenhallen studierte man die heiligen Schriften.

Pavillon der Viersprachigen Stele (Yubi Ting)

Anschließend folgt die Haupthalle Yonghe Gong Dian, in der drei Buddha-Skulpturen zu sehen sind: Shakyamuni als Buddha der Gegenwart sowie die Buddhas der Vergangenheit und der Zukunft. Zudem finden sich hier die 18 Luohan, Kshitigarbha, der die Menschen von den Höllenqualen erlöst, und Guanyin, die Göttin der Barmherzigkeit.

Yonghe Gong Dian

Lamatempel (Yonghe Gong): einer der besterhaltenen Tempel Pekings

Peking · Beijing

Lamatempel (Fortsetzung)
Medizinhalle

Die östliche Seitenhalle im folgenden Hof ist die Medizinhalle, Hier stehen Statuen von Tsongkhaba (1357–1419), des Reformators des Lamaismus und Begründers der Kirche der Gelbmützen, und des Medizinbuddhas.

Halle der Mathematik

In der Halle der Mathematik (Shuxue Dian), der westlichen Nebenhalle, wurden naturwissenschaftliche Studien betrieben.

Yongyou Dian

Weiter schließt sich die dritte wichtige Halle Yongyou Dian an. Im Innern ist Buddha Amitabha aufgestellt, rechts davon Yaoshi Fo, der Medizinbuddha, und links der Buddha des Löwengebrülls Shihou Fo.

Halle des Rades der Lehre (Falun Dian)

Die folgende Halle des Rades der Lehre bildet die Lehr- und Versammlungshalle des Klosters. Das Innere wird von einer 6 m großen Statue Tsongkhapas beherrscht. Zu seinen Seiten erkennt man zwei goldgelb bezogene Thronsessel, die hier für den Dalai Lama und den Pantschen Lama bereitstehen. Unterhalb großer Wandbilder werden heilige Schriften des Lamaismus aufbewahrt. Auf der Rückseite Tsonggkhapas steht der Berg der 500 Luohan (Urmönche). Der fein geschnitzte Berg ist aus Sandelholz gefertigt, die darauf befindlichen Figurinen bestehen aus Gold, Silber, Bronze, Eisen und Zinn.

Pavillon des Zehntausendfachen Glücks (Wangfu Ge)

Das gewaltigste Bauwerk, der Pavillon des Zehntausendfachen Glücks, steht im fünften und letzten Hof. Hier wird eine gigantische Sandelholzstatue des Maitreya in Bodhisattwagestalt verehrt; insgesamt weist sie 18 m Höhe und 3 m Durchmesser auf, der 8 m hohe Sockel liegt unter der Erde.

Halle des Leuchtenden Buddha (Zhaofo Lou)

Die östliche Seitenhalle des Pavillons des Zehntausendfachen Glücks, die Halle des leuchtenden Buddha, birgt einen ungewöhnlich schönen Bronzebuddha, die wie aus Holz geschnitzt wirkt. Er steht in einem prächtigen Schrein aus Nanmu-Holz.

*Konfuziustempel (Kong Miao)

In einer von Schmucktoren überspannten Seitengasse, gleich westlich des Lamatempels, gelangt man zum 1302 erbauten und 1411 restaurierten Konfuziustempel (geöffnet 9.00–16.30 Uhr). Der große Philosoph und Lehrmeister Konfuzius übte entscheidenden Einfluß auf die chinesische Philosophie aus; seine Lehre war viele Jahrhunderte hindurch für das private und öffentliche Leben prägend. Der hiesige Tempel gehört mit zu den bekanntesten Konfuziustempeln. Hier wurden die Zeremonien zu Ehren des Konfuzius vollzogen. Die aufwendigen Feiern, die im 2. und 8. Monat des chinesischen Kalenders jeweils vor Morgengrauen stattfanden, standen unter der Leitung des Kaisers oder eines kaiserlichen Stellvertreters. Im Vorhof stehen 198 Inschriftenstelen, auf denen die Namen aller 51 624 Konfuzianer verzeichnet sind, die von 1416 an die höchsten Staatsprüfungen erfolgreich absolvierten, bevor diese 1904 abgeschafft wurden.

Halle der Großen Vollendung (Dacheng Dian)

Die Haupthalle des Tempels birgt die Schreine mit den Seelentafeln des Konfuzius, seiner Schüler und anderer konfuzianischer Philosophen. Außerdem werden dort Musikinstrumente und anderes Ritualgerät verwahrt, das bei den Feiern, die vor der Halle auf der großen Terrasse stattfinden, verwendet wird. In den Seitenhallen ist eine Ausstellung zur Pekinger Stadtgeschichte untergebracht. Ganz im Westen der Anlage stehen 189 Steintafeln, in die im Jahr 1794 der vollständige Text des konfuzianischen Schriftenkanons geschnitten wurde.

*Kaiserliche Akademie (Guozijian)

Jenseits des Konfuziustempels stößt man auf die ehemalige Kaiserliche Akademie (geöffnet Di.–Fr. 8.30–19.30, Sa., So. 8.30–17.30 Uhr), in dem heute die Stadtbibliothek untergebracht ist. Es wurde 1287 von Kublai Khan gegründet. Seine akademische Vorrangstellung als höchste Bildungsinstitution des Reiches hatte die Akademie bis zum Jahr 1900 inne, als sie geschlossen wurde. Zu den Lehrmeistern zählten u. a. verschiedene Qing-Kaiser wie Shunzhi, Kangxi, Yongzheng und Qianlong. Die Studenten der Akademie wurden unter den auf Bezirks- (Xiucai) und Provinzebene (Juren) besten Kandidaten der kaiserlichen Prüfungen ausgewählt. Nach einem drei Jahre währenden Studium mußten sie ein einjähriges Praktikum bei einer Regierungsbehörde absolvieren und danach eine Abschlußprüfung ablegen, die ihnen ein staatliches Amt in Aussicht stellte.

Biyong-Halle

Im Hauptgebäude der Akademie, der Biyong-Halle, hielt der Kaiser seine Vorlesungen ab. Der nahezu quadratische Bau (Seitenlänge ca. 18 m) aus

Peking · Beijing

dem Jahr 1784 ist von einem kleinen, runden See umgeben, der von einem fein gemeißelten weißen Marmorgeländer begrenzt wird. Das Dach ist mit gelben Glasurziegeln gedeckt und mit einem Doppelgesims versehen.
Die Yilun-Tang-Halle im Norden, unter den Yuan (1271–1368) errichtet, diente als Bibliothek.

Kaiserliche Akademie (Fortsetzung)

Halle Yilun Tang

In dieser gut erhaltenen Stätte des konfuzianischen Staatskults nördlich des Lamatempels brachte der Kaiser zur Sommersonnenwende der Erde ein großes Speise- und Trankopfer dar. Die Auffassung, wonach die Erde mit ihrer Yin-Qualität das Gegenteil des Himmels ist, spiegelt sich in den Gestaltungsmerkmalen wider: die Ausrichtung nach Norden, die quadratische Gestalt, die Verwendung der Erdfarbe Gelb sowie gerade Zahlen. Die Anlage stammt aus dem Jahr 1530. Zentraler Teil ist die zweistufige, quadratische Opferterrasse Fangze Tan, die auf einer ebenfalls quadratisch ummauerten Fläche liegt und von einem quadratischen Wassergraben umgeben ist. Nach Süden schließt die Halle Huangqi Shi an, in der die "Geistertafel" der Erdgeister sowie Tafeln für die vier Ozeane und die Fünf Heiligen Berge sowie für die kaiserlichen Amtsvorgänger stehen. Weitere Bauten sind die südwestlich an den Altarbereich anschließende Hofanlage Shenku, in der das Zeremonialgerät verwahrt wurde, sowie der nordwestlich des Altars liegende Fastenpalast Zhaigong, in den sich der Kaiser am Tag vor dem Opfer zur Vorbereitung und Läuterung zurückzog. Der Fastenpalast birgt heute ein Wachsfigurenkabinett.

Erdaltar (Ditan)

Das von 1437 bis 1446 erbaute Observatorium, in der Nähe des Bahnhofsviertels gelegen, war bis 1929 in Betrieb. Unter den noch erhaltenen Instrumenten sind vor allem eine Himmelskugel (1669–1673) und eine Armillarsphäre von 1754 beachtenswert. Die Instrumente auf der Terrasse wurden großteils von dem Jesuitenmissionar Ferdinand Verbiest entworfen.

* Altes Observatorium (Guguanxiang Tai)

In der einstigen östlichen Vorstadt, also in Richtung der aufgehenden Sonne, erhebt sich auf dem Gelände des Ritan-Parks die 1530 fertiggestellte quadratische Altarterrasse, auf der die Kaiser zur Frühjahrs-Tag-und-Nacht-Gleiche dem Taggestirn opferten.

Sonnenaltar (Ritan)

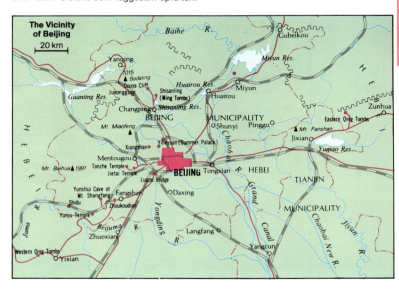

Umgebung von Peking (Übersichtskarte s. S. 351)

*Marco-Polo-Brücke (Luguo Qiao)

Die Marco-Polo-Brücke, 8 km südwestlich von Peking, wurde zwischen 1189 und 1192 unter dem Kaiser Shizong errichtet.

Marco Polo überquerte sie im Jahre 1276 und gab ihr in seinem Werk "Milione" den Namen 'Pulisangin'; 'sangin' könnte dabei eine ungenaue Transliteration von 'Sanggan', dem Oberlauf des Yongding-Flusses, sein, über den sich die Brücke spannt; 'Puli' ist möglicherweise aus dem persischen Wort 'pul' ('Brücke') abgeleitet.

In den Jahren 1444 und 1698 wurde die Brücke, nachdem sie durch Flutkatastrophen teilweise Zerstörungen davongetragen hatte, wieder instandgesetzt.

Am 7. Juli 1937 griff die japanische Artillerie die in dieser Gegend stationierten chinesischen Truppen an und löste damit den acht Jahre währenden Japanisch-chinesischen Krieg aus.

Die 235 m lange und 8 m breite Brücke wird von elf Bögen getragen und ist von 280 Geländersäulen mit Löwenskulpturen, für welche die Brücke berühmt ist, geschmückt.

Am östlichen Brückenkopf steht eine riesige Stele mit der Kalligraphie des Kaisers Kangxi: "Morgen-Mondlicht über der Lugou-Brücke" (Lugou ist der alte Name des Yongding-Flusses).

Lageplan

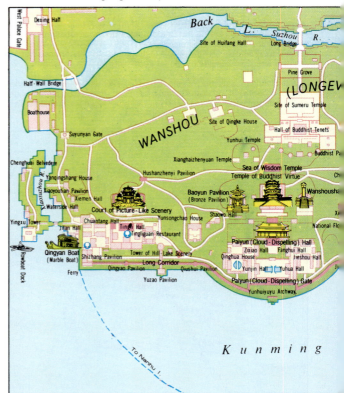

Peking · Beijing

✻✻ Sommerpalast (Yiheyuan)

Der Sommerpalast, 15 km nördlich von Peking, ist mit 290 ha der größte Park Chinas; er war ursprünglich ein Privatgarten. 1153 ließ ihn der Kaiser unter dem Namen Garten des Goldenen Wassers (Jinshui Yuan) anlegen. Während der Yuan-Zeit (1271–1368) vergrößerte man den dazugehörigen See (heute der Kunming Hu). Von der Ming-Dynastie (1368–1644) an, die mehrere Pavillons errichten ließ, wurde er als kaiserlicher Garten genutzt. Unter dem Qianlong-Herrscher (Reg. 1735–1796) erreichte die Anlage die heutigen Ausmaße. Im Jahr 1860 brannten sie die englischen und französischen Truppen nieder. Kaiserin Cixi veranlaßte 1888 ihren Wiederaufbau, wozu Gelder verwendet wurden, die eigentlich der kaiserlichen Flotte zugedacht waren, und nannte sie Garten der Harmonischen Einheit (Yiheyuan).

Im Jahr 1900 zerstörten ausländische Truppen nochmals den Park, die Kaiserin ließ ihn jedoch 1903 erneut wiederherstellen. Schließlich wurde er 1924 der Öffentlichkeit zugänglich gemacht, und seit 1949 nahm man umfangreiche Restaurierungsarbeiten vor. Heute ist der Park ein beliebtes Ausflugsziel.

Öffnungszeiten
tgl. 6.30–18.00

Der 60 m hohe Berg der Langlebigkeit ist ein Ausläufer des Yanshan. Um die Mitte des 17. Jh.s weideten hier die kaiserlichen Herden. Im Jahr 1750

Berg der Langlebigkeit (Wanshoushan)

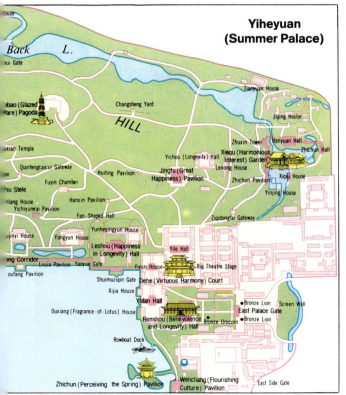

Lageplan

Peking · Beijing

Sommerpalast, Berg der Langlebigkeit (Fortsetzung)

gab der Kaiser Qianlong anläßlich des 60. Geburtstags seiner Mutter dem Berg seinen heutigen Namen; er ließ hier zahlreiche Gebäude errichten, die jedoch von den britischen und französischen Truppen niedergebrannt wurden. Die heutigen Bauwerke stammen aus den 80er und 90er Jahren des 19. Jahrhunderts.

Halle des Wohlwollens und der Langlebigkeit (Renshou Dian)

Der Haupteingang zu dem wunderschönen Park befindet sich im Osten. Nur 50 m westlich davon erhebt sich am Ostufer des Sees die Halle des Wohlwollens und der Langlebigkeit. In dieser Halle, wo noch der Thron steht, gewährten Kaiserin Cixi und Kaiser Guangxu den chinesischen Beamten Audienz und empfingen ausländische Botschafter.

Halle der Jadewellen (Yulan Tang)

Nordwestlich der Halle des Wohlwollens und der Langlebigkeit befindet sich die Halle der Jadewellen, in dem die Privatgemächer des Guangxu-Kaisers untergebracht waren. Dieser wurde hier von Kaiserin Cixi 10 Jahre unter Hausarrest gestellt.

Großes Theater

Wenn man die Halle des Wohlwollens und der Langlebigkeit verläßt und nach links abbiegt, trifft man nach wenigen Metern auf einen umzäunten Hof, in dem das 1891 erbaute Große Theater, das größte der damaligen Zeit, aufragt. Die Kaiserin wohnte hier den manchmal mehrtägigen Aufführungen der Peking-Oper bei.
Das dreigeschossige Bühnenhaus, in das Falltüren eingebaut waren, ist 21 m hoch und 17 m breit. Die Kaiserin saß während der Aufführungen in der gegenüberliegenden Halle der Erheiterung (Yile Dian).

Halle der Freude und der Langlebigkeit (Leshou Tang)

Ein Stück westlich vom Großen Theater steht am Nordufer des Sees die Halle der Freude und der Langlebigkeit, an die sich ein Hof mit exotischen Pflanzen und bizarren Steinen anschließt. Sie diente als Privatwohnung der Kaiserin Cixi, wo sie den Sommer über lebte; den Winter verbrachte sie im Kaiserpalast in Peking.

Sommerpalast (Yiyeyuan) aus der Vogelschau

Peking · Beijing

Westlich der Halle der Freude und der Langlebigkeit beginnt der berühmte Lange Korridor, der am Nordufer des Kunming-Sees entlangläuft. Der 728 m lange Wandelgang aus bemaltem Holz, dessen Dach auf 273 Säulenpaaren ruht, ist mit rund 8000 Landschaftsbildern, historischen Episoden und Szenen aus bekannten Romanen der klassischen chinesischen Literatur geschmückt.

Sommerpalast (Fortsetzung) Langer Korridor (Chang Lang)

Auf halbem Weg erreicht man ein Schmucktor (Pailou), von wo der Aufstieg auf den Berg der Langlebigkeit beginnt. Der Lange Korridor endet am südwestlichen Fuß dieses Berges.

Nachdem das Wolkenzerstreuende Tor (Paiyun Men) passiert wurde, sieht man westlich die Halle Yunjin Dian und östlich die Halle Yuhua Dian und erreicht die Wolkenzerstreuende Halle, die wiederum von den Hallen Fanghui Dian und Zixiao Dian flankiert wird. Hier feierte Kaiserin Cixi ihre Geburtstage. In einem der größeren Säle des Palastes ist ein Teil der Geschenke ausgestellt, welche die Kaiserin zu ihrem 70. Geburtstag erhielt. Zudem ist ein Bild von Cixi, gemalt von dem holländischen Maler Hubert Vos, zu sehen.

Wolkenzerstreuende Halle (Paiyun Dian)

Zwei parallel verlaufende Korridore führen zur Halle des Tugendhaften Lichts (Dehui Dian), von wo man über steile Treppen zum Pavillon des Buddhaweihrauchs gelangt.

Der 41 m hohe achteckige Pavillon mit seinem 20 m hohen Steinsockel gilt als bedeutendster Bau auf dem Berg der Langlebigkeit. Von der Pavillonspitze kann man den ganzen Park übersehen.

Pavillon des Buddhaweihrauchs (Foxiang Ge)

Östlich des Pavillons trifft man auf den Zhuanlun Zang, ein Archiv für buddhistische Schriften. Eine 10 m hohe Stele in der Mitte der Gebäude trägt die Inschrift 'Wanshoushan, Kunming Hu' (Berg der Langlebigkeit, Kun-

Zhuanlun Zang

Marmorschiff im Sommerpalast

minghu-See) des Qianlong-Kaisers; auf der Rückseite wird über die Arbeiten am Kunminghu-See berichtet.

Sommerpalast, Zhuanlun Zang (Fortsetzung)

Westlich des Pavillons des Buddhaweihrauchs steht der Pavillon der Kostbaren Wolken, der ganz aus Bronze gefertigt ist. Auf der Südseite sind die Namen der am Bau beteiligten Handwerker eingraviert.

Pavillon der Kostbaren Wolken (Baoyun Ge)

Auf dem Gipfel des Berges der Langlebigkeit steht der Tempel Meer der Weisheit, der mit grünen und gelben Glasurziegeln verkleidet ist. Im Innern blieb eine vergoldete Buddha-Statue erhalten.

Meer der Weisheit (Zhihuihai)

Geht man den Langen Korridor weiter in Richtung Westen, kommt man zu dem Haus Höre die Pirole, in dem früher Theateraufführungen stattfanden und heute ein Restaurant untergebracht ist.

Höre die Pirole (Tingli Guan)

Am Ende des Langen Korridors liegt das Marmorschiff, auch Qingyan Fang genannt, dessen Basis aus Marmor und dessen Aufbauten aus Holz sind; zudem weist es zwei Steinräder auf. Es ist ein ironischer Verweis auf die Tatsache, daß Kaiserin Cixi die Gelder, die zur Modernisierung der Flotte vorgesehen waren, zur Renovierung ihrer Privatresidenz verwendete.

Marmorschiff (Shifang)

Von hier aus kann man entweder mit dem Fährboot oder von Südosten zu Fuß über die Siebzehn-Bogen-Brücke (Shiqikong Qiao) zur Süd-See-Insel (Nanhu Dao) im Kunminghu-See gelangen. Diese vor über hundert Jahren erbaute Brücke, die längste des Sees, mißt 150 m. Beachtenswert sind die 150 Löwen auf dem Geländer, die alle unterschiedlich gestaltet sind. Vor der Brücke steht ein Bronzeochse, der den Wasserdämon abwehren soll.

Der 200 ha große Kunminghu-See wird von Quellwasser gespeist. Ursprünglich war es nur ein Teich, den Kaiser Qianlong vergrößern ließ, um hier im Sommer Flottenübungen durchführen zu können. Brücken und Dämme untergliedern den See in verschiedene Abschnitte.
Auf der Süd-See-Insel (Nanhu Dao) steht der Tempel des Drachenkönigs (Longwang Miao).
Der Westdeich (Xidi) verbindet den nordwestlichen Teil der Parks mit dem südlichen. Der Deich und seine sechs Brücken, darunter die schöne bogenförmige Jadegürtel-Brücke (Yudai Qiao), sind dem Su-Dongpo-Damm im West-See von Hangzhou nachgebildet.

See Kunminghu

Am östlichen Fuß des Berges der Langlebigkeit verbirgt sich in einem abseits gelegenen Winkel der Garten der Harmonie und des Vergnügens. Dieser 'Garten im Garten' wurde 1751 nach dem Vorbild eines Privatparks in Wuxi angelegt und 1811 erneuert. Ein Lotosteich ist von Wandelgängen und Gebäuden umgeben.

Garten der Harmonie und des Vergnügens (Xiequ Yuan)

Westlich des Gartens finden sich noch der Pavillon der Freude und der Landwirtschaft (Lenong Xuan), der Pavillon des Langen Lebens (Yiahou Tang) und ein Aussichtsturm (Jingfu Ge).

Der Garten der Vollkommenheit und des Lichts, der sog. alte Sommerpalast, liegt 500 m vom neuen Sommerpalast entfernt. Im Jahr 1709 begann man mit dem Bau der 350 ha großen Anlage, die drei Teile umfaßte: den Garten der Vollkommenheit und des Lichts, den Garten des Ewigen Frühlings (Changchun Yuan) und den Garten des Schönen Frühlings (Qichun Yuan). Der Qianlong-Kaiser beauftragte den Jesuiten Giuseppe Castiglione in den Jahren 1747 bis 1760 mit dem Bau von Palästen im europäischen Stil. 1860 wurde die Anlage von britischen und französischen Truppen innerhalb von 10 Tagen zerstört und schließlich auf britischen Vorschlag in Brand gesteckt. Das Kaiserhaus begann, die Anlage zu

Garten der Vollkommenheit und des Lichts (Yuanming Yuan)

◀ *Pavillon im Sommerpalast*

Peking · Beijing

Sommerpalast, Garten der Vollkommenheit und des Lichts (Fortsetzung)

restaurieren, mußte aber wegen fehlender finanzieller Mittel aufgeben. Zudem verwendeten die Chinesen die Steine zum Hausbau. Die Gärten waren geprägt von Seen, verschlungenen Wasserläufen und künstlich angelegten Hügeln; dazu kamen zahlreiche Paläste und Pavillons. Von dem Gebäude im Europäischen Stil (Xiyang Lou) sind noch einige Überreste zu sehen. Teile der Anlage wurden inzwischen zu einem Park mit Bootsverleih, Restaurants etc. umgestaltet.

Eine kleine Ausstellung informiert über die Geschichte der Anlage; ein Modell vermittelt einen Eindruck von der einstigen Pracht des Komplexes.

✹✹ Westberge (Xishan)

✹✹ Duftender Berg (Xiangshan)

Der Duftende Berg (557 m ü. d. M.) erhebt sich in den Westbergen, ca. 25 km nordwestlich der Stadt in dem gleichnamigen Park. Sein Gipfel erinnert an Weihrauchgefäße, und da er oft von Wolken eingehüllt ist, was von weitem wie Rauch aussieht, nannte man ihn Weihrauchbrennerberg (Xianglushan), abgekürzt Xiangshan. Im Sommer stellt er wegen seiner angenehmen Kühle einen beliebten Ausflugsort dar. Im Herbst ist das ehemalige kaiserliche Jagdrevier besonders wegen der Bäume mit den leuchtend roten Blättern attraktiv.

Im Jahr 1186 wurden hier ein Tempel und Palast gebaut. Kaiser Qianlong ließ 1745 28 Tempel, Pavillons, Pagoden und Villen errichten; um das Areal baute man eine Mauer. Die Anlage wurde 1860 und 1900 fast vollständig zerstört. Erst die Restaurierungsarbeiten der letzten Jahrzehnte lassen die frühere Schönheit des Parks erahnen.

Die Talstation des Lifts, der auf den Duftenden Berg führt, befindet sich am Nordtor; der Haupteingang ist jedoch das Osttor.

Brillensee (Yanying Hu)

Im nördlichen Teil des Parks liegt der Brillensee, eigentlich zwei durch einen Steg verbundene Seen, welche die Form einer Brille haben.

Pavillon der Selbstprüfung

Südwestlich vom Brillensee steht der Pavillon der Selbstprüfung (Jianxin Zhai) mit einem sichelförmigen Teich.

Tempel des Lichts (Zhaomiao)

Der Tempel des Lichts, südlich des Pavillons der Selbstprüfung, wurde 1780 für den Panchen Lama in tibetischem Stil erbaut. Den Bogen vor dem Tempel zieren Inschriften auf Chinesisch, Mandschurisch und Tibetisch.

Pagode Liuli Ta

Westlich des Tempels des Lichts ragt die kleine siebenstöckige, achteckige Pagode Liuli Ta auf, die mit bunten Keramikziegeln verkleidet und auf jedem Stockwerk mit kleinen Bronzeglocken, die im Wind klingeln, versehen ist.

Der Weg führt in Richtung Süden an der Lotoshalle (Furong Guan) vorbei zur Jadeblumenbergvilla (Yuhua Shanzhuang). Wenn man sich nach Westen hält, erreicht man den Aussichtspunkt Xishan Qingxue.

Auf den Gipfel des Duftenden Berges führt der Weg Sogar der Teufel hat Angst (Gujianchou).

Tempel Xiangshan

Im Südosten des Parks liegen die Reste des Tempels Xiangshan aus dem Jahr 1186, der etliche Terrassen aufwies.

Villa Shuangqing

Südlich des Xiangshan-Tempels steht die Villa Shuangqing mit einem Teich, der von zwei Quellen gespeist wird.

Tempel der Azurblauen Wolken (Biyun Si)

Der Tempel der Azurblauen Wolken aus dem Jahr 1321 befindet sich am östlichen Fuß des Duftenden Berges. In der Ming-Zeit (1368–1644) wurden von Eunuchen, die sich hier eine Grabstätte schaffen wollten, Ausbauarbeiten vorgenommen. Der Qianlong-Kaiser ließ die Anlage in Jahr 1748 erweitern.

Zunächst passiert man das Bergtor (Shanmen) und steigt über Treppen hinauf zur Halle der Himmelskönige (Tianwang Dian), dann zur Maitreya-Halle (Milefo Dian) und anschließend zur Halle Pusa Dian im dritten Hof.

500-Luohan-Halle (Luohan Tang)

Zur Linken folgt die 500-Luohan-Halle, in der 508 Figuren zu sehen sind. 500 davon sind 1,5 m große vergoldete Luohan, die individuell gestaltet sind. Zudem sind in den Gängen noch sieben Götterfiguren vorhanden und auf einem Dachbalken die Figur des Mönchs Jigong, der immer zu spät gekommen sein soll.

Peking · Beijing

Die 500-Luohan-Halle im Tempel der Azurblauen Wolken (Bayun Si)

Die folgende Haupthalle des Tempels, die Sun-Yat-sen-Gedenkhalle, in der 1925 der Leichnam von Sun Yat-sen (→ Berühmte Persönlichkeiten) aufgebahrt wurde, ist heute dem Andenken an den Vater der Republik geweiht. Hier werden eine Büste des Politikers und der versilberte Sarg aufbewahrt, ein Geschenk der Sowjetunion, das aber erst zwei Wochen nach der Bestattung eintraf. In den Seitenräumen ist eine Ausstellung mit Fotos über Leben und Werk von Sun Yat-sen zu sehen.

Hinter der Gedenkhalle erhebt sich die 35 m hohe, weiße Diamantenthron-Pagode, die in der Mitte einer zweiteiligen Terrasse steht, umgeben von vier kleineren Pagoden und zwei Dagoben. Ihr Name erinnert an den Ort Bodh Gaya, wo Siddharta Gautama die Erleuchtung erlangte. In der Pagode war der Leichnam von Sun Yat-sen von 1925 an aufgebahrt, bis er 1929 nach Nanking überführt wurde. Von der Terrasse aus hat man einen sehr schönen Ausblick.

Tempel der Azurblauen Wolken (Fortsetzung)
Sun-Yat-sen-Gedenkhalle

Diamantenthron-Pagode (Jingangbaozuo Ta)

Der Tempel des Schlafenden Buddha, im Nordosten des Duftenden Berges, am Berg Shou'anshan gelegen, geht auf die erste Hälfte des 7. Jh.s zurück. In den Jahren 1320 bis 1331 wurde er erweitert. Seit 1734 heißt er offiziell Tempel des Allseitigen Geistigen Erwachens (Shifangpujue Si). Doch er wird im allgemeinen nach einer großen Bronzestatue des schlafenden Buddha benannt. Bei der Besichtigung des Tempels kommt man zuerst durch ein Schmucktor aus dem 18. Jh., dann an einem kleinen Teich und an dem Glockenturm (links) und Trommelturm (rechts) vorbei.

In der Halle der Himmelskönige (Tianwang Dian) im zweiten Hof sind Statuen von Maitreya und den vier Himmelskönigen zu sehen.

Im dritten Hof befindet sich die Halle der Drei Heiligen (Sansheng Dian), in der die Buddha der drei Zeitalter und 18 Luohan-Figuren stehen.

Die Halle Wofo Dian beherbergt die Figur des schlafenden, ins Nirwana eingehenden Buddha, umgeben von zwölf Statuen von Schülern. Die monumentale, 5,2 m lange und 25 t schwere Skulptur wurde im Jahr 1321 gegossen. An der Arbeit sollen 7000 Handwerker beteiligt gewesen sein.

Tempel des Schlafenden Buddha (Wofo Si)

Halle der Himmelskönige
Halle der Drei Heiligen
Halle Wofo Dian

Peking · Beijing

Kirschenschlucht (Yingtaogou)

Gleich westlich des Tempels des Schlafenden Buddha endet ein als Kirschenschlucht bekanntes Tal, das für kleinere Wanderungen beliebt ist. Der Wolkengipfel auf dem halben Weg zum Himmel (Bantian Yunlin) bietet eine herrliche Aussicht auf die Umgebung.

Acht Große Sehenswürdigkeiten (Badachu)

An den im Süden der Westberge gelegenen Bergen Cuiweishan und Lushishan befinden sich die Acht Großen Sehenswürdigkeiten (Badachu), womit acht Tempel gemeint sind. Sieben der acht Tempel reihen sich entlang eines Spazierwegs durch ein bergan führendes, bewaldetes Tal. Man kann mit einem Sessellift hochfahren – von oben weite Aussicht bis nach Peking – und abwärts laufen.

Tempel des Ewigen Friedens (Chang'an Si)

Der Tempel des Ewigen Friedens am Cuiweishan wurde 1504 errichtet. In der ersten Halle steht eine Bronzestatue von Guan Yu, einem General aus der Zeit der Drei Reiche (220–280), die zweite ist Shakyamuni geweiht. Eine weitere Halle ist der Göttin Niangniang gewidmet.

Tempel des Göttlichen Lichts (Lingguang Si)

Nördlich des Chang'an Si steht der Tempel des Göttlichen Lichts, der wie die nahegelegene achteckige Pagode Liaota (1071) im Jahr 1900 von ausländischen Truppen zerstört wurde. Historischen Aufzeichnungen zufolge soll hier ein Zahn Buddhas aufbewahrt worden sein, der als einer der vier Zähne, die bei der Verbrennung des Leichnams übrigblieben, von Indien nach China gebracht worden war. Nach der Zerstörung des Tempels fand man bei Aufräumungsarbeiten hier einen Holzkasten, in dem sich der Zahn befand. Nachdem dieser zeitweise im Guanji-Si-Tempel untergebracht war, fand er eine neue Bleibe in der in den 50er Jahren erbauten hiesigen Buddhazahn-Pagode (Foya Ta).

Kloster der Drei Berge

Weiter nördlich liegt das kleine Kloster der Drei Berge, dessen Entstehungszeit nicht bekannt ist. Von dem Pavillon auf dem Tempelgelände hat man einen schönen Ausblick.

Tempel des Großen Erbarmens (Dabei Si)

Als nächstes trifft man auf den Tempel des Großen Erbarmens aus dem Jahr 1550. Besonders sehenswert sind die 18 Luohan-Figuren, die dem berühmten Bildhauer Liu Yuan zugeschrieben werden.

Halle des Drachenkönigs (Longwang Tang)

Im Nordwesten folgt die Halle des Drachenkönigs, der nach der Sage hier gelebt hat. Das Gebäude, das auch Kloster der Drachenquelle (Longuan An) genannt wird, stammt aus der Qing-Zeit (1644–1911).

Tempel der Duftenden Welt (Xiangjie Si)

Die nächste und größte der Acht Sehenswürdigkeiten ist der Tempel der Duftenden Welt, der auf die Tang-Zeit (618–907) zurückgeht und Pingpo Si genannt wurde. 1678 ließ ihn der Kangxi-Kaiser und 1748 der Qianlong-Kaiser erneuern. Zu dieser Zeit entstanden eine kaiserliche Residenz und eine Bibliothek für buddhistische Schriften. In der Haupthalle, die von dem Glocken- und Trommelturm flankiert ist, stehen Statuen des Buddha der Vergangenheit, Gegenwart und Zukunft.

Höhle der Wunderperle (Baozhu Dong)

In der Höhle der Wunderperle auf dem Gipfel des Cuiweishan soll während der Qing-Zeit (1644–1911) ein Mönch 40 Jahre gelebt haben. Der Name leitet sich von einigen perlenförmigen Steinen am Höhleneingang ab.

Tempel der Buddhaschaft (Zhengguo Si)

Der Tempel der Buddhaschaft aus der Tang-Zeit (618–907) befindet sich am gegenüberliegenden Berg Lushishan. Er wurde später mehrmals renoviert. Im ersten Hof sieht man eine 2 m hohe Bronzeglocke von 1470. Im Norden der Anlage findet sich der Felsen Mimo Yan, dessen From an ein aufgerissenes Löwenmaul erinnert. Daneben liegt die Höhle des Lushi (Lushi Dong), in der zur Tang-Zeit der Mönch Lushi gelebt haben soll.

∗Tempel Fahai Si

Südwestlich der Acht Großen Sehenswürdigkeiten liegt dieses kleine, doch kunsthistorisch überaus bedeutsame Tempelkloster am Ende eines ländlichen Tals. Über Treppen gelangt man zur Halle der Himmelskönige, einer Rekonstruktion von 1985. Dahinter folgt die 1443 fertiggestellte Haupthalle. Ihr Inneres ist mit üppigen Wandmalereien ausgeschmückt. Sie stammen aus der Bauzeit und sind die ältesten und am vollständigsten erhaltenen der Stadt. Obwohl vom Weihrauchruß der Jahrhunderte bedeckt, beeindrucken die Buddha, Bodhisattwas und Feen durch ihre Farbigkeit und dekorative Gestaltung. Die Kassettendecke über dem Altar formt sich zur Darstellung dreier Mandalas. Der plastische Figurenschmuck der Halle wurde in der Kulturrevolution zerstört.

Weitere Sehenswürdigkeiten in der Umgebung von Peking

Der 35 km westlich von Peking, am Hang des Ma'anshan gelegene Tempel des Weihealtars stammt ursprünglich aus dem Jahre 622. Fast alle Gebäude wurden jedoch in der Qing-Zeit (1644–1911) erneuert. Der Steinaltar der Haupthalle entstand unter den Ming (1368–1644). Im 11. Jh. lebte hier der Mönch Fachun, dessen Urne heute noch in einer der beiden Pagoden am Berghang aufbewahrt wird. Die Tempelanlage läßt südchinesischen Einfluß erkennen.

※ Tempel des Weihealtars (Jietai Si)

Die Haupthalle der Anlage ist die Daxiong Baodian, dahinter steht der Pavillon der Tausend Buddha (Qianfo Ge) mit unzähligen Buddha-Statuetten an den Wänden. Auf der dreistufigen weißen Steinterrasse fand einst die Mönchsweihe statt.

Zu den ältesten Kunstdenkmälern des Komplexes gehören die Stelen vor der Mingwang-Halle aus der Liao- (907–1125) und Yuan-Zeit (1271 bis 1368). Seine Bekanntheit verdankt der Tempel freilich vor allem den fünf Jahrhundertkiefern, die alle originelle Namen tragen: Pagodenkiefer, Kiefer des Liegenden Drachen, Zitterkiefer (berührt man einen Ast, zittert der ganze Baum), Gefällige Kiefer und Neun-Drachen-Kiefer.

Während der Tempel des Weihealtars für seine Kiefern bekannt ist, wird der 8 km weiter westlich am Tanzheshan gelegene Tanzhe-Si-Tempel (geöffnet 8.30–18.00 Uhr) wegen seines Teiches gerühmt. Der Sakralbau wurde um das 3. Jh. gegründet, die heute noch erhaltenen Tempel sind jedoch nicht vor dem 14. Jh. entstanden. Der Name setzt sich zusammen aus 'tan', das dem Wort 'Longtan' (Drachenteich) entnommen ist, und 'zhe', das von 'Zheshu' kommt, das sind Bäume, die auf dem Berg wachsen und früher der Seidenraupenzucht dienten.

※ Tempel Tanzhe Si

Man betritt die auf einer Nord-Süd-Achse ausgerichtete Anlage von Süden her, passiert das Ehrentor (Pailou) und nimmt dann den von Kiefern gesäumten Weg zum Bergtor (Shanmen). Nach der Halle der Himmelskönige (Tianwang Dian) und der Kostbaren Halle des Großen Helden (Daxiong Baodian) erhebt sich am Ende der Zentralachse der Pavillon Vairocana (Pilu Ge), von dem man einen schönen Ausblick auf die Anlage hat. Hinter der einen Halle steht ein rund 1000 Jahre alten Ginkgo-Baum.

Im östlichen Teil des Komplexes finden sich die Gebäude für die kaiserliche Familie sowie die Räume des Klostervorstehers.

Auch die vielgerühmte Quelle entspringt hier, neben dem viereckigen Pavillon des Schwimmendes Bechers (Liubei Ting); hier wurden früher Trinkgelage abgehalten.

Am nordwestlichen Ende der Anlage steht die Avalokiteshvara-Halle, in der eine Steinplatte zu sehen ist, auf der Miao Yan, die Tochter Kublai Khans, jeden Tag gekniet haben soll, um für die Sünden ihres Vaters zu büßen.

In einem Hof außerhalb des Klosters ragen zahlreiche Pagoden auf, die nach dem 12. Jh. entstanden sind. Eine ist Miao Yan geweiht.

Das prähistorische Dorf bei Zhoukoudian, 43 km südwestlich von Peking, hat in den 20er Jahren die Aufmerksamkeit von Archäologen aus aller Welt erregt. Umfangreiche Funde beweisen, daß in diesem Gebiet vor etwa 500 000 Jahren Hominiden siedelten.

※ **Fundstätte des Pekingmenschen**

Bereits lange vorher entdeckten Arbeiter gelegentlich Fossilien in den Kalksteinbrüchen am Drachenknochenberg (Longgushan); sie hielten die Funde für Drachenknochen, woraus der Name des Berges entstand.

Nachdem 1929 der erste vollständig erhaltene Schädel des Pekingmenschen (Homo erectus pekinensis) entdeckt worden war, wurden in den nachfolgenden Jahren nicht minder interessante Funde zu Tage gefördert: menschliche Oberschenkelknochen, Schlüsselbeine, Schienbeine, Schädel und Zähne sowie Asche, Steine und Knochen, die deutliche Brennspuren aufweisen, was wiederum darauf hindeuten könnte, daß der Pekingmensch bereits mit dem Feuer umzugehen wußte. Insgesamt wurden die

Pekingmensch

Peking · Beijing

Fundstätte des Pekingmenschen (Fortsetzung)

Überreste von 40 Menschen entdeckt. Bei Ausbruch des Pazifikkriegs 1941 gingen die wichtigsten Funde verloren beim Versuch, sie nach den USA zu verschiffen. Später wurden noch im oberen Teil des Berges Skelettreste und Artefakte von jungpaläolithischen Menschen entdeckt, die vor 12 000 bis 27 000 Jahren lebten.

In der Ausstellungshalle werden Funde vom Drachenknochenberg und weitere Fossilien aus anderen Teilen des Landes gezeigt. Sie gliedert sich in drei Abteilungen: Evolution des Menschen, das Leben des Pekingmenschen und die Situation der Paläoanthropologie und der Paläontologie in China.

****Dreizehn Ming-Gräber** (Ming Shisanling)

Die ca. 40 km² große Grabanlage (geöffnet tgl. 8.00–17.00 Uhr) am Fuß des Tianshoushan, knapp 50 km nördlich von Peking, ist sozusagen der Monumentalfriedhof der Ming-Dynastie, in dem 13 von 16 Kaisern dieses Geschlechts sowie die Kaiserinnen und einige Nebenfrauen beigesetzt sind. Gemäß einer alten Tradition ließen die Herrscher bereits zu Lebzeiten ihre Grabmäler errichten. So veranlaßte der Yongle-Kaiser (Reg. 1402 bis 1424) die Suche nach einem angemessenen Begräbnisplatz. Bei der Auswahl des Geländes wurden Geomanten (Erdwahrsager) hinzugezogen, wobei der Windschutz und die Abwehr der von Norden kommenden bösen Geister besonders wichtig waren. Das im Westen, Norden und Osten vom Tianshoushan umgebene Tal war gut dafür geeignet. Die ansässigen Bauern wurden dazu zwangsumgesiedelt. Die Gräber mit den dazugehörigen Grabtempeln entstammen einer Zeit von mehr als zweihundert Jahren, von

Lageplan

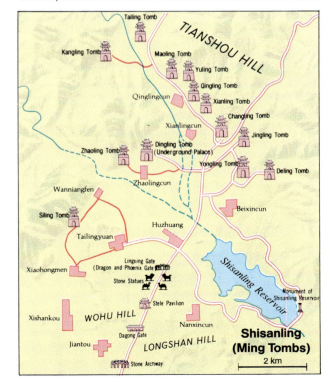

Peking · Beijing

1409 bis 1644. Während dieser Zeit wurde das ganze Gebiet von einem Mauerring und von kaiserlichen Wachen abgeschirmt. Alle Besucher, selbst der Kaiser, durften die Anlage nur zu Fuß betreten. Eine große Anzahl von Arbeitern hielt sie instand.

Zu jeder Grabstätte gehören neben dem eigentlichen Grabhügel mit der Gruft auch eine große Opferhalle (nur beim Grab Changling erhalten) und ein Stelenpavillon. Nur die Gräber Changling und Dingling wurden bislang für die Öffentlichkeit hergerichtet, doch kann man auch die anderen Anlagen betreten.

Den zur kaiserlichen Nekropole Changling führende Geisterallee betritt man durch das 1540 errichtete Ehrentor aus Marmor (Shi Paifang). Längs des Seelenwegs stößt der Besucher auf das Große Rote Tor (Dagong Men), dessen Durchgänge einst mit Türen verschlossen waren, wovon die mittlere nur für die kaiserliche Bestattungszeremonie geöffnet wurde. Es folgt der Pavillon der Großen Stele (Dabei Lou) mit einer 6,5 m hohen Marmorstele (1426) auf dem Rücken einer Schildkröte. Ihm schließt sich die Allee der Steinernen Statuen (1435) an, die zwölf Tier- und sechs Menschenpaare säumen. Am Ende der Allee erhebt sich das dreibogige Drachen- und Phönix-Tor (Longfeng Men). Man geht nun über das Shisanling-Wasserreservoir, das in den 50er Jahren angelegt wurde.

Weiter nördlich trifft man auf das Changling (geöffnet 9.00–17.00 Uhr), das Grab des Ming-Kaisers Yongle (Reg. 1402–1424) und der Kaiserin Xu, die bereits 1407 gestorben war. Es ist von der Kostbaren Mauer umgeben. Durch ein rotes dreibogiges Tor gelangt der Besucher in den ersten Hof mit einem qing-zeitlichen (1644–1911) Stelenpavillon und dem Tor der Gnade (Ling'en Men). Im zweiten Hof erhebt sich auf einer dreistufigen Terrasse die Halle der Gnade (Ling'en Dian) mit 32 Sandelholzsäulen, und im dritten steht auf einem Turm mit quadratischer Grundfläche ein Stelenpavillon. Die Stele in dessen Innern trägt die Inschrift: "Grabstätte des Kaisers Chengzu" (postum verliehener Titel des Yongle-Kaisers). Vor dem Turm ist ein Altar, auf dem marmorne Ritualgefäße stehen, errichtet.

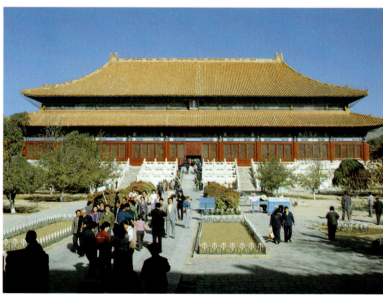

Die große Halle des Ming-Grabes Changling

Peking · Beijing

Dreizehn Ming-Gräber (Fortsetzung) Grab Dingling

Das Dingling-Grab wurde für Kaiser Wanli (Reg. 1572–1620) und seine beiden Frauen Xiaoduan (gest. 1620) und Xiaojing (gest. 1612) errichtet, die erst hier begraben wurde, nachdem ihr Sohn, der die Thronfolge antrat, sie in den Rang einer Kaiserinwitwe erheben ließ. Der Bau der Grabstätte auf Veranlassung von Wanli begann 1584 und dauerte sechs Jahre lang. Die Ausgrabungen, die im Mai 1956 durchgeführt wurden, förderten einen 'unterirdischen Palast', ganz aus weißem Marmor, zutage. Das Grab, das dem Changling-Grab im Aufbau sehr ähnlich ist, ist die einzige Gruft, die bisher geöffnet wurde.

In den ersten beiden Höfen sind nur noch die Terrassen erhalten, auf denen einst Hallen standen. Ein dreieckiges Tor in der Diamantenwand, den Grabhügel umgibt, führt in die unterirdische, 1195 m² große Anlage, die drei Stockwerke unter der Erde liegt und aus fünf Sälen besteht. Der mittlere beherbergt drei Marmorthrone mit mehreren Altären und ein großes blau-weißes Porzellangefäß mit Öl, das als 'ewiges Licht' dienen sollte. Am größten ist der letzte Saal, die Grabkammer, in der die Särge des Kaisers sowie zu seiner Linken der der Kaiserin und zur Rechten der der Nebenfrau aufbewahrt werden.

*Felsen Gouya

Die Gouya-Felsen, drei steil aufragende Gipfel, von denen der höchste 1500 m erreicht, befinden sich 10 km nordwestlich der Ming-Gräber. Die meisten der 72 Tempel, die vom 14. bis 19. Jh. in dieser Gegend gegründet wurden, sind leider zerstört worden. Wegen seiner Naturschönheiten – schmale Pfade, die sich zwischen Felsen und Sträuchern dahinschlängeln, Gebirgsquellen, seltene Vogelarten und vieles andere – zieht das Gebiet jedoch zahlreiche Touristen an.

Grotte der Wolken und Gewässer (Yunshui Dong)

Die 600 m tiefe, an Stalagmiten und Stalaktiten reiche Grotte der Wolken und Gewässer liegt an einem Hang des Shangfangshan, ca. 50 km südwestlich von Peking, verborgen. Der Öffentlichkeit ist die gut beleuchtete Grotte erst seit 1980 zugänglich.

Tempel, wo die Wolken wohnen (Yunju Si)

Der Tempel, wo die Wolken wohnen, 75 km südwestlich von Peking, setzt sich aus fünf Höfen mit sechs Haupthallen und zahlreichen anderen Gebäuden zusammen. Die vor über 1300 Jahren errichteten Originalbauten wurden in den Kriegswirren der 30er und 40er Jahre des 20. Jh.s zerstört und in der Folgezeit wieder aufgebaut. In den neun Grotten nordöstlich des Tempels sind 4195 Steinplatten aus dem 7. bis 17. Jh. mit buddhistischen Inschriften zu besichtigen. Weitere 10000 Tafeln, ebenfalls mit buddhistischen Inschriften, wurden vor dem 12. Jh. südlich des Tempels vergraben. Auch die 30 m hohe Pagode nördlich der Anlage entstand noch vor dem 12. Jh., die vier kleineren Dagoben in ihrer Nähe wurden hingegen bereits unter den Tang (618–907) erbaut.

*Zehn Übergänge (Shi Du)

15 km westlich des Tempels, wo die Wolken wohnen, befindet sich an den Ufern des Juma-Flusses ein beliebtes Ausflugsziel. Diese Gegend ist für ihre malerischen Täler und ihre bizarren Felsformationen bekannt, weshalb sie wegen ihrer Schönheit auch immer wieder mit Guilin verglichen wird.

*Östliche Qing-Gräber (Qing Dongling)

Im Kreis Zunhua, 100 km östlich von Peking, erstreckt sich über ein 4×5 km großes Gebiet die östliche Nekropole der Qing-Dynastie. In den insgesamt 14 Gräbern haben fünf Qing-Kaiser, 15 Kaiserinnen, 136 Konkubinen und fünf Prinzessinnen ihre letzte Ruhestätte gefunden. Der Bau des ersten Kaisermausoleums begann 1663 und nahm etliche Jahre in Anspruch. Wie in der Ming-Nekropole sind auch die hiesigen Mausoleen unterirdisch, und vor jedem Grab stehen einige Gedächtnisbauten. Als letzte wurden hier der Guangxu-Kaiser (1871–1908) und die Kaiserinwitwe Cixi (1835–1908) bestattet.

Wie in der Ming-Nekropole bildet eine Geisterallee mit Steinfiguren die Zuwegung für alle Gräber, die wiederum aus einem Tor, einer Opferhalle und einem Grabhügel mit Stelenpavillon und den unterirdischen Grabkammern bestehen.

Peking · Beijing

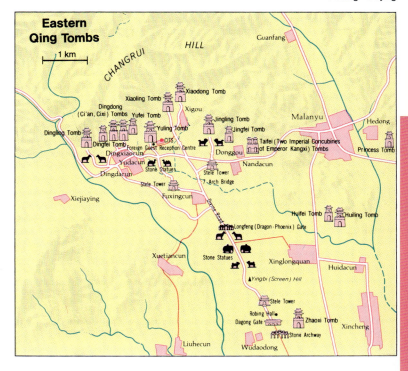

Yuling ist die Grabstätte des Qianlong-Kaisers (Reg. 1735–1796). In dem 'Unterirdischen Palast' mit vier geschmückten Toren finden sich an den Wänden Buddha-Reliefs und Inschriften in Sanskrit und Tibetisch.

Östliche Qing-Gräber (Forts.) Yuling

Architektonisch gesehen am prächtigsten ist das Grab der Kaiserin Cixi, etwa 1 km westlich vom Yuling-Grab gelegen. Auf dem Steinrelief in der Mitte des Aufgangs zur Opferhalle sieht man den Phönix als Sinnbild der Kaiserin über dem Drachen, dem Symboltier des Kaisers – ein Ausdruck der Stellung der Kaiserin, die den rechtmäßigen Kaiser entmachtet hatte.

Grab von Cixi

Die zweite Nekropole der Manschukaiser liegt 120 km südwestlich von Peking. Sie ist kleiner als die Östlichen Qing-Gräber. In 14 Gräbern sind hier vier Kaiser und 72 Familienmitglieder beigesetzt. Der Grund für die Errichtung von zwei dynastischen Grabanlagen war, daß der Qianlong-Kaiser ein Gesetz erlassen hatte, wonach Väter und Söhne nicht auf dem gleichen Friedhof bestattet werden durften.

* **Westliche Qing-Gräber** (Qing Xi Ling)

Die 14 Mausoleen und die dazugehörigen Tempelbauten spiegeln die strengen Regeln der Feudalhierarchie wider: Die Grabanlagen der Kaiser und Kaiserinnen sind größer als die der Konkubinen und der Prinzessinnen, erstere haben ein rotes und letztere ein grünes Dach.

Mausoleen

Qingdao

→ Tsingtau

Qinghai · Chinghai   Fk – Gg 26 – 30

Chinesische Entsprechung

青海省

Provinz
Fläche: 720 000 km²
Einwohnerzahl: 4,54 Mio.
Hauptstadt: Xining

Lage

Qinghai liegt im Nordwesten Chinas, zwischen 89° 35' – 103° 03' östlicher Länge und 31°40' – 39°19' nördlicher Breite.

Allgemeines

Die Provinz wurde nach dem See Qinghaihu (Blauen See), der auf Mongolisch Koko Nor heißt, benannt. Sie ist nach Tibet die am schwächsten besiedelte Provinz Chinas.
Die Bevölkerung, die sich überwiegend auf den Osten des Gebiets konzentriert, setzt sich zum Großteil aus nationalen Minderheiten, den Tibetern, Mongolen, Kasachen und Hui, zusammen, die in sechs autonomen Bezirken leben.

Naturraum

Das Territorium wird von dem über 4000 m hohen Qinghai-Tibet-Plateau ausgefüllt, in welches das 220 000 km² große Becken Qaidam Pendi, das eine Höhe von 2600 – 3000 m erreicht, eingelagert ist. Es hat Anteil an den Gebirgen Kulunshan, das durchschnittlich 5000 – 6000 m hoch ist, und dem Bayan Har Shan.
Die Provinz ist das Quellgebiet der Flüsse Huanghe, Lancangjiang (Mekong) und Changjiang. Es herrschen Hochgebirgssteppen und -wüsten vor; nur 2 % der Fläche sind bewaldet.

Klima

Das kontinentale Klima zeichnet sich durch niedrige Jahresmittel, starke Temperaturschwankungen, spärliche, aber konzentrierte Niederschläge und lange Sonnenperioden aus.

Übersichtskarte

Das Gebiet war ursprünglich hauptsächlich von tibetischen und mongolischen Nomaden bewohnt. Ab dem 3. Jh. v. Chr. kam es unter chinesischen Einfluß, der sich vom 6. Jh. an verstärkte. Später war Qinghai u.a. unter tibetischer und tangutischer Kontrolle, bis es schließlich endgültig chinesisch wurde. Seit 1929 ist das Gebiet Provinz.

Qinghai
(Fortsetzung)
Geschichte

Die Industrie konzentriert sich auf die Verarbeitung landwirtschaftlicher Produkte (Textil- und Nahrungsmittelindustrie). Von den reichen Bodenschätzen werden Erdöl, Uranerz und Kohle gefördert; an den Salzseen gewinnt man Salz.
Größte Bedeutung hat die Weidewirtschaft (Yak-, Schaf-, Kamel- und Pferdehaltung). In den Flußtälern nahe Xining sowie am Südrand des Qaidam-Pendi-Beckens werden Getreide- (Gerste, Hafer, Mais, Hirse) und Batatenanbau betrieben.

Wirtschaft

Der Fremdenverkehr ist in der Provinz noch kaum entwickelt, außer in der Hauptstadt → Xining; ihre Moschee und der nahe Salzwassersee Quinghai Hu locken eine Reihe von Besuchern an.

Reiseziele

Qinhuangdao

He 26

Chinesische Entprechung

Provinz: Hebei
Fläche: 363 km²
Einwohnerzahl: 460 000 (im Großraum 2,39 Mio.)

Qinhuangdao liegt auf 119° 37' östlicher Länge und 39° 52' nördlicher Breite, im Nordosten der Provinz Hebei, am Bo-Hai-Meer, 260 km von Tientsin und 400 km von Peking entfernt.
Eine Bahnverbindung besteht mit Peking (4,5 Std.), Tientsin (3 Std.) und Shenyang (etwa 6 Std.).

Lage und Verkehrsanbindung

Der Seehafen der Stadt spielt eine wichtige Rolle im chinesischen Handel. Die Stadt selbst zerfällt in drei Teile, die jeweils 15 km voneinander entfernt sind: Beidaihe im Westen, Qinhuangdao im Zentrum und Shanhaiguan im Osten.

Allgemeines

Sehenswertes in Qinhuangdao

Der Shanhaiguan ist der wichtigste Paß im Osten der Großen Mauer. Die ursprünglich 1381 erbaute Festung – der heutige Bau stammt aus dem Jahr 1639 – liegt im Zentrum von Shanhaiguan. Sie weist vier turmbewehrte Tore auf. An der Mauer öffnen sich 68 Schießscharten für Bogenschützen.
Am Dachvorsprung des Osttors hängt eine große Holztafel mit der Inschrift: 'Erstes Tor auf Erden' (Tianxia diyiguan). Sie wurde 1472 von einem Absolventen der kaiserlichen Prüfungen angefertigt.

** Festung von Shanhaiguan

Die Verlängerung der Zitadelle zum Meer hin ist unter dem Namen Kopf des Alten Drachen bekannt. Sie bildet zugleich auch das östliche Ende der Großen Mauer.

Kopf des Alten Drachen (Laolongtou)

Der Tempel Meng Jiangnü Miao liegt ca. 5 km östlich der Festung von Shanhaiguan. Auf Befehl des Qin-Kaisers Shi Huangdi mußten im 2. Jh. v. Chr. Hunderttausende von Arbeitern die Große Mauer wieder aufbauen. Einer alten Legende zufolge kam Meng Jiangnü von weit her nach Shanhaiguan, um ihren Mann zu suchen, der hier Frondienst leistete. Als

* Tempel Meng Jiangnü Miao

Qinhuangdao

Tempel Meng Jiangnü Miao (Fortsetzung)

sie erfahren hatte, daß er schon vor langer Zeit an der harten Arbeit gestorben war, weinte sie so heftig, daß ein langer, soeben fertiggestellter Mauerabschnitt zusammenbrach und den Leichnam ihres Mannes freigab. Meng trug ihn zur Küste und stürzte sich mit ihm ins Meer.
Der aus zwei Hallen bestehende Tempel wurde vor vielen Jahrhunderten von den Bewohnern dieser Gegend errichtet. In der vorderen Halle bewahrt man eine Terrakottastatue von Meng Jiangnü auf. Einige der Widmungen auf den zahlreichen Steinplatten stammen von den Qing-Kaisern Qianlong, Jiaqing und Daoguang.

**Beidaihe

Allgemeines

Beidaihe ist einer der beliebtesten Ferien- und Kurorte Chinas; es weist zahlreiche Gästehäuser und Sanatorien auf. Der Strand, das milde Klima und die zahlreichen Gartenanlagen ziehen viele Besucher an. Das Politbüro der Kommunistischen Partei tagt im Sommer in dem Badeort. Im Jahr 1898 wurde Beidaihe durch kaiserlichen Erlaß zum Kurort erhoben. Dann bauten hier Europäer und reiche Chinesen ihre Villen. Nach 1949 wurde Beidaihe zum Kurort für Arbeiter und Angestellte; Sanatorien wurden errichtet.

Klima

Das Klima dieses Küstenstriches ist sehr mild; im Sommer liegt die Durchschnittstemperatur bei 23°C. Die Badesaison dauert gewöhnlich von Mai bis Oktober.

Strand von Beidaihe (Beidaihe Haibin)

Der 10 km lange und 2 km breite, felsen- und klippenreiche Strand im Westen von Beidaihe umfaßt außer etlichen Badeanstalten, die zum Teil auf das späte 19. Jh. zurückgehen, auch fünf öffentliche Gartenanlagen. Er ist in drei Abschnitte, den Ost-, West- und Mittelstrand, aufgeteilt, wobei der Westteil den Parteifunktionären vorbehalten ist.
Wenn man den Strand nach Osten entlangwandert, erreicht man den Tigerfelsen.

Lageplan

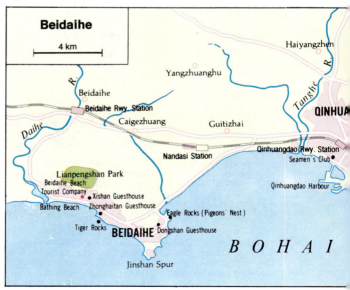

Der Park der Lotosblüten-Steine (Lianshuashi Gongyuan), der auch Lianpengshan Gongyuan genannt wird, erstreckt sich im Westen von Beidaihe, auf dem mit Kiefern bewachsenen Hügel Donglian Feng. Hier findet der Besucher den Tempel Guanyin Si.

Qinhuangdao (Fortsetzung)
Park der Lotosblüten-Steine

Quanzhou He 33

泉州市

Chinesische Entsprechung

Provinz: Fujian
Höhe: 200 m ü.d.M.
Fläche: 530 km²
Einwohnerzahl: 120000 (im Großraum 400000)

Stadtplan s. S. 370

Quanzhou liegt auf 118° 35′ östlicher Länge und 24° 52′ nördlicher Breite im Südosten der Provinz Fujian an der Mündung des Jinjiang. Von Xiamen und Fuzhou ist es auf dem Luft- oder Seeweg erreichbar.

Lage und Verkehrsanbindung

Quanzhou, schon im 6. Jh. von malaiischen Schiffen angelaufen und um 700 gegründet, entwickelte sich bis zum 10. Jh., unter den Tang, neben Kanton und Yangzhou zu einem der drei größten chinesischen Außenhandelshäfen.
Vom 11. bis 14. Jh. erlebte die Stadt ihre höchste Blütezeit. Damals wurden die hier gewebten Atlasstoffe sogar auf den europäischen Märkten gehandelt. Nach Meinung einiger Sprachwissenschaftler ist das Wort 'Satin' von 'Zaiton' herzuleiten, d. i. der Name, den Marco Polo der Stadt Quanzhou im "Milione" gab. Der Venezianer, der 1292 von Quanzhou die Rückreise nach Italien antrat, vermerkte in seinem Reisebericht: "Zaiton ist der größte Hafen der Welt".
Die Stadt zog in den folgenden Jahrhunderten zahlreiche fremde Kauf-

Geschichte

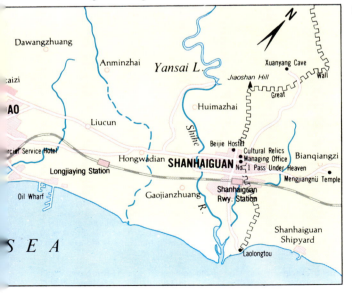

Lageplan

Quanzhou

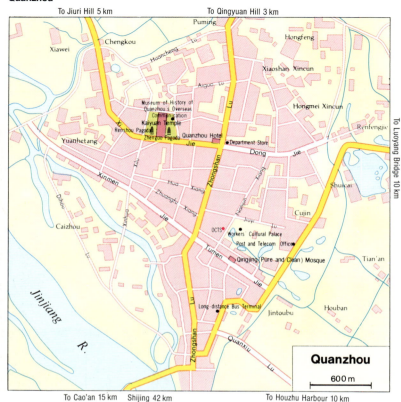

Geschichte (Fortsetzung)

leute, Missionare und Reisende an, von denen sich manche endgültig hier niederließen. Im 15. Jh. verlor die Stadt an wirtschaftlicher Bedeutung.

Sehenswertes in Quanzhou

*Moschee der Ruhe und Klarheit (Qingjing Si)

Die Moschee der Ruhe und Klarheit in der Tumen Jie im Südosten der Stadt wurde 1009 nach dem Vorbild eines Gebetshauses in Damaskus mit Spenden von ausländischen Mohammedanern errichtet und 1310 restauriert. Schon im 7. Jh. waren islamische Kaufleute hierher gekommen, um Handel zu treiben.

Da die Moschee zu den ältesten in ganz China zählt, hat die Regierung sie unter ihren Schutz gestellt. Auf einer Steintafel im Innern ist beispielsweise ein Befehl des Ming-Kaisers Chengzu aus dem Jahr 1407 zu lesen, der Achtung vor diesem bedeutenden Bauwerk und Ehrfurcht vor dem islamischen Glauben gebot. Im Lauf der Zeit verfielen die Gebäude. Erhalten ist noch das eindrucksvolle Haupttor. An den Wänden der Moschee sind einige Textstellen auf Altarabisch aus dem Koran eingraviert.

**Tempel des Beginns des Neuen Zeitalters

Der Tempel des Beginns des Neuen Zeitalters (Kaiyuan Si) im Nordwesten von Quanzhou, in der Straße Xi Jie stammt ursprünglich aus dem Jahr 686.

Quanzhou

Er ist mit etwa 70 000 m² Fläche einer der größten Chinas. Einst sollen hier mehr als 1000 Mönche gelebt haben.

Das 20 m hohe Hauptgebäude, die Buddha-Halle, wurde unter den Ming (1368–1644) über den Resten des Vorgängerbaus errichtet. Die 24 überaus fein gemeißelten Statuetten an den Säulen stellen Apsaras dar. Der Sockel einer Säule ist mit Sphinxen verziert – ein Zeichen dafür, daß die Mittelmeerkultur im alten China bekannt war. Auf einem Altar im hinteren Hallenbereich kann man eine nur 50 cm hohe Statue der Tausendarmigen Göttin der Barmherzigkeit bewundern; man beachte, daß kein Arm dem anderen gleicht.

Im Pavillon der Heiligen Bücher (Cangjiang Ge) werden über 10 000 Bände der heiligen Schriften aufbewahrt.

Vor dem Tempel ragen zwei Steinpagoden auf, die als Wahrzeichen von Quanzhou gelten. Die östliche, 48 m hohe Pagode Zhenguo-Ta, die auf das Ende der Tang-Zeit (618–907) zurückgeht, hat fünf Geschosse und einen achteckigen Grundriß. Ihren Unterbau schmücken 39 in Alabaster gearbeitete Basreliefs, die Begebenheiten aus dem Leben Shakyamunis schildern. Die westliche 44 m hohe Pagode der Langlebigkeit und der Güte (Renshou Ta) aus der 1. Hälfte des 10. Jh.s gleicht der Zhenguo-Pagode, ihren Sockel zieren jedoch stilisierte Blumen- und Vogelmuster.

Östlich des Kaiyuan-Tempels wurde 1959 das Museum der Geschichte des Überseehandels gegründet, das sich in drei Abteilungen gliedert. Im ersten Bereich ist ein 24 m langes und 9 m breites Segelschiff aus der Song-Zeit (960–1279) ausgestellt, das 1974 in der Nähe des Hafens Houzhu in der Bucht von Quanzhou, etwa 10 km südöstlich der Stadt, entdeckt wurde. Die zweite Abteilung zeigt Hunderte von Skulpturen und Steintafeln mit Inschriften in Altchinesisch, Lateinisch, Syrisch und Altarabisch, die bis in die Song- und Yuan-Epoche (10.–14. Jh.) zurückreichen. In der letzten Sektion kann man über 300 Keramiken besichtigen, die vom 10. Jh. an in Quanzhou gefertigt wurden und zur Ausfuhr bestimmt waren.

Kaiyuan Si (Fortsetzung)
Buddha-Halle (Daxiong Baodian)
Pavillon der Heiligen Bücher
Steinpagoden (Shuangta)
*Museum der Geschichte des Überseehandels (Haiwai Jiaotongshi Bowuguan)

Tempel des Beginns des Neuen Zeitalters

Umgebung von Quanzhou

Berg der Klaren Quelle (Qingyuan Shan)
Der 490 m hohe Berg der Klaren Quelle, auch Nordberg (Beishan) genannt, 3 km nördlich der Stadt gelegen, ist wegen seiner kristallklaren, seit tausend Jahren sprudelnden Quelle bekannt, der Quanzhou ('Stadt der Quelle') seinen Namen verdankt. Hier soll es früher mehrere daoistische Tempel gegeben haben.
Der über 5 m hohe Felsen des Laotse (Laojun Yan), eine Figur des Philosophen, stammt aus der Song-Zeit (960–1279).
Auf dem Amitabha-Felsen (Mituo Yan) findet man in einem Gebäude eine hohe Statue des Buddha Amitabha.

*Neunter-Tag-Berg (Jiurishan)
Der Jiurishan, 5 km nordwestlich der Stadt, am Ufer des Jinjiang, war schon zur Song-Zeit (960–1279) eine vielbesuchte Pilgerstätte. Der Überlieferung nach sollen im 3. und 4. Jh. viele Menschen von Norden nach Fujian umgesiedelt sein. Jedes Jahr am neunten Tag des neunten Mondmonats kamen sie zum Jiurishan, um in Richtung ihrer Heimat zu schauen, woraus der Name des Berges entstand.
Die Hänge des zweigipfeligen Berges sind mit mehr als 70 Inschriften bedeckt, die zum Teil von Dichtern stammen, die hierher kamen. 13 dieser Inschriften erinnern an die Opferfeiern, welche die Gouverneure von Quanzhou zwischen 1104 und 1266 hier abhielten, um die Götter um Schutz für die chinesischen Händler auf See anzuflehen.
Den westlichen Gipfel bekrönt eine 4,5 m hohe, auf einer Lotosblume thronende Buddha-Skulptur aus dem 10. Jahrhundert.

*Heilige Islamische Grabanlage (Yisilanjiao Shengmu)
Auf dem Seelenberg (Lingshan) am Ostrand von Quanzhou liegen zwei Schüler des Propheten Mohammed begraben, die im frühen 7. Jh. hierher gekommen waren, um den Islam zu verbreiten. Hinter den Gräbern ist eine Marmorplatte mit einer arabischen Inschrift von 1323 zu sehen.

Brücke Luoyang Qiao
Die in den Jahren 1053 bis 1059 errichtete Brücke überspannt den Luoyang-Fluß 10 km nordöstlich der Stadt. Sie ist 834 m lang und 7 m breit. Der Pavillon auf der Brückenmitte ist mit vielen Steintafeln versehen, deren Inschriften bis zu 1000 Jahre alt sind. Die 46 Pfeiler zeugen noch von der ursprünglichen Brückenkonstruktion, die aber bei einem Erdbeben 1607 schwer beschädigt wurde.

Wohnhaus des Generals Zheng Chenggong (Zheng Chenggong Jinianguan)
Das Wohnhaus des Generals Zheng Chenggong steht in dem kleinen Dorf Shijing (42 km südlich von Quanzhou), wo er 1624 auf die Welt kam. Zheng befreite Taiwan im Februar 1662 von den holländischen Eroberern. Nur drei Monate später starb er. Sein Leichnam wurde auf dem Familienfriedhof von Shuitou, etwa 10 km nördlich des Wohnhauses, beigesetzt. 1962 wandelte man dieses in ein Museum um, in dem das Andenken an den Nationalhelden wachgehalten wird.

Qufu Hd 28

Chinesische Entsprechung

Provinz: Shandong
Höhe: 63 m ü.d.M.
Fläche: 895 km²
Einwohnerzahl: 510 000

Lage und Verkehrsanbindung
Qufu liegt auf 116° 58′ östlicher Länge und 35° 36′ nördlicher Breite im Süden der Provinz Shandong, rund 170 km südlich der Provinzhauptstadt Jinan, mit dem es durch Bahn- und Busverkehr verbunden ist.

Qufu

In der Frühlings- und Herbst-Periode (770–476 v.Chr.) war Qufu die Hauptstadt des Herzogtums Lu. Da Konfuzius hier geboren wurde, gilt die Stadt seit jeher als 'Mekka' der Konfuzianer.

Geschichte

Sehenswertes in Qufu

Der 22 ha große Konfuzius-Tempel (geöffnet tgl. 8.00–16.30 Uhr) wurde 478 v.Chr., bereits ein Jahr nach dem Tod des Philosophen, auf Veranlassung des Herzogs Lu Aigong an der Stelle errichtet, wo zuvor das Geburtshaus von Konfuzius stand. Im Lauf der Jahrhunderte wurde der Bau immer wieder beschädigt und über 60 Mal erneuert bzw. erweitert. Im 18. Jh. hat er schließlich sein heutiges Aussehen erhalten. Die UNESCO hat den Konfuzius-Tempel 1994 in die Liste des Weltkulturerbes aufgenommen.

Die 1 km lange und über 200 m breite, von vielen uralten Zypressen umgebene Anlage umfaßt neun Höfe, um die sich einige Gebäude unterschiedli-

****Konfuzius-Tempel**
(Kong Miao; s. Abb. S. 374 und 376)

Stadtplan

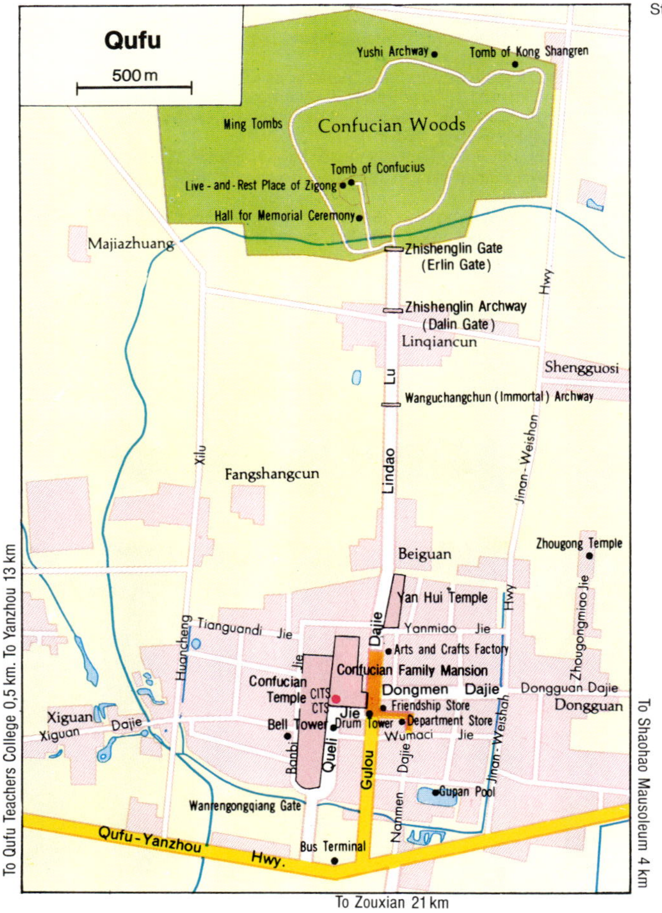

Qufu

Konfuzius-Tempel (Fortsetzung)

cher Art gruppieren. Zusammen mit dem Kaiserpalast in Peking und dem Kaiserlichen Sommerpalast in Chengde zählt der Tempel zu den drei herausragenden Schöpfungen der alten chinesischen Baukunst.

An den vier Seiten der roten Umfassungsmauer steht ein Wachturm. Die Hauptgebäude sind ansteigend entlang einer Nord-Süd-Achse angeordnet, die Nebenbauten liegen symmetrisch dazu.

Das Sterntor bildet den Haupteingang und führt zu dem ersten Hof mit mingzeitlichen (1368–1644) Schmucktoren.

Durch das ebenfalls mingzeitliche Tor des Allwissenden (Sengsi Men) betritt man den zweiten Hof, der von zwei steinernen Kriegern aus der Han-Zeit (206 v.Chr. bis 220 n.Chr.) – frühere Grabbeigaben – bewacht wird. Sie sind 2,54 m bzw. 2,30 m groß; einer ist mit einem Schwert, der andere mit einer Lanze bewaffnet.

Durch das Tor Dazhong Men kommt man in das eigentliche Zentrum der Palastanlage.

Tor Tongwen Men

Das Tongwen-Men-Tor öffnet sich auf einen Hof mit vier kaiserlichen Stelen aus der Ming-Zeit (1368–1644).

Nordöstlich und nordwestlich davon stehen zwei Gästehäuser, wo einst die Personen Unterkunft fanden, welche die Zeremonien zu Ehren von Konfuzius vollzogen.

Pavillon des Literarischen Sterns (Kuiwen Ge)

Der 1018 errichtete Pavillon des Literarischen Sterns wurde 1191 neu aufgebaut und im Jahr 1500 erweitert. Früher bewahrte man hier die Kalligraphien einiger Kaiser auf. Der Bau ist ein hervorragendes Beispiel traditioneller chinesischer Architektur.

Dreizehn Pavillons der Kaiserlichen Stelen

Die Dreizehn Pavillons der Kaiserlichen Stelen (Shisan Yubei Ting) aus verschiedenen Epochen bergen 53 Stelen, deren Inschriften von Kaisern ausgeführt wurden.

Aprikosenaltar (Xintan)

Durch das Tor Dacheng Men gelangt man zum nächsten Hof, wo ein weiterer Pavillon, der sog. Aprikosenaltar, zu finden ist. Hier unterwies Konfuzius seine Schüler. Auf dem Altar befindet sich eine Steintafel aus dem 12. Jahrhundert. 1569 wurde über dem geschichtsträchtigen Altar ein

Konfuzius-Tempel

Pavillon errichtet. Dieser viereckige Bau, der zwei Stelen beherbergt, trägt ein Doppeldach mit gelben Keramikziegeln.
Vor dem Pavillon ist ein steinernes Räucherfaß aus der Song-Zeit (960 bis 1279) zu sehen.

Konfuzius-Tempel, Aprikosenaltar (Fortsetzung)

Die 32 m hohe, 34 m lange und 54 m breite Halle der Großen Errungenschaften aus dem 11. Jh. ist das Hauptgebäude des Tempels, in dem die Zeremonien zu Ehren von Konfuzius stattfanden. Im Lauf der Jahrhunderte wurde sie mehrmals beschädigt, 1724 ganz erneuert. Die Halle, die auf einer 2 m hohen Terrasse steht, weist Steinsäulen mit Drachenreliefs und ein Dach mit gelben Keramikziegeln auf. Außer dem Standbild des Konfuzius werden hier auch Statuen seiner 16 Schüler aufbewahrt. Alle Skulpturen sind aus bemaltem Ton gefertigt.

Halle der Großen Errungenschaften (Dacheng Dian)

Die Halle des Schlafs ist der Frau von Konfuzius geweiht. Sie entstand im Jahr 1018, wurde 1500 restauriert und erweitert und 1730 ganz neu wieder aufgebaut.

Halle des Schlafs (Qingdian)

In der Halle der Spuren des Weisen (1592) kann man 120 Steingravierungen bewundern, die zwischen dem 8. und 13. Jh. von berühmten Malern und Kalligraphen ausgeführt wurden und Szenen aus dem Leben von Konfuzius darstellen.

Halle der Spuren des Weisen (Shengji Dian)

Neben diesen Hauptgebäuden sind noch folgende Monumente von Interesse: der alte Brunnen des Konfuzius (Kongzhai Gujin) östlich des Aprikosenaltars und die rote Lu-Mauer (Lu Bi), in der die Werke des Konfuzius versteckt wurden, als der Qin-Kaiser Shi Huangdi die Konfuzianer lebendig begraben und alle Schriften des Meisters verbrennen ließ. Die Halle der Lieder und Riten (Shili Tang) soll an wichtige Lehrsätze von Konfuzius erinnern. Im Westteil der Anlage befindet sich die Halle Jinsi Tang, in der man alte Musikinstrumente, die bei den Zeremonien verwendet wurden, aufbewahrt.

Die Residenz der Familie Kong (Konfuzius ist der latinisierte Name von Kong Fuzi, was soviel bedeutet wie 'Meister Kong'), östlich des Konfuzius-Tempels, nimmt eine Gesamtfläche von 16 ha ein. Die Familie wurde bereits während der Han-Zeit (206 v.Chr. bis 220 n.Chr.) geadelt und erhielt beträchtlichen Besitz. Sie mußte den Tempel des Meisters verwalten und die Riten und Zeremonien überwachen. Während der Ming-Dynastie (1368–1644) wurde für sie eine Residenz neben dem Konfuzius-Tempel erbaut. Die Wohnanlage, die aus neun Höfen, zahlreichen Gebäuden und einem Garten besteht, gliedert sich in drei Teile, einen mittleren, einen östlichen und einen westlichen. In der Mitte befinden sich verschiedene Ämter, die Schlafgemächer der Familienangehörigen und der ehemalige Sitz der Stadtregierung von Qufu. Der östliche Abschnitt ist religiösen Feiern und rituellen Handlungen vorbehalten. Der Westteil, der ursprünglich die Bibliothek und mehrere Studierzimmer beherbergte, ist in ein Hotel umgewandelt worden. Geöffnet tgl. 8.00–16.30 Uhr

*Residenz der Familie Kong (Kong Fu)

Im Norden von Qufu liegt der Tempel Yanmiao (geöffnet tgl. 7.30–16.30 Uhr), der um 200 v. Chr. für Yan Hui, den Lieblingsschüler von Konfuzius, errichtet wurde. Der frühe Tod des sehr begabten Yan Hui mit 32 Jahren traf Konfuzius besonders stark. Die Haupthalle wird von vier Steinsäulen getragen, die mit Drachenmotiven geschmückt sind, und weist ein Dach mit grünglasierten Keramikziegeln auf.

Tempel Yanmiao

Umgebung von Qufu

Im 200 ha großen Konfuziushain (geöffnet tgl. 7.00–18.00, Winter bis 16.30 Uhr), 1,5 km nördlich der Stadt, sind Konfuzius, sein Sohn, sein Enkel und viele andere seiner direkten und indirekten Nachfahren bestattet. Hier wachsen über 20000 alte Bäume, einige soll sogar Konfuzius selbst gepflanzt haben. Vom Zentrum von Qufu führt eine breite gerade Straße zum Friedhof. Auf dem Weg dorthin passiert man drei große Torbö-

***Konfuziushain** (Konglin)

gen: den Bogen des Ewigen Frühlings (Wanguchangchun Fang), den Bogen des Heiligen Königs (Zhishenglin Fang) und das Tor des Heiligen Königs (Zhishenglin Men), den Eingang zur Begräbnisstätte.

Qufu, Konfuziushain (Fortsetzung)

Der Grabhügel des Meisters – es ist nicht sicher, ob er tatsächlich hier begraben ist – erhebt sich in der Mitte des Friedhofs. Der Grabstein aus dem Jahr 1443 trägt die Widmungsinschrift: "Grab des heiligen Königs der Kultur, der die Vollkommenheit erlangt hat". Östlich des Grabes liegt die Ruhestätte von Konfuzius' Sohn und die seines Enkels.

Grab von Konfuzius

In der Nordostecke des Friedhofs ist Kong Shangren beigesetzt, ebenfalls ein Nachkomme von Konfuzius und ein bekannter Dramatiker, der um 1700 lebte.

Grab des Kong Shangren

30 km südöstlich von Qufu erhebt sich der Berg Nishan. An seinem östlichen Ausläufer steht ein Konfuzius-Tempel aus dem 10. Jahrhundert.

***Berg Nishan**

Hinter dem Tempel liegt die bekannte Grotte des Konfuzius. Der Überlieferung nach wurde dieser in einem nahen Dorf geboren und von seinem Vater kurz nach der Geburt hier am Fuß des Nishan ausgesetzt, weil er so häßlich war. Eine Tigerin hat das Kind in die Grotte gebracht und ständig gestillt, bis die Eltern reumütig ihr Kind nach Hause zurückholten.

Grotte des Konfuzius (Kongzi Dong)

Einige Dutzend Meter über der Grotte erhebt sich der Pavillon des Flußblicks, wo Konfuzius, dem Glauben der Einheimischen zufolge, den berühmten Satz "So wie dieser Fluß fließt alles dahin" aussprach.

Pavillon des Flußblicks (Guanchuan Ting)

In Linxin, etwa 200 km südöstlich von Qufu, liegen am Fuß des Yinqueshan und des Jinqueshan alte Gräber, die meisten aus der frühen Westlichen Han-Zeit (Yinqueshan Jinqueshan Hanmu; 206 v.Chr. bis 23 n.Chr.).

****Han-Gräber am Yinqueshan und Jinqueshan**

Im Jahr 1972 wurden im Grab Nr. 1 am Yinqueshan 4942 Bambusstreifen mit dichtgeschriebenen chinesischen Schriftzeichen entdeckt. Es sind Bruchstücke zweitausend Jahre alter Werke aus einer Epoche, in der es noch kein Papier gab. Vor diesem bedeutungsvollen Fund waren nur die Titel einiger Werke, wie z. B. "Die Kriegskunst von Sun Bin", bekannt.

Grab Nr. 1

Das Grab Nr. 2, das ebenfalls im Jahr 1972 geöffnet wurde, enthielt 32 Bambusstreifen, die, wie es sich zeigte, Teile eines Kalenders aus dem Jahr 134 v.Chr. darstellen.

Grab Nr. 2

Im Grab Nr. 9 am Jinqueshan stießen Archäologen 1976 auf einen Sargdeckel, der mit einem 200 cm langen und 42 cm breiten, farbenprächtigen Seidengemälde geschmückt war. Es zeigt den Himmel, das irdische Leben des Bestatteten und die Hölle.

Grab Nr. 9

Sanya

Gk 36

Chinesische Entsprechung

Provinz: Hainan
Fläche: 1878 km²
Einwohnerzahl: 500 000

Sanya, die südlichste Stadt Chinas, liegt auf 109° 29′ östlicher Länge und 18° 10′ nördlicher Breite an der Südspitze der Insel Hainan. Flugverbindungen bestehen mit der Provinzhauptstadt Haikou und Zhanjiang.

Lage und Verkehrsanbindung

In Sanya sind umfangreiche Bauarbeiten im Gang; es werden Hotels und Feriensiedlungen errichtet. Am hiesigen weißen Strand kann man nämlich zu allen Jahreszeiten baden, z. B. in der Yalong-Bucht.

Allgemeines

◀ *Zeremonie im Konfuzius-Tempel in Qufu*

Sanya

Umgebung von Sanya

Hirsch-Kap
(Lu Huitou)

Das Hirsch-Kap, die Südspitze der Insel Hainan, 6 km südlich von Sanya, erinnert in seiner Gestalt an einen Hirsch, der den Kopf nach hinten wendet. Der Felsenstrand ist voller Korallenbänke.

*Höhle des
Herabgefallenen
Pinsels
(Luobi Dong)

Die über 3 m tiefe Höhle des Herabgefallenen Pinsels liegt 10 km westlich der Stadt am Südosthang eines Berges. Ein Stalaktit läßt an einen riesigen Pinsel denken. Darunter fängt ein gewölbter Stein die Kalktropfen auf, die von seiner Spitze herabfallen. Bevor die Bewohner der Gegend ihre Kinder erstmals in die Schule schicken, unterziehen sie sie hier in der Grotte einer kleinen Prüfung: Wenn es dem Kind gelingt, mit der Fläche einer Hand die herabfallenden Tropfen aufzufangen, wird es gute Noten erzielen und seinen Lebensweg gehen; ansonsten müssen eben andere Lösungen gefunden werden.

Kap am Ende
der Welt
(Tianyahaijiao)

Das Kap am Ende der Welt, etwa 24 km westlich von Sanya, galt einst als 'entlegenster Fleck der Erde'.
Auf den umliegenden Felsen kann man zahlreiche riesige Ideogramme erkennen, die 1733 vom damaligen Provinzgouverneur und anderen staatlichen Beamten eingeritzt wurden. Die Inschriften beziehen sich immer wieder auf die extreme geographische Lage dieses Landstrichs: 'Äußerstes Ende der Welt', 'Beginn des Meeres', 'Pfeiler des Südlichen Firmaments' und andere.

Schanghai

→ Shanghai

Sanya: Kap am Ende der Welt

Schansi

→ Shanxi

Schantung

→ Shandong

Schensi

→ Shaanxi

Schichrachuang

→ Shijiazhuang

Shaanxi · Schensi   Gh – Ha 26 – 30

陕西省   Chinesische Entsprechung

Provinz
Fläche: 195 000 km^2
Einwohnerzahl: 33,63 Mio.   Übersichtskarte
Hauptstadt: Xi'an   s. S. 380

Shaanxi liegt zwischen 105° 29′ –111° 15′ östlicher Länge und 31° 42′ bis   Lage
39° 35′ nördlicher Breite im Norden Chinas. Der Weihe-Fluß durchfließt die
Provinz in West-Ost-Richtung, der Huanghe trennt sie im Osten von der
Provinz Shanxi ab. Die Südgrenze verläuft über die Gebirge Micangshan
und Dabashan (bis 2708 m ü. d. M.).

Die Ebene des Weihe ist das Hauptsiedlungs- und Wirtschaftsgebiet der   Allgemeines
Provinz, wo etwa die Hälfte der Bevölkerung lebt.

Shaanxi umfaßt im Norden ein Lößplateau (1000 – 2000 m ü. d. M.), das   Naturraum
vom Bergland Baiyushan mit tief eingeschnittenen Tälern überragt wird.
Nach Süden schließt sich die 300 bis 600 m ü. d. M. gelegene Weihe-Ebene
an, die im Süden vom Qinlingshan (der höchste Berg ist der Taibaishan mit
3767 m ü. d. M.) begrenzt wird, der wiederum nach Süden zum Tal des
Flusses Hanshui steil abfällt.

Der Qinlingshan bildet die Grenze, die das gemäßigte steppenhafte Klima   Klima
im Norden vom feuchten subtropischen im Süden trennt. Niederschläge,
die nach Norden hin abnehmen, fallen zwischen Mai und Oktober.

Funde aus dem Meso- und Neolithikum belegen, daß das Tal des Weihe zu   Geschichte
den am frühest besiedelten Gebieten Chinas gehört. Hier residierten die
Zhou-Dynastie (11. Jh. – 221 v. Chr.) und die Qin (221 – 206 v. Chr.). Bis ins
9. Jh. blieb Shaanxi der politische, wirtschaftliche und kulturelle Mittelpunkt Chinas, bis der Regierungssitz nach Osten und Norden verlegt
wurde. Das Gebiet erlebte einen Niedergang. In den Jahren 1876 bis 1878
und 1928 starben mehrere Millionen Menschen an Hunger.

Shandong · Schantung

Shaanxi
(Fortsetzung)
Übersichtskarte

China

Provinz Shaanxi (Schensi)

Volksrepublik China
Zhonghua Renmin Gongheguo

Wirtschaft

Shaanxi liegt in seiner wirtschaftlichen Entwicklung weit hinter den Küstenprovinzen zurück. Die wichtigsten Industriezweige der Provinz sind Baumwollverarbeitung und Maschinenbau, daneben Kohle- und Erdölverarbeitung, Eisenmetallurgie, chemische, Baustoff- und elektronische Industrie. Bergbau erfolgt auf Steinkohle, zudem auf Eisenerz, Erdöl, Gold und Salz. Der Energiegewinnung dienen Wärme- und Wasserkraftwerke am Hanshui.

Unterschiedliche Klimazonen bestimmen die landwirtschaftliche Nutzung, wobei die Vegetationsperiode im Süden 260–280 Tage, im Weihe-Tal 240 und im Norden nur noch 190 Tage beträgt. In der Weihe-Ebene werden Weizen und Baumwolle angebaut, im Süden Reis, Mais und Hülsenfrüchte, zudem gibt es dort Orangen-, Mandarinen-, Tee- und Tungölbaumkulturen. Die wichtigsten landwirtschaftlichen Produkte im Norden sind Hirse und Winterweizen. Etwa ein Drittel der Ackerbauflächen wird bewässert.

Reiseziele

Die Hauptstadt → Xi'an und ihre Umgebung bieten unzählige Sehenswürdigkeiten. Darüber hinaus sollte man auch → Yan'an, die Geburtsstätte der maoistischen Revolution, aufsuchen.

Shandong · Schantung Hc – Hh 26 – 28

Chinesische
Entsprechung

山东省

Provinz
Fläche: 153 300 km²
Einwohnerzahl: 85,70 Mio.
Hauptstadt: Jinan

Lage

Die dicht besiedelte Provinz Shandong liegt zwischen 114° 36'–122° 43' östlicher Länge und 34° 25'–38° 23' nördlicher Breite am Meer Bohai und Gelben Meer (Huanghai).

Shandong · Schantung

Naturraum

Das Territorium besteht zu 55% aus Ebenen, zu 35% aus Hügel- und Bergland, zu 9% aus Sumpfgebieten und zu 1% aus Seen und Flüssen. Es umfaßt im Osten die buchtenreiche Halbinsel Shandong Bandao, welche die Bucht Bohai vom Gelben Meer trennt. Die Provinz ist überwiegend Hügel-, nur stellenweise höheres Bergland (Laoshan, bis 1087 m ü.d.M.). Der Westen liegt im Bereich der Schwemmlandebene des unteren Huanghe. Im zentralen Teil erhebt sich das aus mehreren Bergketten bestehende Shandong-Gebirge mit dem Taishan (1525 m ü.d.M.).

Klima

Das Kontinentalklima bringt warme, trockene Sommer und kalte Winter mit sich. Die Halbinsel Shandong erfreut sich hingegen eines milden Klimas.

Geschichte

Auf diesem Gebiet bestand bereits im 3. Jt. v. Chr. die Longshan-Kultur. Seit dem 4. Jh. war Shandong ein wichtiges Schiffahrtszentrum. Das 19. Jh. brachte katastrophale Überschwemmungen. Der Huanghe verlegte Mitte des 19. Jh.s sein Bett; er wurde durch umfangreiche Deichbauten gebändigt. Ende dieses Jahrhunderts geriet das Gebiet unter deutschen Einfluß und war im 20. Jh. zeitweise von den Japanern besetzt. Nach 1940 entwickelte sich Shandong besonders auf industriellem Gebiet.

Wirtschaft

Günstige Naturbedingungen und reiche Bodenschätze führten zur Entwicklung einer umfangreichen Landwirtschaft (besonders nachdem die ständigen Hochwasser des Huanghe durch seine Eindämmung und Regulierung gebannt wurden) und Industrie. Angebaut werden Weizen, Mais, Hirse, Erdnüsse, Bataten, Tabak, Baumwolle und Obst. Eine wichtige Rolle spielen Seidenraupenzucht, Geflügelhaltung und Viehzucht sowie Binnen- und Hochseefischerei.

Große Bedeutung haben die Förderung von Kohle, Erdöl, Eisenerz und Bauxit sowie die Graphitgewinnung. Neben der dominierenden Nahrungsmittel- und Textilindustrie (Baumwollverarbeitung) entstanden seit Anfang der 60er Jahre Eisen- und Stahlindustrie als Zulieferer für den Werkzeugmaschinen-, Kraftfahrzeug-, Lokomotiven- und Waggonbau sowie Erdölverarbeitung und chemische Industrie. Tsingtau und Yantai besitzen wichtige Hochseehäfen.

China

Übersichtskarte

Volksrepublik China
Zhonghua Renmin Gongheguo

Shanghai · Schanghai

Shandong (Fortsetzung) Reiseziele	Shandong kann sich vieler alter Städte und touristisch interessanter Orte rühmen. Zu erwähnen sind: der Regierungssitz → Jinan, die Stadt der Quellen; → Tsingtau, das nicht nur für sein Bier und sein Mineralwasser bekannt ist; → Yantai; → Qufu, die Geburtsstadt von Konfuzius; → Tai'an, in dessen Nähe sich der heilige Berg Taishan erhebt, und schließlich → Weifang, wo Papierdrachen hergestellt werden.

Shanghai · Schanghai   Hf 30

Chinesische Entsprechung	
Stadtplan s.S. 384/385	**Regierungsunmittelbare Stadt** Höhe: 4 m ü.d.M. Fläche: 6200 km² Einwohnerzahl: 16 Mio.
Lage und Verkehrsanbindung	Shanghai liegt auf 121° 29′ östlicher Länge und 31° 18′ nördlicher Breite in Ostchina, an der Mündung des Huangpujiang ins Ostchinesische Meer. Von Peking ist Shanghai 1460 km entfernt. Auch mit Nanking, Hangzhou, Kanton und anderen Großstädten bestehen Flug- und Bahnverbindungen. Schiffslinien sichern den Verkehr mit Dalian, Tsingtau und Ningbo.
Allgemeines	Shanghai, dessen Name "über dem Meer" bedeutet, ist ein Handels- und Industriezentrum. Es weist den größten und bedeutendsten Hafen sowie die größte Börse des Landes auf. Das "Manhattan des Ostens" ist in einer stürmischen wirtschaftlichen Entwicklung begriffen, die einen Bauboom in atemberaubendem Tempo mitsichbringt. Ununterbrochen werden ganze Stadtteile abgerissen, Hochhäuser und Hochbahnen in rasender Geschwindigkeit von einem Heer von Wanderarbeitern hochgezogen. Kaum ein Gebäude ist älter als zehn Jahre. Nur noch wenige historische Bauten sind erhalten, vor allem aus der Kolonialzeit. Das neuentstandene Gewerbegebiet Pudong im Osten der Stadt, das durch zwei Hochbrücken und einen Tunnel über bzw. unter dem Huangpujiang ans übrige Stadtgebiet angeschlossen wird, ist vor allem an dieser Entwicklung beteiligt. Fast 200 Universitäten, Fachschulen und Forschungsinstitute machen die Stadt auch zu einem Wissenschaftszentrum.
Geschichte	Die erste Siedlung geht auf die Song-Zeit (960–1279) zurück; sie war zunächst ein Fischerdorf. Um die Mitte des 13. Jh.s wuchs am Westufer des Huangpujiang eine kleine Stadt mit Namen Shanghai heran. In der folgenden Zeit stiegen ihre Bedeutung und ihre Ausmaße durch den blühenden Außenhandel erheblich. Im 16. Jh. entwickelten sich Baumwoll- und Seidenwebereien. In dieser Epoche wurde auch eine Stadtmauer errichtet. Von 1843 an, nach der Niederlage Chinas in den Opiumkriegen, wurde Shanghai zum Freihafen verschiedener Westmächte, die nördlich der Stadt (heutige Altstadt) Konzessionsgebiet zur Niederlassung erhielten. So entstand eine Metropole europäischen Stils, die in einen chinesischen, französischen und internationalen Sektor unterteilt war. Die Chinesen empfanden die Ausländer als Eindringlinge, und der Widerstand gegen sie wuchs. Er schlug sich schließlich in Protestdemonstrationen von Studenten und Arbeitern nieder. Im Juli 1921 wurde hier die Kommunistische Partei Chinas ins Leben gerufen. Den Volksaufstand von 1927 schlug Chiang Kai-shek blutig nieder. Nach dem Kriegsausbruch zwischen den USA und Japan 1941 besetzte dieses die ausländischen Konzessionen. 1949, nach der Besetzung durch die Rote Armee, schaffte man ausländische Konzessionen und private Unternehmen ab. Dennoch konnte Shanghai weiterhin seine industrielle und wirtschaftliche Vorrangstellung behaupten. Trotz der anschließend beginnenden liberalen Wirtschaftsreformen büßte Shanghai jedoch seine wirtschaftliche Führungsrolle ein.

Sehenswertes in Shanghai

Die Zongshan Lu, eine Uferpromenade, die am Westufer des Huangpujiang entlangführt, ist auch unter dem Namen "Bund" (engl.-ind.) bekannt. Ihre Landseite säumen zahlreiche Bauten, die Engländer und Franzosen in der Zeit der Konzessionen für ihre Niederlassungen errichteten. Die dominierenden Gebäude sind (von Süden) der einstige Hauptsitz der Hongkong und Shanghai Bank (mit der Kuppel), das Seezollamt (mit dem Uhrturm), das Peace Hotel (an der Ecke Nanjing Lu) und die Bank of China. Die ganze Häuserzeile steht unter Denkmalschutz. Die Uferseite wurde als erhöhte Promenade gestaltet.

*Bund (Waitan)

Der 468 m hohe Oriental Pearl TV Tower (geöffnet 8.00–21.00 Uhr) in Pudong auf der anderen Seite des Flusses bietet einen hervorragenden Ausblick. Ein architektonisches Meisterwerk ist der 420 m hohe Jin Mao Tower daneben. Der vom Pagodenstil beeinflußte Turm ist von einem feinen Stahlnetz umspannt. Vom Hotel Grand Hyatt in den oberen Etagen hat man einen spektakulären Ausblick.

Oriental Pearl TV Tower, Jin Mao Tower

Von der Zongshan Lu führt über mehrere Kilometer in Richtung Westen die in der zweiten Hälfte des 19. Jh.s angelegte Nanjing Lu, die Hauptgeschäftsstraße Shanghais. Hier findet man zahllose Geschäfte aller Art, Restaurants und Kinos sowie die Warenhäuser Yibai und Jiubai.

Nanjing Lu

Die große Freifläche in der Stadtmitte entstand bei der Auflösung der von den Briten 1862 angelegten Pferderennbahn. Sie besteht aus zwei Teilen: der nördliche ist der Volkspark. Er grenzt im Norden an die Nanjing Lu. Der Volksplatz südlich des Parks wurde in de Jahren 1993 bis 1998 zu einem modernen, repräsentativen Stadtzentrum umgestaltet: Hier entstanden ein neues großes Rathaus, der Neubau des Shanghai-Museums und ein Opernhaus.

Volkspark (Renmin Gongyuan), Volksplatz (Renmin Guangchang)

Die bekannte Uferpromenade Bund

Shanghai · Schanghai

Shanghai · Schanghai

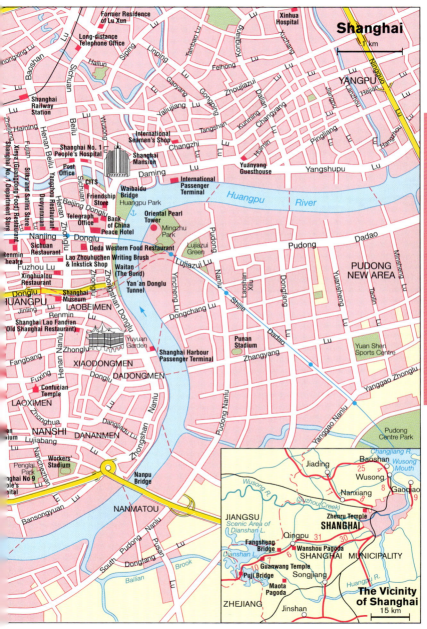

Shanghai · Schanghai

Das beliebte Teehaus Huxin Ting am Yuyuan-Garten

*Shanghai-Museum (Shanghai Bowuguan)

Das 1952 gegründete Museum (geöffnet So. Fr. 9.00 – 17.00, Sa. 9.00 bis 20.00 Uhr) ist Chinas derzeit bestes Museum für klassische chinesische Kunst. Es befindet sich in einem Neubau auf der Südseite des Volksplatzes. Auf vier Etagen präsentieren sich in hervorragender Ausstellungstechnik folgende Abteilungen:
Erdgeschoß: Chinas bedeutendste Sammlung frühgeschichtlicher Bronzekunst sowie frühgeschichtliche Plastik
1. Stock: Keramik von den vorgeschichtlichen Kulturen bis zum 19. Jh.
2. Stock: Tuschmalerei, Kalligraphie und Siegel
3. Stock: Kunst der nationalen Minderheiten; Jade, Münzen sowie Möbel der Ming- und Qing-Zeit (1368 – 1912).

Altstadt (Yuyuan)

Südöstlich des Zentrums, begrenzt von den Straßen Renmin Lu und Zongshan Lu, breitet sich die Altstadt aus, die früher von einer Stadtmauer umgeben war. Hier herrscht reges Leben und Treiben.

*Garten Yuyuan

Der Yuyuan-Garten (geöffnet 9.00 – 17.00, Sa. bis 20.00 Uhr), im Nordosten der Altstadt gelegen, nimmt eine Fläche von über 20 000 m² ein und besteht aus zwei Teilen, dem Äußeren und dem Inneren Garten. Er wurde im Jahr 1559 von einem hohen Beamten im Suzhou-Stil angelegt.

*Teehaus Huxin Ting

Außerhalb der Gartenanlage liegt das äußerst beliebte Teehaus Huxin Ting (geöffnet tgl. 5.30 – 18.30 Uhr) inmitten eines Teichs, mit dem Ufer durch eine Zickzack-Brücke verbunden.

Äußerer Garten

Der Äußere Garten wurde 1559 angelegt und 1577 erweitert. 1769 erwarb eine Kaufmannsgemeinschaft die verwilderte Anlage und gestaltete sie teilweise neu. Den populären Geschmack der damaligen Zeit spiegeln vor allem die Haupthalle Sansui Tang mit ihrem Dachschmuck, die figürlichen Darstellungen in Reliefs und Fensteröffnungen und die drachengeschmückten Mauern wider. Das bekannteste Gebäude ist die Halle des Frühlings (Dianchun Tang), in der die Gesellschaft der Kleinen Schwerter (Xiaodao Hui) zwischen 1853 und 1855 ihr Hauptquartier hatte, als sie in

Shanghai an sich gerissen hatte und bis zur Eroberung durch die Taiping 1853 die Herrschaft ausübte. Der bedeutendste kulturhistorische Schatz dieses Gartenteils ist das künstliche Felsengebirge, das einzige erhaltene Werk des Gartenbaumeisters Zhang Nanyang. Es besteht nicht aus den üblichen Taihu-Steinen, sondern aus gelben Felsen aus Wukang. Von besonderem Interesse sind hier zudem der außergewöhnlich große und schöne Gartenstein (Yulinglong) mit 72 Löchern und Höhlungen und eine lange Mauer, deren oberer Teil die Form eines Drachens zeigt.

Garten Yuyuan, Äußerer Garten (Fortsetzung)

Der Innere Garten aus dem Jahr 1709 gehörte ursprünglich nicht zum Yuyuan, sondern zu dem nahen Stadtgotttempel, in dem Shanghais Schutzpatron verehrt wurde. Auf nur etwas mehr als 0,1 ha Fläche vereint der Garten die meisten typischen Merkmale des klassischen chinesischen Literatengartens: hübsche Pavillons, Ziersteine und Miniaturgebirge, Trennmauern und kleine Gewässer. Im Süden des Inneren Gartens befindet sich eine reich verzierte Theaterbühne.

Innerer Garten (Neiyuan)

Im Juli 1921 fand im Süden der Stadt, an der Ecke Xingye Lu/Huangpulu (Versammlungsort geöffnet Di., Mi., Fr.–So. 8.30–11.00 und 13.00–16.00, Mo., Do. 13.00–16.00 Uhr) die Gründungsversammlung der Kommunistischen Partei Chinas (KPCh) auf französischem Konzessionsgebiet statt. Es nahmen 13 – darunter auch Mao Zedong – der 53 Mitglieder der Partei teil. Als die Gefahr einer Durchsuchung durch die Konzessionspolizei bestand, konnten sich die Delegierten noch rechtzeitig absetzen. In dem kleinen Museum sind verschiedene Exponate zur Revolutionsgeschichte ausgestellt.

Versammlungsort des ersten Kongresses der Kommunistischen Partei Chinas

Der Park Fuxing Gongyuan im Süden der Stadt entstand im Jahr 1909 innerhalb des ehemaligen französischen Konzessionsgebietes. Er ist eine beliebte Erholungsanlage mit schattenspendenden Bäumen.

Park Fuxing Gongyuan

In der Nähe des Parkes Fuxing Gongyuan befindet sich in der Xianshan Lu 7 das ehemalige Wohnhaus von Sun Yat-sen (geöffnet 9.30–11.00, 14.00–16.30 Uhr), der seit 1920 hier lebte. Das Haus, das zu einem kleinen Museum umfunktioniert wurde, ist mit Originalmöbeln ausgestattet.

Früherer Wohnsitz von Sun Yat-sen (Sun Zongshan Guju)

Der Longhua-Park breitet sich im Südwesten der Stadt aus. Er beherbergt einen Tempel und eine Pagode, die aus dem Jahr 247 stammen sollen, aber mehrmals zerstört und wiederaufgebaut wurden. Die heutige 40 m hohe und siebenstufige Pagode aus Backsteinen und Holz geht auf das Jahr 977 zurück. Rings um jedes Geschoß läuft ein von einem Vordach überspannter Balkon. Die verschiedenen Tempelbauten wurden hingegen zuletzt gegen Ende des 19. Jh.s erneuert.

*Longhua-Park (Longhua Gongyuan)

Der 1954 entstandene Botanische Garten befindet sich im Süden der Stadt an Longwu Lu. Hier sind Landschaftsszenerien nachgebildet.

Botanischer Garten

Die 1906 bis 1911 im neoromanischen Stil erbaute Kirche – im Südwesten von Shanghai, im Stadtteil Xujiahui nahe dem Städtischen Sportpalast gelegen – ist das größte katholische Gotteshaus von Shanghai. Das Mittelschiff faßt 2500 Menschen. Die beiden Glockentürme sind über 50 m hoch.

Kirche von Xujiahui (Xujiahui Tianzhutang)

Der Tempel (geöffnet 8.00–17.00 Uhr), im Nordwesten der Stadt an Anyuan Lu gelegen, beherbergt zwei Shakyamuni-Statuen, die der Mönch Huigen 1869 aus Birma mitbrachte. Um die Skulpturen angemessen unterzubringen, sammelte er Geld für den Bau eines Tempels in Jiangwan, im Nordosten von Shanghai. Die Arbeiten waren 1882 vollendet, aber die Gebäude wurden im Jahr 1911, während der Revolution zerstört. Sieben Jahre später nahm man den Wiederaufbau des Tempels an einer näher an der Altstadt gelegenen Stelle in Angriff; so entstand der heutige Jadebuddha-Tempel. Die Bauarbeiten dauerten zehn Jahre, von 1918 bis 1928. Der Tempel gliedert sich in drei Hallen und zwei Höfe. In der Halle der Himmelskönige (Tianwang Dian) stehen Statuen der vier Himmelskönige, ein vergoldeter Maitreya und ein ebenfalls vergoldeter Weituo.

*Jadebuddha-Tempel (Yufo Si)

Statuen im Jadebuddha-Tempel

Garten der Natürlichen Schönheit

Die Kostbare Halle des Großen Helden (Daxiong Baodian) zeigt den Buddha der drei Zeitalter (der Vergangenheit, der Gegenwart und der Zukunft) sowie 18 Luohan-Figuren.

Jadebudddha-Tempel (Fortsetzung)

Die zwei Shakyamuni-Skulpturen wurden jeweils aus einem einzigen Stück weißer Jade gehauen. Die 1,9 m große Statue des sitzenden Shakyamuni befindet sich im Obergeschoß der Haupthalle Wentang, wo auch eine Sammlung buddhistischer Schriften untergebracht ist. Der kleinere liegende Shakyamuni (knapp 1 m lang), der bei seinem Eintritt ins Nirwana dargestellt ist, befindet sich in einem Gebäude am Westhof des Tempels.

Shakyamuni-Statuen

Der Tempel Zhenru Si aus dem Jahr 1320 steht am Nordwestrand von Shanghai, in der Nähe der Eisenbahnstation Zhenru. Von der ursprünglichen Anlage ist nur noch die aus Backstein und Holz erbaute Haupthalle erhalten.

Tempel Zhenru Si

Im Norden der Stadt, an der Straße Shanyin Lu steht das Reihenhaus von Lu Xun (→ Berühmte Persönlichkeiten), in dem er vom 11. April 1933 bis zu seinem Tod am 19. Oktober 1936 lebte. In seinem Arbeitszimmer im Obergeschoß übersetzte er u. a. Gogols Roman "Die toten Seelen".

Früherer Wohnsitz von Lu Xun (Lu Xun Guju)

Im Park Hongkou Gongyuan, nördlich des Wohnsitzes von Lu Xun gelegen, befindet sich das Grab des Dichters (geöffnet tgl. 9.00–16.00 Uhr), das 1956 anläßlich von dessen 20. Todestag errichtet wurde.

Grab von Lu Xun (Lu Xun Mu)

Umgebung von Shanghai

Der 6,6 ha große Garten der Natürlichen Schönheit (geöffnet tgl. 6.00 bis 16.00 Uhr) in Nanxiang, einer kleinen Ortschaft 8 km nordwestlich von Shanghai, wurde im 16. Jh. angelegt, 1746 erweitert, 1937 schwer beschädigt und 1959 von Grund auf erneuert. Heute zieren ihn zahlreiche Pavillons, kleine Villen, Pagoden, Seen und Blumenbeete sowie eine Dagoba aus der Song-Zeit (960–1279) und einige Steinpfeiler aus der Tang-Epoche (618–907), die Inschriften aus den buddhistischen Sutras tragen. Am Dach des viereckigen Pavillons Buque Ting (bu que = einen Fehler korrigieren) fehlt der nordöstliche Teil. Der Bau war 1931, während der japanischen Besetzung der Mandschurei, errichtet worden; das fehlende Dachstück sollte die Chinesen an diese Besetzung erinnern.

*Garten der Natürlichen Schönheit (Guyi Yuan)

Der Konfuziustempel (geöffnet tgl. 8.00–11.00, 13.00–17.00 Uhr), im Süden von Jiading, 19 km nordwestlich von Shanghai, wurde 1219 errichtet und während der Yuan-, Ming- und Qing-Dynastie erneuert. Im Jahr 1958 richtete man hier das Städtische Museum von Jiading ein, wo u. a. 90 Steinplatten mit alten Inschriften aufbewahrt werden.

Konfuzius-tempel von Jiading (Jiading Kongmiao)

Die 48,5 m hohe, neungeschossige Pagode, auch Viereckige Pagode (Fang Ta) genannt, die während der Herrschaft der Nördlichen Song in den Jahren 1068 bis 1094 entstand und 1975 bis 1977 renoviert wurde, befindet sich 30 km südwestlich von Shanghai in der Stadt Songjiang. Durch ihren viereckigen Grundriß stellt sie eine Ausnahme dar, denn die Pagoden der Song-Epoche waren in der Regel achteckig; die viereckige Form ist dagegen für die Tang-Zeit (618–907) kennzeichnend.
Außerdem fällt auf, daß sich der Unterbau der Pagode leicht nach Südosten neigt und die Vordächer der Südostfassade länger sind – Vorkehrungen, welche die Baumeister der Song-Ära gegen die häufigen, aus südöstlicher Richtung einfallenden Taifune trafen.

*Pagode Xingshengjiaosi Ta

Bei Songjiang auf dem Berg Tianmashan steht die Pagode zum Hüten der Perle, auch Schiefe Pagode (Xie Ta) genannt. Sie stammt aus dem Jahr 1079 und brannte 1788 großteils ab. Anschließend riß man Backsteine aus dem Bau heraus, wodurch er sich nach Westen neigte.

Pagode zum Hüten der Perle (Huzhu Ta)

Shantou

Shanghai (Fortsetzung)
Pagode der Langlebigkeit (Wanshou Ta)

Die Pagode der Langlebigkeit wurde 1743 von den Bewohnern des Ortes Qingpu, 31 km westlich von Shanghai, errichtet, um dem Qianlong-Kaiser ein langes Leben zu wünschen. Er war nämlich ihrem Bittgesuch nachgekommen und hatte die zu entrichtenden Steuern erheblich gesenkt. Ursprünglich bestand die Pagode aus Ziegelstein und Holz, die hölzernen Teile brannten jedoch 1883 ab.

Freiheitsbrücke (Fangsheng Qiao)

Die Freiheitsbrücke, zirka 10 km südwestlich der Pagode der Langlebigkeit, ist mit 71 m Länge und 6 m Breite die längste Steinbrücke von Shanghai. Errichtet wurde sie 1571 mit Geldmitteln, die der Mönch Xing Chao zusammengetragen hatte. Er war es auch, der den Einheimischen davon abriet, unter dieser Brücke zu fischen, und ihnen nahelegte, auch die schon gefangenen Fische wieder ins Wasser zurückzuwerfen. Die ursprüngliche Brückenkonstruktion stürzte 1814 ein, die heutige entstand wenig später auf Veranlassung eines anderen Mönches.

*See Dianshan Hu

Etwa 50 km westlich von Shanghai dehnt sich der 60 km^2 große Dianshan-Hu-See aus.

Garten der Großen Landschaft (Daguan Yuan)

An seinem Ostufer breitet sich der Garten der Großen Landschaft aus. Einige Bauten, wie der Guanwang-Tempel und die Aofeng-Pagode, haben die Zeiten überdauert. – Am Ostufer des Sees steht dem Besucher ein großes Strandbad zur Verfügung.

Brücke des Allgemeinen Heils (Puji Qiao)

Die einbogige (Spannweite 10 m), 27 m lange und 2,75 m breite Brücke des Allgemeinen Heils, 54 km südwestlich von Shanghai entfernt, entstand im Jahr 1265 während der Song-Ära (960–1279) und zeigt alle für die Entstehungszeit typischen Merkmale, z. B. purpurfarbener Baustein, verringerte Breite, nur leicht geneigter Brückenansatz, ein einziger Bogen mit großer Spannweite. Das Bauwerk ist zweifellos ein hervorragendes Beispiel songzeitlicher Brückenbaukunst.

Pagode Mao Ta

Die in der zweiten Hälfte des 9. Jh.s erbaute Mao-Ta-Pagode, die 20 km östlich der Brücke des Allgemeinen Heils auf einer kleinen Insel des Mao-Flusses emporragt, diente lange Zeit als Leuchtturm.

Shantou　　　　　　　　　　　　　　　　　　　　　　　　　　　Hd 34

Chinesische Entsprechung

汕头

Provinz: Guangdong
Fläche: 246 km^2
Einwohnerzahl: 787 000 (im Großraum 10 Mio.)

Lage und Verkehrsanbindung

Shantou liegt am Südchinesischen Meer, im Osten der Provinz Guangdong, auf 116° 38′ östlicher Länge und 23° 24′ nördlicher Breite, etwa 450 km östlich von der Provinzhauptstadt Kanton.
Von dort ist die Stadt per Flugzeug (1 Std.), Bus oder Schiff zu erreichen.

Geschichte

Wie bei anderen Städten der Provinz Guangdong liegen auch die Ursprünge von Shantou im dunkeln. Sicher ist nur, daß die Stadt schon unter den Song (960–1279) ein recht bedeutendes Zentrum mit hochwertiger Keramikproduktion war.
Im Lauf der Jahrhunderte entwickelten die örtlichen Keramikkünstler einen ganz eigenen Stil. Das Dekor wurde mit besonderer Sorgfalt ausgeführt, und zwar noch vor dem Auftrag der verschiedenen, jeweils einzeln gebrannten Glasurschichten.
In den vergangenen Jahrhunderten wuchs die Bedeutung der Stadt mit dem Ausbau des Hafens.

Gegenwärtig zählt Shantou zu den Wirtschaftssonderzonen in China, denen zur Förderung des Außenhandels und der wirtschaftlichen Zusammenarbeit mit anderen Staaten eine ganze Reihe von Vergünstigungen zugestanden wurde.

Shantou, Geschichte (Fortsetzung)

Umgebung von Shantou

Der Queshi-Gongyuan-Garten, 1,5 km südlich von Shantou, ist durch eine Meerenge von der Stadt getrennt. Um die beiden Teiche gedeihen üppige tropische Pflanzen.

Garten Queshi Gongyuan

In der Umgebung erheben sich 43 Hügel, die mit Höhlen, Grotten, Pavillons, Lauben und Blumenbeeten übersät sind.

Shanxi · Schansi   Ha – Hc 25 – 28

山西省

Chinesische Entsprechung

Provinz
Fläche: 156 000 km²
Einwohnerzahl: 28,42 Mio.
Hauptstadt: Taiyuan

Die Provinz Shanxi befindet sich im Norden Chinas, zwischen 110° 15′ bis 114° 32′ östlicher Länge und 34° 35′ – 40° 45′ nördlicher Breite. Sie wird im Westen zur Provinz Shaanxi vom mittleren Huanghe, im Norden zur Inneren Mongolei von der Großen Mauer und im Süden von der Provinz Henan begrenzt. Im Osten bilden die westlichen Bergketten des Taihangshan, die eine Höhe von 1500 bis 1850 m erreichen, die Grenze.

Lage

China

Übersichtskarte

Volksrepublik China
Zhonghua Renmin Gongheguo

Shaoxing

Shanxi (Fortsetzung) Naturraum

Das Shanxi-Plateau, größtenteils über 1000 m gelegen und von etwa 100 m mächtigen Lößschichten bedeckt, hat nur im Westteil als stark zerschluchtetes Tafelland Plateaucharakter, ansonsten ist es durch mehrere Gebirgszüge (Wutaishan 3058 m ü.d.M., Lüliangshan 2831 m ü.d.M., Zhongtiashan 2359 m ü.d.M., Taiyueshan 2347 m ü.d.M., Hengshan 2017 m ü.d.M.) und Becken (z.T. nur um 300 m ü.d.M.) stark gegliedert und wird vom Fenhe in einem teilweise beckenartig erweiterten Tal von Norden nach Süden durchflossen.

Klima

Es herrscht ein von Monsunen geprägtes Kontinentalklima: die Winter sind kalt, die Sommer nicht sehr warm. Die Durchschnittstemperatur bewegt sich zwischen 6° und 14°C. Die Niederschläge, die überwiegend von Juli bis September fallen, betragen jährlich 400–600 mm.

Geschichte

Shanxi blickt auf eine lange und turbulente Geschichte zurück. Wegen der strategisch wichtigen Lage war das Gebiet für die Königreiche Zentralasiens – Jin (265–420), Nördliche Wei (386–534) und Nördliche Qi – stets ein Garant der Macht. Liu Yuan, der Gründer der Tang-Dynastie, überrannte von Taiyuan die Sui-Dynastie. Ins 14. Jh. fällt die Bildung der Provinz Shanxi.

Wirtschaft

Shanxi ist die führende chinesische Provinz im Kohlebergbau; außerdem werden Eisenerze, Titan und Vanadiumerze sowie Silber-, Zink- und Kupfererze abgebaut. Wichtigste Industriezweige sind neben der Eisenerzverhüttung Maschinenbau, Baumwollverarbeitung, chemische und Nahrungsmittelindustrie.
Der Ackerbau, der vor allem im Tal des Fenhe, im mittleren Shanxi-Becken und im Xin-Xian-Becken betrieben wird, bringt nur bei künstlicher Bewässerung gesicherte Erträge. Angebaut werden Getreide (Weizen Hirse, Mais), Sojabohnen, Baumwolle, Hanf, Zuckerrüben, Tabak und Erdnüsse. Als Zugtiere werden Rinder, Esel und Maultiere gehalten.

Reiseziele

Dank ihrer langen Geschichte hat die Provinz eine beachtliche Anzahl von Baudenkmälern zu bieten, vor allem um → Datong und → Taiyuan.

Shaoxing   Hf 30/31

Chinesische Entsprechung

绍兴市

Provinz: Zhejiang
Höhe: 5 m ü.d.M.
Fläche: 100 km²
Einwohnerzahl: 265 000 (im Großraum 4,1 Mio.)

Lage und Verkehrsanbindung

Shaoxing befindet sich auf 120° 34′ östlicher Länge und 30° 00′ nördlicher Breite im Norden der Provinz Zhejiang.
Mit der 60 km entfernten Provinzhauptstadt Hangzhou bestehen Bahn- und Busverbindungen.

Allgemeines

Shaoxing liegt in einer malerischen Landschaft zwischen dem Spiegelsee und dem Berg Kuaijishan. Ein Netz kleiner Kanäle, Brücken und weißgetünchte Häuser prägen das schöne Stadtbild.
Seit mehr als 2000 Jahren wird hier der berühmte Reiswein Shaoxing Jiu hergestellt. Auch die Seiden- und Teeproduktion haben eine lange Tradition in Shaoxing.

Geschichte

Shaoxings Geschichte beginnt vor über 4000 Jahren. Seine Entstehung geht auf eine Legende über Yu den Großen zurück, einer heldenhaften Gestalt, die einige Flüsse bändigte und die Xia-Dynastie (21.–16. Jh.

v. Chr.) begründete. Dieser Legende zufolge wurde Yu nach seinem Tode am Fuß des Berges Kuaijishan bestattet. In der Frühlings- und Herbst-Periode (770–476 v.Chr.) war Shaoxing unter dem Namen Yue Hauptstadt des gleichnamigen Reiches. In den folgenden Jahrhunderten kamen hier viele Künstler zur Welt oder wohnten hier. Der Kalligraph Wang Xizhi (321–379) lebte lange Shaoxing, und die Dichter Lu You (1125–1210), Qiu Jin (1875–1907) und Lu Xun (1881–1938) wurden hier geboren.

Geschichte (Fortsetzung)

Sehenswertes in Shaoxing

Die knapp 40 m hohe Pagode in der Stadtmitte aus dem Jahr 504 wurde mehrmals erneuert.

Pagode Dashansi Ta

In der Nähe steht ein Denkmal für Qiu Jin, die hier nach einem von ihr organisierten, aber gescheiterten Aufstand gegen die Qing hingerichtet wurde.

Qiu-Jin-Denkmal

Dieses zweistöckige Holzhaus mit Garten in der Lu-Xun-Lu-Straße im Stadtzentrum bewohnte Lu Xun von seiner Geburt im Jahr 1881 bis 1899 und dann wieder von 1910 bis 1912, als er an der hiesigen Lehrerbildungsanstalt unterrichtete.

*Geburtshaus von Lu Xun (Lu Xun Guju)

Östlich des Hauses liegt das Studio der Drei Düfte, eine Art Privatschule, die der Schriftsteller von 1892 bis 1897 besuchte. Hier ist noch die Original-Einrichtung, z.B. die Schulbank von Lu Xun, zu sehen.

Studio der Drei Düfte (Sanwei Shuwu)

Die Lu-Xun-Ausstellungshalle (Lu Xun Jinianhuan) in der Nähe des Geburtshauses zeigt Fotos, Briefe und Werke des Dichters.
Rekonstruiert wurde das Weinlokal Xianheng Jiudian, Schauplatz einer berühmten Erzählung von Lu Xun.

Lu-Xun-Ausstellungshalle

Im Süden der Stadt befindet sich das frühere Wohnhaus von Qiu Jin, das als Gedächtnisstätte eingerichtet wurde, in der Fotos und Dokumente das Leben der Dichterin dokumentieren.

Früherer Wohnsitz von Qiu Jin (Qiu Jin Guju)

Umgebung von Shaoxing

Im Jahr 140 ließ der damalige Präfekt von Shaoxing 1,5 km südlich der Stadt den Spiegelsee ausheben und 36 Flüsse aus dem umliegenden Gebiet hierhin umleiten. Seither ist der See von vielen Literaten gerühmt worden. Auch heute kann man sich noch an der herrlichen Landschaft erfreuen. Aus dem Seewasser werden wertvolle Mineralien gewonnen, die zur Gärung des berühmten Reisweins Shaoxing Jiu benötigt werden.

Spiegelsee (Jian Hu)

3 km östlich der Stadt liegt der Ost-See, und zwar an der Stelle, wo vor rund zwei Jahrtausenden ein felsiger Hügel gestanden haben soll. Eine Legende erzählt, daß der Qin-Kaiser Shi Huangdi während eines Kontrollritts am Fuß des Hügels Halt gemacht habe, um sein Pferd zu tränken. In der Han-Zeit (206 v.Chr. bis 220 n.Chr.) begannen die Bewohner der Gegend, Steine aus dem Hügel zu hauen, um damit Straßen zu pflastern sowie Häuser und Brücken zu bauen. Schließlich verschwand der Hügel ganz, an seiner Stelle breitete sich der Ost-See aus. Heute ist dieses Gebiet an Festtagen ein beliebtes Ausflugsziel der Chinesen. Neun Steinbrücken untergliedern den See in drei Abschnitte. An seinen Ufern liegen zwei Höhlen verborgen, die man nur mit einem Boot besichtigen kann.

*Ost-See (Dong Hu)

Vor dem Grab des mythischen Herrschers Yu, 4 km südöstlich von Shaoxing, erhebt sich ein 1979 restaurierter Pavillon, der eine große Stele aus der Ming-Ära (1368–1644) mit der Inschrift 'Grab des Großen Yu' birgt. Yu war ein legendärer König der Xia-Dynastie (21.–16. Jh. v.Chr.).

Grab des Herrschers Yu (Yu Ling)

Shashi

Shaoxing (Fortsetzung) Tempel des Herrschers Yu (Yu Miao)

Rechts vom Grab steht ein Yu geweihter Tempel aus dem 6. Jh., der aber mehrfach zerstört und wieder aufgebaut wurde. Die meisten Gebäude der Anlage stammen aus der Qing-Epoche (1644–1911), außer der Haupthalle, die erst 1934 entstand.

*Orchideenpavillon (Lanting)

14 km südwestlich der Stadt befindet sich in einer eindrucksvollen Naturszenerie mit Bambuswäldern und gewundenen Bächen der Orchideenpavillon, in dem eine Stele mit einer Inschrift des Kaisers Kangxi (Reg. 1662 bis 1723) aufbewahrt wird.
Etwa 30 m vor dem Pavillon breitet sich ein malerischer kleiner See aus, in dessen Mitte eine Steintafel mit zwei Ideogrammen aufragt, die soviel bedeuten wie 'Gänseteich'. Sie werden Wang Xizhi (→ Berühmte Persönlichkeiten) zugeschrieben, der 335 n.Chr. das berühmte "Vorwort zur Gedichtsammlung des Orchideenpavillons" verfaßte. Demnach existierte der Pavillon schon im 4. Jahrhundert.

Gedenkhalle für Wang Xizhi

Westlich des Orchideenpavillons wird in der Gedenkhalle für Wang Xizhi sein Standbild verehrt. Auf den beiden Seitenmauern vor dem Gebäude sind ein Dutzend Steintafeln zu sehen, in die mehrere Kalligraphen vom 7. Jh. an den Text des oben erwähnten Vorworts eingeritzt haben.
Ganz in der Nähe steht ein weiterer Pavillon, der zwei Stelen mit Inschriften der Kaiser Kangxi und Qianlong (Reg. 1736–1796) beherbergt.

Shashi   Hb 30

Chinesische Entsprechung

Provinz: Hubei
Fläche: 12 km²
Einwohnerzahl: 198000 (im Großraum 240000)

Lage und verkehrsanbindung

Shashi liegt am Nordufer des Changjiang, im Zentrum der Provinz Hubei, auf 112° 13′ östlicher Länge und 30° 22′ nördlicher Breite.
Von den 240 km entfernten Provinzhauptstadt Wuhan ist es per Flugzeug (1 Std.), Bus oder Schiff zu erreichen. Flugverbindungen bestehen auch mit Shanghai (4 Std.), Kanton (2,5 Std.) und Changsha (1,5 Std.).

Geschichte

Die Stadt rühmt sich einer langen Vergangenheit, die bis in die Zeit der Xia-Dynastie (21.–16. Jh. v.Chr.) zurückreicht. Unter den Zhou (1066 bis 221 v.Chr.) hieß sie Jiangjin, das bedeutet 'Hafen am Fluß'. Im Jahr 689 v.Chr. wurde Shashi zu einer Art Vorposten der damaligen Hauptstadt des Chu-Reiches. Der große Dichter Qu Yuan wurde hier im 4. Jh. geboren. In der Tang-Ära (618–907) erfuhr der Handel einen beachtlichen Aufschwung und unter den Ming (1368–1644) dehnte sich die Stadt immer mehr aus; damals besaß sie 99 Hauptstraßen, von denen jede einem bestimmten Gewerbe oder Handwerk zugedacht war.
In jüngster Zeit haben sich in Shashi einige Wirtschaftszweige wie die Leicht-, Textil-, Elektronik-, Chemie- und Maschinenbauindustrie rapide entwickelt.

Sehenswertes in Shashi

*Sun-Yat-sen-Park (Zongshan Gongyuan)

Der in der Stadtmitte gelegene Park ist vor allem wegen seiner beiden Monumente bekannt: dem Grab des Kanzlers Sun (Sun Shu'ao Mu) und dem Frühlings- und Herbst-Pavillon.
Das Grab befindet sich in der Nordostecke der Grünanlage. Sun Shu'ao, der Kanzler des Chu-Reiches, hatte in der Nähe der Stadt einen bedeutenden militärischen Sieg errungen und wurde deshalb hier bestattet. Das

heutige Grab wurde jedoch erst lange nach seinem Tod, im Jahr 1757, angelegt.

Shashi, Sun-Yat-sen-Park (Forts.)

Der Frühlings- und Herbst-Pavillon, zu Beginn des 19. Jh.s am Westrand von Shashi errichtet, wurde 1931 hierher versetzt. Er birgt eine Statue, die den General Guan Yu (?–219) bei der Lektüre des klassischen Werkes "Der Frühling und der Herbst" zeigt.

Frühlings- und Herbst-Pavillon (Chunqiu Ge)

Im Süden der Stadt erhebt sich am Ufer des Jingjiang, eines Nebenflusses des Changjiang, die Pagode der Langlebigkeit, die 1552 nach vier Jahren Bauarbeiten vollendet wurde.
Die 94 Fassadennischen des über 40 m hohen, achteckigen Holz- und Steinbaus mit sieben Stockwerken sind mit weißen Marmorstatuen buddhistischer Heiliger geschmückt. In die vergoldete Bronzekuppel wurde der gesamte Text einer buddhistischen Schrift eingraviert. – Vom obersten Stockwerk hat man einen schönen Ausblick auf die Stadt.

Pagode der Langlebigkeit (Wanshou Ta)

Umgebung von Shashi

Die Ruinen von Jinan befinden sich etwa 20 km nordwestlich von Shashi, am südlichen Ausläufer des Jishan. Jinan, von 689 bis 278 v. Chr. Hauptstadt des Chu-Reiches, war damals die größte chinesische Stadt.
Die archäologischen Ausgrabungen haben ergeben, daß es einen rechteckigen Grundriß und gewaltige Schutzmauern besaß, die sechs bis sieben Meter hoch sowie 4,5 km (Ost-West) bzw. 3,5 km (Nord-Süd) lang waren und eine Gesamtfläche von 16 km² umfaßten. Im südöstlichen Teil der Stadt wurden die 60 m langen und 14 m breiten Fundamente eines Bauwerks zu Tage gefördert, das einst zum Königspalast gehörte.
Das Stadtviertel Fenghuangshan verwandelte sich unter den Qin und Han (221 v. Chr. bis 206 n. Chr.) in einen großen Friedhof. Außer einer 2000 Jahre alten Mumie wurden hier zahlreiche Gegenstände von unschätzbarem Wert aufgefunden, u. a. Bambusstreifen mit Inschriften und Keramikgeschirr mit Dekor.

*Ruinen von Jinan (Jinan Gucheng)

Des weiteren entdeckte man außerhalb der Befestigungsmauern drei Nekropolen des Chu-Reiches mit über 700 großen Gräbern adliger Familien. Auch rund um die Stadtmauer wurden Tausende von Chu-Gräbern ausfindig gemacht.

Chu-Gräber

Shenyang · Mukden   Hh 25

沈阳市

Chinesische Entsprechung

Hauptstadt der Provinz Liaoning
Höhe: 40 m ü. d. M.
Fläche: 173 km²
Einwohnerzahl: 4,14 Mio. (im Großraum 5,32 Mio.)

Stadtplan s. S. 396/397

Shenyang liegt im Zentrum der Provinz Liaoning, auf 123° 24′ östlicher Länge und 41° 43′ nördlicher Breite. Von Peking und Tientsin erreicht man es in elf bzw. neun Bahnstunden, von den anderen chinesischen Großstädten aus per Flugzeug. Mit dem Hafen von Dalian ist die Stadt durch eine Bahnlinie und eine 375 km lange Autobahn verbunden.

Lage und Verkehrsanbindung

Shenyang ist das wichtigste Industrie- und Handels- sowie Kulturzentrum im Nordosten Chinas. Es ist Standort einer bedeutenden Maschinenbau-, Chemie- und Textilindustrie.

Allgemeines

Shenyang · Mukden

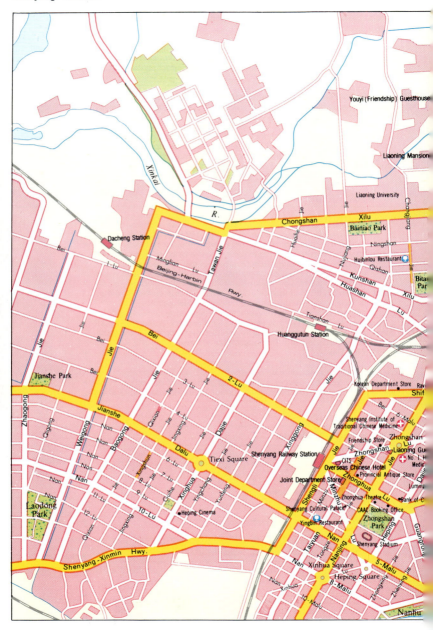

Shenyang · Mukden

Shenyang · Mukden

Geschichte

Bereits vor über 2000 Jahren, zur Zeit der Westlichen Han (206 v. Chr. bis 24 n. Chr.), zählte Shenyang, damals unter der Bezeichnung Honcheng, zu den größten Städten in Nordostchina. Seinen heutigen Namen erhielt es in der Yuan-Ära (1271–1368), vielleicht infolge der militärischen Bedeutung, die es drei Jahrhunderte zuvor als Hochburg der Liao-Dynastie erlangt hatte. Mukden ist der mandschurische Stadtname.

Zwischen 1625 und 1644 war Mukden Regierungssitz der mandschurischen Qing-Dynastie, die von hier ganz China eroberte. Gegen Ende des 19. Jh.s kam es in den Einflußbereich der Russen, die jedoch die Stadt und die südliche Mandschurei nach der Niederlage bei Mukden 1905 an die Japaner abtreten mußten.

Die Ermordung eines japanischen Hauptmannes 1931 war Auslöser für den sog. Mukden-Zwischenfall, der mit der Besetzung der gesamten Mandschurei durch die Japaner endete. Die japanische Fremdherrschaft dauerte bis 1945, als die Russen den Japanern den Krieg erklärten und Shenyang einnahmen. Nachdem diese die südmandschurischen Bodenschätze ausgebeutet hatten, demontierten die neuen Besatzer die Industrieanlagen. 1948 wurde die Stadt von den Kommunisten eingenommen.

Sehenswertes in Shenyang

Kaiserpalast (Gugong)

Der 60 000 m² einnehmende prunkvolle und imposante Kaiserpalast (geöffnet tgl. 8.30–17.30, Winter 9.00–16.30 Uhr) aus der frühen Qing-Zeit, der im Osten von Shenyang liegt, ist nach dem Kaiserpalast in Peking der zweitgrößte vollständig erhaltene Palastkomplex Chinas. Die Bauarbeiten zogen sich über mehr als zehn Jahre hin (1625 bis 1636). Die Anlage diente den beiden ersten Qing-Kaisern Nurhachi (1559 bis 1626) und Huang Taiji (1592–1643) als Kaiserpalast. Der Palastkomplex umfaßt ein Dutzend Höfe, um die sich zahlreiche Gebäude gruppieren, und gliedert sich in einen östlichen, einen zentralen und einen westlichen Teil.

Kaiserpalast (Detail)

Die vor 1632 erbaute Halle der Erhabenen Regierung, Mittelpunkt des zentralen Traktes, beherbergt den Kaiserthron und einen Wandschirm mit einem vergoldeten Drachen als Basrelief. Sie diente dem zweiten Qing-Kaiser Huang Taiji als Audienzgebäude und zur Abwicklung alltäglicher Angelegenheiten.

Kaiserpalast, Halle der Erhabenen Regierung (Chongzheng Dian)

Der dreigeschossige Phönix-Turm von 1627 hinter der Halle der Erhabenen Regierung wurde für Bankette genutzt.

Phönix-Turm (Fenghuang Lou)

In dem sich anschließenden Palast der Klarheit und Ruhe aus dem Jahr 1625 waren die Schlafgemächer und die Opferstätte des Kaiserpaares untergebracht.

Palast der Klarheit und Ruhe (Qingning Gong)

Der Pavillon der Quelle der Kultur im hinteren Teil des Westtraktes fungierte als privates Studierzimmer des Kaisers. Hier wurde früher die einzige vollständige Ausgabe des Siku Quanshu aufbewahrt, einer chinesischen Enzyklopädie, die 1772 in nur sieben Exemplaren erschienen war.

Pavillon der Quelle der Kultur (Wenshuo Ge)

Das älteste Bauwerk des Palastes, die Halle der Großen Regierung, ganz hinten im Osttrakt, geht auf das frühe 17. Jh. zurück. Der achteckige Bau erinnert zwar in seiner Form an ein Nomadenzelt, offenbart aber im übrigen viele Merkmale der chinesischen Baukunst. Hier wurden die wichtigsten, nur den Kaiser betreffenden Zeremonien abgehalten.

Halle der Großen Regierung (Dazheng Dian)

In den Zehn Fürstlichen Pavillons, in zwei Reihen vor der Halle der Großen Regierung angeordnet, befinden sich die Amtszimmer und Empfangssäle der zehn maßgeblichen Prinzen der Qing-Epoche, des Prinzen des Rechten Flügels, des Prinzen des Linken Flügels und der acht Bannerbefehlshaber, die das Qing-Heer anführten. Einige Gebäude der Anlage beherbergen das Palastmuseum.

Zehn Fürstliche Pavillons (Shiwang Ting)

Das auch unter dem Namen 'Mausoleum des Lichts' (Zhaoling) bekannte Nordgrab (geöffnet tgl. 7.30–17.30 Uhr), das ein beliebtes Ausflugsziel ist, befindet sich im Norden der Stadt inmitten eines Parks. Der Baustil stellt eine gelungene Verbindung der traditionellen Anordnung chinesischer Kaisergrabanlagen und der burgartigen Bauten der frühen Qing-Zeit dar – ein Meisterwerk der Verschmelzung der Kunst der Han und der Mandschuren. Hier ist Huang Taiji (Reg. 1626–1635) mit seinen Frauen bestattet. Der Bau der 180000 m² einnehmenden Grabanlage wurde 1643 begonnen und acht Jahre später vollendet. Es ist das besterhaltene und größte der drei Kaisermausoleen in und um Shenyang.

**Nördliches Kaisergrab (Bei Ling)

Den Seelenweg säumen Steinsäulen und zwei steinerne Pferdeskulpturen, welche die beiden Lieblingstiere des Kaisers abbilden.

Im größten Dampflokomotiven-Museum Chinas werden auf einer knapp 10000 m² großen Fläche verschiedene Typen von Dampflokomotiven vom Anfang des Jahrhunderts bis in die 50er Jahre aus verschiedenen Ländern ausgestellt. Besucher können eine Strecke auf einer Lokomotive fahren, eine Lokomotiv- und Waggonfabrik sowie eine Fahrdienstzentrale besichtigen.

Dampflokomotiven-Museum

Umgebung von Shenyang

Das Östliche Kaisergrab, auch 'Mausoleum des Glücks' (Fu Ling) genannt, 11 km nordöstlich der Stadt auf einem Hügel gelegen, ist die Ruhestätte des ersten Qing-Kaisers Nurhachi und seiner Frau. Die von 1629 bis 1651 angelegte Nekropole nimmt eine Fläche von 194800 m² ein und entspricht in ihrem Aufbau dem Nördlichen Kaisergrab. Die schöne landschaftliche Umgebung macht den besonderen Reiz des Baudenkmals aus.

*Östliches Kaisergrab (Dongling)

Rund 20 km südlich der Stadt beginnt das Schlachtfeld bei Mukden, das Gebiet der entscheidenden Kämpfe des Russisch-japanischen Krieges (25. Februar bis 10. März 1905).

Schlacht bei Mukden (1905)

Das russische Heer (unter dem Oberbefehl des Generals Kuropatkin) bestand aus der I. Armee (unter General Linewitsch) auf dem linken Flügel,

Truppenstellungen

Shenzhen

Shenyang, Schlacht bei Mukden, Truppenstellungen (Fortsetzung)	der II. Armee (unter General Baron Kaulbars) auf dem rechten Flügel (westlich) und der III. Armee (unter General Baron Bilderling) in der Mitte, im ganzen 310 000 Mann mit 1100 Geschützen. Seine stark befestigte Stellung war ca. 150 km lang und etwa 20–25 km breit. Das japanische Heer (unter dem Oberbefehl des Marschalls Oyama) hatte sich dicht gegenüber den russischen Stellungen eingegraben. Es bestand aus fünf Armeen: der I. Armee (unter General Kuroki), der II. Armee (unter General Oku) mit den Reserven und der IV. Armee (unter General Nodzu) in der Mitte, der III. Armee (unter General Nogi) auf dem linken Flügel (westlich) und der V. Armee (unter General Kawamura) auf dem rechten Flügel (östlich), im ganzen höchstens 300 000 Mann mit 892 Geschützen. Die Frontbreite betrug etwa 80 bis 100 km, die Tiefe ca. 30 bis 50 km.
Schlachtverlauf	Gegen Ende Februar 1905 griffen die Japaner den linken russischen Flügel an, gleichzeitg begann ihre III. Armee, den rechten russischen Flügel zu umgehen. Bis zum 1. März 1905 erreichten sie keine wesentlichen Vorteile, drängten dann aber die Russen immer weiter zurück. Am 7. März 1905 gab Kuropatkin die Schlacht verloren und ordnete den Rückzug an, der teilweise in Flucht ausartete.
Verluste	Die Verluste der Russen betrugen über 87 000 Mann (davon 29 000 Gefangene), die Japaner verloren schätzungsweise 67 000 Soldaten.

Shenzhen Hc 34

Chinesische Entsprechung	深圳
	Provinz: Guangdong Fläche: 327,5 km^2 Einwohnerzahl: 1 Mio.
Lage und Verkehrsanbindung	Das an Hongkong angrenzende Shenzhen liegt auf 114° 04′ östlicher Länge und 22° 31′ nördlicher Breite, 140 km südlich der Provinzhauptstadt Kanton, in einer herrlichen Landschaft. Von Kanton und Hongkong ist die Stadt per Zug und Bus zu erreichen. Außerdem gelangt man auf einem Tragflächenboot von Hongkong nach Wenjindu, dem Hafen von Shenzhen.
Allgemeines	Bis 1979 war Shenzhen nur ein kleines Dorf mit wenigen Straßen, vier Fabriken und etwa einem Dutzend Geschäften. Dann wurde es von der Zentralregierung in eine Wirtschaftssonderzone verwandelt, was zu einem wirtschaftlichen Boom führte. Die Stadt verzeichnet ein rasantes Wachstum. Alte Viertel werden abgerissen und neue Bauten aus dem Boden gestampft. Diese Entwicklung hat sich auf das Stadtbild ausgewirkt: es entstanden Geschäfts- und Bürokomplexe sowie – für den gestiegenen Fremdenverkehr – zahlreiche Hotels und Feriendörfer.

Umgebung von Shenzhen

*Splendid China (Jinxiu Zonghua)	In diesem Strandpark, der sich 20 km östlich der Stadt am Ufer der Dapeng-Bucht ausdehnt, sind die bekanntesten chinesischen Natur- und Baudenkmäler in Miniaturformat nachgebildet. Zudem wurden in den danebenliegenden Cultural Folk Villages Miniaturdörfer von fast allen 56 Nationalitäten Chinas errichtet. Der Park ist auch für den Badebetrieb ausgerüstet, und ganz in der Nähe kann man Ferienhäuser mieten.
Feriendorf Xili (Xili Dujiacun)	32 km nordwestlich von Shenzhen liegt am Ufer des Xili-Sees das von einer überdachten Passage umgebene gleichnamige Feriendorf. Es umfaßt einen Grillplatz, eine Anlage für Sportschützen, ein Drehrestaurant in schöner Hanglage und mehrere im Grünen verborgene Villen.

Shenzhen: Feriendorf

Zu den Attraktionen des Feriendorfes zählen der Hügel des Einhorns (Qilingshan) und das Wasserparadies (Shuishang Leyuan).

Shenzhen, Feriendorf Xili (Fortsetzung)

Shigatse

→ Xigaze

Shijiazhuang Hd 26

石家庄市

Chinesische Entsprechung

Hauptstadt der Provinz Hebei
Fläche: 284 km²
Einwohnerzahl: 1,3 Mio. (im Großraum 1,71 Mio.)

Stadtplan s. S. 402

Shijiazhuang liegt auf 114° 29′ östlicher Länge und 38° 06′ nördlicher Breite, im Südwesten der Provinz Hebei, 280 km südwestlich von Peking. Von dort kann man es per Bus oder Zug (3 Std.) erreichen. Des weiteren verfügt die Stadt auch über einen Flughafen.

Lage und Verkehrsanbindung

Bis zu Beginn des 20. Jh.s war Shijiazhuang nur ein unbedeutendes Dorf. Ab 1902, als die Eisenbahnlinie Peking–Wuhan entstand, wuchs es allmählich zu einer Kleinstadt heran. Fünf Jahre später beschleunigte der Bau einer zweiten Bahnstrecke zwischen Zhengding und Taiyuan die Ausdehnung von Shijiazhuang. 1926 erreichte es schließlich die Ausmaße einer Großstadt und wurde 1947 in Shimen umbenannt.

Geschichte

Shijiazhuang

Geschichte (Fortsetzung)	Seit Ende der 40er Jahre des 20. Jh.s entwickelte sich Shijiazhuang dann derart schnell, daß es heute nicht nur das politische, wirtschaftliche und kulturelle Zentrum der Provinz Hebei darstellt, sondern auch zu den wichtigen Industriemetropolen Nordchinas zählt.

Sehenswertes in Shijiazhuang

Bethune Friedenshospital	Das Hospital im Westen der Stadt trägt den Namen des kanadischen Arztes Norman Bethune, der während der Revolution an der medizinischen Versorgung der Roten Armee beteiligt war. Der erste Direktor war der Inder Kortis. Auf dem Gelände des Krankenhauses kann die Bethune- und die Kortis-Halle besichtigt werden.

Umgebung von Shijiazhuang

Vairocana-Tempel (Pilu Si)	Der Vairocana-Tempel, 10 km nordwestlich der Stadt gelegen, stammt aus der Tang-Zeit (618–907). Von der einst viele Gebäude umfassenden Anlage haben sich nur zwei Tempelbauten erhalten: die Halle des Shakyamuni und die des Vairocana. Erstere zeigt mit buddhistischen Fresken geschmückte Wände und hütet eine Shakyamuni-Statue. Der 1342 wiederaufgebaute Vairocana-Tempel birgt außer einem Tonbildnis des namengebenden Buddhas Hunderte von Wandmalereien, die Szenen aus

Shijiazhuang

dem Paradies, aus der Hölle und der irdischen Welt sowie religiöse (buddhistische, daoistische, konfuzianische) und weltliche Gestalten (Kaiser, Kaiserinnen, Könige, Königinnen, Hofdamen usw.) darstellen. Alle Statuen und Wandmalereien entstanden im 14.Jahrhundert.

Vairocana-Tempel (Fortsetzung)

Der 586 errichtete Tempel des Üppigen Gedeihens, 14 km nordöstlich von Shijiazhuang in Zhengding, ist auch unter der Bezeichnung 'Tempel des Großen Buddhas' (Dafo Si) geläufig, weil im Hauptgebäude, der Halle des Großen Mitleids (Dabei Ge), eine 22 m hohe Bronzestatue des Bodhisattwa der Großen Barmherzigkeit (Guanyin) mit 42 Armen aufbewahrt wird, die aus dem Jahr 971 stammt.
In dem ca. 50000 m² großen Tempelkomplex sind noch weitere kunsthistorisch wertvolle Bauten zu nennen: zwei Pavillons mit je einer kaiserlichen Stele und der Moni-Tempel, in dem fünf buddhistische Tonstatuen aus der Song-Ära (960–1279) und eine bemalte, ebenfalls aus Ton modellierte Skulptur der Göttin der Barmherzigkeit aus der Ming-Epoche (1368 bis 1644) verehrt werden.
Das Kloster beherbergt zudem eine reiche Sammlung von Steinplatten mit eingeritzten Prosatexten, Gedichten oder Bildnissen. Die älteste Gravierung geht auf das 6. Jh. zurück.

** Tempel des Üppigen Gedeihens (Longxing Si)

Die in den Jahren von 605 bis 616 von dem Baumeister Lu Chun aus 28 Steinblöcken erbaute, 51 m lange Anji-Qiao-Brücke, im Volksmund auch Zhaozhou-Brücke (Zhaozhou Qiao) genannt, liegt 40 km südöstlich von Shijiazhuang in der Kreisstadt Zhaoxian. Sie gilt als die älteste steinerne Bogenbrücke der Welt. Das Bauwerk überspannt den Fluß in einem einzigen Bogen, der 37 m lang und 9,6 m breit ist. Um den Hauptbogen etwas zu entlasten und die Wucht des Wassers abzufangen, fügten die Baumeister an beiden Brückenköpfen je zwei kleine Bögen hinzu, die eine Spannweite von 3,80 bzw. 2,80 m aufweisen. Die Konstruktion stellt zweifelsohne eine Neuerung in der Geschichte des Brückenbaus dar.

** Brücke Anji Qiao

78 km westlich der Stadt erhebt sich der Berg der Grünen Felsen. Seine Hänge und die umliegende Landschaft sind mit Klöstern und Tempeln übersät, die seit dem 6. Jh. entstanden. Besondere Beachtung verdienen der Tempel des Glücks und der Feierlichkeiten und der Palast der Regenbogenbrücke.

* **Berg der Grünen Felsen** (Cangyan Shan)

Der Tempel des Glücks und der Feierlichkeiten stammt vermutlich aus der Sui-Epoche (589–618) und ist einer Tochter des Sui-Kaisers Yangdi geweiht. Eines der Hauptgebäude ist die in der frühen Tang-Zeit (618–907) errichtete Halle der Prinzessin Nanyang. Ganz hinten in der Halle verbirgt sich eine Grotte, die der Prinzessin, die sich nach dem Tod ihres Vaters zum Buddhismus bekehrte, als Schlafzimmer gedient haben soll. Außer dem Standbild der Prinzessin aus bemaltem Ton werden im Tempel noch zehn Statuen von Hofdamen verwahrt, die auf alten Instrumenten musizieren. Außerdem schildert ein Wandfresko die Bekehrung und das Lebenswerk der Prinzessin, die Nonne wurde.
Die hinter dem Tempel aufragende Ziegelpagode datiert aus der späten Ming-Ära (1368–1644).
Der zum Tempel des Glücks und der Feierlichkeiten gehörige Palast der Regenbogenbrücke steht, wie der Name schon andeutet, auf einer 15 m langen und 9 m breiten Steinbogenbrücke, die wie ein Regenbogen zwei steil aufragende Felswände miteinander verbindet. Die Brücke ist 1400 Jahre alt, während der Palast erst um die Mitte des 17. Jh.s entstand.

Tempel des Glücks und der Feierlichkeiten (Fuqing Si)

Palast der Regenbogenbrücke (Qiaolou Dian)

Die zwei Gräber aus der Zeit der Westlichen Han (206 v. Chr. bis 23 n. Chr.) – in Mancheng, rund 150 km nordöstlich von Shijiazhuang – sind die letzte Ruhestätte des Prinzen Liu Sheng und seiner Frau. Die zwei unterirdischen Mausoleen, ein getreues Abbild der Residenz des Herrscherpaars mit Schlafzimmer, Wohnzimmer, Bad etc., sind 50 m lang, 38 m breit und 7 m hoch. Die zwei Grabkammern wurden mit einer hermetisch abdichtenden

** Han-Gräber in Mancheng (Mancheng Hanmu)

Gußeisenschicht überzogen. Die Gewänder der beiden Leichname bestehen aus Jadeplättchen, die von Golddrähten zusammengehalten werden (die des Prinzen weisen 2498 Jadeplättchen und 1100 g Golddraht auf, die der Prinzessin 2160 Jadeplättchen und 600 g Golddraht).
Zu den Grabfunden gehört auch die 48 cm große, überaus kostbare vergoldete Bronzestatuette einer knienden Hofdame, die eine Lampe in Händen hält. An diesem Exemplar konnten sogar Stärke und Ausrichtung des Lichts reguliert werden. Eine weitere Grabbeigabe von unschätzbarem Wert ist das bronzene Weihrauchgefäß mit von Golddrähten durchzogenen Bildmotiven, die jenseits eines Meeres aufragende Bergketten darstellen.

Shijiazhuang, Han-Gräber in Mancheng (Fortsetzung)

Sichuan

→ Szetschuan

Suzhou   Hf 30

苏州市

Chinesische Entsprechung

Provinz: Jiangsu
Fläche: 119 km²
Einwohnerzahl: 800 000

Stadtplan s. S. 406

Suzhou ('Wasser im Überfluß') liegt südlich des Flußdeltas des Chiangjiang, am Ostufer des Taihu-Sees, im Südosten der Provinz Jiangsu, auf 120° 36′ östlicher Länge und 31° 19′ nördlicher Breite. Von Shanghai ist Suzhou mit der Bahn in einer guten Stunde zu erreichen, von Nanking in vier Stunden, von Peking in 16 Stunden. Ein dichtes Straßennetz verbindet es mit anderen Städten der Provinz sowie mit Shanghai und Hangzhou. Durch seine Lage am Kaiserkanal bietet Suzhou dem Touristen die Möglichkeit, eine kleine Kreuzfahrt bis nach Hangzhou zu unternehmen.

Lage und Verkehrsanbindung

Der Kaiserkanal und viele weitere Kanäle durchfließen die Stadt, die deshalb den Beinamen 'Venedig des Ostens' erhalten hat. Berühmt ist Suzhou, das auch 'Himmel auf Erden' genannt wird, wegen seiner Gärten. Es ist von jeher eines der bedeutendsten Zentren der chinesischen Seidenindustrie; berühmte sind seine Seidenstickereien. Auch Baumwollverarbeitung, chemische und Leichtindustrie spielen heute eine Rolle.

Allgemeines

Suzhou ist über 2500 Jahre alt. He Lu, der Herrscher des Wu-Staates, erklärte Suzhou 484 v. Chr. zur Reichshauptstadt und ließ es 514 v. Chr. mit einem heute nicht mehr erhaltenen Befestigungsring umgeben. Einigen alten Urkunden ist zu entnehmen, daß die Mauer 23,5 km lang war und 16 Tore besaß. Trotz der zahlreichen städtebaulichen Eingriffe, die im Lauf der Jahrhunderte vorgenommen worden sind, hat sich der historische Stadtkern bis heute im Grundriß kaum verändert. Von den acht Toren, die nicht am Wasser lagen, sind nur zwei erhalten.
Vom 5. Jh. an ließen sich viele Beamte, Kaufleute und Gelehrte hier nieder und legten zur Verschönerung ihrer Wohnhäuser prächtige Gärten an. Suzhou entwickelte sich zu einem wirtschaftlichen und kulturellen Zentrum, vor allem durch den Bau des Kaiserkanals im 6. Jahrhundert.
Ab dem 14. Jh. wurde es durch die Seidenindustrie zur reichsten Stadt Südostchinas und zur nach Peking zweitgrößten Stadt des Landes. Als Wohnort wohlhabender Beamte war es erneut bis zum 19. Jh. ein landesweit ausstrahlendes Zentrum von Kultur und Wissenschaft.

Geschichte

◀ *Vergoldete Bronzestatue aus den Han-Gräbern in Mancheng*

Suzhou

Gärten

Allgemeines

Unter den Ming (1368–1644), als die Stadt eine beispiellose Blütezeit erlebte, zählte sie insgesamt 271 Gärten. Viele Parks verwahrlosten im 20. Jh.; seit einiger Zeit bemüht man sich um ihre Restaurierung. Heute gibt es noch ungefähr ein Dutzend Gärten. Sie waren Landschaften mit Bergen, Bäumen und Blumen nachempfunden, denen Türme und Pavillons hinzugefügt wurden.

Garten der Harmonie (Yiyuan)

Der nur rund ½ ha große Garten der Harmonie (geöffnet tgl. 8.00–17.30 Uhr), im Stadtzentrum in der Renmin Lu gelegen, bietet dem Besucher eine bezaubernde Landschaft, die bei jedem Schritt ein anderes Erscheinungsbild zeigt. Die Anlage war in der Ming-Zeit (1368–1644) Privatbesitz des Kanzlers Wu Kuan. Gegen Ende des 19. Jh.s wurde er von einem hohen Beamten nach dem Entwurf eines bekannten Malers unter Einbeziehung von Elementen aus anderen Gärten neu angelegt. Ein Wandelgang unterteilt den Garten.

Suzhou

Der Garten des Meisters der Netze (geöffnet 8.00–17.30 Uhr) befindet sich im Süden der Stadt. 1140 ließ der Vorsitzende des kaiserlichen Geschichtsschreiberamtes, der den Beinamen 'Meister der Netze' trug, hier eine Residenz bauen. Der vor allem wegen seiner landschaftlichen Schönheit und Vielfalt gerühmte Garten umfaßt mehrere Bauten.

Der ebenfalls im Süden der Stadt gelegene Garten des Pavillons Canglangting gehört zu den ältesten in China. Schon um die Mitte des 10. Jh.s umgab er die große Villa eines Generals. Ein Jahrhundert später kaufte ein berühmter Dichter die Villa und ließ im Garten einen Pavillon errichten, dem er den poetischen Namen 'Pavillon der Azurblauen Wellen' gab. Zwischen dem 13. und 14. Jh. diente die Anlage als Buddhistenkloster, unter den Ming (1368–1644) ging sie wieder in Privatbesitz über.

Durch den vorübergehenden buddhistischen Einfluß zeigt der 1 ha große Garten einige Besonderheiten, die ihn von den anderen Gärten der Stadt unterscheiden, u. a. eine niedrige Umfassungsmauer mit großen Öffnungen und einen doppelten durchbrochenen Wandelgang, der den inneren und den äußeren Teil des Gartens miteinander verbindet. In der Mitte der Anlage erhebt sich ein künstlicher Hügel mit dem Pavillon der Azurblauen Wellen (Canglangting).

Den 3 ha großen Garten des Verweilens (geöffnet tgl. 7.30–17.30 Uhr) im Westen der Stadt ließ ein Herr Liu im Jahr 1800 anstelle einer ming-zeitlichen (1368–1644) Anlage, die mit dem benachbarten Westgarten eine Einheit bildete, gestalten. Er gehört neben dem Garten der Politik des Einfachen Mannes, dem Sommerpalast in Peking und der kaiserlichen Residenz in Chengde zu den vier berühmtesten Gartenanlagen Chinas, die besonders geschützt sind. Der Garten ist sicher einer der schönsten von Suzhou. Ihn zieren ein Teich, mehrere Bauten, ein künstlicher Hügel und ein Hain von Pfirsichbäumen. Besonders eindrucksvoll ist der Teich mit seinen umliegenden Pavillons und Anhöhen. Über das Gewässer führt ein

Gärten (Fortsetzung)
* Garten des Meisters der Netze (Wangshiyuan)

* Garten des Pavillons Canglangting

** Garten des Verweilens (Liuyuan)

Gartenteiche, künstliche Felsen und Pavillons im Löwenwald-Garten (Shizilin)

Suzhou

Gärten (Fortsetzung) Garten des Verweilens

Wandelgang, an dessen Wänden über dreihundert Steintafeln mit alten Schriftzeichen hängen. Hervorzuheben sind auch die herrlichen Schnitzereien in den Hallen Yuanyang Ting und Wufengxian Guan. Eine Besonderheit ist der Wolkenhohe Gipfel (Guanyun Feng), ein 7 m hoher Taihu-Stein.

Westgarten (Xiyuan)

Der Westgarten liegt westlich des Gartens des Herrn Liu, mit dem er ursprünglich verbunden war. Im 16. Jh. war die Anlage Privateigentum eines hohen Beamten des kaiserlichen Hofes. Nach dessen Tod funktionierte sein Sohn sie in ein Buddhistenkloster um. 1860 wurde der Garten im Krieg zerstört, aber schon wenige Jahre später erneuert.
Unter den zahlreichen Bauten beeindruckt vor allem die Halle der Luohan (Luohan Tang), die über 500 vergoldete Statuen buddhistischer Heiliger und ein aus dem Stamm eines Kampferbaumes geschnitztes, tausendarmiges Bildnis der Göttin der Barmherzigkeit birgt.

*Löwenwald (Shizilin)

Der Löwenwald (geöffnet tgl. 7.30–17.30 Uhr) im Norden von Suzhou wird wegen seiner künstlichen, aus bizarren Taihu-Steinen (Kalksteine aus dem Taihu-See) gebildeten Hügel gerühmt. Er wurde im Jahr 1350 auf dem Areal eines Tempels angelegt und ist einer der berühmtesten alten Gärten der Stadt. Der Name des Gartens rührt von dem größten Felsen her, der in seiner Gestalt an einen Löwen erinnert.

**Garten der Politik des Einfachen Mannes (Zhuozheng Yuan)

Der malerische Garten der Politik des Einfachen Mannes (geöffnet tgl. 7.30–17.30 Uhr) entstand im 16 Jh. an der Stelle eines früheren Buddhistenklosters, nördlich des Löwenwaldes. Der erste Besitzer, der von seinem Amt zurückgetretene Minister Wang Xiancheng, gab ihm einen Namen, der eine scherzhafte Anspielung auf die Äußerung eines Eremiten ist. Dieser hatte erklärt: "Was ich einfacher Mann an Politik betreibe, ist Bäume zu bewässern und Gemüse zu pflanzen." Der Sohn von Wang soll den Garten beim Glücksspiel verloren haben. Die Anlage ist in einen westlichen, mittleren und östlichen Abschnitt unterteilt, wobei der mittlere besonders sehenswert ist. Zahlreiche Türme und Pavillons erheben sich am Ufer von Teichen, die drei Fünftel der Fläche einnehmen, und erwecken den Eindruck, als schwimme der ganze Garten auf dem Wasser.
Gleich hinter dem Eingang beginnt der östliche Bereich, wo man, der Besucherroute folgend, nacheinander auf den Orchideen- und Schnee-Palast, den Hügel der Wolkenjagd (Zhuiyun Feng), den Pavillon der Himmelsquelle (Tianquan Ting), die Villa des Duftenden Reises (Shuxiang Guan), den Pavillon der Schönen Landschaft (Fangyan Ting) etc. trifft. Im

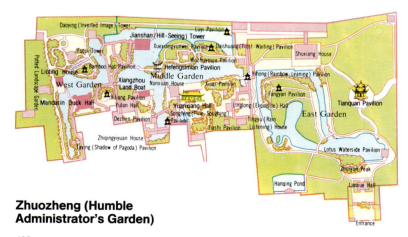

Zhuozheng (Humble Administrator's Garden)

Im malerischen Garten der Politk des Einfachen Mannes (Zhuozheng Yuan)

mittleren Garten sind mehrere Pavillons, kleine Villen und Brücken um einen Teich angeordnet, aus dessen Mitte ein Hügel aufragt. Zu den bekanntesten Bauten zählen hier: der Palast des Fernen Duftes (Yuanxiang Tang), der Pavillon des aus vier Richtungen wehenden Windes (Hefengsimian Ting), der Pavillon des Windes im Kiefernwald (Songfeng Ting), der Pavillon des Wartens auf den Rauhreif (Daishuang Ting) und die Brücke des Fliegenden Regenbogens (Xiaofeihong). Ans Westende des Gartens schließt sich eine eindrucksvolle Bonsai-Baumschule an.

Garten der Politik des Einfachen Mannes (Fortsetzung)

Das schönste Gebäude des westlichen Gartenteils ist zweifellos der Palast der Mandarinenten mit der Halle der 36 Mandarinenten (Sanshiliu Yuanyang Guan) und der Halle der 18 Kamelien (Shiba Mantuohua Guan).

Palast der Mandarinenten (Yuanyang Ting)

Weitere Sehenswürdigkeiten in Suzhou

Der in der Stadtmitte gelegene daoistische Tempel des Geheimnisses geht auf die zweite Hälfte des 3. Jh.s zurück. Die Originalbauten sind nicht mehr erhalten; der Komplex wurde im 12. Jh. neu errichtet.

***Tempel des Geheimnisses** (Xuanmiao Guan)

Das Hauptgebäude ist die 1179 nach einem Entwurf von Zhao Boxiao entstandene rechteckige Halle der Drei Reinen. Sie ist 45 m lang und 25 m breit. Auf dem 1,75 m hohen Hauptaltar thronen die vergoldeten Tonstatuen der drei wichtigsten daoistischen Gottheiten, des Jadekaisers, des Gottes der Höchsten Reinheit und des Gottes der Erhabenen Reinheit. Die im 12. Jh. angefertigten Skulpturen sind alle von hohem künstlerischen Wert.

Halle der Drei Reinen (Sanqing Dian)

Die Nordtempel-Pagode (geöffnet tgl. 8.00–17.30 Uhr), etwa 500 m westlich des Gartens der Politik des Einfachen Mannes, wurde im 12. Jh. über den Grundmauern einer Pagode aus dem 6. Jh. errichtet. Der achteckige Ziegel- und Holzbau ist mit ringsum laufenden Galerien versehen. Vom oberen Stockwerk des Gebäudes hat man einen guten Ausblick.

Nordtempel-Pagode (Beisi Ta)

Suzhou

Quanjin Huiguan
: In dem alten Gildehaus der Kaufleute der Provinz Shanxi (Zhong Zhanjia Xiang14) in der östlichen Altstadt ist heute ein Theatermuseum untergebracht. Im Sommer kann sich der Besucher wöchentlich klassische Stücke ansehen.

Doppelpagoden (Shuang Ta)
: Die mit Konsolen verzierten Doppelpagoden (Kreuzung Guangjiang Lu/ Fenghuang Ju) südlich des Theatermuseums wurden im 10. Jh., während der Song-Dynastie, in 30 m Abstand voneinander erbaut und 1860 erneuert. Gestiftet haben sie zwei Brüder einer Familie Wang.

* **Tigerhügel** (Huqiu)
: Der nur 36 m hohe Tigerhügel am Nordwestrand von Suzhou umfaßt eine Fläche von etwa 13 ha. Hier soll vor 2500 Jahren König He Lu, der Herrscher des Wu-Staates, mit 3000 Schwertern bestattet worden sein. Ein Tiger soll das Grabmal bewacht haben, wovon sich der Name des Hügels ableitet.

Zweites Bergtor (Er Shanmen)
: Am Fuß des Hügels steht das Zweite Bergtor aus der Tang-Zeit (618–907), dessen Stützbalken nicht aus einem Stück gefertigt sind, weshalb es auch Halle des Gebrochenen Balkens (Duanlinag Dian) heißt.

Schwertteich (Jianchi)
: Im 3. Jh. soll man nach den Schwertern von König He Lu gegraben haben – ohne Erfolg. Bei diesen Grabungen entstand eine Wasserstelle, der man den Namen Schwertteich (Jianchi) gab.

Pagode des Wolkenfelsen-Tempels (Yunyansi Ta)
: Auf der Spitze des Hügels ragt der berühmte 'schiefe Turm' von China auf, die Pagode des Wolkenfelsen-Tempels aus dem Jahr 961. Vor vier Jahrhunderten begann sich der 47,5 m hohe Bau zu neigen. Schon seit längerer Zeit gilt die Pagode als Wahrzeichen der Stadt Suzhou.

* **Tempelkloster des Kalten Berges** (Hanshan Si)
: Das Tempelkloster des Kalten Berges (geöffnet tgl. 7.30–17.00 Uhr) liegt am Westrand der Stadt, am Ufer des Kaiserkanals. Es wurde bereits von einem Dichter der Tang-Zeit (618 bis 907) besungen: "Am Kloster des Kalten Berges, hinter der Stadt Suzhou, legt mein Boot an, die Glocke schlägt Mitternacht".
Die Anlage stammt ursprünglich aus dem Jahr 502, die heutigen Bauten entstanden jedoch erst 1905. Sie ist nach dem bedeutenden Mönch Hanshan (7. Jh.) benannt.
In dem Kloster werden u. a. einige Dutzend Steinplatten mit Inschriften bekannter Persönlichkeiten aus früheren Jahrhunderten aufbewahrt.
Die Bronzeglocke, die rechts in der Haupthalle hängt, ist einer verlorengegangenen Glocke aus der Tang-Ära nachgebildet.

Umgebung von Suzhou

Brücke des Kostbaren Gürtels (Baodai Qiao)
: Die erstmals 806 gebaute Brücke des Kostbaren Gürtels überspannt 3 km südöstlich von Suzhou den Kaiserkanal. Sie ist 317 m lang und zählt 53 Bogenöffnungen.

Berg der Wunderbaren Felsen (Lingyanshan)
: In Mudu, 12 km von Suzhou entfernt, erhebt sich der 82 m hohe Berg der Wunderbaren Felsen. Benannt ist er nach seiner ungewöhnlich bizarren Felslandschaft.
Der Überlieferung zufolge lebte hier vor über zweitausend Jahren Fu Chai, der König des Wu-Reiches, mit seiner Lieblingskonkubine Xi Shi, die als die schönste chinesische Frau aller Zeiten gilt.
Sogar Poeten wie Li Bai und Bai Juyi, die unter der Tang-Dynastie (618–907) lebten, glaubten an die Legende und dichteten wunderschöne Verse auf den Berg.

Tempel Lingyan Si
: Der buddhistische Tempel Lingyan Si auf dem Berg der Wunderbaren Felsen wurde in den Jahren 1919 bis 1932 neu gebaut.

Die zum Lingyan Si gehörende Pagode Duobao Ta stammt aus dem 12. Jh. und wurde 1977 restauriert.

Suzhou (Forts.)
Pagode
Duobao Ta

Szetschuan · Sichuan Ge – Gk 22 – 32

Chinesische Entsprechung

Provinz
Fläche: 567 000 km²
Einwohnerzahl: 108,97 Mio.
Hauptstadt: Chengdu

Die Provinz Szetschuan liegt im Südwesten Chinas am Oberlauf des Changjiang, zwischen 97° 22′ –110° 10′ östlicher Länge und 26° 03′ bis 34° 20′ nördlicher Breite.

Lage

Szetschuan ist mit ca. 109 Mio. Einwohnern die bevölkerungsreichste Provinz Chinas. Im Westteil des Gebietes leben Angehörige nationaler Minderheiten wie Yi, Tibeter, Miao, Qiang und Hui. Tschungking ist die größte Stadt der Provinz, dann folgt die Hauptstadt Chengdu.

Allgemeines

Den Osten nimmt das 220 000 km² große Becken von Szetschuan ein, das wegen des hier verbreiteten roten Sandsteins auch Rotes Becken genannt wird. Es ist allseitig von hohen Gebirgen umgeben: im Süden und Südosten vom Yunnan-Guizhou-Plateau, im Nordosten vom Dabashan, im Osten vom Wushan und im Westen von den Randgebirgen des Qinghai-Hochlandes. Es ist ein 400 bis 800 ü. d. M. gelegenes Hügelland mit eingesenkten Ebenen – besonders der Chengdu-Ebene im Westen.

Naturraum

Das Kontinental- und Monsunklima bedingt in der Ebene milde Winter, früh einsetzender Frühling, lange und warme Sommer, in den südwestlichen

Klima

Übersichtskarte

Tai'an

Szetschuan, Klima (Fortsetzung)
Höhengebieten nicht zu strenge Winter und gemäßigte Sommer, während im nordwestlichen Bergland das ganze Jahr über fast nur winterliche Temperaturen herrschen. In Chengdu liegen die Durchschnittstemperaturen im Januar bei etwa 7 °C und im Juli bei 26 °C.

Geschichte
Das Gebiet wurde erst ab dem 4. Jh. v. Chr. von Han-Chinesen besiedelt. Bis ins 10. Jh. war es zeitweise unabhängiges Königreich und dann wieder der Zentralregierung unterstellt. Nach dem Niedergang der Qing, unter denen Szetschuan Provinzstatus erhielt, zerfiel es in einzelne Gebiete. Im Jahr 1938, nach der japanischen Invasion, zog sich die Nationalregierung hierher zurück. Nun begann die Industrialisierung der Provinz mit der Verlagerung von Betrieben aus Ostchina; nach 1950 wurde sie intensiviert.

Wirtschaft
Fruchtbare Böden und mildes subtropisches Klima sowie reiche Bodenschätze ließen im Becken von Szetschuan den Hauptwirtschaftsraum der Provinz entstehen. Gewonnen werden Erdgas, Kohle, Erdöl, Salz, Mangan, Schwefel und Eisenerze. Maschinen- und Fahrzeugbau, Eisenerzverhüttung, chemische, Baumwoll- und Nahrungsmittelindustrie haben die größte Bedeutung. Der internationale Tourismus verzeichnet Wachstumsraten. Auf landwirtschaftlichem Gebiet werden Reis, Mais, Weizen, Hirse, Bataten, Zuckerrohr, Tee, Sojabohnen und Erdnüsse angebaut. Außerdem sind Seidenraupenzucht, Schweine- und Geflügelhaltung von Bedeutung. Im Westen spielen Schaf- und Yakzucht die größte Rolle. Zahllose Bauern finden jedoch in der Landwirtschaft kein Auskommen mehr; so strömen einige Millionen Wanderarbeiter zu den Fabriken an der Küste.

Reiseziele
Unter den zahlreichen Attraktionen für den Fremdenverkehr seien vor allem → Tschungking und die Provinzhauptstadt → Chengdu genannt.

Tai'an   Hd 27

Chinesische Entsprechung

Provinz: Shandong
Höhe: 25 m ü. d. M.
Fläche: 2500 km²
Einwohnerzahl: 1,2 Mio.

Lage und Verkehrsanbindung
Tai'an liegt auf 117° 08' östlicher Länge und 36° 12' nördlicher Breite im Zentrum der Provinz Shandong, 70 km südlich der Provinzhauptstadt Jinan. Von dort kann man die Stadt mit der Bahn oder dem Bus erreichen.

Geschichte
Die Stadt, die zu den ältesten in der Provinz zählt, erfreute sich schon im 2. Jh. v. Chr. eines beachtlichen Wohlstands. Im Jahr 1182 wurde sie zur Hauptstadt eines wichtigen Verwaltungsbezirkes bestimmt. In den darauffolgenden Jahrhunderten gewann Tai'an dank ihrer Nähe zum Taishan immer mehr an politischer und wirtschaftlicher Bedeutung.
In letzter Zeit ist der Fremdenverkehr erheblich angestiegen. Das Hotel- und Gaststättengewerbe wurde beträchtlich ausgebaut, um all die Touristen aufnehmen zu können, die immer zahlreicher den Taishan aufsuchen.

Sehenswertes in Tai'an

*Tempel des Berggottes (Dai Miao)
Der 96 439 m² einnehmende Tempel des Berggottes (geöffnet tgl. 7.30 bis 19.30, Winter 7.30–17.30 Uhr) in der Stadtmitte setzt sich aus 813 Palästen, Tempeln, Pavillons und Wandelgängen zusammen. Er wurde unter den Qin (221–207 v. Chr.) errichtet, aber bis ins 20. Jh. immer wieder erweitert und restauriert. Geweiht ist er dem Berggott des Taishan.

Tai'an

Das Hauptgebäude, die Halle der Himmlischen Gaben, stammt aus dem Jahr 1009 und wurde 1956 renoviert.

Der Kaiser hatte an seinem Hof und auf dem Taishan ein gelbes Seidentuch gesehen. Da er es für ein Geschenk des himmlischen Gottes hielt, ließ er zum Dank diesen Tempel erbauen.

Der Bau ist mit der Halle der Höchsten Harmonie im Kaiserpalast von Peking und mit der Halle der Großen Errungenschaften im Konfuzius-Tempel von Qufu vergleichbar.

Tempel des Berggottes (Fortsetzung) Halle der Himmlischen Gaben (Tiankuang Dian)

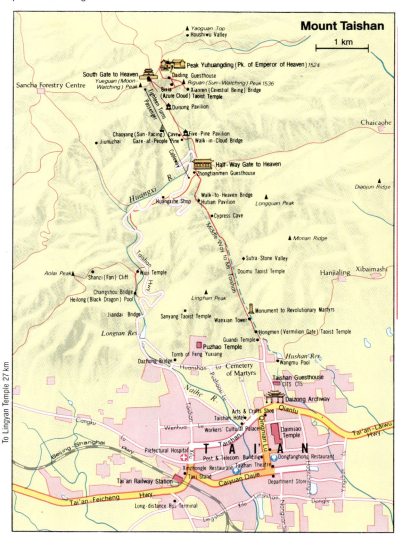

Tai'an

Der 49 m lange, 20 m breite und 22 m hohe Tempel steht auf einer Terrasse und ist von einer weißen Balustrade umgeben; das Dach weist gelbe Ziegel auf. Er beherbergt eine 62 m lange und 3,3 m hohe Wandmalerei aus der Song-Ära (960–1279), die den Titel "Abreise und Rückkehr" trägt. Hier ist eine Prozession des Berggottes auf den Taishan abgebildet. Insgesamt sind 657 Figuren, unzählige Vögel und Fabeltiere sowie herrliche Landschaftsausschnitte dargestellt.

Tempel des Berggottes, Halle der Himmlischen Gaben (Fortsetzung)

Hinter der Halle der Himmlischen Gaben öffnen sich verschiedene Höfe, darunter auch der bekannte Kiefernhof der Han, auf dem heute noch fünf Kiefern stehen, die der Han-Kaiser Wudi im Jahr 110 v.Chr. gepflanzt haben soll.

Kiefernhof der Han (Hanbai Yuan)

Der Bronzepavillon geht auf das Jahr 1615 zurück und stand ursprünglich auf dem Taishan.

Bronzepavillon (Tongting)

Daneben befindet sich die Eiserne Pagode (1533), von deren 13 Geschossen sich drei erhalten haben.

Eiserne Pagode

In einem anderen Hof trifft man auf den Östlichen Sitz des Kaisers, in dem sich einst viele Herrscher während ihrer Pilgerfahrt zum Taishan aufhielten. Hier werden die verschiedensten Opfergaben dieser Kaiser aufbewahrt, so auch die drei 'Schätze': ein Löwe, ein Jadeszepter und eine Porzellankalebasse.

Östlicher Sitz des Kaisers (Dongyu Zuo)

In der Tempelanlage befinden sich zahllose Gedenksteine aus verschiedenen Jahrhunderten, darunter eine kleine Steintafel mit einer Inschrift aus dem Jahr 209 v.Chr. – eine der ältesten in China. Der von dem Qin-Kaiser Ershi verfaßte Text der Inschrift – mit 222 Ideogrammen, die bis auf die letzten zehn nicht mehr entzifferbar sind –, wurde vom Qin-Kanzler Li Si kalligraphiert.

✲✲Berg Taishan (Lageplan s. S. 413)

Der auch als Ostberg (Dong Yue) bezeichnete Taishan nördlich von Tai'an ist der berühmteste der fünf Heiligen Berge Chinas. Die anderen vier sind der Hengshan in der Provinz Hunan, der Huashan in der Provinz Shaanxi, der Hengshan in der Provinz Shanxi und schließlich der Songshan in der Provinz Henan.

Da die Sonne im Osten aufgeht, gilt der Taishan als besonders verehrungswürdig. Seit über 2000 Jahren kamen die Herrscher hierher, um Himmel und Erde zu opfern.

Der 1545 m hohe Berg mit seiner höchst malerischen Landschaft ist immer wolkenverhangen. Zahlreiche Wasserfälle sowie Tempel und Pagoden lassen dieses Naturschauspiel noch eindrucksvoller wirken. Der Taishan ist das Ziel zahlloser in- und ausländischer Wanderer, die auch kommen, um den Sonnenaufgang auf dem Gipfel zu erleben.

Der Aufstieg kann auf einem östlichen (mittleren) und einem westlichen Weg erfolgen. Man sollte den Hauptweg, d.h. den östlichen wählen, da hier die meisten Sehenswürdigkeiten zu finden sind. Der Aufstieg zum Gipfel ist etwa 9 km lang, wobei ein Höhenunterschied von 1350 m zu überwinden ist. Man kann einer Treppe mit 6293 Stufen folgen, die zwischen dem Mittleren Himmelstor und Südlichen Himmelstor streckenweise fast senkrecht ansteigt.

Aufstieg

Man kann allerdings auch mit einem Kleinbus bis zum Tor Zongtian Men fahren und von dort mit der Seilbahn zum Mondaussichtsgipfel (Yueguan Feng) gelangen.

Der Aufstieg zum Taishan beginnt am Tor des Berggottes, ein von vier Säulen getragener Granitbau aus der Mitte des 16. Jahrhunderts.

Tor des Berggottes (Daizong Fang)

Weiter nordwärts, bei einem Abstecher nach rechts, kommt man vorbei am Teich der Himmlischen Königin (Wangmu Chi) zur Halle der Himmlischen Königin (Wangmu Dian).

◀ *Berg Taishan*

Tai'an

Berg Taishan (Fortsetzung)
Palast des Roten Tores (Hongmen Gong)

Der eigentliche Aufstieg beginnt am Palast des Roten Tores, wo früher der Kaiser vor der Pilgerwanderung auf den Taishan die Zeremoniengewänder anlegte. Das Entstehungsdatum der Palastanlage ist unbekannt. Im Jahr 1626 wurde er zum letzten Mal neu aufgebaut, seitdem waren aber mehrere restaurierende Eingriffe erforderlich.

Vor dem Palast erheben sich drei Tore aus weißem Marmor, von denen eines nach Konfuzius (Kongzideng Lin Chu) benannt ist, der hier vor dem Aufstieg eine kurze Ruhepause einlegte.

Torgebäude der Zehntausend Unsterblichen (Wanxian Lou)

Die nächste Station ist das Torgebäude der Zehntausend Unsterblichen, errichtet 1620 und 1954 restauriert. Hier sind noch Gedenksteine mit Inschriften aus der Ming-Zeit (1368–1644) zu sehen.

Palast der Göttin des Großen Bären

Es folgt der daoistische Palast der Göttin des Großen Bären (Doumu Gong).

Tal der Steinsutra (Jingshi Yu)

Vom Hauptweg führt ein Pfad zu dem Tal der Steinsutra, wo vor über 1400 Jahren auf einem riesigem Stein der Text der Diamantsutra eingemeißelt wurde.

Pavillon des Himmelskessels

Der Route weiter nach Norden folgend, steht der Pavillon des Himmelskessels (Hutian Ge).

Mittleres Himmelstor (Zhongtian Men)

Nach zwei Drittel der Wegstrecke, am Treffpunkt der östlichen und der westlichen Route, gelangt man zum Mittleren Himmelstor, einem Steinbau aus der Qing-Zeit (1644–1911).

Wem das folgende sehr steile Stück zu beschwerlich ist, der kann von hier mit der Seilbahn bis auf den Gipfel fahren.

Nördlich des Mittleren Himmelstores passiert man die Brücke über den Wolken (Yunbu Qiao), die über einen Sturzbach führt, und erreicht die Kiefern des Fünften Ranges (Wudaifu Song), die 1730 angepflanzt wurden. Weiter nördlich folgt der Pavillon der Gegenüberliegenden Kiefern (Duisong Ting).

Die Treppe der 18 Windungen (Shiba Pan) führt über mehr als 1000 Stufen zum Südlichen Himmelstor hinauf.

Südliches Himmelstor (Nantian Men)

Das Südliche Himmelstor, ein weiteres Steingebäude, entstand schon im Jahr 1264. Unter dem Gesims sind die drei chinesischen Schriftzeichen 'Mo Kong Ge' (Pavillon, der den Himmel streift) zu erkennen.

Jetzt fehlt nur noch 1 km bis zum Endziel. Auf dem Weg dorthin kommt man etwas unterhalb des Gipfels an einem Daoistenkloster vorbei.

Tempelkloster der Prinzessin der Azurblauen Wolke (Bixia Ci)

Das von 1008 bis 1016 aus Holz und Ziegeln erbaute Tempelkloster der Prinzessin der Azurblauen Wolke ist mit schweren Metallverstrebungen verstärkt. In der Haupthalle steht eine Bronzefigur der Prinzessin, die als Schutzgöttin des Taishan verehrt wird. Im Hof erblickt man zwei Stelen, ebenfalls aus Bronze, mit Inschriften aus den Jahren 1615 und 1625.

Daiding

Die bedeutendste der zahlreichen Inschriften auf der Felsgruppe Großer Ausblick (Daguan) des nahen Gipfels Daiding ist der Essay über den Taishan (Ji Taishan Mingbai). Der 13,3 m hohe und 5,3 m breite Stein zeigt 996 Ideogramme, von denen jedes 1 m Durchmesser hat. Kalligraphiert wurde die Inschrift im Jahr 726 vom Tang-Kaiser Xuanzong.

Gipfel des Schauens des Sonnenaufgangs (Riguan Feng)

Südöstlich des Daiding findet sich der Gipfel des Schauens des Sonnenaufgangs, von dem der Besucher einen schönen Sonnenaufgang erleben kann.

Jadekaiser-Gipfel (Yuhuang Ding)

Das Ziel des Ausflugs ist der Jadekaiser-Gipfel, der vom Tempel des Jadekaisers (Yuhuang Dian) beherrscht wird.

Taiwan · Formosa   Hf 33–35

Chinesische Entsprechung

Republik China · Ta Chung-Hwa Min-kuo · Republic of China (ROC)
Fläche: 36 179 km²
Höhe: 0–3952 m ü. d. M.
Bevölkerungszahl: 21 Mio.
Hauptstadt: Taipei (Taipeh)

Im folgenden Abschnitt zu Taiwan werden chinesische Eigennamen nicht nach dem Pinyin-System umschrieben, sondern erscheinen in der in Taiwan üblichen Schreibweise, die sich meist an das englische Wade-Giles-System anlehnt.

Hinweis

Die ostasiatische Insel Taiwan (= 'Terrassengestade'; früher Formosa) liegt zwischen 21° 45' und 25° 38' nördlicher Breite sowie 120° 1' und 122° 6' östlicher Länge beiderseits des Wendekreises des Krebses und ist vom chinesischen Festland durch die 160 km breite Formosastraße (Taiwanstraße) getrennt sowie im Norden vom Ostchinesischen Meer, im Osten vom Pazifischen Ozean und im Süden vom Südchinesischen Meer (Bashi-Straße) umgeben. Sie stellt das Kerngebiet der auch als Nationalchina bezeichneten Republik China – chinesisch Ta Chung-Hwa Min-kuo, englisch Republic of China (ROC) – dar, zu der außerdem die 64 Penghu-Inseln (Penghu Lieh Tao) oder Pescadores-Inseln (Pescadoren = Fischerinseln, 127 km²) in der Formosastraße, die beiden kleinen Taiwan südöstlich vorgelagerten Pazifikinseln Lan Yu (Orchideeninsel) und Lü Tao (Grüne Insel) sowie, neben etlichen anderen Eilanden, die unmittelbar vor der chinesischen Festlandküste gelegenen Inselgruppen Quemoy (Kinmen oder Jinmen; 175 km²) und Matsu (Lienkiang; 29 km²) gehören.

Lage und Gebiet

Lagekarte

Taiwan · Formosa

Fläche und Ausdehnung

Taiwan, mit über 36000 km² Inselfläche ähnlich groß wie das deutsche Bundesland Baden-Württemberg, hat eine maximale Längenausdehnung in nord-südlicher Richtung von knapp 400 km, die größte Breite von Osten nach Westen beträgt gut 140 km.

Oberflächengestalt

Die Topographie der Insel Taiwan ist von drei etwa parallel von Norden nach Süden verlaufenden und an vielen Stellen weit über die 2500-m-Höhenmarke aufragenden Gebirgsketten gekennzeichnet. Fast genau am Wendekreis des Krebses erhebt sich der Yu-shan (= Jadeberg; Mount Morrison), mit 3952 m ü. d. M. der höchste Berg der Insel.

Entstanden sind diese Faltengebirgszüge erst in geologisch junger Zeit: Taiwan liegt genau an der Stelle, wo sich die Bögen der Philippinen einerseits und der japanischen Ryukyu-Inseln andrerseits treffen. Daß die Hebungsvorgänge noch immer anhalten, zeigt die Häufigkeit der Erdbeben (über 150 im Jahr!).

Für die kurzen, nach Westen und Osten zum Meer strömenden Flüsse ist der zentrale Gebirgszug die Wasserscheide. Während die Ostküste weithin als verkehrsfeindliche Steilküste ausgebildet ist, erstreckt sich entlang der terrassenförmig abfallenden Westküste eine örtlich über 40 km breite siedlungs- und kulturfreundliche Küstenebene.

Klima

Wechselfeuchtes subtropisches Klima bestimmt das Leben auf Taiwan. Am wärmsten ist es im Juli, wenn die Durchschnittstemperaturen über 28°C liegen. Kältester Monat ist der Februar; dann sinken die Werte oft unter 15°C. Dennoch beträgt die Jahresdurchschnittstemperatur bezogen auf die Meereshöhe im Süden 25°C und im Norden 21°C.

Die große Menge der Niederschläge ist hauptsächlich durch die Intensität des Südwestmonsuns bedingt. Niederschlagsmaxima (bis weit über 300 mm pro Monat!) werden in den Monaten Juni und Juli erreicht. Die Luftfeuchtigkeit liegt im Sommer bei 80%. Recht trocken ist es hingegen im Spätherbst und Winter, besonders im Südwesten der Insel. Nicht selten wird Taiwan von verheerenden, hier Taifunen genannten Wirbelstürmen heimgesucht, deren Saison von Juli bis Oktober reicht.

Flora

Entsprechend den klimatischen Bedingungen hat sich auf Taiwan eine vielgestaltige Vegetation entwickelt, die man vier Höhenstufen zuordnen kann. Unterste Stufe ist die Zone der immergrünen Lorbeerwälder. Darüber folgen bis etwa 2600 m ü. d. M. artenreiche Mischwälder. Nadelwälder bedecken die Höhen der Gebirge; die Gipfel der höchsten Berge (ab 3600 m ü. d. M.) sind nur noch mit Gras und Polsterpflanzen bewachsen. Derzeit sind ca. 60% der Fläche Taiwans bewaldet (z.T. Mangrovewald). Etwa ein Drittel ist nutzbares Ackerland (v. a. im Westen; dort stellenweise auch Bewässerungsfeldbau), wobei Reis, Zuckerrohr und Tee als Kulturpflanzen im Vordergrund stehen.

Fauna

Nachdem Taiwan schon von alters her besiedelt und bewirtschaftet ist, wurde die endemische Tierwelt allmählich zurückgedrängt und letztlich stark dezimiert. In den abgelegenen Bergwäldern finden sich noch Wildtiere, darunter Wildschweine, Hirsche, Wildkatzen und Affen (Makaken). Erwähnung verdienen die zahlreichen Schmetterlingsarten.

Bevölkerung

Mit einer Bevölkerung von rund 21 Mio. Menschen – ganz überwiegend Han-Chinesen, etwa 338000 Gaoschan (malaio-polynesische Urbevölkerung) und geringe ausländische Minderheiten – und einer durchschnittlichen Dichte von 580 Bewohnern pro Quadratkilometer (in der westlichen Küstenebene noch wesentlich mehr) ist Taiwan weit mehr als doppelt so dicht besiedelt wie das deutsche Bundesland Baden-Württemberg. Nach der kommunistischen Machtübernahme in China (1949) wuchs die Bevölkerungszahl beträchtlich an. Damals flohen Hunderttausende von Festlandchinesen auf die Insel; zudem stellte sich ein starker Geburtenüberschuß ein. Welche Ausmaße der Bevölkerungszuwachs erreicht hat, zeigt augenfällig ein Blick in die Statistik der Hauptstadt Taipei. Dort lebten kurz

Taiwan · Formosa

nach dem Zweiten Weltkrieg etwa 400 000 Menschen; bis 1993 hat sich die Einwohnerzahl weit mehr als versechsfacht! Die jährliche Wachstumsrate liegt derzeit bei 1,1 %, die mittlere Lebenserwartung bei 74 Jahren, der Anteil der städtischen Bevölkerung bei über 50 %.

Bevölkerung (Fortsetzung)

Die Amtssprache auf Taiwan ist das hochchinesische Mandarin; umgangssprachlich benutzt werden chinesische Dialekte (v. a. jene von Amoy bzw. Südfukien sowie Hakka). Als Handelssprache fungiert das Englische, zugleich die von den Einheimischen am meisten erlernte Fremdsprache. Viele ältere Taiwaner sind des Japanischen mächtig.

Sprache

Buddhismus und Daoismus sind die beiden am weitesten verbreiteten Religionen. Daneben gibt es eine nicht geringe christliche Minderheit sowie kleine muslimische und animistische Minoritäten.

Religion

Das Bildungswesen befindet sich auf einem vergleichsweise hohen Niveau. Seit 1968 besteht eine mit dem sechsten Lebensjahr beginnende neunjährige Schulpflicht. So ist es nicht verwunderlich, daß sich die Zahl der Analphabeten von 1970 bis 1981 fast halbiert hat; heute können lediglich 7 % der Bevölkerung nicht lesen und schreiben.
Der weiterführenden Ausbildung dienen Berufsschulen, Oberschulen und Hochschulen (Universität, Graduierteninstitute).

Bildung

Auf der Grundlage der Verfassung von 1947 (mehrfach, zuletzt 1992 revidiert) hat Tschiang Kai-schek am 1. März 1950 die Republik China auf Taiwan proklamiert; sie sieht sich als legitime Nachfolgerin der 1912 von Sun Yat-sen errichteten, ersten nationalchinesischen Republik und betrachtet Taipei als provisorische Hauptstadt ganz Chinas.
Das höchste Staatsorgan ist die Nationalversammlung (Volksvertretung), Staatsoberhaupt der Präsident. Für Innen- und Außenpolitik ist der Exekutiv-Yüan verantwortlich (der Vorsitzende fungiert als Regierungschef = Ministerpräsident), der vom Legislativ-Yüan (Zentralparlament) überwacht wird. Für alle rechtlichen Fragen ist der Justiz-Yüan, für die Beamtenschaft der Staatsprüfungs-Yüan zuständig. Die höchste Instanz bildet der Kontroll- oder Aufsichts-Yüan.
Es gilt allgemeines Wahlrecht. Wichtigste Parteien sind die Chinesische Volkspartei (Kuomintang/KMT; 1993 erstmals gespalten), die Demokratische Fortschrittspartei (DPP), die Chinesische Sozialdemokratische Partei (CSDP) und die Arbeiterpartei (Kungtang/KT); ferner gibt es über 60 andere Parteien und politische Gruppierungen.
Außer dem Zentralparlament (Legislativ-Yüan) bestehen eigene Parlamente für die Provinz Taiwan und den Stadtstaat Taipei.
Die chinesische Provinz Taiwan gliedert sich in 16 Landkreise (Hsien), die fünf kreisfreien Städte Keelung, Taichung, Tainan, Hsinchu und Chiayi sowie die beiden Sondergebiete der Hauptstadt Taipei und der Hafenstadt Kaohsiung.

Staat und Verwaltung

Die Insel Taiwan ist ursprünglich von austronesischen Stämmen besiedelt worden, die ihrerseits vermutlich schon vor unserer Zeitrechnung die altmalaiische Urbevölkerung verdrängt haben. Festlandchinesen wandern erstmals im siebten nachchristlichen Jahrhundert ein.
Im Jahr 1206 gelangt Taiwan in die Einflußsphäre des chinesischen Reiches. Im 16. und 17. Jahrhundert kommen Portugiesen (sie nennen Taiwan Ilha Formosa = Schöngestaltige Insel), Spanier, Franzosen und Niederländer als Kolonisten auf die Insel. Die zuletzt genannten errichten 1624 an der Stelle der heutigen Stadt Tainan eine Festung. Auch die Spanier gründen kurze Zeit später eine Niederlassung im Norden der Insel. In der zweiten Hälfte des 17. Jahrhunderts können sich Chinesen, die vor den eindringenden Mandschu zurückweichen und von Cheng Cheng-kung (Koxinga) geführt werden, gegen die europäischen Kolonisten durchsetzen. Taiwan wird 1684 der südchinesischen Küstenprovinz Fukien (Fujian) zugeschlagern. Die Franzosen besetzen 1884 für kurze Zeit den Norden

Geschichte

Taiwan · Formosa

Geschichte (Fortsetzung)

der Insel sowie die Pescadores-Inseln. Schon 1887 wurde Taiwan jedoch chinesische Provinz. Als Folge des Chinesisch-Japanischen Krieges (1894/1895) kommt Taiwan nach dem Frieden von Shimonoseki unter japanische Kontrolle. Die Inselbewohner widersetzen sich und rufen stattdessen die "Republik China" (die erste in Asien!) aus. Doch die Japaner greifen hart durch. Erst 1945 wird Taiwan wieder China angegliedert. Im Jahr 1949 zieht sich die auf dem Festland von den Kommunisten geschlagene Kuomintang-Regierung unter Chiang Kai-schek auf die Insel Taiwan zurück. Ein Jahr später wird die "Nationale Republik China" proklamiert. Gestützt von den USA können die Nationalchinesen ihren Staat halten. "Taiwan – kein Land!..." äußerte einmal ein Angehöriger der Botschaft der Volksrepublik China in Bonn, womit er zum Ausdruck bringen wollte, daß Taiwan vom kommunistischen China keinesfalls als eigenständiger Staat betrachtet oder gar anerkannt, sondern vielmehr als integraler Bestandteil (23. Provinz) der Volksrepublik China angesehen wird. Nach dem Ausschluß Nationalchinas aus der Organisation der Vereinten Nationen (UN) und der Aufnahme stattdessen der Volksrepublik China (1971) hat die Republik China international deutlich an politischem Gewicht verloren; derzeit unterhalten lediglich gut zwanzig Staaten der Erde (nicht so Deutschland) diplomatische Beziehungen mit der nationalchinesischen Inselrepublik. Dennoch erhebt die Regierung von Taiwan weiterhin den Anspruch, eines Tages für ganz China zuständig zu sein.

Nach einem kurzen Interregnum wird 1978 Chiang Ching-kuo, der Sohn des 1975 verstorbenen Chiang Kai-schek, Staatsoberhaupt. Er muß 1979 eine empfindliche außenpolitische Niederlage hinnehmen, als die USA die offiziellen Beziehungen zu Nationalchina abbrechen und den 1954 mit Taiwan geschlossenen Beistandspakt kündigen. Nach dem Tod Chiang Ching-kuos 1988 zeichnen sich unter Staatspräsident Lee Teng-hui Tendenzen einer innenpolitischen Liberalisierung und der Annäherung an die Volksrepublik China ab. 1991 werden erstmals nach 44 Jahren direkte und freie Wahlen zur Nationalversammlung abgehalten, aus denen die seit 1946 regierende Kuomintang (KMT) als Siegerin hervorgeht. Die ersten direkten Präsidentschaftswahlen 1996, bei denen Lee Teng-hui die absolute Mehrheit erreicht, werden von militärischen Manövern der Volksrepublik China begleitet. Bei der Wahl zur Nationalversammlung erreicht die KMT trotz Stimmenverlusten ebenfalls die absolute Mehrheit. Die Präsidentschaftswahlen 2000 gewinnt der Reformer Chen Shui-bian von der Demokratischen Fortschrittspartei (DPP).

Wirtschaft

Hinsichtlich seiner agrarwirtschaftlichen Struktur zählt Taiwan zu den besonders fortschrittlichen Regionen in Ostasien. Eine entscheidende Maßnahme war die Agrarreform, die nach 1949 vollzogen wurde. Pachtland, das vorher wenigen Großgrundbesitzern gehörte, ging in die Hände derer über, die das Land bearbeiten. Die früheren Landeigner erhielten als Entschädigung Anteile an den neu aufgebauten staatlichen Industriebetrieben. Erheblichen Einfluß auf die wirtschaftliche Entwicklung übten die Vereinigten Staaten von Amerika (USA) aus. Zusammen mit der Regierung von Taiwan gründeten sie die Joint Commission on Rural Reconstruction (JCRR) und investierten dabei in beträchtlichem Umfang Geldmittel in die Verbesserung der Infrastruktur, die Intensivierung der Fischerei und der Viehwirtschaft, die Bereitstellung von Düngemitteln sowie in die Ausbildung und Gesundheitsvorsorge der Bevölkerung. Nunmehr sind viele bäuerliche Betriebe in der Lage, bis zu drei Reisernten pro Jahr einzubringen. Weitere Hauptanbauprodukte sind Zuckerrohr, Süßkartoffeln, Erdnüsse, Bananen und Zitrusfrüchte. Seit dem Beginn der Industrialisierung Ende des sechziger Jahre des 20. Jh.s hat die Landwirtschaft allerdings zunehmend an Bedeutung verloren.

Im Bereich der im wesentlichen exportorientierten Industrie herrschen arbeitsintensive Produktionszweige vor. Es werden einzelne Produktionsstufen übernommen, die in den westlichen Industrienationen mit hohen Arbeits- und Nebenkosten verbunden sind. Als Beispiele sei hier vor allem die feinmechanische bzw. elektronische Industrie (Herstellung und Zusammenbau von Fotogeräten, Computeranlagen u. a.) angeführt. Allerdings ist in der letzten Zeit eine kostenbedingte Abwanderung der traditionellen Sektoren – Schuhe, Bekleidung, Möbel – ins benachbarte Ausland festzustellen. Wichtigster Handelspartner sind die USA, gefolgt von Japan. Zunehmende Bedeutung gewinnt der indirekte Handel mit der Volksrepublik China; er läuft über Hongkong, Japan und Singapur.

Wirtschaft (Fortsetzung)

Ein Problem für die Wirtschaft Taiwans ist die Beschaffung von Rohstoffen. Da Taiwan über nur relativ wenig erschließbare Bodenschätze verfügt (v. a. Steinkohle, Erdgas, Marmor), muß es einen Großteil seiner Exporterlöse für den Import von Grundstoffen ausgeben.

Exportiert werden – vorwiegend in die USA, nach Hongkong und Japan – Elektrogeräte, Textilien, informationstechnische Ausrüstungen, Maschinen, Kunststoffe und Transportmittel.

Importiert werden – vorwiegend aus Japan, den USA und Deutschland – Elektronik, Metalle, Maschinen und Bergbauprodukte.

Am Bruttoinlandsprodukt haben die Dienstleistungen mit 59%, die Industrie mit 37% und die Landwirtschaft mit 4% Anteil.

Gesetzliche Zahlungsmittel sind der Neue Taiwan-Dollar (New Taiwan Dollar/NT-$; Kuai) und seit 1992 auch der Renminbi-Yüan (RMB.-¥), die Währung der Volksrepublik China.

Währung

Viel Aufmerksamkeit wird von seiten des Staates dem Verkehrswesen geschenkt, wobei der gebirgige Ostteil der Insel an die wirtschaftlichen Aktivräume im Westen besser angebunden werden soll.

Verkehr

Die Taiwan Railway Administration unterhält insgesamt ca. 2500 km Eisenbahnstrecken; davon dienen 1200 km dem Linienverkehr (zwei Längshauptstrecken im Westen und im Osten) und 1300 km für Spezialtransporte (Holz, Zucker u. a.).

Das Straßennetz (Rechtsverkehr) hat eine Gesamtlänge von 20 000 km; davon sind ca. 17 000 asphaltiert. Seit 1978 verbindet eine Autobahn (Sun Yat-sen Freeway; gut 370 km) die Hauptstadt Taipei im Norden mit der Hafenstadt Kaohsiung im Süden. In jüngerer Zeit sind mehrere Ost-West-Straßenquerverbindungen entstanden. Alle Teile der Insel sind durch gute Autobusverbindungen erschlossen.

Es bestehen zwei internationale Flughäfen (bei Taipei und bei Kaohsiung) sowie weitere elf Flugplätze für den Verkehr auf Taiwan und mit den umliegenden Inseln. Von den insgesamt sieben taiwanischen Luftfahrtunternehmen befliegt nur die Fluggesellschaft China Airlines (CAL) internationale Strecken im Liniendienst.

Die taiwanische Handelsflotte verfügt über mehr als 13 200 Schiffseinheiten; dazu zählen allerdings rund 12 000 kleine und kleinste Fischereifahrzeuge. Der Überseeverkehr wird über die vier internationalen Seehäfen Kaohsiung, Keelung, Taichung und Hualin abgewickelt.

In den letzten Jahrzehnten hat sich der Tourismus für Taiwan zu einem bedeutenden Wirtschaftsfaktor entwickelt. Kamen 1970 erst knapp 410 000 Fremde auf die Insel, so waren es 1995 bereits 2,3 Mio. Auslandsgäste. Über die Hälfte der Taiwan-Touristen kommt aus Japan. Das zweitgrößte Kontingent stellen nach den Auslandschinesen die US-Amerikaner, gefolgt von den Koreanern. Die Taiwaner ihrerseits reisen hauptsächlich nach Hongkong, Japan und Thailand.

Tourismus

Hauptstadt Taipei (Stadtplan s. S. 422)

Taipei, eingedeutscht Taipeh (2,6 Mio. Einw.), die Hauptstadt der Republik China (seit 1967 'Stadtstaat') und nach taiwanischer Auffassung zugleich die provisorische Hauptstadt von ganz China (vgl. Geschichte), liegt im Norden der Insel Taiwan. In den letzten Jahrzehnten hat sich die Stadt, die eine der am schnellsten wachsenden in ganz Asien ist, zu einem bedeuten-

Lage und Bedeutung

Taiwan · Formosa

Hauptstadt Taipei, Lage und Bedeutung (Fortsetzung)

den Zentrum von Industrie und Handel entwickelt. Dem Touristen kann Taipei eine Reihe interessanter Sehenswürdigkeiten mit eindrucksvollen, teilweise auch vom chinesischen Festland stammenden Kulturschätzen bieten.

Wanhua-Viertel

Ältestes Viertel der Stadt ist Wanhua, das sich zwischen der Chunghua-Straße und dem Fluß Tamsui (Tanshui) ausdehnt. Hier, wo es noch zahlreiche Häuser im traditionellen Baustil gibt, befinden sich farbenfrohe und lärmerfüllte Märkte; an den zahllosen Ständen kann man Tempelgegenstände und Heilpflanzen ebenso erwerben wie lebende Schlangen und exotische Leckerbissen.

*Lungshan-Tempel

Im Süden des Wanhua-Viertels steht der Lungshan-Tempel (Drachenbergtempel), Taipeis älteste und berühmteste Kultstätte. In ihr werden neben Kuanyin, der buddhistischen Göttin der Barmherzigkeit, auch daoistische Heilige verehrt. Der ursprünglich im Jahr 1740 erbaute Tempel fiel 1817 einem Erdbeben zum Opfer. Ein wenig später fertiggestellter Neubau wurde 1867 durch einen Taifun verwüstet; die Überreste sind – bis auf die

Stadtplan

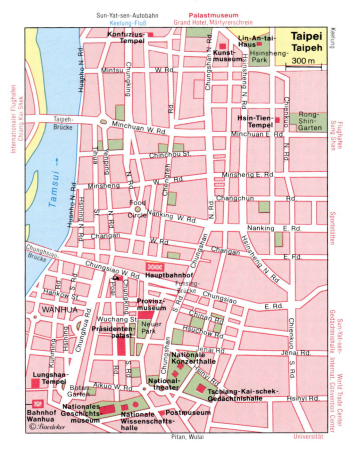

Taiwan · Formosa

Kampferholzstaue der Kuanyin – 1945 gänzlich zerbombt worden. Der heutige Bau stammt aus dem Jahr 1957.

Hauptstadt Taipei, Lungshan-Tempel (Fortsetzung)

Im Zentrum der Stadt liegt der Präsidentenpalast, auf dessen Vorplatz bei Aufgang und bei Untergang der Sonne Flaggenzeremonien zu den Klängen der Nationalhymne abgehalten werden. Alljährlich am 10. Oktober, dem Nationalfeiertag, finden hier Mammutveranstaltungen statt.

Präsidentenpalast

Hinter dem Präsidentenpalais erstreckt sich der Neue Park als grüne Oase inmitten der Stadt mit einer dreistöckigen Pagode, einigen Pavillons und einem kleinen Teich. Abends schlagen Wahrsager in den Grünanlagen ihre Stände auf.

Neuer Park

Im Neuen Park befindet sich auch das Provinzmuseum mit naturhistorischen und anthropologischen Sammlungen. Besonders interessant ist die Ausstellung über die Urbewohner Taiwans.

Provinzmuseum

Die Abteilung für Anthropologie und Archäologie der Nationaluniversität unterhält eine ausgezeichnete Sammlung, die Einblick in die Töpferei, Schnitzkunst, Textilfertigung sowie die Herstellung von Schmuck, Waffen und anderen Gebrauchsgegenständen vermittelt (nur mit besonderer Genehmigung zugänglich).

Am Südrand des Stadtkerns dehnt sich der reizvolle Botanische Garten aus, wo mehr als 700 Pflanzenarten und ein hübscher Lotosteich zu entdecken sind.

Botanischer Garten

Das nahegelegene Nationale Geschichtsmuseum beherbergt eine gute Sammlung chinesischer Kunst- und Kunstgewerbegegenstände (u. a. kaiserliche Gewänder, Stickereien, sakrale Utensilien, Bronzearbeiten). Zu den Prachtstücken gehören Elfenbeinschnitzereien, auf denen ganz winzige chinesische Schriftzeichen eingraviert sind, die man nur mit einem starken Vergrößerungsglas erkennen kann. Gelegentlich finden Sonderausstellungen zeitgenössischer chinesischer Malerei statt.

Nationales Geschichtsmuseum

Zum Kulturkomplex an der Nanhai-Straße gehört außer dem Nationalen Geschichtsmuseum noch die Nationale Wissenschaftshalle.
An der Kuei-Yang-Straße (Nr. 243) findet man das Geschichtsmuseum der taiwanischen Streitkräfte.
Ein interessantes Postmuseum befindet sich an der Chungking-Straße (Südabschnitt 3; Nr. 45)
Im besuchenswerten Insektenmuseum an der Chinan-Straße (Nr. 71) ist die Farbenpracht aller rund 400 auf Taiwan vorkommenden Schmetterlingsarten zu bewundern.

Kulturkomplex

Postmuseum

*Insektenmuseum

Am Südwestrand der Innenstadt liegt inmitten eines großzügig angelegten Parkes die wuchtige Chiang-Kai-schek-(Chung-Cheng-)Gedächtnishalle (Eröffnung 1980). Das 70 m hohe Bauwerk ist eine moderne Adaption traditioneller Architekturformen. Sehr pompös ist auch das 80 m breite und 30 m hohe Eingangstor zu dem 25 ha großen Park.
Zwischen dem Tor und der Gedächtnishalle stehen sich die Nationale Konzerthalle und das Nationaltheater gegenüber.

Chiang-Kai-schek-Gedächtnishalle (Abb. s. S. 424)

Nationale Konzerthalle
Nationaltheater

Eine zweite große Gedächtnishalle im Westen der Stadt ist Sun Yat-sen gewidmet; im Auditorium finden über 2600 Personen Platz.

Sun Yat-sen-Gedächtnishalle

Der Hsing-Tien-Tempel, am Nordostrand der Innenstadt an der Sungchiang-Straße, ist dem Kriegsgott Kuan Kung (Kuan Yu) geweiht, einer wichtigen Gestalt in dem chinesischen Klassiker "Die abenteuerliche Geschichte der drei Königreiche".

Hsing-Tien-Tempel

Nordwestlich vom Hsing-Tien-Tempel, zwischen Mintsu-Straße und Keelung-Fluß, befindet sich das moderne Städtische Kunstmuseum.
Westlich gegenüber vom Kunstmuseum ist unter der Bezeichnung 'Welt von gestern' ein altchinesisches Dorf nachgebaut (Volkskunst).

Städtisches *Kunstmuseum

Welt von gestern

Taiwan · Formosa

Chiang-Kai-schek-Gedächtnishalle in Taipei

Hauptstadt Taipei (Fortsetzung), Konfuziustempel	Weiter nordwestlich steht der Konfuziustempel. Er ist zwar keine Stätte der Anbetung, aber ein Ort des Gedenkens an den von vielen Chinesen verehrten Lehrer und Philosophen. Am 28. September, seinem Geburtstag, halten die höchsten Würdenträger des Staates hier noch immer die uralten Zeremonien zu Ehren von Konfuzius ab.
Pao-An-Tempel	An der Hami-Straße ist der daoistische Pao-An-Tempel zu finden, ein aus dem 17. Jh. stammendes Bauwerk, das zugleich einer der ältesten Tempel auf Taiwan ist. Eine Atmosphäre mystischer Ruhe verströmt der Linchi-Tempel an der Chiuchuan-Straße.
Linchi-Temel	
Opernakademie	Die nahegelegene Tapeng-Akademie für Chinesische Oper zählt zu den besten Ausbildungsstätten ihrer Art in Taiwan und hat schon viele Stars hervorgebracht. Bereits Kinder erhalten hier schweren Gesangsunterricht und eine harte akrobatische Ausbildung.
Grand Hotel, Märtyrerschrein	Nördlich jenseits vom Keelung-Fluß erreicht man, vorbei an dem mächtigen Grand Hotel, den eindrucksvollen Schrein der Märtyrer der nationalen Revolution.
Chinesisches Kultur- und Filmzentrum	Auf dem Wege zum Nationalen Palastmuseum (s. unten) kommt man am Chinesischen Kultur- und Filmzentrum vorbei. Die Gebäude dieses kleinen Stadtensembles sind im Stil verschiedener Dynastien errichtet; hier werden chinesische Spielfilme gedreht.
**Nationales Palastmuseum	Inmitten der dicht bewaldeten Hügel der Vorstadt Waishuanghsi liegt das weltberühmte Nationale Palastmuseum. Allein das Gebäude ist schon eindrucksvoll mit seinen Mondtoren und bunt glasierten Ziegelkompositionen. Im Museumsinnern sind Schätze von kaum vorstellbarem Wert untergebracht. Die wertvollsten Stücke stammen aus einer kaiserlichen Sammlung, die im 12. Jh. begonnen wurde. Im Jahr 1948 wurden diese Kostbarkeiten von Nanking (Nanjing) hierher gebracht. Aus Platzmangel können von den Hunderttausenden von Kunstobjekten jeweils nur etwa 11000

Taiwan · Formosa

Eingangsbereich zum Nationalen Palastmuseum im Norden von Taipei

Exponate gezeigt werden; die Ausstellungen wechseln vierteljährlich. Der Rest wird in unterirdischen Depots im Berg hinter dem Museum aufbewahrt. Doch was man sich anschauen kann, ist eindrucksvoll genug: Tang- und Sung-Gemälde, geschnitzte Jade, exquisites Ming-Porzellan, Kalligraphien, bis zu 3000 Jahre alte Bronzearbeiten, Gegenstände aus Email und dünnen Metallbändern, Lackarbeiten, seltene Bücher und Dokumente, Gobelins und Spielzeug der Mandschu-Kaiser.

Hauptstadt Taipei, Nationales Palastmuseum (Fortsetzung)

Nähere Umgebung von Taipei

Der überaus reizvolle Yangmingshan-Nationalpark, 15 km nördlich der Hauptstadt, zieht besonders im Frühjahr zur Zeit der Kirsch- und Azaleenblüte unzählige Besucher an. Felsengärten und an Teichen gelegene Pavillons verleihen dem Park eine besondere Note. Hier gibt es mehrere Hotels mit Thermalbädern. Für die Angehörigen der Oberschicht Taipeis ist diese Gegend ein bevorzugtes Wohngebiet.

Yangmingshan-Nationalpark

An der Straße von Taipei zu der nordwestlich gelegenen Stadt Peitou sind mehrere Töpfereien und Steingutfabriken zu finden. Bei der 'China Arts Pottery Co.' kann man nicht nur schöne Töpferwaren erstehen, sondern auch die einzelnen Stadien der Keramikherstellung verfolgen.

Peitou

Jenseits Peitous liegt der Fischerhafen Tamsui an der Nordseite des gleichnamigen Flusses. Tamsui war früher eine blühende Hafenstadt, wie die teilweise noch recht schönen Ziegelsteinfassaden verraten. Der Ort kann mit einigen guten Fischlokalen aufwarten. Etwas außerhalb dehnt sich ein vorzüglicher Golfplatz aus.
Hoch über der Flußmündung thront das alte Fort Santo Domingo (Rotes Fort), eine 1628 von den Spaniern erbaute und später von den Niederländern übernommene Festung mit roter Ummauerung, die im Volksmund

Tamsui

Taiwan · Formosa

Umgebung von Taipei, Tamsui (Fortsetzung)	'Hung Mao Cheng' (= 'Fort der roten Barbaren') heißt. Das nunmehr verlassene Fort wurde bis 1972 vom britischen Konsulat benutzt. Jenseits der Flußmündung grüßt der ungewöhnlich geformte Berg Kuanyin-shan (612 m ü. d. M.). Er ist nach der Göttin des Mitleids benannt, deren Profil in dem Berg abgebildet sein soll.
Pitan	Bei den Taiwanern sehr beliebt ist der 14 km südlich von Taipei gelegene Erholungsort Pitan (Grüner See; Gelegenheit zum Baden und Bootfahren).
*Zoo	Bei Mucha, einer südöstlichen Vorstadt von Taipei, ist einer der größten zoologischen Gärten Asiens entstanden. Tiere aus aller Welt werden hier in größtmöglicher Freiheit gehalten.
Chihnan-Tempel	Über Mucha erreicht man den 16 km südöstlich der Hauptstadt gelegenen Chihnan-Tempel ('Tempel der acht Unsterblichen' oder 'Tempel der tausend [in Wirklichkeit 1275] Stufen'). Die Chinesen glauben, daß Verehrer, die hier übernachten, von Lü Tung-pin, einem der Unsterblichen, göttliche Offenbarungen in Form von Träumen erhalten.
Sanshia	In Sanshia, 22 km südwestlich von Taipei, wurde der im Zweiten Weltkrieg zerstörte Tsu-Shih-Tempel wiederaufgebaut.

Fernere Umgebung von Taipei

Keelung	Etwa 30 km nordöstlich von Taipei liegt Keelung (Chilung; 369 000 Einw.), die zweitgrößte Hafenstadt des Landes, am Ostchinesischen Meer und ist Endpunkt wichtiger Verkehrsadern. Die Stadt kann auf eine ereignisreiche Geschichte zurückblicken. Die Spanier besetzten den Hafenort 1626 und nannten ihn 'Santísima Trinidad' (Allerheiligste Dreieinigkeit). Später ließen sich die Holländer hier nieder, die wiederum 1661 von Cheng Cheng-kung (Koxinga) vertrieben wurden. Ein verheerendes Erdbeben zerstörte die Stadt 1867. Im Jahr 1884 rückten vorübergehend französische Marinesoldaten ein. Elf Jahre später bemächtigte sich ein japanisches Expeditionskorps des strategisch wichtigen Platzes. Hauptsehenswürdigkeit des für sein besonders feuchtes Klima bekannten 'Regenhafens' (bis 3000 mm Niederschlag an über 200 Regentagen im Jahr) ist die 22,55 m hohe Statue der Kuan Yi (Göttin der Gnade), die über dem Hafen auf einem schwarzen Marmorsockel emporragt.
Yehliu-Nationalpark	Fährt man von Keelung weitere 10 km in nordöstliche Richtung, so gelangt man zum Yehliu-Nationalpark mit bizarren und jäh ins Meer abstürzenden Felsformationen; ihm angeschlossen ist ein Ozeanarium mit Delphinen.
Yehliu	In dem Fischerdorf Yehliu gibt es eine Reihe guter Fischlokale.
Chinsan	Die schönen Badestrände von Chinsan erstrecken sich 6 km nördlich von Yehliu.
Fulung	Das Seebad Fulung, 52 km östlich von Taipei, nahe einer weit in den Pazifischen Ozean hinausragenden, landschaftlich recht reizvollen Halbinsel, kann ebenfalls mit ausgezeichneten Badestränden aufwarten.
Wulai	Über diverse Freizeiteinrichtungen verfügt der 35 km südlich von Taipei gelegene Erholungsort Wulai. Eine Ausflugsbahn führt von hier in ein Dorf der Atayal (Urinsulaner), die noch ihre traditionellen Gesänge und Tänze darbieten sowie alte Trachten tragen.
Liliputland 'Window on China' bei Lungtau	Rund 50 km südwestlich von Taipei befindet sich bei Lungtau das Liliputland 'Window on China' (= 'Fenster nach China'); in der Anlage sind mehrere Dutzend berühmte chinesische Bauten (darunter der Kaiserpalast von Peking und die Große Mauer) im Maßstab 1:25 nachgebaut.

Taiwan · Formosa

Um den Shihmen (Steintor)-Stausee mit seinem eindrucksvollen Damm, 55 km südwestlich von Taipei, dehnt sich ein Erholungsgebiet aus.

Umgebung von Taipei (Forts.), Shihmen-Stausee

Auf dem Weg dorthin kommt man an dem friedlichen Tzuhu-See vorbei, der für die Chinesen nicht nur als Ort der Erholung Bedeutung hat. In einem Mausoleum (dezente Kleidung!) befindet sich nämlich der schwarzglänzende Sarkophag des 1975 verstorbenen Präsidenten Tschiang Kai-schek (→ Berühmte Persönlichkeiten: Chiang Kai-shek). Tzuhu, das einstmals seine Meditationsstätte war, betrachten viele Taiwaner nur als seine vorübergehende Ruhestätte; denn nach Rückkehr der Nationalchinesen auf das Festland soll er für immer in Nanking (Nanjing), der Hauptstadt der Kuomintang, ruhen.

Tzuhu

Tschiang-Kai-schek-Mausoleum

Etwa 110 km südwestlich von Taipei ragt südlich der Stadt Hsinchu der 'Löwenkopf' auf, ein Berg, auf dem sich das buddhistische Zentrum Taiwans befindet. Dabei handelt es sich um eine Gruppe von vier Tempeln mit diversen Nebengebäuden. Hier können Besucher noch für wenig Geld bei den Mönchen übernachten und sich stärken.

Hsinchu

Weitere Reiseziele auf Taiwan

Hualien (150 000 Einw.) ist die Hauptstadt des gleichnamigen Landkreises im Osten Mitteltaiwans. In dieser Region, die von den steil aufragenden Massiven der die Insel von Norden nach Süden durchziehenden Zentralkette geprägt ist, leben noch rund 80000 Urinsulaner. Die Stadt selbst ist ein Zentrum der taiwanischen Marmorindustrie und seit einiger Zeit auch ein wichtiger Verkehrsknotenpunkt mit modernem Hafen.
In einem Marmorwerk von Hualien kann man die Bearbeitung des in der Umgebung reichlich anstehenden metamorphen Kalkgesteins verfolgen.
Wenige Kilometer südlich von Hualien liegt das Folklore-Dorf Toulan, wo Nachkommen des Ami-Stammes Einblicke in ihre Kultur (Tänze, Gesänge; Trachten) geben. Interessant ist auch ein Besuch im Südseegarten.
Ein besonders reizvoller Ausflug führt von Hualien entlang der Ostküste zu dem Fischerhafen Suao an der Nordostküste. Unterwegs kommt man an zahlreichen spektakulären Kliffs vorüber, die jäh ins Meer abstürzen.

Hualien

Toulan

Suao

Zu den touristischen Höhepunkten eines Taiwan-Aufenthaltes gehört die Fahrt von Hualien nach Tungshih über die 1960 fertiggestellte, 193 km lange Ost-West-Transversale (Central Cross Island Highway). Die Anlage dieser wichtigen Inselquerspange, die viele landschaftlich reizvolle Plätze erschließt, heißt im Volksmund 'Regenbogen der Schatzinsel'.
Die Straße zwängt sich zunächst durch die imposante 19 km lange Taroko-Schlucht, einen wildromantischen Engpaß durch einen hauptsächlich von metamorphen Kalken (u.a. Marmor) gebildeten Felsenriegel. Für den Straßenabschnitt in der Schlucht hat man 38 Tunnel und etliche Fenster gesprengt. Genauer anschauen sollte man sich an der Taroko-Straße die 'Marmorbrücke', den 'Schrein des ewigen Frühlings' und die Stelle, wo glatte Marmorblöcke wie Eisschollen übereinandergeschoben sind.
Am oberen Ende der Schlucht liegt der freundliche Erholungsort Tienshiang (450 m ü.d.M.); über eine luftige Hängebrücke gelangt man zu einem Tempel und einer Pagode. Weiter westlich in Tayuling zweigt eine Nebenstraße ab, die über das bei Wintersportlern und Bergwanderern beliebte Hohuanshan-Massiv (höchster Punkt: 3422 m ü.d.M.) nach Wushe hinab und weiter zum Sonne-Mond-See (s.S. 429) führt; 6 km abseits von Wushe liegt der Thermalkurort Lushan. – Nordöstlich von Tayuling erreicht man dann das ganze Jahr über besuchten Erholungsort Lishan mit einem im klassischen Palaststil errichteten Großhotel.
Die Straße führt westwärts weiter bergab, vorbei an den Stauseen von Techi und Kukuan sowie durch ausgedehnte Bananenplantagen nach Tungshih.

Ost-West-Transversale

*Taroko-Schlucht

Tienshiang

Lushan

Lishan

Tungshih

427

Taiwan · Formosa

Taichung (853000 Einw.) ist die wichtigste Stadt in Zentraltaiwan. Es verfügt über einen künstlich geschaffenen Hafen. Die heute drittgrößte Stadt Taiwans wurde 1721 von Festlandchinesen gegründet und hieß zunächst Tatun (Großer Hügel). Als die Japaner 1895 nach Taiwan kamen, wurde sie in Taichung umbenannt und entwickelte sich zu einer der bedeutendsten Städte auf der Insel. Durch die Inbetriebnahme des 26 km weiter westlich gelegenen Seehafens ist sie weiter aufgewertet worden.

Das Wahrzeichen von Taichung ist die 26,80 m hohe Buddhastatue, die zu den größten ihrer Art in Taiwan zählt; im Innern befinden sich diverse Räume, darunter sogar eine kleine Bibliothek. Zu den Sehenswürdigkeiten in der näheren Umgebung von Taichung zählt der Pan-Chue-Tempel mit einem Glockenturm und einer Buddhafigur sowie die christliche Tunghai-Universität mit ihren zahlreichen im östlichen Stil errichteten Gebäuden und der bemerkenswerten, von dem international renommierten sino-amerikanischen Architekten Ieoh Ming Pei entworfenen Luce-Kapelle.

Taichung

Etwa 10 km südlich von Taichung sind in Wufeng die Halle der Provinzversammlung und etwas außerhalb eine monumentale Buddhastatue (21,80 m hoch) beachtenswert; große Steindrachen bewachen den Weg zu diesem Denkmal.

Wufeng

25 km südlich von Taichung erstreckt sich bei Yuanlin der wohl größte Rosengarten auf Taiwan.

*Rosengarten bei Yuanlin

Der 2488 ha große Walderholungspark von Chitou, ca. 80 km südlich von Taichung, wird von der taiwanischen Nationaluniversität betreut. Glanzstück des größtenteils von Bambus bestandenen Waldgebietes ist eine ungefähr 2800 Jahre alte, 46 m hohe Zypresse, die von vielen Einheimischen als heilig verehrt wird.

Chitou-Waldpark

Bei Changhua, 19 km südwestlich von Taichung, zieht ein auf einem Berggipfel thronender, 21,80 m hoher Buddha zahlreiche Pilger an; der 4,20 m hohe Sockel der Figur ist mit Lotos bedeckt.

Buddhafigur bei Changhua

12 km westlich von Changua liegt der hübsche Ort Lukang. Er ist noch von traditonellen Häusern und Ladenwerkstätten geprägt, in denen beispielsweise Holzschnitzer arbeiten.

Lukang

Lageskizze

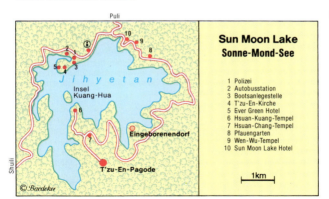

Der bekannte Sonne-Mond-See (Sun Moon Lake) liegt etwa 70 km südöstlich von Taichung in einer landschaftlich besonders reizvollen Gegend mit vielen Erholungseinrichtungen, einem Eingeborenendorf und einigen Tempeln. Etwas abseits des Südufers steht der Hsuan-Chang-Tempel, in dessen Schrein Reliquien des berühmten Mönches aufbewahrt werden. Hsuan Chang hat unter der Tang-Dynastie buddhistisches Schrifttum von

**Sonne-Mond-See (Jihyuetan)

◄ *T'zu-En-Pagode beim Sonne-Mond-See*

Taiwan · Formosa

Sonne-Mond-See (Fortsetzung)

Indien in sein Heimatland gebracht und so für eine Verbreitung des Buddhismus in China gesorgt. Unweit südlich ragt die neunstöckige T'zu-En-Pagode auf (s. Abb. S. 428).

***Schmetterlingsgarten bei Puli**

Bei dem nahen Ort Puli ist ein großzügiger Schmetterlingsgarten eingerichtet; die Anlage ist von einem großen Netz überspannt, so daß man Gelegenheit hat, die Insekten aus nächster Nähe zu beobachten.

Geographisches Zentrum Taiwans

Etwa 15 km nordöstlich vom Sonne-Mond-See dehnt sich ein Walderholungsgebiet aus, in dem sich auch das Geographische Zentrum von Taiwan befindet.

*Alishan

Das Erholungsgebiet von Alishan, im gleichnamigen Gebirge Innertaiwans gelegen, ist eines der schönsten des Landes. Besonders reizvoll ist die Anreise mit der Bergbahn: Man steigt auf einer 72 km langen, 1912 von den Japanern fertiggestellten Strecke von tropischen Gefilden hinauf zu dem kühl-gemäßigten Bergort Alishan (2190 m ü.d.M.), wobei man 80 Brücken und 50 Tunnel passiert. Der Zug von Chiai hält gewöhnlich unterwegs am Heiligen Baum, einer 3000 Jahre alten Zypresse, die 1947 vom Blitz getroffen worden ist. Sie ist über 18 m hoch und hat einen Umfang von 14,60 m. Oben in Alishan rangieren noch einige alte Dampfloks, die jedem Eisenbahnenthusiasten das Herz höher schlagen lassen. Im Ort Alishan selbst, wo es gute Unterkunftsmöglichkeiten gibt, sind ein kleines Museum, ein botanischer Garten, der romantische Zwei-Schwestern-Teich und der Drei-Generationen-Baum einen Besuch wert. Viele Touristen lassen es sich nicht entgehen, von einer Aussichtsplattform am Berg Chu das Wolkenmeer um das Yushan-Massiv (Jadegebirge; höchster Gipfel: 3997 m ü.d.M.) zu bestaunen. Überwältigend ist auch das Erlebnis eines Sonnenaufgangs am Berg Chu.

Peikang

In Peikang, 20 km westlich von Chiayi (westlich von Alishan), steht der populärste und größte Mazu-Tempel Taiwans. Er wurde 1694 gegründet, die heutigen Gebäude sind jedoch 1908–1912 erstellte Rekonstruktionen.

Tainan

Tainan (707 000 Einw.), die 'Stadt der hundert Tempel' (derzeit über 200!), ist die älteste Stadt Taiwans. Ihre Geschichte – sie war von 1684 bis 1887 Inselhauptstadt – ist eng verbunden mit dem Namen Cheng Ch'eng-kung (Koxinga), der die niederländischen Kolonisten von der Insel vertrieb. Hauptsehenswürdigkeit von Tainan ist der Cheng-Ch'eng-kung-Schrein (Koxinga-Schrein), ein im chinesischen Tempelstil errichteter Gebäudekomplex, in dessen Haupthalle sich ein Bildnis des Heroen befindet; benachbart ist ein Volkskundemuseum. Unweit nordöstlich steht der älteste Konfuzius-Tempel auf Taiwan, den General Chen Yung-hua, ein Anhänger Koxingas, im 17. Jh. erbauen ließ ist.
Der Chihkan-Turm, etwas weiter nördlich, wurde 1875 anstelle des 1862 von einem Erdbeben zerstörten niederländischen Forts 'Provintia' errichtet. An einer Festungsmauer gegenüber dem Eingang sind steinerne Schildkröten und Stelen mit chinesischen Schriftzeichen bzw. Bildsymbolen zu sehen. Das Fort 'Provintia' war ursprünglich durch einen unterirdischen Gang mit dem Fort 'Zeelandia' bei Anping verbunden. In diesem Fort, dessen Mauern aus holländischen Ziegeln bestehen, starb Koxinga im Jahr 1662.
Im Kai-Yuan-Tempel, einem der ältesten buddhistischen Heiligtümern der Insel, sind eine Statue der tausendarmigen Göttin der Barmherzigkeit und der 'Schrein der fünf Konkubinen' (fünf Frauen, die Selbstmord begingen, als die letzte Ming-Festung auf Taiwan sich 1683 der Quing-Dynastie ergab) beachtenswert.

Kuantzeling
Yi Tsai
Lu Erh Men

In der näheren Umgebung von Tainan lohnen der Thermalkurort Kuantzeling, die von den Franzosen 1874 errichtete Festung Yi Tsai sowie Lu Erh Men (hier landete Koxinga im Jahr 1661) einen Besuch.

Korallensee

Etwa 30 km nordöstlich von Tainan dehnt sich der Korallensee (Wushantou-Reservoir) aus, ein von über 100 Inselchen und Klippen durchsetzter

Taiwan · Formosa

Stausee inmitten einer ländlichen Umgebung. Das Gebiet um den See, auf dem auch Bootsausflüge unternommen werden können, ist als Erholungsgelände ausgewiesen.
Korallensee (Fortsetzung)

Kaohsiung (1,4 Mio. Einw.), an der Südwestküste Taiwans gelegen, ist der größte Hafen des Landes. Es kann mit einigen Superlativen aufwarten. Kaohsing ist Standort der größten Abwrackwerft, des zweitgrößten Trokkendocks und des fünftgrößten Containerterminals der Erde. Außerdem verfügt die Stadt, in der zahlreiche exportorientierte Industriebetriebe angesiedelt sind, über den zweiten internationalen Flughafen des Landes.
Kaohsiung

Zu den Sehenswürdigkeiten von Kaohsiung gehören der buddhistische Tempel der 'Könige der drei Gebirge', der daoistische Wen-Wu-Schrein und der Drei-Phönixe-Palast, wo Laienmusiker aufspielen. Vom Shou-shan ('Berg des langen Lebens'), auf dem ein beachtenswerter Märtyrerschrein steht, bietet sich eine großartige Aussicht. Imposant sind weiterhin der moderne Konfuziustempel (von 1976), die Frühlings- und Herbstpavillons beim Flottenstützpunkt Tsoying, die Tiger- und Drachenpagoden sowie der reizvolle Lotossee.
*Aussicht vom Shou-shan

Etwa 10 km außerhalb von Kaohsiung liegt der Stausee Cheng Ching mit zahlreichen Attraktionen, darunter eine Zick-Zack-Brücke, eine Brücke für Liebespaare, drei Pavillons, die zu den bekanntesten Landmarken Taiwans gehörende Chung-Hsing-Pagode, der Mond-Pavillon und eine Orchideenstraße.
Bei der Chung-Hsing-Pagode erstreckt sich das Gelände des 'Kaohsiung Golf & Country Club'.
Cheng-Ching-See
*Chung-Hsing-Pagode

Die weithin von Korallenriffen gesäumte Südspitze der Insel Taiwan wird größtenteils von dem insgesamt 32 631 ha großen Kenting-Nationalpark eingenommen, dem auch die vorgelagerten Küstengewässer zugerechnet werden.
*Kenting-Nationalpark

Südlichster Punkt ist der Erholungsort Oluanpi, wo man in jüngster Zeit prähistorische Siedlungsspuren entdeckt hat. Sehr markant ist der 1882 errichtete Leuchtturm des Ortes.
Die Strände von Oluanpi und Umgebung, besonders jener von Kenting, nordwestlich von Oluanpi, laden zum Baden, Schnorcheln, Tauchen und Muschelsammeln ein.
Oluanpi

Sehr eindrucksvoll ist der auf halber Strecke zwischen Oluanpi und Kenting 18 m hoch aufragende und 35 m breite Korallenfels Chuan Fan Hsih. Etwas landeinwärts erstreckt sich der Kenting-Waldpark, der aus einem 1906 angelegten tropischen botanischen Garten hervorgegangen ist. Hier kann man über 1200 verschiedene Pflanzenarten und aus dem Meer herausgehobene Korallenstöcke bestaunen.
*Korallenfels Chuan Fan Hsih
Kenting-Waldpark

Nur wenige Kilometer südwestlich des Städtchens Hengchun liegt der 175 ha große und nur bis 3,50 m tiefe Lungluan-See, ein fischreiches Gewässer, an dessen Gestaden sich alljährlich im Herbst Abertausende von Zugvögeln niederlassen.
Lungluan-See

Überall entlang den Südküsten Taiwans findet man tropische Gewächse; sie haben sich aus Samen entwickelt, die durch Wind- und Meeresströmungen von den Inseln Südostasiens hierher gebracht worden sind.

Ein beliebter Thermalbadeort ist Chihpen an der Südostküste Taiwans, 15 km südwestlich der einst von Japanern ausgebauten Hafenstadt Taitung glegen.
Chihpen

Inseln Penghu, Lan Yu und Lü Tao

Die in der Formosastraße (Taiwanstraße) gelegenen 64 Penghu-Inseln (Penghu Lieh Tao) oder Pescadores-Inseln (Pescadoren; zus. 127 km², gut
Penghu Lieh Tao (Pescadoren)

Taiyuan

Taiwan,
Pescadoren
(Fortsetzung)
*Badestrände

100 000 Bew.) sind wegen ihrer schönen Strände ein beliebtes Badeurlauberziel. Man sollte sie jedoch nicht in der Zeit zwischen Oktober und März besuchen, da es dann dort sehr stürmisch ist. Der Name 'Pescadores' (= Fischer) stammt von portugiesischen Seefahrern, die hier im 16. Jahrhundert verkehrten.

Inselhauptort
Makung

Der Inselhauptort Makung (15 000 Einw.) ist ein betriebsamer Fischerhafen. Interessante Sehenswürdigkeiten sind die Brücke über die Penghui-Bucht, die mit An- und Abfahrtsrampen 5541 m lang ist, ferner der älteste taiwanische Matsu-Tempel (Tempel der Göttin des Meeres; von 1593) sowie der heilige Banyanbaum, dessen Wurzeln einen halben Hektar eines Tempelhofes bedecken.

Lan Yu

Die 45 km² große Insel Lan Yu ('Orchideeninsel') liegt 76 km vor der Südostküste Taiwans im Pazifischen Ozean. Hier gibt es noch etwa 2600 Yami, Einwanderer, die vor den Chinesen auf die Insel gekommen waren. Die hauptsächlich vom Fischfang lebenden Yami benutzen nach wie vor ihre traditionellen schwarzweißen, kanuähnlichen Boote und wohnen in flach geduckten Häusern, um vor den häufig auftretenden Taifunen besser geschützt zu sein.

**Orchideen

Botanisch Interessierte und Blumenfreunde finden auf der Insel eine schier unglaubliche Vielfalt an Orchideen, und auch Strandurlauber kommen auf ihre Kosten.

Lü Tao

Das Pazifikeiland Lü Tao (Grüne Insel; 16,3 km²; 3800 Bew.), rund 30 km östlich vor der taiwanischen Hafenstadt Taitung gelegen, wird zunehmend für den Fremdenverkehr erschlossen. Es bietet hervorragende Gelegenheiten für Badeurlauber, Taucher, Muschelsammler, Angler und Inselwanderer.

Taiyuan   Hb 27

Chinesische
Entsprechung

太原市

Hauptstadt der Provinz Shanxi
Höhe: 800 m ü. d. M.
Fläche: 3044 km²
Einwohnerzahl: 2,5 Mio.

Lage und
Verkehrs-
anbindung

Taiyuan liegt im Zentrum der Provinz Shanxi in Nordchina, am Nordrand des fruchtbaren Taixuan-Beckens, auf 112° 32′ östlicher Länge und 37° 42′ nördlicher Breite.
Von Peking erreicht man die Stadt mit der Bahn (11 Std.) oder per Flugzeug (1,5 Std). Darüber hinaus bestehen regelmäßige Flugverbindungen mit einem Dutzend chinesischer Großstädte wie Shanghai (2 Std.), Kanton (2,5 Std.), Nanking (3 Std.), Xi'an (1,5 Std.) und Tientsin (1,5 Std.).

Geschichte

Schon im Neolithikum gab es in diesem Gebiet Siedlungen. Vor rund 2400 Jahren wurde der Ort unter dem Namen Jinyang gegründet. Er war immer wieder Angriffsziel nördlicher Volksstämme und Ausgangspunkt zur Besetzung des Reiches. Im frühen 7. Jh. führte hier Li Yuan einen Bauernaufstand an, stürzte die Sui-Dynastie und begründete 618 die Tang-Dynastie. Jinyang wurde 979 durch Kriegseinwirkung zerstört. Nach dem drei Jahre später erfolgten Wiederaufbau wurde es in Songcheng umbenannt. Im Jahr 1375 vergrößerte sich die Stadt enorm und avancierte zum Regierungssitz des Bezirkes Taiyuan, dessen Namen sie daraufhin auch übernahm. Während der Ming-Zeit (1368–1644) war sie Residenzstadt des Vizekönigs der Provinz Shanxi. Die seit dem 11. Jh. bestehende Geheimgesellschaft 'Weißer Lotos' unterstützte die fremdenfeindliche Bewegung, die zum Ausbruch des Boxer-Aufstandes führte.

Taiyuan

Heute ist Taiyuan nicht nur der politische und kulturelle Mittelpunkt der Provinz Shanxi, sondern auch ein wichtiges Industriezentrum für Nordchina.

Geschichte (Fortsetzung)

Sehenswertes in Taiyuan

Das Provinzmuseum im Osten der Stadt, das in einem ehemaligen Tempel aus der Jin-Dynastie (1115–1234) eingerichtet ist, zeigt Funde aus dem Neolithikum sowie Bronzen, Lackgegenstände und Malereien aus verschiedenen Dynastien.
Der andere Teil des Museums ist westlich davon in dem Palast Chungjang Gong untergebracht.

Provinzmuseum (Shanxi Sheng Bowuguan)

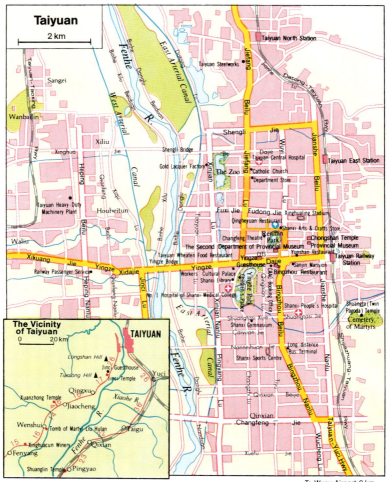

To Wusu Airport 9 km

Taiyuan

Tempel der Achtung vor der Güte (Chongshan Si)
: Der in der Tang-Ära (618–907) errichtete Tempel der Achtung vor der Güte gegenüber dem Provinzmuseum wurde im Jahr 1381 auf Veranlassung von Zhu Gang, dem dritten Sohn des damaligen Kaisers, zum Gedenken an seine Mutter, die Kaiserin, neu aufgebaut. Aus der gleichen Zeit stammen die drei 8,5 m hohen buddhistischen Statuen von Guanyin, der Göttin der Barmherzigkeit (mit tausend Armen, tausend Augen und elf Gesichtern), und der Bodhisattwas Wenshu und Puxian in der Halle des Großen Mitleids (Dabei Dian). Der Tempel bewahrt außerdem zahlreiche buddhistische Schriften aus der Song-, Yuan- und Ming-Zeit (10.–17. Jh.) auf.

*Tempel der Doppelpagoden (Shuangta Si)
: Der zwischen dem 16. und 17. Jh. errichtete Tempel der Doppelpagoden im Südosten von Taiyuan wurde nach seinen zwei 54 m hohen Pagoden benannt, die als Wahrzeichen der Stadt gelten.
Auf einer Wendeltreppe kann man im Innern beider Pagoden bis ins 13. Stockwerk hinaufsteigen, von wo man eine herrliche Aussicht auf die Stadt genießt.

Umgebung von Taiyuan

Grotten am Longshan (Longshan Shiku)
: Die 20 km südwestlich von Taiyuan, auf dem Berg Longshan gelegenen daoistischen Grotten stammen aus der Yuan-Zeit (1271–1368). Zu sehen sind mehr als 40 Skulpturen und Inschriften.

****Tempel Jinci**
: 25 km südwestlich von Taiyuan breitet sich am Fuß des Xuanwengshan, nahe der Quelle des Flusses Jin, der Jinci-Tempel (geöffnet 9.00–16.30 Uhr) aus. Das gewaltige, vermutlich dem Prinzen Shuyu gewidmete Heiligtum wurde vor etwa 1400 Jahren gegründet, aber im Lauf der Zeit immer mehr erweitert, bis es die heutigen Ausmaße erreichte; es umfaßt derzeit ungefähr 100 Hallen, Paläste, Türme und Pavillons. Als die Stadt 979 zerstört wurde, blieb der Tempel verschont.
Der Eingang zur Anlage liegt im Süden, in der Nähe des alten Tores der Klaren Aussicht (Jingqing Men). Man geht nun direkt zur Wasserspiegelterrasse (Shuijing Tai), die als Theater diente, und sieht links den Pavillon Shengying Lou. Dann wird die Brücke der Begegnung mit Unsterblichen (Huixian Qiao) passiert und die Eisenmänner-Terrasse (Jinren Tai) erreicht, in deren Ecken vier eiserne Statuen stehen, die bis auf das 11. Jh. zurückgehen. Durch ein Tor gelangt man zur Opferhalle (Xiandian; 12. Jh.) und über die Fliegende Brücke, die einen Vogel im Flug symbolisieren soll, zur Halle der Heiligen Mutter.

Halle der Heiligen Mutter (Shengmu Dian)
: Diese wurde in den Jahren 1023 bis 1031 zum Andenken an Yijiang, die Mutter des Prinzen Shuyu, errichtet. Sie enthält 43 bemalte Tonstatuen; die größte in der Holznische stellt die Heilige Mutter dar, die anderen 42 bilden Hofdamen ab, die unterschiedliche Haltung und Ausdruck zeigen.
Neben dem Tempel ist eine uralte Zypresse zu sehen, die schon in der Zhou-Epoche (1066–221 v.Chr.) hier stand. Ein weiterer Jahrtausendbaum, eine zirka 1400 Jahre alte Akazie, steht ein paar Meter entfernt im Guan-Gong-Tempel.

Tempel der Wassergöttin
: Weiter westlich befindet sich der Tempel der Wassergöttin (Shuimu Lou) aus dem 16. Jahrhundert.

Jungbrunnen-Quelle
: Davor sprudelt die Jungbrunnen-Quelle (Nanlao Quan), die Hauptquelle des Flusses Jinshui, die von einem achteckigen Pavillon (6. Jh.) überragt wird.

Quelle Shanli Quan
: Südöstlich vom Tempel der Heiligen Mutter entspringt ebenfalls unter einem Pavillon die Quelle Shanli Quan.

Höhlenanlagen
: Nördlich davon befinden sich Höhlenanlagen; in einer soll der Literat und Kalligraph Fu Shan (1608–1684) gelebt haben.
Südöstlich von der Quelle Shanli Quan steht der Tempel des Prinzen Shuyu von Tang (Tang Shuyu Ci) und davor der Pavillon der Tang-Stele (Tangbei Ting), der eine Stele mit 1023 Schriftzeichen des Kaisers Taizong aus dem Jahr 646 enthält.

Die mehr als 20 Grotten, die 40 km südwestlich an den Hängen des Tianlongshan liegen, stammen überwiegend aus der Tang-Zeit (618–907); einige sind noch älter. Ihre Skulpturen weisen einen schlechten Erhaltungszustand auf. Gut erhalten ist jedoch die Buddha-Statue in Grotte 9.

Grotten am Tianlongshan

Ungefähr 60 km südwestlich von Taiyuan, im Kreis Jiaocheng, ist ein Buddhistenkloster aus dem Jahr 472 an steil abfallende Felswände gebaut; daher auch sein Name. Es ist das Heiligtum der Glaubensgemeinschaft des Reinen Landes (Jingtuzong). In der zweiten Hälfte des 19. Jh.s brannte die Sakralanlage fast ganz nieder, nur der Tausend-Buddha-Pavillon (Qianfo Ge) blieb von den Flammen verschont. Durch den Wiederaufbau im Jahre 1955 gewann das Kloster, in dem über 70 Holz-, Ton- und Gußeisenskulpturen aufbewahrt werden, seinen alten Glanz zurück.

In der Luft Hängendes Kloster (Xuanzhong Si)

Die Halle der Himmelskönige (Tianwang Dian) aus dem Jahr 1605 ist das älteste Gebäude der Anlage.

Halle der Himmelskönige

Das 105 km südwestlich von Taiyuan gelegene Dorf Xinghuacun ist wegen seines Fen-Jiu- und Bambusschnapses (Zhuyeqing) weltbekannt. Beide Sorten werden aus Getreide und dem naturreinen Wasser des Himmlischen Brunnens (Shenjing) gewonnen. In Xinghuacun wird bereits seit 1500 Jahren Schnaps erzeugt, der heute noch von großer wirtschaftlicher Bedeutung ist.

Dorf der Aprikosenblüten (Xinghuacun)

Das kleine, 2,1 km² einnehmende Pingyao, 107 km südlich von Taiyuan, konnte sein mittelalterliches Stadtbild über mehr als 600 Jahre bewahren. Seine Verteidigungsmauern, Straßen, Häuser und Tempelbauten weisen überwiegend einen guten Erhaltungszustand auf. Die 6 bis 10 m hohen, mit sechs Tortürmen bewehrten Stadtmauern (Umfang: 6157 m) werden von 72 kleinen Wachtürmchen und 3000 Zinnen bekrönt, welche die 72 berühmtesten Jünger des Konfuzius und seine 3000 Schüler versinnbildlichen.

*Mittelalterliche Stadt Pingyao (Pingyao Gucheng)

Südwestlich von Pingyao (7 km) liegt der 14 844 m² große Tempel aus dem Jahr 571, der unter den Ming (1368–1644) erneuert wurde. Der Baukomplex gliedert sich in drei Höfe, um die sich zehn Tempelhallen gruppieren. Mit seinen 2052 Tonskulpturen ist der Tempel ein regelrechtes Museum der buddhistischen Bildhauerkunst.

*Tempel der Zwei Wälder (Shuanglin Si)

Zu dem Tempel des Großen Sieges, 200 km südwestlich von Taiyuan bei der Stadt Hongtong gelegen, gehört die bekannte Pagode des Fliegenden Regenbogens (Feihong Ta). Ursprünglich stammt sie aus dem Jahr 147, wurde aber zusammen mit allen anderen Tempelbauten 1303 durch ein starkes Erdbeben zerstört. 1515 bis 1527 errichtete man über den Grundmauern des alten Bauwerks eine neue, 47 m hohe, achteckige und dreizehngeschossige Pagode, die mit rot-, orange-, gelb-, grün-, blau- und violettglasierten Ziegeln verkleidet ist. Wenn man die Innentreppe hinaufsteigt, kann man die reich geschmückten Wände anschauen.

*Tempel des Großen Sieges (Guangsheng Si)

**Berg Wutaishan

Der Wutaishan ist einer der vier heiligen Berge des Buddhismus (die anderen drei sind der Putuoshan/Prov. Zhejiang, der Jiuhuashan/Prov. Anhui und der Emeishan/Prov. Szetschuan). Das Wort 'Wutai' bedeutet 'fünf Terrassen'; das Gebirge wurde wegen seiner fünf terrassenförmigen Gipfel so benannt. Die Nordspitze (Dou Feng) ist mit 3058 m Höhe die höchste Erhebung der Bergkette. – Von Taiyuan erreicht man den etwa 200 km entfernt gelegenen Wutaishan mit einem Überlandbus, der durch eine eindrucksvolle Berglandschaft fährt.

Schon zur Östlichen Han-Zeit (24–220) gab es auf dem Berg, der Wenshu Pusa, dem Gott der Weisheit, geweiht ist, ein Kloster; die Zahl erhöhte sich

Taiyuan

Berg Wutaishan (Fortsetzung)

im Lauf der Zeit auf einige hundert. Bereits von der Tang-Ära (618–907) an pflegten die auf dem Wutaishan lebenden Mönche regen Kontakt mit ihren Glaubensbrüdern in Japan, Indonesien und Nepal. Eine neue Blüte erlebte der Wutaishan während der Ming-Zeit (1368–1644).
Der Berg zählt heute insgesamt 58 Klöster, in denen u. a. einige buddhistische Skulpturen aufbewahrt werden. Heute bemüht man sich um die Restaurierung der erhaltenen Bauwerke.

Tempel der Erscheinung (Xiantong Si)

Der Tempel der Erscheinung nördlich von Taihuai, einem Dorf im mittleren Teil des Wutaishan, ist eine der ältesten buddhistischen Tempelanlagen überhaupt. Er wurde im 1. Jh. n. Chr. errichtet und später oft umgestaltet und immer mehr erweitert, bis die heutige Gesamtfläche von 80000 m² erreicht war. Um die sieben Tempelhallen der Hauptachse gruppieren sich seitlich zahlreiche Gebäude. Man beachte besonders die Bronzehalle und -pagoden.

Pagoden-Tempel (Tayuan Si)

Der Pagoden-Tempel liegt südlich des Tempels der Erscheinung, zu dem er ursprünglich auch gehörte. In der Ming-Epoche (1368–1644) entwickelte sich das Bauwerk zu einer eigenständigen Tempelanlage. Damals entstanden die etwa 50 m hohe Pagode – das Wahrzeichen des Wutaishan, das eine Reliquie des Shakyamuni birgt – und das hölzerne Bogentor vor dem Eingang.

Kloster des Bodhisattwa (Pusa Ding)

Die Kloster des Bodhisattwa nördlich des Tempels der Erscheinung, auf dem Lingjiu-Feng-Gipfel war nach einer in die Nördliche Wei-Zeit (386 bis 534) zurückreichenden Legende die Residenz des Wenshu Pusa. Der Kangxi- und Qianlong-Kaiser wohnten hier des öfteren und hinterließen Inschriften auf zwei Stelen, die noch heute zu sehen sind. Besonders beeindruckend ist die viereckige, 6 m hohe Steinplatte mit Qianlongs Kalligraphie in vier Sprachen (Chinesisch, Mandschurisch, Mongolisch und Tibetisch).

Tempel des Manjushri-Abbildes (Shuxiang Si)

Der Tempel des Manjushri-Abbildes, zirka 1 km südlich des Klosters des Bodhisattwa, wurde unter den Tang (618–907) gegründet, jedoch nach einem Brand im Jahr 1487 neu aufgebaut. Der Pavillon Wenshu Ge beherbergt eine 9 m hohe Figur (1496) von Wenshu Pusa (Bodhisattva Manjushri) auf dem Rücken eines Löwen. Auch die anderen 503 Statuen (drei Buddhas und 500 Luohan) stammen aus jener Zeit.

Tempel des Rahula (Luohou Si)

Der Tempel des Rahula, rund 1 km östlich des Tempels der Erscheinung, wurde zwar in der Tang-Zeit (618–907) erbaut, aber 1492 noch einmal neu errichtet. Alle Gebäude und Statuen gehen auf diese Epoche zurück. Der Überlieferung nach veranstaltete Rahula, der Sohn des Shakyamuni, alljährlich am 14. Tag des 6. Mondmonats anläßlich des Geburtstags des Manjushri ein Maskenfest. Nach seinem Tod wurde diese Tradition viele Jahrhunderte lang fortgeführt.

Tempel des Buddhaglanzes (Foguang Si)

Der Tempel des Buddhaglanzes im westlichen Teil des Wutaishan wurde im 5. Jh. gegründet, 845 zerstört und danach neu erbaut. Die Haupthalle (857) ist eines der ältesten großen Holzbauwerke Chinas. Hier sind tangzeitliche (618–907) Malereien und Skulpturen zu sehen.

*Kloster der Ewigen Freude (Yongle Gong)

Das daoistische Kloster der Ewigen Freude – bei Ruicheng, einer kleinen Stadt etwa 400 km südwestlich von Taiyuan – wurde von 1247 bis 1262 ursprünglich am Huanghe bei Yongle, dem Geburtsort des unsterblichen Daoisten Lü Dongbin (8. Jh.), errichtet. Die Bauarbeiten nahmen insgesamt rund 120 Jahre in Anspruch; die berühmten Wandgemälde stammen ebenfalls aus dieser Zeit. 1959, als in dem Gebiet um Yongle das Wasserbauprojekt Sanmenxia verwirklicht wurde, versetzte man das Kloster an die Hänge eines malerischen Hügels bei Ruicheng. Die Anlage umfaßt heute vier auf einer Nord-Süd-Achse ausgerichtete Tempelbauten, deren Wandgemälde eine Fläche von 960 m² einnehmen.

Die erste Halle, die Drachen- und Tigerhalle (Longhu Dian), zeigt Wandbilder mit Darstellungen von Gottheiten, Beamten und Kriegern.

Taiyuan (Fortsetzung)

Das 1325 geschaffene Wandbild in der sich anschließenden Halle der Drei Reinen, die den drei hohen daoistischen Gottheiten geweiht ist, ist 95 m lang und 4 m hoch. Es trägt den Titel "Huldigungen an den Gründer des Daoismus"; dargestellt ist, wie 286 Unsterbliche dem Großen Weisen ihre Ehrerbietung bezeigen.

Halle der Drei Reinen (Sanqinq Dian)

Die Wände der Halle des Reinen Yang, auch unter dem Namen 'Halle des Lü Dongbin' bekannt, sind mit 52 Fresken aus dem Jahr 1358 geschmückt, die das Leben dieses daoistischen Heiligen schildern.

Halle des Reinen Yang (Chunyang Dian)

In der Chongyang-Dian-Halle kann man 49 Wandmalereien bewundern, die Wang Chongyang (1112–1170), einem geistlichen Oberhaupt der Daoisten, gewidmet sind.

Halle Chongyang Dian

Tianjin

→ Tientsin

Tibet · Xizang

Fe – Ge 28 – 32

西藏自治区

Chinesische Entsprechung

Autonome Region
Fläche: 1 200 000 km²
Einwohnerzahl: 2,26 Mio.
Hauptstadt: Lhasa

Tibet liegt zwischen 78° 25′ – 99° 06′ östlicher Länge und 26° 44′ – 36° 32′ nördlicher Breite im Südwesten Chinas.

Lage

China

Übersichtskarte

Volksrepublik China
Zhonghua Renmin Gongheguo

Tibet · Xizang

Allgemeines

Tibet, tibetisch Bodjul, chinesisch Xizang (Westliches Schatzhaus), ist das am schwächsten besiedelte Gebiet Chinas, wobei die Mehrheit der Bevölkerung im Süden des Landes lebt.

Die sehr religiösen Tibeter bekennen sich zum tibetanischen Buddhismus oder Lamaismus, einer eigenständigen Mischreligion aus indischem Buddhismus und animistischen bzw. magischen Glaubensvorstellungen. Religiöses und weltliches Oberhaupt ist der Dalai Lama ('Weites Meer des Wissens'), dessen Nachfolge durch den Glauben an die Reinkarnation gesichert ist. Derzeit ist das Oberhaupt der vierzehnte Dalai Lama (Tenzin Gyatso, geb. 1935), der 1989 den Friedensnobelpreis erhielt. Als er 1995 einen sechsjährigen Jungen als Wiedergeburt des 10. Pantschen Lama anerkannte und zum 11. Pantschen Lama ernannte, erhoben die Chinesen einen anderen Jungen zum Pantschen Lama.

Naturraum

Das ganze Territorium nimmt das Tibet-Plateau ein, das wegen seiner Durchschnittshöhe von über 4000 m 'Dach der Welt' genannt wird. Sein höchster Teil befindet sich an der Grenze zu Nepal, die mächtigste Erhebung wiederum stellt der Mount Everest mit 8848 m dar. Dieses höchstgelegene und ausgedehnteste Hochplateau der Erde besteht im Westen und Norden aus fast unbewohnten Steppen und Wüsten sowie dem eigentlichen Siedlungsgebiet im Süden in verhältnismäßig fruchtbaren Gebirgstälern (durchschnittlich 3900 m ü.d.M.). Es wird im Norden vom Kunlunshan-Gebirge begrenzt, dessen höchster Gipfel der Muztag mit 7723 m ist. Im südlichen Tibet entspringen – von Westen nach Osten – die Ströme Indus und seine Nebenflüsse Sutlej, Yarlung Zangbo Jiang, Irawadi, Nujiang und Lancangjiang (Mekong); der Oberlauf des Changjiang bildet die Ostgrenze zur Provinz Szetschuan.

1993 wurde das ca. 300000 km² große Chang-Tang-Gebiet im Norden Tibets zum Nationalpark erklärt – der zweitgrößte der Welt.

Klima

In Tibet herrscht ein überaus rauhes Klima, wobei die Sonne jedoch ziemlich oft scheint. Die Durchschnittstemperaturen schwanken zwischen 23°C im Sommer und –15°C im Winter. In der unwirtlichen Nördlichen Ebene allerdings, wo oft wochenlang Schnee- und Staubstürme toben, kann das Thermometer bis unter –50°C sinken.

Geschichte

Im 7. Jh. n.Chr. wurde in Tibet ein buddhistisches Königreich gegründet, das bald eine beträchtliche militärische Macht entfaltete. Im 9. und 10. Jh. wurde der Buddhismus verdrängt; an seine Stelle trat der Lamaismus, dessen geistliche Führer auch die weltliche Herrschaft ausübten. Unter der mongolischen Yuan-Dynastie (1271–1368) war Tibet eine Art Vasallen-

Historische Landkarte

Tibet · Xizang

Geschichte (Fortsetzung)

staat. Seit dem 14. Jh. ist chinesischer Einfluß nachweisbar. Im Jahr 1642 errichtete der fünfte Dalai Lama einen theokratischen Staat. Im 18./19. Jh. wuchs die Einflußnahme der chinesischen Kaiser. Die militärische Tibet-Expedition der britischen Offiziers und Asienforschers Francis Edward Younghusband erzwang 1903/1904 den Zugang nach Lhasa. Im Jahr 1911 erklärte sich Tibet für unabhängig; bis 1949 blieb es faktisch ein autonomer Staat theokratisch-lamaistischer Ordnung. Im Jahr 1950 besetzten Truppen der chinesischen Volksarmee das Land und ein Jahr später wurde es in den chinesischen Staatsverband eingegliedert. Einen Aufstand schlugen die Chinesen 1959 nieder; zehntausende Tibeter, darunter der Dalai Lama, flüchteten nach Indien und in andere angrenzende Länder, etliche auch nach Europa (v. a. in die Schweiz). Am 9. September 1965 erklärte man Zentraltibet zur Autonomen Region innerhalb der Volksrepublik China. In den Jahren 1966 und 1967 griff die chinesische Kulturrevolution auch auf das Land über. Die Roten Garden verboten jegliche religiöse Betätigung und zerstörten fast alle tibetischen Kulturdenkmäler, darunter vor allem die Lamaklöster; von den ursprünglich etwa 3800 reich geschmückten Sakralbauten waren am Ende der verheerenden Ausschreitungen, die zahllosen Tibetern das Leben kosteten, noch ganze 13 erhalten geblieben.

Im Zug der Neuorientierung der chinesischen Machthaber nach 1976 erfuhr vor allem die Infrastruktur Förderung durch den Aufbau eines Verkehrsnetzes (u. a. Straßenbau) und die Entwicklung von Handel, Wirtschaft und Industrie (Wasserkraft, Erdöl, Edelmetalle, Kohle). Im Jahr 1980 beschlossen die Chinesen ein Reformprogramm für Tibet, dessen wichtigste Punkte die Wiedereinführung der Religionsfreiheit und die teilweise Reprivatisierung der Landwirtschaft sind.

Seit 1987 kommt es immer wieder zu Demonstrationen, vor allem von Mönchen und Nonnen, für die Unabhängigkeit des Landes; sie werden teilweise von den Chinesen gewaltsam niedergeschlagen. 1992, als die Zentralregierung Tibet für den Internationalen Handel und Tourismus öffnete,

Potala-Palast in Lhasa (Beschreibung s. S. 293)

Teppichfabrik in Tibet

Tibet, Geschichte (Fortsetzung)	und 1993 nahmen die Proteste der tibetischen Bevölkerung gegen die chinesische Unterdrückung zu. China lehnt jedoch die Souveränität Tibets ab. Der Dalai Lama verfolgt eine "Politik des Mittelwegs", die Selbstverwaltung, aber Mitgliedschaft im chinesischen Staat vorsieht. Die Machthaber in Peking sind auch gegen diesen gemäßigten Plan. Der Siedlerzustrom von Chinesen untergräbt die ethnische und kulturelle Einheit der Tibeter. Einige tausend Tibeter fliehen jährlich vor den Repressionen nach Nepal und Indien.
Wirtschaft	Haupterwerbsbereich in Tibet ist die Weidewirtschaft (Yaks, Ziegen, Schafe, Pferde, Esel); etwa ein Viertel der Bevölkerung sind Nomaden. Die wichtigsten Anbauprodukte sind Gerste (im Norden bis über 4600 m ü.d.M.), Weizen, Hülsenfrüchte, Obst und Gemüse. Auf industriellem Sektor sind Elektrizitätswerke und Kohlebergbau, Maschinenbau-, Baumaterial-, Chemie- und Nahrungsmittelfabriken sowie holzverarbeitende Betriebe zu nennen.
Reiseziele	Für den Fremdenverkehr sind vor allem → Xigaze und die Hauptstadt → Lhasa von Bedeutung.

Tientsin · Tianjin He 26

Chinesische Entsprechung	天津市
	Regierungsunmittelbare Stadt Höhe: 4 m ü.d.M.
Stadtplan s.S. 442/443	Fläche: 4276 km² Einwohnerzahl: 8 Mio.

Tientsin · Tianjin

Tientsin liegt auf 117° 13' östlicher Länge und 39° 09' nördlicher Breite im Norden Chinas, 137 km südöstlich von Peking. Von dort aus gelangt man per Zug oder Bus hierher. Da die Stadt einen Knotenpunkt für den Eisenbahn-, Straßen-, Flug- und Schiffsverkehr darstellt – hier fließen fünf schiffbare Nebenarme des Haihe zusammen –, ist sie auch von anderen chinesischen Großstädten problemlos erreichbar. Außerdem bestehen mit Hongkong tägliche Linienflüge.
Lage und Verkehrsanbindung

Erste Siedlungen in diesem Gebiet gehen auf die Zeit der Streitenden Reiche (475–221 v.Chr.) zurück. Tientsin war bereits im 12. Jh. unter dem Namen Zhigu als Handelssiedlung bekannt; es war Umschlagplatz für Getreide und andere Nahrungsmittel aus dem Süden. Ab 1404 erhielt die Stadt eine Stadtmauer und wurde zur Militärgarnison. Bedeutung als Handelsmetropole gewann sie immer mehr unter der Qing-Dynastie (1644 bis 1911). Im Jahr 1858 sah sich die chinesische Regierung gezwungen, den 'Vertrag von Tientsin' zu unterzeichnen, der den Ausländern Konzessionen einräumte, was Haß bei der Bevölkerung erzeugte, der zu schweren Zusammenstößen führte. Zwei Jahre später besetzten die ausländischen Mächte Tientsin, woraufhin es zum offenen Handelshafen erklärt wurde. In der folgenden Zeit gründeten Großbritannien, Frankreich, Japan, Deutschland, Rußland, Italien, Österreich-Ungarn und Belgien hier Niederlassungen. Sie verliehen der Stadt ein europäisches Gepräge, das teilweise heute noch erhalten ist.
Im Jahr 1860 war Tientsin zu einem bedeutenden Seehafen herangewachsen, und zehn Jahre danach entstanden hier die ersten chinesischen Textilfabriken. Während des Boxer-Aufstands (1900) wurde die Stadtmauer zerstört. 1937 besetzten die Japaner Tientsin. Nach 1949 trieb man den Ausbau der Industrie, vor allem der Schwerindustrie, voran. Die früher häufig vorkommenden Überschwemmungen wurden durch verschiedene Wasserbauprojekte eingedämmt. Ein verheerendes Erdbeben zerstörte 1976 weite Teile der Stadt.
Geschichte

Tientsin, die drittgrößte Stadt Chinas, gehört zu den maßgeblichen Industriemetropolen Nordchinas. Es überwiegt die Schwerindustrie, doch auch Leicht-, Chemie- und Textilindustrie sowie Teppichfabriken mit den berühmten Produkten sind wirtschaftlich von Bedeutung. Die Stadt kooperiert in starkem Maß mit dem Ausland. 48 km vom Zentrum entfernt befindet sich Xingang, einer der größten chinesischen Häfen.
Wirtschaft

Sehenswertes in Tientsin

Im Jahr 1976 wurde diese Gedenkstätte für Zhou-Enlai (→ Berühmte Persönlichkeiten) eingerichtet, der hier von 1913 bis 1917 zur Nankai-Schule ging und eine patriotische Bewegung ins Leben rief.
Zhou-Enlai-Gedenkstätte

Die aus Holz errichtete Moschee im Nordwesten von Tientsin datiert aus dem Jahr 1644. Der Gebäudekomplex ist im chinesischen Baustil gehalten, zeigt aber islamisches Dekor wie Blumen und geometrische Motive.
Große Moschee (Qingzhen Dasi)

Am Ufer des Huaihe östlich der Altstadt wurde die Kulturstraße eingerichtet, eine Fußgängerstraße aus Häusern im traditionellen chinesischen Stil, in denen sich zumeist Kunsthandwerksläden befinden.
Zentrum ist ein Platz, an dessen Westseite der Palast der Himmelskaiserin steht, ein 1326 gegründeter Tempel, der Tianhou, der Schutzpatronin der Seeleute, geweiht ist. Heute ist hier eine volkskundliche Sammlung untergebracht.
Am Ostende des Platzes, gegenüber dem Tempeleingang, sieht man oberhalb des Tordurchgangs die zum Tempel gehörende Theaterbühne.
Kulturstraße (Gu Wenhua Jie)

Palast der Himmelskaiserin (Tianhou Gong)

Westlich blieb Tientsins Konfuziustempel erhalten, das flächenmäßig größte Heiligtum der Stadt. Die Anlage stammt aus dem 15. Jahrhundert.
Konfuziustempel (Wenmiao)

441

Tientsin · Tianjin

To Xingang 48 km

Tientsin · Tianjin

Das Kunstmuseum von Tientsin ist in einem repräsentativen Altbau untergebracht.

Gildenhaus Guangdong Huiguan/ Theatermuseum

Als sich die Gilde der in Tientsin Handel treibenden Kantoner Kaufleute im Jahr 1907 ein repräsentatives Versammlungs- und Logierhaus im traditionellen Stil errichtete, baute man auch einen repräsentativen Theatersaal mit ein. Die Bühne wird heute gelegentlich wieder bespielt; in den anschließenden Räumen sind Fotos, Programme und andere Zeugnisse der Geschichte des Theaters ausgestellt. Das Gildenhaus steht im Süden der Altstadt (Nanmennei Dajie 31).

*Tempel des Großen Mitleids (Dabei Yuan)

Der Tempel des Großen Mitleids im Norden der Stadt gilt als eines der größten und besterhaltenen Buddhistenklöster von Tientsin und Umgebung. Nach dem Erdbeben 1976 wurde er restauriert. Der ältere, 1669 erneuerte Teil enthält Hunderte von alten Bronze-, Eisen-, Holz- und Steinstatuen, von denen einige sogar aus dem 3. Jh. stammen. Der neue, 1940 erbaute Klostertrakt ist Sitz der örtlichen Buddhistenvereinigung.

Kunstmuseum (Bowuguan)

Das Kunstmuseum (z. Zt. geschlossen) in einem repräsentativen Altbau (Chengde Dao/Jiefanf Beilu) verfügt über eine sehr gute Sammlung von Neujahrsbildern und über eine schöne Kollektion leicht ironischer Tonfigürchen von Chinesen vom Anfang des 20. Jh.s.

Französische Kirche (Laoxikai Jiaotang)

Die zu Beginn des 20. Jh.s in neoromanischem Stil erbaute Kirche, etwa 1 km westlich des Freundschaftshotels, ist die größte von Tientsin. Das Gotteshaus, dessen drei Schiffe mit Fresken geschmückt sind, besitzt die Form eines Lothringer Kreuzes.

*Park auf dem Wasser (Shuishang Gongyuan)

Die 200 ha große Grünanlage im Südwesten der Stadt ist eines der Hauptausflugsziele der Einwohner von Tientsin.
Die Hälfte des Parks nehmen drei Seen mit insgesamt 13 kleinen Inseln ein, die durch ein Netz von Dämmen und Brücken miteinander verbunden sind. Rings um die Seen breiten sich Grünanlagen aus. – Im Süden des Parks findet sich ein Zoo.

Umgebung von Tientsin

In Jixian, 120 km nördlich von Tientsin, findet man den Tempel der Alleinigen Freude, der 984 erbaut wurde und vermutlich einen Bau aus der Tang-Zeit (618–907) ersetzte. Er gehört zu den ältesten Holzbauten in China. In der 23 m hohen Halle Guanyin Ge steht eine ca. 15 m hohe Tonstatue der Guanyin; sie stammt aus der Bauzeit der Halle. Die Wandmalereien wurden in der Ming-Zeit (1368–1644) angefertigt.

*Tempel der alleinigen Freude (Dule Si)

Der Panshan bei Jixian wird als der "schönste Berg östlich von Beijing" besungen. Sein höchster Gipfel mißt zirka 1000 m. Seit dem 3. Jh. haben ihn zahlreiche berühmte Persönlichkeiten aufgesucht.
Unter den vielen historisch bedeutsamen Stätten sei vor allem der am Nordhang des Berges gelegene Tempel Tiancheng Si aus der Tang-Zeit (618–907) genannt. Die ursprünglichen Gebäude wurden während der Kriegswirren der 40er Jahre des 20. Jh.s zerstört und 1980 neu errichtet.

*Panshan

Tempel Tiancheng Si

Tschengtschou

→ Zhengzhou

Tschengtu

→ Chengdu

Tschungking · Chongqing Gj 31

Chinesische Entsprechung

Regierungsunmittelbare Stadt
Höhe: 261 m ü.d.M.
Fläche: 1521 km²
Einwohnerzahl: 15 Mio.

Stadtplan s. S. 446/447

Tschungking liegt auf 106° 29′ östlicher Länge und 29° 35′ nördlicher Breite, im östlichen Teil der Provinz Szetschuan, am Zusammenfluß des Changjiang und des Jialingjiang. Tschungking ist von der Provinzhauptstadt Chengdu mit der Bahn sowie von Peking und Kanton mit dem Flugzeug erreichbar.

Lage und Verkehrsanbindung

Tschungking, das auch als "Bergstadt" bekannt ist, gehört zu den wichtigsten Städten Chinas und ist der politische und wirtschaftliche (Bergwerke, Werften) Mittelpunkt Südwestchinas. Auch auf kulturellem Gebiet ist es von Bedeutung (Universität Tschungking und andere Hochschulen). Die rasante wirtschaftliche Entwicklung der letzten Jahre findet ihren sichtbaren Ausdruck in den vielen Hochhäusern, die das Stadtbild prägen.

Allgemeines

Tschungking kann sich einer über 3000 Jahre alten Vergangenheit rühmen. Bereits im 13. Jh. v.Chr. war es die Hauptstadt des Ba-Reiches. Unter der Sui-Dynastie (589–618) hieß es Yuzhou, zur Zeit der Nördlichen Song (960–1126) Gongzhou. Seinen heutigen Namen, der soviel bedeutet wie "Doppelglück", verlieh ihm der Song-Kaiser Guangzong im Jahr 1189, um damit zwei besonders günstige Ereignisse seiner hier begonnenen politischen Laufbahn zu feiern, die Ernennung zum Fürsten und zum Kaiser.

Geschichte

Tschungking · Chongqing

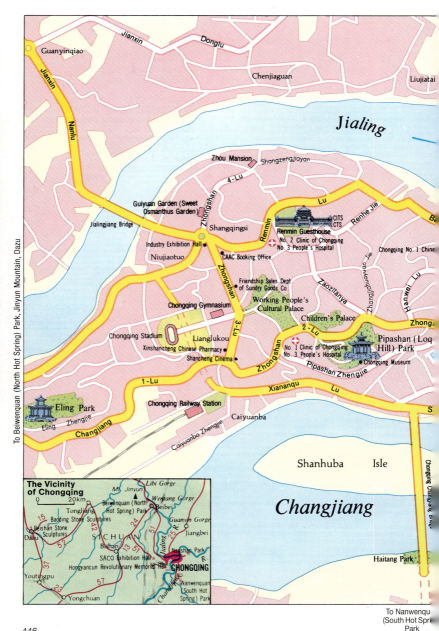

Tschungking · Chongqing

Tschungking · Chongqing

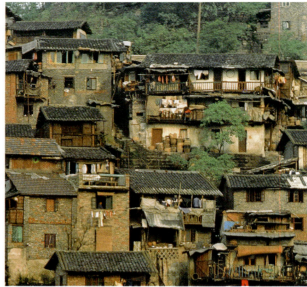

Altes Stadtviertel

Geschichte (Fortsetzung von S. 445)

Zur Zeit der japanischen Besatzung befand sich in Tschungking das Südbüro der Zentralkomitees der Kommunistischen Partei Chinas. 1939 machte man es zur provisorischen Hauptstadt der chinesischen Republik, da Nanking von japanischen Truppen besetzt war. Damit kamen Millionen von Menschen aus den östlichen Provinzen; Betriebe und Universitäten wurden hierher verlegt. Nach 1949 setzte sich die wirtschaftliche Entwicklung von Tschungking fort. 1997 wurde es in eine Regierungsunmittelbare Stadt umgewandelt und damit direkt Peking unterstellt, und zwar wegen dem riesigen Sanxia-Staudamm am Changjiang, der einen gewaltigen Investitionsschub verspricht.

Sehenswertes in Tschungking

*Mispel-Hügel (Pipashan)

Der 280 m hohe Mispel-Hügel erhebt sich im zentral-südlichen Teil der Altstadt inmitten der gleichnamigen Parkanlage. Von hier bietet sich dem Besucher ein herrlicher Ausblick auf die ganze Stadt. Der ursprünglich in Privatbesitz befindliche Park wurde der Öffentlichkeit im Jahr 1955 zugänglich gemacht. Auf der Hügelspitze steht ein achteckiger Pavillon. In der Nähe trifft man auf das Städtische Museum, in dem viele archäologische Funde aus der Stadt und ihrer Umgebung ausgestellt sind.

Umgebung von Tschungking

Südliche Thermalquellen (Nanwenquan)

Die Südlichen Thermalquellen, 24 km südlich von Tschungking in einer reizvollen Landschaft gelegen, sind ein beliebtes Reiseziel. Die Bäder aus der zweiten Hälfte des 9. Jh.s befinden sich in einem sehr schönen Park, den ein Bach durchzieht. Die Durchschnittstemperatur der stark schwefelhaltigen Wasser beträgt um 40°C.

Tschungking · Chongqing

In der Nähe der Thermen lohnen weitere Sehenswürdigkeiten einen Besuch, u. a. der Feenberg (Xiannüyou Yan), der Huaxi-Fluß, die Fliegenden Wasserfälle und die Bogenbrücke.

Weitere Sehenswürdigkeiten

Das Naturkundliche Museum befindet sich in Bebei, einer Satellitenstadt 45 km nordwestlich von Tschungking. Unter den 60000 Ausstellungsstücken sind vor allem die Dinosaurierfossilien von Interesse. Die hiesige Gegend ist bekannt für die Dinosaurier.

*Naturkundliches Museum (Ziran Cenglieguan)

Die Nördlichen Thermalquellen entspringen nordwestlich von Bebei (52 km nordwestlich von Tschungking), bei der Wenfang-Schlucht nahe dem Jialingjiang, am Fuß des Jinyunshan-Berges. Die wasserreichen Quellen haben eine Durchschnittstemperatur von etwa 35 °C. Die parkartige Anlage umfaßt außer den Thermalbädern auch vier ming- und qingzeitliche (1368–1911) Buddhistentempel: die Halle des Großen Buddha (Dafo Si) aus dem Jahr 1432, die eine riesige Statue von Shakyamuni beherbergt; den Tempel des Avalokiteshvara, den Tempel des Amitabha und den von General Guan Yu.

*Nördliche Thermalquellen (Beiwenquan)

Der rund 60 km nordwestlich von Tschungking gelegene Berg der Roten Wolken (Jinyunshan) gehört mit zu den eindrucksvollsten Erhebungen der Provinz. Benannt ist er nach dem 423 erbauten Tempel der Roten Wolken, der um die Mitte des 17. Jh.s durch Brand zerstört und 1683 neu aufgebaut wurde. Der höchste seiner neun Gipfel, der Jade-Gipfel (Yujian Feng), ist 1040 m hoch.

*Berg der Roten Wolken (Jinyunshan)

In der Umgebung von Dazu, einem Städtchen 100 km westlich von Tschungking, finden sich, auf über 40 Stätten verteilt, über 5000 Steinbildnisse. Die meisten dieser kulturgeschichtlich und künstlerisch wertvollen Werke – es handelt sich um Statuen, Basreliefs, Hochreliefs usw. – haben religiösen Charakter. Sie geben Buddhas, Bodhisattwas, buddhistische, daoistische und konfuzianische Heilige wieder. Es finden sich freilich auch Szenen aus dem Alltagsleben sowie Landschafts-, Tier- und Pflanzendarstellungen. Die Skulpturen wurden aus den Berghängen gemeißelt und stellen eine Form der sonst vor allem aus Nordchina bekannten Grottentempel dar. Die ältesten stammen aus der ausgehenden Tang-Ära, also dem 9. Jahrhundert; ein Großteil geht auf das 12. Jh. zurück. Besonders gut erhalten sind die Skulpturen an den Hängen des Nordberges (Beishan) und am Fuß des Schatzkammer-Berges (Baodingshan).

**Steinskulpturen in Dazu (Dazu Shike)

Die größte Ansammlung der Nord-Berg-Skulpturen, ab 892 n. Chr. in einem Zeitraum von 250 Jahren geschaffen, befindet sich in der Nähe des Ortes Fowan (2 km nordwestlich von Dazu), wo sie in die Nischen eines 7 m hohen und 500 m langen Felsens gehauen wurden. Die Arbeiten im südlichen Bereich wurden zwischen dem 9. und 10. Jh. ausgeführt, die im nördlichen ab dem 10. Jahrhundert. Die den Menschen beistehende Göttin der Barmherzigkeit (Avalokiteshvara), um die Mitte des 12. Jh.s geschaffen, hat wegen ihrer außerordentlichen Schönheit den Beinamen "Chinesische Venus" erhalten. Die auf einem Löwen bzw. Elefanten reitenden Bodhisattwas Manjushri und Samantabhadra versinnbildlichen in der buddhistischen Lehre den Sieg des Guten über das Böse.

Skulpturen auf dem Nordberg

Am Fuß des Schatzkammer-Berges (Baodingshan), 15 km nordöstlich von Dazu, entstanden zwischen 1179 und 1249 mehr als 10000 Skulpturen. Die schönsten kann man in Dafowan bewundern, auf einem 15 bis 30 m hohen und 500 m breiten Felsen. Abgebildet sind buddhistische Heilige und Episoden aus ihrem Leben und Wirken. Am Südhang des Felsens, ganz weit östlich, steht in einer Nische die ca. 3 m hohe Statue der Göttin der Avalokiteshvara mit ihren 1007 Armen. Sie gilt als die Hauptattraktion in Dazu. Berühmt ist auch der ins Nirwana eingehende, liegende Buddha mit einer Länge von über 30 Metern.

Skulpturen auf dem Schatzkammer-Berg

Viele andere Werke geben Szenen aus dem Alltag wieder, einige veranschaulichen wichtige Ereignisse im Leben einer Frau: Schwangerschaft, Geburt und Stillen des Kindes, später dessen Vermählung. Eine andere

Tsingtau · Qingdao

Die riesige Buddha-Statue bei Dazu

Tschungking, Schatzkammer-Berg (Fortsetzung)

Bildgruppe versteht sich als Warnung vor dem Laster des Alkohols: ein Vater, der seinen betrunkenen Sohn zurückweist; ein Mann, der im Rausch seine Frau nicht mehr erkennt.

*Zigong-Dinosaurier-Museum

Das hervorragende Dinosaurier-Museum liegt etwa 180 km westlich von Tschungking und 11 km nördlich von Zigong an dem bekannten Fundort Dashanpu, wo umfangreiche und außergewöhnlich gut erhaltene Dinosaurier-Fossilien entdeckt wurden. Auf 3600 m² Ausstellungsfläche werden die Skelette der Dinosaurier und anderer Wirbeltiere gezeigt.

Tsingtau · Qingdao   Hf 27

Chinesische Entsprechung

青岛市

Stadtplan s. S. 452/453

Provinz: Shandong
Höhe: 77 m ü. d. M.
Fläche: 244 km²
Einwohnerzahl: 1,18 Mio. (im Großraum 6,41 Mio.)

Lage und Verkehrsanbindung

Tsingtau liegt auf 120° 14′ östlicher Länge und 36° 06′ nördlicher Breite im Osten der Provinz Shandong, am Gelben Meer.
Flug- und Bahnlinien verbinden es mit Peking, Shanghai, Kanton, Nanking, Xi'an, Jinan und anderen chinesischen Großstädten. Außerdem ist die Stadt von Shanghai und Dalian auf dem Seeweg zu erreichen.

Allgemeines

Die Stadt besitzt einen der wichtigsten Seehäfen Chinas, der das ganze Jahr über eisfrei ist, und ist das bedeutendste Industriezentrum der Provinz Shandong.

Tsingtau · Qingdao

Sie ist bekannt für ihr Bier (Qingdao Pijiu), dessen Herstellung die Deutschen hier einführten, und das Mineralwasser des Berges Laoshan (Laoshan Kuanghuanshui). Tsingtau zieht durch sein mildes Klima und seine schönen sauberen Strände viele in- und ausländische Touristen an.

Allgemeines (Fortsetzung)

Bereits unter den Song (960–1279) war Tsingtau (Grüne Insel) ein kleiner Handelshafen. Von 1874 an gewann es an strategischer Bedeutung, weil erste Befestigungs- und militärische Hafenanlagen entstanden. Nachdem die Deutschen im Jahr 1898 einen Pachtvertrag auf 99 Jahre für das Gebiet von Jiazhou erzwungen hatten, entstand hier innerhalb weniger Jahre eine deutsche Stadt im Stil der damaligen Zeit. Diese Bauwerke aus wilhelminischer Ära prägen große Teile des Ortes bis heute. Während des Ersten Weltkrieges von den Japanern besetzt, wurde Tsingtau diesen nach Kriegsende zugesprochen, was 1919 Auslöser für die 4.-Mai-Protestbewegung war. Die Stadt fiel erst 1922 wieder an China. In den dreißiger Jahren wurde hier eine deutsche Bierbrauerei eingerichtet. Seit den fünfziger Jahren hat Tsingtau einen rapiden industriellen Aufschwung erlebt.

Geschichte

Sehenswertes in Tsingtau

Die Landungsbrücke, der Hauptanziehungspunkt aller Tsingtau-Besucher, sticht von der Uferpromenade vor der Altstadt 440 m weit ins Meer hinaus. Ihr Ende ist von einem chinesischen Pavillon gekrönt. Eine erste Landungsbrücke war hier 1891 erbaut worden, seine heutige Länge und Größe erhielt der Bau 1931.

Landungsbrücke

Hauptattraktion der Stadt auch für die zahlreichen chinesischen Sommergäste, die nach Tsingtau kommen, ist das noch ganz von deutschen Bauten geprägte Altstadtbild. Herausragende Gebäude und Gebäudeensembles sind die folgenden:
Der Bahnhof wurde zwar in den neunziger Jahren des 20. Jh.s neu erbaut, doch wurde der Neubau wieder mit der Fassade und dem Turm des von 1900 bis 1901 errichteten damaligen Bahnhofs geschmückt.
Die Hauptgeschäftsstraße der Altstadt hieß bis 1914 Friedrichstraße. Hier finden sich noch etliche alte Gebäude, darunter an der Ecke zur Hubei Lu (Kronprinzenstraße) das Seemannshaus von 1902.
Ein Stück weiter nördlich erhebt sich die St.-Michaels-Kathedrale. Diese katholische Kirche mit ihren zwei 54 m hohen Türmen besaß zwar einen deutschen Baumeister, wurde aber erst von 1931 bis 1934 in neoromanischem Stil errichtet.
Die Uferpromenade (Kaiser-Wilhelm-Ufer) erstreckt sich von der Landungsbrücke aus nach Osten. Erhalten blieben mehrere Altbauten, darunter ein Hotel und der einstige Sitz der Deutsch-Asiatischen Bank.
Das Gouvernementgebäude, der größte und repräsentativste Bau von Alt-Tsingtau, liegt, der Promenade zugewandt, am Südhang des Gouvernementhügels mit der Wilhelmstraße (heute Qingdao Lu) als Sichtachse. Fertigstellung war 1906. Später Rathaus der Stadt, wurde das Bauwerk 1989 bergseitig mit einer spiegelbildlichen Replik aufs Doppelte vergrößert.
Das östlich vom Gouvernementgebäude gelegene protestantische Gotteshaus wurde von 1908 bis 1910 in einem deutsch-historisierenden Jugendstil erbaut.
Dieses spektakulärste der deutschen Gebäude der Stadt liegt am Hang des Signalhügels. Seine Innenausstattung blieb nahezu vollständig erhalten. Es dient heute als Hotel.

Altstadt

Bahnhof

Sun-Yat-sen-Straße

St.-Michaels-Kathedrale

Uferpromenade

Gouvernementgebäude

Christuskirche

Gouverneursresidenz

Der Park, benannt nach dem Schriftsteller Lu Xun (→ Berühmte Persönlichkeiten), erstreckt sich im Süden der Stadt auf einem Felsvorsprung direkt am Meer und gewährt einen wunderschönen Ausblick aufs Wasser.
Das Meereskundemuseum im Lu-Xun-Gongyuan-Park ist in zwei Bereiche unterteilt. Im einen Teil wird die Entwicklung von Meerestieren und -pflanzen dargestellt, im anderen ist ein Aquarium zu sehen.

Lu-Xun-Park (Lu Xun Gongyuan)

Meereskundemuseum (Haichan Bowuguan)

Tsingtau · Qingdao

Stadtplan

Tsingtau · Qingdao

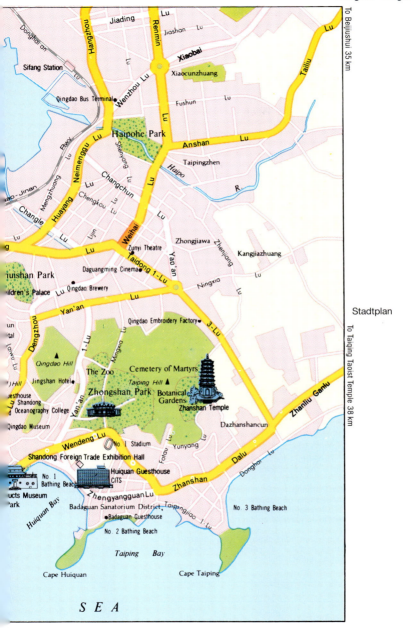

Stadtplan

Umgebung von Tsingtau

∗∗Berg Laoshan

Der Legenden umwobene Laoshan, dessen höchster Gipfel, Laoding, 1133 m erreicht, liegt 30 km nordöstlich von Tsingtau und fällt nach Osten steil zur Küste hin ab. Sein Erscheinungsbild ist von bizarren Gesteinsformationen, Wasserfällen und Höhlen geprägt. Der Berg ist reich an Mineralwasserquellen.
Lange Zeit galt er als 'Heimat der unsterblichen Wesen', wo Wunderkräuter gediehen, die alle nur erdenklichen Krankheiten zu heilen vermochten und die Menschen unsterblich machten. Auf der Suche nach

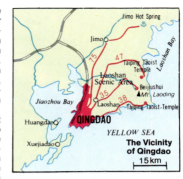

dem Kraut der Unsterblichkeit bestiegen auch der Qin-Kaiser Shi Huangdi (259 bis 210 v.Chr.) und Han-Kaiser Wudi (156–87 v.Chr.) diesen Berg. Der Tang-Kaiser Xuanzong entsandte im 8. Jh. zwei hohe Beamte, damit sie die Wunderkräuter sammelten und ihm das Elixier der Langlebigkeit zubereiteten. Vom 10. Jh. an entstanden hier nach und nach zahlreiche Daoistenklöster, die meisten wurden in späteren Jahrhunderten zerstört.

Tempel der Höchsten Reinheit (Taiqing Gong)

Der daoistische Tempel der Höchsten Reinheit, auch Unterer Tempel (Xia Gong) genannt, erhebt sich am südöstlichen Fuß des Laoshan an der Meeresküste. Er ist eine Gründung aus der Song-Zeit (960–1279). Die heutigen Gebäude entstanden unter Kaiser Wanli (1573–1620).
Die beiden Steintafeln an den Wänden der Drei-Kaiser-Halle (Sanhuang Dian) zeigen zwei Inschriften, eine von Kublai Khan und eine von Dschingis Khan. – Von hier hat man einen herrlichen Ausblick aufs Meer.

Tempel der Großen Reinheit (Shangqing Gong)

Der Tempel der Großen Reinheit oder auch Oberer Tempel (Shang Gong) – von 1297 bis 1307 erbaut, später mehrmals erweitert – liegt oberhalb des Tempels der Höchsten Reinheit, am Südosthang des Laoshan. Vor der Tempelanlage stehen einige jahrhundertealte Ginkgos.

Wasserfall Longtan Pu

Südlich des Tempels der Großen Reinheit stürzt der Wasserfall Longtan Pu 20 m in die Tiefe.

Tempel des Höchsten Friedens (Taiping Gong)

Der in der Song-Zeit (960–1279) errichtete und später mehrfach restaurierte Tempel des Höchsten Friedens am Nordhang des Laoshan ist wegen der seltsamen Steinformationen in seiner Umgebung bekannt.

Tempel Huayan Si

Am Osthang des Berges steht der Tempel Huayan Si, der einzige Buddhistentempel der ganzen Gegend. Der ursprüngliche, um die Mitte des 17. Jh.s entstandene Bau wurde bald durch Kriegseinwirkung zerstört und einige Jahrzehnte später neu aufgebaut.

Durch den nördlichen Teil des Laoshan schlängelt sich der etwa 12 km lange Jiushui-Fluß; Wasserfälle, Felsen und Baudenkmäler ergeben idyllische Landschaftsbilder.

Turfan

→ Turpan

Turpan · Turfan   Fj 24

吐鲁番市

Chinesische Entsprechung

Autonome Region Xinjiang
Höhe: 154 m u. d. M.
Fläche: 10 300 km²
Einwohnerzahl: 180 000

Turpan liegt im Nordwesten Chinas auf 89° 09' östlicher Länge und 42° 55' nördlicher Breite im Zentrum der Autonomen Region Xinjiang, in der gleichnamigen, 50 000 km² großen Talsenke, mit 154 m u. d. M. nach dem Toten Meer das zweittiefste Gebiet der Erde. Von der etwa 150 km entfernten Regionshauptstadt Ürümqi ist Turpan in drei Zug- oder fünf Busstunden erreichbar.

Lage und Verkehrsanbindung

Im Sommer herrscht hier eine Durchschnittstemperatur von 32 °C, im Juli kann das Thermometer sogar bis auf 50 °C klettern. Die Winter sind kalt und trocken. Die Zahl der frostfreien Tage liegt bei 220 bis 270. Die Niederschlagsmenge beträgt im Jahr durchschnittlich 10 mm.
Im Lauf der Jahrhunderte wurden zur Bekämpfung der Trockenheit über 1000 Brunnen und ein mehr als 3000 km langes Netz unterirdischer Kanäle (Kareze) angelegt, über die das Wasser vom Tianshan in die Turpan-Senke geleitet wird.
Hauptanbauprodukte Turpans sind Trauben, Melonen und Baumwolle, die 'drei Schätze der Turpan-Senke'. Die kernlose sehr süße Turpan-Traube wird als Xinjiang-Rosine in ganz China und ins Ausland verkauft. Auch die seit über 1000 Jahren kultivierten süßen Hami-Melonen, die ein Gewicht von bis zu 15 kg erreichen, sind überall im Land bekannt.

Allgemeines

Im Zentrum von Turpan

Turpan · Turfan

Geschichte

Das an der Seidenstraße gelegene Gebiet von Turpan war schon vor 2200 Jahren wegen seines regen Handelsverkehrs bekannt. Zwischen dem 2. Jh. v. Chr. und dem 5. Jh. n. Chr. residierten die Herrscher des Reiches Cheshi in Jiaohe, 10 km westlich vom heutigen Turpan. Um die Mitte des 7. Jh.s richtete die Tang-Dynastie in Turpan ein Gouvernement ein, um die umliegenden Gebiete besser unter Kontrolle halten zu können.

Sehenswertes in Turpan

Emin-Moschee

Die Emin-Moschee wurde in der zweiten Hälfte des 18. Jh.s im afghanischen Stil errichtet. Ihr Minarett (chin. Sugong Ta) mit einer Höhe von 44 m verjüngt sich nach oben.

Museum

Das Museum beinhaltet wertvolle Funde aus der Zeit vor dem 15. Jh., u. a. aus den Gräbern von Astana.

Umgebung von Turpan

*Ruinen der Stadt Jiaohe (Jiaohe Yizhi)

Das 10 km westlich von Turpan gelegene Jiaohe war vor 2200 Jahren die Hauptstadt des Cheshi-Reiches. Nach dem 10. Jh war ihm ein schneller Niedergang beschieden, im 14. Jh. wurde es dann von den Truppen des Dschingis Khan dem Erdboden gleichgemacht. Jiaohe weist eine Süd-Nord-Ausdehnung von 1 km und in Ost-West-Richtung von 300 m auf. Zu den Überresten der Stadt aus der Tang-Epoche (618–907) gehören viele Häuser ohne Dach, ein großer, aber verfallener Tempel und mehrere Wege, die in eine Hauptstraße münden. In den Nischen dieses Tempels sind noch Reste buddhistischer Statuen zu erkennen.

Flammenberg (Huoyanshan)

An der Straße von Turpan nach Gaochang liegt der Flammenberg, dessen Name daher kommt, daß seine rötlichen Felsen in der Sonne wie Flammen schimmern. Er ist von Spülfurchen gekennzeichnet, die aus einer Feuchtperiode in geologischer Vorzeit stammen. Hier werden im Sommer über 50°C gemessen.

*Ruinen der Stadt Gaochang (Gaochang Yizhi)

Gaochang wurde vor rund 2100 Jahren 40 km südöstlich von Turpan erbaut. 630 n.Chr. machte der Mönch Xuanzang während seiner Pilgerfahrt nach Indien hier Station. Um die Mitte des 9. Jh.s verließ ein uigurischer Stamm die heutige Mongolei, gründete in diesem Gebiet ein Reich und erwählte Gaochang zu seiner Hauptstadt. Im 14. Jh. wurde die Siedlung allerdings aufgegeben. Heute zeugen nur noch wenige Reste vom einstigen Glanz Gaochangs: die 11 m hohen und 5 km umfassenden Stadtmauern aus Stampflehm; im Südwesten die Ruinen einer Tempelanlage, die einst eine Fläche von 10000 m^2 bedeckte; das Straßennetz, das Gaochang in drei Teile gliedert, in die äußere, die innere und die Palaststadt – eine Anordnung, die an den Grundriß von Chang'an, den Regierungssitz der Tang (618–907), erinnert.

Astana-Gräber

Nordwestlich von Gaochang liegen die Astana-Gräber, wo man vom 3. bis 9. Jh. die Toten bestattete. Es wurden Hunderte von Gräbern entdeckt, von denen drei besichtigt werden können.

*Tausend-Buddha-Höhlen von Bezeklik (Baizikelike Qianfodong)

In der Nähe von Turpan liegen die Tausend-Buddha-Höhlen. Die bekanntesten Höhlen sind zweifellos die von Bezeklik (etwa 50 km nordöstlich von Turpan), eine Ansammlung von Einsiedeleien buddhistischer Mönche. Viele der bedeutenden Wandmalereien, Zeugnisse der Blütezeit des chinesischen Buddhismus, wurden von europäischen Archäologen, insbesondere von deutschen Forschern, vor dem Ersten Weltkrieg mitgenommen.

Das 44 m hohe Minarett der Emin-Moschee ▶

Turpan · Turfan

Wandmalerei aus den Tausend-Buddha-Höhlen von Bezeklik (Staatliche Museen zu Berlin)

Höhlen von Bezeklik	Es können insgesamt 57 Grotten besichtigt werden, die Reste von Wandmalereien mit buddhistischen Sujets aus dem 6. bis 14. Jh. enthalten.
Höhle Nr. 39	In der Höhle Nr. 39 ist eine Trauerszene zu erkennen, der 13 Jünger von Buddha beiwohnen.
Höhle Nr. 37	Die Nordwand der Höhle Nr. 37 zeigt das Bildnis eines in Rot gekleideten Bodhisattwas mit blauen Augen und einer hoch ansetzenden Nase. Die Inschriften, welche die Wandmalereien erläutern, sind fast alle in Chinesisch und Uigurisch abgefaßt. Diese Elemente weisen darauf hin, daß sich die chinesische und die kleinasiatische Kultur in jener Epoche gegenseitig beeinflußten.
Freizeitpark	Vor den Höhlen von Bezeklik findet man einen Minifreizeitpark, wo die Geschichte der Seidenstraße veranschaulicht wird.
Tausend-Buddha-Grotten von Kizil	75 km nordwestlich von Kuqa (westlich von Turpan) liegen in einem Steilhang des Mujat-Flusses die Tausend-Buddha-Grotten von Kizil, die ältesten buddhistischen Grotten Chinas. Vom 3. Jh. an wurden in rund 500 Jahren 236 Höhlen geschaffen, von denen noch 136 intakt sind und einige davon besichtigt werden können. In den Grotten, die indische und sassanidische Einflüsse zeigen, sind schöne Wandmalereien erhalten. Diese stellen Szenen aus dem Leben Buddhas dar.

Ürümqi · Urumchi Fj 24

乌鲁木齐市

Chinesische Entsprechung

Hauptstadt der Autonomen Region Xinjiang
Höhe: 913 m ü. d. M.
Fläche: 70 km²
Einwohner: 1,5 Mio.

Stadtplan
s. S. 460

Ürümqi liegt in einer Oase einer weitläufigen Wüste am nördlichen Ausläufer des Tianshan, im Norden der Autonomen Region Xinjiang, auf 87° 41′ östlicher Länge und 43° 40′ nördlicher Breite. Die Stadt befindet sich an der Bahnlinie, die von Lianyungang (etwa 80 Zugstunden entfernt) bis nach Kasachstan führt. Mit Peking, Shanghai, Xi'an und anderen chinesischen Großstädten bestehen direkte Zugverbindungen. Von Ürümqi führen Fahrstraßen bis in die entferntesten Winkel der Region, aber auch nach Tibet und Qinghai. Direktflüge gehen von Peking, Xi'an, Shanghai, Kanton und anderen chinesischen Großstädten.

Lage und Verkehrsanbindung

Der aus dem Mongolischen stammende Name Ürümqi bedeutet 'Schönes Weideland'. Schon vor zweitausend Jahren weideten verschiedene Volksstämme in dieser Gegend ihre Herden. Im 1. Jh. n. Chr. schickte die Han-Regierung Truppen hierher, um das Gebiet urbar zu machen. Doch die erste städtische Siedlung bildete sich erst in der Tang-Epoche (618–907) heraus. 1758 baute man die Stadt zu einer Festung aus und gab ihr wenig später den Namen Dihua. 1884 wurde Xinjiang zur Provinz erhoben und Dihua zum Regierungssitz. Ins Jahr 1954 fiel die Umbenennung der Stadt in Ürümqi. In den letzten Jahrzehnten entwickelte es sich zu einer Industriestadt (Kohle und Eisenerz).

Geschichte

Die Pagode auf dem Roten Berg (Hongshan)

Ürümqi · Urumchi

Sehenswertes in Ürümqi

Roter Berg (Hongshan)

Der Rote Berg erhebt sich im Norden von Ürümqi mitten in einer grünen Landschaft. Der Berg selbst ist kahl und seine rötlichen Felsen fallen steil ab. Den Gipfel bekrönt eine neungeschossige Pagode, die einen schönen Ausblick auf die Stadt ermöglicht. Nach der Verbreitung des Buddhismus in Xinjiang, die im Jahr 640 einsetzte, war der Rote Berg lange Zeit das Ziel von Pilgern aus nah und fern. Damals standen hier zahlreiche Klöster.

Himmelssee im Osten von Ürümqi

Umgebung von Ürümqi

Das von einem dichten Pinienwald umschlossene, üppig grüne Weideland dehnt sich 75 km südlich von Ürümqi in einem Tal des Südlichen Berges (Nanshan) aus. Immer wieder taucht aus der Grassteppe ein Hirtenzelt der Kasachen auf. In der Ferne sind mehrere Wasserfälle zu erkennen.

Weideland am Südlichen Berg (Nanshan Muchang)

Der zirka 5 km² große Himmelssee breitet sich 102 km östlich von Ürümqi, auf 1980 m Höhe am Berg Bogdashan (5445 m ü. d. M.) aus. Der von Kiefern gesäumte See, umgeben von schneebedeckten Gipfeln, bietet einen beeindruckenden Anblick. Gespeist wird er vom Schmelzwasser der umliegenden Höhenzüge. Ein Herrscher der Zhou-Dynastie soll hier vor 3000 Jahren ein Festmahl zu Ehren der Himmelsmutter gegeben haben.

*Himmelssee (Tian Chi)

Urumchi

→ Ürümqi

Weifang   He 27

潍坊

Chinesische Entsprechung

Provinz: Shandong
Fläche: 18 000 km²
Einwohner: 356 000 (im Großraum 780 000)

Weihai

Weifang (Fortsetzung) Lage und Verkehrs- anbindung	Weifang liegt auf 119° 07' östlicher Länge und 36° 42' nördlicher Breite im östlichen Teil der Provinz Shandong, an der Bahnstrecke Jinan–Tsingtau. Von diesen beiden Städten verkehren außerdem Busse nach Weifang, das auch einen kleinen Flughafen besitzt. Derzeit bestehen allerdings nur mit Peking Flugverbindungen.
Geschichte	Zur Zeit der Drei Reiche (220–280) war Weifang ein wichtiger Militärstütz- punkt. Im Lauf der Jahrhunderte verlor es immer mehr an militärischer, gewann dafür aber kultureller Bedeutung. So wurde beispielsweise Zheng Banqiao, einer der berühmtesten chinesischen Maler des 18. Jh.s, hier geboren. In jüngerer Zeit verdankt die Stadt ihren Ruhm über die Landes- grenzen hinaus aber vor allem der Produktion von Flugdrachen. Daher trägt Weifang auch den Beinamen 'Welthauptstadt des Flugdrachens'. Hier hat auch der Internationale Flugdrachenbund seinen Sitz, der seit 1984 alljährlich ein großes Drachenfest veranstaltet.

Sehenswertes in Weifang

* Garten Shihu Yuan	Die nur an die 200 m² große Grünanlage in der Stadtmitte – ein typisches Beispiel der Miniaturbaukunst, die aufgrund mangelnden Baulands im Süden Chinas sehr verbreitet ist –, weist zahlreiche Bauwerke auf. Der im 18. Jh. angelegte Garten war ursprünglich Privatbesitz eines Mandarins, erst in den letzten Jahren machte man ihn der Öffentlichkeit zugänglich. Hier befindet sich u. a. ein kleines Museum mit Werken des Malers und Kal- ligraphen Zheng Banqiao, der überdies mehrere Jahre lang das Amt des Präfekten von Weifang bekleidete.
Drachen-Museum (Fengzheng Bowuguan)	Das Drachen-Museum, das eine Fläche von 13 000 m² einnimmt, befindet sich nur wenige Schritte vom Stadtzentrum entfernt am Ufer des Flusses Bailang. Dort sind in einem großen Hauptsaal und zehn kleineren Räumen die verschiedensten Flugdrachen aus vielen Ländern ausgestellt, u. a. folk- loristische und alte Modelle sowie Drachen in Tiergestalt. Zudem kann man bei der Fertigung von Drachen zusehen.

Weihai　　　　　　　　　　　　　　　　　　　　　　　　　　　Hg 27

Chinesische Entsprechung	威海市

Provinz: Shandong
Fläche: 37 km²
Einwohnerzahl: 170 000 (im Großraum 2,34 Mio.)

Lage und Verkehrs- anbindung	Weihai liegt auf 122° 08' östlicher Länge und 37° 31' nördlicher Breite am Nordostzipfel der Provinz Shandong, 88 km östlich von Yantai, mit dem es durch eine Fahrstraße verbunden ist.
Geschichte	Im 14. Jh. war Weihai eine befestigte Küstenstadt. In den 70er Jahren des 19. Jh.s ließ die mandschurische Regierung hier einen Militärhafen für die gerade gegründete Marine errichten, die 1895 in der Seeschlacht bei Wei- hai von den Japanern völlig vernichtet wurde. Von 1898 bis 1930 stand die Stadt unter englischer Herrschaft, danach fiel sie wieder an die Chinesen.

Umgebung von Weihai

* Insel des Herrn Liu (Liugong Dao)	Die der Küste vorgelagerte Insel des Herrn Liu ist von Weihai in 20 Minuten mit dem Fährschiff zu erreichen. Hier befand sich der Stützpunkt der von

den Japanern zerstörten chinesischen Marine. Heute kann man noch das Hauptquartier, den Exerzierplatz und Teile der Kriegsausrüstung besichtigen.

Weihai, Insel des Herrn Liu (Fortsetzung)

Bei dem Kap von Chengshan handelt es sich um einen Felsvorsprung an der Ostspitze der Halbinsel Shandong, etwa 60 km östlich von Weihai. Einer Legende zufolge kam der Qin-Kaiser Shi Huangdi auf der Suche nach einem Unsterblichkeit verleihenden Kraut zweimal hierher.

***Kap von Chengshan** (Chengshan Jiao)

An der Südwand des Kaps befinden sich zwei Tempel; einer ist dem Qin-Kaiser Shi Huangdi geweiht, zum Andenken an seine zwei Inselbesuche; den Tempel des Sonnengottes (Rizhu Ci) ließ der Han-Kaiser Wudi erbauen, nachdem er dem Sonnengott auf diesem Felsen gehuldigt hatte.

Wenzhou

Hf 32

温州市

Chinesische Entsprechung

Provinz: Zhejiang
Fläche: 25 km²
Einwohnerzahl: 970000 (im Großraum 6,1 Mio.)

Wenzhou befindet sich auf 120° 38′ östlicher Länge und 28° 01′ nördlicher Breite im Südosten der Provinz Zhejiang, am Fluß Quijiang.
Die Stadt, ein wichtiger See- und Binnenhafen, ist durch Passagierschiffe mit Shanghai und Ningbo und durch eine Buslinie mit der Provinzhauptstadt Hangzhou verbunden. Im Jahr 1990 wurde der Flughafen von Wenzhou eröffnet, der dieses mit vielen chinesischen Städten verbindet, u.a. Peking, Shanghai, Xiamen, Hangzhou, Ningbo, Kanton, Chengdu, Wuhan und Nanking.

Lage und Verkehrsanbindung

Das Entstehungsdatum von Wenzhou ist unbekannt. Der Überlieferung nach soll hier schon vor 1600 Jahren eine Stadt namens Yongjia existiert haben. Als die Einheimischen eines Tages auf der Straße einen weißen Hirsch sahen, deuteten sie die Erscheinung als verheißungsvolles Zeichen und benannten den Ort in 'Gefilde des Hirsches' (Lu Cheng) um. Unter den Tang (618–907) erhielt er dann wegen seines milden Klimas den heutigen Namen Wenzhou ('Gemäßigte Stadt'). Der Hirsch blieb aber weiterhin sein Symbol; noch heute sieht man vielerorts in der Stadt Statuen dieses Tieres.
In der Song-Epoche (960–1279) war Wenzhou einer der wichtigsten Häfen Chinas.
Unter der Herrschaft der Qing-Dynastie (1644–1911) erlebte das Kunsthandwerk einen große Blüte.
Wenzhou wurde immer wieder von starken Auswanderungswellen erfaßt; viele tausend ehemalige Bürger der Stadt leben heute in Europa, Amerika und in Südostasien.

Geschichte

Sehenswertes in Wenzhou

Die 450×200 m große Insel im Herzen des Flusses liegt am nördlichen Stadtrand, im Fluß Quijiang. Mit ihren Baudenkmälern und malerischen Stätten ist sie die Hauptattraktion für Touristen.
Von Interesse sind insbesondere der Tempel im Herzen des Flusses (Jiangxin Si) aus dem 9. Jh. und der Tempel des Wen Tianxiang (Wen Tianxiang Si), der im 15. Jh. gegründet wurde. Dieser Tempel ist Wen Tianxiang gewidmet, einem patriotischen General, der von den Mongolen 1279 hingerichtet wurde.

Insel im Herzen des Flusses (Jiangxin Dao)

Wuhan

Wenzhou,
Insel im Herzen
des Flusses
(Fortsetzung)

Von den zwei Pagoden auf den beiden Hügeln der Insel stammt die östliche aus dem Jahr 869 und die westliche von 969. Das ebenfalls auf der Insel Jiangxin Dao befindliche Museum dokumentiert die Geschichte der Provinz Zhejiang.

Umgebung von Wenzhou

**Nördlicher Berg
der Wildgänse
(Bei
Yandangshan)*

Das Bei-Yandangshan-Gebirge ragt in der Nähe der Stadt Leqing, rund 100 km nordöstlich von Wenzhou, auf. Die höchste Erhebung, der Gipfel der Götter (Ling Feng), mißt 1057 m. Jedes Jahr ziehen im Herbst ganze Schwärme von Wildgänsen hierher, um an einem der Bergseen zu überwintern; daher kommt der Name des Höhenzugs. Seine Bekanntheit verdankt der Bei Yandangshan vor allem den drei Wasserfällen (Sandie Pu) südwestlich des Ling Feng.

Wasserfall des
Großen Drachen
(Dalong Pu)

Am eindrucksvollsten und berühmtesten ist der Wasserfall des Großen Drachen, der sich von einer 109 m hohen Felswand in die Tiefe stürzt. Die vielen rundum zu sehenden Berggipfel regen durch ihre seltsame Gestalt die Phantasie an.

Wuhan   Hc 30

Chinesische
Entsprechung

武汉市

Hauptstadt der Provinz Hubei
Höhe: 24 m ü.d.M.

Stadtplan
s.S. 466/467

Fläche: 1557 km²
Einwohnerzahl: 9 Mio.

Lage und
Verkehrs-
anbindung

Wuhan liegt auf 114° 17′ östlicher Länge und 30° 32′ nördlicher Breite am Zusammenfluß des Changjiang und Hanshui, im Osten der Provinz Hubei, an der Bahnlinie Peking–Kanton.
Nach Wuhan gelangt man von allen großen chinesischen Städten mit der Bahn oder dem Flugzeug. Überdies verkehrt eine Schiffahrtslinie nach Tschungking, Nanking und Shanghai.

Bedeutung

Der Verkehrsknotenpunkt Wuhan ist nicht nur eine kulturelle und politische Metropole, sondern auch ein vitales Industrie- und Handelszentrum des Landes. Aufgrund der reichen Eisenerzlager in der Umgebung entstand hier ein riesiges Eisen- und Stahlkombinat. Wuhan gliedert sich in drei Stadtteile: Wuchang im Osten, Hankou im Norden und Hanyang im Süden, die ehemals selbständige Städte waren und vom Changjiang und Hanshui voneinander getrennt sind. Sein Name entstand aus den Anfangssilben dieser drei Städte.

Geschichte

Die schon unter den Han (206 v.Chr. bis 220 n.Chr.) befestigte Stadt Wuchang, die älteste der drei Städte, war Hauptstadt der Provinz Huguang. Das von Chen Youliang angeführte bäuerliche Revolutionsheer wählte sie in der zweiten Hälfte des 14. Jh.s zum Hauptquartier. Seit Beginn des 20. Jh.s fungiert Wuchang als Provinzhauptstadt. 1911 brach hier ein Aufstand gegen die Qing-Herrschaft aus.
Hanyang entstand in der Sui-Zeit (581–618). Ende des 19. Jh.s wurde hier das erste Eisen- und Stahlwerk Chinas in Betrieb genommen. Heute überwiegt allerdings die Leichtindustrie.
Hankou war bis 1858, als es zum Handelshafen westlicher Mächte erklärt wurde, ein Dorf. Briten, Franzosen, Deutsche und Russen siedelten sich hier an, wodurch es sich zu einem Handelszentrum entwickelte. Der Bau

Der Gelbe Kranich-Turm (Huanghe Lou) auf dem Schlangenberg (Sheshan)

der Eisenbahnlinie Peking–Hankou begünstigte diese Entwicklung. Dadurch entstand ein Proletariat, das zur Basis für die revolutionäre Bewegung wurde. In Hankou hat sich noch europäisch geprägte Architektur erhalten. 1998 war Wuhan von verheerenden Überschwemmungen des Changjiang betroffen.

Geschichte (Fortsetzung)

Sehenswertes in Wuhan

Der Gelbe Kranich-Turm (geöffnet tgl. 7.30–19.30 Uhr), der als 'ewige Sehenswürdigkeit' gerühmt wird, bekrönt den Gipfel des Schlangenberges (Sheshan) im Westen des Stadtteils Wuchang. Das ursprüngliche Gebäude wurde 1223 zum Andenken an einen Unsterblichen errichtet, der den Hügel auf dem Rücken eines gelben Kranichs aufgesucht haben soll. Der fünfstöckige, 51 m hohe Turm wurde mehrmals zerstört und anschließend wieder aufgebaut. Zum letzten Mal brannte er 1884 nieder und wurde 1985 neu errichtet. Ein erster Turm soll schon vor 1600 Jahren hier gestanden haben. Auf dem Turm hat man einen Ausblick auf den Changjiang und die Landschaft von Wuhan.

*Gelber Kranich-Turm (Huanghe Lou)

Die gut 9 m hohe Shenxiang-Baota-Dagoba neben dem Gelben-Kranich-Turm stammt aus dem Jahr 1343. Sie mußte beim Bau der Changjiang-Brücke weichen und wurde 1957 unweit davon wiedererrichtet.

Dagoba Shenxiang Baota

In der Nähe befindet sich der ehemalige Sitz der Militärregierung des Aufstandes von 1911.

Östlich vom Gelben Kranich-Turm erhebt sich der Hongshan, der mit seinen Tempeln, Pagoden, Höhlen und Felsen kulturelle und landschaftliche Sehenswürdigkeiten bietet.
Hervorzuheben sind der am Südhang des Hongshan gelegene Tempel

Berg Hongshan

(Fortsetzung s. S. 468)

Wuhan

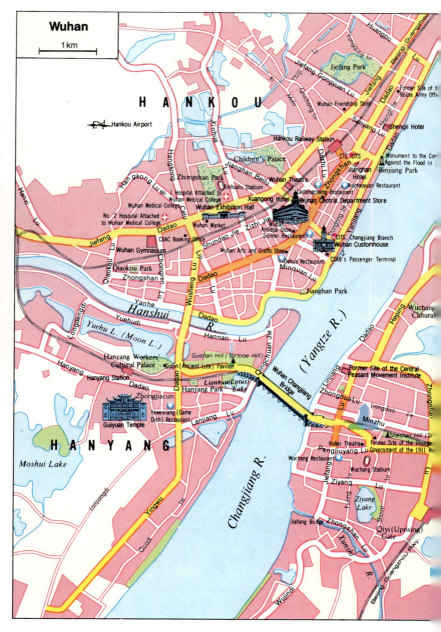

Wuhan

Berg Hongshan
(Fortsetzung von S. 465)

Baoting Si; die siebenstöckige, 43 m hohe Pagode Lingji Ta, die auf die Tang-Zeit (618–907) zurückgeht, und die 11 m hohe Pagode Xingfusi Ta (1270) am Westhang des Hügels. Ferner ist noch das Grab von Shi Yang zu erwähnen, der einer der Führer des großen Streiks vom 7. Februar 1923 war, noch am selben Tag festgenommen und einige Tage später hingerichtet wurde. Als man das Grab 1953 hierher verlegte, fügte man ein Denkmal hinzu.

*Ost-See
(Donghu)

Der 33 km² große Ost-See liegt, wie der Name besagt, im Osten von Wuhan. Das von vielen Einbuchtungen geprägte Gewässer ist mit Brücken, kleinen Inseln, Pavillons und Villen versehen.

Museum der Provinz Hubei

Das Museum von Hubei am Westufer des Ost-Sees dokumentiert die Geschichte und die Revolutionsgeschichte der Provinz. Besonders interessant sind die Grabbeigaben, die 1978 in einem Grab eines Adligen, der 433 v. Chr. starb, gefunden wurden. Erwähnenswert ist zudem ein Bianzhong, ein großes Glockenspiel mit 65 Glocken verschiedener Größe an einem Holzgestell. Der Klang dieses Instruments kann von einem Tonband abgehört werden.

Halle, in der man den Wellen lauscht (Tingtao Xuan)

In der Halle, in der man den Wellen lauscht, aus Holz und Steinen errichtet, befinden sich eine Teestube und ein Restaurant.

Pavillon der Gedichtrezitation (Xingyin Ge)

Vor dem Pavillon der Gedichtrezitation, vom Ufer über eine Brücke zu erreichen, steht eine Statue des Dichters Qu Yuan (ca. 332 v. Chr. bis 295 v. Chr.). Er weist drei Stockwerke auf und mißt knapp 23 m.

Kunstgalerie am See (Binhu Hualang)

In der Kunstgalerie am See werden Gemälde und Siegel gezeigt. – Nahebei befindet sich die Qu-Yuan-Gedenkhalle.

Im weiter nördlich gelegenen Changtian Luo ist ein Teehaus untergebracht.

Hügel der Neun Frauen (Jiunüdun)

Auf dem Hügel der Neun Frauen am Nordwestufer des Ost-Sees befindet sich das Grab der Neun Kämpfenden Frauen des Taiping-Reiches, die 1855 Wuhan gegen das mandschurische Heer verteidigten und dabei ihr Leben ließen. Sie wurden von der Bevölkerung beigesetzt. Nach 1949 erneuerte man die Grabanlage.

Pavillon der Seelandschaft (Huguang Ge)

Der 19 m hohe Pavillon der Seelandschaft erhebt sich auf einer kleinen Insel im See. Er bietet dem Besucher eine schöne Aussicht.

Schildkrötenberg (Guishan)

Über die Changjiang-Brücke erreicht man den Schildkrötenberg im Nordosten des Stadtteils Hanyang. Hier sind zu besichtigen der Gedenktempel des mythischen Herrschers Yu (Yugongji Ci), das Grab des Generals Lu Su (172–217) und das Grab der Revolutionärin Xiang Jingyu (1895–1928).

*Terrasse Guqin Tai

Die Terrasse Guqin Tai wurde vermutlich um das 11. Jh. zu Ehren des bekannten Qinspielers (Qin: ein der Zither ähnliches Zupfinstrument mit sieben Saiten) Yu Boya angelegt. Vor über 2000 Jahren soll sich der Künstler hier immer wieder zum Musizieren zurückgezogen haben. Keiner außer Zhong Ziqi schien seine Komposition "Hochgebirgsbach" zu würdigen. Die beiden wurden Freunde, und als Zhong Ziqi starb, beschloß Yu Boya, nie wieder Zither zu spielen.

Auf der Terrasse steht ein kleiner Pavillon, an dessen Gesims eine Holztafel mit vier chinesischen Schriftzeichen hängt, die 'Hochgebirgsbach' bedeuten. Davor ist ein Rest der weißen Marmorterrasse erhalten; eine Gedenksäule gibt die Stelle an, wo Yu Boya zu spielen pflegte.

*Tempel der Wiedererlangten Vollkommenheit (Guiyuan Si)

Der Tempel der Wiedererlangten Vollkommenheit, 1 km südwestlich der Terrasse Guqin Tai, wurde in der Qing-Zeit (1644–1911) auf Veranlassung des Mönches Bai Guang über den Resten des Privatgartens eines Manda-

Brücke über den Changjiang (Jangtsekiang)

rins gegründet. Deshalb zeigen die Tempelbauten auch einige Merkmale weltlicher Architektur.
Die Hauptgebäude, die gleichmäßig über die verschiedenen, mit Teichen, Bäumen, Blumenbeeten und künstlichen Hügeln ausgestatteten Höfe verteilt sind, unterscheiden sich nicht von denen anderer chinesischer Buddhistentempel: die Buddha-Halle, die Luohan-Halle (Luohan Tang), in der 500 Luohan-Figuren zu sehen sind, und der Pavillon Cangjiang Ge mit Sutras.

Tempel der Wiedererlangten Vollkommenheit (Fortsetzung)

Die Brücke, die in den Jahren 1955 bis 1957 als erste über den Changjiang errichtet wurde, verbindet die Stadtteile Wuchang und Hanyang. Sie ist 1670 m lang und besteht aus zwei Ebenen: die untere dient dem Eisenbahn-, die obere dem Straßenverkehr.

Changjiang-Brücke (Changjiang Daqiao)

Umgebung von Wuhan

Der Tonglushan-Berg liegt etwa 75 km südöstlich von Wuhan. Ausgrabungen in dieser Gegend haben mehrere hundert unterirdische Tunnel zum Vorschein gebracht. Dabei wurden auch Werkzeuge zum Abbau von Kupfer und neun Schmelzöfen entdeckt, die zum Teil sogar aus der Frühling- und Herbst-Periode (770–221 v.Chr.) stammen. Die Oberfläche des ca. 8 km² großen Ausgrabungsgebiets ist von einer 40 t schweren Schlackenschicht überzogen, die bei der Kupferschmelze entstanden ist.

*Altes Bergwerk am Tonglushan-Berg (Tonglushan Gukuang)

Der Hahn-Berg, etwa 200 km nördlich von Wuhan an der Grenze zur Provinz Henan gelegen, ist für seine Quellen, seine Wälder und sein mildes Klima (die durchschnittliche Sommertemperatur beträgt 24°C) bekannt. Der Berg ist nach einem 784 m hohen Gipfel benannt, dessen Form an einen schlafenden Hahn erinnert.

Hahn-Berg (Jigongshan)

Wuhu   He 30

Chinesische Entsprechung

芜湖市

Provinz: Anhui
Fläche: 1124 km²
Einwohnerzahl: 456 000 (im Großraum 946 000)

Lage und Verkehrsanbindung

Wuhu befindet sich in landschaftlich schöner Lage, auf 118° 22′ östlicher Länge und 31° 20′ nördlicher Breite im Zentrum der Provinz Anhui, am Zusammenfluß vom Qingyijiang in den Changjiang.
Von Nanking ist es 130 km entfernt, bis zur Provinzhauptstadt Hefei sind es 140 km. Mit diesen beiden und vielen anderen chinesischen Städten ist Wuhu per Eisenbahn-, Straßen- und Schiffsverkehr verbunden.

Geschichte

Wuhu kann auf eine mehr als 2000jährige Geschichte zurückblicken. Die schon in der Frühling- und Herbst-Periode (770–476 v. Chr.) bedeutende Siedlung erhielt ihren heutigen Namen unter den Han (206 v. Chr. bis 220 n. Chr.). Von der Ming-Ära (1368–1644) an zählte sie zu den reichsten Handelsstädten in China und entwickelte sich in der Qing-Zeit (1644 bis 1911) zu einem der vier größten chinesischen Umschlagplätze für Reis (die anderen drei waren Changsha, Jiujiang und Wuxi). Im Jahr 1876 wurde der Hafen für den Außenhandel geöffnet.
Heute ist Wuhu mit seiner Schiffswerft, Eisenhütte und den vielen Textil-, Chemie- und Maschinenbaufabriken ein wichtiges Industriezentrum für die Provinz Anhui.

Sehenswertes in Wuhu

*Spiegelsee (Jinghu)

Der 18 ha große Spiegelsee in der Stadtmitte mit seinem kristallklaren Wasser war in der zweiten Hälfte des 19. Jh.s lange Mittelpunkt des gesellschaftlichen Lebens von Wuhu. Damals säumten Dutzende von Teehäusern, Gaststätten, Restaurants und Theatern seine Ufer. Heute ist der See nicht nur ein beliebtes Ziel für Ausflügler, sondern auch das Freizeitzentrum der Einheimischen, mit einer Bibliothek, einem Ausstellungsgebäude und einigen Gaststätten.

Park des Rotbraunen Berges (Zheshan Gongyuan)

Der Park des Rotbraunen Berges erstreckt sich im Nordwesten von Wuhu über eine Fläche von etwa 4 km², aus der zwei rötlich schimmernde Hügel aufragen, denen der Park seinen Namen verdankt. Der höhere Hügel (86 m ü. d. M.) wird von einem Pavillon (16. Jh.) beherrscht, der eine wunderschöne Aussicht auf die Stadt bietet. Zu dem Park gehört auch ein kleiner Zoo.

Tempel des Allgemeinen Heils (Guangji Si)

Am Südwesthang des Rotbraunen Berges wurde im 9. Jh. der aus drei verschieden hohen, an den Hang gestaffelten Hallen bestehende Tempel des Allgemeinen Heils errichtet. Die heutigen Gebäude stammen aus der Qing-Zeit (1644–1911).
Bevor die Pilger früher auf den Neun-Blüten-Berg stiegen, machten sie in diesem Tempel Station, um Räucherstäbchen anzuzünden.

Umgebung von Wuhu

Neun-Blüten-Berg (Jiuhuashan)

Der Neun-Blüten-Berg, etwa 150 km südwestlich von Wuhu, ist einer der vier Heiligen Berge des Buddhismus in China (die anderen drei sind der

Putuoshan/Prov. Zhejiang, der Emeishan/Prov. Szetschuan und der Wutaishan/Prov. Shanxi. Seine höchste Erhebung ist der Gipfel der Zehn Könige (Shiwang Feng) mit 1431 Metern.

Der Name des Berges leitet sich von einem Gedicht des Tang-Poeten Li Bai (→ Berühmte Persönlichkeiten) ab, der die neun schönsten Gipfel des Gebirgszuges mit Lotosblüten verglich. Seine Berühmtheit reicht jedoch in viel frühere Zeiten zurück. Schon unter den Östlichen Jin (317–420) wurden hier viele Klöster erbaut, im 17. Jh. waren es sogar 300, in denen mehr als 5000 Mönche lebten. Bis heute konnten sich 56 Sakralbauten erhalten, in denen über 1300 alte Dokumente aufbewahrt werden: Siegel, Briefe, Kalligraphieproben, Malereien und buddhistische Schriften. Besonders wertvoll sind einige aus Indien stammende Palmenblätter, in die vor 1000 Jahren Textstellen aus dem Sutra eingeritzt wurden.

Der Tempel Huacheng Si ist eine Gründung aus dem 8. Jh., die heutigen Gebäude gehen jedoch außer dem Cangjing Lou, der von 1426 bis 1434 erbaut wurde, auf die Qing-Zeit (1644–1911) zurück.

Südlich des Tempels Huacheng Si befindet sich der Zhantanlin-Tempel vom Ende des 18. Jh.s. Er enthält Statuen von Sakyamuni, Guanyin und Dizang.

Der bekannteste Tempel auf dem Jiuhuashan ist der 794 entstandene Roushen Baodian, der in der zweiten Hälfte des 19. Jh.s erneuert wurde. Hier werden wertvolle Schriften aus der Song- und Yuan-Zeit (10.–14. Jh.) aufbewahrt.

Der Tempel Zhiyuan Si (östlich des Tempels Huacheng Si) wurde während der Regierungsperiode Jiajing (Reg. 1521–1567) gebaut. Hervorzuheben sind die drei vergoldeten Buddha-Statuen in der Haupthalle.

Der Palast des Hundertjährigen auf dem Berg Mokangling birgt die goldüberzogene Mumie des Mönchs Haiyu, auch Wuxia genannt, der in der Wanli-Ära (1573–1620) lebte und im Alter von 126 Jahren hier starb.

Auf dem Weg zum Himmelsterrassen-Gipfel (Tiantai Feng) passiert man das Bambusmeer (Zhuhai). Von dem 1325 m hohen Gipfel sieht man im Süden den Berg Huangshan und im Norden den Changjiang-Fluß.

Gelber Berg (Huangshan; Lageplan s. S. 472)

Ungefähr 150 km südlich von Wuhu erhebt sich der Gelbe Berg mit seinen 72 Gipfeln; der höchste ist der Lianhua (1860 m ü.d.M.). Der Name des Gebirges ist an eine Legende geknüpft, wonach der Gelbe Kaiser hier seine alchimistischen Versuche durchführte, die ihm ein langes Leben bescheren sollten.

Der Huangshan wird insbesondere wegen seiner 'vier Naturwunder' gerühmt: die steil abfallenden Felsen, die in den seltsamsten Formen wachsenden Kiefern, die grotesken Gesteinsmassen und das Wolkenmeer, aus dem die Bergspitzen hervorschauen. Man sagt, der Gelbe Berg vereine alles auf sich: die Bedeutung der Taishan, die Rauheit des Huashan, den nebligen Dunst und die tiefhängenden Wolken des Hengshan, die Wasserfälle des Lushan und die Frische des Emeishan. Einzigartig ist auch die Fauna und Flora dieses mehr als 150 km^2 großen Gebirges, das in weiten Teilen noch unberührt ist. Er wird mit Vorliebe von chinesischen Malern dargestellt (Wangshan-Malerei) und ist Thema vieler literarischer Betrachtungen.

Bei seinem Anblick soll der berühmte Reisende Xu Xiake (1586–1641) ausgerufen haben: "Hat man die Fünf Heiligen Berge gesehen, zählen die anderen Berge nichts mehr; hat man den Huangshan gesehen, zählen die Fünf Heiligen Berge nichts mehr."

Wuhu

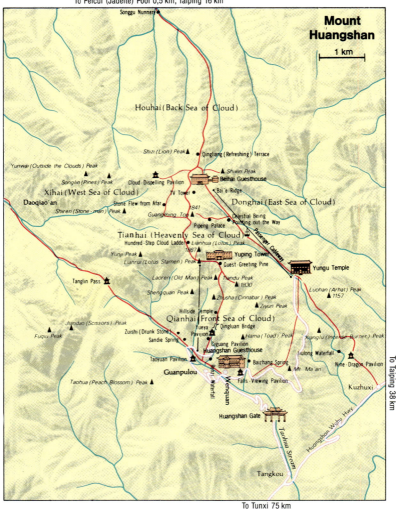

Gelber Berg (Fortsetzung)	Ein Besuch dieser pittoresken Gegend, wo infolge der Höhenlage stets ein kühles Klima herrscht, beginnt in der Regel am Südrand in Tangkou. Wanderwege erschließen die landschaftlichen und baulichen Höhepunkte (Gipfel, Wasserfälle, Bäume, Tempel, Pavillons etc.).
Thermalquellen	Im Gästehaus Huangshan kann der Besucher in den Thermalquellen baden, die das ganze Jahr eine Temperatur von 42°C aufweisen. Sie eignen sich für die Behandlung von Rheuma und Hautkrankheiten.

Gelber Berg (Huangshan): beliebtes Motiv in der Malerei ▶

Wuxi

Wuhu (Fortsetzung) Gelber Berg	An dem Weg nach Norden von Tangkou ragt der Pfirsichblüten-Gipfel (Taohua Feng) auf.
Pavillon Guanpu Lou	Vom Aussichtspavillon 'Betrachte den Wasserfall' kann man den Anblick eines Wasserfalls genießen.
Wasserfall Renzi Pu	Anschließend folgt ein weiterer Wasserfall, der Renzi Pu, dessen zweigeteilte Kaskaden das chinesische Schriftzeichen 'ren' (Mensch) bilden, was dem Wasserfall seinen Namen verlieh.
Pavillon Ciguang Ge	Weiter nördlich steht der Pavillon Ciguang Ge, der zu einem Kloster gehörte, von dem nur noch ein Teil erhalten ist, in dem ein Gasthaus untergebracht ist.
Gipfel der Himmlischen Hauptstadt	Beim Aufstieg auf den 1810 m hohen Gipfel der Himmlischen Hauptstadt (Tiandu Feng) passiert man den Fischrücken-Felsen (Jiyu Bei).
Begrüßungskiefer	Südlich des Turms des Jadevorhangs (Yuping Lou) steht die mächtige, angeblich tausendjährige Begrüßungskiefer (Yingke Song), die auf einem Gemälde in der Großen Halle des Volkes in Peking dargestellt ist.
Turm des Jadevorhangs	Der 1680 m hoch gelegene Turm des Jadevorhangs, vor dem sich die Wenshu-Terrasse befindet, beherbergt ein Gästehaus. Hier stand ein Tempel, der 1952 einem Brand zum Opfer fiel.
Lotosblüten-Gipfel	Weiter nördlich ragt der Lotosblüten-Gipfel (Linhua Feng; 1880 m ü. d. M.) auf, der von mehreren kleinen Gipfeln umgeben ist, die zusammen in ihrer Form an eine Lotosblüte erinnern.
Gipfel des Lichts, Herbeigeflogener Gipfel	Nochmals weiter nördlich erheben sich der Gipfel des Lichts (Guangming Ding; 1840 m) und der Herbeigeflogene Gipfel (Feilai Feng), der nach einem 10 m hohen Felsen (Feilai Shi) benannt ist, der so aussieht, als sei er zufällig hierhergeraten.
Pavillon zum Zerstreuen der Wolken	Biegt man ein Stück nördlich nach Westen ab, erreicht man den Pavillon zum Zerstreuen der Wolken (Paiyun Ting).
Pinsel-Gipfel, Kühle und Frische Terrasse	Nördlich des Beihai-Gästehauses, wo sich nahebei der Pinsel-Gipfel (Bifeng) erhebt, befindet sich die Kühle und Frische Terrasse (Qingliang Tai).
Überzeugender Gipfel (Shixin Feng)	Östlich des Gästehauses ragt der 1668 m hohe Überzeugende Gipfel auf, dessen Schönheit angeblich jeder anerkennen muß.

Wuxi   Hf 30

Chinesische Entsprechung	无锡市
Stadtplan s. S. 476/477	Provinz: Jiangsu Fläche: 403 km² Einwohnerzahl: 700 000
Lage und Verkehrsanbindung	Wuxi liegt auf 120° 16′ östlicher Länge und 31° 37′ nördlicher Breite am historischen Kaiserkanal, im Südosten der Provinz Jiangsu. Von Shanghai (136 km), Suzhou (42 km), Nanking (178 km), Peking (1334 km) und anderen chinesischen Metropolen ist die Stadt mit der Bahn zu erreichen. Ein recht gut ausgebautes Straßennetz verbindet sie mit allen Städten der näheren Umgebung. Mit Peking und Kanton besteht auch regelmäßiger Flugverkehr.

Wuxi

Der Kaiserkanal bei Wuxi

Wegen seiner Fruchtbarkeit und des milden Klimas wird das Gebiet, welches der größte Umschlagplatz für Reis in China ist, als 'Land von Fisch und Reis' bezeichnet. Wuxi ist ein bekannter Erholungsort mit mehreren Sanatorien in der Umgebung des Taihu-Sees.
Es ist führend in der Industrieproduktion Chinas. Die Stadt besitzt neben der Textilindustrie zahlreiche Unternehmen, die elektronische Geräte, Feinmeßinstrumente usw. herstellen. Die Seiden- und Baumwollherstellung haben hier eine lange Tradition. Auch bunte Tonfiguren werden seit 400 Jahren hier hergestellt; das Material liefert der Gnadenberg (Huishan) im Westen der Stadt.

Allgemeines

Wuxi ist eine der ältesten chinesischen Städte südlich des Changjiang-Flusses. Während der Zhou-Dynastie (11.–3. Jh. v.Chr.) hieß es Youxi ('hat Zinn'), was auf Zinnvorkommen hinweist. Schon zu Beginn der Han-Dynastie, d.h. im 2. Jh. v.Chr., war der Ort bereits eine bedeutende urbane Siedlung. Die Stadt wurde von da an Wuxi ('ohne Zinn') genannt, was darauf schließen läßt, daß die hiesigen Zinnvorkommen schon damals ausgebeutet waren. Wegen ihrer Quellen wurde die Stadt von vielen Dichtern der Tang-Ära (618–907) gerühmt. Kurz nach der Eröffnung des Kaiserkanals im 7. Jh. wurde sie zu einem Hauptumschlagplatz für Reis und Getreide, das für die Hauptstadt bestimmt war. Im frühen 20. Jh. schossen in Wuxi die ersten Textilfabriken aus dem Boden. Seit den 30er Jahren entwickelte es sich zum Handels- und Verkehrszentrum.

Geschichte

Sehenswertes in Wuxi

Der Park des Zinns und der Gnade breitet sich im Westen von Wuxi auf den Ausläufern zweier reizvoller Anhöhen aus, des Zinnberges (Xishan: 75 m) und des Gnadenberges (Huishan); daher kommt der Name. Über die 46 ha große Fläche verteilen sich etliche interessante Baudenkmäler.

*Park des Zinns und der Gnade
(Xihui Gongyuan)

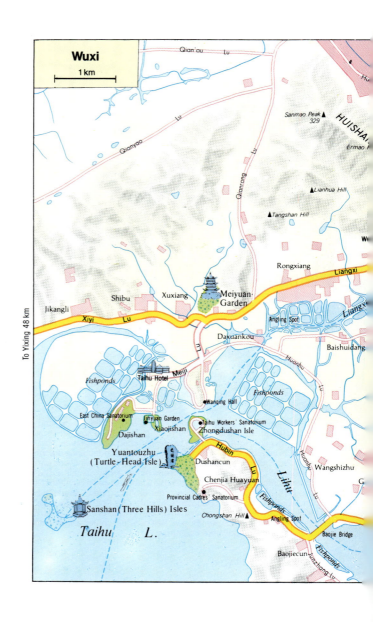

Wuxi

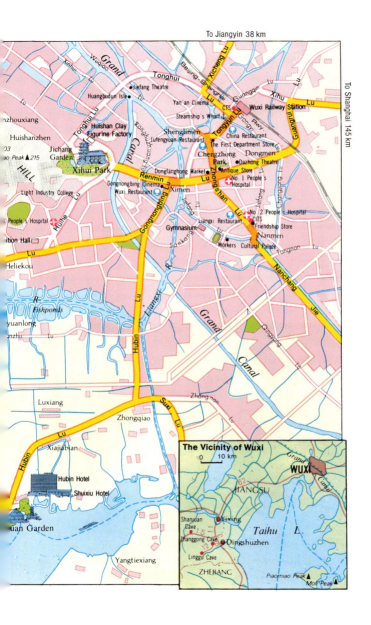

Wuxi

Quelle des Gnadenberges (Huishan Quan)

Am Gnadenberg entspringt die Quelle des Gnadenberges, auch 'Zweitschönste Quelle unter dem Himmel' (Tianxia Dierquan) genannt.

Garten der Ergötzung (Jichuang Yuan)

Der Garten der Ergötzung aus der Ming-Zeit (1368–1644) gefiel dem Qianlong-Kaiser so sehr, daß er ihn im Pekinger Sommerpalast unter der Bezeichnung 'Garten der Harmonie und des Vergnügens' nachbilden ließ.

Kaiserkanal (Da Yunhe)

Der durch Wuxi fließende Kaiserkanal (s. Abb. S. 475), auch Großer Kanal genannt, ist der älteste und längste Kanal der Welt. Mit dem Bau einzelner Abschnitte wurde bereits vor 2400 Jahren begonnen. Im 13. Jh. verband der Kaiserkanal schließlich Hangzhou mit Peking und erreichte damit eine Länge von fast 2000 Kilometern. Heute ist der Kaiserkanal über weite Strecken versandet und nur noch ab Wuxi südwärts schiffbar.

Umgebung von Wuxi

** See Taihu

Der Taihu-See breitet sich wenige Kilometer südlich von Wuxi aus. Mit seinen 2200 km² gehört er zu den fünf größten Seen Chinas. Er ist zwischen baumbewachsenen Hügeln eingebettet, an deren Hängen kristallklare Quellen sprudeln und sich hübsche Gärten ausbreiten.

Pflaumengarten (Meiyuan)

Der Pflaumengarten am Nordufer des Taihu-Sees ist vor allem im Frühling sehenswert, wenn Tausende von Pflaumenbäumen blühen. In der Mitte des Gartens ragt die in traditionellem Stil erbaute Pflaumenpagode auf.

Schildkrötenkopf-Halbinsel (Yuantouzhu)

Der sog. Schildkrötenkopf – die Geländeform läßt an den Kopf einer riesigen Schildkröte denken – bildet die Spitze einer Halbinsel im nördlichen Seebereich. Dem Betrachter eröffnet sich hier eine faszinierende Landschaft mit steil abfallenden Klippen und windungsreichen Pfaden.

Drei-Berge-Insel (Sanshan Dao)

Die Drei-Berge-Insel, 3 km westlich des Schildkrötenkopfes, ist ein kleiner, auf dem Wasser schwimmender Garten.

Der Taihu-See ist von baumbewachsenen Hügeln eingerahmt.

Xiamen · Amoy

Der Muschelschalen-Garten, etwa 5 km östlich des Schildkrötenkopfes gelegen, ist für seine künstlich angelegten Hügel bekannt. Sie setzen sich aus stark zerklüfteten Steinblöcken zusammen, die am Grund des Taihu-Sees ausgegraben wurden und auch in vielen anderen chinesischen Gärten verwendet werden.

Wuxi
(Fortsetzung)
Muschelschalen-Garten
(Li Yuan)

Xiamen · Amoy He 33

Chinesische Entsprechung

Provinz: Fujian
Fläche: 10,5 km²
Einwohnerzahl: 480 000 (im Großraum 960 000)

Xiamen liegt auf 118° 07′ östlicher Länge und 24° 25′ nördlicher Breite im Südosten der Küstenprovinz Fujian. Nach Xiamen gelangt man von Shanghai mit der Bahn oder von Hongkong per Flugzeug oder Fähre. Linienflüge verbinden die Stadt außerdem mit Peking.

Lage und Verkehrsanbindung

Der historische Stadtkern von Xiamen – im Fujian-Dialekt Amoy genannt – auf der gleichnamigen Insel ist durch einen langen, 1956 errichteten Damm

Allgemeines

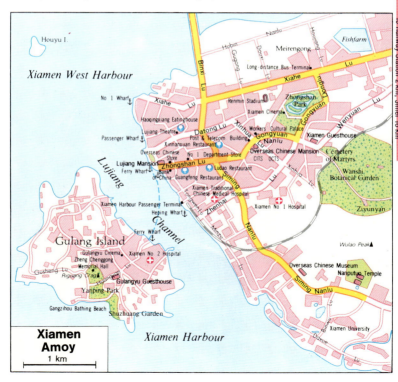

Xiamen · Amoy

Allgemeines (Fortsetzung)

mit dem Festland verbunden. Xiamen besitzt einen günstig gelegenen Naturhafen.
Die in der subtropischen Zone gelegene Küstenstadt erfreut sich eines sehr milden Meerklimas.

Geschichte

Gegründet wurde Xiamen im Jahr 1394 als Verteidigungsanlage gegen Piratenüberfälle, später diente es dann als Seehafen. Die Stadt wurde Xiamen genannt, nach der ursprünglichen Festung Da Xia Zhi Men, was 'Tor des Großen Gebäudes' heißt; unter 'Großem Gebäude' ist China zu verstehen. General Zheng Chenggong (1624–1662) unterhielt hier einen Marinestützpunkt. Im Jahr 1842, nachdem China im Opiumkrieg unterlegen war, wurde Xiamen zu einem der fünf Freihäfen, welche die Regierung für den internationalen Handel öffnen mußte.
Gegen Mitte der 50er Jahre entwickelte es sich zu einem wichtigen Industriezentrum der Provinz. Seit 1980 gehört Xiamen zu den vier Sonderwirtschaftszonen, wo eine Art freie Marktwirtschaft herrscht.

Sehenswertes in Xiamen

Park der Zehntausend Felsen (Wanshi Yan)

Der Park der Zehntausend Felsen breitet sich im Osten der Stadt auf den Löwenbergen (Shishan) aus. Bizarre Felsen, üppige Vegetation, Höhlen sowie Tempel und Pavillons prägen das Erscheinungsbild. Zudem findet sich hier der gleichnamige Stausee.
Beachtung verdienen der Tempel des Himmelreiches (Tianjie Si) und die daneben gelegene Höhle Chang Xiao Dong mit Inschriften aus der Ming-Zeit (1368–1644).

*Süd-Putuo-Tempel (Nanputuo Si)

Erbaut wurde der Süd-Putuo-Tempel unter der Tang-Dynastie (618–907) am Fuß des Berges der Fünf Alten Männer (Wulaoshan) im Südosten der Stadt.

Süd-Putuo-Tempel

In der Vorderhalle stehen Statuen von Maitreya Buddha und den vier Himmelskönigen.
Ebenfalls drei Buddha-Figuren sowie eine Statue der tausendarmigen Guanyin befinden sich in der Haupthalle. Guanyin-Statuen sind auch in der nach Norden folgenden Halle Dabei Dian zu sehen.

Xiamen,
Süd-Putuo-
Tempel
(Fortsetzung)

Der mehrstöckige, massive Bau des Pavillon Cangjing Ge (nicht zugänglich) birgt Schriften und eine Glocke aus der Song-Zeit (960–1279).

Pavillon
Cangjing Ge

In der Universität von Xiamen (im Süden der Stadt) ist eine Gedenkstätte für den Schriftsteller Lu Xun (→ Berühmte Persönlichkeiten) eingerichtet, der 1926/1927 hier lehrte.

Lu-Xun-
Gedenkstätte

Auf der 1,6 km² großen, autoverkehrsfreien Insel der Gehauchten Wellen, gleich gegenüber der Uferpromenade des Zentrums gelegen, stehen viele Villen aus der Kolonialzeit. Die felsigen Hügel und die unbebauten Teile der Ufer sind von üppiger Vegetation geprägt, die der Insel den Beinamen "Meeresgarten" eingetragen hat.

*Insel der
Gehauchten
Wellen
(Gulang Yu)

Beherrscht wird die Insel vom 90 m hohen Sonnenlicht-Felsen, auch als Funkensprühender Gipfel (Huang Yan) oder Drachenkopfberg (Longtoushan) bekannt. Am Fuß steht ein Buddhistentempel.

Sonnenlicht-
Felsen
(Riguang Yan)

Auf der Nordseite wurde zu Ehren von Zheng Chenggong, einem Nationalhelden, der vor drei Jahrhunderten Taiwan von der holländischen Fremdherrschaft befreit hatte, 1962 eine Gedenkhalle (Zheng Chenggong Jinianguan) erbaut.

Gedenkhalle für
Zheng Chenggong

Südlich des Sonnenlicht-Felsens breitet sich der Shuzhuang-Huayan-Garten aus, der einem taiwanesischen Kaufmann gehörte, der sich nach der Besetzung seiner Heimat durch die Japaner 1895 auf der Gulang-Yu-Insel niederließ. Westlich davon erstreckt sich der Gangzihou-Badestrand.

Garten Shuzhuang
Huayan

Die Höhle des Weißen Hirsches liegt verborgen am Südhang des Berges Yuping im Nordosten der Stadt. Zwei Wandinschriften bezeugen den Kampf, den die einheimische Bevölkerung in der ersten Hälfte des 17. Jh.s gegen die holländischen Kolonialherren führte. In der Mitte der Höhle steht eine Hirschskulptur aus weißem Ton, Sinnbild der Weißhirschhöhlen-Schule auf dem Berg Lushan, die in der Song-Ära (960–1279) gegründet wurde und dem Studium der klassischen Schriften von Konfuzius diente.

Höhle des Weißen
Hirsches
(Bailu Dong)

Xi'an · Hsian

Gk 28

西安市

Chinesische
Entsprechung

Hauptstadt der Provinz Shaanxi
Höhe: 412 m ü.d.M.
Fläche: 861 km²
Einwohnerzahl: 2,28 Mio. (im Großraum 6,2 Mio.)

Stadtplan
s. S. 484/485

Xi'an befindet sich in Zentralchina auf 108° 55' östlicher Länge und 34° 16' nördlicher Breite, zwischen dem Fluß Weihe im Norden und dem Qinling-Gebirge im Süden.
Die Stadt liegt an der wichtigen Bahnlinie, die von Lianyungang am Gelben Meer über Ürümqi/Autonome Region Xinjiang bis nach Kasachstan führt. Mit Peking und Shanghai bestehen direkte Zugverbindungen; von den meisten chinesischen Großstädten, so auch von Hongkong, kann man auch nach Xi'an fliegen.

Lage und
Verkehrs-
anbindung

Xi'an ist Zentrum der Textilproduktion in Nordwestchina, wo die auf den umliegenden, künstlich bewässerten Ackerflächen angebaute Baumwolle verarbeitet wird. Weitere wichtige Industriezweige sind die Chemieindustrie und der Maschinenbau.

Allgemeines

Xi'an · Hsian

Stadtmauer aus der Ming-Zeit

Allgemeines (Fortsetzung)

Es besitzt so viele archäologische Sehenswürdigkeiten wie kaum eine andere chinesische Stadt. Man denke nur an die inzwischen weltberühmte Terrakotta-Armee, die 1992 1,7 Mio. Besucher aus dem In- und Ausland angezogen hat.

Geschichte

Xi'an stellt eine der sechs historischen Hauptstädte Chinas dar. Vom Jahr 1027 v. Chr. an diente es elf Dynastien als Regierungssitz. Die Stadt ist vermutlich jedoch schon 6000 Jahre alt.

In Banpo, einem Dorf 6 km östlich der Stadt, wurde eine von über 500 Menschen bewohnte Siedlung ausgegraben, die ins 4. Jt. v. Chr. datiert wird.

Die Kaiser der Westlichen Zhou-Dynastie (1066–771 v. Chr.) wählten das nahe dem heutigen Xi'an gelegene Feng zu ihrer Residenz. Hauptstadt unter den Qin im 3. Jh. v. Chr. war Xianyang – ebenfalls in der Nähe des heutigen Xi'an gelegen –, das 500 000 bis 600 000 Einwohner zählte, was ein Drittel der damaligen Gesamtbevölkerung Chinas ausmachte. Unter der Herrschaft der Westlichen Han (206 v. Chr. bis 8 n. Chr.) wurde die Hauptstadt mit dem Namen Chang'an (Langwährender Friede) 7 km nordwestlich des heutigen Xi'an errichtet und vergrößerte sich auf eine Fläche von 35 km^2.

Ihre 22 km langen Befestigungsmauern bildeten ein unregelmäßiges Viereck mit 12 Toren, von denen jedes drei Eingänge besaß. Die Hauptpforte war dem Kaiser vorbehalten. Die Nordseite des Mauerwalls erinnerte in seiner Form an das Sternbild des Großen Bären, die Südseite an das des Kleinen Bären.

Durch die Stadt führten acht Haupt- und 160 Nebenstraßen mit zahlreichen, nicht mehr erhaltenen Palästen und einem perfekten Kanalisationssystem, das aus fünfeckigen Tonrohren bestand.

In dem Ausgrabungsgebiet kann man außer den Mauerresten im südwestlichen Bezirk noch einen 10 m hohen Erdhügel sehen, das ist alles, was von der kaiserlichen Residenz der Han, dem sagenumwobenen Palast Wei-

Xi'an · Hsian

Geschichte (Fortsetzung)

yang, noch übrig ist. Die Palastanlage zählte einst mehr als 40 Bauten; das Hauptgebäude war 183 m lang, 50 m breit und 12 m hoch.

In Chang'an begann die berühmte Seidenstraße, die über Zentralasien und den Mittleren Orient bis in die Mittelmeerländer führte, und so Xi'an mit Städten wie Istanbul, Rom und Venedig verband. Von jener Zeit an bis ins 14. Jh. n. Chr. war die Seidenstraße für die ältesten Kulturen der Welt – China, Persien, Ägypten, Türkei, Griechenland und Italien – ein sehr bedeutender Verkehrsweg.

Unter der Sui-Dynastie (581–618) dehnte sich der Ort noch weiter aus und wurde in Daxing (Großer Wohlstand) umbenannt.

In der Tang-Ära (618–907) erlebte er, wieder unter dem Namen Chang'an, eine erneute Blütezeit. Damals erreichte die Stadt eine Ausdehnung von 84 km^2 und galt als größte Stadt der Welt.

Die Stadt gliederte sich in zwei Teile, wobei der innere sich wiederum aus dem nördlichen Bezirk mit dem Kaiserpalast und dem südlichen mit dem Regierungs- und Verwaltungssitz zusammensetzte. Der äußere Stadtteil, der östlich, westlich und südlich des inneren Bezirks lag, war von normalen Bürgern bewohnt. An seinen 25 Hauptstraßen reihten sich viele Märkte, Geschäfte und Werkstätten aneinander. Der westliche Mauertrakt war 2656 m lang, der südliche 1674 m, der nördliche 1135 m und der wiederum in drei Abschnitte unterteilte östliche 2610 m.

Chang'an war ein reges Handelszentrum, Ausgangspunkt für Reisen nach Zentralasien, Rußland, Indien, zum Mittelmeer und nach Afrika sowie Begegnungsstätte der verschiedensten ethnischen Gruppen.

Den unzähligen Kriegen, die in der späten Tang-Zeit das Land verwüsteten, fielen fast alle Baudenkmäler jener Epoche zum Opfer, bis auf zwei Ausnahmen, die Große Wildgans-Pagode (Dayan Ta) und die Kleine Wildgans-Pagode (Xiaoyan Ta). Nach dem Sturz der Tang verlor Chang'an an Bedeutung.

Zu Beginn der Ming-Dynastie (1368–1644) erfuhr die Stadt eine ganze Reihe von Veränderungen und erhielt schließlich ihre bis heute gültige

(Fortsetzung s. S. 486)

Der Trommelturm ähnelt einem Stadttor.

Xi'an · Hsian

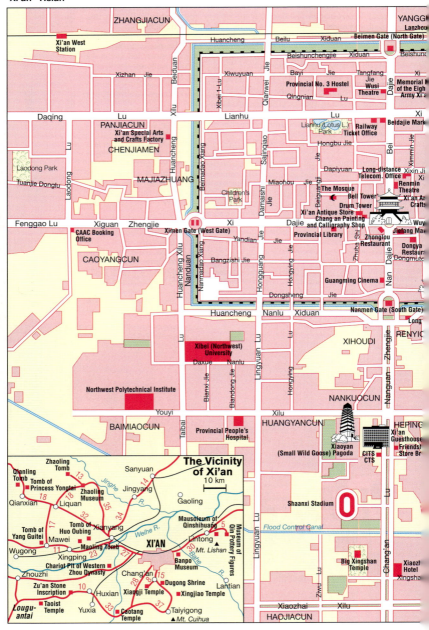

Xi'an · Hsian

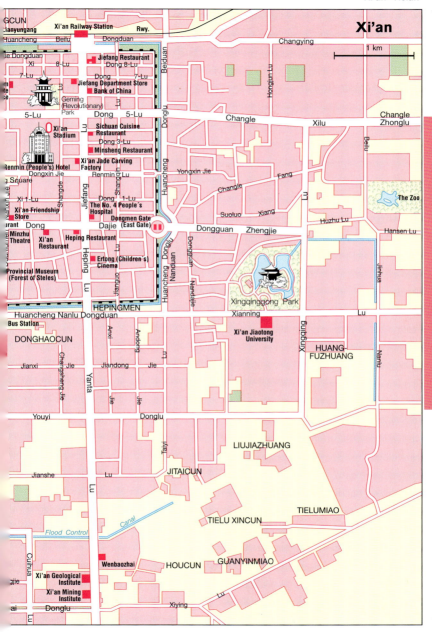

Xi'an · Hsian

Geschichte (Fortsetzung von S. 483)

Bezeichnung Xi'an (Westlicher Friede). Sie machte nur noch ein Sechstel des tang-zeitlichen Chang'an aus. Das damalige Stadtbild blieb bis Mitte des 20. Jh.s im wesentlichen erhalten. Seither – verstärkt seit den achtziger Jahren des 20. Jh.s – dehnt sich die Stadt ins Umland aus. Von der historischen Altstadt sind nur noch wenige wichtige Gebäude vorhanden.

Sehenswertes in Xi'an

Glockenturm (Zhonglou)

Der 36 m hohe Glockenturm ragt im Stadtzentum auf. Er wurde ursprünglich 1384 etwas weiter westlich errichtet und 1582 erneuert.
Im Innern des Turmgebäudes kann man bis ins letzte Geschoß hinaufsteigen und von dort aus den schönen Blick auf die Stadt genießen.

Trommelturm (Gulou)

Etwas weiter westlich vom Glockenturm steht der 33 m hohe Trommelturm von 1370. Mit seinem gemauerten, rechteckigen Unterbau, der eine Straße überwölbt, wirkt der Trommelturm wie ein Stadttor.

Tempel des Stadtgottes

An der Straße Xi Dajie steht der Tempel des Stadtgottes (Chenghuang Miao), der 1433 errichtet wurde. Die Haupthalle datiert aus dem Jahr 1723.

*Moschee (Qingzhen Si)

Die 12 000 m² große Moschee (geöffnet tgl. 8.00–18.30 Uhr) liegt zirka 300 m nordwestlich des Trommelturms, in einem hauptsächlich von der moslemischen Hui-Minderheit bewohnten Bezirk. Hier soll schon in der Tang-Zeit (618–907) eine Moschee gestanden haben.
Das Gebäude besteht aus fünf Höfen mit verschiedenen Gebäuden in traditionellem chinesischen Stil, die aber islamische Dekorationsmuster aufweisen. Die in der Ming-Epoche (1368–1644) errichtete Moschee verwahrt etliche Stelen aus ihrer Gründungszeit. Der Gebetssaal im Hauptgebäude faßt bis zu 1000 Menschen.

**Stelenwald (Beilin)

Im ehemaligen Konfuziustempel östlich vom Südtor der Altstadt befindet sich Chinas bedeutendste Sammlung von Steininschriften. Dieser "Stelenwald" (Sanxuejie 15; geöffnet tgl. 8.30–17.00 Uhr) umfaßt 3200 Steinplatten, von denen 1700 ausgestellt sind. Die ältesten sind etwa 2000 Jahre alt. Grundstock und umfangreichster Text der Sammlung sind 114 Platten, auf denen im Jahr 837 der konfuzianische Schriftenkanon eingraviert wurde. Besonders bekannt ist die Nestorianerstele von 781. Sie bezeugt die Existenz einer christlichen Gemeinde in der damaligen Tang-Hauptstadt Chang'an.
In den Seitenhallen sind monumentale Steintiere und Grabreliefs aus der Han- bis Tang-Zeit (206 v. Chr.–907 n. Chr.) sowie buddhistische Skulpturen zu sehen.

**Stadtmauer aus der Ming-Zeit (Xi'an Chengqiang)

Die Stadtmauer wurde von 1368 bis 1398 erbaut. Nach der umfangreichen Restaurierung umgibt sie mitsamt dem Stadtgraben die Altstadt wieder nahezu vollständig (Umfang: 14 km). Die Mauer, durchschnittlich 12 m hoch und an der Basis 18 m breit, ist mit vier Toren, zahlreichen Wachtürmen und Bastionen versehen.

**Kleine Wildgans-Pagode (Xiaoyan Ta)

Die 43 m hohe Kleine Wildgans-Pagode (geöffnet tgl. 7.00–18.00 Uhr) im Süden der Stadt, nahe bei dem örtlichen Reisebüro CITS wurde im Jahr 684 zu Ehren des Tang-Kaisers Gaozong errichtet. Sie hat einen quadratischen Grundriß. Durch die häufigen Erdbeben wurden zwei der ursprünglich 15 Geschosse zerstört.

Tempel Daxingshan Si

Der Tempel Daxingshan Si, südlich der Kleinen Wildgans-Pagode gelegen, geht auf das 3. Jh. zurück. Die heutigen Gebäude stammen jedoch aus der Ming- und Qing-Zeit (1368–1911) und wurden 1956 restauriert. Er war ein wichtiges buddhistisches Zentrum, wo auch Inder lebten.

Die Kleine Wildgans-Pagode (Xiaoyan Ta) wurde im Jahr 684 errichtet. ▶

Xi'an · Hsian

Geschichtsmuseum der Provinz Shaanxi (Shaanxi Lishi Bowuguan)

Das 44 000 m² große moderne Museum (nordwestlich der Großen Wildganspagode; geöffnet tgl. 9.00–17.00 Uhr) ist Chinas bedeutendstes archäologisches Museum. Es besteht aus mehreren Gebäuden mit einer Vielzahl von Sälen, in denen mehr als 3000 Ausstellungsstücke in sieben chronologisch geordneten Sektionen die Wurzeln, Leistungen und Glanzzeiten der chinesischen Kultur von der Vorgeschichte bis zur Qing-Zeit (1368–1911) veranschaulichen. Gezeigt werden bronzene Gefäße aus der Shang- und Zhou-Epoche (16.–3. Jh. v. Chr.), Porzellan aus der Tang- und Song-Ära (7.–13. Jh.), Gold- und Silberschmuck aus der Tang-Zeit (618 bis 907), eine reiche Sammlung von Wandgemälden, Szenen aus dem Hofleben darstellend, aus den Gräbern der Tang-Herrscher und Musikinstrumente. Zeugen des Handelsaustausches mit dem Westen sind Goldschalen, Broschen und Silberplatten aus dem Sassanidenreich.

Große Wildgans-Pagode (Dayan Ta)

Die Große Wildgans-Pagode (geöffnet tgl. 8.00–18.00 Uhr) im Süden der Stadt ist neben der Kleinen Wildgans-Pagode der zweite Sakralbau, der noch aus der Tang-Zeit (618–907) erhalten ist. Sie gehört zu dem Tempel der Großen Gnade und Güte (Ci'en Si), den Prinz Li Zhi in der ersten Hälfte des 7. Jh.s zu Ehren seiner Mutter erbauen ließ. Ursprünglich war die Anlage deutlich größer als die heutige, die aus dem 16. Jh. stammt, und diente 300 Mönchen als Wohnung. In der Haupthalle des heutigen kleinen Tempelkomplexes sind drei Buddha-Figuren zu sehen.
Der Gaozong-Kaiser Li Zhi ließ die Pagode im Jahr 652 zur Aufbewahrung der mehr als 650 buddhistischen Schriften errichten, die der Mönch Xuanzang aus Indien mitgebracht und später teilweise übersetzt hatte. Ursprünglich besaß sie nur fünf Geschosse, in den Jahren von 701 bis 704 wurde sie aber auf zehn aufgestockt. Später fielen drei Stockwerke kriegerischen Zerstörungen anheim, so daß die Pagode heute nur noch siebengeschossig ist und 64 m Höhe erreicht. Das Bauwerk setzt sich aus quaderförmigen Teilen zusammen, die sich nach oben verjüngen. Zu beiden Seiten des Eingangs sind zwei Steinplatten mit Inschriften der Tang-Kaiser Taizong und Gaozong eingemauert.

Park der Feierlichkeiten (Xingqing Gongyuan)

Der 50 ha einnehmende Park der Feierlichkeiten breitet sich im Osten der Stadt um einen kleinen See aus. Die modernen Gebäude sind dem Stil der Tang-Zeit (618–907) nachempfunden, zum Andenken an die prächtige Residenz, die hier vor 1300 Jahren stand. Im Jahr 714, als der Palastherr Li Longji zum Kaiser gekrönt wurde, ließ er die Residenz in einen kaiserlichen Palast umgestalten. Der Name des Bauwerks sollte an die Thronbesteigung des neuen Herrschers erinnern.

Umgebung von Xi'an

Museum von Banpo (Banpo Bowuguan)

Das Museum (geöffnet tgl. 8.30–17.00 Uhr) liegt 4 km östlich von Xi'an auf dem Gelände, wo in den 50er Jahren ein 6000 Jahre altes, matriarchalisch strukturiertes Dorf zu Tage gefördert worden ist. In dem Dorf, das von einem 6 m breiten und ebenso tiefen Graben umgeben war, lebten ca. 500 Einwohner. Die nach Süden ausgerichteten Wohnhäuser mit rechteckigem oder rundem Grundriß waren um ein 160 m² großes Haus angeordnet. In den Vorratsgruben wurde u.a. Getreide gelagert. Erwachsene wurden in den Gräbern außerhalb des Wohnbereichs beerdigt, während man die Kinder nahe der Häuser begrub. Zu besichtigen sind die Reste von 45 Häusern, 2 Ställen, über 200 Keller, 6 Brennöfen und etwa 250 Gräber. Des weiteren wurden auch Werkzeuge und Geräte aus Stein, Terrakotta und Knochen aufgefunden. Auf den Keramikfunden, die der Yangshao-Kultur zugerechnet werden, sind häufig Fischdarstellungen zu finden und Ritzzeichen, die als Vorläufer einer Schrift gedeutet werden.

Mausoleum von Jing Di

Im Jahr 1990 stieß man beim Bau der Straße von Xi'an zum neuen Flughafen, 12 km nördlich der Stadt, auf Gruben mit reichen Beigaben zum Grab von Jing Di (Reg. 157 bis 141 v. Chr.), dem fünften Herrscher der Han- Dynastie. Das Grab liegt auf einem 96 000 m² großen Gelände, wo mehr als 800 weitere Gräber lokalisiert wurden. Beim Bau des Mausoleums waren bis zu 700 000 Zwangsarbeiter 37 Jahre beschäftigt.

Untersuchungen ergaben, daß die Anlage insgesamt 24 Gruben umfaßt. 8 davon wurden freigelegt, die 700 nackte Terrakottafiguren enthalten. Diese ca. 60 cm großen Krieger mit individuellen Gesichtszügen besaßen ursprünglich drehbare Holzarme, die jedoch verrottet sind, und waren mit seidenen Uniformen bekleidet. Sie sind mit Bonzewaffen ausgestattet. Außerdem fanden sich große Getreidevorräte und verkleinerte Nachbildungen von Herden, Getreidemaßen, Pfeilspitzen und anderem zivilen sowie militärischem Bedarf. Eine Besichtigung der Ausgrabungsstätte ist nicht möglich; einzelne Funde sind im Geschichtsmuseum ausgestellt.

Mausoleum von Jing Di (Fortsetzung)

Die Ruinen des Efang-Palastes liegen etwa 15 km westlich der Stadt. Sie gehören zu einem Baukomplex, der auf Befehl des ersten Kaisers der Qin-Dynastie (221 – 206 v. Chr.) errichtet wurde. Immer wenn der Herrscher in Zug der Reichseinigung einen Staat erobert hatte, ließ er hier ein Gebäude im architektonischen Stil des jeweiligen Feindes anlegen. Angeblich hat es mehr als 270 solcher Gebäude gegeben. Im Jahr 206 v. Chr. legte jedoch ein aufständischer General sämtliche Bauten in Schutt und Asche. Heute sind von dem ehemals prächtigen Kaiserpalast nur wenige Ruinen erhalten: eine etwa 20 m hohe und 31 m umfassende Terrasse aus Stampflehm und eine 6 m hohe und 5 m tiefe Plattform, ebenfalls aus gestampfter Erde, die eine Fläche von 60 × 45 m einnimmt. Vermutlich handelt es sich um die Grundmauern von zwei der 270 Palastbauten.

Ruinen des Efang–Palastes (Efang Gong)

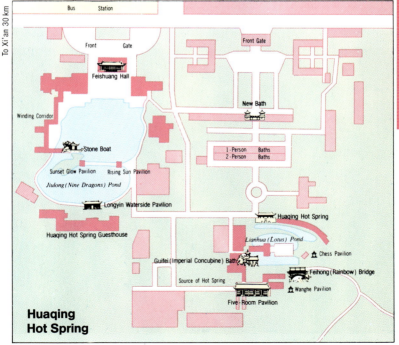

Xi'an · Hsian

Palast Nr. 3

Das besondere Interesse der Fachwelt hat ein archäologischer Fund der 70er Jahren erregt. In den Ruinen des Palastes Nr. 3 wurde eine Reihe von Wandmalereien freigelegt, die Zweigespanne und berittene Soldaten wiedergeben. Die Farben dieser 2000 Jahre alten Darstellungen sind noch erstaunlich frisch und lebendig.

* Berg Lishan

26 km östlich von Xi'an erhebt sich der 1200 m hohe, zweigipflige Berg Lishan. Die Westspitze bekrönt der Laojun-Tempel. Hier soll der Tang-Kaiser Xuanzong der Überlieferung nach seiner Konkubine ewige Treue geschworen haben. An dem Hang in Richtung der Thermen spitzt mitten aus dichtem Grün ein Pavillon hervor. An dieser Stelle wurde Chiang Kai-shek (→ Berühmte Persönlichkeiten) am 12. Dezember 1936 von zweien seiner Generäle gefangengenommen, die ihn dazu zwangen, sich mit den Kommunisten gegen die japanischen Eindringlinge zu verbünden.

** Huaqing-Thermalquellen (Huaqing Chi; Lageplan s. S. 489)

Die Huaqing-Thermalquellen befinden sich 26 km östlich von Xi'an am Fuß des Berges Lishan in einem weitläufigen Park, der u. a. mehrere öffentliche Badeanstalten und einige moderne, im Tang-Stil gestaltete Paläste beherbergt. Die an Mineralien reichen Quellen mit einer Temperatur von 43 °C waren schon vor etwa 3000 Jahren geschätzt. Der Tang-Kaiser Xuanzong brachte hier im 8. Jh. oft den Winter mit seiner Lieblingskonkubine Yang Guifei zu. Die Fundamente und Badebecken des bald darauf zerstörten kaiserlichen Bades wurden in den achtziger Jahren des 20. Jh.s wieder freigelegt und mit Nachbildungen der Originalgebäude im Stil der Tang-Zeit überbaut.

** Grab des Qin Shi Huangdi (Qin Shihuang Ling)

Öffnungszeiten
Tgl. 8.30–17.30

Das Grab des Qin Shi Huangdi (Reg. 221–210 v. Chr.) liegt 30 km nordöstlich von Xi'an, in der Nähe der Stadt Lintong, unter einer 46 m hohen Erd-

Die weltberühmte Terrakotta-Armee ...

pyramide. Der Herrscher erteilte im Jahr 246 im Alter von 13 Jahren den Auftrag zum Bau der Anlage, bei dem 700 000 Arbeiter mitwirkten.

Da das Grab von den Armeen, die die Qin-Dynastie niederschlugen, beraubt wurde und Chinas Archäologen mit dem Bergen teils extrem umfangreicher Zufallsfunde wie der Terrakotta-Armee ausgelastet sind, wird es zu einer Öffnung der eigentlichen Grabkammer so bald nicht kommen. Durch den um das Jahr 100 v. Chr. verfaßten Bericht des Historikers Sima Qian ist man über die ursprüngliche Ausgestaltung der Kammer jedoch recht gut informiert. Darin heißt es: "Die Grabkammer wurde gefüllt mit Nachbildungen von Palästen, Pavillons und Amtsgebäuden sowie mit schönen Gefäßen, kostbaren Steinen und Raritäten. Handwerkern wurde befohlen, Armbrüste so anzubringen, daß jeder eindringende Räuber erschossen würde. Die Flüsse des Reichs, der Gelbe Fluß und der Yangtse, wurden aus Quecksilber nachgebildet und eine Mechanik in Bewegung versetzt, so daß sie sich in einen Miniaturozean ergossen. An die Decke waren die Gestirne gemalt und unten die Gegenden des Landes nachgezeichnet. Für die Öllampen verwendete man Tran von Walen, damit sie so lange brannten wie irgend möglich".

Grab des
Qin Shi Huangdi
(Fortsetzung)

Etwa 1,5 km westlich des Grabhügels stießen Bauern beim Brunnenbohren 1974 auf Tonscherben. Der Zufallsfund führte zur bedeutendsten archäologischen Entdeckung der letzten Jahrzehnte: die auf drei Sektoren verteilte Terrakotta-Streitmacht, die das Grab des Ersten Kaisers nach Osten hin bewacht. Die Krieger standen einst in großen holzgedeckten, unterirdischen Kammern. Diese wurden bei der Beraubung des Grabes 206 v. Chr. zunächst auch beraubt; dann zerschlugen die Aufständischen die Figuren und steckten die Kammern in Brand. Heute gehört das Zusammensetzen der Figuren und das Sichern der Spuren, die von der einstigen Bemalung erhalten sind, zu den schwierigsten Aufgaben der Archäologen. Obwohl die Gesichter der Krieger individuelle Züge aufweisen, wurden wohl Teile der Figuren in Serie in großen Werkstätten hergestellt.

**Terrakotta-Armee
(Bingma Yong)

... aus dem Grab des Herrschers Qin Shi Huangdi bei Xi'an

Xi'an · Hsian

Ausstellungshalle für die kaiserliche Terrakotta-Armee

Terrakotta-Armee (Fortsetzung) Grube Nr. 1	Die Grube Nr. 1 enthält den rechten Flügel des unterirdischen Heeres, das über den ewigen Schlaf des Kaisers wachen sollte. Sie umfaßt 6000 tönerne Soldaten und Pferde in Lebensgröße, zahlreiche Streitwagen und Waffen. Zur Qin-Zeit bestand das Heer aus drei Teilen: dem rechten und dem linken Flügel sowie der zentralen Einheit. Selbst die unterirdische Armee mußte dieser Schlachtordnung folgen.
Grube Nr. 2	In der Tat wurde ganz in der Nähe der Grube Nr. 1 ein zweiter Sektor mit den 1500 Terrakottafiguren des linken Heerflügels – Fuß- und Kavalleriesoldaten, Pferde, Streitwagen usw. – freigelegt. Außerdem kamen bei den Grabungen auch 2000 Waffen und andere archäologisch interessante Gegenstände zum Vorschein.
Grube Nr. 3	Der dritte Sektor beherbergt vermutlich das "Hauptquartier" der unterirdischen Streitmacht. Zu den Funden zählen 73 Soldaten und ein Wagen, alle aus Terrakotta.
Grube Nr. 4	Darüber hinaus konnte zwischen den Gruben Nr. 1 und Nr. 2 noch eine vierte Grube geöffnet werden, die wohl das Lager der zentralen Truppeneinheit bildete. Dieser 4600 m² große Bereich war jedoch leer. Nach Ansicht der Archäologen mußten die Arbeiten an dieser Grube unterbrochen werden, da aufständische Bauern im Vormarsch waren.
Seitenhalle	In einer Seitenhalle neben der Ausstellungshalle werden schöne Bronzefunde gezeigt. Meisterwerke sind die zwei Bronzequadrigen.

Weitere Sehenswürdigkeiten in der Umgebung von Xi'an

Tang-Gräber	80 km nordwestlich von Xi'an, bei der Stadt Qianxian befinden sich die Gräber von 19 Tang-Kaisern.
Grab Qianling	Das Grab Qianling entstand in der Blütezeit der Tang-Dynastie und beherbergt den Leichnam des dritten Tang-Kaisers Gaozong (Reg. 649–683)

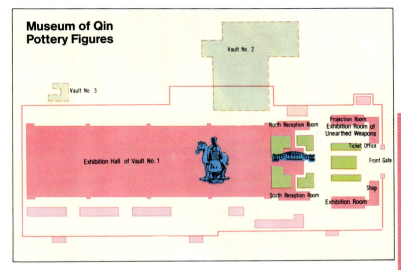

und der Kaiserin Wu Zetian. Zu der Anlage gehören noch 17 Nebengräber, in denen Verwandte und hohe Würdenträger beigesetzt sind, so Prinz Zhanghuai und Prinzessin Yongtai. Den Grabweg säumen steinerne Mensch- und Tierfiguren.

Tang-Gräber, Grab Qianling (Fortsetzung)

In dem Grab des Prinzen Zhanghuai (etwa 3 km südöstlich des Qianling-Grabes), des zweiten Sohnes von Kaiser Gaozong, finden sich Wandbilder, die Einblick in das Hofleben geben. So ist beispielsweise ein Polospiel dargestellt. Das Grab war ausgeraubt, die Archäologen fanden noch einige Grabbeigaben.

Grab des Prinzen Zhanghuai (Tang Zhanghuai Taizi Mu)

Unweit des Grabes von Zhanghuai liegt das 87 m lange Grab von Yongtai, der Enkelin von Kaiser Gaozong, das ebenfalls mit Wandgemälden geschmückt ist. Gold- und Silberschmuck sowie Keramik, die als Grabbeigaben gefunden wurden, sind im Qianlin-Museum ausgestellt.

Grab der Prinzessin Yongtai (Yongtai Gongzhu Mu)

Nordöstlich der Stadt Liquan liegt das Grab Zhaoling, das in den Jahren von 636 bis 649 für Kaiser Taizong auf einer Fläche von 10 000 ha angelegt wurde. Zur Anlage gehören noch 167 Gräber von Verwandten, hohen Beamten und Generälen.
Die hier gemachten Funde – farbige Tonfiguren, Malereien und Steininschriften – sind im Zhaoling-Museum (9 km südöstlich) ausgestellt.

Grab Zhaoling

Die Tempelanlage Famen Si (geöffnet tgl. 9.00–16.30 Uhr) – 10 km nördlich der kleinen Ortschaft Fufeng, die rund 100 km westlich von Xi'an liegt – ist für ihre Pagode berühmt, die einen Fingerknochen des Shakyamuni hütet. Der Knochen wurde auf Befehl des Tang-Kaisers Xianzong (806 bis 821) hierhergebracht. Die 28 m hohe, dreizehnstöckige Ziegelpagode, die 1988 neu errichtet wurde, ragt vor der Haupthalle des Klosters auf, in der eine Buddha-Statue aufbewahrt wird. Seitlich erheben sich ein Glockenturm und ein Trommelturm. Auf der Fassade der Haupthalle ist eine Steintafel mit einer Inschrift aus dem Jahr 978 zu sehen.
Der Fingerknochen des Shakyamuni und drei seiner Nachbildungen (den wirklichen Knochen des Shakyamuni nennen die Buddhisten 'heilige Knochen', die Nachbildungen 'Schattenknochen') wurden im April 1987 in

*Tempel des Tors zum Dharma (Famen Si)

Xiangfan

Xi'an,
Tempel des
Tors zum Dharma
(Fortsetzung)

einer unterirdischen Schatzkammer entdeckt, die sich unter den Grundmauern der Vorgängerpagode aus dem Jahr 1579 befindet. Zu diesen vor über 1000 Jahren eingemauerten Schätzen aus der Blütezeit des chinesischen Buddhismus der Tang-Ära (618–907) gehören etliche Gegenstände aus Gold, Silber, Halbedelsteinen, Jade und Lack, viele Porzellangefäße und Seidengewebe. Zur Aufbewahrung dieser Funde wurde im Jahr 1988 auf dem Gelände ein Museum erbaut.

✳✳ Berg Huashan

Der auch als Xi Yue ('Westberg') bekannte Huashan, der, zirka 100 km von Xi'an entfernt, den Osten der Provinz Shaanxi beherrscht, ist einer der fünf Heiligen Berge der Daoisten. Zwischen seinen fünf Gipfeln im Osten, Süden, Westen, Norden und Zentrum winden sich steile Felspfade. Die höchste Erhebung ist der südliche Lotosgipfel (Lianhua Feng) mit 2100 m. Der Huashan ist schon seit alten Zeiten bekannt. Längs der Pfade, die neben tief hinabstürzenden Felswänden und schwindelerregenden Abgründen vorbeiführen, verändert sich die Landschaft fast bei jedem Schritt und zieht den Wanderer in seinen Bann.

Aufstieg

Um zum Huashan zu kommen, nimmt man die Eisenbahn bis Huayin. 8 km von dort beginnt am Garten der Jadequelle (Yuquan Yuan) der Aufstieg auf den Berg. Der Weg führt an interessanten Felsformationen und an einem Steintor vorbei durch die sog. 18 Kurven, die am Wolkentor (Yunmen) enden, von wo man einen herrlichen Ausblick auf die Berglandschaft hat. Von hier geht es nun steil weiter. Steinstufen führen zum Nordgipfel (Beifeng). Der folgende Pfad zu den anderen Gipfeln ist gefährlich, er ist nur für Schwindelfreie begehbar. Man kommt an der Stelle, an der das Ohr den Fels streift (Ca'er Ya) und am Grat des Blauen Drachen vorbei, wo die Felsen steil abfallen.

Wer den Südgipfel erklimmen möchte, muß die in den Fels gehauenen Stufen eines äußerst abschüssigen Steilhangs hinaufklettern und sich dabei zur Sicherung an einer Eisenkette festhalten. Eine der schwierigsten Passagen bildet die 100 Fuß lange Schlucht, die so schmal ist, daß sich nur eine Person auf einmal hindurchzwängen kann.

Xiangfan   Hb 29

Chinesische
Entsprechung

襄樊

Provinz: Hubei
Fläche: 18 km²
Einwohnerzahl: 250000 (im Großraum 310000)

Lage und
Verkehrs-
anbindung

Xiangfan liegt am Mittellauf des Hanjiang, eines großen Nebenflusses des Changjiang, im Norden der zentralchinesischen Provinz Hubei, auf 112° 07′ östlicher Länge und 32° 02′ nördlicher Breite.
Mit der ca. 300 km entfernten Provinzhauptstadt Wuhan ist es durch eine Bahnlinie und eine Fahrstraße verbunden.

Geschichte

Das schon 3000 Jahre alte Xiangfan war unter den Westlichen Zhou (11. Jh.–770 v.Chr.) Hauptstadt eines Fürstentums. Seinen heutigen Namen erhielt es in der Qin-Zeit (221–206 v.Chr.). Seit jener Epoche war es etwa 2100 Jahre lang das politische und wirtschaftliche Zentrum des nordwestlichen Teils der Provinz Hubei. 1950 entstand Xiangfan durch den Zusammenschluß der Städte Xiangyang und Fancheng. In den letzten 40 Jahren erfuhren die verschiedenen Zweige der Textil- und Leichtindustrie einen rapiden Aufschwung.

Sehenswertes in Xiangfan

Die 7 m hohe, 25 m breite und 1,6 m dicke Wand der Grünen Schatten (im Südosten von Xiangfan), eine Schmuckwand aus grünem Stein mit weißen Marmorrändern, wurde im 15. Jh. vor der Residenz eines Ming-Prinzen errichtet, die aber 1641 niederbrannte. Die Basreliefs zeigen über 100 Drachen in unterschiedlicher Darstellung.

*Wand der Grünen Schatten (Lüying Bi)

Der Tempel Migong Ci im Südwesten der Stadt wurde zu Ehren des Kalligraphen Mi Shi (1051–1107) erbaut, dessen Werke hier ausgestellt sind.

Tempel Migong Ci

Umgebung von Xiangfan

Der Tempel der Großen Tugend, etwa 13 km westlich der Stadt, stammt aus der Han-Epoche, ist also über 2000 Jahre alt. Die ursprünglichen Gebäude wurden aber zerstört und im 15. Jh. wieder aufgebaut.
Zu dem Tempelkomplex zählen fünf Pagoden aus dem späten 15. Jh., die auf einem Unterbau stehen. In der Mitte erhebt sich die runde, 17 m hohe Kostbare Buddha-Pagode (Duobao Fuota; 2. Hälfte des 15. Jh.s) lamaistischer Prägung, umgeben von vier kleineren, sechseckigen Bauwerken.

*Tempel der Großen Tugend (Guangde Si)

Am Longzhongshan, 15 km westlich von Xiangfan, befinden sich in landschaftlich schöner Umgebung die Gebäude, in denen Zhuge Liang, ein großer Gelehrter und Militärstratege, von 198 bis 207 lebte. Im Jahr 207 kam sein Ruhm auch Liu Bei, dem Herrscher des Shu-Reiches, zu Ohren, der sich anschließend drei Mal hierher begab, um Zhuge Liang das Amt des Großkanzlers anzutragen. Dieser gab ihm einen guten militärischen Rat und gilt deshalb als Inbegriff der Weisheit. Nach seinem Tod wurde der Gelehrte mit dem Titel des Markgrafen ausgezeichnet.
Am Longzhongshan sind viele Bauten dem Andenken von Zhuge Liang gewidmet; die meisten stammen ursprünglich aus der Tang-Zeit (618 bis 907), wurden aber unter den Qing (1644–1911) neu errichtet.

*Wohnsitz von Zhuge Liang

Der Tempel des Markgrafen (Wohou Ci) enthält literarische Werke von Zhuge Liang.

Tempel des Markgrafen

Der Palast der Drei Besuche, der an die Begegnungen zwischen Liu Bei und Zhuge Liang erinnert, beherbergt eine Stele. Darauf sind die politischen Ratschläge eingraviert, die der Gelehrte dem Herrscher erteilte.

Palast der Drei Besuche (Sangu Tang)

Der Pavillon der Strohhütte, der an der Stelle entstand, wo die drei Begegnungen zwischen Zhuge Liang und Kaiser Liu Bei stattfanden, verwahrt eine Steintafel mit einer Inschrift aus dem Jahr 1540.

Pavillon der Strohhütte (Calou Ting)

Das im Jahr 1978 entdeckte Grab ist am Stadtrand von Suxian, zirka 100 km südöstlich von Xiangfan, gelegen. Hier ist Markgraf Yi aus dem Staat Zeng bestattet, der zu Beginn der Zeit der Streitenden Reiche (475 bis 221 v.Chr.) lebte.
Die Archäologen förderten schätzungsweise 7000 Grabbeigaben zu Tage, darunter acht verschiedene Arten von insgesamt 124 Musikinstrumenten (64 Bronzeglocken, mehrere Zithern mit fünf oder zehn Saiten, Trommeln usw.), 140 bronzene feingearbeitete Ritualgefäße und zahlreiche Lackgegenstände.

*Grab des Markgrafen Yi (Zenghou Yi Mu)

Der sich über 400 km erstreckende Wudangshan, etwa 150 km westlich von Xiangfan, ist einer der Heiligen Berge der Daoisten. Die höchste Erhebung, der Himmelspfeiler-Gipfel (Tianzhu Feng), ragt 1612 m empor; zudem gibt es etwa 71 niedrigere Berge, die aber nicht minder beeindruckend sind. Alle haben phantasievolle Namen wie beispielsweise Gipfel des Daoistischen Kindes, des Jungen Mädchens, des Himmlischen Rosses, der Fünf Greise.
Schon unter den Tang (618–907) entstand an einem der Gebirgshänge der Tempel der Fünf Drachen. Zwischen dem 10. und dem 13. Jh. kamen wei-

*Berg Wudangshan

Xigaze · Shigatse

Xiangfan, Berg Wudangshan (Fortsetzung)

tere Sakralbauten hinzu, die aber fast alle in der späten Yuan-Epoche (1271–1368) einem Krieg zum Opfer fielen. Im Jahr 1412 befahl der Ming-Kaiser Chengzu den Bau daoistischer Sakralanlagen auf dem Wudangshan. An diesem Mammutwerk arbeiteten gut 300 000 Menschen fast zehn Jahre lang; sie errichteten 8 Paläste, 38 Klöster, 72 Tempelhallen, 39 Brücken und 12 Pavillons, die sich größtenteils bis heute erhalten haben. Zwischen 1552 und 1553 wurden die verschiedenen Baukomplexe noch erweitert.

Tor zum Geheimnisvollen Berg (Xuanyue Men)

Man betritt den heiligen Bezirk durch das 1552 erbaute, 20 m hohe und 13 m breite Steinbogentor zum Geheimnisvollen Berg. Die fein gestalteten Bas- und Hochreliefs, welche die vier Torsäulen zieren, schildern die Legenden der acht unsterblichen Daoisten.

Palast der Begegnung mit dem Wahren Unsterblichen (Yuzhen Gong)

1 km vom Tor zum Geheimnisvollen Berg entfernt, trifft man auf den Palast der Begegnung mit dem Wahren Unsterblichen, der 1417 zu Ehren von Zhang Sanfeng entstand, der den Beinamen 'Wahrer Unsterblicher' trug, weil er die Einladung zweier Ming-Kaiser ausgeschlagen hatte.
Der Palast umfaßt mehrere Hallen, ein Tor und Wandelgänge. In der Haupthalle ist eine Bronzestatue von Zhang Sanfeng zu finden.

Tempel Yuxu Gong

Der Tempel Yuxu Gong aus dem Jahr 1413 war damals mit 2000 Räumen die größte Sakralanlage des Wudangshan. Erhalten blieben nur das Rote Tor, die Rote Mauer und ein Stelenpavillon.

Tempel Fuzhen Gong

Der ebenfalls unter dem Yongle-Kaiser (Reg. 1402–1424) erbaute Tempel Fuzhen Gong fügt sich harmonisch in die Landschaft ein.

Palast der Purpurwolken (Zixiao Gong)

Nach weiteren 7 km taucht der 1413 erbaute Palast der Purpurwolken auf, der noch sehr gut erhalten ist. In der Haupthalle wird mehreren daoistischen Gottheiten, wie dem Jadekaiser und dem Gott des Verstandes, gehuldigt.

Palast der Höchsten Harmonie (Taihe Gong)

Auf dem Weg zum Himmelspfeiler-Gipfel passiert man noch den Palast der Höchsten Harmonie aus dem Jahr 1416. Die Haupthalle wird vom Trommelturm (Gu Lou) und Glockenturm (Zhong Lou) flankiert, in dem eine Bronzeglocke aus dem Gründungsjahr des Tempels hängt.

Goldhalle (Jindian)

Ziel des Aufstiegs auf den Himmelspfeiler-Gipfel (Tianzhu Feng) ist die auf einer Steinplattform stehende Goldhalle, ein Bauwerk, das aus Holz zu bestehen scheint, in Wirklichkeit aber ganz aus vergoldeter Bronze ist. Die einzelnen Bronzeteile wurden 1416 gegossen und zusammengefügt. Dieses Meisterwerk der Gußkunst ist 5,54 m hoch, 4,4 m breit und 3,15 m tief. Auch die Statuen, Möbel und Ritualgefäße des Palastes sind alle aus Bronze. Am bedeutendsten ist die zehn Tonnen schwere Skulptur der daoistischen Gottheit Zhenwu Dijun. Die ihn umringenden Standbilder stellen sein Gefolge dar: das Goldene Kind, das Jademädchen, der Feuer-General und der Wasser-General.

Xigaze · Shigatse Fk 31

Chinesische Entsprechung

日喀则市

Autonome Region Xizang (Tibet)
Höhe: 3836 m ü. d. M.
Einwohnerzahl: 50 000

Lage und Verkehrsanbindung

Xigaze liegt auf 88° 27′ östlicher Länge und 29° 14′ nördlicher Breite in Südtibet, etwa 345 km westlich von Lhasa, der Hauptstadt der Region,

Xigaze · Shigatse

Tibetisches Kloster Tashilhunpo

und zirka 500 km nordöstlich von Katmandu. – Von beiden Städten ist es mit einem Überlandbus zu erreichen.

Verkehrsanbindung

Das über 500 Jahre alte Xigaze, die zweitgrößte Stadt der Autonomen Region, bildet seit jeher den politischen, religiösen und wirtschaftlichen Mittelpunkt des südlichen Tibets.
Auf dem Berg Zongshan in der Stadt stand einst ein Palast, der als Vorbild für den Potala-Palast in Lhasa diente. Er wurde während der Kulturrevolution zerstört.

Geschichte

Sehenswertes in Xigaze

Am Südrand der Stadt liegt das im Jahr 1447 gegründete Kloster Tashilhunpo (Berg des Ewigen Segens), in dem lange Zeit die Panchen Lama ihren politischen und religiösen Aufgaben nachgingen.
Der 150 000 m² große Baukomplex, der im 17. und 18. Jh. mehrfach erweitert wurde, verwahrt eine gewaltige, 26 m hohe Buddha-Statue, die ganz in Bronze gegossen ist. Das Kloster umfaßt auch mehrere versilberte Dagoben, von denen jede den Leichnam eines Panchen Lama birgt. Besonders erwähnenswert sind die herrlichen Wandmalereien in der Grabkapelle des 1. Dalai Lamas.

*Kloster Tashilhunpo (Zhashilunbu Si)

Umgebung von Xigaze

Die Klosterstadt Palkhor – 120 km südöstlich von Xigaze bei der Stadt Gyangze (Jiangzi) gelegen – aus dem 14. Jh. ist vor allem für den achteckigen Stupa Chhorten D'Or (Bajiao Ta) bekannt. Er enthält viele Skulpturen und Wandmalereien indischen, nepalesischen und chinesischen Stils.

Kloster Palkhor (Baiju Si)

Xining · Hsining

Ein Meisterwerk tibetischer Architektur ist der Kumbum-Chörten aus dem frühen 15. Jh. mit einem mandala-ähnlichen Grundriß. In Dutzenden von Nischen findet man mannigfaltigste Skulpturen und Wandmalereien.

Xigaze,
Kloster Palkhor
(Fortsetzung)

Das Kloster Sakya steht 150 km südwestlich von Xigaze. Das tibetische Wort 'Sakya' bedeutet 'gräuliche Erde', was auf die Farbe des Bodens in dieser Gegend hinweist. Das Kloster war das Zentrum der Sakyapa-Sekte. Seine Äbte waren gleichzeitig religiöses und weltliches Oberhaupt über Sakya und besaßen weitreichende Ländereien. Der letzte Sakya-Thronhalter floh 1959 ins Exil nach Indien.

* Kloster Sakya
(Sajia Si)

Die Anlage besteht aus zwei 500 m voneinander entfernten Teilen: dem Nordkloster aus dem Jahr 1073 und dem 1268 entstandenen Südkloster. Die zum Südkloster gehörige Versammlungshalle, der Tsuglagkhang, mit ihren gewaltigen Ausmaßen – sie ist 10 m hoch und bedeckt eine Fläche von 5500 m^2 – kann 10000 Menschen aufnehmen. Das Dach wird von 40 Säulen getragen, wovon die dickste ein Geschenk von Kublai Khan ist. Die Halle besitzt eine prachtvolle Innenausstattung. Der rechte Seitenbau enthält Gedenk-Stupas für verstorbene Sakya-Thronhalter sowie Wandmalereien, die ursprünglich aus dem 13. Jh. stammen. In den Galerien des linken Seitenflügels finden sich Bronzefiguren.

In dem Kloster werden über 10000 Bände mit buddhistischen, historischen, philosophischen und literarischen Schriften sowie eine große Anzahl von Porzellangefäßen, Statuen und Stickereien aus der Yuan-Zeit (1271–1368) aufbewahrt.

Der Mount Everest, mit 8846 m der höchste Gipfel der Welt, hat schon Bergsteiger aus der ganzen Welt in seinen Bann geschlagen. Imposant und majestätisch erhebt er sich – 220 km südöstlich von Xigaze – an der chinesisch-nepalesischen Grenze. Sein tibetischer Name Qomolangma bedeutet 'Dritte Göttin'. Die Bezeichnung Everest verliehen ihm die Inder 1858, zum Andenken an Sir S.G. Everest, den Leiter des Staatlichen Indischen Instituts für Geodäsie. Der Mount Everest wurde 1921 von dem britischen Alpinisten George Mallory entdeckt.

** Mount Everest
(Qomolangma,
Zhumulangma
Feng)

Die Besteigungsversuche des Berges begannen 1921 auf der tibetischen Nordseite vom Rongbukgletscher aus, seit 1950 auch auf der Südwestfront vom nepalesischen Khumbugletscher aus. Bis 1952 wurden insgesamt 15 Expeditionen unternommen. Die Erstbesteigung erfolgte im Jahr 1953 von einer britischen Expedition über das Westbecken, den Südsattel (7986 m ü.d.M.) und den Südostgrat. Der Neuseeländer E. Hillary und der Sherpa Tenzing Norgay erreichten den Gipfel am 19. Mai 1953. Seither ist der Mount Everest mehrfach bestiegen worden, darunter 1978 erstmals ohne Sauerstoffgeräte von Reinhold Messner und Peter Habeler.

Xining · Hsining

Gf 27

西宁市

Chinesische
Entsprechung

Hauptstadt der Provinz Qinghai
Höhe: 2275 m ü.d.M.
Fläche: 350 km^2
Einwohnerzahl: 577000 (im Großraum 910000)

Xining liegt auf 101° 42′ östlicher Länge und 36° 35′ nördlicher Breite, im Nordosten der Provinz Qinghai, am Fluß Huangshui.
Vom 200 km entfernten Lanzhou, der Provinzhauptstadt von Gansu, ist es per Zug, Bus oder Flugzeug zu erreichen. Auch von Peking (5,5 Std.) und Taiyuan (3,5 Std.) kann man nach Xining fliegen.

Lage und
Verkehrsanbindung

◀ *Mount Everest – der höchste Berg der Erde*

Xining · Hsining

Geschichte
: Xining wurde vor über 2200 Jahren gegründet. Dank seiner strategisch günstigen Lage – eine der wenigen Zugangsstraßen nach Tibet führte ganz in der Nähe vorbei – war es über Jahrhunderte hinweg eine Festung von großer Bedeutung.
In der Übergangszeit zwischen der Qin- und der Han-Dynastie, um das 3. Jh. v. Chr., lautete die Stadt auf den Namen Huangzhongdi. Die heutige Bezeichnung erhielt sie erst im Jahr 1104.
In den fünfziger Jahren setzte eine Phase schneller wirtschaftlicher Entwicklung ein. Heute ist Xining das politische Zentrum der Provinz Qinghai und ein wichtiger Industriepol für den Nordwesten Chinas.

Sehenswertes in Xining

*Große Moschee von Dongguan (Dongguan Qingzhen Si)
: Die in chinesischem Stil erbaute Moschee in der Stadtmitte besteht aus einer 1100 m² großen Gebetshalle, einem sich über 8400 m² erstreckenden Hof und mehreren Nebengebäuden.

Umgebung von Xining

**Kloster Kumbum
: In der Gemeinde Lusha'er, 25 km südwestlich von Xining, liegt das von 1560 bis 1577 errichtete, insgesamt 400 000 m² umfassende Kloster Kumbum, das auch unter dem Namen Tempel der Unendlich Vielen Bilder Buddhas (Ta'er Si) bekannt ist. Es wird zu den sechs größten lamaistischen Tempelkomplexen von China gezählt. Der Reformator Tsongkhapa (1357 bis 1419), der Begründer der Gelbmützenschule (Gelupka), soll hier geboren worden sein. Im Zuge der Restaurierungen der Jahrhunderte wurden der tibetischen Architektur chinesische Stilelemente hinzugefügt. 1979 erfolgte die letzte Restaurierung. Es handelt sich um eine gewaltige Sakralanlage mit Pagoden, Palästen, Tempelhallen, Loggien und Mönchszellen. Am Eingang des Klosters steht ein 14 m hoher Stupa.

Acht Chörten (Ruyi Dagoba)
: Die acht weißen runden, mit Hochreliefs geschmückten Chörten (= tibetische Form des Stupa) auf dem Vorplatz des Klosters versinnbildlichen die acht grundlegenden Stationen – wie Geburt, Sieg über die Dämonen, Nirwana etc. – im Leben des Shakyamuni.

Große Golddachhalle (Dajinwa Si)
: Die dreistöckige Große Golddachhalle, das Hauptgebäude des Klosters, ist in chinesischem Stil gehalten. Sie besitzt ein gekrümmtes Dach mit vergoldeten Bronzeziegeln. Im Innenhof ragt ein 11 m hoher silberner Stupa empor, der Tsongkhapa, dem Begründer der Gelbmützenschule (Gelukpa), geweiht ist. Der Überlieferung wurde dieser hier geboren, und an der Stelle, an der das bei der Geburt vergossene Blut seiner Mutter in den Boden versickerte, wuchs ein Sandelbaum, an dem unzählige Bilder von Gottheiten und tibetischen Schriftzeichen zu sehen waren. Die Mutter errichtete auf Anweisung ihres Sohnes, der sich in Tibet aufhielt, hier einen Stupa.
Eine Nische im oberen Teil der Stupa beherbergt eine Statue des Tsongkhapa. Im Innern des Stupa werden der Überlieferung nach die Plazenta seiner Mutter und einige persönliche Gegenstände des Reformators aufbewahrt. Daher verehren die Lamaisten den Stupa als ihr Heiligtum.

Kleine Golddachhalle (Xiaojiwna Si)
: Die Kleine Golddachhalle aus dem Jahr 1631 ist wegen ihrer Statuen und Porträts der buddhistischen Schutzgottheiten sowie einer Sammlung ausgestopfter Tiere bekannt, darunter auch ein Pferd, das dem 9. Panchen Lama (1883–1937) gehörte.

Große Sutrahalle (Dajing Tang)
: Die 1606 erbaute und später erweiterte Große Sutrahalle wurde 1913 durch einen Brand zerstört, aber 1917 neu errichtet.
Hier versammeln sich die Lamas, um gemeinsam die heiligen Schriften zu lesen oder dem Unterricht beizuwohnen. Die 1981 m² große Halle faßt bis zu 2000 Personen.
Das Flachdach des typisch tibetischen Baus ruht auf 108 quadratischen Säulen, die mit kostbaren Bildteppichen mit Drachenmotiven umhüllt sind,

Xining · Hsining

Moschee

Im Kloster Kumbum

Xinjiang · Sinkiang

Xining,
Kloster Kumbum,
Große Sutrahalle
(Fortsetzung)

und ist mit einem Rad, dem Symbol der buddhistischen Lehre, sowie den Statuen einer Gazelle und einer Hischkuh versehen.
Das Innere ist mit Rollbildern (Thangkas) geschmückt, worunter sich auch Applikationsarbeiten – eine Besonderheit des Klosters – befinden.
Außerdem sind charakteristische Erzeugnisse des einheimischen Kunsthandwerks zu sehen: Butterfiguren, Stoffmalereien und Reliefstickereien.

*Vogelinsel
(Niao Dao)

Die Vogelinsel liegt im westlichen Teil des Koko Nor (Qinghaihu-See), etwa 220 km von Xining entfernt. Die zahllosen Fische, Krebse und Wasserpflanzen bieten optimale Nahrung für unzählige Vögel und machen die Insel so zu einem Vogelparadies. Zwischen Februar und März gesellen sich verschiedene Arten von Zugvögeln, die von Indien, Südasien, dem Mittelmeer, dem Roten und dem Kaspischen Meer kommen, zu den einheimischen Vögel hinzu, die sich das ganze Jahr über hier aufhalten. Zu diesen rund zehn Arten gehören u. a. Schwimmvögel, Sperlings- und Stelzvögel.
Seit mehreren Jahren besteht auf der Insel Jagdverbot.

Xinjiang · Sinkiang Fa – Ge 21 – 28

Chinesische
Entsprechung

新疆维吾尔自治区

Autonome Region
Fläche: 1 650 000 km²
Einwohner: 15,55 Mio.
Hauptstadt: Ürümqi

Lage

Unter den autonomen Provinzen und Regionen Chinas ist Xinjiang die größte, die ein Sechstel der Gesamfläche des Landes einnimmt. Sie liegt zwischen 73° 41′ – 96° 19′ östlicher Länge und 34° 29′ – 49° 20′ nördlicher Breite im Nordwesten Chinas, an der Grenze zu Indien, Pakistan, Afghanistan, Tadschikistan, Kirgisien und Kasachstan.

Übersichtskarte

Xinjiang · Sinkiang

Naturraum

Xinjiang wird hauptsächlich von der Dsungarei im nördlichen und vom Tarimbecken mit dem Lop Nur und der Wüste Takla-Makan im südlichen Teil eingenommen. Zwischen diesen tektonischen Senken durchzieht der östliche Tianshan (hier 3000–5000 m ü.d.M.; im westlichen Teil mit zwei durch den Ili voneinander getrennten Hauptketten) das Territorium in westöstlicher Richtung auf 1500 km Länge, bei 250–300 km Breite; an seiner Südostflanke liegen u. a. Hami- und Turfansenke (mit 154 m u.d.M. das zweittiefste Gebiet der Erde). Den Süden nehmen die Hochgebirgsketten des Westlichen (7282 m ü.d.M.) und des Mittleren Kunlunshan (7723 m ü.d.M.) sowie des Altunshan (6161 m ü.d.M.) ein. Im äußersten Norden hat Xinjiang Anteil am Mongolischen Altaj.

Klima

Die Abgeschlossenheit des Gebiets und die große Meeresferne bedingen ein extrem kontinentales Trockenklima (über ein Fünftel von Xinjiang ist Wüste). Die Durchschnittstemperaturen liegen im Januar im Norden bei −15 °C, im Tarimbecken bei −7 °C, während im Juli im Norden 21 °C und in der Turpan-Senke 32 °C herrschen. Der mittlere Jahresniederschlag beträgt im Norden 100–500 mm und im Süden 25–100 mm.

Bevölkerung

Die wichtigste der etwa ein Dutzend Bevölkerungsgruppen der Region sind die Uiguren, deren Anteil von 75% im Jahr 1953 durch die Masseneinwanderung von Chinesen nach dem Bau der Eisenbahn Lanzhou–Ürümqi auf etwa 45% gesunken ist und heute bei 41% liegt. Nationale Minderheiten bilden u.a. Kasachen, Kirgisen, Tadschiken, Usbeken, Mongolen, Tartaren, Hui, Russen, Mandschuren, Dunganen und Dauren. Die Bevölkerung ist mehrheitlich moslemisch.

Geschichte

Das Gebiet – 101 v.Chr. stand der südliche Teil (Ost-Turkestan) erstmals unter chinesischer Oberhoheit – war für China die wichtigste Landbrücke nach West- und Süd-Asien und deshalb auch ständiges Streitobjekt mit den angrenzenden nichtchinesischen Völkern. Im 9. Jh. wurden hier die Uiguren ansässig, seit der Ming-Zeit (1368–1644) drangen westmongolische Stämme ein. Als diese im 17. Jh. erstarkten und zu einer Bedrohung der Mandschuherrscher wurden, kam es zu den Dsungarenkriegen (1696 bis 1758). Mit der Befriedung der Dsungarei und der Eroberung von Ost-Turkestan 1758 wurde ganz Xinjiang gewonnen und später dem chinesischen Reich als Protektorat angegliedert. Durch einen Aufstand der islamischen Türkvölker (1862–1878) ging der größte Teil Xinjiangs verloren. Die Chinesen eroberten jedoch das gesamte Gebiet zurück. Von 1911 bis 1941 war die Region unabhängig. 1949 kam sie schließlich unter die Herrschaft der Zentralregierung und wurde 1955 als Autonome Region konstituiert. Es kam immer wieder zu Aufständen gegen die chinesische Herrschaft. Seit dem Zusammenbruch der Sowjetunion Anfang der 90er Jahre verstärken sich die separatistischen Bestrebungen. So gab es bei den Unruhen 1996 und 1997 zahlreiche Todesopfer unter den Uiguren. Die chinesische Regierung verstärkte den Druck auf die Region, da Xinjiang ein wichtiges Rohstoffreservoir ist.

Wirtschaft

Die Industrie umfaßt vor allem Baumwoll- und Seidenverarbeitung sowie Nahrungsmittelindustrie. Gut entwickelt ist das Handwerk, besonders die Teppichweberei. Xinjiang verfügt über reiche Bodenschätze, die z.T. genutzt werden: Förderung von Erdöl, Abbau von Kohle, Uran- und Eisenerz sowie Goldgewinnung. Ein Großteil des gesamtchinesischen Ölverbrauchs wird aus Quellen der Region gedeckt. In der Dsungarei überwiegt Weidewirtschaft (Rinder, Schafe, Pferde) durch heute kollektivierte ehemalige Nomaden, bes. Kasachen und Mongolen. Am Rand des Tarimbeckens hat die Oasenwirtschaft größte Bedeutung. In den Oasen am nördlichen und südlichen Gebirgsrand werden Weizen, Mais, Reis, Baumwolle, Zuckerrüben, Aprikosen, Feigen und Melonen angebaut. Wichtig ist zudem die Seidenraupenzucht.

Reiseziele

Sehenswert sind insbesondere → Turpan und → Kashgar.

Xizang

→ Tibet

Xuzhou   Hd 28

Chinesische Entsprechung

徐州市

Provinz: Jiangsu
Höhe: 45 m ü.d.M.
Fläche: 185 km^2
Einwohnerzahl: 668000 (im Großraum 773000)

Lage und Verkehrsanbindung

Xuzhou liegt auf 117° 12' östlicher Länge und 34° 17' nördlicher Breite im Nordwesten der Provinz Jiangsu. Es ist ein bedeutender Verkehrsknotenpunkt; hier kreuzen sich nämlich die zwei wichtigsten Eisenbahnlinien Chinas, Peking–Shanghai und Lianyungang–Ürümqi. Von Nanking und Shanghai ist die Stadt auch per Flugzeug zu erreichen.

Geschichte

Xuzhou zeichnete sich im Lauf seiner Geschichte durch seine strategisch bedeutsame Lage aus. Mehr als 200 Kriege fanden seit der Xia-Dynastie (21.–16. Jh. v.Chr.) hier statt, so daß das Gebiet von besonderem archäologischem Interesse ist. Vor 2000 Jahren ernannte sich Xiang Yu zum König des Westlichen Chu-Reiches und bestimmte Xuzhou zu dessen Hauptstadt. Nach dem Tod von Xiang Yu verlor es zwar seine politische Bedeutung, sein Flußhafen spielte aber weiterhin eine wichtige Rolle. Im 15. und 16. Jh. passierten alljährlich 12000 Schiffe mit Getreide die Stadt. Im Jahr 1604, als der Kaiserkanal stillgelegt wurde, begann jedoch der Niedergang von Xuzhou. Zu Beginn des 20. Jh.s, nachdem die oben erwähnten Eisenbahnlinien eröffnet worden waren, gewann es etwas von seiner einstigen Bedeutung zurück. Während des letzten Bürgerkrieges (1945 bis 1949) spielte sich in der Umgebung von Xuzhou eine der drei großen Schlachten zwischen den Kommunisten und der Guomindang ab, in der diese geschlagen wurde.

Sehenswertes in Xuzhou

Tempel Xinghua Si

An der Ostseite des Yunlongshan im Süden der Stadt steht der Tempel Xinghua Si, in dem in den Felsen geschlagene Figuren zu sehen sind, die ins 5. Jh. zurückdatieren.

Stadtmuseum

Im Stadtmuseum (Heping Lu 44) sind Wandmalereien aus han-zeitlichen (206 v.Chr. bis 220 n.Chr.) Gräbern ausgestellt. Weitere interessante Funde sind eine Bronzelampe und ein Totengewand aus Jadeplatten.

Umgebung von Xuzhou

Steingrab Huaxing Shimu

Im Jahr 1952 entdeckte man 14 km nördlich der Stadt das Huaxing Shimu, ein Grab aus der Östlichen Han-Zeit (25–220 n.Chr.). Im Innern sind Steinplatten mit Reliefs zu besichtigen, die einen Einblick in das aristokratische Leben vermitteln.

* Terrakotta-Armee

Einen sensationellen Fund machte man 1984 in einem han-zeitlichen Grab (206 v.Chr. bis 220 n.Chr.), als man eine Terrakotta-Armee von mehr als 3000 bis zu 40 cm hohen Figuren entdeckte.

Die 1,7 m hohe und 1,23 m breite Tafel des Großen Windes ist im Haus der Kultur von Peixian – etwa 70 km nordwestlich von Xuzhou – ausgestellt, der Geburtsstadt von Liu Bang, dem ersten Kaiser der Han-Dynastie (206 v. Chr. bis 220 n. Chr.). In den Stein wurde vermutlich vor 2200 Jahren ein von dem Herrscher verfaßtes Gedicht eingraviert.

Xuzhou (Fortsetzung)
* Tafel des Großen Windes (Dafeng Bei)

Am selben Ort befindet sich noch eine zweite 2,35 m hohe und 1,23 m breite Steinplatte mit dem gleichen Gedicht, das aber hier in anderer Anordnung erscheint. Sie datiert aus dem Jahr 1306.

Yan'an   Gk 27

延安市

Chinesische Entsprechung

Provinz: Shaanxi
Höhe: 800–1300 m ü. d. M.
Fläche: 3556 km²
Einwohnerzahl: 220 000

Yan'an befindet sich am Fluß Yanhe, auf einem Lößplateau im Norden der Provinz Shaanxi, auf 109° 25' östlicher Länge und 36° 38' nördlicher Breite. Zu der ca. 270 km entfernten Provinzhauptstadt Xi'an bestehen Zugverbindungen.

Lage und Verkehrsanbindung

Yan'an besteht schon seit 1300 Jahren. Berühmtheit erlangte es aber vor allen Dingen in den 30er und 40er Jahren des 20. Jh.s als Hauptqartier der Roten Armee und der Kommunistischen Partei Chinas.

Geschichte

Sehenswertes in Yan'an

Die Wertvolle Pagode aus der Ming-Zeit (1368–1644), unter den Qing (1644–1911) mehrfach restauriert, erhebt sich auf einer Hügelspitze im Osten von Yan'an, am Ufer des Yanhe. Sie ist zum Wahrzeichen der Stadt und Symbol der Revolution geworden.

* Wertvolle Pagode (Bao Ta)

Das Bauwerk ist 44 m hoch und zeigt einen achteckigen Grundriß. Von hier genießt man eine schöne Aussicht auf die Stadt.

Ganz in der Nähe ist eine große gußeiserne Glocke aus der ersten Hälfte des 17. Jh.s zu sehen.

Am Fuß des Phönix-Berges (Fenghuangshan) im Norden von Yan'an steht in einem kleinen Hof das Haus, das Mao von Januar 1937 bis November 1938 bewohnte.

Maos Wohnhaus

Umgebung von Yan'an

Im Dorf Wangjia Ping, nordwestlich der Stadt, ist das Hauptquartier der Militärkommission der Kommunistischen Partei Chinas (KPCh) zu besichtigen, das hier von 1937 bis 1947 untergebracht war.

Hauptquartier der Militärkommission der KPCh

Das Sekretariat des Zentralkomitees der Kommunistischen Partei Chinas befand sich von 1938 bis 1940 und nochmals von 1942 bis 1943 in dem Dorf Yangjia Ling, 3 km nordwestlich von Ya'an, sowie von 1940 bis 1942 und erneut von 1944 bis 1947 in Zaoyuan, 10 km nordwestlich des Stadt. Hier sind außer den Amtsstuben auch die Wohnräume der höchsten kommunistischen Parteiführer wie Mao Zedong, Zhu De, Zhou Enlai und andere zu sehen.

Sekretariat des Zentralkomitees der Kommunistischen Partei Chinas

Yangzhou

Yan'an (Fortsetzung)
* Grab des Gelben Kaisers (Huangdi Ling)

Das Grab des Gelben Kaisers liegt etwa 100 km südlich von Yan'an bei der Stadt Huangling am Fuß des Qiaoshan.
Vor dem 3,6 m hohen, 48 m umfassenden Mausoleum steht ein Pavillon mit einer Stele. Die vier eingravierten Schriftzeichen bedeuten: "Vom Qiaoshan ritt er auf einem Drachen gen Himmel". Einer Legende zufolge ist der mythische Gelbe Kaiser am Fuß des Qiaoshan aus dem irdischen Leben geschieden.
In prähistorischer Zeit lebten im Tal des Huanghe viele Volksstämme, von denen jeder ein eigenes Oberhaupt und eine eigene Stammesordnung hatte. Der Gelbe Kaiser – eigentlich hieß er Gongsun Xuanyuan – war der Anführer eines der mächtigsten Stämme. Erst seine Nachfahren verliehen ihm den Namen 'Gelber Kaiser', da die Farbe Gelb die Erde und die Landwirtschaft dieser Gegend versinnbildlicht. Die Legende erzählt auch, daß der Gelbe Kaiser die Entwicklung der Landwirtschaft förderte, während seine Gemahlin die Frauen im Anbau von Maulbeerbäumen und in der Seidenraupenzucht unterwies.

Qingming-Fest

Seit Jahrhunderten zieht die örtliche Bevölkerung während des Qingming-Festes, das am Frühlingsanfang zum Gedenken der Toten gefeiert wird, zum Qiaoshan, um dem Grab des Gelben Kaisers zu huldigen.

Yangzhou   He 29

Chinesische Entsprechung

扬州市

Provinz: Jiangsu
Höhe: 604 m ü.d.M.
Fläche: 148 km²
Einwohnerzahl: 410 000 (im Großraum 6,98 Mio.)

Lage und Verkehrsanbindung

Yangzhou liegt im mittleren Teil der Provinz Jiangsu, zwischen dem Changjiang und dem Kaiserkanal, auf 119° 26' östlicher Länge und 32° 27' nördlicher Breite.
Von der Provinzhauptstadt Nanking, die sich etwa 100 km in nordöstlicher Richtung befindet, erreicht man die Stadt mit dem Bus.

Geschichte

Die Gründung von Yangzhou erfolgte vor rund 2400 Jahren, in der Frühling- und Herbst-Periode. Den entscheidenden Aufschwung erlebte es jedoch, als auf Befehl des Sui-Kaisers Yangdi zu Beginn des 6. Jh.s der Kaiserkanal ausgehoben wurde. Nach Fertigstellung des Projekts wurde der Ort zu einem wichtigen Außenhandelshafen. Unter den Tang (618 bis 907) kam der berühmte arabische Missionar Behao Aldin hierher, um den islamischen Glauben zu verbreiten. In der Yuan-Zeit (1271–1368) hielt sich Marco Polo eine Zeitlang in der Stadt auf und bekleidete sogar ein ziemlich hohes Amt. In der Ming- und Qing-Zeit (1368–1911) erfuhr die Stadt großen Reichtum durch den Salzhandel, der auch zur Förderung des Mäzenatentums beitrug. In der letzteren Epoche, insbesondere unter der Herrschaft von Kaiser Qianlong (1736–1796), stieg Yangzhou zum zweitgrößten politischen, wirtschaftlichen, kommerziellen und kulturellen Zentrum Chinas auf.
Während seiner sechs Kontrollreisen durch Südchina machte der Kaiser fünfmal hier Station. Um die Gunst des 'Himmelssohns' zu erlangen, riefen die lokalen Behörden die besten Köche aus den nahen Provinzen herbei und begründeten damit den Ruf der hochgeschätzten Küche von Yangzhou, die zu den vier besten Regionalküchen Chinas zählt. In jener Zeit entstand auch die Malereischule der Stadt, die sich durch ihren 'exzentrischen Stil' auszeichnet. Mitte des 19. Jh.s erlitt die Stadt schwere Zerstörungen während des Taiping-Aufstandes.
Eine lange Tradition hat in Yangzhou das Kunsthandwerk: Lackarbeiten,

Jadeschnitzereien und Stickereien. Bis heute hat sich die traditionelle Kunst des Geschichtenerzählens in Yangzhou erhalten.

Geschichte (Fortsetzung)

Sehenswertes in Yangzhou

Der in der Straße Dongguan Jie gelegene Geyuan-Garten aus der Qing-Zeit (1644–1911) zeichnet sich durch schöne Bambushaine aus.

Garten Geyuan

Der Schmale West-See dehnt sich im Nordwesten der Stadt aus; eigentlich ist es kein See, sondern ein zuerst unter den Sui (581–619) und dann unter den Tang (618–907) erweitertes Stück eines Baches. Er ist so schön wie der West-See von Hangzhou, nur kleiner und schmäler, daher auch sein Name. Das ganze Gebiet wurde in eine öffentliche Parkanlage umgestaltet.

*Schmaler West-See (Shouxi Hu)

Von Interesse sind der vom Wasser umflossene Kleine Goldberg (Xiao Jinshan) und der Angelplatz (Diayo Tai) am Fuß des Berges, wo dem Volksglauben nach Kaiser Qianlong (Reg. 1736–1796) fischte.

Kleine Goldberg, Angelplatz

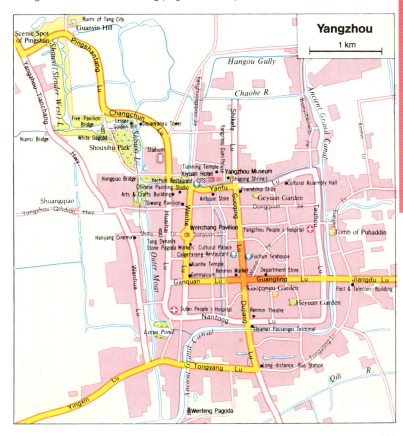

507

Yangzhou

Schmaler West-See (Fortsetzung)	Der Westgarten (Xiyuan) wurde im Jahr 1751 im traditionellen Gartenbaustil angelegt.
Große Regenbogenbrücke (Dahong Qiao)	Die Große Regenbogenbrücke war ursprünglich aus rotlackiertem Holz erbaut, weshalb man sie 'Große Rote Brücke' nannte. Sie wurde in der Qianlong-Ära (1736–1796) durch eine steinerne Bogenbrücke ersetzt.
Weiße Dagoba (Baita)	Die Weiße Dagoba, die der im Beihai-Park in Peking ähnelt, stammt ebenfalls aus der Zeit des Qianlong-Kaisers (Reg. 1736–1796).
Brücke der Fünf Pavillons (Wuting Qiao)	Die Brücke der Fünf Pavillons wurde 1757 von Salzhändlern zum Empfang des Qianlong-Kaisers gebaut. Auf dem 55 m langen Bauwerk stehen fünf Pavillons.
Insel Fuzhuang	Auf der Insel Fuzhuang, die man über eine Zick-Zack-Brücke erreicht, finden sich Pavillons und Wandelgänge.
*Tempel der Himmlischen Ruhe (Tianning Si)	Am Fuß des Pflaumenblüten-Berges (Meihua Ling) im Norden der Stadt erhebt sich der Tempel der Himmlischen Ruhe aus der Jin-Zeit (265–420). Im Jahr 418 übersetzte hier ein nepalesischer Mönch buddhistische Schriften. 1757 wurden anläßlich des Besuches des Kaisers Qianlong eine Villa, ein Garten und ein dem Herrscher vorbehaltener Anlegeplatz gebaut.
Mausoleum des Sui-Kaisers Yangdi (Sui Yangdi Ling)	Die Grabstätte befindet sich in Leitang, am Nordrand von Yangzhou. Der Sui-Kaiser Yangdi kam in den Jahren 605, 610, 612 und 618 nach Yangzhou. Während seines vierten Besuches in der Stadt wurde er von einigen aufständischen Generälen gefangengenommen, erhängt und an einem abgelegenen Ort begraben. Im Jahr 622 brachte man seinen Leichnam hierher. Das Mausoleum wurde aber erst 1802 erbaut.
Garten Xiaopangu	Der Garten Xiaopangu im südöstlichen Teil der Stadt datiert auf die Qianlong-Ära (1736–1796). Er ist im klassischen Stil angelegt.
Garten Heyuan	Im Südosten von Yangzhou liegt der Heyuan-Garten, der von dem Beamten He Ende des 19. Jh.s erworben und erweitert wurde. Ein Wandelgang verbindet die einzelnen Gebäude miteinander.
Pagode Wenfeng Ta	Die Pagode Wenfeng Ta im Süden der Stadt stammt aus dem Jahr 1582.
Pavillon des Literaturgottes (Wenchang Ge)	Im Westen von Yangzhou befindet sich der Pavillon des Literaturgottes, der auf das Jahr 1585 zurückgeht.
Pavillon des Schauens in Vier Richtungen	Der Pavillon des Schauens in Vier Richtungen, weiter nördlich gelegen, stammt aus dem Jahr 1559.

Umgebung von Yangzhou

*Tempel **Daming Si**	Der Tempel Daming Si, 4 km nordwestlich von Yangzhou, ist 1500 Jahre alt; die Gebäude, die heute zu sehen sind, wurden allerdings in der zweiten Hälfte des 19. Jh.s neu errichtet. Bevor der Mönch Jianzhen (688–763) nach Japan ging und dort den Buddhismus verbreitete, wirkte und lebte er viele Jahre lang hier. Daher messen vor allem japanische Mönche dem Tempel Bedeutung bei.
Kostbare Halle des Großen Helden	In der Haupthalle, der Kostbaren Halle des Großen Helden (Daxiong Baodian), stehen drei Buddha-Statuen, 18 Luohan-Figuren und eine Guanyin-Skulptur.
Gedenkhalle für Jianzhen	Östlich der Haupthalle befindet sich die Gedenkhalle für Jianzhen, die von 1963 bis 1973 mit japanischer Beteiligung erbaut wurde. Hier sind eine Holzstatue des Mönchs und eine Steintafel mit einer Inschrift von Guo Moruo (→ Berühmte Persönlichkeiten) zu sehen.

Westlich des Daming-Si-Tempels befindet sich die Halle auf Gleicher Höhe mit den Bergen (Pingshan Tang), die der Literat und Historiker Ouyang Xiu Mitte des 12. Jh.s erbauen ließ.

Yangzhou, Tempel Daming Si (Fortsetzung)

Beim Ouyang-Xiu-Gedenktempel (Ouyang Xiu Ci) steht die Gulin-Tang-Halle, deren Bau der Dichter Su Shi (1037–1101) zu Ehren seines Lehrers Ouyang Xiu in Auftrag gab. In dem Gebäude sind Malereien und Kalligraphien ausgestellt.

Halle Gulin Tang

Yantai

Hf 27

烟台市

Chinesische Entsprechung

Provinz: Shandong
Fläche: 222 km²
Einwohnerzahl: 370 000 (im Großraum 8 Mio.)

Yantai liegt auf 121° 23′ östlicher Länge und 37° 32′ nördlicher Breite im Nordosten der Provinz Shandong. Mit Shanghai, Qinhuangdao und Dalian ist es per Schiffsverkehr, mit Peking, der Provinzhauptstadt Jinan, Nanking und Tsingtau durch Züge verbunden.

Lage und Verkehrsanbindung

Ihren Namen Yantai (Rauch-Terrasse) verdankt die Stadt einem Wachturm aus der zweiten Hälfte des 14. Jh.s, auf dem durch Signalfeuer das Nahen feindlicher Schiffe gemeldet wurde.

Geschichte

Sehenswertes in Yantai

Auf dem Gipfel des sich in der Stadtmitte erhebenden Berges steht ein dem Jadekaiser geweihter Tempel aus der Yuan-Zeit (1271–1368).

Berg des Jadekaisers (Yuhuang Ding)

Der Berg der Rauch-Terrasse, ein kleines Vorgebirge im Norden der Stadt, wird auf drei Seiten vom Meer umspült. Im Jahr 1398 wurde auf seiner Spitze der oben genannte Wachturm errichtet, wo jedes Mal, wenn sich ein feindliches Schiff näherte, ein Holzbündel angezündet wurde. Gegen Ende der Qing-Herrschaft (1644–1911) baute man daneben einen heute noch erhaltenen Leuchtturm.

*Berg der Rauch-Terrasse (Yantaishan)

Umgebung von Yantai

Die 9 km nördlich der Stadt gelegene Halbinsel des Wunderpilzes ragt ins Gelbe Meer hinaus. Wie eine Urkunde bezeugt, wurde sie zweimal, 219 und 220 v. Chr., vom Qin-Kaiser Shi Huangdi und einmal vom Han-Kaiser Wudi aufgesucht.

Halbinsel des Wunderpilzes (Zhifu Dao)

Der 15 m hohe Pavillon von Penglai auf dem Danya-Hügel, zirka 50 km nordwestlich von Yantai, wurde um die Mitte des 11. Jh.s zum Andenken an die Besuche der beiden Kaiser Shi Huangdi und Wudi erbaut.

*Pavillon von Penglai (Penglai Ge)

Der Überlieferung nach machten die acht unsterblichen Daoisten auf diesem Hügel Station, bevor sie ihre lange und beschwerliche Reise durch die Weltmeere antraten.

Unter dem Fassadenvordach des Pavillons hängt eine Holztafel mit einer Inschrift, die von einem berühmten Kalligraphen aus der Qing-Zeit (1644 bis 1911) stammt.

Hinter dem Pavillon stehen mehrere daoistische Bauten: u. a. der Palast der Drei Reinen (Sanqing Dian), der Palast des Lü Dongbing (Lu Zu Dian),

Yichang

Yantai, Pavillon von Penglai (Fortsetzung)

der Palast der Himmelskönigin (Tianhou Gong), der Palast des Drachenkönigs (Longwang Gong). Dieser Ort ist nicht nur von künstlerisch-architektonischem Interesse, sondern beeindruckt den Besucher auch durch seine magisch-geheimnisvolle Stimmung.

Yichang   Ha 30

Chinesische Entsprechung

Provinz: Hubei
Fläche: 195 km²
Einwohnerzahl: 280 000 (im Großraum 360 000)

Lage und Verkehrsanbindung

Yichang befindet sich im Westen der Provinz Hubei, am Ausgang der dritten und letzten Schlucht des Changjiang, auf 111° 12′ östlicher Länge und 30° 38′ nördlicher Breite.
Von vielen chinesischen Städten gelangt man per Schiff, Zug oder Bus nach Yichang; mit Xi'an, Kanton, der Provinzhauptstadt Wuhan und Changsha bestehen Flugverbindungen.

Geschichte

Das 2500 Jahre alte Yichang ist wegen seiner günstigen Lage schon seit jeher das politische, wirtschaftliche und kulturelle Zentrum des westlichen Teils der Provinz Hubei.

Umgebung von Yichang

* Stauwerk von Gezhou (Gezhou Ba)

Das Stauwerk von Gezhou (5 km westlich der Stadt) ist das erste, das im Changjiang errichtet wurde und das größte Chinas. Zu der Anlage gehören ein Staudamm, ein Elektrizitätswerk, drei Schleusen und zwei Wehre (eins für die Regulierung des Wasserdrucks, das andere zum Filtern des Sandes). Der Damm ist 2606 m lang und 70 m hoch.

* Naturschutzgebiet von Shennongjia (Shennongjia Ziran Baohuqu)

Das 3250 km² große Naturschutzgebiet von Shennongjia grenzt etwa 150 km nordwestlich von Yichang an die Provinz Szetschuan. Fast sein ganzes Territorium wird von der gleichnamigen Bergkette durchzogen, die sechs 3000-m-Gipfel zählt. Das hiesige Klima begünstigt das Vorkommen unzähliger Pflanzen- und Tierarten.
In der Umgebung des Dajiuhu-Sees, der 38 km westlich des höchsten Gipfels gelegen ist, finden sich sogar Tiger, Leoparden, Bären und Affen.
So manch einer behauptet, auf den urwaldbewachsenen Hängen dieses Gebietes Yeti, in China "Großfuß-Affenmensch" genannt, gesichtet zu haben, ein Geheimnis, das trotz wissenschaftlicher Expeditionen noch nicht gelüftet werden konnte. Im Yeti–Museum sind 40 cm lange Fußabdrücke und rote Haare des "Wildmenschen" zu sehen. Im Naturschutzgebiet werden Touren zur Suche von Spuren des Yeti unternommen.

Yinchuan   Gj 25

Chinesische Entsprechung

Hauptstadt der Autonomen Region Ningxia
Höhe: 1100 m ü. d. M.
Fläche: 4487 km²
Einwohnerzahl: 384 000 (im Großraum 701 000)

Yinchuan liegt auf 106° 17′ östlicher Länge und 38° 30′ nördlicher Breite, im Norden der Autonomen Region Ningxia. Mit Lanzhou (470 km) und Peking (1340 km) ist es durch eine Bahnlinie verbunden. Mit Peking (ca. 2 Std.), Taiyuan (1,5 Std.) und Xi'an (1,5 Std.) besteht auch Flugverkehr.

Yinchuan (Fortsetzung) Lage und Verkehrsanbindung

Yinchuan wurde zu Beginn des 11. Jh.s gegründet. Von 1038 bis 1227 diente es als Hauptstadt des Reichs der Westlichen Xia. Unter den Yuan, Ming und Qing (vom 13. Jh. bis ins frühe 20. Jh.) hatte es für den Nordwesten Chinas große politische Bedeutung. Im Jahr 1958, als die Autonome Region Ningxia der Hui-Nationalität entstand, wurde Yinchuan zum Regierungssitz bestimmt.

Geschichte

Yinchuan weist heute auf industriellem Sektor Textil-, Maschinenbau- und Chemiebetriebe auf. In der Umgebung wird durch Bewässerung intensiver Ackerbau ermöglicht.

Sehenswertes in Yinchuan

Der 22 m hohe Pavillon des Jadekaisers in der Stadtmitte stammt aus der Ming-Zeit (1368–1644), wurde aber 1954 neu errichtet. Er steht auf einer 19 m hohen, 38 m langen und 25 m breiten Terrasse aus Stampflehm, die mit Ziegeln verkleidet ist.

Pavillon des Jadekaisers (Yuhuang Ge)

Die Westpagode im Südwesten der Stadt gehörte zum Tempel Cheng Tian Si und wurde im Jahr 1050 erbaut. Beide Bauwerke fielen 1738 einem Erdbeben zum Opfer. Die 64 m hohe, achteckige Pagode, die mit grünen Keramikziegeln gedeckt ist, wurde 1820 wieder aufgebaut.

Westpagode (Xita)

Die 54 m hohe, elfstöckige Pagode ragt in einem nördlichen Vorort der Stadt auf, daher heißt sie im Volksmund auch Nordpagode (Bei Ta). Sie entstand vermutlich im frühen 5. Jh., erlitt aber bei zwei Erdbeben in den Jahren 1712 und 1778 schwere Schäden. Durch die anschließenden Restaurierungen gewann sie ihren ehemaligen Glanz zurück.
Der viereckige Bau wirkt durch Nischen wie zwölfeckig. Er unterscheidet sich von anderen chinesischen Pagoden dadurch, daß er an allen vier Seiten und auf jedem Geschoß drei Fensteröffnungen besitzt, von denen die mittlere am stärksten hervortritt. Von den oberen Stockwerken hat man eine herrlichen Ausblick auf die Stadt, die Berge und den Fluß Huanghe.

Schatz-Pagode (Haibao Ta)

Umgebung von Yinchuan

Die acht kaiserlichen Mausoleen und über 70 weitere Gräber aus der Westlichen Xia-Dynastie (1032–1227) sind über ein 40 km² großes Gelände, etwa 30 km westlich von Yinchuan, verstreut.
Jedes Mausoleum bedeckt eine Fläche von mehr als 100 000 m² und setzt sich aus Außen- und Innenmauer, vier Ecktürmen, einem Pavillon, einer Gedenkhalle, einem Altar und einer unterirdischen Grabkammer zusammen, die aus festgestampfter Erde besteht. Eines der Kaisergräber wurde in den 70er Jahren von Archäologen geöffnet.

*Kaisergräber der Westlichen Xia (Xixia Huangling)

Yixing

Chinesische Entsprechung

Provinz: Jiangsu
Fläche: 1640 km²
Einwohnerzahl: 1 Mio.

Yueyang

Yixing (Fortsetzung) Lage und Verkehrsanbindung

Yixing befindet sich im äußersten Süden der Provinz Jiangsu, in der Nähe der Grenze zu Anhui und Zhejiang, westlich des Taihu-Sees, auf 119° 49' östlicher Länge und 31° 22' nördlicher Breite.
Mit vielen Städten der drei Provinzen ist es durch Busse verbunden. Am besten nimmt man den Bus in Wuxi, 62 km nordöstlich von Yixing gelegen.

Allgemeines

Die Stadt gehört zu den größten und ältesten Zentren der chinesischen Keramikproduktion, die bis heute von Bedeutung ist. Es werden meist Gebrauchsartikel hergestellt, z.B. Teekannen, Becher, Blumentöpfe, die häufig mit Pflanzen- und Tiermotiven verziert sind.

Sehenswertes in Yixing

Residenz des Taiping-Königs

In der Straße Heping Jie befindet sich die Residenz des Taiping-Königs, wo ursprünglich ein Beamter der Qing-Dynastie (1644–1911) lebte. Während des Taiping-Aufstands (1851–1864) wählte einer der Führer das Anwesen zu seiner Residenz. Heute sind noch einige Wandmalereien aus dieser Zeit zu sehen.

Töpfermuseum (Taoci Chenlieguan)

Das Töpfermuseum zeigt ältere und moderne Keramik sowie Produktionseinrichtungen.

Umgebung von Yixing

Grotte des Herrn Zhang (Zhanggong Dong)

Die 20 km südlich der Stadt gelegene Grotte war der Überlieferung nach von Zhang Guolao, einem unsterblichen Daoisten aus der Tang-Zeit (618–907), bewohnt. Die 1000 m tiefe Karsthöhle umfaßt 72 Höhlen mit zahllosen Stalaktiten und Stalagmiten.

Grotte des Göttertals (Linggu Dong)

Die Grotte des Göttertals, 12 km südwestlich der Grotte des Herrn Zhang, wurde im 9. Jh. von einem Tang-Dichter entdeckt. An ihren Wänden haben unzählige Besucher vom 10. Jh. an Inschriften hinterlassen.

*Grotte der Verborgenen Güte (Shanjuan Dong)

Die Grotte der Verborgenen Güte, zirka 85 km südwestlich von Yixing, gliedert sich in vier Bereiche, die auf drei verschiedenen Ebenen liegen. Die Strecke, welche die Besucher zurücklegen, ist insgesamt 800 m lang. Im oberen spiralförmigen Abschnitt herrscht das ganze Jahr über eine Temperatur von ca. 23°C. Im unteren Höhlenbereich stürzt ein Wasserfall von einer steilen Felswand. Entdeckt wurde die Grotte wohl schon vor dem 9. Jh., weil man in ihrem Innern einen Stein mit einer Inschrift aus dem Jahr 850 n.Chr. fand. Zusammen mit den zwei oben bereits erwähnten Grotten zählt sie zu den 'Drei Wundern von Yixing'.

Yünnan

→ Yunnan

Yueyang   Hb 31

Chinesische Entsprechung

Provinz: Hunan
Fläche: 22 km²
Einwohnerzahl: 230 000

Yueyang

Yueyang befindet sich auf 113° 08′ östlicher Länge und 29° 22′ nördlicher Breite, im Norden der Provinz Hunan, am Nordostufer des Dongtinghu-Sees.
Von Wuhan (220 km südlich), der Provinzhauptstadt Changsha (140 km nördlich), Peking, Kanton und anderen chinesischen Großstädten kann man mit dem Zug hierher fahren.

Lage und Verkehrsanbindung

Die erste städtische Siedlung an dieser Stelle entstand vor über 2000 Jahren. Unter den Sui wurde sie im 6. Jh. unter dem Namen Yuezhou zur Hauptstadt eines der größten chinesischen Bezirke.
Heute ist Yueyang hauptsächlich als Umschlagplatz für Holz und Baumwolle von Bedeutung.

Geschichte

Sehenswertes in Yueyang

Der Yueyang-Lou-Turm, der einer der bekanntesten Turmbauten in Südchina ist, erhebt sich am Ufer des Dongtinghu-Sees. Das 1045 erneuerte Gebäude ersetzte einen 716 an anderer Stelle errichteten Turm. Unter den

** Turm Yueyang Lou

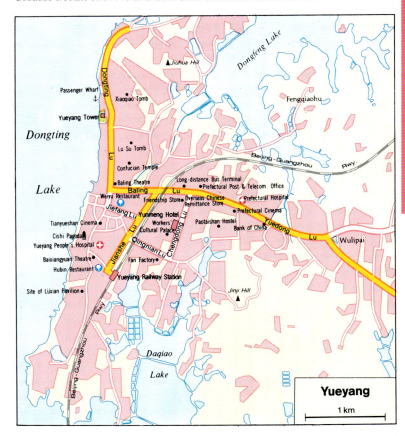

Yunnan · Yünnan

Yueyang, Turm Yueyang Lou (Fortsetzung)	Tang (618–907) diente er als Begegnungsstätte bekannter Dichter wie Li Bai (→ Berühmte Persönlichkeiten), Du Fu (→ Berühmte Persönlichkeiten) und Bai Juyi, die ihn rühmten, wie auch später der Literat Fan Zhongyan (989–1052). Der dreistöckige Turm ragt knapp 20 m hoch auf. Die tragenden Elemente des ganz ohne Balken und Nägel errichteten Bauwerks sind alle aus Holz. Es weist vier Hauptsäulen sowie 24 äußere und 12 innere Säulen auf, außerdem 12 stark nach oben gerichtete Dachtraufen.
Pavillon der Drei Betrunkenen (Sanzui Ting)	Rings um den Yueyang-Turm stehen drei Pavillons. Vorne rechts sieht man den Pavillon der Drei Betrunkenen, dem unsterblichen Daoisten Lü Dongbin geweiht, der sich drei Mal auf dem Turm betrunken haben soll.
Pavillon der Magischen Pflaume (Xianmei Ting)	Zur Linken des Yueyang-Turms befindet sich der Pavillon der Magischen Pflaume, der nach dem pflaumenförmig gehauenen Stein in seinem Innern benannt ist.
Pavillon zum Andenken an Du Fu (Huaifu Ting)	Das dritte Gebäude, der Pavillon zum Andenken an Du Fu, erhebt sich hinter dem Yueyang-Turm, und ist, wie der Name besagt, dem Dichter Du Fu geweiht, der im Jahr 770 in völliger Armut auf einem Boot starb, das am Ufer des Dongtinghu-Sees ankerte.
*Pagode der Frau Ci (Cishi Ta)	Die 39 m hohe Pagode aus den Jahren 713 bis 741 ragt im Südwesten der Stadt am Ufer des Dongtinghu-Sees empor. Benannt wurde sie nach einer Frau Ci, die ihr ganzes Hab und Gut verkauft hatte, um die Fertigstellung des Gebäudes finanzieren zu können.
See Dongtinghu	Der Dongtinghu-See, der durch mehrere Kanäle mit dem Fluß Changjiang verbunden ist, erhält von diesem ca. 40 % seines Wassers und wird zudem noch von vier weiteren großen Flüssen gespeist. In der trockenen Jahreszeit von Oktober bis April fließt allerdings mehr Wasser vom Dontinghu in den Changjiang, so daß der Wasserspiegel des Sees sinkt und sich dessen Fläche um fast ein Drittel verkleinert. Man sollte nicht versäumen, eine Bootsfahrt auf dem See zu unternehmen.

Umgebung von Yueyang

Insel Junshan	15 km von der Stadt entfernt liegt im Dongtinghu-See die Insel Junshan, die für ihre vielfältige Flora, vor allem verschiedene Bambusarten, bekannt ist. Auch der Tee der Insel ist berühmt.

Yunnan · Yünnan   Gd–Gj 31–35

Chinesische Entsprechung	云南省
	Provinz Fläche: 394 000 km² Einwohnerzahl: 37,82 Mio. Hauptstadt: Kunming
Lage	Die Provinz Yunnan befindet sich zwischen 97° 32'–106° 12' östlicher Länge und 21° 08'–29° 15' nördlicher Breite im Südwesten Chinas, an Myanmar (Birma), Laos und Vietnam angrenzend.
Naturraum	Die Ausläufer des Qinghai-Tibet-Plateaus nehmen nahezu die gesamte Fläche der Provinz ein, die sich in mehreren Hochplateaus von 2000 bis 3000 m Höhe nach Osten und Südosten abstuft. Im Nordwesten liegt die Durchschnittshöhe bei 5000 m; der höchste Gipfel mißt 6740 m. In die

Yunnan · Yünnan

Gebirgszüge schneiden die Oberläufe vom Changjiang, Lancangjiang (Mekong), Nujiang (Saluën), Yuanjiang und Xijiang tief ein.	Naturraum (Fortsetzung)
Die topographischen und Höhen-Unterschiede innerhalb der Provinz haben zur Entstehung verschiedener Klimazonen geführt. Während im Nordwesten recht rauhes, kaltes Wetter herrscht, zeichnet sich der südlich des Wendekreises des Krebses liegende Bereich durch ein trockenes, heißes Klima aus. Die Täler und Seengebiete, vor allem aber die Provinzhauptstadt Kunming und ihre Umgebung erfreuen sich indes das ganze Jahr über eines sehr milden Klimas. Die Durchschnittstemperaturen liegen im Juli bei 22 °C, im Januar bei 9 °C, und die jährlichen Niederschläge betragen 1000 mm.	Klima
Etwa ein Drittel der Bevölkerung von Yunnan gehören nationalen Minderheiten (u.a. Yi, Bai, Naxi, Hani und Dai) an. Etwa die Hälfte der Nationalitäten Chinas lebt hier.	Bevölkerung
Yunnan, das ursprünglich ausschließlich von nicht han-chinesischen Völkern bewohnt war, erkannte in der Qin- und Han-Zeit (221 v. Chr. bis 220 n. Chr.) zwar die chinesische Oberhoheit an, blieb aber weitgehend selbständig. Die mongolische Yuan-Dynastie (1271–1368) gliederte dann das Gebiet in das Reich ein. Separatistische Bestrebungen führten zu Unruhen. Zu Beginn des 20. Jh.s versuchten die Franzosen und Briten, hier ihre Machtsphäre auszudehnen. Nach 1949 forcierte die Regierung den Ausbau der Industrie.	Geschichte
Auf wirtschaftlichem Gebiet ist aufgrund reicher Bodenschätze der Bergbau von besonderer Bedeutung. Vor allem gibt es große Zinnvorkommen, zudem Kupfer, Kohle, Eisen und Phosphor. Von der Provinzfläche sind 6 % fruchtbares Ackerbaugebiet. Wichtigstes Anbauprodukt ist Reis, hinzu kommen Mais, Weizen, Bataten, außerdem Kaffee, Zuckerrohr und Tabak.	Wirtschaft
Sehenswert sind außer der Provinzhauptstadt → Kunming auch die Städte → Dali und → Jinghong im Autonomen Bezirk Xishuangbanna.	Reiseziele

China

Übersichtskarte

Volksrepublik China
Zhonghua Renmin Gongheguo

Zhanjiang Ha 35

Chinesische Entsprechung

湛江

Provinz: Guangdong
Fläche: 12 000 km^2
Einwohnerzahl: 4,6 Mio.

Lage und Verkehrsanbindung

Zhanjiang liegt im Süden der Provinz Guangdong, auf 110° 21' östlicher Länge und 21° 16' nördlicher Breite.
Man erreicht es von der Provinzhauptstadt Kanton mit dem Bus und von Guilin und Nanning mit der Bahn. Die Stadt verfügt zudem über einen Seehafen, der Verbindungen mit Kanton, Haikou und vielen südostasiatischen Hafenstädten herstellt.

Geschichte

Die noch sehr junge Stadt hat schon viele negative Ereignisse erlebt. Im Jahr 1898 wurde sie von den Franzosen, 1943 von den Japanern besetzt. 1945 fiel Zhanjiang wieder unter chinesische Herrschaft.
1984 öffnete man es zusammen mit 14 weiteren Hafenstädten für den internationalen Handel.

Umgebung von Zhanjiang

*See Huguangyan

Der Vulkansee Huguangyan, 20 km südwestlich der Stadt gelegen, bedeckt eine Fläche von 3,6 km^2. Seine Ufer säumen mehrere alte Baudenkmäler, darunter auch das bekannte Lengyan-Kloster (Lengyan Si) aus der Song-Zeit (960–1279). Oberhalb der Sakralanlage erhebt sich ein großer Felsen, auf dem Li Gang (1083–1140), der unter den Song verschiedene wichtige Ämter bekleidete und zum Kanzler ernannt wurde, mit drei chinesischen Schriftzeichen den Namen des Sees kalligraphierte.

Zhaoqing Hb 34

Chinesische Entsprechung

肇庆市

Provinz: Guangdong
Fläche: 197 km^2
Einwohnerzahl: 199 000 (im Großraum 5,27 Mio.)

Lage und Verkehrsanbindung

Zhaoqing befindet sich auf 112° 25' östlicher Länge und 23° 05' nördlicher Breite, im Zentrum der Provinz Guangdong, am Fluß Xijiang.
Von der etwa 110 km westlich gelegenen Provinzhauptstadt Kanton kann man die Stadt per Bus oder Schiff erreichen.

Geschichte

Das über 2000 Jahre alte Zhaoqing wurde 1118 zur Hauptstadt eines wichtigen Verwaltungsbezirks. Im Jahr 1646 diente es einem aufständischen Bauernheer als Hauptquartier.

Sehenswertes in Zhaoqing

*Sieben-Sterne-Felsen (Qixing Yan)

Die Sieben-Sterne-Felsen ragen am Nordrand der Stadt aus dem Sternen-See empor. In ihrer Anordnung erinnern die sieben Hügel, die reich an eindrucksvollen Höhlen, Tempeln und Pavillons sind, an das Sternbild des Großen Bären.

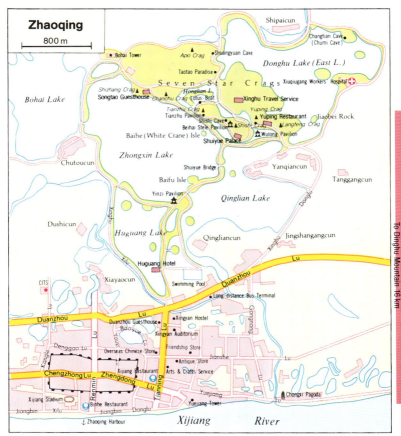

Am Eingangstor ist eine Inschrift des Revolutionärs Zhe De angebracht. Im Steinkammerfelsen (Shishi) liegt eine Höhle, in der 270 Steinschnitte zu finden sind.

Sieben-Sterne-Felsen (Fortsetzung)

Umgebung von Zhaoqing

Seit über 1000 Jahren Ziel von Pilgerfahrten, erhebt sich das Gebirgsmassiv Dinghushan ca. 18 km nordöstlich von Zhaoqing, inmitten eines etwa 1200 ha großen Areals, das von der UNO zum Naturschutzgebiet erklärt wurde.
Hier existieren über 2000 Pflanzen- und Tierarten, darunter einige sehr seltene und wertvolle Arten wie Goral, Silberfasan und Schuppentier.

*Gebirge Dinghushan

Auf dem Gipfel des mächtigsten Berges, des rund 1000 m hohen Hahnenkamms, breitet sich der Dreifuß-See (Dinghu) aus. Einer Legende zufolge

Hahnenkamm (Jilong Feng)

Zhejiang · Tschekiang

Zhaoqing, Hahnenkamm (Fortsetzung)	begab sich der Gelbe Kaiser oft an diesen Ort, um den Einheimischen zu zeigen, wie man Dreifüße anfertigte. Daraus erklärt sich der Name des Sees.
Tempel Qingyun Si	Im dichten Grün der Bäume verbergen sich zahlreiche buddhistische Tempelbauten, wie z. B. der ming-zeitliche (1368–1644) Qingyun-Si-Tempel, in dem ein Gästehaus eingerichtet ist. Hier werden eine wunderschöne, 500 kg schwere Bronzeglocke und ein riesiger Eisenkessel aufbewahrt, in dem Reis für 100 Personen zubereitet wurde.
Tempel der Weißen Wolken (Baiyun Si)	Etwa 5 km südwestlich des Qingyun-Tempels stößt man auf den Tempel der Weißen Wolken, der auf die Tang-Ära (618–907) datiert.

Zhejiang · Tschekiang   He – Hg 30 – 32

Chinesische Entsprechung	浙江省
	Provinz Fläche: 101 800 km² Einwohnerzahl: 42,02 Mio. Hauptstadt: Hangzhou
Lage	Die Provinz Zhejiang liegt im Osten Chinas, zwischen 118° 01′ –123° 08′ östlicher Länge und 27° 01′ – 31° 10′ nördlicher Breite.
Naturraum	Ihr Territorium besteht zu 80 % aus Berg- und Hügelland und zu 20 % aus Ebenen. Der höchste Berggipfel mißt 1921 m.
Klima	Da sich die Provinz in einer subtropischen Zone befindet, weist sie ein sehr warmes und feuchtes Klima auf. Zwischen den einzelnen Jahreszeiten
Übersichtskarte	**China**

Volksrepublik China
Zhonghua Renmin Gongheguo

bestehen deutliche Unterschiede. Die durchschnittliche Jahrestemperatur liegt zwischen 16°C und 19°C. Die jährlichen Niederschläge belaufen sich auf ca. 1850 mm.

Zhejiang, Klima (Fortsetzung)

Die Geschichte von Zhejiang läßt sich bis ins 8. Jh. v. Chr. zurückverfolgen. Es war lange Zeit in einen Ost- und Westteil gegliedert. Der Aufstieg der Stadt begann, als die Song (960–1279) ihre Residenz nach Hangzhou verlegten. Er fand mit dem Taiping-Aufstand (1851–1864) ein Ende.

Geschichte

Auf industriellem Gebiet spielen der Maschinenbau und die chemische Industrie eine Rolle.
Nur etwa 20 % der Landesfläche sind für den Ackerbau nutzbar, wovon ein Großteil für den Anbau von Reis, Getreide und Mais verwendet wird. Die Tee- und Seidenproduktion ist von besonders großer Bedeutung.

Wirtschaft

Die wichtigsten Sehenswürdigkeiten sind in der Provinzhauptstadt → Hangzhou sowie in → Shaoxing, → Ningbo, → Wenzhou, → Jinghua und → Jiaxing zu finden.

Reiseziele

Zhengzhou · Tschengtschou   Hb 28

郑州市

Chinesische Entsprechung

Hauptstadt der Provinz Henan
Höhe: 107 m ü.d.M.
Fläche: 1940 km²
Einwohnerzahl: 895000 (im Großraum 1,42 Mio.)

Stadtplan s. S. 520

Zhengzhou liegt im Norden der Provinz Henan, südlich des Huanghe und östlich des Songshan, auf 113° 39′ östlicher Länge und 34° 43′ nördlicher Breite.
Da sich die Stadt am Kreuzungspunkt der beiden wichtigsten Bahnlinien Chinas – Peking–Kanton und Lianyungang–Ürümqi – befindet, ist sie von fast allen größeren Städten Chinas mit dem Zug erreichbar. Von Peking, Shanghai, Kanton, Xi'an und anderen chinesischen Metropolen kann man in wenigen Stunden auch hierher fliegen.

Lage und Verkehrsanbindung

Zhengzhou ist eine der ältesten Städte Chinas. Ausgrabungen haben bedeutende Funde aus dem Neolithikum und die Ruinen einer über 3500 Jahre alten Stadtmauer aus der Shang-Zeit (16.–11. Jh. v.Chr.) zu Tage gefördert. Diese Stadtmauer umfaßte eine Gesamtlänge von mehr als 7 km, eine Höhe von 9 m und an der Basis über 30 m. Unter den Westlichen Zhou (11. Jh.–770 v.Chr.) dehnte sich Zhengzhou erheblich aus. Im Jahr 559 n.Chr. erhielt die Stadt ihren heutigen Namen. Nach dem Bau der beiden oben erwähnten Bahnlinien erfuhr Zhengzhou zu Beginn des 20. Jh.s einen rapiden wirtschaftlichen Aufschwung. Es spielte eine zentrale Rolle im Eisenbahnerstreik von 1923, dem 'Streik vom 7. Februar'.
Gegenwärtig ist es nicht nur der politische, kulturelle und wirtschaftliche Mittelpunkt der Provinz Henan, sondern auch ein für Nordchina wichtiges Industriezentrum (Metallverarbeitung, Maschinenbau).

Geschichte

Sehenswertes in Zhengzhou

Im Stadtzentrum wurde 1971 ein Monument errichtet, zum Andenken an den Generalstreik der Eisenbahner, der am 7. Februar 1923 begann und drei Tage später blutig niedergeschlagen wurde. Die 63 m hohe Doppelpagode weist polygonale Grundrisse auf. Hier werden Dokumente zu den damaligen Ereignissen gezeigt.

*Gedenkpagode an den 7. Februar (Erqi Jinianta)

Zhengzhou · Tschengtschou

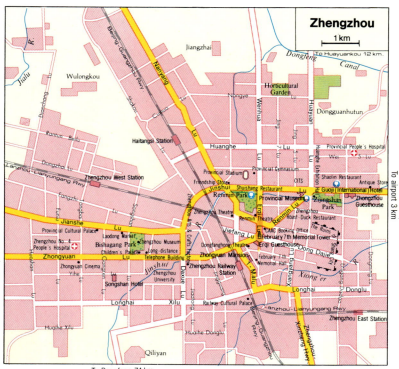

Geschichtsmuseum der Provinz Henan (Henansheng Lishi Bowuguan)	Das Provinzmuseum, ebenfalls im Stadtzentrum gelegen, zeigt Funde aus dem Neolithikum, vor allem der Yangshao- und Longshan-Kultur. Zudem sind Exponate zur Revolutionsgeschichte, die mit dem Eisenbahnerstreik begann, zu sehen.
Volkspark (Renmin Gongyuan)	Westlich des Provinzmuseums breitet sich der Volkspark am Ufer des Jinshuihe aus. Er ist mit seinen Pavillons und Wandelgängen ein beliebter Erholungsort der Stadtbewohner.

Umgebung von Zhengzhou

Berg Mangshan	30 km nordwestlich der Stadt erhebt sich der Mangshan am Ufer des Huanghe. Hier befindet sich eine 1972 fertiggestellte Pumpstation, die Zengzhou mit Wasser versorgt. Vom Gipfel des Berges hat man einen beeindruckenden Ausblick auf den Fluß.
Han-Gräber von Dahuting (Dahuting Hanmu)	Die zwei Gräber aus der Östlichen Han-Zeit (25–220 n. Chr.) liegen in dem Dorf Dahuting im Kreis Mixian, 30 km südwestlich von Zengzhou. Hier sind ein Präfekt und einer seiner Angehörigen beigesetzt. Die Wandmalereien in den Gräbern zeigen Szenen aus dem Leben der Verstorbenen.

Anyang, ungefähr 190 km nördlich von Zhengzhou, war vor über 3000 Jahren die Hauptstadt der auch unter dem Namen Yin bekannten Shang-Dynastie. 273 Jahre lang bildete es ein bedeutendes Machtzentrum, verfiel aber nach dem Niedergang der Shang-Dynastie in kurzer Zeit. Ruinen der Stadt wurden erstmals 1899 in der Nähe des Dorfes Xiaotun ausgegraben. Auf einem ca. 25 km² (8 km in Ost-West- und 3 km in Süd-Nord-Richtung) großen Gelände kamen viele archäologische Kostbarkeiten zum Vorschein, darunter über 100 000 Inschriften auf Schildkrötenpanzern und Ochsenknochen sowie viele Bronzegegenstände.

Zhengzhou (Fortsetzung)
**Reste der Yin-Kultur bei Anyang (Anyang Yinxu)

Ebenfalls in der Umgebung von Anyang liegen die Ruinen der Stadt Youli, die schon unter den Zhou (11. Jh. – 771 v. Chr.) bezeugt ist. Damals kam der Zhou-König Wenwang oft hierher, um Weissagungsriten beizuwohnen. Außer der noch originalen Terrasse sind alle heute erhaltenen Gebäude in späteren Jahrhunderten neu errichtet worden.

***Reste der Stadt Youli** (Youli Yizhi)

Von besonderem Interesse ist die Stele des Königs mit den 64 Hexagrammen, die im "Yi Jing" ("Buch der Wandlungen") ausführlich beschrieben sind. Sie läßt viele Rückschlüsse auf die Wahrsagepraktiken zu, die vor 2100 Jahren in China gebräuchlich waren.

Stele des Königs (Wenwang Bei)

Zhenjiang

He 29

Chinesische Entsprechung

Provinz: Jiangsu
Fläche: 215 km²
Einwohnerzahl: 310 000 (im Großraum 2,5 Mio.)

Das am Südufer des Flusses Changjiang gelegene Zhenjiang wird von den drei mythenumrankten und geschichtsträchtigen Bergen Jiaoshan, Beigushan und Jinshan umrahmt. Es befindet sich auf 119° 22′ östlicher Länge und 32° 14′ nördlicher Breite. Mit der Provinzhauptstadt Nanking (65 km), Shanghai (238 km) und vielen anderen chinesischen Städten ist die Stadt durch die Bahnlinie Peking – Shanghai – Fuzhou verbunden. Da Zhenjiang über einen großen Hafen am Changjiang verfügt, ist es von Nanking, Shanghai, Wuhan, Tschungking etc. auch per Schiff erreichbar.

Lage und Verkehrsanbindung

Zhenjiang rühmt sich einer über 2500 Jahre langen Geschichte. Nachdem es unter den Wu, zur Zeit der Drei Reiche (220 – 280), zu einem Militärstützpunkt ausgebaut worden war, trug es über mehrere Jahrhunderte den Namen Xuzhou. Seine verkehrsgünstige Lage am Zusammenfluß von Changjiang und dem Kaiserkanal machte es zu einem Handelszentrum. In der Song-Epoche (960 – 1279) wurde die Stadt dann in Zhenjiang umbenannt. Heute ist Zhenjiang eine Industriestadt.

Geschichte

Sehenswertes in Zhenjiang

Im Nordosten von Zhenjiang ragt am Südufer des Changjiang der 48 m hohe Beigushan auf, eine natürliche Festung in strategisch günstiger Lage, die schon in den Annalen der Drei Reiche häufig erwähnt wurde. Sun Quan, der König der Wu, lockte seinen Rivalen Liu Bei, den König der Shu, am Fuß des Beigushan in eine Falle, indem er vortäuschte, ihm seine Schwester zur Gemahlin geben zu wollen.

***Beigushan**

Auf dem Beigushan steht u. a. der Tempel des Erquickenden Taus, in dem sich die Mutter von Sun Quan mit Liu Bei traf, um ihm die oben erwähnte Heirat nahezubringen. Er geht auf das Jahr 265 zurück, wurde aber im Lauf der Zeit mehrmals zerstört und wieder aufgebaut.

Tempel des Erquickenden Taus (Ganlu Si)

Zhuhai

Zhenjiang (Fortsetzung)	Neben dem Tempel des Erquickenden Taus steht die Eisenpagode (Ganlusi Tieta).
Turm des Rundblicks (Duojing Lou)	Auf dem Gipfel steht der Turm des Rundblicks, von dem man eine schöne Aussicht genießen kann.
***Goldener Berg** (Jinshan)	Der Goldene Berg im Nordwesten der Stadt ist zwar nur 60 m hoch, aber dennoch reich an alten Baudenkmälern und malerischen Winkeln. Sein Name leitet sich von den Goldfunden ab, die in der Tang-Zeit (618–907) hier gemacht wurden.
Tempelkloster des Goldenen Bergs	Am bekanntesten ist das Tempelkloster des Goldenen Berges (Jinshan Si) aus dem 4. Jh., das auch heute noch von Mönchen bewohnt wird.
Pagode Cishou Ta	Auf dem Gipfel des Berges steht die Cishou-Ta-Pagode aus dem Jahr 1900. Bereits zur Tang-Zeit (618–907) soll sich hier eine Pagode befunden haben. Eine Wendeltreppe führt zu den einzelnen Stockwerken.
Quelle Nr. 1 (Tianxia Diyiquan)	Viele Besucher zieht die Quelle Nr. 1 am Westhang des Jinshan an.
***Berg des Herrn Jiao** (Jiaoshan)	Aus dem Changjiang ragt der 150 m hohe Berg des Herrn Jiao auf. Zur Zeit der Östlichen Han (25–220) fand hier ein gewisser Jiao Guang Zuflucht, woraus sich der Name ableitet.
	Auf dem Jiaoshan kann man eine große Anzahl von Sehenswürdigkeiten, etwa 300 alte Steininschriften und mehrere Jahrhundertbäume wie Tannen, Ulmen und Ginkgos besichtigen. Eine Steininschrift des berühmten Kalligraphen Wang Xizhi (→ Berühmte Persönlichkeiten) befindet sich in einem eigenen Pavillon.
Tempelkloster Dinghui Si	Zu den Sehenswürdigkeiten des Jiaoshan gehört das Tempelkloster Dinghui Si, eine Gründung aus der Östlichen Han-Zeit (25–230). Die heute noch erhaltenen Gebäude stammen aus der Qing-Zeit (1644–1911).
Gebäude des Atmenden Flusses (Xijiang Lou)	Auf dem Gipfel des Berges erhebt sich das Gebäude des Atmenden Flusses, das zu der Tempelanlage Biefeng An gehört.
	An der Ostseite des Jiaoshan befinden sich Festungsanlagen, die im Opiumkrieg (1842) zwischen Qing-Truppen und Engländern umkämpft waren.

Zhuhai   Hb 34

Chinesische Entsprechung	珠海
	Provinz: Guangdong Fläche: 122 km² Einwohnerzahl: 175000 (im Großraum 425000)
Lage und Verkehrsanbindung	Zhuhai liegt auf 113° 29′ östlicher Länge und 22° 14′ nördlicher Breite, westlich der Mündung des Flusses Xijiang und unweit nördlich von Macao. Mit der 140 km entfernten Provinzhauptstadt Kanton ist es durch eine Autobahn und eine Schiffahrtslinie verbunden. Der historische Stadtkern von Zhuhai breitet sich auf 104 kleinen Inseln aus, die Freizeitmöglichkeiten und landschaftliche Schönheiten bieten.
Geschichte	Bis in die Mitte des 20. Jh.s war Zhuhai nur eine unbedeutende, zu einer größeren Stadt gehörige Siedlung. Erst im Jahr 1953 erlangte sie administrative Autonomie. 1979 beschloß die Zentralregierung, hier eine Wirtschaftssonderzone einzurichten; das bedeutete eine freiere Wirtschaftspolitik und eine beweglichere Verwaltung. Seither hat Zhuhai ein enormes ökonomisches und städtisches Wachstum erfahren.

Sehenswertes in Zhuhai

*Strandpark (Haibun Gongyuan)	Den Strandpark im zentralöstlichen Teil der Stadt beherrscht der dahinter aufragende Berg Shijingshan. Er wird auch als Weihrauch-Bucht bezeich-

net, weil die Fischer einst, bevor sie auf Fang gingen, hier Weihrauch verbrannten, um den Schutz der Götter zu beschwören.
Heute bietet der Strand mit seinem feinen silbrigen Sand verschiedene moderne Badeanstalten.

Zhuhai, Strandpark (Fortsetzung)

Ein beliebtes Ausflugsziel mitten in der Stadt, westlich des Strandparks, stellt der 'Steinzoo' dar, in dem 22 Gesteinsformationen in Tiergestalt (Elefanten, Nashörner, Adler usw.) zu sehen sind.

* Ausflugsort am Shijingshan (Shijinshan Luyou Zhongxin)

Zibo

Hf 27

淄博市

Chinesische Entsprechung

Provinz: Shandong
Fläche: 3436 km²
Einwohnerzahl: 2,7 Mio.

Zibo befindet sich im Zentrum der Provinz Shandong, auf 118° 03′ östlicher Länge und 36° 45′ nördlicher Breite. Von dem 100 km entfernt gelegenen Jinan erreicht man Zibo mit der Bahn oder dem Bus.

Lage und Verkehrsanbindung

Zibo war vom 8. Jh. v. Chr. 630 Jahre lang die Hauptstadt des Qi-Reichs. Bekanntheit erlangte es auch wegen seiner traditionsreichen Keramik- und Lackkunst. Die grüne Glasur wurde vor rund 1500 Jahren erstmals in Zibo entwickelt. Unter den Tang (618–907) waren die schwarz glasierten Porzellane aus Zibo ein 'Verkaufsschlager'. In der Song-Zeit (960–1279) erfanden die einheimischen Keramiker eine neue Technik: Sie überzogen die Steinware mit einer bräunlichen Glasurschicht, die tränenförmige Laufspuren aufwies. Nach einer langen Verfallsphase erhielt das Porzellanhandwerk von Zibo um die Mitte des 20. Jh.s neuen Auftrieb. Derzeit ist Zibo der größte Keramikhersteller Chinas.

Geschichte

Umgebung von Zibo

In der Umgebung von Zibo sind zahlreiche Gräber zu finden, u.a. das Grab Zweier Könige (Erwang Zhong), in dem die beiden Herzöge von Qi, Huan (Reg. 685–643 v.Chr.) und Jinggong (Reg. 547–490 v.Chr.), begraben sind, sowie das Grab des Guan Zhong (gest. 645 v.Chr.), einer der Begründer des Legalismus.

Gräber

Die Reste der Qi-Hauptstadt nordwestlich von Zibo, im Kreis Linzi, wurden auf einem 30 km² großen Gelände ausgegraben. Die vor 2900 Jahren gegründete Kapitale war von einer 14 158 m langen Befestigungsmauer mit 13 Toren umgeben, die durch gepflasterte Straßen miteinander verbunden waren. Die Stadt besaß ein perfektes Kanalisationssystem, das auch die Abwässer aufnahm, die beim Brennen von Bronze- und Eisengegenständen in den Schmelzöfen entstanden. Bei den Ausgrabungen wurden auch eine Münzprägestätte und mehrere Werkstätten entdeckt, in denen Werkzeuge aus Knochenmaterial hergestellt wurden. Einige Funde ist im Archäologischen Museum in der Altstadt von Zibo zu besichtigen.

* Reste der Hauptstadt des Qi-Reiches (Qiguo Gucheng)

In der Nähe von Zibo, im Kreis Zichuan steht das Wohnhaus des Pu Songling (1640–1715), der die bekannte Sammlung von Erzählungen mit dem Titel "Merkwürdige Berichte aus dem Liao-Studio" ("Liaozhai Zhiyi") verfaßte. Er lebte hier bis zum Alter von dreißig Jahren, und kehrte mit 71 Jahren wieder an seine Geburtsstätte zurück. Eine Ausstellungshalle infomiert über Leben und Werk des Dichters.

* Wohnhaus des Pu Songling (Pu Songling Guju)

Praktische Informationen von A bis Z

Anreise

Über die → Flughäfen von Peking und Shanghai ist die Volksrepublik China an das internationale Liniennetz angeschlossen.
Mehrmals wöchentlich bestehen Flugverbindungen von Deutschland ab Berlin und Frankfurt am Main (Dauer: 11 Std.), von Österreich ab Wien, von der Schweiz ab Zürich und von Belgien ab Brüssel nach Peking; ab Frankfurt am Main, Paris und Brüssel wird u. a. neben Peking auch Shanghai angeflogen.
Ebenfalls mehrmals wöchentlich gibt es Flüge von Frankfurt am Main, Zürich und Wien nach Hongkong; ab Hongkong bestehen dann Flugmöglichkeiten in verschiedene Orte in der Volksrepublik China.
Die japanische Luftverkehrsgesellschaft All Nippon Airways (ANA) fliegt mehrmals wöchentlich ab dem Tokioter Flughafen Narita nach Schanghai (Dauer: 3 Std.); ferner nach Peking und Dalian.
Ab Frankfurt am Main werden mehrmals wöchentlich direkte Flüge nach Taipei auf Taiwan (Republik China) angeboten, z. T. mit Zwischenlandung in Bangkok (Thailand); ab London-Heathrow fliegt British Asia Airways ebenfalls in die Republik China nach Taipei auf Taiwan (Zwischenaufenthalt in Hongkong; weitere Informationen erteilt British Airways in Frankfurt am Main, Tel. 069/27309124).

Mit dem Flugzeug

Über Fahrten mit der Transsibirischen Eisenbahn (auch kurz 'Transsib' genannt) von Berlin über Moskau und Irkutsk nach Peking informieren die CITS-Büros (→ Auskunft) sowie der Reiseveranstalter Intourist Reisen, Kurfürstendamm 63, D-10707 Berlin, Tel. (030) 88007-0 oder Unter den Linden 51, D-10117 Berlin, Tel. (030) 2291585 und 2294132.
Zur Auswahl stehen die kürzere Strecke (Non-Stop-Verbindung) über Ulaanbaatar (Ulan Bator) in der Mongolei (Ankunft in Peking am 9. Tag) oder die längere Fahrt (ebenfalls Non-Stop-Verbindung) über Harbin in der Mandschurei (Ankunft in Peking am 10. Tag). Wer die Anreise über die Mongolei wählt, kann auf Wunsch auch in Ulan Bator einen Zwischenhalt einlegen; bei der Fahrt über die Mandschurei besteht die Möglichkeit, die Reise am Baikalsee zu unterbrechen.
Die notwendigen Visaanträge besorgt der Reiseveranstalter Intourist (Bearbeitungszeit: mindestens 6 Wochen).
Details über die Fahrt mit der Transsibirischen Eisenbahn enthalten u. a. das "Transsiberian Handbook" und der "Transsiberian Guide", zu beziehen beim Thomas Cook Reisebüro, Kurfürstendamm 195, D-10707 Berlin, Tel. (030) 8842830.
Für Individualtouristen bietet Intourist u. a. auch eine Bahnfahrt ab Berlin über Moskau und Alma Ata (alternativ auch über Moskau, Taschkent und Alma Ata) nach Ürümqi auf den Spuren der Seidenstraße an.

Mit der Eisenbahn
Transsibirische Eisenbahn

Seit Eröffnung der transkontinentalen Eisenbahnverbindung von Asien nach Europa im Jahr 1992 ist es möglich, mit der Eisenbahn auf der 10900 km langen Trasse ab Rotterdam in den Niederlanden bis an das Gelbe Meer nach Lianyungang in der Volksrepublik China zu fahren. Die Eisenbahnstrecke ist 8000 km kürzer als die Seeroute und führt u. a. über Berlin, Warschau, Minsk, Moskau, Alma Ata, Ürümqi, Lanzhou, Xi'an und Zhengzhou nach Lianyungang. Es gibt derzeit jedoch noch keine durchgehende Zugverbindung.
Weitere Auskünfte erteilen die örtlichen Reisebüros oder das Reisebüro International in Rotterdam, Tel. (010) 4117100.

Transkontinentale Verbindung

◄ *Akrobatische Vorführung*

Anreise

Eisenbahnstrecke am Baikalsee

Nostalgie Orient Express
: Das Reisebüro Mittelthurgau in Weinfelden (Anschrift nachfolgend) bietet zu verschiedenen Terminen u.a. Fahrten mit dem "Nostalgie Orient Express" (Übernachtung und Verköstigung in prächtigen Waggons; Vorträge) von Moskau über den Ural, Novosibirsk, Irkutsk, den Baikalsee, Ulan Ude und Ulan Bator bis zum chinesischen Grenzbahnhof Erlian an, wo man in den Chinesischen Regierungszug umsteigt zur Weiterfahrt nach Peking. Ausführliche Informationen erteilt das
Reisebüro Mittelthurgau, CH-8570 Weinfelden, Dunantstr. 17
Tel. (071) 6268585, Fax 6268595.
Auskunft in Deutschland:
Rail Tours Mochel Reisen, Georg-Vogel-Str. 2, D-77933 Lahr
Tel. (07821) 43037

Mit dem Schiff
Kreuzfahrtschiffe
: Verschiedene Kreuzfahrtschiffe legen u.a. in Shanghai, gelegentlich auch in Ningbo, Dalian oder Tientsin an; Aufenthalte ferner in Hongkong und in Keelung auf Taiwan (Republik China). Auskünfte erteilen die auf Schiffsreisen spezialisierten Reisebüros.

Frachtschiffe
: Frachtschiffe verkehren u.a. von Hamburg (Deutschland) und Rotterdam (Niederlande) nach Hongkong. Auskunft:
Frachtschiff-Reisen-Zentrum,
Hamburg-Süd Reiseagentur, Ost-West-Str. 59–61
D-20457 Hamburg, Tel. (040) 3705-0 oder -155
Ab Hongkong regelmäßiger Luftkissenboot- und Fährverkehr an die südchinesische Küste.

Programmauswahl der Reiseveranstalter
: Etliche Reiseveranstalter bieten Studienreisen (Flug, Hotelaufenthalt, Besichtigungen) zu klassischen Zielen in der Volksrepublik China (z.T. auch inkl. Schiffsreisen mit Linien- oder Kreuzfahrtschiffen, Bootstouren sowie Bahnreisen) an; ferner stehen in den Katalogen zu günstigen Tarifen Peking als Städtereise, Peking und Hongkong als kombinierte Ziele oder

Chinaaufenthalte mit Anschlußprogrammen in Tibet oder anderen asiatischen Ländern, wie Nepal, Thailand oder Malaysia, zur Auswahl.
Gelegentlich werden auch sog. Mini-Package-Touren für Reisende, die China auf eigene Faust kennenlernen möchten, angeboten; ferner Fahrradtouren (mit Einweisung durch die chinesische Polizei) oder Reiterferien in der Inneren Mongolei (Übernachtung in der Steppe in einer mongolischen Jurte, dem aus Holz und Filz gebauten Rundzelt der Nomaden.
Als Badeziel wird v.a. die Insel Hainan angeflogen.
Weitere Informationen erteilen die örtlichen Reisebüros.

Anreise, Programmauswahl der Reiseveranstalter (Fortsetzung)

→ Bergtouren

Trekkingtouren

Antiquitäten

Ausgeführt werden dürfen lediglich Antiquitäten, die höchstens aus der Zeit um die Mitte des 19. Jh.s stammen. Die Kunstgegenstände müssen mit einem entsprechenden Zertifikat versehen sein und ein rotes Zollsiegel tragen; überdies ist eine schriftliche Exportgenehmigung erforderlich (all dieses erhält der Kunde in den staatlichen Läden automatisch).

Ausfuhrbestimmungen

Bislang durften lediglich Antiquitäten, die in einem staatlichen Antiquitätengeschäft erworben wurden, exportiert werden. Man kann davon ausgehen, daß die von Kunstexperten festgelegten Preise dem Gegenwert entsprechen.

Antiquitäten aus staatlichen Läden

In jüngster Zeit ließ der chinesische Staat Antiquitäten- und Trödelmärkte (auf denen ebenfalls nur neuere Gegenstände angeboten werden dürfen) privater Händler zu. Wer bei diesen Händlern Antiquitäten erwirbt, kann indes nicht unbedingt sicher sein, ob die Kunstgegenstände ihren Preis wirklich wert sind und ob eine nachträgliche Exportgenehmigung für sie erteilt wird.

Antiquitäten- und Trödelmärkte

Es wird empfohlen, den Rechnungsbeleg für die erworbenen Antiquitäten aufzubewahren.
Weitere Informationen:
→ Einkäufe, Souvenirs
→ Geschäftszeiten
→ Zollbestimmungen

Empfehlung

Apotheken

Infolge möglicher Umstellungsschwierigkeiten auf die in China herrschenden klimatischen Bedingungen (→ Zahlen und Fakten, Klima, und → Reisezeit) sowie des Verzehrs ungewohnter Speisen und Getränke (→ Essen und Trinken) können vor allem Erkältungskrankheiten und Verdauungsprobleme auftreten.

Allgemeines

Vorsorglich nehme man entsprechende Arznei aus der Heimat mit, doch sind in jeder Stadt Apotheken mit einem breiten Sortiment sowohl an westlichen als auch an chinesischen Medikamenten vorhanden.

Medikamente

In Hangzhou/Prov. Zhejiang befindet sich in der alten, unter Denkmalschutz stehenden Apotheke Hu Qingyu Chinas einziges Heilkräuter-Museum, in dem eine Ausstellung u.a. über die Anwendung chinesischer Heilkräuter und ihre weltweite Bedeutung für die Geschichte der Medizin informiert. Besucher haben die Möglichkeit, sich von Experten traditioneller chinesischer Medizin untersuchen zu lassen; überdies können sie mit Kräutern zubereitete Gerichte kosten.

Apotheke Hu Qingyu in Hangzhou

Ärztliche Hilfe

Apotheken
(Fortsetzung)

Weitere Informationen:
→ Ärztliche Hilfe
→ Einkäufe, Souvenirs
→ Notdienste

Ärztliche Hilfe

Vor Reiseantritt

Da die klimatischen Verhältnisse (→ Zahlen und Fakten, Klima, sowie → Reisezeit) in China eine schwere Belastung u. a. für Herz, Kreislauf und Atemwege bedeuten, wird eine ärztliche Untersuchung vor Reiseantritt dringend empfohlen; dies gilt insbesondere für Fahrten nach Tibet oder anderweitige Trekkingtouren.

Neueste Bestimmungen

In jedem Falle empfiehlt es sich, vor Reisebeginn die neuesten Bestimmungen bei seiner Krankenkasse, beim Arzt, bei einem Gesundheitsamt oder Tropeninstitut (Anschriften und Impfbestimmungen → Gesundheitsvorsorge) zu erfragen.

Versicherungen

Für manche Fälle – beispielsweise für Krankenrückholdienste (Luftrettungsdienste → Notdienste), die unter Umständen sehr teuer werden können –, ist der gesonderte Abschluß einer Kurzzeit-Zusatz- und Unfallversicherung ratsam.

In China

Bei leichteren Beschwerden kann man sich mit Medikamenten aus den Apotheken versorgen. Bei ernsteren Erkrankungen empfiehlt es sich, den Reiseleiter, die Hotelrezeption (in größeren Touristenhotels ist ein Sanitätsraum, eine sog. clinic vorhanden, wo tagsüber entweder ein Sanitäter, häufig aber auch ein Arzt anwesend ist) oder ein Städtisches Krankenhaus (Yiyuan; Adresse an der Rezeption erhältlich) zu konsultieren, in dem es eine Abteilung speziell für ausländische Patienten gibt und die Verständigung in englischer Sprache möglich ist.
Eine Arztpraxis befindet sich im übrigen auch im Lufthansa Beijing Center; Auskünfte erteilt u. a. das Kempinski Hotel im gleichnamigen Center, 50 Liangmaqiao Road, Chaoyang District, Beijing, Tel. (010) 4653388.

Krankenhäuser

Nachfolgend die Adressen von drei Krankenhäusern, in denen man sich in besonderem Maße um ausländische Patienten kümmert:
Capital Hospital Clinic for Foreigners (Shoudu Yiyuan), Dongda Bei Dajie
  Beijing, Tel. (010) 553731
Guangzhou No 1 Hospital, Renmin Bei Lu 602
  Guangzhou, Tel. (020) 333090
Shanghai No 1 Hospital, Suzhou Bei Lu 190
  Shanghai, Tel. (021) 6324 0100

Behandlungskosten

Die Behandlungskosten sind vom ausländischen Patienten sofort zu bezahlen. Arztbesuche und Medikamente kosten in der Regel nur wenig, stationäre Aufenthalte sind teuer. Man bewahre alle Belege auf, um sie nach der Rückkehr ins Heimatland der Krankenkasse zur Erstattung vorzulegen.
Weitere Informationen:
→ Gesundheitsvorsorge
→ Notdienste

Auskunft

In Deutschland

Fremdenverkehrsamt der Volksrepublik China, Ilkenhansstr. 6
D-60433 Frankfurt am Main, Tel. (069) 520135, Fax 528490
E-Mail: info@fac.de, Internet: www.fac.de

Auskunft

Hong Kong Tourist Association (HKTA), Humboldtstr. 94 D-60318 Frankfurt am Main, Tel. (069) 959129-0, Fax 5978050 E-Mail: hktafra@hkta.org., Internet: www.DiscoverHongkong.com	In Deutschland (Fortsetzung)
Fremdenverkehrsbüro Macau, Eifelstr. 14A, D-60529 Frankfurt a.M., Tel. (069) 35355121, Fax 350040 E-Mail: macau@discover-fra.com, Internet: www.macautourism.gov.mo	
Deutsche China-Gesellschaft, Arnulfstr. 3–5 D-50937 Köln, Tel. (0221) 415791	Weitere Auskunftsstellen
Gesellschaft für Deutsch-Chinesische Freundschaft (GDCF) Engelthaler Str. 1 D-60435 Frankfurt am Main, Tel. (069) 5486537 u.a. auch Büro in Hamburg, Tel. (040) 2508415	
Institut für Auslandsbeziehungen Referat Auslandskundliche Seminare, Charlottenplatz 17 D-70173 Stuttgart, Tel. (0711) 2225-145	
Ostasien-Institut, Brinckmannstr. 8–10 D-40225 Düsseldorf, Tel. (0211) 9330551	

In China

In allen größeren Städten der Volksrepublik China befinden sich Informationsbüros des China International Travel Service (engl. CITS, chines. "Guoji Lüxingshe", kurz "Lüxingshe"), an die man sich mit allen Fragen, die den Aufenthalt in China betreffen, wenden kann. Hier erhält man auch Fahrkarten und Buchungen aller Art.	CITS (Guoji Lüxingshe)
In der Regel sind nachstehend die innerhalb Chinas geltenden Ortsnetzkennzahlen (in Klammern) angegeben; es können jedoch noch nicht alle Orte durch Selbstwahl erreicht werden.	Hinweis
China International Travel Service (CITS), Fuxingmen Mennei Dajie 103, 100800 Beijing, Volksrepublik China, Tel (010) 6011122, Fax 6601 2013 Weitere Informationsbüros in Peking s. unter Beijing im nachfolgenden Text.	**Zentrale in Peking**
CITS, Zhenxing Bldg., 15–16/F, Hubin Bei Lu, Tel. (0592) 5051825 Fax 5051819	Amoy (Xiamen)
CITS, Shengli Lu 121, Tel. (0412) 24403	Anshan
CITS, Baotou Binguan, Kunqu Gangtje Dajie Tel. (0471) 24615	Baotou
Internationales CITS-Büro, Jianguo Menwai Dajie 28, Tel. (010) 6515 8844, Fax 65158602 In diesem Büro sind Informationen und Fahrkarten für internationale Züge zu bekommen. CITS Beijing, Qianmendong 2, Tel. (010) 65158587, Fax 65158381 CITS-Bahnhofsbüro, Hotel Chongwenmen, Tel. (010) 554866 CITS-Büro für Individualreisende, Hotel Chongwenmen, Tel. (010) 755272 Außerdem befindet sich auf dem Pekinger Flughafen ein Informationsschalter, an dem Touristen u.a. Auskünfte über Hotels erhalten. Unter der Tourist Hotline (Tel. 010/65130828) sind in Peking rund um die Uhr Informationen in englischer Sprache zu bekommen.	Beijing (Peking)
CITS, Xinmin Dajie 10, Tel. (0431) 8982401	Changchun

Auskunft

Changsha	Hunan Overseas Tours, Wuyi Donglu 8, Tel. (0731) 4465389, Fax 4465196
Changzhou	CITS, Yanling Xi Lu 71, Tel. (0519) 600481, Fax 605216
Chengde	CITS, Yunashan Hotel, Nanyuan Dong Lu 6 Tel. (0314) 2026827
Chengdu	China West Expedition Travel, Jincheng Mansion, Yihuan Lu Nan Yiduan, Tel. (028) 5551344, Fax 5556237
Chongqing (Tschungking)	Chinese Overseas Tours, Renmin Hotel, Renmin Lu 175 Tel. (023) 3550188, Fax 3850095
Dalian	CITS, Changtongjie 1, Tel. (0411) 3637154, Fax 3687733
Datong	CITS, Yingbin Dong Lu 21, Tel. (0352) 5022265 Fax 5022046
Dunhuang	CITS, Mingshan Lu 32, Tel. (0937) 8822492, Fax 8822173
Foshan	CITS, Fenjiang Nan Lu 75, Tel. (0757) 223338 und 287923
Fushun	CITS, Fushun Hotel, Yongan Square (Guangchang) Tel. (0413) 22807
Fuzhou	CITS, Dongda Lu 73, Tel. (0591) 7555617, Fax 7555497
Guangzhou (Kanton)	CITS, Huanshi Xilu 179, Tel. (020) 86677271, Fax 86678048
Guilin	CITS, Ronghu Beilu 14, Tel. (0773) 2823518, Fax 2822936
Guiyang	CITS, Yan'an Zhong Lu 20, Tel. (0851) 5825873, Fax 5824222
Haikou	CITS, Datong Lu 17, Tel. (0898) 6772652, Fax 6772094
Handan	CITS, Zhonghua Bei Dajie, Tel. (0310) 23921
Hangzhou	CITS, Shihan Lu 1, Tel. (0571) 5152888, Fax 5156667
Harbin	CITS, Tian'e Hotel, Zhongshan Lu 73, Tel. (0451) 2324114
Hefei	Anhui Overseas Tourism Corp., Meishan Lu 4, Tel. (0551) 3631418 Tourist Hotline: Tel. (0551) 3631821
Hohhot	CITS, Inner Mongolia Hotel, Wulanchabu Xi Lu Tel. (0471) 664494
Hongkong	Hong Kong Tourist Association (HKTA) Citicorp Center 18, Whitfield Road, North Point, Hong Kong Island Hong Kong, Tel. 28076543, Fax 28060303 Informations-Hotline (in mehreren Sprachen): 28076177 Weitere Büros: International Airport, Buffer Hall (nur für ankommende Fluggäste) Star Ferry Concourse, Tsim Sha Tsui, Kowloon Jardine House, 1, Connaught Place, Central, Hong Kong Island Auskunftsstelle über Reisen in die Volksrepublik China: CITS, Tower A, New Mandarin Plaza, Tel. 27325888, Fax 27217154
Jilin	CITS, Jianwan Lu 4, Tel. (0432) 459204

Auskunft

CITS, Jing Shi Lu 26, Tel. 6915858 Tourist Hotline: Tel. 2963424	Jinan
CITS, Lianhuatang 8, Tel. (0798) 2939/2293	Jingdezhen
CITS, Jinggangshan Guest House, Cipingzhen, Tel. 504	Jinggangshan
CITS, Banna Hotel, Galan Zhonglu, Tel. 2708	Jinghong
CITS, Nanhu Hotel, 28 Nanhu Lu, Tel. (0595) 8223390	Jiujiang
CITS, Kaifeng Hotel, Ziyou Lu 64, Tel. (0378) 223737	Kaifeng
→ Guangzhou	Kanton
CITS, Sunan Lu 93, Tel. 223156	Kashgar
CITS, Huancheng Nan Lu 218, Tel. (0871) 3132895, Fax 3132895	Kunming
CITS, Tianshui Lu 361, Tel. (0931) 8826188 Tourist Hotline: (0931) 8416860	Lanzhou
Tibet Tourist Corporation, Beijing Xilu 208 Tel. (0891) 6336626, Fax 6335277	Lhasa
CITS, Liuzhou Hotel, Youyi Lu 1, Tel. (0772) 2825529	Liuzhou
CITS, Friendship Guest House, Xiyuan Lu 6, Tel. (0379) 4913701, Fax 4912200	Luoyang
CITS, Hu Nan Lu, Tel. (0555) 2944	Ma'anshan
CITS, Jiangxi Hotel, Bayi Da Dao 64, Tel. (0791) 6226681, Fax 6224844	Nanchang
CITS, Zhongshan Bei Lu 202-1 Tel. (025) 3346444-8612, Fax 3308954	Nanjing (Nanking)
Guangxi Tourist Corp., Xinmin Lu 40, Tel. (0771) 2802042	Nanning
CITS, Qingnian Dong Lu, Tel. (0513) 7157	Nantong
CITS, Hotel Ningbo, Mayuan Lu 65, Tel. (0574) 7364451	Ningbo
→ Beijing	Peking
CITS, Huiquan Wangchao Da Hotel, 9 Nanhai Lu, Tel. (0532) 2870830, Fax 2870983	Qingdao (Tsingtau)
CITS, Wenling Lu, Tel. (0595) 2287295, Fax 2182056	Quanzhou
CITS, Hotel Xingtan Binguan, Xueguan Lu, Tel. 4412491	Qufu
CITS, Beijing Xilu 1277, Tel. (021) 63898899, Fax 62894928 Tourist Hotline: Tel. (021) 62520000 (rund um die Uhr), Fax 62523734 Internet: www.thatsshanghai.com	Shanghai
CITS, Peninsula Hotel, Jinsha Lu 1/F, Tel. (0754) 235226/235623	Shantou
CITS, Shaoxing Hotel, Huanshan Lu 9, Tel. (0575) 5135881	Shaoxing
CITS, 1/F Stadium Bldg., Gongyuan Lu 3, Tel. 2325	Shashi

Auskunft

Shenyang	CITS, Huanghe Nan Dajie 113, Tel. (024) 6807005, Fax 6808772
Shenzhen	CITS, Renmin Nanlu 40, Tel. (0755) 6626708, Fax 6626761
Shijiazhuang	Tourist Hotline: Tel. 6014239 Hebei Overseas Tourist Corp., Yucai Jie 22, Tel. 60147665
Suzhou	CITS, Suzhou Hotel, Shiquan Jie 115, Tel. (0512) 5223063, Fax 5233593
Tai'an	CITS, Taishan Hotel, Hongmen Lu Tel. (0538) 8337020, Fax 8227020
Taiyuan	CITS, Pingyang Lu A 6, Tel. (0351) 4042923
Tianjin (Tientsin)	CITS, Youyi Lu 22, Hexiqu, Tel. (022) 28350821, Fax 28352619
Tschungking	→ Chongqing
Tsingtau	→ Qingdao
Turpan	CITS, Oasis Hotel, Qingnian Lu 41, Tel. (0995) 22768
Ürümqi	CITS, Huaqiao Hotel, Xinhua Nan Lu 51, Tel. (0991) 2821427
Wenzhou	CITS, Huancheng Dong Lu 131, Tel. (0577) 227481/229857
Wuhan	Hubei Overseas Tourist Corporation, Jianghan Yilu 48 Tel. (027) 2812129 (deutsche Abteilung), Fax 2811891
Wuxi	CITS, Xinsheng Lu 61, Tel. (0510) 2700416, Fax 2701489
Wuzhou	CITS, Beihuan Lu, Tel. 4197
Xiamen	→ Amoy
Xi'an	CITS, Chang'an Lu 32, Tel. (029) 5262066, deutsche Abteilung Tel. 5251203, Fax 5261453
Xiangfan	CITS, Changzheng Lu, Tel. (0710) 2880/2873
Xining	CITS, Xining Hotel, Qiyi Lu 215, Tel. (0971) 445901
Yan'an	China Travel Service, Chengnei Dajie 106, Tel. (0911) 2749
Yangzhou	CITS, Xiyuan Hotel, Fengle Shang Jie 5, Tel. (0514) 441925
Yantai	CITS, Shuntai Lu 10, Tel. (0535) 25626
Yichang	CITS, Three Gorges Hotel, Yanjiang Da Dao, Tel. (0717) 23225
Yinchuan	CITS, Jiefang Xi Lu 150, Tel. (0951) 445555
Yixing	CITS, Renmin Nan Lu, Tel. 2559
Yueyang	CITS, Yunmeng Guest House, Chengdong Lu 25, Tel. (0730) 8222386
Zhanjiang	CITS, Renda-Palast, Xiashan, Tel. (0759) 23688
Zhaoqing	CITS, Kangle Bei Lu, Tel. (0758) 22758
Zhengzhou	CITS, Jinshui Lu 15, Tel. (0371) 5951134

CITS, Jiankang Lu 25 Tel. (0511) 5237538	Zhenjiang
CITS, Aomen Shajiadulaijiabai Bai Jie 6A Tel. (0756) 56662-13 Shuiwan Lu 4, Gongbei, Tel. (0756) 885777	Zhuhai
CITS, Zhongxin Lu Bei Shou, Zhangdianqu Tel. (0533) 225341	Zibo
Goethe-Institut: Beijing Foreign Studies University P.O.B. 8110-47, Beijing, Volksrepublik China Tel. (01) 8417891 und 8417896	**Weitere Auskunftsstellen**

Goethe-Institut:
German Cultural Centre
Arts Centre 14th Floor, 2 Harbour Road, Wanchai
G.P.O.B. 5531, Hongkong
Tel. 28020088

In mehr als 40 von Touristen vielbesuchten Städten in China wurden Beschwerdetelefone eingerichtet. Reisende, die während eines Aufenthaltes in China Probleme bekommen, können sich unter den angegebenen Nummern (auf Englisch oder in einer asiatischen Sprache) beschweren. Weitere Informationen erteilt u. a. das zu Beginn dieses Kapitels erwähnte Fremdenverkehrsamt in Frankfurt am Main.
Beschwerdetelefone

Tourism Bureau, Republic of China Dreieichstr. 59, D-60594 Frankfurt am Main Tel. (069) 610743	**Taiwan** Auskunftsstelle in Deutschland
Tourism Bureau Republic of China P.O.Box 1490, Taipei Tel. (02) 7218541	Fremdenverkehrszentrale Taiwans
Fremdenverkehrsamt von Macao Eifelstr. 14A, D-60529 Frankfurt am Main Tel. (069) 35355121, Fax 69350040	**Macao** Auskunftsstelle in Deutschland
Macau Government Tourist Office (MGTO) 9, Largo do Senado, Macau Tel. 315566	Auskunftsstelle in Macao

Ausweispapiere

→ Reisedokumente

Autobus

Insbesondere für Fahrten auf kürzeren Strecken – oder sofern kein anderes Transportmittel zur Verfügung steht –, wird vorzugsweise der Autobus benutzt, wobei man die Wahl hat zwischen Touristenbussen (neueren Baujahrs) oder Omnibussen (ältere Modelle), die überwiegend von den Einheimischen benutzt werden und oft überfüllt sind.
Allgemeines

Während der Hauptverkehrszeiten sollten Busfahrten möglichst vermieden werden.
Hinweis

Badehäuser

Gedränge am Omnibus

Autobus, Stadt- und Überlandbusse	In den Städten verkehren auf den wichtigeren Strecken in kurzen Abständen Omnibusse und Oberleitungsbusse. Überlandbusse fahren auch in entlegenere Gebiete.
Orientierung	Die Bestimmungsorte sind zwar nur in chinesischer Schrift angegeben, doch können ausländische Touristen in den meisten Städten die jeweiligen Richtungen dank der Streckennumerierungen und -pläne erkennen.
Busbahnhof	Ein Busbahnhof (Changtuqichezhan) ist an einem dreispeichigen Lenkrad erkennbar.
Busfahrkarten	Busfahrkarten (möglichst am Vortag besorgen) sind u. U. an zentralen Busstationen erhältlich; weitere Informationen erteilen CITS-Büros (→ Auskunft) oder Hotelrezeptionen. Die Tarife variieren je nach Fahrtziel, sind aber in jedem Fall ausgesprochen günstig. In der Regel bezahlen ausländische Touristen und Einheimische für Busfahrkarten (im Gegensatz zu Bahn-, Flug- und Schiffstickets) denselben Preis.
Abfahrtszeiten	Die Busse starten zwar selten pünktlich, dennoch empfiehlt sich frühzeitiges Eintreffen.
Gruppenreisen	Für Besichtigungstouren von Gruppenreisenden stehen in der Regel klimatisierte Busse von CITS (→ Auskunft) zur Verfügung.

Badehäuser

Öffentliche Bäder	Da es in China selbst in Neubauten unüblich ist, Bäder einzubauen, gibt es traditionell in jedem Häuserblock ein öffentliches Bad; die Eintrittsgebühr ist für westliche Verhältnisse sehr niedrig.

Behindertenhilfe

Wesentlich teurer, aber dafür besonders beliebt bei Chinas Oberschicht ist in Peking u.a. das Badehaus 'Xing Hua Yuan' mit Whirlpools, Sauna, Dampfbad und Ruheräumen. Hier erhält der Besucher aromatische Bäder, z.B. mit Zusätzen von Tee, Kaffee oder Reiswein.

Badehäuser
(Fortsetzung)
Badehaus Xing
Hua Yuan

Badestrände

Neben den Bademöglichkeiten an der Ostküste Chinas – von Norden nach Süden – bei Weihai, Tsingtau, Zhoushan, Ningbo und Fuzhou seien in der nachfolgenden Aufzählung weitere Badeziele mit schönen Badestränden erwähnt.

Allgemeines

Unlängst wurden Badegäste in Hongkong (u.a. am Silberstrand im Bezirk Sai Kung) von Haien getötet; man erkundige sich in jedem Fall bei CITS (→ Auskunft) nach den örtlichen Verhältnissen an den Stränden und beachte warnende Flaggen oder ähnliches.

Warnung

Berühmt für ihre weißen Sandstrände und die tropische Vegetation ist die dem südchinesischen Festland vorgelagerte Insel Hainan. 300 Sonnentage im Jahr und eine durchschnittliche Jahrestemperatur von 22°C sowie nur leichter Seegang sind äußerst angenehme Voraussetzungen für einen Badeurlaub.
Ein 7,2 km langer, feiner Sandstrand erstreckt sich in der Bucht Yalongwan, einem beliebten Wassersportzentrum, 10 km außerhalb von Sanya, im Süden der Insel; 3 km südöstlich von Sanya liegt ein weiterer Badestrand.

Insel Hainan

Beidaihe, 15 km südwestlich der Stadt Qinhuangdao gelegen, ist eine bekannte Sommerfrische und besitzt einen mehr als 10 km langen Sandstrand mit hügeligem Hinterland.

Beidaihe
(Prov. Hebei)

Vielbesuchte Badeziele sind der Xinghai-Gongyuan-Park, der Park des Tigerstrandes (Laohutan) und die Insel Bangchui mit Sandstrand.

Dalian
(Prov. Liaoning)

Im Osten der Insel Shangchuan dehnt sich auf einer Länge von 11 km der feinsandige Feisha-Strand aus. Diese Gegend ist auch als "Hawaii des Ostens" bekannt.

Insel Shangchuan
(Prov. Guangdong)

Der Shahu-See, 56 km nördlich von Yinchuan, mit einer Fläche von 660 ha, ist ein beliebtes Ausflugsziel im Nordwesten Chinas (Ruderbootverleih).

Shahu-See
(Prov. Ningxia)

Gute Bademöglichkeiten finden sich am Xili-See (u.a. auch Feriendorf), nördlich außerhalb des Stadtzentrums von Shenzhen.
29 km außerhalb von Shenzhen, in der Dapeng-Bucht, liegt das Tourismuszentrum Xiaomeisha mit einem 1 km langen feinen Sandstrand.

Shenzhen
(Prov. Guangdong)

Am Baiteng-See befindet sich das Baiteng Lake Holiday Resort u.a. mit Freizeitzentrum, insbesondere für Wassersportler, Fachbibliothek und Einkaufsmöglichkeiten.

Zhuhai
(Prov. Guangdong)

Behindertenhilfe

Der Bundesverband Selbsthilfe für Körperbehinderte (BSK) erteilt Auskünfte über Reisemöglichkeiten für Behinderte. Weitere Informationen: BSK-Reisehelferbörse
Altkrautheimer Straße 17, D-74238 Krautheim/Jagst, Tel. (06294) 68112
Bundesarbeitsgemeinschaft Hilfe für Behinderte e.V.
Kirchfeldstraße 140, D-40215 Düsseldorf; Tel. (020) 310060

Beratung in
Deutschland

Bergtouren

Allgemeines	In dem riesigen Territorium Chinas, genauer gesagt in den Autonomen Regionen Tibet und Xinjiang sowie den Provinzen Qinghai und Szetschuan, erheben sich einige der höchsten Berggipfel der Welt.
Bergtouren, Hochgebirgstouren (Trekking)	Wer an Bergtouren oder Hochgebirgstouren (Trekking) interessiert ist, der wende sich an die Chinese Mountaineering Association oder an das CITS (China International Travel Service → Auskunft). Beide Organisationen erteilen Auskünfte über Expeditionen und sind auch für eventuelle Genehmigungen zuständig. Informationen in Tibet erteilt u.a. die Tibet Mountaineering Sports Commission, Linguo South Road Lhasa, Tel. (0891) 2 29 81. Auskünfte in Deutschland über Expeditionen, beispielsweise auf der Seidenstraße in China oder Trekking in Tibet, erteilt u.a. der Reiseveranstalter Ikarus Tours, Fasanenweg 1 D-61462 Königstein im Taunus, Tel. (061 74) 29 02-0.
Himalaya Mount Everest	Zu den beliebtesten Zielen der Alpinisten gehört sicherlich der in der Autonomen Region Tibet aufragende Mount Everest (chines. Zhumulangma Feng, tibet. Chomolungma), der mit 8846 m ü.d.M. höchsten Erhebung der Erde. Von mehreren Siebentausendern umrahmt, ragt er an der chinesisch-nepalesischen Grenze auf. Die Nordseite kann auf drei verschiedenen Routen bestiegen werden: über den Nordostkamm, den Westkamm oder die Nordwand.
Xixabangma	Nordwestlich des Mount Everest ragt 8012 m ü.d.M. der Xixabangma auf, auch 'Geheimnisumwobener Gipfel' genannt, weil viele seiner Schluchten und Abgründe unter meterhohem Schnee begraben liegen und die Wetterverhältnisse starken Schwankungen unterworfen sind – Umstände, die das Besteigen des Berges erschweren.
Pamirgebirge Kongur, Kongur Tiubie Tagh	Zu den mächtigsten Erhebungen des Pamirgebirges im Westen Chinas gehören der Kongur (7719 m ü.d.M.) und den Kongur Tiubie Tagh (7595 m ü.d.M.). Der Gipfel des Kongur konnte wegen der extrem abschüssigen Felswände noch von keinem Bergsteiger erklommen werden.
Muztagata	Der ebenfalls zur Hochgebirgskette des Pamir gehörige Muztagata erhebt sich 7546 m ü.d.M.; mit seinen sanften Hängen und zahlreichen Gletschern ist er der Berg, der sich am ehesten zum Skifahren eignet.
Siguniang	Ebenfalls in Tibet liegt der Siguniang (6250 m ü.d.M.), dessen Südflanke ein großer, bis auf 4000 m ü.d.M. herabreichender Gletscher einnimmt. Die restlichen Bergwände sind felsig und steil.
Tianshan Bogda	Um in den Genuß des Naturschauspiels zu kommen, das der 1900 m ü.d.M. gelegene Himmelssee (Tianchi) bietet, kann man von Juni bis September den Bogda, den mächtigsten Gipfel des Tianshan-Massivs (5445 m ü.d.M.) in der Autonomen Region Xinjiang, erklimmen.
Kunlunshan Anyemaqen	In der Provinz Qinghai ragt aus der Kunlunshan-Kette, den 17 immer schneebedeckten Gipfeln, der Anyemaqen (6282 m ü.d.M.) hervor. Dank des milden Klimas breiten sich die Weidegebiete an seinen Hängen bis zur 4000-Meter-Grenze aus.
Hengduan-Gebirge Gongga	Der von 20 weiteren Gipfeln umgebene Gongga (7556 m ü.d.M.) im Hengduan-Gebirge der Provinz Szetschuan zeichnet sich durch steile Abgründe und starke Vergletscherungen aus. Man nehme sich vor den häufigen Erdrutschen in acht!

Diplomatische und konsularische Vertretungen

Vertretungen der Volksrepublik China

Botschaft:
Märkisches Ufer 54, D-10159 Berlin
Tel. (030) 27588-0, Fax 27588221
Konsularabteilung:
(030) 48839722, Fax 48839731
E-Mail: edu-embassy.china@t-online.de,
Internet: www.china-botschaft.de
Außenstelle:
Kufürstenallee 12, D-53177 Bonn
Tel. (0228) 955970, Fax 361635

Generalkonsulate:
Elbchaussee 268, D-22605 Hamburg
Tel. (040) 82276013, -18 (Visa), Fax 82276021

Romanstr. 107, D-800639 München
Tel. (089) 17301611, -12 (Visa), Fax 17301619/23

In Deutschland

Botschaft:
Metternichgasse 4, A-1030 Wien
Tel. (01) 7143148/9, Fax 7136816

In Österreich

Botschaft:
Kalcheggweg 10, CH-3006 Bern
Tel. (031) 3514593, Fax 3514573

In der Schweiz

Generalkonsulat:
Bellariastr. 20, CH-8002 Zürich
Tel. (01) 2011073/05, Fax 2017712

Vertretungen in der Volksrepublik China

Botschaft:
Dong Zhi Men Wai Dajie 17, 100600 Beijing, Tel. (010) 65322161,
Fax 65325336, E-Mail: germassy@public.gb.com.cn,
Internet: www.dtbotschaftpeki.org.cn

Bundesrepublik Deutschland

Generalkonsulate:
Huanshi 139, 510098 Guangzhou, Tel. (020) 83306533, Fax 83317033,
E-Mail: gkkanton@deguangzhou.org, Internet: www.deguangzhou.org

United Centre, 95, Queensway, Central, Hong Kong,
Tel. (052) 25298855-8, Fax 28652033,
E-Mail: germancy@netvigator.com

Yong Fu Lu 181, 200031 Shanghai, Tel. (021) 64336953, Fax 62180004,
E-Mail: gkslang@prodigyen.com

Botschaft:
Jian Guo Men Wai, Xiu Shui Nan Jie 5, Beijing, Tel. (010) 65322061/3,
Fax 65321505, E-Mail: oebpekin@public,bta.net.cn

Republik Österreich

Botschaft:
Sanlitun, Dongwujie 3, Beijing
Tel. (010) 65322736, Fax 65324353, 65324620 (Visa,)
E-Mail: vertretung@bie-rep.admin.ch

Schweizerische Eidgenossenschaft

Einkäufe und Souvenirs

Allgemeines	Die Wirtschaftsreformen und die "Politik der offenen Tür" haben in China die Grundlage für einen freien und lebendigeren Markt geschaffen, so daß der Handel in den letzten Jahren immer mehr privatisiert wurde. Die Geschäfte, die man heute in China antrifft, stehen kaum noch unter staatlicher Verwaltung.
Friendship Stores	Einheimisches Kunstgewerbe und andere typisch chinesische Erzeugnisse ersteht man am besten in den Friendship Stores (Youyi Shangdian), die in allen größeren Städten Chinas vorhanden sind. Vor allem in dem Pekinger Hauptsitz sowie in den Filialen in den Städten Shanghai und Kanton wird eine breitgefächerte Auswahl geboten: Seide, Porzellan, Tee, traditionelle chinesische Heilmittel, Möbel, Teppiche; ferner aus dem Westen eingeführte Lebensmittel und Verkaufsartikel.
Arts and Crafts Stores	Handgefertigtes Kunstgewerbe liegt insbesondere in den Arts and Crafts Stores aus.
Antiquitäten	→ dort
Sonstige	Sehr viele Geschäfte sind im übrigen auf den Verkauf eines einzigen Produktes spezialisiert, wie z.B. Tee, Kalligraphie- und Malausrüstung, Gegenstände aus Stroh und Bambus, Scherenschnitte oder das jeweils typische Erzeugnis des Ortes bzw. der Region.
Geschäftszeiten	→ dort

Geschäfte in den großen Städten Chinas

Allgemeines	Die Geschäfte in den großen Einkaufsstraßen bieten die größte Auswahl; bei einem Einkaufsbummel sollte man aber auch einen Blick in die Läden in den kleineren Nebenstraßen werfen. Im folgenden werden die wichtigsten Geschäfte der großen Städte aufgeführt, wobei sowohl verschiedene Geschmacksrichtungen und Bedürfnisse als auch die typischen Erzeugnisse der einzelnen Regionen berücksichtigt wurden.
Beijing (Peking)	Die Landeshauptstadt bietet dem Chinabesucher eine breite Palette in- und ausländischer Erzeugnisse. Von dem besonders reichlich ausgestatteten Freundschaftsladen in der Jianguomenwai Dajie Nr. 21 bis zu den belebten Geschäftsstraßen Chang'an Jie, Wangfujing, Xidan und Dongdan und der Underground City, einer ehemaligen Luftschutzanlage, die aus vielen kleinen Geschäften besteht: Überall kann man nach Herzenslust einkaufen. In der Nähe des Vorderen Tores (Qianmen), insbesondere in der Dazhalan Hutong Nr. 5 und in dem Warenhaus nördlich des Himmelstempels, ist allerbeste Seide zu haben; ebenfalls in der Dazhalan Hutong, Hausnummer 24, befindet sich die berühmte Apotheke Tongrentang, die auf Heilkräuter spezialisiert ist. Wer am Erwerb von Möbeln interessiert sein sollte, wird vielleicht in der Dongsi Bei oder der Nan Dajie fündig. Liebhaber der Peking-Oper und ihrer prächtigen Kostüme können sich an die Arts and Crafts Store Trust Company in der Chongwenmennei wenden. In der Straße Liulichang, südwestlich des Vorderen Tores, gibt es einige Geschäfte, die ausschließlich mit Kunstobjekten und Antiquitäten handeln. In den verschiedenen Arts and Crafts Stores und im Marco Polo Shop in der Jianguomenwai Dajie Nr. 10 stehen alle möglichen Haushaltswaren und Geschenkartikel zum Verkauf, darunter vor allem Cloisonné-Arbeiten (Verzierung von Gegenständen aus Metall), eines der typischen kunsthandwerklichen Erzeugnisse Pekings. Großen Zulauf finden u. a. auch das Pekinger Kaufhaus der japanischen Kette Yaohan mit internationalem Warenangebot auf mehreren Etagen

Einkäufe und Souvenirs

sowie der im Nordosten Pekings liegende Friendship Store im Beijing Lufthansa Center.

Beijing (Peking) (Fortsetzung)

Die für ihre Brokatstoffe bekannte Stadt Chengdu besitzt viele kleine Märkte, auf denen man hübsche Seidengemälde und bemalte Fächer erstehen kann; erwähnt sei beispielsweise jener in der Chunxi Lu, der wichtigsten Handelsstraße von Chengdu. Hier befinden sich zudem ein Geschäft für Musikinstrumente, die berühmte Apotheke Deretang (Chunxi Lu Nr. 22) und der Friendship Store.
In der Renmin Lu stößt man auf die Exhibition Hall (Zhanlanguan Menshibu), wo vielerlei kunsthandwerkliche Artikel, auch lokaler Tradition, zum Verkauf angeboten werden. Wer nach Antiquitäten sucht, gehe in den sehr gut bestückten Sichuan Antique Store, nördlich der Chunxi Lu in der Shaocheng Lukou, Shudu Dadao.

Chengdu

Die typischen lokalen Erzeugnisse der nordwestlich von Kunming gelegenen Stadt Dali sind: Kunsthandwerk aus Marmor; Batikstoffe, welche die ethnischen Minderheiten dieser Region von Hand arbeiten und die von den zahlreichen Schneidern in Dali auch nach Maß angefertigt werden; ferner nachgeahmte tibetische Artikel, die auf den Straßen verkauft werden. Lohnend ist ein Besuch auf dem Markt von Shapin, unweit von Dali, wo sich jeden Montag die Händler der Umgebung versammeln und ihre kunterbunten Waren feilbieten.

Dali

Die weltoffene Großstadt Kanton verfügt über einen riesigen Markt. Man kann hier wirklich alles erstehen, auch ausländische Erzeugnisse. Besonders bekannt ist sie für ihre ausgefallenen Artikel. Auf jeden Fall sollte man den Qingping-Markt in der Qingping Lu aufsuchen, da hier eine unglaubliche Menge an Produkten feilgeboten wird; so gibt es beispielsweise wunderhübsche preiswerte Bonsaibäumchen zu kaufen.
Die Hauptgeschäftsstraßen von Kanton sind die Beijing Lu, die Zongshan Lu und die Jiefang Lu; der Freundschaftsladen, einer der bestbestückten in ganz China, befindet sich in der Huanshi Dong Lu Nr. 368.
Wer Interesse an Antiquitäten hat, suche den Guangdong Antique Store (im Tempel des Lichts und der Kinderliebe / Guangxiao Si) in der Hongshu Bei Lu Nr. 575 und den Guangdong Antique Shop in der Wende Bei Lu Nr. 170 auf.
Schließlich sei noch der Jiangnan Product Store in der Zhongshan Lu Nr. 399 erwähnt, in dem man Stroh- und Bambusartikel erstehen kann, und an das Geschäft im Innern des White Swan Hotel in der Nan Jie Shamian Nr. 1, das eine große Auswahl an kunstgewerblichen Erzeugnissen und Kunstgegenständen bietet.

Guangzhou (Kanton)

Die Stadt Guilin, die sich zwischenzeitlich zu einem großen Zentrum für chinesische und ausländische Touristen entwickelt hat, hält für die Besucher nichts Besonderes zum Einkaufen bereit. Man kann sich vielleicht einmal im Guilin Antique Store in der Zhongshan Zhong Lu Nr. 79 und dem umliegenden Viertel umsehen.

Guilin

Die Stadt, die wegen ihrer Seidenproduktion, ihrer bemalten Papierschirmchen und des Longjing-Cha-Tees bekannt ist, lohnt einen Einkaufsbummel. In einigen Arts and Crafts Stores (in der Huancheng Lu oder in der Zhongshan Zhonglu) sind die interessantesten Artikel erhältlich, wie z. B. Scheren, für die Hangzhou berühmt ist, sowie die verschiedensten traditionellen chinesischen Heilmittel.

Hangzhou

Harbin ist zweifelsohne das größte Verkaufszentrum für chinesische Felle und Pelze; außer im Freundschaftsladen in der Dong Dazhi Jie Nr. 93 werden diese auch im Fur Product Shop in der Zhongyang Lu angeboten.

Harbin

Jingdezhen – seit dem Altertum für sein hochwertiges Porzellan bekannt, das nicht nur an den kaiserlichen Hof, sondern auch ins Ausland geliefert

Jingdezhen

539

Einkäufe und Souvenirs

Markt in Kashgar

Jingdezhen (Fortsetzung)	wurde – ist noch heute eine Hochburg des Porzellans. Im Porzellanmuseum in der Fengling Lu ist die Entwicklung dieser so spezifisch chinesischen Kunst dokumentiert; in der Fabrik Jingdezhen People's Porcelain Factory (Fengling Lu Nr. 54, Tel. 4498) und im Jingdezhen Porcelain Friendship Store (Zushan Lu 13, Tel. 2231) kann man die verschiedensten Arten von modernem Porzellangeschirr erstehen.
Kanton	→ Guangzhou
Kashgar	Kashgar an der äußersten Nordwestgrenze Chinas zeichnet sich durch ihre arabisch anmutenden, zentralasiatischen Basare aus. Der größte Bazar, der sich auf dem Id-Kah-Platz befindet, bietet ein buntes Allerlei: z.B. die typischen bestickten oder fellbesetzten Kopfbedeckungen der hier vorherrschenden moslemischen Minderheit sowie geschnitzte Messer und Fellstiefel zu überaus günstigen Preisen.
Kunming	Da Kunming Mittelpunkt einer Provinz ist, in der etliche ethnische Minderheiten leben, müßte der hiesige Markt eigentlich viel interessante und originelle Ware bieten. Die Geschäfte der Stadt sind in dieser Hinsicht jedoch sehr spärlich sortiert. Der Freundschaftsladen ist in der Dongfeng Lu Nr. 99, wo man auch noch auf weitere Geschäfte mit örtlichen Kunstgewerbeartikeln stößt. Ratsamer ist es jedoch, sich in der Jinbi Lu nach hübschen Stickereien umzusehen oder mit den Frauen der ethnischen Minderheiten zu handeln, die in der Nähe des Kunming Hotels Taschen und andere bunt bestickte Artikel verkaufen. Die Apotheke in der Zhengyi Lu hält eine ganze Fülle an herkömmlichen chinesischen Arzneien bereit.
Lhasa	Wenn man sich in der tibetischen Hauptstadt aufhält, empfiehlt sich ein Ausflug nach Baijiao Jie, wo die Bewohner der Gegend in Strömen hinpilgern und man einige der typischen lokalen Erzeugnisse, wie religiöse Souvenirs, Ohrringe und tibetische Stiefel, kaufen kann.

Einkäufe und Souvenirs

→ Beijing — Peking

Typisch für das Gebiet um Tsingtau sind Waren aus Stroh, wie Taschen, Hüte, Matten und Körbe aller Arten und Größen, die auf den verschiedenen Märkten der Stadt und längs der Hauptstraße Zhongshan Lu zu finden sind. Tsingtau ist außerdem für sein auch ins Ausland exportiertes Bier und seine Rot- und Weißweine bekannt, die in Zusammenarbeit mit französischen Fachleuten gekeltert werden. Auch der Markt in der Jimo-Straße lohnt einen Besuch. — Qingdao (Tsingtau)

Unweit der Residenz der Familie Kong in Qufu gibt es einen Laden mit kunstgewerblichen Artikeln und einigen interessanten Antiquitäten. — Qufu

In Shanghai, der am dichtest besiedeltesten Metropole Chinas, spielt sich ein Großteil des Geschäftslebens in der bekannten, von Menschen nur so wimmelnden Nanjing Lu ab, die vom Bund (Zongshan Lu) über einige Kilometer in Richtung Westen auf die ehemalige französische Konzession hinführt. Auch in ihren Quer- und Parallelstraßen, wie der Sichuan Lu oder der südlicheren Jinling Lu und der Huaihai Lu – die an der nördlichen Grenze zu der mit kleinen Läden übersäten Altstadt, der Yuyuan, liegen –, läßt sich gut einkaufen. In der Nanjing Dong Lu Nr. 118 gibt es ein empfehlenswertes Geschäft für Musikinstrumente; das Gebäude mit der Hausnummer 320 beherbergt die auf chinesische Heilmittel spezialisierte Apotheke Caitongde. Der Freundschaftsladen am Bund führt nahezu alles, was der chinesische Markt zu bieten hat, z. B. herrliche Seidenstoffe, kunsthandwerkliche Erzeugnisse und Kunstgegenstände. In den zwei Antiquitätenläden in der Nanjing Xilu Nr. 694 und in der Guandong Lu 194/226 kann man bisweilen wirklich schöne Stücke erstehen. — Shanghai

Das als Hauptstadt der Seide gepriesene Suzhou wird seinem Ruf vollauf gerecht: Insbesondere in dem Viertel um die Guanqian Lu sind unzählige Seidengeschäfte und -fabriken gelegen, in denen nicht nur die kostbaren Stoffe, sondern auch herrliche Stickereien verkauft werden. Die schönsten Stücke sind bei der Suzhou Embroidery Research Ins. in der Jingde Lu Nr. 292 (Tel. 22 24 60 und 22 24 15) zu sehen. In der Renmin Lu liegen der Suzhou Antique Store und der Arts and Crafts Store; der Freundschaftsladen befindet sich in der Guanqian Jie. — Suzhou

Bekannt ist die Stadt Tientsin für ihre Flugdrachen, Teppiche und Terrakottafiguren. Was die Drachen betrifft, ist es aber gar nicht so leicht, einen zu erstehen, da die meisten Exemplare in einer Pekinger Fabrik hergestellt werden; in Tianjin selbst kann man sie in der Arts and Crafts Factory in der Huanghe Dao, Nankaiqu kaufen. Teppiche werden in der Number Three Carpet Factory im südlichen Stadtbezirk Hexi (Tel. 8 17 12) angeboten und die Terrakottafiguren in einer Werkstatt ebenfalls in Hexi, u. z. in der Machang Dao Nr. 270, und in der Kunstgalerie in der Jiefang Lu. — Tianjin (Tientsin)

→ Qingdao — Tsingtau

Die kleine Stadt Weifang in der Provinz Shandong ist wegen ihrer Flugdrachenproduktion und ihrer Drucke bekannt, die für das Chinesische Neujahrsfest verwendet werden. Vor wenigen Jahren wurde ein Flugdrachen-Museum gegründet, wo man u. a. sehr gut einkaufen und außerdem Kunsthandwerkern bei der Fertigung von Drachen zusehen kann. — Weifang

Mit den Städten Suzhou und Hangzhou teilt sich Wuxi die Rolle der wichtigsten Seidenzentren. Plant man den Einkauf von Seidenstoffen, so wende man sich an die Geschäfte um den Platz Dongfanghong Guanchang, insbesondere an den Arts and Crafts Store in der Renmin Lu Nr. 192 und den Freundschaftsladen in der Zongshan Lu Nr. 8, wo man auch noch eine andere Spezialität der Gegend erwerben kann, farbenprächtige Terrakottafiguren. — Wuxi

Eisenbahn

Einkäufe und Souvenirs (Fortsetzung) Xi'an

In Xi'an, der geschichtsträchtigen Hauptstadt des Reichs der Mitte, gibt es außer den unzähligen Nachahmungen der berühmten Statuen der Terrakotta-Streitmacht, die in allen nur erdenklichen Formen und Größen erhältlich sind, auch schöne Seidenrollbilder und das für die Tang-Zeit charakteristische dreifarbige Porzellan zu kaufen. Zu empfehlen sind die Arts and Crafts Stores in der Nanxin Jie, der Nan Dajie und der Dong Dajie.

Weitere Informationen:
→ Antiquitäten
→ Geschäftszeiten

Eisenbahn

Allgemeines

Eine Eisenbahnfahrt zählt zu den besonderen Erlebnissen, die sich der Chinabesucher auf keinen Fall entgehen lassen sollte. Die extreme Langsamkeit der Züge, die für die meisten Chinesen eine Art Ritus bedeutet, gibt dem Fremden Gelegenheit, die malerische Landschaft und ihre Bevölkerung näher kennenzulernen.
Zwischen den wichtigsten, touristisch erschlossenen Städten sind Sonderzüge für Touristen im Einsatz. Für Überseetouristen werden Eisenbahnwagen auf Bestellung zusätzlich angehängt.

Streckennetz (Karte s. S. 544/545)

Abgesehen von der Region Tibet sind alle Landesteile an das Eisenbahnnetz angeschlossen.
Die erste elektrifizierte Eisenbahnlinie Chinas war die westliche Strecke der Baocheng-Linie, die sich mit der quer durch die Provinz Shaanxi verlaufenden Eisenbahnlinie Longhai kreuzt und Shaanxi mit dem Südwestteil Chinas verbindet.

Entfernungstabelle in Eisenbahn-Kilometern s. S. 546/547

Züge

Es verkehren (in der Regel pünktlich) Transitzüge, Expreßzüge, Schnell-, Eil-, Reisezüge und D-Züge; je niedriger ihre Nummern, desto schneller fahren sie. Klimatisierte Züge sind zwischen Peking und Shanghai sowie zwischen Kanton und Hongkong im Einsatz.

Speisewagen

Die meisten Expreßzüge verfügen über Speisewagen, wobei die chinesische Küche anderen Gerichten vorzuziehen ist. Der Zugkellner reicht Gefäße mit heißem Wasser herum und verkauft kleine Päckchen grünen Tees.

Plätze

Die Waggons sind nicht in verschiedene Klassen, sondern nach der Beschaffenheit der Plätze eingeteilt:
Ruanzuo/soft seater = weiche Sitzplätze
Ruanwo/soft sleepers = weiche Liegeplätze (abgeschlossene Vierbettabteile; Nachlösen solcher Liegeplätze – sofern noch vorhanden – beim Schlafwagenschaffner möglich).
Soft seater und soft sleepers werden in der Regel von Ausländern, Partei- und Armeekadern, die auf Sauberkeit, Bequemlichkeit und Privatsphäre Wert legen, gebucht.
Yingzuo/hard seater = harte Sitzplätze (allenfalls auf kurzen Strecken empfehlenswert)
Yingwo oder hard sleepers = harte Liegeplätze (zum Gang hin offene Sechsbettabteile).
Hard seaters und hard sleepers benützen die meisten Chinesen und diejenigen, die in engeren Kontakt mit der einheimischen Bevölkerung kommen wollen.

Fahrkarten

Fahrkarten (Buchungen von innerchinesischen Eisenbahnfahrten auch über CITS möglich) sollten unbedingt mehrere Tage vor der Abfahrt besorgt werden. Sie sind am besten im Hotel, aber auch an den normalen

Eisenbahn

Entspanntes Reisen in der Eisenbahn

Fahrkartenschaltern (Drängeln ist üblich und bedarf keiner Entschuldigung) oder bei Verkaufsstellen im Stadtzentrum erhältlich. An den normalen Schaltern bekommt man allerdings nur Hard-Seater-Fahrkarten ohne Platzreservierung. Auf größeren Bahnhöfen besteht jedoch die Möglichkeit, an speziellen Schaltern kurzfristig auch Soft-Seater-Karten zu erhalten. Die Preise variieren je nach Geschwindigkeit des Zuges und Beschaffenheit des Platzes (soft sleepers sind etwa doppelt so teuer wie hard sleepers); in der Regel bezahlen Ausländer für eine Eisenbahnkarte ein Mehrfaches des Preises, der von Einheimischen gefordert wird.

Fahrkarten (Fortsetzung)

Tel. (010) 65128931

Auskunft Bahnhof Peking

Ein Eisenbahnkursbuch und eine Eisenbahnkarte China (inkl. Hongkong, Korea, Mongolei, Taiwan) sind u. a. erhältlich in der Schweiz bei der Verkaufsstelle für ausländische Kursbücher, Büro 224, Hauptbahnhof CH-9001 St. Gallen, Tel. (071) 226180.

Eisenbahnkursbuch, Eisenbahnkarte

Peking–Shanghai: 17 Std.; Peking–Hangzhou: 28 Std.; Peking–Harbin: 18 Std.; Peking–Lanzhou: 28 Std.; Peking–Hohhot: 14 Std.; Peking–Tientsin: 2 Std.; Peking–Jilin: 22 Std.
Kanton–Peking: 35 Std.; Kanton–Shijiazhuang: 32 Std.; Kanton–Zhengzhou: 30 Std.; Kanton–Wuhan: 22 Std.; Kanton–Wuchang: 21 Std.; Kanton–Shanghai: 32 Std.; Kanton–Hangzhou: 36 Std.; Kanton–Fuzhou: 35 Std.; Kanton–Guilin: 18 Std.; Kanton–Liuzhou: 22 Std.; Kanton–Nanning: 26 Std.; Kanton–Xi'an: 43 Std.
Shanghai–Tsingtau: 24 Std.; Shanghai–Nanking: 4 bis 5 Std.; Shanghai–Hangzhou: 3 Std.
Xi'an–Xining: 19 Std.; Xi'an–Ürümqi: 48 Std.

Dauer von Bahnfahrten (Auswahl)

Auf der 2500 km langen Trasse zwischen Peking und Hongkong wurde 1996 eine durchgehende Bahnverbindung fertiggestellt.

Bahnfahrt Peking–Hongkong

Eisenbahn

Eisenbahnverbindungen

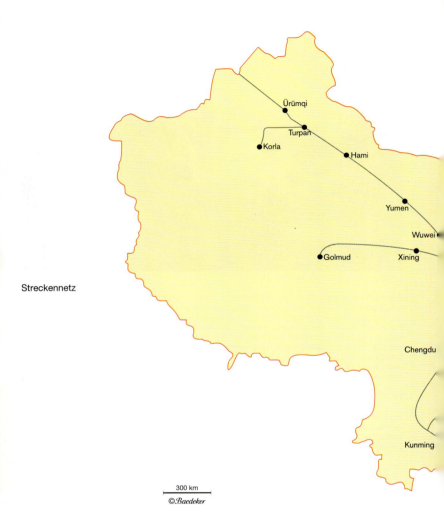

Streckennetz

Eisenbahninformationen
s. S. 542–543 und 548

Eisenbahn in China

Streckennetz

Eisenbahnentfernungen
s. S. 546/544

Eisenbahnentfernungen

Entfernungen in Eisenbahn-km zwischen ausgewählten Städten in China	Changchun	Changsha	Chengdu	Dalian	Dandong	Fuzhou	Guiyang	Hangzhou	Harbin	Hefei	Hohhot	Jilin	Jinan	Jinzhou	Kanton	Kunming	Lanzhou	Liuzhou	Manzhouli	Nanchang
Changchun	•	2733	3194	702	582	3495	3686	2523	242	1979	1814	128	1366	547	3459	4325	2959	3456	1177	3151
Changsha	2733	•	1920	2825	2705	984	953	998	2975	1537	2255	2874	1558	2186	726	1592	2079	723	3910	418
Chengdu	3194	1920	•	3286	3166	2802	967	2542	3436	1998	2134	3335	2019	2647	2544	1100	1172	1574	4371	2236
Dalian	702	2825	3286	•	674	3587	3778	2615	944	2071	1906	843	1458	639	3551	4417	3051	3548	1879	2343
Dandong	582	2705	3166	674	•	3467	3658	2495	824	1951	1786	723	1338	519	3431	4297	2931	3428	1759	3123
Fuzhou	3495	984	2802	3587	3467	•	1835	972	3737	1778	3239	3636	2129	2948	1608	2474	3063	1605	4672	622
Guiyang	3686	953	967	3778	3658	1835	•	1849	3928	2490	3101	3827	2511	3139	1577	639	2139	607	4863	1269
Hangzhou	2523	998	2542	2615	2495	972	1849	•	2765	806	2319	2664	1157	1976	1622	2488	2376	1619	3700	636
Harbin	242	2975	3436	944	824	3737	3928	2765	•	2221	2056	275	1608	789	3701	4567	3201	3698	935	3393
Hefei	1979	1537	1998	2071	1951	1778	2490	806	2221	•	1775	2120	613	1432	2263	3098	1832	2260	3156	1442
Hohhot	1814	2255	2134	1906	1786	3239	3101	2319	2056	1775	•	1955	1162	1267	2981	3234	1145	2978	2991	2673
Jilin	128	2874	3335	843	723	3636	3827	2664	275	2120	1955	•	1507	688	3600	4466	3100	3597	1210	3292
Jinan	1366	1558	2019	1458	1338	2129	2511	1157	1608	613	1162	1507	•	819	2284	3119	1853	2281	2543	1793
Jinzhou	547	2186	2647	639	519	2948	3139	1976	789	1432	1267	688	819	•	2912	3738	2412	2909	1724	2604
Kanton	3459	726	2544	3551	3431	1608	1577	1622	3701	2263	2981	3600	2284	2912	•	2216	2805	1079	3636	1042
Kunming	4325	1592	1100	4417	4297	2474	639	2488	4567	3098	3234	4466	3119	3738	2216	•	2272	1246	5502	1908
Lanzhou	2959	2079	1172	3051	2931	3063	2139	2376	3201	1832	1145	3100	1853	2412	2805	2272	•	2746	4136	2497
Liuzhou	3456	723	1574	3548	3428	1605	607	1619	3698	2260	2978	3597	2281	2909	1079	1246	2746	•	4633	1039
Manzhouli	1177	3910	4371	1879	1759	4672	4863	3700	935	3156	2991	1210	2543	1724	3636	5502	4136	4633	•	4328
Nanchang	3151	418	2236	2343	3123	622	1269	636	3393	1442	2673	3292	1793	2604	1042	1908	2497	1039	4328	•
Nanking	2029	1492	2048	2121	2001	1466	2343	494	2271	312	1825	2170	663	1482	2116	2982	1882	2113	3206	1130
Nanning	3711	978	1829	3803	3683	1860	862	1874	3953	2515	3233	3852	2536	3164	1334	1501	3001	255	4888	1294
Peking	1146	1587	2048	1238	1118	2623	2540	1651	1388	1107	668	1287	494	599	2313	3179	1813	2310	2323	2005
Pingxiang	3931	1198	2049	4023	3903	2080	1082	2094	4173	2735	3453	4072	2756	3384	1554	1721	3221	475	5108	1514
Qiqihaer	530	3035	3496	1157	1037	3797	3988	2825	288	2281	2116	563	1668	849	3761	4627	3261	3758	693	3453
Shanghai	2334	1187	2353	2426	2306	1161	2038	189	2576	617	2130	2475	968	1787	1811	2677	2187	1808	3511	825
Shenyang	305	2428	2889	397	277	3190	3381	2218	547	1674	1509	446	1061	242	3154	4020	2654	3151	1482	2846
Shijiazhuang	1429	1304	1765	1521	1401	2288	2257	1455	1671	911	951	1570	298	882	2030	2865	1599	2027	2606	1722
Taiyuan	1660	1535	1493	1752	1632	2519	2460	1686	1902	1142	641	1801	529	1113	2261	2593	1327	2258	2837	1953
Tientsin	1009	1724	2185	1101	981	2486	2677	1514	1251	970	805	1150	357	462	2450	3316	1950	2447	2186	2142
Tschungking	3698	1416	504	3790	3670	2298	463	2312	3940	2502	2638	3839	2523	3151	2040	1102	1676	1070	4875	1732
Tsingtau	1759	1951	2412	1851	1731	2522	2904	1550	2001	1006	1555	1900	393	1212	2677	3512	2246	2674	2936	2186
Ürümqi	4920	3971	3064	5012	4892	4955	4031	4268	5162	3724	3037	5061	3745	4373	4697	4164	1892	4638	3097	4389
Wuhan	2375	358	1887	2467	2347	1342	1311	1356	2617	1179	1897	2516	1200	1828	1084	1950	1721	1081	3552	776
Xi'an	2311	1403	842	2403	2283	2387	1809	1700	2553	1156	1292	2452	1177	1764	2129	1942	676	2126	3488	1821
Xining	3244	2295	1388	3336	3216	3279	2355	2592	3486	2048	1361	3385	2069	2697	3021	2488	216	2962	4421	2713
Xuzhou	1683	1241	1702	1775	1655	1812	2194	840	1925	296	1479	1824	317	1136	1967	2802	1536	1964	2860	1476
Yinchuan	2492	2546	1639	2584	2464	3530	2606	2813	2734	2299	678	2633	1840	1945	3272	2739	467	3213	3669	2964
Zhengzhou	1841	892	1353	1933	1813	1876	1845	1189	2083	645	1363	1982	666	1294	1618	2453	1187	1615	3018	1310
Zhuzhou	2784	51	1869	2876	2756	933	902	947	3026	1588	2306	2925	1609	2237	675	1541	2130	672	3961	367

Eisenbahnentfernungen

Nanking	Nanning	Peking	Pingxiang	Qiqihaer	Shanghai	Shenyang	Shijiazhuang	Taiyuan	Tientsin	Tschungking	Tsingtau	Ürümqi	Wuhan	Xi'an	Xining	Xuzhou	Yinchuan	Zhengzhou	Zhuzhou	Entfernungen in Eisenbahn-km zwischen ausgewählten Städten in China
2029	3711	1146	3931	530	2334	305	1429	1660	1009	3698	1759	4920	2375	2311	3244	1683	2492	1841	2784	Changchun
1492	978	1587	1198	3035	1187	2428	1304	1535	1724	1416	1951	3971	358	1403	2295	1241	2546	892	51	Changsha
2048	1829	2048	2049	3496	2353	2889	1765	1493	2185	504	2412	3064	1887	842	1388	1702	1639	1353	1869	Chengdu
2121	3803	1238	4023	1157	2426	397	1521	1752	1101	3790	1851	5012	2467	2403	3336	1775	2584	1933	2876	Dalian
2001	3683	1118	3903	1037	2306	277	1401	1632	981	3670	1731	4892	2347	2283	3216	1655	2464	1813	2756	Dandong
1466	1860	2623	2080	3797	1161	3190	2288	2519	2486	2298	2522	4955	1342	2387	3279	1812	3530	1876	933	Fuzhou
2343	862	2540	1082	3988	2038	3381	2257	2460	2677	463	2904	4031	1311	1809	2355	2194	2606	1845	902	Guiyang
494	1874	1651	2094	2825	189	2218	1455	1686	1514	2312	1550	4268	1356	1700	2592	840	2813	1189	947	Hangzhou
2271	3953	1388	4173	288	2576	547	1671	1902	1251	3940	2001	5162	2617	2553	3486	1925	2734	2083	3026	Harbin
312	2515	1107	2735	2281	617	1674	911	1142	970	2502	1006	3724	1179	1156	2048	296	2299	645	1588	Hefei
1825	3233	668	3453	2116	2130	1509	951	641	805	2638	1555	3037	1897	1292	1361	1479	678	1363	2306	Hohhot
2170	3852	1287	4072	563	2475	446	1570	1801	1150	3839	1900	5061	2516	2452	3385	1824	2633	1982	2925	Jilin
663	2536	494	2756	1668	968	1061	298	529	357	2523	393	3745	1200	1177	2069	317	1840	666	1609	Jinan
1482	3164	599	3384	849	1787	242	882	1113	462	3151	1212	4373	1828	1764	2697	1136	1945	1294	2237	Jinzhou
2116	1334	2313	1554	3761	1811	3154	2030	2261	2450	2040	2677	4697	1084	2129	3021	1967	3272	1618	675	Kanton
2982	1501	3179	1721	4627	2677	4020	2865	2593	3316	1102	3512	4164	1950	1942	2488	2802	2739	2453	1541	Kunming
1882	3001	1813	3221	3261	2187	2654	1599	1327	1950	1676	2246	1892	1721	676	216	1536	467	1187	2130	Lanzhou
2113	255	2310	475	3758	1808	3151	2027	2258	2447	1070	2674	4638	1081	2126	2962	1964	3213	1615	672	Liuzhou
3206	4888	2323	5108	693	3511	1482	2606	2837	2186	4875	2936	3097	3552	3488	4421	2860	3669	3018	3961	Manzhouli
1130	1294	2005	1514	3453	825	2846	1722	1953	2142	1732	2186	4389	776	1821	2713	1476	2964	1310	367	Nanchang
•	2368	1157	2588	2331	305	1724	961	1192	1020	2552	1056	3774	1229	1206	2098	346	2349	695	1441	Nanking
2368	•	2565	220	4013	2063	3406	2282	2513	2702	1325	2929	4893	1336	2381	3217	2219	3468	1870	927	Nanning
1157	2565	•	2785	1448	1462	841	283	514	137	2552	877	3774	1229	1165	2098	811	1346	695	1638	Peking
2588	220	2785	•	4233	2283	3626	2502	2733	2922	1545	3149	5113	1556	2601	3437	2439	3688	2090	1147	Pingxiang
2331	4013	1448	4233	•	2636	760	1731	1962	1311	4000	2061	5222	2677	2613	3546	1985	2794	2143	3086	Qiqihaer
305	2063	1462	2283	2636	•	2029	1266	1497	1325	2501	1361	4079	1545	1511	2403	651	2654	1000	1136	Shanghai
1724	3406	841	3626	760	2029	•	1124	1355	704	3393	1454	4615	2070	2006	2939	1378	2187	1536	2479	Shenyang
961	2282	283	2502	1731	1266	1124	•	231	420	2269	691	3491	946	923	1815	615	1550	412	1355	Shijiazhuang
1192	2513	514	2733	1962	1497	1355	231	•	651	1997	922	3219	1177	651	1543	846	1319	643	1586	Taiyuan
1020	2702	137	2922	1311	1325	704	420	651	•	2689	750	3911	1366	1302	2235	674	1483	832	1775	Tientsin
2552	1325	2552	1545	4000	2501	3393	2269	1997	2689	•	2916	3568	1774	1346	1892	2206	2143	1857	1365	Tschungking
1056	2929	877	3149	2061	1361	1454	691	922	750	2916	•	4138	1593	1570	2462	710	2233	1059	2002	Tsingtau
3774	4893	3774	5113	5222	4079	4615	3491	3219	3911	3568	4138	•	3613	2568	2108	3428	2359	3079	4022	Ürümqi
1229	1336	1229	1556	2677	1545	2070	946	1177	1366	1774	1593	3613	•	1045	1937	883	2188	534	409	Wuhan
1206	2381	1165	2601	2613	1511	2006	923	651	1302	1346	1570	2568	1045	•	892	860	1143	511	1454	Xi'an
2098	3217	2098	3437	3546	2403	2939	1815	1543	2235	1892	2462	2108	1937	892	•	1752	683	1403	2346	Xining
346	2219	811	2439	1985	651	1378	615	846	674	2206	710	3428	883	860	1752	•	2003	349	1292	Xuzhou
2349	3468	1346	3688	2794	2654	2187	1550	1319	1483	2143	2233	2359	2188	1143	683	2003	•	1654	2597	Yinchuan
695	1870	695	2090	2143	1000	1536	412	643	832	1857	1059	3079	534	511	1403	349	1654	•	943	Zhengzhou
1441	927	1638	1147	3086	1136	2479	1355	1586	1775	1365	2002	4022	409	1454	2346	1292	2597	943	•	Zhuzhou

Elektrizität

Eisenbahn, (Fortsetzung) Seidenstraße-Expreß

Der Luxus-Touristenzug 'Seidenstraße-Expreß' verkehrt in unregelmäßigen Abständen auf der über 3000 km langen Strecke zwischen Xi'an und Alataw Shankou. Er ist klimatisiert und verfügt über Schlafwagen sowie Speisewagen, in dem chinesische und europäische Küche geboten wird. Informationen zu diesem Zug erteilt u. a. das Eisenbahn-Reisebüro in Lanzhou.

Weitere Informationen (u. a. Eisenbahnverbindung von Europa nach Asien und Transsibirische Eisenbahn): → Anreise.

Dampflokomotiven

Datong, nordwestlich von Peking, ist Sitz von Chinas größter Dampflokomotivenfabrik. Neben der Besichtigung eines Dampflokomotivenmuseums besteht für Besucher die Möglichkeit, sich als Lokführer auf einer kreisförmigen Gleisstrecke zu versuchen.

Elektrizität

Vor Reisebeginn
Adapter

Adapter bzw. Weltreisestecker sollte man sich möglichst vor Reisebeginn im Fachhandel seines Heimatlandes besorgen, da sie in China oftmals nur an den Rezeptionen der großen Hotels ausgeliehen werden oder nicht in ausreichendem Maß vorhanden sind.

Taschenlampe

Auch die Mitnahme einer Taschenlampe und von Ersatzbatterien ist (für Höhlenbesichtigungen u. a.) nützlich.

In der Volksrepublik China

Das Stromnetz in der Volksrepublik China führt 220 Volt Wechselstrom; die Frequenz beträgt 50 Hertz. Die Steckdosen sind zwei- oder dreipolig und vielfach nur für Stecker mit flachen Metallblättern (US-amerikanischen Typs) geeignet.
In den Hotels sind für die Gäste meist Steckdosen für Zweipolstecker vorhanden.

Stromschwankungen

Mit stärkeren Stromschwankungen bzw. -ausfällen ist in China zu rechnen.

In Taiwan

110 Volt Wechselstrom; Frequenz: 60 Hertz.

In Hongkong

200/220 Volt Wechselstrom; Frequenz: 50 Hertz. Es werden Rundstecker verwendet.

In Macao

220 Volt Wechselstrom; Frequenz: ebenfalls 50 Hertz; eine Ausnahme bildet lediglich die Altstadt von Macao, in der mit 110 Volt Wechselstrom zu rechnen ist.

Entfernungen

→ Tabelle in Eisenbahn-Kilometern s. S. 546/547

Essen und Trinken

Allgemeines

Die chinesische Küche ist weltberühmt und weist, je nach Region, erhebliche Unterschiede auf. Grundsätzlich kann man von einer nordchinesischen sowie einer südchinesischen Küche sprechen. Innerhalb dieser zwei Gruppen lassen sich dann fünf national und international bekannte regionale Varianten unterscheiden: die Pekinger Küche und die Küche von Shandong, die Küche von Shanghai-Zhejiang-Jiangsu, die Küche von Szetschuan sowie die Kanton-Küche.

Essen und Trinken

Essenszubereitung im Freien

Man sollte die regionalen Unterschiede berücksichtigen und beispielsweise in Kanton nicht gerade eine Peking-Ente verlangen. Die chinesische Küche ist so spezialisiert, daß die Spezialitäten einer bestimmten Gegend anderswo kaum angemessen zubereitet werden. Es ist auch insofern hilfreich, die lokalen Spezialitäten zu kennen, als man auf diesem Weg Aufschlußreiches über China, seine Geschichte und Geographie erfährt.

Allgemeines (Fortsetzung)

In all diesen Regionalküchen werden die Zutaten fast immer in ganz kleine Stücke geschnitten und in Geschmack, Geruch und Farben harmonisch aufeinander abgestimmt. Auch die Zubereitungsweise spielt eine große Rolle. Die chinesische Küche kennt sehr viele Spielarten: z.B. Dünsten, Braten, leichtes oder starkes Frittieren und Kochen (Kochzeiten werden kurz bemessen, damit die verwendeten Gemüse ihr frisches Aussehen und ihren 'Biß' behalten).
Kochutensilien sind vor allem der auch bei uns inzwischen bekannte Wok (eine Halbschale, die auf offenem Feuer steht und in der sich die Garzeiten auf ein Minimum reduzieren), der mit Holzkohle geheizte Feuertopf oder ein Grill.

Zutaten Zubereitung

Die Mahlzeiten der Chinesen sind meist einfach. So besteht das Frühstück in Nordchina hauptsächlich aus Nudeln, in Südchina aus Reisbrei, in der Regel mit Beilagen, z.B. eingelegtem Salzgemüse und Gebäck. Mittags und abends gibt es Gemüse, Reis, Fleisch oder Fisch und Suppe.

Mahlzeiten

Regionale Küchen

Die nordchinesische Küche, also die von Peking oder Shandong, zeichnet sich durch recht einfache Zutaten und die häufige Verwendung von Gewürzen und Pfefferschoten aus, Ingredienzen, die in winterkalten Gegenden für etwas Wärme sorgen.

Nordchinesische Küche:
Peking und Shandong

Essen und Trinken

Nordchinesische Küche (Fortsetzung)

Beide Küchenarten verwenden viele Getreideprodukte aus Sorghum und Weizen, wie Bandnudeln, einfache oder gefüllte Brötchen, die gedämpft werden, gekochte oder gedünstete Teigtaschen, oft auch aus Reis.
Peking ist überdies die Heimat der kaiserlichen Küche, die durch raffinierte Präsentation und seltene Ingredienzen gekennzeichnet ist.

Peking-Ente

Die Küche der Landeshauptstadt ist vor allem für die Peking-Ente bekannt, ein Gericht, das eine lange, komplizierte und kunstvolle Zubereitung erfordert. In mehreren Gängen werden die einzelnen Teile einer Mastente, Fleisch und Innereien, serviert. Die knusprig gebratene Haut wird mit Fett und Fleisch unterlegt gereicht.
Die wohlschmeckendsten Teile, der halbierte Kopf mit dem Hirn, Fleischstreifen vom Rückgrat und der Schwanz, stellen den letzten Fleischgang dar. Alle Fleischstücke taucht man in eine würzige Soße und rollt sie mit Frühlingszwiebeln in dünne Weizenpfannkuchen ein. Die Mahlzeit wird mit einer Suppe abgeschlossen.

Karpfen

Zu den Spezialitäten der Küche von Shandong zählt der Karpfen aus dem Huanghe in süßsaurer Sauce.

Mongolischer Feuertopf (Shuayangrou)

Zu den nordchinesischen Lieblingsspeisen gehört auch der Mongolische Feuertopf: In einem dem Fonduetopf ähnlichen Kupferkessel, der mit Wasser gefüllt und über Reisigkohle erhitzt wird, brüht man Gemüse, Hammelfleisch, Reis- oder Sojanudeln ganz kurz ab und würzt sie dann mit pikanten Saucen.

Küche von Shanghai-Zhejiang-Jiangsu

Schwerer und fetter, aber auch milder und schmackhafter ist die Küche von Shanghai-Zhejiang-Jiangsu, in der sehr viel Fisch und Meeresfrüchte, aber auch Geflügel Verwendung findet.
Meist werden die Tiere im eigenen Saft gekocht, um ihren ursprünglichen Geschmack zu bewahren, oder zur Aromaintensivierung mit vielen Gewürzen versetzt.
Eine in Nanking bekannte Spezialität ist die Pökelente, in Hangzhou wird u. a. in Essig marinierter Fisch geschätzt.

Kanton-Küche

Die Kanton-Küche ist vermutlich die bekannteste, vielleicht auch, weil sie bei ihren überwiegend aus Gemüse, Fisch, Meeresfrüchten und Krustentieren bestehenden Gerichten nur wenig Gewürze und Fett benützt und dabei Zubereitungsarten wie Dünsten, Kochen und Sautieren bevorzugt. Daher sind ihre kulinarischen Errungenschaften verdauungs- und gaumenfreundlicher.
Eine Anzahl von Spezialitäten aus Kanton ist unter dem Sammelnamen Dim Sum (kleines Herz) bekannt. Dabei handelt es sich um kleine Klöße mit den verschiedensten Füllungen, so werden u. a. Frühlingsröllchen (chun kuen) oder Fleisch in Reisteig (shiu mai) angeboten. Dim Sum wird in China nie zu den Hauptmahlzeiten, sondern als Snack mittags oder zwischendurch gegessen.

Spezialität

Eine besondere Spezialität bilden die Hundert-Jahre-Eier (Songhua Dan). In Wirklichkeit sind sie nur ein paar Monate alt, und ihr grünes, von durchsichtigen Äderchen durchzogenes Inneres sieht aus wie ein Jadestein.

Küche von West- und Südwestchina (Szetschuan und Yunnan)

Die schärfste und gewürzintensivste Küche ist zweifellos die von Szetschuan. Sie macht bei allen Gerichten großzügigen Gebrauch von Knoblauch und Pfefferschoten. Besonders zu empfehlen ist geräucherte Ente.
Das Gemüse wird hier nur kurz abgebrüht und, ganz entgegen den Tabus der Mandarine, bisweilen sogar roh gegessen, vor allem in der Provinz Yunnan, wo ethnische Minderheiten wie die Thai, die Lao und die Miao leben.
Eine häufige Kost ist glutinierter Reis, d. h. er wird solange in seiner Stärke gekocht, bis er ganz klebrig und saugfähig ist. In den Gebirgsgegenden werden auch Maniok und Knollen gegessen.

Essen und Trinken

Kochrezepte

Zutaten:
400 g Rindfleisch, 4 TL Speisestärke, 6 EL Sojasoße, 100 g Glasnudeln, 10 EL Öl, 2 kleingehackte Zwiebeln, 1 TL Salz, etwas Wasser
Zubereitung:
Das Rindfleisch gegen die Faser in dünne, etwa 3 cm lange Streifen schneiden, mit Speisestärke und 4 EL Sojasoße vermischen, dann zur Seite stellen. Die Glasnudeln in lauwarmem Wasser einweichen; anschließend auf Fingerlänge schneiden. In heißem Öl das Rindfleisch kurz anbraten, danach das Fleisch herausnehmen. Die Glasnudeln und die kleingehackten Zwiebeln im Öl kurz anschmoren, das Rindfleisch wieder hinzugeben und mit etwas Wasser garen lassen. Vor dem Servieren werden die Glasnudeln mit der Gabel gelockert und mit den restlichen 2 EL Sojasoße nachgewürzt.

Rindfleisch mit Glasnudeln

Zutaten:
100 g Hühnerfleisch pro Person, 1/2 Dose Bambussprossen, 1/4 Paket Morcheln, 250 g Sojabohnenkeime, Hühnerbrühe, Salz, 1 Paprika, Sojasoße
Zubereitung:
Eingeweichte Morcheln, Bambussprossen, Sojabohnenkeime, Hühnerfleisch und Paprika in kleine Würfel oder Scheiben schneiden. Hühnerbrühe kochen, das kleingeschnittene Gemüse hinzugeben und bei kleiner Hitze garen; mit etwas Salz abschmecken. Anschließend das gekochte Hühnerfleisch in der Suppe erhitzen und mit Sojasoße abschmecken.

Gemüsesuppe

Zutaten:
1 Banane pro Person, 200 g Mehl, etwas Wasser, 1/2 Päckchen Backpulver, 1 Ei, Öl, Bienenhonig
Zubereitung:
Mehl, Backpulver und Ei mit etwas Wasser zu einem sämigen Teig rühren; darin die halbierten Bananen wenden. In reichlich Öl die Bananen goldgelb backen; anschließend etwas Honig darüberträufeln. Varianten sind auch mit Äpfeln oder Ananas möglich.

Bananen in Honig

Getränke

Am häufigsten wird nicht, wie man vielleicht denken könnte, Tee oder Wasser getrunken; man nimmt – vor allem im Beisein ausländischer Gäste und bei Festmahlen – alkoholfreie Erfrischungsgetränke, wie Orangenlimonade, leicht alkoholische Getränke, wie Bier, oder stark alkoholhaltige, wie Schnaps (meist aus Getreide) zu sich, der in winzigen Gläsern aufgetragen wird. Bei Banketten sollte der erste Trinkspruch des Gastgebers abgewartet werden; es ist üblich, (stehend) miteinander anzustoßen und auf die Freundschaft zu trinken; die Gläser werden in einem Zug (ganbei=ex) bis auf die letzten Tropfen geleert und dann wieder randvoll gefüllt. Danach kann der Gast sich mit einem kleinen Trinkspruch bedanken (wird der Gast vom chinesischen Gastgeber als 'starker Trinker' bezeichnet, ist dies lediglich als Kompliment aufzufassen).

Es gibt grünen sowie schwarzen Tee, Dufttee (vorwiegend Jasmintee), weißen Tee und roten Tee. Serviert wird das Getränk vor oder nach den Mahlzeiten. Auf jeden Fall wird er stets aus Blättern zubereitet, damit sein ganzes Aroma zur Entfaltung kommt.
Grüner Tee, d. h. nicht fermentierter und bisweilen mit Jasminblüten versetzter Tee, wird überwiegend im Norden, roter oder 'Wulong'- bzw. 'Oolong'-Tee im Süden getrunken, aber immer ohne Zucker, Milch oder Zitrone. Beim grünen Tee schwimmen die Blätter oftmals obenauf. Die edelsten grünen Sorten sind 'Longjing' und 'Biluochun'; Oolong-Teesorten sind 'Dahongpao' und 'Tieguanyin'.

Tee

Essen und Trinken

Getränke, Tee (Fortsetzung)	Die besten schwarzen Teesorten sind 'Qihong' und 'Yunfeng'. Daneben gibt es auch weiße Teesorten, zu denen 'Yinzhenbaihao', 'Gongmei' und 'Shoumei' zählen. Wer englischen Tee bevorzugt, bestelle hóng chá (roten Tee).
Hinweis	Am West-See/Prov. Zhejiang liegt Chinas Teemuseum mit ausgedehnten Teeplantagen und mehreren Ausstellungshallen. Hier wird der Besucher nicht nur über den Tee, Teegeschirre und -zeremonien sowie -bräuche informiert; er kann sich auch selbst Teeblätter pflücken und an verschiedenen Zeremonien teilnehmen.
Kaffee	Auf den Genuß von Kaffee sollte besser verzichtet werden; er schmeckt fad und bitter. Gelegentlich ist importierter löslicher Kaffee in Hotelläden erhältlich.
Erfrischungsgetränke	An Erfrischungsgetränken sind Mineralwasser (das bekannteste ist 'Laoshan'), süße Limonade (beispielsweise Pflaumenlimonade, chines. suānméitāng) und mit Kohlensäure angereicherter Orangensaft (juzi shui) überall erhältlich. In großen Hotels wird Tonic water, Coca Cola und Ginger Ale angeboten. Leitungswasser ist nicht trinkbar! Auf den Hotelzimmern und auf den Schiffen findet man jedoch überall abgekochtes Wasser in Kannen.
Bier	Das Bier schmeckt ausgezeichnet und ist vergleichbar mit Lagerbier oder Pils. Unter den Biersorten sind 'Qingdao' und 'Beijing' die bekanntesten.
Wein	Aus Trauben gekelterter Wein ist meist sehr süß. Inzwischen bekommt man an von Ausländern vielbesuchten Orten trockenere Weißweine (baisuan putaojiu). Zu den besten zählt 'Dynastie' oder der unter der Bezeichnung 'Große Mauer' gehandelte Wein. Die Qualität dieser und anderer Sorten ist akzeptabel, doch nicht überragend. Rotwein (hongsuan putaojiu) schmeckt süß. Daneben sind auch importierte Weine zu hohen Preisen erhältlich. Begleitgetränk zu vielen Mahlzeiten ist warmer oder heißer Reiswein, ein hochprozentiger Getreidebranntwein. Die Chinesen bevorzugen die rötliche Sorte 'Shaoxing' (Shàoxīngjiǔ); am trockensten ist der Reiswein 'Jiafan'.
Weitere Spirituosen	Unüberschaubar ist die Vielzahl chinesischer Spirituosen. Da sie oftmals jedoch nicht dem europäischen Geschmack entsprechen und einen hohen Alkoholgehalt haben, sollten sie mit Vorsicht genossen werden. Einheimischer Branntwein ('bailandi') schmeckt einigermaßen, Wodka ('edeke') ist gut. Auf den Genuß einheimischer Whisky-, Gin- und Rumsorten verzichte man besser. Chinesische Schnäpse und Liköre sind mit den unterschiedlichsten Zutaten aromatisiert. Sehr bekömmlich ist der in der Provinz Guizhou aus Sorghum (einer Hirseart) gebrannte 'Maotai'-Schnaps (Máotáijiǔ). Bekannt sind ferner die ebenfalls aus Sorghum gebrannte 'Fénjiǔ' aus der Provinz Shanxi, der 'Wǔliángyè' (Fünf-Getreide-Schnaps) aus der Provinz Szetschuan oder der 'Zhúyèqīng', der aus Bambusblättern hergestellt wird.
Bowle	Gelegentlich wird auch Litschi-Bowle serviert. Zutaten: 2 Dosen Litschis, 1 Flasche Wodka, 2 Flaschen Aprikosensaft, Saft zweier Zitronen, Eiswürfel. Zubereitung: Die Litschis abtropfen lassen, mit Wodka übergießen und zugedeckt 2 bis 3 Std. ziehen lassen. Danach Aprikosen- und Zitronensaft sowie die Eiswürfel hinzugeben.

Begriffe aus der Gastronomie

Allgemeines	Als Verständigungshilfe nachfolgend einige Begriffe:

Essen und Trinken

Begriffe aus der Gastronomie (Fortsetzung)

deutsch	**chinesisch**
Restaurant	fànguăn
Frühstück	zăofàn
Mittagessen	zhōngfàn
Abendessen	wănfàn
Kellner	fúwùyuán
Toilette	cèsuŏ
Bitte die Rechnung	qĭng jié zhàng
Speisekarte	càidān
Suppen	tānglèi
Lotoskern-	liánzitāng
suppe (süß)	
Maultaschensuppe	húntúntāng
Nudelsuppe	tāngmiàn
Sauer-scharfe	suānlàtāng
Suppe	
Vorspeisen	xiăochī
Kalte Platte	lĕng pīnpān
Frühlingsrollen	chūnjuăn
'100jährige' Eier	pídàn
Krabbenbrot	xiāpiàn
Fisch	yú
frittiert	zhá
gebraten	jiān
gekocht	shāo
süß-sauer	tángcù
Aal	mánlí
Flunder	diéyú
Karpfen	lĭyú
Lachs	gūiyú
Seebarsch	hăilú
Meeresfrüchte	hăixiān
Garnele	dàxiā
Hummer	lóngxiā
Krabbe	xiāzi
Krebs	pángxiè
Muscheln	xiān bèi
Fleischspeisen	ròulèi
Gebratenes	fĕnsī chăo
Lammfleisch	yángròu
Gefüllte Teigklöße	bāozi
Hackfleisch-	shīzitóu
bällchen	
Maultaschen	jiăozi
Rippchen	páigŭ
Schweineleber	zhūgān
Spanferkel	kăo rŭzhū
mit Glasnudeln	
Süß-saures	gŭlăoròu
Schweinefleisch	
2× gebratenes	huíguōròu
Schweinefleisch	
Gebratenes	cōngtóu chăo
Rindfleisch	niúròu
mit Zwiebeln	

Essen und Trinken

Begriffe aus der Gastronomie (Fortsetzung)

Geflügel	jiāqín
Huhn in Wein	zùi jī
Knusprige(s) Huhn/Ente	xiāngsūjī (yā)
Kantonesische Ente	bǎnyā
Peking-Ente	Běijīng tiányā
Gemüse	sùcài
Auberginen	qiézi
Bambussprossen	zhúsǔn
Bohnen	dòu
Chinakohl	báicài
Erbsen	wāndòu
Gurke	huánggua
Kartoffel	tǔdòu
Lotoswurzel	ǒu
Mais	yùmǐ
Mohrrübe	húluóbo
Pilze	mógu
Salat (China-Lattich)	wōsǔn
Sojabohnen	huángdòu
Sojasprossen	dòuyá
Spargel	lúsǔn
Spinat	bōcài
Tomate	xīhóngshì
Nudeln	miàntiáo
Reis	mǐfàn
Süßspeisen	tiánshí
Eis	bīngqílin
Mandelgelee	xìngrén dòufu
In Zucker glasierte Äpfel	bāsī píngguó
Reis der acht Kostbarkeiten (süßer Reis mit Lotossamen, Kürbiskernen, Datteln und Früchten)	bābǎofàn
Obst, Nüsse	shuǐguó, gānguó
Ananas	bōluó
Apfel	píngguǒ
Apfelsine	chénzi
Banane	xiāngjiāo
Birne	lízi
Dattel	zǎozi
Erdbeere	cǎoméi
Erdnuß	huāshēngmǐ
Haselnuß	zhēnzi
Kastanie	lìzi
Kirsche	yīngtáo
Lychee	lìzhī
Pfirsich	táozi
Pflaume	lǐzi
chinesische Stachelbeere	yángtáo
Weintrauben	pútao
Zitrone	níngmeng

Fahrrad

Getränke	yǐnliào	Begriffe aus der Gastronomie (Fortsetzung)
Bier	píjiǔ	
Kaffee	kāfēi	
Limonade	qìshuǐ	
Milch	niúnǎi	
Mineralwasser	kuàngquánshuǐ	
Tee	chá (shuǐ)	
Wein	pútaojiǔ	
Weißwein	bái pútaojiǔ	
Rotwein	hóng pútaojiǔ	
Brot	miànbāo	
Sesambrötchen	shāobing	
Teigstange (in Öl frittiert)	yóutiáo	
Kuchen	dàn'gāo	
Butter	huángyóu	
Marmelade	guǒjiàng	
Honig	fēngmì	
Ei	jīdàn	
hart	lǎode	
weich	nènde	
Rührei	chǎodàn	
Spiegelei	jiāndàn	
Gewürze	tiánshí	
Anis	huíxiāng	
Chili	làjiāo	
Curry	gālí	
Ingwer	jiāng	
Knoblauch	suàn	
Salz	yán	
Pfeffer	hújiāo	
Zucker	táng	
Essig	cù	
Sesamöl	xiāngyóu	
Sojasoße	jiàngyóu	

Expeditionen

→ Bergtouren

Fahrrad (zìxíngchē)

Fahrräder (immer ohne Licht!) können in allen größeren Orten in einigen Hotels oder in Geschäften, die sich in unmittelbarer Nähe von Sehenswürdigkeiten befinden, sowie gelegentlich auch an Bahnhöfen gemietet werden. Der Preis für eine Fahrradmiete ist nicht sehr hoch; eine Sicherheit (Paß) ist in der Regel zu hinterlegen.
Bewachte und gebührenpflichtige Stände für Fahrräder existieren in den Geschäftsvierteln größerer Städte.

Fahrvorschriften

→ Straßenverkehr

Feiertage und Feste

Fahrrad – das in China am meisten benutzte Verkehrsmittel (s. S. 555)

Feiertage und Feste

Die chinesische Gesellschaft, die sehr von der Landwirtschaft geprägt wurde, hat jahrtausendelang ihren Kalender mehr nach den Mond-, denn nach den Sonnenphasen ausgerichtet.

Da die zwölf Mondmonate nur 354 Tage umfassen, d. h. elf und ein Viertel Tage weniger als der Sonnenkalender, wurden in regelmäßigen Abständen 'Schaltmonate' eingeschoben.

Im Jahr 1912 führte China den Gregorianischen Kalender ein, der für die politischen und internationalen Feiertage maßgeblich ist. Für traditionelle volkstümliche Feste gilt hingegen weiterhin der alte Bauernkalender, so daß man keine festen Daten nennen kann.

Gesetzliche Feiertage nach dem Gregorianischen Kalender

1. Januar	Neujahr (Yuandan)
1. Mai	Tag der Arbeit (Wuyi)
1. August	Gründungstag der Volksbefreiungsarmee (1. August 1927)
1. Oktober	Nationalfeiertag: Gründung der Volksrepublik China (1. Oktober 1949)

Traditionelle Feste nach dem Mondkalender

Allgemeines — Traditionelle Feste nach dem alten Mondkalender werden noch im ganzen chinesischen Kulturraum gefeiert. Die wichtigsten sind nachfolgend genannt.

Feiertage und Feste

Das traditionelle chinesische Jahr wird durch das Frühlingsfest, die wichtigste Familienfeier, eingeläutet. Den Chinesen stehen mindestens drei arbeits- oder studienfreie Tage zu, die sie meist dazu verwenden, ihren Heimatort zu besuchen.
An diesem Neujahrsfest nach dem Mondkalender, das gewöhnlich in die Zeit zwischen Ende Januar und Mitte Februar fällt, finden zahlreiche Festivitäten im Kreis der Familie statt. Alle Vorbereitungen müssen am Vorabend abgeschlossen sein. Die Wohnung wird geputzt und in Ordnung gebracht, jeder trägt zur Feier des Tages neue Kleider.
Wenn es Mitternacht schlägt, werden zur Begrüßung des neuen Jahres unzählige Feuerwerke veranstaltet und Knallfrösche gezündet. In den darauffolgenden Tagen besuchen sich Freunde und Verwandte und tauschen Glückwünsche und Geschenke aus. In den Haushalten werden große Festessen vorbereitet, die bis zum Ende der Feierlichkeiten ausreichen müssen, denn diese Tage stehen im Zeichen der Erholung und des Vergnügens. Auf den Straßen führen die Leute Drachen- und Löwentänze auf. An den Haustüren hängen hier und da buntgeschmückte Bilder, die meist die beiden Türgötter Qin Qiong und Yu Chigong darstellen, ferner rote Spruchbänder mit schwarz gezeichneten Neujahrsglückwünschen, die speziell aus diesem Anlaß angefertigt wurden. Während des Frühlingsfestes ist mit erheblichen Beeinträchtigungen bei den Serviceleistungen sowie starkem Ausflugsverkehr zu rechnen.

Frühlingsfest
(Chunjie)
2002: 12.2.
2003: 1.2.
2004: 22.1.
(nach westlichem Kalender)

Das Laternenfest (Yuanxiao Jie), mit dem einst die Neujahrsfeiern ihren Abschluß fanden, wird am 15. Tag des ersten Mondmonats begangen (kein arbeitsfreier Tag). Sein Name geht auf die heute noch lebendige Tradition zurück, an diesem Tag wunderschöne Lampionausstellungen zu veranstalten. Im Nordosten Chinas werden Laternen aus Schnee und Eis gebastelt und von innen beleuchtet: ein wirklich spektakuläres Erlebnis! Auch zu diesem Fest wird eine kulinarische Spezialität gereicht, die im übrigen dem Feiertag seinen chinesischen Namen "Yuanxiao" gegeben hat. Yuanxiao sind mit Zucker und Nüssen gefüllte Kugeln aus Reismehl, ein echter Leckerbissen für Jung und Alt.

Laternenfest
(Yuanxiaojie)
2002: 26.2.
2003: 15.2.
2004: 5.2.
(nach westlichem Kalender)

Am 5. Tag des fünften Mondmonats, zum Sommerbeginn wird das Drachenbootfest gefeiert (kein arbeitsfreier Tag). Das Fest ist dem Drachen gewidmet, dem regenspendenden Totem, das die Bauern in großen Dürrezeiten um Wasser anflehten; er soll aber auch die bösen Geister aus dem Fluß vertreiben, in dem sich vor langer Zeit einmal der durch Intrigen seines Amtes enthobene Staatsmann Qu Yuan ertränkt hatte. Seither wird Qu vom chinesischen Volk als Symbolfigur menschlicher Integrität und Würde verehrt.
Zum Andenken an dieses Ereignis werden alljährlich Drachenbootrennen veranstaltet. Gastronomische Spezialität des Drachenbootfestes sind die "Zongzi", in Bambusblätter eingewickelte, süße Reisbällchen.

Drachenbootfest
(Duanwujie)
2002: 15.6.
2003: 4.6
2004: 22.6
(nach westlichem Kalender)

Das Mondfest, auch Mittherbstfest genannt, wird immer am 15. Tag (Vollmond) des achten Monats des Mondkalenders in verschiedenen Landesteilen gefeiert. Man sitzt mit Verwandten zusammen und ißt "Mondkuchen" (mit gesüßter, meist fettreicher Füllung).
In Wuxi/Prov. Jiangsu beobachtet man die Mondspiegelung im Taihu-See. Ein abwechslungsreiches Unterhaltungsprogramm wird geboten. Auf einem Ausflugsboot serviert man lokale Spezialitäten, und ein Feuerwerk findet statt.

Mondfest
(Zhongqiujie)
2002: 21.9.
2003: 11.9
2004: 28.9.
(nach westlichem Kalender)

Das zu Ehren der Toten begangene Fest, der Tag der Reinheit und des Lichtes, fällt gewöhnlich auf Anfang April. An diesem Tag werden den Toten Speisen und Getränke geopfert, und die Landbevölkerung verbrennt Papiergegenstände.

Totenfest
(Qingming)

Darüber hinaus gibt es noch viele andere Volksfeste, die an alte, von einer Generation auf die andere überlieferte Legenden geknüpft sind.

Weitere Volksfeste

Fernsehen

Feste nationaler Minderheiten	Die vielen nationalen Minderheiten auf chinesischem Staatsgebiet haben ihre eigenen, urtümlichen Traditionen und Feste bewahrt, die sich ebenfalls nach dem Mondkalender richten.
Wasserfest	Die Dai im Autonomen Bezirk Xishuangbanna/Provinz Yunnan begehen jedes Jahr Mitte April (in der Regel vom 13. bis 15. April) das Wasserfest, um den Schmutz, das Leiden und die Dämonen des alten Jahres wegzuwaschen. Während der drei Tage andauernden Feierlichkeiten finden ein Drachenbootrennen sowie ein Markt statt. Alle werden mit Wasser bespritzt, ein Ritual, um das selbst ausländische Touristen nicht herumkommen; ganz im Gegenteil, je nasser man wird, desto günstiger ist einem das Schicksal im neuen Jahr gesonnen.
Badefest	Die Tibeter feiern in sieben sternhellen Nächten zwischen Sommerende und Herbstanfang das Badefest. Es wird im Fluß gebadet; Spiele werden veranstaltet.
	Weitere Informationen: → Veranstaltungen

Fernsehen

→ Rundfunk und Fernsehen

Flugverkehr

Flughäfen

Allgemeines	Derzeit stehen in der VR China 140 Zivilflughäfen zur Verfügung.
Internationale Flughäfen	Bedeutendstes Drehkreuz im internationalen Flugverkehr ist der Capital International Airport von Peking; hier befindet sich u. a. auch ein Informationsschalter, an dem ausländische Touristen z. B. Auskünfte über Hotels erhalten. Ein weiterer internationaler Verkehrsknotenpunkt im internationalen Flugverkehr ist der Hongqiao Airport von Shanghai.
Nationale Flughäfen	Eine Auswahl nationaler Flughäfen findet sich im Abschnitt Fluggesellschaften (s. nachstehend).

Flugverbindungen

Internationale Flüge	Sowohl durch die einheimischen Fluggesellschaften Air China und Shanghai Airlines als auch durch zahlreiche ausländische Fluggesellschaften ist die Volksrepublik China über die Flughäfen Peking und Shanghai an das internationale Liniennetz (→ Anreise) angeschlossen.
Weitere Flugverbindungen	Flugverbindungen ab Peking bestehen ferner u. a. in folgende Städte: Baotou, Changchun, Changsha, Changzhi, Changzhou, Chaoyang, Chengdu, Chifeng, Dalian, Dandong, Dunhuang, Fuzhou, Guilin, Guiyang, Haikou, Hailar, Hangzhou, Harbin, Hefei, Hohhot, Hongkong, Huangshan, Jilin, Jinan, Kanton, Kunming, Lanzhou, Lhasa, Lianyungang, Luoyang, Mudanjiang, Nanchang, Nanking, Nanning, Ningbo, Qingyang, Qinhuangdao, Qiqihar, Shanghai, Shantou, Shenyang, Shenzhen, Shijiazhuang, Taiyuan, Tientsin, Tongliao, Tschungking, Tsingtau, Ulan Bator, Ulanhot, Ürümqi, Wenzhou, Wuhan, Xiamen, Xi'an, Xiangfan, Xilinhot, Xining, Yan'an, Yanji, Yantai, Yichang, Yinchuan, Zhanjiang und Zhengzhou.

Flugverkehr

Fluggesellschaften

Air China (gegr. 1988; Anschriften nachfolgend) ist Chinas größtes Luftfahrtunternehmen und befliegt sowohl das internationale Streckennetz (→ Anreise) als auch Hauptstrecken auf zahlreichen innerchinesischen Linien. Daneben existieren diverse kleinere Regionalfluggesellschaften, die auch Nahziele in den Nachbarländern bedienen.

Allgemeines

Düsseldorfer Str. 4
D-60329 Frankfurt am Main, Tel. (069) 233038
Flughafenbüro:
Zimmer 2012341/2
D-60549 Frankfurt am Main, Tel. (069) 6905214-1

Air China
in Deutschland

Schlachthausgasse 38A
A-1030 Wien, Tel. (01) 7111 05327

in Österreich

Nuscheler Str. 35
CH-8001 Zürich, Tel. (01) 2111617 und 2111775
Flughafenbüro:
Tel. (01) 8163090/91

in der Schweiz

Buchungsbüro in Peking:
15 Chang'an Ave. West, Tel. (010) 6017755

Fluggesellschaften in China
Air China

Internationale Reservierung: Tel. (010) 64012221
Reservierung für Flüge innerhalb Chinas: Tel. (010) 64013331
Am Pekinger Flughafen:
Capital International Airport
Beijing, Tel. (010) 64563220, Fax 64563831
(Buchungsmöglichkeiten u.a. auch in diversen Pekinger Hotels sowie in

Großflugzeug der Air China

Flugverkehr

Fluggesell-schaften, Air China (Forts.)	Shanghai, in Hohhot/Innere Mongolei oder in zahlreichen anderen Städten der Volksrepublik China).
China Eastern Airlines	Am Flughafen von Shanghai: Hongqiao Airport Shanghai Tel. (021) 62688899, Fax 62688668
China Southern Airlines	Am Flughafen von Guangzhou (Kanton): Baiyun Airport Guangzhou Tel. (020) 86120000, Fax 86644623
China Northern Airlines	Xiaheyablu, Dadongque Shenyang Tel. (024) 8294438, Fax 8294432
Shanghai Airlines	Am Flughafen von Shanghai: Hongqiao Airport Shanghai, Tel. (021) 2558558
Xiamen Air Ltd.	Gaoling Airport Xiamen Tel. (0592) 6022961, Fax 6028263
China Southwestern Airlines	Am Flughafen von Chengdu: Shuang Liu Airport Chengdu, Tel. (028) 5581466, Fax 5582630
China Northwest Airlines	Am Flughafen von Xi'an: Xiguan Airport Xi'an, Tel. (029) 8701114, Fax 5582630
China General Aviation Corp.	Am Flughafen von Taiyuan: Wusu Airport Taiyuan/Prov. Shanxi, Tel. (0351) 775600
Xinjiang Airlines	Am Flughafen von Ürümqi: Diwopu Airport Ürümqi, Tel. (0991) 3801703, Fax 3719084
Sichuan Airlines	9 Third Section, Yihuan Road South, Chengdu, Tel. (028) 551161
Ausländische Fluggesell-schaften in Peking Austrian Airlines	Air China Kunlun Hotel Suite 309 Beijing, Tel. (010) 5003388-309
Lufthansa	Beijing Lufthansa Center, 50 Liang Ma Qiao Beijing, Tel. (010) 4654488 Am Flughafen: Capital International Airport, Room 1061–1062 Beijing, Tel. (010) 4562052 und 4562050
Swissair	China Science and Technology Exchange Center Commercial Building (Scite Tower), 2. Stock, 22 Jianguomenwai Beijing, Tel. (010) 5123555 Am Flughafen: Capital International Airport, Tel. (010) 4562205

Fotografieren und Filmen

→ Umgangsregeln

Gastronomie

→ Essen und Trinken
→ Restaurants

Geld

Die offizielle Währung der Volksrepublik China stellt der Yuan Renminbi (CNY) dar.
1 CNY = 100 Fen bzw. 10 Jiao (auch Mao genannt).
Es gibt Banknoten zu 1, 2, 5 und 10 Yuan sowie 1, 2 und 5 Jiao bzw. Mao, ferner Münzen und Banknoten zu 1, 2 und 5 Fen.

Offizielle Währung

100 CNY	=	13,59 Euro	**Wechselkurse** VR China
100 CNY	=	20,00 CHF	
100 HKD	=	14,41 Euro	Hongkong
100 HKD	=	21,20 CHF	
100 MOP	=	14,60 Euro	Macao
100 MOP	=	24,48 CHF	
100 TWD	=	3,26 Euro	Taiwan
100 TWD	=	4,80 CHF	

Es ist nicht erlaubt, die chinesische Währung in die Volksrepublik China einzuführen. Devisen dürfen jedoch in unbegrenzter Höhe in die Volksrepublik eingeführt werden.

Einfuhr von Währung

Bei der Einreise in die Volksrepublik China besteht Deklarationspflicht für die Einfuhr von Fremdwährung und Wertsachen, wie z.B. Schmuck, Radios, Fotoapparate.

Deklarationspflicht

In der Volksrepublik China besteht keine Mindestumtauschpflicht für Euro, Schweizer Franken oder US-Dollar.

Mindestumtauschpflicht

Reiseschecks (Euro und US-Dollar) und internationale Kreditkarten (z.B. American Express, Diners Club, Visa) werden in Banken, Touristenhotels, großen Kaufhäusern, Freundschaftsläden und Antiquitätengeschäften akzeptiert. Eurocheques sind als Zahlungsmittel nicht anerkannt.

Reiseschecks, Kreditkarten

Devisen lassen sich u.a. in den verschiedenen Filialen der Bank of China, in Freundschaftsläden und in Hotelbanken zum offiziellen Tageskurs tauschen. Allerdings verlangen einige Hotels Sondergebühren. Geldwechsel ist auch an Geldautomaten möglich. Wechselquittungen unbedingt aufbewahren!

Geldwechsel

Die Öffnungszeiten der Banken sind von Mo. bis Fr. 9.00 bis 12.00 und 15.00 bis 17.00 Uhr.

Banken

Geld

Beispiele von
Banknoten der
chinesischen
Volkswährung

Gesundheitsvorsorge

Wechselstuben der Hotels und Freundschaftsläden sind werk- und feiertags durchgehend, manchmal bis in den späten Abend geöffnet.

Geld
(Fortsetzung)
Wechselstuben

Geschäftszeiten

→ Geld

Banken

Die Büros haben in der Regel Öffnungszeiten von Mo. bis Fr. 8.30/9.00 bis 12.00 und 13.30 bis 17.30 Uhr.

Büros (staatlich)

Die Geschäfte sind in der Regel täglich durchgehend von 8.00 bis 20.00 Uhr geöffnet (im Winter von 9.00 bis 21.00 Uhr). Geschlossen bleiben sie nur an offiziellen → Feiertagen wie dem Jahrestag der Gründung der Volksrepublik China (1. Oktober) und dem Chinesischen Neujahrsfest (Ende Januar/Anfang Februar).

Geschäfte

Vorführungen bis 23.30 oder 24.00 Uhr (Informationen an der Hotelrezeption oder aus der Tagespresse).

Kinos

Über Veranstaltungsstätten und -termine erkundige man sich bei den unter → Auskunft erwähnten Fremdenverkehrsstellen bzw. bei den entsprechenden Verkehrsämtern vor Ort oder bei den Reiseleitern.
Die Nachtmärkte in Peking werden von 18.00 bis 23.00, im Winter bis 21.00 Uhr abgehalten.

Märkte

→ dort

Museen

→ Post

Postämter

→ dort

Restaurants

Theateraufführungen beginnen um 18.30 oder 19.00 und dauern bis etwa 21.00 Uhr.

Theater

→ Geld

Wechselstuben

Gesundheitsvorsorge

Tropisches Klima, ungewohnte Speisen und Getränke, auch die erhebliche Zeitverschiebung u. a. können unter Umständen das Wohlbefinden des Reisenden beeinträchtigen. In jedem Fall wird vor Antritt der Reise (insbesondere nach Tibet) eine ärztliche Untersuchung dringend empfohlen.
Man tut gut daran, in den ersten Tagen körperliche Anstrengungen zu vermeiden sowie sich nicht zu lange der Sonnenstrahlung auszusetzen und eine Kopfbedeckung zu tragen. Grundsätzlich verzichten sollte man auf den Genuß von rohen Speisen (auch Schalentieren), Obst, das man nicht selbst geschält hat, sowie Speiseeis, mit Eiswürfeln gekühlte Drinks und andere offene Getränke. Leitungswasser ist vor dem Genuß mindestens fünf Minuten lang abzukochen; Mineralwasser ist überall erhältlich.
Zeigen sich nach Insektenstichen starke Schwellungen oder ein roter Streifen an der Einstichstelle, suche man sofort einen Arzt auf.

Allgemeines

Eine wichtige Rolle spielt die Reiseapotheke, deren Inhalt man am besten nach Beratung mit seinem Arzt zusammenstellt. Daß man Medikamente, auf die man ständig angewiesen ist, in ausreichender Menge von zuhause mitnimmt, versteht sich von selbst.

Reiseapotheke

◀ *Chinesische Banknoten*

Gesundheitsvorsorge

Reiseapotheke (Fortsetzung)

Da in China (wie in den übrigen asiatischen Ländern) äußerst strenge Drogengesetze herrschen, ist ein entsprechendes ärztliches Attest von Nutzen, falls man Medikamente mitführt, die als Rauschdrogen angesehen werden könnten.

Ferner soll die Reiseapotheke folgendes enthalten: Fieberthermometer, Schere, Splitterpinzette, Watte, zwei Mullbinden, ein Päckchen Verbandstoff, zwei Päckchen Schnellverband, Wund- und Heftpflaster, Wundpuder und -salbe, Schmerztabletten, je ein Medikament gegen Durchfall und Verstopfung, Tabletten oder Zäpfchen gegen Reisekrankheit, ein Kreislaufmittel, Sonnenschutzcreme, Insektenschutzmittel.

Impfungen

Für China sind derzeit keine Schutzimpfungen erforderlich. Eine Malaria-Prophylaxe ist ratsam; dazu wende man sich an seinen Hausarzt.

Unbedingt empfehlenswert ist auch eine Schutzimpfung gegen Wundstarrkrampf, ferner gegen ansteckende Gelbsucht (Hepatitis), Malaria (Infektionsrisiko in China ganzjährig in Höhen unterhalb 1500 m), Typhus, Hirnentzündung (Japan-Enzephalitis) und Kinderlähmung. Weitere Impfungen (z. B. gegen Pocken, Gelbfieber oder Cholera) werden nur verlangt, falls man sich in einem Infektionsgebiet aufgehalten hat. Da sich die Bestimmungen jedoch rasch ändern können, empfiehlt es sich, vor Reisebeginn die neuesten Bestimmungen bei seinem Arzt, bei einem Gesundheitsamt, bei dem vermittelnden Reisebüro, bei den offiziellen Auskunftsstellen (→ Auskunft) oder bei einem Tropeninstitut (Anschriften nachfolgend) einzuholen.

Tropeninstitute (Auswahl) in Deutschland

Bernhard-Nocht-Institut für Schiffs- und Tropenkrankheiten
Bernhard-Nocht-Str. 74
D-20359 Hamburg, Tel. (040) 31 18 20

Zentrum für Reisemedizin
Delitzschstr. 141
D-04129 Leipzig, Tel. (0341) 5 65-26 19

Institut für Infektion und Tropenmedizin der Universität München
Leopoldstr. 5
D-80802 München, Tel. (089) 33 33 22
Asieninformation: Tel. (089) 33 67 55

in Österreich

Tropenmedizinisches Institut, Kinderspitalgasse 15/2. Stock
A-1095 Wien, Tel. (01) 40 38 343

in der Schweiz

Schweizerisches Tropeninstitut, Socinstr. 57
CH-4002 Basel, Tel. (061) 2 84 81 11

Maßnahmen gegen Erkältungskrankheiten

Da die Hotelzimmer, Restaurants und Reisebusse durch Klimaanlagen oft stark gekühlt sind, während die Außentemperaturen sehr hoch sein können, wird – um Erkältungskrankheiten vorzubeugen – empfohlen, immer wärmere Kleidung (Jacke) mitzunehmen.

Ratsam ist es, die Klimaanlage des Hotelzimmers möglichst nur während der Abwesenheit einzuschalten.

Broschüren (Auswahl)

Die Weltgesundheitsorganisation (WGO; World Health Organization/ WHO) gibt alljährlich die Broschüre "Impfvorschriften und Hygieneratschläge für den internationalen Reiseverkehr" (Gebühr) heraus, zu bestellen bei der Hauptverwaltung in Genf:
WHO Distribution and Sales Service
CH-1211 Genève 27, Tel. (022) 7 91 21 11
Detaillierte Angaben sind u. a. auch der Broschüre "Medizinischer Reiseratgeber" (Gebühr) zu entnehmen, zu beziehen bei der
Schweizerischen Stiftung für Gesundheitserziehung
Stampfenbachstr. 161
CH-8006 Zürich, Tel. (01) 2 57 25 16

Hotels

Die Hotellerie in den von Touristen am meisten frequentierten Städten hat internationalen Standard erreicht. Trotz der oftmals sehr guten Einrichtungen (in Luxushotels bzw. Fünfsternehotels u. a. Klimaanlage oder Ventilatoren, Telefon, Satellitenfernsehen, Swimmingpool, Bar, Business Center, Wäschedienst) läßt der Service z. T. immer noch zu wünschen übrig.
Da das Wasser in China nicht trinkbar ist, gehört es zum Service aller Hotels, Thermoskannen mit heißem Wasser und Porzellantassen mit Teebeuteln oder Döschen mit grünem Tee für die Gäste auf den Zimmern bereitzustellen.

Standard

Die Hotels verlangen teilweise horrende Aufpreise für Ausländer; zudem nehmen einige nur Chinesen auf.

Preise

Das folgende Verzeichnis umfaßt Hotels unterschiedlicher Kategorien für ausländische Touristen, die Unterkunftsmöglichkeiten nach individuellem Bedarf bieten. Städte und Hotels sind in alphabetischer Reihenfolge aufgeführt. Die mit einem Stern ausgezeichneten Luxushotels bieten außergewöhnlichen Komfort. Die im Textblock in Klammern stehenden Namen geben die chinesische Aussprache der einzelnen Hotels an.
Da die meisten chinesischen Städte an den Selbstwählferndienst angeschlossen sind, stehen in den Marginalien außer den jeweiligen Ortsnamen auch die entsprechenden Vorwahlnummern (in Klammern) innerhalb Chinas. Die Länderkennzahl für China lautet: (0086), die Null der nachfolgenden Ortsnetzkennzahl in China entfällt. Z. = Zimmer.

Hinweise zum Hotelverzeichnis

East Ocean Hotel, Zongshan Lu 1, Tel. 2021111, Fax 2033264
Gulangyu Guesthouse, Huangyan Lu 25, Tel. 231856
   Alter, aber renovierter Komplex inmitten der Insel
Holiday Inn Harbourview, Zhenhai Lu 12/8, Tel. 2023333, Fax 2036666, 367 Z.
   Haus der Oberklasse in zentraler Lage in der Altstadt
Jinbao Hotel (Xiamen Jinbao Jiudian), Dongdu Lu 124, Tel. 46888
Lujiang Hotel (Lujiang Binguan), Lujiang Dao 54, Tel. 2022922, Fax 2024644
   Am Fährhafen gelegen, etwas laut; Dachbar mit schönem Hafenblick
*Mandarin Hotel (Xiamen Yuehua Jiudian), Huli Waishang Zhutuoqu, Tel. 6023333, Fax 6021431, 208 Z.
   Das komfortable Hotel liegt auf einem Hügel im Grünen; 22 Villen sind angeschlossen
Seaview Garden Tourist Village (Guanhai Yuan Luyoucun), Tianwei Lu 8, Gulangyu-Insel, Tel. 26951-9
Xiamen Hotel (Xiamen Binguan), Huyuan Lu 16, Tel. 22285

Amoy (Xiamen) (0592)

Luxushotels:
*Beijing Hotel (Beijing Fandian), Dong Chang'an Jie 33, Tel. 6513766, Fax 6513842, 910 Z.
   Riesiges traditionsreiches Hotel in zentraler Lage direkt neben dem Kaiserpalast, das allerdings etwas renovierungebedürftig ist; neuer Luxusflügel; berühmt sind die Fest- und Bankettsäle, die für Staatsempfänge genutzt wurden
*Capital Hotel (Shoudu Binguan), Qianmen Dong Dajie 3, Tel. 6512 9988, Fax 6512 0309, 296 Z.
   Günstige Lage zwischen Hauptbahnhof und Tian'anmen-Platz; diverse Restaurants, Busineßcenter, Sauna, Schwimmbad, Tennisplätze, Billard und Bowling; Garten
*China World, Jianguomenwai Dajie 1, Tel. 65052266, Fax 65050828, 740 Z.
   Im World Trade Center; Schwimmbad, Sauna, Busineß- und Fißneßcenter; 15 Restaurants bzw. Bars

Beijing (Peking) (010)

Hotels

Beijing
(Fortsetzung)

* Great Wall Sheraton Hotel (Beijing Changcheng Fandian), Dongsanhuan Bei Lu 6A, Tel. 65005566, Fax 65001919, 1007 Z. Renommiertes, riesiges Luxushotel, im Osten der Stadt gelegen; mehrere Restaurants, Fitneßraum, Schwimmbad, Minigolf, Diskothek; großer Garten mit traditionellen und neuzeitlichen Architekturelementen
* Hilton, Dongfang Lu 1, Dongsanhuan Beilu, Tel. 64662288, Fax 64653052, 350 Z. Unweit des Lufthansa Center; gute Gastronomie, darunter das einzige Cajun-Restaurant von Peking
* Holiday Inn Crown Plaza (Jiari Yiyuan Jiudian), Wangfujing 48, Tel. 65133388, Fax 65003228, 385 Z. Angenehmes geräumiges Hotel in der Innenstadt mit bester Ausstattung; Galerie für moderne Kunst; zuweilen Konzerte
* Jianguo Hotel (Jianguo Fandian), Jianguomenwai Dajie 5, Tel. 65002233 Fax 65002871, 399 Z. Wegen seiner gastlichen Atmosphäre und des erfahrenen verläßlichen Service besonders beliebtes Hotel, das auch von Gästen anderer Hotels als Treffpunkt geschätzt wird
* Kempinski Hotel, Beijing Lufthansa Center, Liangmaqiao Lu 50, Chaoyang, Tel. 64653388, Fax 64653366, 540 Z. Zentrum eines Büro-, Einkaufs- und Gaststättenkomplexes; architektonisch gelungener Bau: modern, elegant und ohne falschen Pomp; Gastronomie vom Feinsten
* Palace Hotel (Wangfu Fandian), Jinyu Hutong 8, Wangfujing, Tel. 65128899, Fax 65129050, 578 Z. Großes, sehr pompöses Hotel im Zentrum mit schönem Blick bis zum Kaiserpalast; reiches Spektrum an Restaurants, Unterhaltung (Diskothek, Ballsaal), Sport (Schwimmbad, Billard, Fitneßraum)
* Peace Hotel, Jinyu Hutong 3, Tel. 65128833, Fax 65126863, 495 Z. Zentrale Lage; gute Ausstattung mit Sauna, Schwimmbad und Disko
* Shangri-La Hotel (Beijing Xianggelila Fandian), Zizhuyuan Lu 29, Haidianqu, Tel. 68412211, Fax 68418002 Elegantes Haus am westlichen Stadtrand mit Stil und Komfort; drei Restaurants, Busineß- und Fitneßcenter, Schwimmbad und live-Musik
* Traders, Jianguomenwai Dajie 1, Tel. 65052277, Fax 65050818, 298 Z. Gut geführtes Haus der Shangri-La-Kette, in der Nähe des World Trade Center gelegen

Andere Hotels:
* Bamboo Garden Hotel (Beijing Zhuyuan Binguan), Xiaoshiqiao Hutong 24, Jiugulou Dajie, Tel. 64032929, 39 Z. Die kleine Herberge ist mit ihrem klassischen chinesischen Garten und den rotlackierten Laubengängen ein Kleinod der Pekinger Hotellerie.

Exhibition Centre Hotel (Beijing Zhanlanguan Binguan), Xizhimenwai Dajie 135, Tel. 68316633, Fax 68347450
Das überschaubar große Mittelklassehotel liegt sehr ruhig neben dem alten Ausstellungszentrum

Guanghua, Dongsanhuan Beilu 38, Tel. 65018866, Fax 65016516, 100 Z.
Das kleinere Haus unweit des World Trade Center bietet ein gutes Preis-Leistungs-Verhältnis; nur chinesisches Frühstück

Guoan, Dong Daqiao, Chaoyang, Tel. 65007700, Fax 65004568, 128 Z.
Der auffällige rote Bau birgt ein gut ausgestattetes Mittelklassehotel

Huadu Hotel (Huadu Fandian), Xinyuan Nan Lu 8, Chaoyangqu, Tel. 65001166, Fax 65001615, 250 Z.
Älteres Komforthotel mit einem guten Preis-Leistungs-Verhältnis

International Hotel (Beijing Guoji Fandian), Jianguomennei Dajie 9, Tel. 65126688, Fax 65129972, 1049 Z.
Das verkehrsgünstig in Bahnhofsnähe gelegene riesige Hotel verfügt über ein Drehrestaurant im 25. Stock, das das schönste Panorama unter allen Restaurants der Stadt bietet

Jinlang, Chongnei Dajie 75, Tel. 65132288, Fax 65136809, 408 Z.
In der Nähe des Bahnhofs gelegenes Komforthotel der Meridien-Kette

Hotels

Beijing
(Fortsetzung)

Kunlun Hotel (Kunlun Fandian), Xinyuan Nan Lu 2, Chaoyangqu,
  Tel. 65003388, Fax 65003228
Minzu Hotel (Minzu Fandian), Fuxinmennei Dajie 51, Tel. 66014466,
  Fax 66014849
Novotel Beijing, Dengshikou 88, Dongcheng, Tel. 65138822,
  Fax 65139088, 310 Z.
  Zentral gelegenes preisgünstiges Komforthotel
Olympic Hotel (Oulinpike Fandian), Baishiqiao Lu 52, Haidian,
  Tel. 68316688, 338 Z.
  Das sympathische Hotel mit seinem verglasten baumbestandenen Atrium verfügt über zwei Restaurants und ein Busineß Center
Qianmen Hotel (Qianmen Fandian), Yongan Lu 175, Tel. 63016688
  Fax 63013883
  Das mittelgroße Komforthotel in der Südstadt bietet in Service und Ausstattung guten Durchschnitt. Im angeschlossenen Liyuan-Theater gibt es jeden Abend Pekingoper
Summer Palace Hotel (Yiheyuan Fandian), im Innern des Sommerpalastes,
  Tel. 62581200
Taiwan Hotel (Taiwan Fandian), Jiyu Hutong 5, Wangfujing Bei,
  Tel. 65136688, Fax 65136896
Temple of Heaven (Haoyuan Binguan), Tiantan Donglu A9, Tel. 67014499,
  Fax 65112719, 100 Z.
  Das sehr preisgünstige Haus mit einem kleinen Garten liegt ruhig.
Xinqiao Hotel (Xinqiao Fandian Youxian Gongsi), Dongjiaomin Xiang 2,
  Dongchengqu, Tel. 65133366, Fax 65125126
Xiyuan Hotel (Xiyuan Fandian), Sanhihelu 1, Tel. 68313388,
  Fax 68314577
  In der Nähe des Zoos gelegenes Hochhaus mit modernstem Komfort; 11 Spezialitätenrestaurants; Busineß Center
Yanjing Hotel Beijing (Beijing Yanjing Fandian), Fuxingmenwai Dajie 19,
  Tel. 68536688, Fax 68526200
Yanxiang Hotel (Yanxiang Fandian), Jiangtai Lu 2A, Dongzhimenwai,
  Tel. 64376666, Fax 64376231
Zhaolong Hotel Beijing (Beijing Zhalong Fandian), Gongti Bei Lu 2,
  Chaoyangqu, Tel. 65002299, Fax 65003319

Changsha
(0731)

Lotus Guest House (Furong Binguan), Wuyi Dong Lu, Tel. 4401888,
  Fax 4448285, 485 Z.
  Großes Haus in Bahnhofsnähe
✽Xiangjiang Hotel (Xiangjiang Binguan), 2 Zhongshan Lu,
  Tel. 408888, Fax 448285
  Das zentral gelegene Hotel ist das beste der Stadt.

Changzhou
(0519)

Changzhou Grand Hotel, Yanling Xi Li 65, Tel. 609988, Fax 607701

Chengde
(0314)

Yunshan Hotel (Yunshan Fandian), Nanyuan Donglu 6, Tel. 2156171,
  Fax 2154551
  Modernes, komfortables Touristenhotel
Yurt Holiday Village (geschl. im Winter), Am Osttor, Tel. 2162710,
  Fax 2162269
  Man wohnt in Jurten im Palastgarten

Chengdu
(028)

Chengdu Hotel (Chengdu Fandian), Shudu Dadao Dongduan,
  Tel. 4448888, Fax 441603
Jinjiang Hotel (Jinjiang Binguan), Renmin Nanlu Erduan 36, Tel. 5582222,
  Fax 5582348
  Das zentral am Fluß gelegene Hotel hat schon bessere Tage gesehen.
Minshan Hotel (Minshan Fandian), Renmin Nanlu Erduan 55,
  Tel. 5583333, Fax 5582154
✽Tibet Hotel (Xizang Fandian), Renmin Bei Lu 10, Tel. 3333988,
  Fax 3333526
  Das Hotel in Bahnhofsnähe gehört zu den besten Adressen am Ort.

Hotels

Chongqing (Tschungking) (023)
Chung King Hotel, Xinhua Lu 41–43, Tel. 3849301,
 Fax 3843085, 200 Z.
 Ordentliches Haus in der Innenstadt
Holiday Inn Yangtze, Nanping Beilu 15, Tel. 6203380,
 Fax 62800884, 379 Z.
 Haus der Oberklasse am Changjiang
Renmin Hotel, Renmin Lu 173, Tel. 63851377,
 Fax 63852076, 142 Z.
 Riesiges pompöses Hotel von 1953 im pseudo-klassischen Stil

Dalian (0411)
Dalian Guest House, Zhongshan Square, Tel. 2633111,
 Fax 2634363
Dalian Regent Hotel, Hulan Lu 12, Zongshan, Tel. 2892811, Fax 2893510
Furama Hotel, Renminlu 60, Tel. 2630888,
 Fax 2804455
Holiday Inn, Shengli Square 18, Zongshanqu, Tel. 2808888,
 Fax 2809704

Datong (0352)
Yungang Hotel, Yingbin Dong Lu 21, Tel. 5021601,
 Fax 5024927, 164 Z.
 Komforthotel mit klimatisierten Zimmern

Dunhuang (0937)
Dunhuang Hotel, Dong Dajie, Tel. 8822008,
 Fax 8822415, 105 Z.
 Brauchbares Komforthotel in der Stadt

Fuzhou (0591)
Hot Spring Hotel, Wusi Lu Zhong Duan 218, Tel. 7851818,
 Fax 7835150, 311 Z.
 Die heiße Quelle, auf der das Gebäude steht, versorgt alle Zimmer.
*Lakeside Hotel, Hubin Lu 158, Tel. 7839888,
 Fax 7839752, 423 Z.
 Haus der Oberklasse, direkt am West-See; 18 Restaurants
Overseas Chinese Hotel, Wuxi Lu 116, Tel. 7557603, Fax 7550648
Yushan Guesthouse, Gutian Lu, Tel. 7551668
 Schön gelegen, gleich unterhalb der Weißen Pagode

Guangzhou (Kanton) (020)
Luxushotels:
*China Hotel, Liuhua Lu, Tel. 86666888,
 Fax 86677014, 1017 Z.
 Großes Hotel am Yuexiu-Park; gute Einkaufsmöglichkeiten; beliebter Tag- und Nachtimbiß im Haus
*Garden Hotel, 368 Huanshi Dong Lu, Tel. 83338989,
 Fax 83350467
 Etwas abseits gelegenes Hotel mit einigen Sportmöglichkeiten inmitten üppigen Grüns
*Guangdong International, 339 Huanshi Dong Lu, Tel. 83311888,
 Fax 83116666
*White Swan Hotel, Nan Jie 1, Insel Shamian, Tel. 88886968,
 Fax 88861188, 877 Z.
 Das Haus mit dem berühmten Wasserfall im Foyer ist eines der besten Hotels Chinas und gehört zu den "Leading Hotel of the World". Herrlicher Blick auf den Fluß Zheijiang

Andere Hotels:
Baiyun Hotel, Huanshi Dong Lu 367, Tel. 8333998,
 Fax 83336498
Central Hotel, Jichang Lu, Sanyuanli, Tel. 86598331, Fax 86592316
Guangdong Guest House, Jiefang Bei Lu, Tel. 83332950,
 Fax 83332911
Guangzhou Hotel, Zhuhai Square, Tel. 83338168, Fax 83330791
Holiday Inn Culture, Guangming Lu, Huaqiaoxincun, Tel. 87766999,
 Fax 87753126

Hotels

Guangzhou (Fortsetzung)

Landmark, Qiaoguang Lu 8, Tel. 8335 5988, Fax 8333 6197
Liuhua, Huanshi Xi Lu 194, Tel. 8666 8800, Fax 8666 7828
Plaza Canton, Jiangnan Dadao 348, Tel. 8441 8888, Fax 8442 9645
Shamian Binguan, Shamian Nanjie 52, Tel. 8888124, Fax 8861068
   Kleines Hotel mit einem ordentlichen Restaurant, neben der Jugendherberge gelegen
Victory Hotel (Guangdong Shengli Binguan), Insel Shamian, Beijie 53,
   Tel. 81862622-89 und -13 (Altbau), Fax 8186 1062, 8186 2413 (Altbau), 200 Z.
   Solides, ruhiges Haus auf der alten Kolonialinsel mit gutem Restaurant; Zimmer im Altbau preiswerter
Xinhua Grand Hotel, Renmin Nan Lu 2–6,
   Tel. 8188 2688, Fax 8186 8809

Guilin (0773)

Luxushotels:
*Guilin Royal Garden Hotel, Yanjiang Lu, Tel. 5812411, Fax 5812744
*Guishan Hotel (Guishan Da Jiudian), Chuanshan Lu, Tel. 443388, Fax 444851
   An einem Seitenarm des Lijiang gelegen
Osmanthus Hotel (Dangui Da Jiudian), Zhongshan Nan Lu 451,
   Tel. 3834300, Fax 3835316, 400 Z.
*Sheraton Hotel (Guilin Wenhua Da Jiudian), Binjiang Nan Lu
   Tel. 2825588, Fax 2825598, 290 Z.
   Haus mit allem Komfort; zentrale Lage am Flußufer

Andere Hotels:
Guilin Park Hotel, Luosi No. 1, Tel. 2828899, 2823587, Fax 2822296
Guilin Plaza, Lijiang Lu 20, Tel. 5812488, Fax 5813323/8
Holiday Inn (Guilin Jiari Binguan), Ronghu Nan Lu 14, Tel. 2823950,
   Fax 2822101, 249 Z.
   Am Ufer des Ronghu-Sees im Zentrum gelegen
Lijiang Hotel (Lijiang Fandian), Shanhu Bei Lu 1, Tel. 2828881,
   Fax 2822891
Ronghu Hotel (Ronghu Fandian), Ronghu Bei Lu 17, Tel. 2823811,
   Fax 2825456

Guiyang 171(0851)

Guiyang Plaza Hotel, Yan'an Donglu 2, Tel. 6882 5888, Fax 6822994, 175 Z.
Guizhou Park Hotel (Guizhou Fandian), Beijing Lu 66, Tel. 6822888,
   Fax 6821397, 410 Z.

Haikou (0898)

Haikou Peninsula, Yanjian Yixi Lu 2, Tel. 6263288, Fax 6263188
Haihou Tower Hotel (Haikou Taihua Jiudian), Binhai Da Dao, Tel. 772990
Nantian, Haikou Jichang Xilu, Tel. 6767 4888, Fax 6772055, 182 Z.

Hangzhou (0571)

Luxushotels:
*Continental Hotel, Pinghai Lu 2, Tel. 7081888, Fax 7077618
*Dragon Hotel (Huanglong Fandian), Shuguang Lu, Tel. 7998833,
   Fax 7998090
*Shangri-La Hotel (Hangzhou Xianggelila Fandian), Beishan Lu 78,
   Tel. 7077951, Fax 707-3545, 387 Z.
   Luxusherberge am nördlichen Ufer des West-Sees

Andere Hotels:
Friendship Hotel (Hangzhou Youhao Fandian), Pinghai Lu 53,
   Tel. 7077888, Fax 7073842
   Mittlerer Komfort, zentrale Lage
Golden Sand Tourist & Culture Village, Lingyin Lu 5, Tel. 7989888
   Fax 7993350
Huagang Hotel (Huagang Fandian), Xishan Lu 4, Tel. 7998899,
   Fax 7962481, 220 Z.
   Ruhig und etwas abgelegen, zwischen Teeplantagen und See

Hotels

Hangzhou
(Fortsetzung)
Jiangcheng Hotel (Hangzhou Jiancheng Fandian), Jiangcheng Lu 893, Tel. 772824
Wanghu Hotel (Wanghu Binguan), Huancheng Xi Lu 2, Tel. 7071024, Fax 7071350, 364 Z.
 Komfortables Haus in zentraler Lage an der Seepromenade
Zhijiang Hotel, Moganshan Lu 188–200, Tel. 8066888, Fax 8064966
Zhongbei Hotel, Zongshan 548, Tel. 5060988-2718, Fax 5054150
Zhongshan Hotel, Pinghai Lu 1, Tel. 7068899, Fax 7025233

Harbin
(0451)
International Hotel (Gouji Fandian), Dazhi Jie 125, Tel. 3641441, Fax 3625651
 Zentral gelegenes Komforthotel
New World Bei Fang Hotel, Huayuanjie 403, Tel. 3628888, Fax 3622828
Swan Hotel (Tian'e Fandian), Zhongshan Lu 73, Tel. 2624895

Hongkong
(052)
*Furama Kempinski, 1, Connaught Road, Central, Tel. 2525511, Fax 2845939, 517 Z.
 Eines der ältesten Hotels von Hongkong mit einem Drehrestaurant unterm Dach; vier Restaurants mit kantonesischer, französischer, japanischer und internationaler Küche, Fitness-Raum, Busineß Center
*Mandarin Oriental, 5, Connaught Road, Central, Tel. 2522011, Fax 18106190, 542 Z.
 Wie das legendäre Peninsula in Kowloon gehört das Mandarin Oriental zu den besten Adressen in Hongkong, wo Reiche und Adlige Stammgäste sind. Vier Bars und drei Restaurants mit kantonesischer und internationaler Küche
The Excelsior Hotel, 281, Gloucester Road, Causeway Bay, Tel. 29948888, Fax 28956459, 897 Z.
 Ein beliebtes Hotel mit familiärer Atmosphäre inmitten des Trubels von Caueseway Bay; zwei Restaurants, Fitness-Raum, Busineß Center
*Kowloon Shangri-La, 64, Mody Road, Tsim Sha Tsui, Tel. 2721211, Fax 27238686, 723 Z.
 Dieses Hotel bietet die größten Zimmer in Hongkong. Und die Aussicht auf den Hafen ist wirklich beeindruckend. Sechs Restaurants (u. a. kantonesische, japanische und kalifornische Küche), Fitness-Raum und Busineß Center

Jindezhen
(0798)
Jindezhen Guest House (Jindezhen Binguan), Fengjing Lu 60, Tel. 225010, Fax 226416

Kanton
→ Guangzhou

Kunming
(0871)
Golden Dragon Hotel (Jinlong Fandian), Beijing Lu 575, Tel. 3133015, Fax 3131082
Green Lake Hotel (Cuihu Binguan), Cuihu Nan Lu 6, Tel. 5158888 Fax 5157867, 172 Z.
 Schöne Lage beim Cui-Hu-Park
Kunming Hotel (Kunming Fandian), Dongfeng Dong Lu 145, Tel. 3162063, Fax 3163784, 400 Z.
 Renoviertes komfortables Haus der Oberklasse

Lanzhou
(0931)
Jincheng Hotel (Jincheng Binguan), Tianshui Lu 363, Tel. 8416638 Fax 8418348

Lhasa
(0891)
*Lhasa Holiday Inn, Minzu Lu 1, Tel. 6832221, Fax 6835796
 Beste Herberge der Stadt

Luoyang
(0379)
New Friendship Hotel, Xiyuan Lu 6, Tel. 4912792, Fax 4913808
 Gut geführtes älteres Komforthotel im Westen der Stadt
Peony Hotel (Mudan Da Jiudian), Zhongzhou Xi Lu 15, Tel. 4913699, Fax 4913668
 Zentral gelegenes neueres Hotel

Hotels

*Bela Vista, 8, Tua do Comendador Kou Ho Neng, Tel. 9653333, Fax 965588, 8 Z.
   Traditionsreiches Hotel im typischen Kolonialstil mit unterschiedlich eingerichteten Zimmer; das Restaurant serviert internationale Küche und portugiesische Spezialitäten
Mandarin Oriental Macau, Avenida de Amizade, Tel. 567888, Fax 594589, 438 Z.
   Sehr günstig gelegenes Hotel mit großen und gut ausgestatteten Zimmern; drei Restaurants mit portugiesischer, italienischer und internationaler Küche
*Pousada de SãoTiago, Avenida da República, Tel. 378111, Fax 552170, 208 Z.
   Eines der schönsten Hotels auf Macao, das in eine altes Fort hineingebaut ist; geschmackvoll eingerichtete, sehr komfortable Zimmer; Restaurant mit portugiesischer und internationaler Küche

Macao

Central Hotel, Zhongshan Lu 75, Tel. 4400888, Fax 4414 4194
Jinling Hotel, Xinjiekou Square, Tel. 4455888, Fax 4703396
Nanjing Hotel, Zhongshan Bei Lu 259, Tel. 3411888,
   Fax 3422261, 310 Z.
Zhongshan Hotel, Zhongshan Lu 200, Tel. 4400888, Fax 4414194

Nanjing (Nanking) (025)

→ Beijing

Peking

Astor Hotel (Lishunde Dafandian), Tai'erzhuang Lu 33, Tel. 311112, Fax 316282
   Traditonsreichstes Hotel der Stadt
Dongfang, Daxue Lu 4, Tel. 2865888, Fax 2862741, 102 Z.
   Das Hotel liegt in der Nähe der Altstadt und der Promenade.
*Qingdao Pier, Taiping Lu 31, Tel. 2888666, Fax 2870936
   Kleines, aber feines Komforthotel direkt an der Uferpromenade mit schönem Seeblick

Qingdao (Tsingtau) (0532)

Overseas Chinese Mansion (Huaqiao Dasha), Baiyuan Qingchi Lu, Tel. 222192, Fax 223311
   Hotel mit Zimmern verschiedener Preisklassen

Quanzhou (0595)

Confucius Mansion Hotel (Kong Fu Fandian), Donghuamen Daije 1, Tel. 4412374, Fax 4412022
   Traditionsreiches Gästehaus in der konfuzianischen Familienresidenz
Queli Hotel, Queli Jie 1, Tel. 4411300, Fax 4412022
   Synthese von Komfort und Kultur; in den Gängen und im Theater erklingt klassisch-chinesische Musik

Qufu (0537)

South China Hotel, Dadonghai, Tel. 8213888,
   Fax 8214005
Holiday Inn Jinshan, Xinfenglu, Tel. 8277988, Fax 8277588

Sanya (0899)

Luxushotels:
*Garden Hotel, Maoming Nan Lu 58, Tel. 64151111,
   Fax 64158866, 500 Z.
   Das Hotel, ein "Leading Hotel of the World", befindet sich in einem 33stöckigem Turm im Zentrum; größerer Garten
*Grand Hyatt, Jin Mao Tower, Century Boulevard, Tel. 50491234,
   Fax 50491111, E-Mail: info@hyattshanghai.com
   Hotel der Superlative in den oberen Etagen des 420 m hohen Jin Mao Tower im Boomviertel Pudong: das höchste Hotel der Welt mit allem erdenklichen Luxus und einem atemberaubenden Ausblick; 33 Stockwerke hohes Atrium
*Hilton International, Huashan Lu 250
   Tel. 62480000, Fax 62483848
   Luxushotel mit Schwimmbad, Tennisplatz und 5 Restaurants

Shanghai (021)

Hotels

Shanghai (Fortsetung)

Luxushotels:
*Portman Ritz Carlton, Nanjing Xilu 1376, Tel. 62798888, Fax 62798800, E-Mail: reservation@portman.com,cn, Internet: www.ritz-carlton.com, 484 Z.
  Im Zentrum des alten Shanghai gelegen; mit allem Komfort eines Grandhotels; gutes Restaurant
Pudong Shangri-La, Fu Cheng Lu 33, Tel. 68826688, Fax 68860126 0, E-Mail: slpu@ shangri-la.com, Internet: www.shangri-la.com
  Das Hotel in Pudong bietet den schönsten Blick auf das alte Shanghai
St. Regis,Dong Fang Lu 889, Tel. 50504567, Fax 68756789, Internet: regis.comn 280 Z.
  Hotel mit teurer, eleganter Einrichtung und großen Zimmern; Butler-Service auf den Etagen, großer Wellness-Bereich

Andere Hotels:
City Hotel, Shaanxi Nan Lu 5–7, Tel. 62551133, Fax 62550211
Equatorial, Yan'an Xi Lu 65, Tel. 62481688, Fax 62484393
Galaxy Hotel, Zhongshan Xi Lu 888, Tel. 62755888, Fax 62750039
Hyland Hotel, Nanjing Dong Lu 505, Tel. 63515888, Fax 63514088
Jing'an Hotel, Huashan Lu 370, Tel. 62481888, Fax 62482657
Jinjiang Hotel, Maoming Nan Lu 59, Tel. 62582582, Fax 64725588
Jinshajiang Hotel, Jinshajiang Lu 801, Tel. 62577888, Fax 62574149
Nanjing Fandian, Shanxi Nanlu 200, Tel. 63221455, Fax 63206520
  Das Hotel ist sauber, gut ausgestattet und preisgünstig sowie zentral, mitten im Nachtleben-Viertel, gelegen
Na Plaza Hotel, Tianmu Lu 285, Tel. 63538008-5400, 63533505, Fax 63533500/1
New Asia Hotel, Tiantong Lu 422, Tel. 63242210, Fax 63931262
New Garden Hotel, Hongqiao Lu 1900, Tel. 62426688, Fax 62423256
Ocean Hotel, Dong Da Ming Lu 1171, Tel. 65458888, Fax 65458993, 370 Z.
  Freundliches Haus der Oberklasse; Tip: Drehrestaurant "Revolving 28" im 26. Stock
Park Hotel, Nanjing Lu 170, Tel. 63276958, Fax 63276958
*Peace Hotel, Nanjing Dong Lu 20, Tel. 63216888, Fax 63290300, Internet: www.shanghaipeacehotel.com, 420 Z.
  Hotel von 1929 mit Resten von Art-déco-Dekoration; schöner Blick auf den Hafen
Pujiang Hotel, Huangpu Lu 15, Tel. 63246388, Fax 63243179
  Das älteste Hotel (1860) der Stadt ist heute eine beliebte Adresse für Billigreisende.
Rui Jin, Ruijin Erlu 118, Tel. 64725222, Fax 64732277, E-Mail: rujuish@public7.sta.net.cn
  Das preiswerte Hotel verfügt über mehrere Gästehäuser und liegt ruhig in einer Parkanlage mitten in der Stadt.
Shanghai Hotel, Wulumuqi Bei Lu 505, Tel. 62480088, Fax 62481310
*Shanghai Mansions, Bei Suzhou Lu 20, Tel. 63246260, Fax 63065147
  Teure Herberge aus den dreißiger Jahren im Art-déco-Stil; von vielen Zimmern hervorragender Blick über die Stadt
Xi Jiao Guest House, Hongqiao Lu 1921, Tel. 62198800, Fax 64336641
Yangtze, Yan'an Xi Lu 2099, Tel. 62750000, Fax 62750750

Shaoxing (0575)

Shaoxing Hotel, Huanshan Lu 9, Tel. 5155888, Fax 5155565

Shenyang (024)

Liaoning Hotel, Zongshan Lu 97, Tel. 3839166, Fax 3839103, 130 Z.
Phoenix Hotel, Huanghe Nan Dajie 109, Tel. 6805858, Fax 6807207
  Führendes Hotel der Stadt, am Beiling gelegen

Shenzhen (0755)

Luxushotel:
*Shangri-La Hotel Shenzhen, Jianshe Lu, Tel. 2239878
  Bestes Hotel der Stadt; Nichtraucherzimmer; vom Drehrestaurant oben Blick auf die Stadt und die New Territories von Hongkong

Hotels

Shenzhen
(Fortsetzung)

Andere Hotels:
Jing Du Hotel (Jing Du Jiudian), Shennan Zhonglu, Tel. 2247000,
  Fax 2247290
New Dynasty Hotel, Aiguolu 11A, Tel. 5523338, Fax 5521108
Shenzhen Bay Hotel (Shenzhen Wan Da Jiudian), Huaqiaocheng,
  Tel. 6600111, Fax 6600139
Sui Mui Sha Hotel, Haibin Tourist Center, Tel. 5060000, Fax 5061142
Xilihu Holiday Villa, Nansahnqu, Tel. 6626888, Fax 6626123
Xindu Hotel, Chunfenglu 1, Tel. 2320888, Fax 2334060

Suzhou
(0512)

*Bamboo Grove Hotel (Suzhou Zhuhui Fandian), Zhuhui Lu, Tel. 5205601,
  Fax 5208778, 384 Z.
  Bestes Haus am Platz; modernes Gebäude um einen Innenhof im Gartenstil
Friendship Hotel, Zuhuilu, Tel. 5291601, Fax 5206221
  Preisgünstiges Hotel südöstlich des Zentrums
Gusu Hotel (Gusu Fandian), Xianwang Lu 5, Tel. 5200566, Fax 5199727
Lexiang Hotel (Lexiang Fandian), 18 Dajing Xiang, Renmin Lu,
  Tel. 5222890
  Zentral gelegenes preiswertes Hotel
Nanlin Hotel (Nanlin Fandian), Guxiufang 20, Tel. 5194641, Fax 5191028,
  250 Z.
  Schön gelegenes Hotel, das auch preiswerte Schlafsäle anbietet
Suzhou Hotel (Suzhou Fandian), Shiquan Jie 115, Tel. 5204646,
  Fax 5204015
  Gutes, bequemes Hotel in der Altstadt mit schöner Gartenanlage

Tai'an
(0538)

Taishan Hotel, Hongmen Lu 26, Tel. 8224678, Fax 8221432
  Komforthotel in idealer Lage am Fuß des Berges

Taiyuan
(0351)

Bingzhou Fandian, Yingze Dajie 32, Tel. 4042111
  Hotel in guter Lage
Shanxi Grand Hotel (Shanxi Da Jiudian), Yingze Dajie/Xinjiang Nanlu,
  Tel. 4043901, Fax 4043525, 164 Z.
  Hotel in zentraler Lage

**Tianjin
(Tientsin)**
(022)

Luxushotels:
*Hyatt Tianjin Hotel (Tianjin Kaiyue Fandian), Jiefang Bei Lu 219
  Tel. 2331 8888, Fax 2331 1234, 450 Z.
*Sheraton Hotel (Tianjin Xilaideng Da Jiudian), Zijinshan Lu, Hexiqu,
  Tel. 3343388

Andere Hotels:
*Astor Hotel (Lishunde Da Fandian), Taierzhuang Lu 33, Tel. 23311688,
  Fax 23316282, 230 Z.
  Traditonsreiches Haus (1863), in dem viel Prominenz gewohnt hat
Friendship Hotel (Youyi Binguan), Nanjing Lu 94, Tel. 3390370
Geneva Hotel (Jinlihua Da Jiudian), Youyi Lu 32, Hexique, Tel. 8352222,
  Fax 8359855, 270 Z.
  Das an das Tianjin International Exhibition Center angeschlossene Hotel
  verfügt über sieben Restaurants mit chinesischer, westlicher, japanischer und koreanischer Küche. Konferenzräume und Ausstellungshalle
Grand Hotel (Tianjin Binguan), Youyi Lou, Tel. 25359000
  Trotz des Namens kein teures Hotel
Tianjin View, Zha Bei Lu 1, Donggu District, Tel. 7371301

Tschungking

→ Chongqing

Turpan
(0995)

Oasis Hotel (Lüzhou Binguan), Qingnian Lu 41, Tel. 522491, Fax 522768
  Klimatisierte Zimmer im Neubau, billige Mehrbettzimmer im alten Flügel
Tulufan Binguan, Qingnian Lu, Tel. 22025, Fax 22301
  Sehr angenehmes Hotel

Hotels

Ürümqi
Holiday Inn, Xin Hua Bei Lu 168, Tel. 2818788, Fax 2817422
  Neues internationales Hotel unweit des Basars
Laiyuan Hotel, Jianshelu, Tel. 2828368, Fax 2825109
World Plaza Hotel (Shijie Fandian), Beijing Lu, Tel. 3836400, Fax 3836399

Wuhan
(027)
Jianghan Hotel (Jianghan Fandian), Shengli Jie 245, Hankou,
  Tel. 2811600, Fax 2814342, 100 Z.
  Renoviertes Gebäude von 1914 im französischen Kolonialstil, zwischen Hauptbahnhof und Changjiang gelegen
Qingchuan, Xima Changjie, Hanyang, Tel. 446688, Fax 564964
  Schöne Lage am Changjiang
Yangtze Hotel (Changjiang Da Jiudian), Jiefang Dadao 539, Hankou,
  Tel. 5862828, Fax 5854110
  Neueres Haus der Oberklasse südlich des Zhongshan-Parks mit komfortablen Zimmern

Wuxi
(0510)
Hubin Hotel (Hubin Fandian), Hubinlu, Tel. 5101888, Fax 5102637
Taihu Hotel, Yonggulu 1, Tel. 5517888, Fax 5512771

Xiamen
→ Amoy

Xi'an
(029)
Luxushotels:
*Hyatt Xi'an (Afang Gong Kaiyue Fandian), Dong Dajie 158, Tel. 7231234, Fax 74216109
*Shangri-La Golden Flower Hotel (Jinhua Fandian), Changle Xi Lu 8,
  Tel. 3232981, Fax 3235477
*Sheraton Hotel (Xian Xilaideng Da Jiudian), Fenghao Lu 12,
  Tel. 6261888, Fax 4262188

Andere Hotels:
Bell Tower Hotel (Zhonglou Fandian), Tel. 7279200, Fax 7218767, 312 Z.
  Mittelklassehotel in zentraler Lage mit Blick auf den Glockenturm; großzügige Zimmer
*Garden Hotel (Tanghua Binguan), Dongyanyin Lu 4, Tel. 5261111,
  Fax 5261998, 301 Z.
  Hochmodernes Tagungs- und Resorthotel bei der Großen Wildganspagode in imitierter Tang-Architektur; herrliche Gartenlandschaft mit Teichen und überdachten Brücken; komfortable Zimmer
Jiefang Hotel (Jiefang Fandian), Jiefang Lu 321, Tel. 7428946,
  Fax 7422617, 363 Z.
  Das beim Bahnhof gelegene Haus ist auch nach der Renovierung eines der preisgünstigsten Hotels der Stadt.
Royal Hotel, Dongdajie 334, Tel. 7211511, Fax 7235887
Tangcheng Hotel (Tangcheng Binguan), Nanduan 3, Tel. 5265111,
  Fax 5261041
  Preisgünstiges Hotel mit Komfort
Xi'an Hotel (Xian Binguan), Chang'an Lu Bei Duan 36, Tel. 5261351,
  Fax 5261796

Yangzhou
(0514)
Yangzhou Hotel (Yangzhou Fandian), Fengle Shang Jie 5, Tel. 7342611,
  Fax 7343599
  Ordentliches Haus in guter Lage

Yueyang
(0730)
*Yueyang, Dongting Bei Lu 26, Tel. 8223011, Fax 225235, 265 Z.
  Sehr schön direkt am See gelegen
Yunmeng Guesthouse (Yunmeng Binguan), Chengdong Lu 25,
  Tel. 8221115
  Preiswertes und angenehmes Haus mit guter Küche

Zhenjiang
(0511)
Jinshan Hotel (Jinshan Fandian), Jinshan Xi Lu 1, Tel. 623888,
  Fax 6245301
  Ruhiges Hotel im Westen der Stadt

Jugendunterkünfte

CYTS Tours Corporation, 23 B Dong Ziao Min Xiang Beijing, Tel. (010) 51 27 70	**Auskunftsstellen** In der VR China
Hong Kong Youth Hostels Association, Room 225–226 Block 19 Shek Kip Mei Estate Shamshuipo, Kowloon, Hongkong, Tel. 7881638	
Chinese Taipei Youth Hostel Association 12 F-14, 50 Chung Hsiao W. Rd. Sec. 1, Taipei Tel. (02) 331 83 66	In Taiwan
Kang Wen Culture & Education Foundation, Suite 502 142 Chung Shiao E. Rd., Sec. 4, Taipei, Tel. (02) 7751138	
Federal Transportation Co. 8 F, 61 Nanking East Rd., Sec. 3, Taipei, Tel. (02) 5078133	
Deutsches Jugendherbergswerk (DJH) Hauptverband für Jugendwandern und Jugendherbergen Bismarckstr. 8/Postfach 1455 D-32756 Detmold, Tel. (05231) 7401-0, Fax 740149 "Hostelling International – Budget Accommodation, Volume 2: Africa, America, Asia, Australia", herausgegeben von der International Youth Hostel Federation, kann bei der zuvor genannten Anschrift des Jugendherbergswerks bestellt werden.	In Deutschland
Österreichischer Jugendherbergsverband, Gonzagasse 22 A-1010 Wien, Tel. (01) 5335353	In Österreich
Österreichisches Jugendherbergswerk (ÖJHW), Helferstorferstr. 4 A-1010 Wien, Tel. (01) 533 1833-0 und 5335137-0	
Schweizerischer Bund für Jugendherbergen (SBJ), Postfach CH-3001 Bern, Tel. (031) 245503	In der Schweiz

Karten

Neben der zu diesem Reiseführer gehörenden Übersichtskarte möchten wir empfehlen, zusätzliches Kartenmaterial mitzuführen, und geben nachstehend eine Auswahl:	Empfehlung
National Tourism Administration Peking, Tourist Map of China	1 : 9 000 000
Bartholomew, China & Mongolia (World Travel Map) mit Nebenkarten von Peking, Shanghai und Kanton sowie Hongkong	1 : 6 000 000
K+G, Hildebrands Urlaubskarte 46: China	1 : 5 400 000
K+F, 1258 Straßenkarte China (u. a. auch mit Mongolei, Japan, Nord- und Südkorea)	1 : 5 000 000
Zhongguo Renmin Gongheguo Ditu (China nach Verwaltungsbezirken; chines. beschriftet); RV, World-Länderkarte China (Beschriftung: internat. und chines.)	1 : 4 000 000
Nelles, Map China 1 (Northeastern), Map China 2 (Northern), Map China 3 (Central), Map China 4 (Southern)	1 : 1 500 000

Museen

Hinweis	Die wichtigsten Museen in der Volksrepublik China (sowie Taiwan, Hongkong und Macao) sind im Teil "Reiseziele von A bis Z" unter den jeweiligen Hauptstellen erwähnt.
Öffnungszeiten, Eintrittsgebühren	Bezüglich der jeweils geltenden aktuellen Öffnungszeiten und Eintrittsgebühren wird empfohlen, sich bei den unter → Auskunft genannten Fremdenverkehrsstellen bzw. bei seinem Reiseleiter zu erkundigen.

Notdienste

Polizei	Tel. 110
Erste Hilfe	In Peking: Beijing Emergency Medical Centre West Dajie, Qianmen, Beijing, Tel. 120
International SOS Assistance (Notfall)	In Peking: Room 433, Kunlun Hotel Beijing, Tel. (010) 65003419
Europe Assistance (Notfall)	In Peking: 9c, North Lodge China World Trade Centre Jianguomennei Dajie Tel. (010) 6505 1393
Krankenhaus für Tropenkrankheiten	In Peking: Beijing Friendship Hospital Tianqiao Yong'anlu, Xuanwu Tel. (010) 63014411
ADAC-Notrufzentrale München	täglich rund um die Uhr besetzt; Tel. aus China: (0049/89) 222222
ADAC-Ambulanz-Dienst München/ Telefonarzt	täglich 8.00–20.00 Uhr; Tel. aus China: (0049/89) 767676 (in der Hauptreisezeit bereits ab 7.00 Uhr bis 23.00 Uhr) Der Telefonarzt gibt Medikamentenempfehlungen bei leichteren Beschwerden und kann in ernsten Fällen den Rücktransport in ein Krankenhaus des Heimatortes veranlassen.
Schweizer Rettungsflugwacht	Tel. aus China: (0041/31) 8196511
Internationaler Flugrettungsdienst Austria	Tel. aus China: (0043/2732) 70007

Offene Städte

Die Anzahl der Städte Chinas, die dem ausländischen Besucher offenstehen, erhöht sich ständig. Derzeit sind mehr als 600 Städte und Orte zugänglich.

Besitzer eines für China gültigen Visums (→ Reisedokumente) können in der Regel ohne weiteres die offenen Städte und Orte besuchen. Wer innerhalb Chinas mit Eisenbahn, Flugzeug oder Reisebus in die offenen Städte und Orte reist, benötigt keine Sondergenehmigung.
Fährt man allerdings mit dem Auto dorthin, ist eine Sondergenehmigung zur Besichtigung der offenen Städte erforderlich.

Offene Städte (Fortsetzung) Sondergenehmigung

Für den Besuch von Sperrgebieten muß beim Büro für Öffentliche Sicherheit eine Sondererlaubnis für Ausländer, engl. Alien Travel Permit (Lüxing Zheng), eingeholt werden. Die in diesem Reiseführer behandelten Orte gehören jedoch alle zur Kategorie der offenen Städte, so daß keine Sondererlaubnis benötigt wird.

Alien Travel Permit

Post und Telekommunikation

Post

Die Postämter öffnen in der Regel täglich, außer an Feiertagen, von 8.00 bis 18.00 Uhr.

Öffnungszeiten

Briefmarken sind in China bei Postämtern und in Hotels erhältlich.

Briefmarken

Die Postkästen sind in der Regel dunkelgrün. Wer seine Post schneller befördern lassen möchte, wirft sie in die Postkästen mit gelbem Deckel.

Postkästen

Ins Ausland:
Luftpostbriefe (durchschnittlich 1 bis 2 Wochen nach Europa unterwegs) 6,40 Yuan,
Postkarten 4,20 Yuan
Die Post verfügt ferner über einen Expreßdienst für den Postversand im Inland. Zwischen Deutschland und einigen Städten in der Volksrepublik China ist auch Telebriefverkehr (u. a. Nachrichten, Dokumente, Pläne, Skizzen) möglich. Pakete müssen offen zum Postamt gebracht werden, wo sie dann kontrolliert werden. Die Tarife für Pakete werden nach Gewicht und Beförderungsart (normal oder Luftpost) berechnet.

Porto

Einen Postservice bieten auch große Hotels: Briefe, Telegramme und Päckchen können hier nach Orten innerhalb Chinas und ins Ausland versandt werden. Viele Hotels haben auch Faxanschlüsse. Auch viele Kaufhäuser offerieren einen weltweiten Versandservice.

Weiterer Postservice

Telefon

Ferngespräche ins Ausland können von den meisten Hotels in den größeren Städten geführt werden. Es gibt kaum längere Wartezeiten; die Verständigung ist in der Regel gut. Nicht alle chinesischen Orte sind per Direktwahl erreichbar, auch wenn eine Vorwahlnummer angegeben ist.

Allgemeines

nach China
von Deutschland, von dem Fürstentum Liechtenstein und der Schweiz sowie von Österreich: 00 86

Ländernetzkennzahlen

von China
nach Deutschland: 00 49
in das Fürstentum Liechtenstein und in die Schweiz: 00 41
nach Österreich: 00 43

Die Null der nachfolgenden Ortsnetzkennzahl entfällt!
(Ortsnetzkennzahlen von chinesischen Städten → Hotels)

Reisedokumente

Ländernetz-
kennzahlen
(Fortsetzung)

von Deutschland
nach Hongkong: 00852
nach Macao: 00853
nach Taipei: 00886

nach Deutschland
von Hongkong: 00149
von Macao: 00149
von Taiwan: 002491

Telefonkarten

Telefonkarten für das Kartentelefon sind für den Betrag von 20, 50 und 100 CNY erhältlich.

Inlands-
auskunft

In Peking: Tel. 114

Auslands-
auskunft

In Peking: Tel. 115

Reisedokumente

Für die Einreise in die Volksrepublik China sind ein Reisepaß, der noch sechs Monate nach der geplanten Wiederausreise aus China gültig sein muß, sowie ein Visum erforderlich. Das Visum muß persönlich oder durch einen Bevollmächtigten bei der chinesischen Botschaft bzw. dem Konsulat unter Vorlage der folgenden Unterlagen beantragt werden: ausgefülltes Antragsformular, Reisepaß, Paßfoto und die Visumgebühr. Diese Gebühr beträgt derzeit 30 DM bei einer Bearbeitungszeit von etwa 10 Tagen. Ein Merkblatt und den Antrag für das Visum kann man entweder bei den Botschaften bestellen oder unter der Internet-Adresse des Chinesischen Fremdenverkehrsamtes (www.fac.de) abrufen. Das Visum ist drei Monate gültig, kann in China allerdings zweimal um je einen Monat verlängert werden. Für die Verlängerung ist das Amt für öffentliche Sicherheit (Gong'anju) zuständig, das in jedem größeren Ort ein Ausländerbüro hat. In Hongkong besteht die Möglichkeit, sich kurzfristig ein Visum zu besorgen, und zwar beim CITS (→ Auskunft).
Für die Einreise nach Hongkong und Macao genügt ein Reisepaß, der noch mindestens sechs Monate über den Zeitpunkt der Einreise hinaus gültig sein muß.

Reisezeit

Allgemeines

Infolge der enormen Ausdehnung des chinesischen Staatsgebietes, begegnet der Besucher des Landes – je nach Gegend – verschiedenen Klimazonen: Im Norden und Nordwesten herrscht ein trockenes Kontinentalklima vor, während das Zentrum und der Süden von einem tropischen, feuchten und regnerischen Wetter geprägt sind. Der Reisende muß deshalb in China damit rechnen, daß in der gleichen Jahreszeit zwischen einer nördlichen und einer südlichen Ortschaft Temperaturunterschiede von zehn oder sogar zwanzig Grad auftreten können.

Besonderheiten
im Süden
des Landes

In Kunming in der Provinz Yunnan gibt es keinen Sommer; nach dem Ende des Frühjahrs setzt unmittelbar der Herbst ein. Kanton und Nanning im äußersten Süden haben weder Frühjahr noch Winter; nach dem Ende des Herbstes folgt sofort wieder der Sommer.

Frühjahr
und Herbst

Als beste Jahreszeiten für einen Aufenthalt in China empfehlen sich das Frühjahr und der Herbst, da dann fast alle Landesteile ein gemäßigtes Klima und recht konstante Temperaturen aufweisen. Im Sommer (Mai – Sept.) ist es sehr heiß; die Temperaturen sind auf dem ganzen

Reisezeit

Klimatabelle

Durchschnittliche Temperaturen (in °C) an ausgewählten Orten in China	Januar	Februar	März	April	Mai	Juni	Juli	August	September	Oktober	November	Dezember
Chengdu	5,6	7,6	12,1	17,0	21,1	23,7	25,8	25,1	21,4	16,7	12,0	7,3
Dalian	−5,3	−3,5	1,8	8,9	15,5	19,3	22,9	24,1	20,0	13,8	5,6	−1,5
Datong	−11,8	−7,9	−0,1	8,2	15,4	19,8	21,8	20,1	14,3	7,4	−1,7	−9,1
Fuzhou	10,4	10,6	13,4	18,1	22,2	25,3	28,7	28,2	26,0	21,6	17,8	13,1
Guilin	8,0	9,0	13,1	18,4	23,1	26,2	28,3	27,8	25,8	20,7	15,2	10,1
Harbin	−19,7	−15,4	−5,1	6,1	14,3	20,0	22,7	21,4	14,3	5,9	−5,8	−15,5
Kanton	13,4	14,2	17,7	21,8	25,7	27,2	28,3	28,2	27,0	23,8	19,7	15,2
Kunming	7,8	9,8	13,2	16,7	19,3	19,5	19,9	19,2	17,6	15,0	11,5	8,3
Lanzhou	−7,3	−2,5	5,3	11,7	16,7	20,5	22,4	21,0	15,9	9,4	1,6	−5,7
Nanking	1,9	3,0	8,4	14,7	20,0	24,5	28,2	27,9	22,9	16,9	10,7	4,5
Peking	−4,7	−2,3	4,4	13,2	20,2	24,2	26,0	24,6	19,5	12,5	4,0	−2,8
Shanghai	3,3	4,6	8,3	13,8	18,8	23,2	27,9	27,8	23,8	17,9	12,5	6,2
Shenyang	−12,7	−8,6	−0,3	9,1	17,0	21,4	24,6	23,7	17,2	9,6	−0,3	−8,7
Tsingtau	−2,6	−0,5	4,6	10,9	16,7	20,9	24,7	25,4	20,5	14,3	7,4	0,5
Ürümqui	−10,6	−9,8	−3,8	2,7	8,4	12,9	14,7	13,5	8,6	1,9	−5,5	−8,7
Wuhan	2,8	5,0	10,0	16,0	21,3	25,8	29,0	28,5	23,6	17,5	11,2	5,3
Xiamen	12,6	12,5	14,9	19,0	23,2	26,0	28,3	28,3	27,0	23,2	19,7	15,2
Xi'an	−1,3	2,1	8,0	14,0	19,2	25,3	26,7	25,4	19,4	13,6	6,5	0,6

Sommer (Fortsetzung)

Staatsgebiet ungefähr gleich hoch; im Norden und im Süden ist das Wetter feucht-warm und leicht regnerisch. Von Juni bis August wird Südchina außerdem von Monsunen heimgesucht.

Winter

Im Winter ist das Klima im Zentrum und im Süden gewöhnlich relativ mild; hier werden nie Temperaturen unter Null Grad registriert wie im Norden und Nordwesten, wo der Himmel dann klar ist, ein eiskalter Wind weht und auch der Schnee meist nicht auf sich warten läßt.

Kleidung

Für die heißen Sommermonate empfiehlt sich leichte Kleidung und Sonnenschutz (Brille, Cremes). Gegen die im Südwesten des Landes in den Sommermonaten häufig auftretenden heftigen Regenfälle schütze man sich mit Regenkleidung und -schirm. Wer im Winter nach China reist, sollte für Nordchina auf alle Fälle sehr warme, vor Kälte und Wind schützende Kleidung (auch warme Nachtwäsche) und für Süd- und Zentralchina mittelschwere Sachen und einen Schirm mitnehmen. In den Übergangszeiten gehören Jacken, Sakkos und ein Regenmantel zur idealen Garderobe. Gutes Schuhwerk sollte man zu jeder Jahreszeit im Gepäck haben.

Wäschedienst

Da in den Hotels und auf Luxusschiffen auf dem Changjiang-Fluß Wäschedienste dafür sorgen, daß schmutzige Kleidung meist innerhalb von 24 Stunden gewaschen wird (Wäschesäcke in allen Hotelzimmern bzw. Schiffskabinen), belaste man sich nicht mit unnötig vielen Kleidungsstücken (empfohlen wird allerdings die Mitnahme eines strapazierfähigen Koffers, da das beförderte Gepäck in China oftmals stark in Anspruch genommen wird).

→ Zahlen und Fakten, Klima

Wetter

Restaurants

Restaurants

Allgemeines	Im nachfolgenden Text werden die renommiertesten Speiselokale genannt, in der Regel aber nicht die meist exzellenten Restaurants der großen Hotels, die sowohl die verschiedenen chinesischen Regionalküchen als auch andere orientalische, internationale und europäische Gerichte anbieten.
Öffnungszeiten	Die Öffnungszeiten der staatlich geführten Restaurants entsprechen dem chinesischen Lebensrhythmus: Der Betrieb beginnt sehr früh morgens (bisweilen sogar um 5.30 Uhr) und endet gegen 19.00 oder 20.00 Uhr; zwischen 9.00 und 10.30 Uhr sowie zwischen 13.00 und 16.30 Uhr wird eine Pause eingelegt. Für alle anderen Lokale gelten die international üblichen Öffnungszeiten. Die populären Garküchen arbeiten nahezu rund um die Uhr. Delikatessenhändler bieten während der Marktzeiten viele Köstlichkeiten an.
Hinweis	Die Telefonvorwahlnummern der nachfolgend aufgelisteten Orte stehen in der Marginale (in Klammern).
Beijing (Peking) (010)	Peking-Ente: Beijing Kaoya Dian, Tuanjie Hu Beikou, Tel. 5073012 In dem freundlichen Lokal sind viele Ausländer Stammkunden. Vorzügliche Ente und eine hervorragende Auswahl an anderen Gerichten *Quanjude Kaoya Dian, Qianmen Dajie 32, Tel. 6511 2418 Das beste Pekingentenrestaurant der Stadt; tolles Ambiente und aufwendige Zubereitung der Ente über Holzfeuer; Kaiserliches Entenmenü mit 168 Gängen, die man an sechs Mahlzeiten in drei Tagen ißt Küche des Kaiserhofs: *Fangshan Restaurant, Beihai-Gongyuan-Park, Wenjinjie 1, Xicheng, Tel. 64042573 Chinas berühmtestes Restaurant in einem Lustschlößchen am Ufer des Beihai mit authentischer Palastküche. Die Kunstfertigkeit bei der Präsentation der Speisen ist bewunderswert, doch nicht jedes Gericht findet heute noch geschmacklich Gefallen. Bei der Vorbestellung, die abends immer nötig ist, gibt man nur einen Preisrahmen vor und überläßt der Küche die Zusammenstellung des Menüs. Man sollte mindestens mit acht Personen kommen. Das Restaurant bietet auch ein recht preisgünstiges Mittagessen an. Tingliguan, Sommerpalast, Tel. 62581608 Mit seiner schönen Umgebung, der klassischen Architektur und einem gelungenen kulinarischen Querschnitt durch die verschiedenen Regionalküchen des Landes – der Schwerpunkt liegt allerdings auf der kaiserlichen Küche – ist das 'Gasthaus, wo man dem Pirol lauscht' besonders bei Ausländern beliebt. Es ist auf Gruppen eingestellt. Wer spontan kommt, riskiert lange Wartezeiten, sofern er überhaupt noch einen Platz erhält. Kanton-Küche: Dasanyuan Restaurant, Jingshan Xi Jie 50, Tel. 64018183 Spezialitäten: Schildkröten- und Schlangenfleisch, Huhn Dongjiang, Spanferkel; preisgünstiges Dim-sum-Frühstück Summer Palace, China World Hotel, Jianguomenwai Dajie 1, Tel. 65052266-34 Pekings führendes Kanton-Restaurant präsentiert chinesische Kochkunst in Perfektion. Windows on the World, CITIC Bldg., Jianguomenwai Dajie 19, Tel. 65003355 Bei Ausländern beliebtes Restaurant mit Musik und Aussicht; sehr gute Küche und perfekter Service; Tip: Kombination von kantonesischen Vorspeisen (Dimsum) mit Pekingente

Restaurants

Beijing
(Fortsetzung)

Islamische Küche:
Hongbinlou Restaurant (Hongbinlou Fanzhang), Xi Chang'an Jie 82,
Tel. 603 84 60
  Das alteingesessene, doch renovierte Restaurant ist bekannt für Lamm-
  gerichte, monglischen Feuertopf, Meeresfrüchte und eine preiswerte
  Pekingente

Sichuan-Küche:
※Sichuan Restaurant (Sichuan Fandian), Xi Rongxian Hutong 51,
Tel. 66 03 32 91
  Pekings berühmtestes Sichuan-Restaurant weist klassische Pekinger
  Wohnhausarchitektur auf. Außer in einem Neubautrakt gruppieren sich
  alle Gasträume um ehemalige Wohnhöfe. In den vorderen Räumen geht
  es einfacher zu, in den hinteren sind Service und Ausstattung besser, die
  Preise höher und mehr Ausländer. Empfehlenswert: geräucherte Ente,
  scharfe Bohnenquarkgerichte und geschmorte Auberginen
Ritan Fanzhuang, SW-Ecke des Ritan-Parks, Tel. 6500 49 84
  In dem großen Restaurant speist man in klassischer Architektur, deren
  Bauten sich um einen hübschen Hof gruppieren, auf dem man sommers
  sitzen kann. Für Gruppen von 20, 30 Personen stehen einige aufwendig
  dekorierte phantasievolle Einzelräume zur Verfügung. Angeschlossen
  ist eine preisgünstige Imbißstube fürs Mittagessen.
Sichuan Donhua, Guangqumenwai, Tel. 677126 72
  Auch mit wenigen Leuten kann man hier schlemmen. Selten bekommt
  man soviel lukullischen Genuß fürs Geld.
Sichuan Hometown, Jianguomenwai Yong'an Xili, Tel. 6502 24 91
  Typische Privatgaststätte: schlicht, preiswert und gut; ausländische
  Kunden. Sommers sitzt man draußen unter Bäumen.
Yuen Tai, Hotel Great Wall Sheraton, Donghuan Bei Lu,
Tel. 6500 55 66-2162
  Vorzügliches Restaurant mit weitem Ausblick. Sehr stimmungsvoll sind
  die Abende, wenn klassische chinesische Musik erklingt.

Tang-Küche:
Tang Cuisine, Yong'an Lu 4, Tel. 6301 21 98
  Man entscheidet sich entweder für die Tang-Küche, die von Kamelhuf-
  suppe bis zum 'Betrunkenen unter Blüten' reicht oder für ein tolles Teig-
  taschenmenü. Oder man ißt preisgünstig im Erdgeschoß

Hunan-Küche:
Makai Canting, Di'anmenwai Dajie 3, Tel. 6404 48 89
  Typisch sind vor allem die sauer-scharfen und süß-scharfen Soßen,
  doch mehr noch die Hundefleischgerichte. Vom Obergeschoß Blick auf
  den Trommelturm.

Mandschu-Küche:
Sunflower Village Food Street, Wanquanhe Lu 51, Tel. 2 56 29 67
  In vielen der Räume, die sich um Hofhaushöfe gruppieren, nimmt man
  auf dem Ofenbett (Kang) Platz. Die ländliche schmackhafte Küche war-
  tet mit viel Mais und einigem Ausgefallenen auf wie Seidenraupen und
  diversen Kräutern als Gemüse.

Vegetarische Küche:
Gongdelin Restaurant (Gongdelin Sucai Guan), Nandajie 158, Qianmen,
Tel. 67 02 08 67
  Ältestes und renommiertestes vegetarisches Restaurant der Stadt; Tip:
  Platz im Obergeschoß

Ausländische Küche:
Justine's, Jianguo Hotel, Jianguomenwai 5, Tel. 6500 22 33-8039
  Das teure französische Restaurant mit feinen Gerichten steht bei Pe-
  kings Europäern seit Jahren ganz oben auf der Beliebtheitsskala.

Restaurants

Beijing
(Fortsetzung)

Kyotaru, Capital Hotel, Qiamendong Dajie 3, Tel. 65129988-7777
Das japanische Restaurant wird besonders bei Pekings Ausländern – und nicht nur bei den Japanern – sehr geschätzt. Der Hauptgrund ist die vorzügliche Küche, und auch das Ambiente ist angenehm. Relativ preisgünstig ist das Tablettgedeck (teishoku) mittags.

La Fleur, China World Hotel, Jaingguomenwai Dajie 1, Tel. 65052266-6697
Das beliebte französische Restaurant im China World Hotel bietet ein edles Ambiente und delikate Gerichte, am Abend zu teuren und mittags zu günstigeren Preisen.

Metro Cafe, Gonggrentiyuchang Xilu 6, Tel. 65691 7818
Kleines italienisches Restaurant mit freundlicher Atmosphäre und guter Küche; selbstgemachte Pasta und sehr leckeres Tiramisu

Shan Fu, Deshengmenxi Dajie, Huitong, Tel. 6180362
Das Lokal auf einem künstlichen Hügel am See Jishuitan weist ein dezent-modernes Interieur auf. Sehr gute koreanische Küche, aber auch chinesische Gerichte und mongolischer Feuertopf

Symphonie, Kempinski-Hotel, Liangmaqiao Lu 50, Tel. 64653388-4156
Das Restaurant serviert europäisch-internationale Delikatessen, untermalt von Geigen- und Harfenmusik. Spezialist für alles, was teuer ist

Chengdu
(028)

Chen Mapo Doufu, Jiefang Lu Erduan, Tel. 3331636
Seit über 100 Jahren wird hier der klassische scharfe Doufu serviert

Longchaoshu, Chunxi Lu Nandian, Tel. 6626947
Sehr preiswerter Imbiß im Erdgeschoß, im zweiten Stock speist man bei klassischer Live-Musik

*Shufengyuan, Dong Dajie 153, Tel. 6627629
Sehr schöne altchinesische Einrichtung; Sichuan-Küche vom Feinsten

Zhong Shuijiao, Tidu Jie 7, Tel. 6673402
Das Lokal serviert seit 1893 leckere Teigtaschen (hongyoujiao) und andere preiswerte Snacks

Fuzhou
(0591)

Juchunyuan, Bayiqi Bei Lu 130, Tel. 553038
In dem Lokal (seit 1877) soll der Fotianqiang-Eintopf erfunden worden sein, der u.a. aus Haifischflossen, Taubeneiern und verschiedenen Fleischsorten hergestellt wird.

Guangzhou
(Kanton)
(020)

Datong Jiujia, Yanjiang Xi Lu 63, Tel. 8188988
Mehrstöckiges Lokal mit gutem Blick auf den Fluß

Nanyuan Jiujia, Qianjin Lu 142, Tel. 4449211

*Panxi Jiujia, Longjin Xi Lu 151, Tel. 8881 5718
Das eindrucksvolle renommierte Restaurant – das gößte der Stadt – mit 20 Abteilungen ist in den Liwan-See hineingebaut; klassisches Ambiente im Park, viel Stammkundschaft; vormittags gutes Dim Sum

Shewang Man Haixian Jiulou, Jianglan Lu 41, Tel. 8188 4498
Schlangenrestaurant

Tsai-Ken-Hsiang Vegetarian Restaurant (Caigenxiang Shiguan), Zhongshan Liu Lu 167, Tel. 886835
Gute und reichhaltige vegetarische Küche

Hangzhou
(0571)

Louwailou Restaurant (Louwailou Jiujia), Gushanlu 30, Tel. 7969682
Das 1849 gegründete Lokal bietet einen schönen Seeblick und Spezialitäten aus der Provinz Zhejiang. Tip: frische Fische aus dem West-See

Hongkong
(052)

Yung Lee, Central Willington St. 32–40, Tel. 25221624
Riesiges beliebtes Lokal mit bester kantonesischer Küche; Spezialitäten: geröstete Gänse und Enten sowie frische Meerestiere

Red Pepper, 7 Lan Fong Road, Causeway Bay, Hong Kong Island, Tel. 2577 3811
Seit mehr als zwei Jahrzehnten bekocht dieselbe Familie ihre Gäste, das Restaurant zählt nicht zuletzt deshalb zu den Klassikern auf Hong Kong Island. Spezialität: Sizzling Shrimps

Restaurants

→ Guangzhou

Kanton

Guaqiao Mixian Guan, Nantong Jie
    In dem Lokal gibt es eine der bekanntesten Spezialitäten der Region: "Über-die-Brücke-Nudeln" in kräftiger Brühe

Kunming
(0871)

Palace, 24–28 Avenida Almeide Ribeiro, Tel. 373838
    Preiswertes Lokal mit kantonesischer Küche; Spezialität: Dim Sum in vielen Variationen
Pele, Rua de São Tiago da Barra Nr. 25, Tel. 965631
    Kleines, aber feines Restaurant, das für frisches Krabbenhuhn, scharf gewürzte Riesengarnelen und Muschelgerichte bekannt ist

Macao

Capital Recreation Club, Hunan Lu/Gaoyunling
    In dem Lokal wird zum Essen klassische Live-Musik gespielt.

Nanjing (Nanking)
(025)

→ Beijing

Peking

Di Shui Dong, Maoming Nanlu 56, Tel. 65532689
    Einfaches Lokal mit originaler, sehr scharfer Hunang-Küche
M on the Bund, The Bund, Guang Dong Lu 20, Tel. 63509988
    Prominentenrestaurant mit einem schönen Ausblick zum Bund, Fluss und Stadtviertel Pudong; teure, gute, internationale Küche
Le Garçon Chinois, Nr. 3 Lane, Heng Shan Lu 9, Tel. 64457970
    Versteckt gelegenes schönes Doppelrestaurant mit italienisch-französischer und chinesischer Küche
*Meilongzhen, Nanjing Xi Lu 1081, Haus 22, Tel. 62562818
    Das renommierte und stets gut besuchte Lokal bietet seit 1938 Sichuan-Küche mit Shanghaier Einschlag auf drei Etagen in der Innenstadt
Shanghai Lao Fandian, Fuyou Lu 242, Tel. 63282782
    Seit 1862 bestehendes rustikales Haus in schöner Lage in der Altstadt, beim Yuyuan-Garten; gute Küche mit lokalen Spezialitäten
Xinhualou Restaurant, Fuzhou Lu 343, Tel. 3282747
T 8, Nr. 8 Xintiandi North, Part Lane, Taicang Lu 181, Tel. 63114999
    Schickes Design-Restaurant im In-Viertel Xintiandi; multikulturelle Küche und gute internationale Weine
Yangzhou, Nanjing Xi Lu 72, Tel. 63587988
    Das Restaurant ist auf die milde Yangzhou-Küche spezialisiert.

Shanghai
(021)

Huayuan Seafood Restaurant, Renmin Nan Lu 68, Tel. 239813
Shanzhenlou Restaurant, Jiefang Lu 141, Tel. 228381
Jincheng Lounge Folk Song Restaurant (Jincheng Jiulang Minge Canting), G/F Blk 1 Jincheng Bldg., Shennan Dong Lu 1
Tel. 220483/901888
Xilingmen Restaurant (Xilingmen Jiujia), Dongmen Zhong Lu 32, Tel. 223184

Shenzhen
(0755)

Deyuelou, Taijianlong 27, Tel. 5238940
    Das Restaurant bietet hervorragendes Essen der Jiangsu-Küche.
*Songhelou Restaurant (Songhelou Caiguan), Guanqian Jie 141, Tel. 5237969
    Das Songhelou ist das berühmteste Lokal der Stadt und ein beliebtes Ziel von Touristengruppen; schon 1737 aß der Kaiser hier süßsauren Mandarinfisch, die Spezialität des Hauses
Xinjufeng Restaurant, Renmin Lu 615, Tel. 773794

Suzhou
(0512)

Chuansu Restaurant, Changchun Dao 189, Hepingqu, Tel. 705142
Dengyinglou, Binjiang Dao 94, Hepingqu
Tel. 702070/1
Goubouli Baozipu, Shandong Lu 37, Tel. 225040
    Stammhaus der Goubouli-Teigtaschen, eine Spezialität von Tianjin

Tianjin (Tientsin)
(022)

Rikscha

Restaurants, Tianjin (Fortsetzung)

Tianjin Roast Duck Restaurant (Tianjin Kaoya Dian), Liaoning Lu 146, Tel. 702660
Yanchunlou Restaurant (Yanchunlou Fanzhuang), Rongji Jie 46, Hepingqu, Tel. 752761
Yuelaihai Restaurant (Yuelaihai Canting), Nanjing Lu 59, Tel. 39091
Das beliebte Lokal bietet gute kantonesische Küche.

Wuhan (027)

Furong Restaurant (Furong Jiulou), Zhongshan Dadao 1041, Hankou, Tel. 21796
Laotongcheng Restaurant (Laotongcheng Jiulou), Dazhi Lu 1, Hankou, Tel. 2811843
Alteingesessenes Haus; Spezialität: Doufu mit drei Zutaten
Sihimei, Zongshan Dadao 898, Hankou, Tel. 211843
Das Lokal serviert gute Snacks und Kleinigkeiten.

Wuxi (0510)

Jiangnan Restaurant (Jiangnan Fandian), Gongyun Lu 61, Tel. 2707483

Xi'an (029)

Defachang, am Glockenturm, Anbanjie 18, Tel.7276021
Spezialist für gefüllte Teigtaschen in 100 Variationen; im Obergeschoß üppige Menüs, auch für Einzelpersonen; Spezialität: Reiswein Mijiu
*Quijiangchun, Jefang Lu 192, Tel. 7212037
Bekanntestes Restaurant der Stadt; 600 Gerichte nach traditionellen Rezepten der Qin-, Han-, und Tang-Zeit sowie der Qujiang- und Shaanxi-Küche
Xi'an Restaurant (Xi'an Fandian), Dong Dajie 298, Tel. 7273821
1929 gegründetes Lokal, wo 800 Gerichte serviert werden
Wuji Restaurant (Wuji Fandian), 381 Dong Dajie
Tel. 23842

Zhuhai (0756)

Gongbei Maxim's Restaurant (Gongbei Meixin Canting), Lianhua Lu 6, Tel. 885209/885211

Rikscha

Die Rikscha (Sanlunche) ist ein zweirädriges, von einem Fahrrad gezogenes Fahrzeug (mit bespanntem Dach) zur Personenbeförderung.
Einheimische und Touristen, die ohne allzugroße Eile Sehenswürdigkeiten besichtigen möchten, lassen sich gern mit Fahrradrikschas befördern. Man sollte allerdings bedenken, daß es zu Diskussionen um den Fahrpreis kommen kann, selbst wenn er vor der Fahrt ausgehandelt wurde.
Alle Rikschas sind numeriert und tragen auf dem Schutzblech eine Zulassungsnummer.
Eiligeren Fahrgästen stehen von Mofas gezogene Rikschas bzw. motorisierte Dreiradroller mit Ladefläche zur Verfügung.

Rundfunk und Fernsehen

Radio Beijing Domestic Scene

Radio Beijing Domestic Scene (für Ausländer) strahlt in Peking Nachrichten, Sport, Wetter sowie diverse Informationen über China auf Mittelwelle 1251 kHz in Deutsch (15.00–15.30 Uhr), Englisch (13.00–15.00 und 23.00–24.00 Uhr) bzw. in Englisch und Französisch (4.00–6.00 Uhr) aus; ferner auf FM (UKW) 91,55 MHz (weitere Auskünfte in Peking: Tel. 68013135).

Deutsche Welle

Auf Wunsch erhält man von der Deutschen Welle kostenlos das aktuelle Programm mit genauen Sendezeiten und gültigen Frequenzangaben.
Deutsche Welle, Hörerpost, Postfach 100444, D-50588 Köln.

Schiffsverkehr

Das chinesische Fernsehen (China Central Television; CCTV) strahlt u. a. Nachrichten in englischer Sprache aus.
In den Luxushotels ist über Satellitenfernsehen beispielsweise der englischsprachige Nachrichtensender CNN zu empfangen.

Rundfunk und Fernsehen (Fortsetzung)

Schiffsverkehr

Entlang der Ostküste Chinas besteht reger Schiffsverkehr zwischen den großen Hafenstädten.
Ab Shanghai fahren Schiffe in nördlicher Richtung u. a. nach Tsingtau, Yantai, Tientsin und Dalian; in südlicher Richtung u. a. nach Ningbo, Wenzhou, Fuzhou, Xiamen, Shantou und Kanton sowie nach Taiwan und Hongkong.
Von Kanton ist die Überfahrt zur Insel Hainan (→ Badestrände) möglich.
Ab Hongkong verkehren regelmäßig Fähren und Luftkissenboote u. a. an die südchinesische Küste nach Shantou, Zhanjiang, Shanmei und Rongqi.

Küstenschiffahrt

Zu den Höhepunkten einer Chinareise zählt die 83 km lange Fahrt mit einem der Ausflugsboote auf dem Lijiang von Guilin nach Yangshuo; während der Tour erblickt man zahllose bizarre Felskegel und Karstspitzen (evtl. von Nebelschwaden umhüllt) inmitten einer grün und grau schimmernden subtropischen Märchenlandschaft sowie Fischerdörfer, Reisfelder und gelegentlich weidende Wasserbüffel. Bei Dämmerung manchmal noch Kormoranfischer zu beobachten, die auf mit Lämpchen beleuchteten Bambusflößen mit ihren zum Fischfang abgerichteten Vögeln vorbeitreiben.

Binnenschiffahrt
Auf dem Lijiang

In Tibet entspringt der über 6000 km lange Changjiang, größter Strom Chinas und drittlängster Fluß der Erde.
Hinweis: Zwischen Tschungking und Yichang ist ein 600 km langer Stausee und in Sandouping, bei Yichang, wird der 185 m hohe Sanxia-Staudamm gebaut, so daß sich die nachfolgend erwähnte Schiffsroute ändern kann; man erkundige sich über den aktuellen Stand vorab bei CITS (→ Auskunft).
Tschungking/Prov. Szetschuan ist Anfangs- und Endstation einer geregelten Passagier- und Frachtschiffahrt auf dem Changjiang, der in Shanghai ins Gelbe Meer mündet.
Besonders eindrucksvoll und abenteuerlich ist die Fahrt durch die sagenumwobenen, heute nach Felssprengungen entschärften Drei Schluchten (Qutang-Xia-Schlucht, Wu-Xia-Schlucht und Xiling-Xia-Schlucht) des Changjiang zwischen Baidicheng und dem Nanjin-Paß, vorbei an Kulturdenkmälern und anderen Sehenswürdigkeiten (möglich ist auch ein Abstecher mit kleinen Motorbooten in die Schluchten des Nebenflusses Daninghe). Dort, wo der Fluß breiter wird, dehnen sich an den Ufern u. a. Orangengärten und Teeplantagen aus. Die Fahrt geht weiter über Wuhan nach Nanking und endet in Shanghai. Es verkehren neben Linienschiffen, die meist überfüllt sind, derzeit täglich über 50 Ausflugsschiffe, sogenannte Luxusschiffe (vierstöckige Dieselmotorschiffe; 4 Klassen), die neben Touristenkabinen über Restaurant, Bar, Schwimmbad und Einkaufsmöglichkeiten sowie einen Wäschedienst verfügen. Dauer der gesamten Fahrt stromaufbzw. stromabwärts: mehrere Tage. Ausflüge auf Teilstrecken sind möglich.

Auf dem Changjiang/ Jangtsekiang

Drei Schluchten

Wer sich einen Eindruck von Shanghai vom Wasser aus verschaffen möchte, dem sei eine Hafenrundfahrt auf dem Huangpujiang empfohlen.

Auf dem Huangpujiang

Beliebt sind u. a. auch Bootsfahrten auf dem Taihu, einem der größten Süßwasserseen Chinas mit zahlreichen Inseln, Gärten, Pavillons und Aussichtsplätzen sowie auf dem Kaiserkanal (Da Yunhe), der Hangzhou mit Peking verbindet. Eine Fahrt von Wuxi nach Suzhou dauert vier Stunden. Von Nanking, Wuxi oder Yangzhou ist eine kombinierte **Schiffahrt** durch den Kaiserkanal, den Changjiang und den Taihu-See möglich.

Auf dem Taihu-See und auf dem Kaiserkanal

Sport

Schiffsverkehr (Fortsetzung)	Auf dem West-See von Hangzhou besteht ebenfalls Bootsverkehr.
Auf dem Huanghe	Eine Schiffsreise auf dem Huanghe vom Staudamm der Drei-Tore-Schlucht (Sanmenxia) bis in die 120 km entfernte Stadt Ruicheng bietet prächtige Ausblicke auf den Fluß sowie in tiefe Schluchten und auf ruhige Seen zu seinen beiden Seiten. Fahrten auf dem Huanghe sind mit einem Tragflügelboot am Fuß des Berges Mangshan möglich.
Auf dem Jiuqu	Auf dem sich schlangenartig durch die Landschaftszone des Wuyishan-Gebirges (Nord-Fujian) windenden Jiuqu werden Fahrten auf einem altertümlichen Bambusfloß und Ruderboote angeboten. Sehenswert sind die vielen an beiden Ufern des Flusses aufragenden, bizarr geformten steilen oder überhängenden Felsen.
Auf dem Xijiang	Schiffsverkehr besteht auch ab Kanton auf dem Xijiang bis Wuzhou.
Auskünfte, Buchungen	Weitere Einzelheiten sowie Buchungen sind u.a. über CITS (→ Auskunft) oder andere auf China spezialisierten Reisebüros erhältlich; Tickets verkaufen auch die Ortsbüros der Schiffahrtsgesellschaften.
Preise	Ein Schiffsticket kostet für Ausländer das Dreifache des Preises, den Einheimische bezahlen.

Sport

Volks-sportarten	Zu den beliebtesten Sportarten in China zählt vor allen Dingen das Tischtennis. Über viele Jahre hinweg haben chinesische Tischtennisspieler auf internationalen Turnieren dominiert. Heute noch begeben sich viele Ausländer in das Reich der Mitte, um den Tischtennissport zu erlernen. Auch andere Sportarten wie Kunstturnen, Athletik, Badminton, Schwimmen sowie Volley- und Basketball haben eine große Anhängerschaft. Immer mehr in Mode kommt Fußball, eine Disziplin, in der sowohl chinesische Damen- als auch Herrenmannschaften schon gewisse Erfolge erzielen konnten.
Kampfkünste	Die Kampfkünste (man unterscheidet insgesamt über 100 Kampfarten), die sich einer langen Tradition rühmen (sie sollen schon mehrere Jahrhunderte vor Christi Geburt entstanden sein), dienten ursprünglich der Selbstverteidigung, im Lauf der Zeit entwickelten sie sich aber zu Entspannungstechniken für Körper und Geist. In den letzten Jahren ist ein verstärktes ausländisches Interesse an der Shaolin-Kampfkunst oder Kungfu (chin. Wushu) zu beobachten. Insbesondere jüngere Menschen ziehen als körperliche Ertüchtigung die aggressiveren Kampfsportarten, wie das Shaolin-Boxen, vor. Kennzeichnend dafür sind schnelle Bewegungen, Sprünge und blitzschnelle Schläge. Kungfu wie auch das Schattenboxen beinhalten beide sowohl körperliche Übungen als auch geistige Konzentration, sie fördern den Blutkreislauf und trainieren die Muskeln. Beim Kungfu erfordert der Umgang mit den verschiedenen Waffen (Schwert, Säbel, Hellebarde usw.) überdies ein schnelles Reaktionsvermögen und große Wendigkeit.
Schattenboxen (Taijichuan)	In den frühen Morgenstunden gehört es zum Stadtbild chinesischer Städte, daß man Menschen aller Altersklassen sieht, die allein oder zu mehreren Sport treiben. Man bereitet sich mit Gymnastik auf den kommenden Arbeitstag vor, joggt oder widmet sich dem Schattenboxen. Bei letzterem führen Menschen aller Altersgruppen ruhige fließende Arm- und Beinbewegungen aus. Es geht jedoch nicht nur um die sportliche Betätigung, sondern um die Einheit der körperlichen und geistigen Kräfte. Innere Ruhe und Konzentration sind notwendig, um die Bewegungen im Einklang mit der Atmung auszuführen.

Für ausländische Besucher ist das Spektrum an sportlichen Aktivitäten in China breiter geworden. Man kann zum Trekking (→ Bergtouren) nach Tibet reisen oder in weitgehend unberührten Gebirgsregionen, beispielsweise von Guilin aus, in Richtung Hongkong wandern, in Guangdong Windsurfen und Drachenfliegen oder im Nordosten des Landes Skifahren. Noch relativ wenig verbreitet ist der Golfsport.

In vielen chinesischen Städten werden Kurse veranstaltet, wo Ausländer die einzelnen Kampfkunstarten erlernen oder vervollkommnen können.

800 m östlich des Shaolin-Klosters wurde eine Trainingsanstalt für die Shaolin-Kampfkunst eingerichtet. Für Besucher werden in der Halle Vorführungen der Shaolin-Kampfkunst und des harten Qigong organisiert.

Sport, (Fortsetzung) **Sport für ausländische Besucher**

Direkt in Peking können Reisende im Internationalen Club (Ritanlu, westlich des Freundschaftsladens) Tennis, Billard oder Tischtennis spielen.

Sportstätten in Peking

Anläßlich der 11. Asienspiele im Jahr 1990 wurde nördlich außerhalb des Pekinger Stadtzentrums ein Olympisches Dorf erbaut (neben Sportzentrum auch Hotel, Apartmenthaus, Büros, Einkaufszentrum u. v. a.).
Hier liegen u. a. folgende Sportstätten:
ein Fußballstadion (Beijing Worker's Stadium; 78 000 Plätze)
eine Badminton- & Volleyball-Arena (Beijing Badminton & Volleyball Arena)
ein Internationales Tenniszentrum (Beijing Tennis Centre; 1000 Plätze)
ein Baseball- und Softballstadion (Fengtai Baseball & Softball Stadium; 3100 Plätze)
Hockeystadion (Beijing Hockey Stadium; 2000 Plätze)
ein Hallenbad (Northern Suburb's Indoor Swimming Pool; 6128 Plätze)
eine Halle für den Handballsport (Northern Suburb's Arena; 5903 Plätze)
eine Tischtennishalle (Beijing Worker's Arena; 15 000 Plätze).

Olympisches Dorf

Sprache

Die chinesische Sprache spaltet sich in eine nördliche und eine südliche Dialektgruppe mit insgesamt acht Hauptdialekten und zahlreichen Unterdialekten, die starke Unterschiede aufweisen und untereinander nicht verstanden werden können. Die Dialekte des Südens sind allgemein altertümlicher als die des Nordens.

Dialekte

Außer den unzähligen Dialekten der chinesischen Sprache sind auch die vielen Idiome zu berücksichtigen, derer sich die auf chinesischem Staatsgebiet lebenden, nationalen Minderheiten bedienen.

Idiome von Minderheiten

Die Amtssprache Guoyu oder Umgangssprache Putonghua entwickelte sich aus dem im Gebiet von Peking gesprochenen, in westlichen Ländern als 'Mandarin' bekannten Dialekt. Sie hat sich als Schulsprache und in allen offiziellen Bereichen durchgesetzt und wird jetzt überall im Land als Kommunikationssprache über die Dialektgrenzen hinweg gepflegt. Kinder, die nicht im Gebiet der Hauptstadt aufwachsen, beherrschen daher heute neben ihrer eigenen Regionalsprache auch das Putonghua.

Amtssprache

Das Chinesische ist ursprünglich monosyllabisch (einsilbig) und tonal, d. h. es werden vier verschiedene Tonhöhen (in diesem Reiseführer durch Akzente auf den entsprechenden Buchstaben gekennzeichnet) angewandt, die je nach Tonverlauf die Bedeutung einer Silbe (im nachfolgenden Beispiel die Silbe ma, die tonlos gesprochen nur Fragepartikel ist) entscheidend ändern.
1. Ton hoch und eben (mā = Mutter)   3. Tiefer Ton (mă = Pferd)
2. Ton ansteigend (má = Hanf)   4. Ton fallend (mà = schimpfen)

Tonhöhen

Die chinesische Schreibung ist weitgehend unabhängig von den regionalen Varianten der gesprochenen Sprache. Sie verwendet keine Buchsta-

Schreibung

Sprache

Schreibung (Fortsetzung)

Buchstaben, sondern Ideogramme (Wortzeichen). Die Schrift wurde in der Volksrepublik China drastisch vereinfacht, die Zahl der Schriftzeichen offiziell von rund 50000 auf 3000–4000 reduziert. Dadurch unterscheidet sich heute die geschriebene Sprache in China von jener in Hongkong, auf Taiwan und in Übersee, wo überall noch die traditionellen Schreibweisen üblich sind.

Romanisierung

Die amtliche Romanisierung (Umsetzung in lateinische Buchstaben) des Chinesischen versucht, eine bestmögliche Annäherung an den tatsächlichen Wortklang zu erreichen. Verschiedene Systeme waren von jeher in Gebrauch, und jeder, der sich mit einschlägiger Literatur beschäftigen möchte, sollte sich wenigstens mit den beiden wichtigsten, nämlich Pinyin und Wade-Giles, vertraut machen. Beide Systeme bedürfen einer gewissen Einführung in ihren Gebrauch.

Pinyin

Der Tourist befasse sich insbesondere mit dem Pinyin-System, da es seit Anfang 1979 das einzig offiziell eingeführte ist. Die chinesische Aussprache der lateinischen Schriftzeichen weicht allerdings z.T. von der deutschen ab (s. nachfolgende Aufstellung).
Die Pinyin-Transkription ermöglicht dem ungeübten Fremden zumindest eine passable Aussprache. Bahnhofs-, Straßen- und Geschäftsnamen sind in Pinyin-Umschrift angeschrieben und erscheinen gemeinsam mit den chinesischen Zeichen, die allerdings vorherrschen.

Ausspracheregeln nach der Pinyin-Methode

Um den Umgang mit chinesischen Wörtern zu erleichtern, ist nachfolgend eine Übersicht mit Ausspracheregeln nach der Pinyin-Methode zusammengestellt:

Pinyin	**Aussprache**	**Beispiel**
a	wie a	in April
ao	wie au	in Haus
b	wie b	in Ball
c	wie z	in Tizian
ch	wie tsch	in Tschüß
d	wie d	in Dank
e	nach i, u, ü, y:	
	wie kurz gespr. ä	in ändern
	sonst wie ö	in Renault
ei	wie äi	engl. day
er		wie engl. mirror
f	wie f	in Friedrich
g	wie g	in Garten
h	wie ch	in Eiche
i	nach Konsonanten	in still
	wie i	(jedoch gedehnter)
	vor Vokalen flüchtig	in französ. chien
ian	wie iän	französ. Etienne
iao	wie iau	in Miau
ie	wie iä	französ. Liège
j	wie dsch	in Jeep mit Annäherung an deutsches ich
k	wie kh (aspiriert)	in Sackhüpfen
l	wie l	in Ludwig
m	wie m	in München
n	wie n	in Nordpol
ng	wie ng	in eng
o	wie o	in Wonne, jedoch geschlossener (aber nicht wie wohne)
ong	wie ung	in Stimmung
ou		wie engl. low
p	wie pph (aspiriert)	in Kipphebel

Sprache

q	wie tj	in Tja	Aussprache-regeln nach der Pinyin-Methode (Fortsetzung)
r		wie engl. right	
s	wie ß	in Maße	
sh	wie sch	in Schule	
t	wie tth (aspiriert)	in Schutthalde	
u	nach j, q, x, u: wie ü	in Jülich	
uan	wie üän	Yuan wird also Yüän ausgesprochen	
ue	wie üä	wie französ. il tuait	
ui	wie üäi		
w	wie uo	in engl. want	
x		wie ich	
y		wie engl. Year	
z	wie ds	in amerikan. Hudson	
zh	wie dsch	in Dschungel	

Fremdsprachen werden in China nur selten gesprochen. Die zur Reisebegleitung abgestellten Betreuer verfügen allerdings über Fremdsprachenkenntnisse (v. a. Englisch, Französisch und auch Deutsch). Taxifahrer sind kaum einer Fremdsprache mächtig. Man sollte darum die nötigen schriftlichen Anweisungen möglichst in chinesischen Schriftzeichen mit sich führen. Geschäftsreisenden wird empfohlen, sich zweisprachige Visitenkarten drucken zu lassen.

Fremdsprachen

deutsch	**chinesisch**	
0	líng	Grundzahlen
1	yī	
2	èr (liǎng)	
3	sān	
4	sì	
5	wǔ	
6	liù	
7	qī	
8	bā	
9	jiǔ	
10	shí	
11	shíyī	
12	shíèr	
13	shísān	
14	shísì	
15	shíwǔ	
16	shíliù	
17	shíqī	
18	shíbā	
19	shíjiǔ	
20	èrshí	
21	èrshíyī	
30	sānshí	
40	sìshí	
50	wǔshí	
60	liùshí	
70	qīshí	
80	bāshí	
90	jiǔshí	
100	yìbǎi	
101	yìbǎilíngyī	
200	èrbǎi	
1000	yìqiān	

Ordnungszahlen (erster, zweiter, dritter, vierter u.s.w.) werden durch Voranstellen der Silbe 'dí' gebildet. Beispiel: dí sì = vierter.

Ordnungszahlen

Sprache

Maße und Gewichte

deutsch	chinesisch
1 mm	háo-mǐ
1 cm	lí-mǐ
1 km	gōng-lǐ
½	bān
¼	sì-fēn-zhī-yī
1 l	gōng-shēng
1 kg	gōng-jīn

Redewendungen

deutsch	chinesisch
Sprechen Sie ... Deutsch?	nín huì jiǎng déyǔ ma?
Ich verstehe nicht	wǒ tīng bù dǒng
Ja (so ist es)	shì
Nein (so ist's nicht)	bú shì
Nein danke	bùyào xièxie
Danke – Bitte	xièxie – buxiè
Vielen Dank!	fēicháng gǎnxiè!
Bitte	qǐng
Entschuldigung!	duìbuqǐ!
Das macht nichts!	méi guānxi!
Guten Tag! (Guten Morgen!)	nín hǎo
Guten Abend!	wǎnshàng hào
Gute Nacht!	wǎn ān
Auf Wiedersehen!	zai jiàn
Herr	... xiānsheng
Frau	... nǚshì
Fräulein (jeweils dem Eigennamen nachgestellt)	... xiǎojiě
Gestern	zuótiān
Heute	jīntiān
Morgen	míngtiān
Wo ist?	... zài nǎr?
Wo ist das Lüxingshe-Büro?	Lǚxíngshè zài nǎr?
Allee	dà-mǎ-lù
Bahnhof	huǒ-chē-zhàn
Berg	shān
Bibliothek	tú-shū-guǎn
Botanischer Garten	zhí-wù-yuán
Botschaft	dà-shǐ-guǎn
Bus	gōng-gòng qì-chē
Denkmal	jì-niàn-bēi
Einkaufszentrum	gòu wù zhōng-xīn
Flugplatz	fēi-jī-chǎng
Fluß	hé
Gebirge	shān-mài
Generalkonsulat	zǒng-lǐng-shì-guǎn
Hafen	gǎng-kǒu
Haltestelle	zhàn
Innenstadt	nèi-chéng
Insel	dǎo
Krankenhaus	yī yuàn
Markt	shì-chǎng
Moschee	qhīng-zhēn-sì
Museum	bó-wù-guǎn

Sprache

Redewendungen
(Fortsetzung)

Pagode	tǎ
Palast	gōng-diàn
Polizei	jǐng-chá
See	hú
Straße	lù/jiē
Tal	shān-gǔ
Taxi	chū-zū-chē
Tempel	miào-yǔ
Tor	mén
U-Bahn	dì-tiě
Zoo	dòng-wù-yuán
Wann ist ...	shé-me shí-hou
... geöffnet?	kāi mén?
... geschlossen?	shé-me shí-hou kāi guān?
Das Postamt	yóujú
Die Bank (Wechselstube)	yínháng (duìhuànchù)
Wo ist das ... Hotel?	... bīnguǎn zài nǎr?
Ich möchte gern	wǒ xiǎng yáo yìjiān
... ein Einzelzimmer	... dānrén fáng
... ein Doppelzimmer	... shuāngrén fáng
Mit Bad	yǒu yùshì
Den Schlüssel bitte!	qǐng nǐ gěi wǒ yàoshi!
WC (Herren)	nán-cèsuǒ
WC (Damen)	nǚ-cèsuǒ
Arzt	yīshēng
Rechts	yòubian
Links	zuǒbian
Geradeaus	wàng qián zǒu
Hier	zhèr
Dort	nàr
Was kostet das?	duōshǎo qián?
Restaurant	cāntīng
Frühstück	zǎofàn
Mittagessen	zhōngfàn
Abendessen	wǎnfàn
Ich bin hungrig	wǒ è le
Ich bin durstig	wǒ kě le
Bitte die Rechnung!	qǐng suánzhàng!

→ Essen und Trinken

Begriffe aus der Gastronomie

Wichtige Aufschriften

deutsch	chinesisch
Eingang	rùkǒu
Ausgang	chūkǒu
Damen	nǚ
Herren	nán
Toilette	cèsuǒ
Kasse (für Eintritts- und Fahrkarten)	shòupiàochù
Pause, geschlossen	xiūxi
Haltestelle	chēzhàn
Einstieg	shàngchē
Ausstieg	xiáché
Warteraum	xiūxi shì
Rauchen verboten	bù zhǔn xīyān
Notausgang	tàipíngmén
Vorsicht!	xiǎoxīn
Gefahr!	wēixiǎn

Straßenverkehr

Sprache (Fortsetzung) Monate	deutsch	chinesisch
	Januar	yī-yuè
	Februar	èr-yuè
	März	sān-yuè
	April	sì-yuè
	Mai	wu-yuè
	Juni	liù-yuè
	Juli	qī-yuè
	August	bā-yuè
	September	jiǔ-yuè
	Oktober	shí-yuè
	November	shí-yī-yuè
	Dezember	shí-èr-yuè

Wochentage	deutsch	chinesisch
	Montag	xīngqīyī
	Dienstag	xīngqīèr
	Mittwoch	xīngqīsān
	Donnerstag	xīngqīsì
	Freitag	xīngqīwǔ
	Samstag	xīngqīliu
	Sonntag	xīngqītiān
		oder xīngqīri

Auf der Post	deutsch	chinesisch
	Postamt	yóujú
	Briefkasten	yóutǒng oder xìnxiāng
	Briefmarke	yóupiào
	Diesen Brief per ...	Zhèfēng xìn jì ...
	... Luftpost	hángkōngde
	... Einschreiben	guàhàode
	... Eilboten	tèkuàide
	Ich möchte ein Telegramm (Telex) aufgeben	Wǒ yào dǎ diànbao diànchuàn
	Ich hätte gern ein Ferngespräch nach ...	Wǒ yào dǎ yíge chángtú diànhuà yù

Chinesen melden sich am Telefon mit wéi = hallo.

Geographische Namen	Einige chinesische Wörter, insbesondere aber geographische Namen, haben unter bestimmten Umständen Eingang in den Wortschatz der westlichen Welt gefunden. Ihre bei uns gebrauchte Form ist daher im allgemeinen nicht überall in China verständlich.

Sprachkurse	Empfehlenswert ist die Teilnahme an Chinesisch-Sprachkursen, die beispielsweise in Deutschland an den Volkshochschulen angeboten werden. In der Volksrepublik China können Anfänger mit geringen Vorkenntnissen u. a. an der Sprachenhochschule in Xi'an einen Sprachkurs in der chinesischen Sprache belegen.

Straßenverkehr

Straßennetz	In den letzten Jahren wurden hinsichtlich des Ausbaus des Straßennetzes viele Fortschritte erzielt; außerdem sind gegenwärtig noch diverse Projekte im Gange. Es existieren inzwischen einige Autobahnen und Schnellstraßen. Hauptverkehrs- und Nebenstraßen sind zwar zahlreich, aber teilweise unbefestigt und damit nicht ganzjährig befahrbar.

Umgangsregeln

Da das Autofahren in China viele Probleme mit sich bringt, wie beispielsweise die Unterversorgung mit Kraftstoff, das Lesen der chinesischen Wegweiser bzw. Verkehrsschilder oder Verständigungsschwierigkeiten außerhalb der größeren Städte, sei dem ausländischen Individualtouristen vom Selberlenken eines Fahrzeuges abgeraten.

Straßenverkehr (Fortsetzung) Autofahren

In der Volksrepublik China und in Taiwan herrscht Rechtsverkehr, wobei links überholt wird, sowie in Hongkong und Macao Linksverkehr.

Fahrvorschriften

Innerorts in der Regel 50/60 km/h; auf Landstraßen 60/70 km/h; auf Autobahnen 100/120 km/h.

Höchstgeschwindigkeit

Taxi

Taxis gibt es in den wichtigsten Städten in ausreichender Zahl. Sie können für eine Fahrt bzw. auch für größere Ausflüge gemietet werden.

Allgemeines

Taxis stehen u. a. an Bahnhöfen, Flughäfen und Busbahnhöfen, vor Touristenhotels und Freundschaftsläden sowie an einigen bedeutenden Sehenswürdigkeiten.

Standplätze

Taxivorbestellung ist an entsprechenden Schaltern von Hotelrezeptionen möglich. Wartezeiten bis zum Eintreffen des Taxis sind einzukalkulieren.

Taxivorbestellung

Es empfiehlt sich, dem Taxifahrer nicht nur das Fahrtziel, sondern (für die Rückkehr) auch den Namen und die Anschrift des Hotels, in dem man vorübergehend wohnt, in chinesischen Schriftzeichen (möglichst in gedruckter Form) vorzulegen. Nützlich ist beispielsweise für Peking ein Stadtplan mit chinesisch-englischer Beschriftung, auf dem man sein Ziel ankreuzt. Sofern Ungewißheit besteht, ob am Fahrtziel ein Taxi für die Rückfahrt verfügbar sein wird, ist es sinnvoll, das Taxi warten zu lassen.

Empfehlungen

Taxis verfügen über einen Taxameter. Die Preise errechnen sich nicht nur nach den Kilometern zum Fahrtziel, sondern auch nach Ausstattung und Komfort des Fahrzeuges.

Preise

Etwas teurer (vor allem für Ausländer; Feilschen wird erwartet), aber relativ unproblematisch sind Fahrten in Sammeltaxis (Kleinbusse), die in größeren Städten auf bestimmten Strecken bzw. zu nahegelegenen Sehenswürdigkeiten in der Umgebung fahren.

Sammeltaxis (Kleinbusse)

Trinkgeld

Das Annehmen von Trinkgeldern ist offiziell noch immer nicht gestattet. Doch gilt: Je besser ein Ort touristisch erschlossen ist, desto eher wird Trinkgeld erwartet (z. B. vom Lüxingshe-Personal, vom Busfahrer, Reisebetreuer, Dolmetscher, Hotelpersonal). Man verfahre diskret.
In kleineren Provinzstädten erfreuen meist noch kleine Aufmerksamkeiten, vor allem, wenn es sich dabei um Andenken aus dem Herkunftsland des Reisenden handelt.

Umgangsregeln

Jeder Chinabesucher sollte sich unbedingt vor Reiseantritt mit den vielfältigen Aspekten dieser tausendjährigen Kultur vertraut machen, um bestimmte Verhaltensweisen besser verstehen zu können.

Allgemeines

Veranstaltungen

Allgemeines (Fortsetzung)

Es versteht sich von selbst, daß Reisen in einem Land wie China, das vielerorts noch nicht ausreichend auf den Fremdenverkehr eingerichtet ist, auch manchmal Nervosität, Erschöpfung und Unlust hervorrufen kann.

Man sollte sich, so oft es die Umstände erlauben, entspannen und Strapazen vermeiden, die nur zu Lasten der Gesundheit gehen und den Blick für das wirkliche, überaus gastfreundliche und warmherzige China verwehren. Ein Schuß Toleranz und vor allem viel Geduld (die sprichwörtliche 'chinesische Geduld') werden einem die Augen für ein großes Land öffnen, hinter dessen augenscheinlichem Streß und hektischem modernem Leben sich auch heute noch Sanftmütigkeit und Weisheit verbergen.

Obwohl sich China in den letzten Jahren dem Westen und seinen Einflüssen immer mehr geöffnet und eine enorme wirtschaftliche Entwicklung durchgemacht hat, herrschen hier noch Sitten und Gebräuche, die dem ausländischen Besucher in der Regel fremd sind.

Es gibt also Dinge, die man als Tourist wissen sollte, um sich selbst oder den chinesischen Gastgeber nicht in Verlegenheit zu bringen oder sogar dessen Ärger auf sich zu ziehen.

Pünktlichkeit

Vor allen Dingen sollte man pünktlich sein. Man bedenke ferner, daß in China zu anderen Zeiten als bei uns gegessen wird und demnach auch Theater- und Kinovorstellungen andere Öffnungszeiten als bei uns haben.

Beim Vorstellen

Die Chinesen empfinden es als zudringlich, wenn man ihnen die Hand reicht oder sie beim Reden berührt. Sie stellen sich zuerst mit dem Familien- und dann mit dem Vornamen vor, der meist aus zwei, manchmal aus einer Silbe besteht. Ein Mann namens Wu Guangwen muß demnach mit 'Herr Wu' und nicht mit 'Herr Guangwen' angesprochen werden. Der Kuß auf die Wange, der sich in vielen westlichen Ländern eingebürgert hat, gilt, sogar zwischen Eltern und Kindern, als übertriebene Vertraulichkeit.

Geschenke

Keine allzu teuren Geschenke mitbringen: Sie könnten den Gastgeber in Verlegenheit bringen und abgelehnt werden.

Konversation

Zu vermeiden sind Gespräche über Taiwan und kritische Bemerkungen über die chinesische Regierung; geeignete Gesprächsthemen sind die Unterschiede zwischen China und dem Westen und die Fortschritte, die die Volksrepublik inzwischen erzielt hat, ferner der Sport.

Um 'das Gesicht nicht zu verlieren', sagen die Chinesen nicht gerne 'nein'; bei ungenauen Antworten sollte man nicht auf mehr Klarheit drängen.

Im Tempel

Beim Betreten eines Tempels sollte man auf jeden Fall den Hut abnehmen.

Fotografieren

Gewöhnlich ist Fotografieren gestattet, gleichwohl ist es ratsam, vorher eine Erlaubnis einzuholen. Dies gilt vor allem beim Fotografieren von Menschen, um zu vermeiden, daß man durch sein Verhalten ungewollt verletzend wirkt, indem man die Gefühle des Gegenübers mißachtet.

Will der Besucher sich zusammen mit einem Chinesen fotografieren lassen, darf er nicht den Arm um seine Schultern legen, denn dies gilt in China als zudringlich.

Preise

Es ist üblich, bei Ausländern für Flug- und Zugtickets, Hotels, Eintritte etc. den doppelten, dreifachen oder noch höheren Preis zu verlangen, was der offiziellen Politik entspricht. Dies sollte bei dem Besucher allerdings nicht zu dem Gefühl führen, ständig 'geneppt' zu sein. Auf der anderen Seite ist es ratsam, aufmerksam zu sein und sich ggf. freundlich zu beschweren.

Veranstaltungen

Allgemeines

Die zahlreichen Veranstaltungen sind eine gute Gelegenheit, China besser kennenzulernen. Nachfolgend ausgewählte Feste in chronologischer Rei-

Veranstaltungen

Allgemeines
(Fortsetzung)

henfolge (Provinzen in Klammern in der Marginalienspalte). Man beachte, daß sich das Datum der Veranstaltungen von Jahr zu Jahr leicht verschieben kann; es empfiehlt sich daher, vorab bei CITS (→ Auskunft) Erkundigungen über die aktuellen Termine einzuholen.

Veranstaltungskalender (Auswahl)

Januar – Februar
Harbin (Heilongjiang)

Eis- und Schneefest mit Eisskulpturen-Wettbewerb, Eislaternen, Eissport, Pferde- und Motorschlittenfahrten, Kulturveranstaltungen.

Februar
Landesweit

Frühlingsfest (→ Feiertage): Jahrmärkte mit Volkskünstlern, Kunsthandwerk, Kulturveranstaltungen und lokalen Spezialitäten.

Kanton (Guangdong)

Blumenmarkt (auf einer 5 km langen Straße): Verkauf von Blumen, Goldfischen, Miniaturlandschaften und kunsthandwerklichen Erzeugnissen.

Huangnan (Qinghai)

Buddhistische Feiern im Longwu-Kloster: Tibetische Theater- und Tanzveranstaltungen, Drachentrommel-Darbietungen, Kunstausstellung und Verkaufsstände.

Anshun (Guizhou)
Tsingtau (Shandong)

Freilichtopernaufführungen (geschichtliche Themen).
Jahrmarkt der kandierten Früchte im Buddhistischen Nonnenkloster Haiyun; kulturelle und folkloristische Veranstaltungen.

Vielerorts
Kaili (Guizhou) und Rongshui (Guangxi)

Laternenfest: → Feiertage
Lusheng-Fest: Fest der Miao-Nationalität mit Volkstänzen, Hahnenkämpfen, Pferderennen und weiteren kulturellen und sportlichen Darbietungen, ferner Wettbewerb im Lushengspiel, einem Blasinstrument aus Flaschenkürbis mit mehreren Pfeifen.

März
Mangshi und Wanding (Yunnan)

Gesangs- und Tanzfestival Munao der Jingpo-Nationalität mit Schwerttänzen, Wechselgesängen und anderen volkstümlichen Darbietungen.

März/April
Yangzhou (Jiangsu)

Bootsfest Yangzhou: Schiffer führen an Bord Opern auf und bieten Waren zum Verkauf an.

Chengdu (Szetschuan)

30-bis 40tägige Blumenschau im Qingyang-Gong-Palast von Chengdu: Neben einer großen Blumenschau finden auch artistische Veranstaltungen statt; viele kulinarische Spezialitäten.

Wuxi (Jiangsu)

Internationales Winterkirschblüten-Kulturfestival: u. a. Pflanzen von Kirschbäumen.

Fengdu (Szetschuan)

Geisterstadt-Jahrmarkt: Abendmarkt und Aufführungen von Gesangs- und Tanzensembles sowie Zirkusartisten; auf den Straßen Muschel-, Drachen- und Löwentänze.

April
Weifang (Shandong)

Internationales Drachenfestival in der 'Metropole der Drachen': Ausstellung von Drachen und anderen kunsthandwerklichen Erzeugnissen, nationale und internationale Wettbewerbe im Drachensteigen, 500-km-Tour zum Thema Volksbräuche.

Suizhou (Hubei)
Shaoxing (Zhejiang)

Gedenkfeierlichkeiten zum Geburtstag des Kaisers Yan.
Ausstellung und Demonstration von Kalligraphie im Lanting-Pavillon, Rezitation von Gedichten, Weinprobe.

Suzhou (Jiangsu)

Festival der Gartenbaukunst: Besuch von Gärten, Garten-Laternenschau und Aufführung von Lokalopern; Symposium über Gartenbaukunst.
Wasserfest: → Feiertage

Xishuangbanna
Luoyang (Henan)

Päonienschau (mehr als 300 Pfingstrosensorten): Während des Festes können die Besucher auf den Straßen, in den Parks und Baumschulen, in Hotels, Schulen und Fabriken die Päonien bewundern.

Hangzhou (Zhejiang)

Festival der Teekultur sowie Symposium mit Exkursionen zu Teeplantagen: Präsentation verschiedener Teesorten, Ausstellung von Teegeschirr aus verschiedenen Epochen.

Veranstaltungen

Ende April

Heze (Shandong) — Päonienschau: Allein in den Blumenbeeten des Chaozhou-Parkes (63 ha) blühen über 6 Mio. Päonien in den verschiedensten Farben.

Bengbu (Anhui) — Blumentrommel-Laternenschau: Gesänge und Tänze der Han-Nationalität ('Ballett des Ostens' mit einer über 4000jährigen Geschichte).

Mai

Shanghai — Kunstfestival von Shanghai (Opern, Theater, Musik, Tanz, Akrobatikwettbewerbe): Aufführungen national und international bekannter Künstler.

Baoding (Hebei) — Internationale Messe für Kräutermedizin. Anguo: Nordchinas größter Markt für Kräutermedizin. Besuch des Tempels für den Heilmittelkönig, Besichtigungen einer pharmazeutischen Fabrik und einer Plantage für chinesische Heilkräuter, Probieren von heilkräftigen Gerichten.

Dalian (Liaoning) — Internationales Schnurbaum-Fest: Bewundern der Schnurbaumblüten, Teilnahme an Vorführungen von Kultur- und Sportveranstaltungen; Meeresfrüchte-Grillparty und Huaihua (Schnurbaumblüten-)Bankett.

Mai–Oktober

Peking, Tientsin, Shanghai, Kanton, Guilin, Chengdu — Feinschmecker-Festival: In Verbindung mit einem kulturellen Programm werden verschiedene kulinarische Spezialitäten der chinesischen Küchen angeboten.

Juni

Vielerorts — Drachenbootfest: → Feiertage.

Wudalianchi (Heilongjiang) — Mineralwasser-Fest: Mineralwasser trinken, baden in Mineralwasser; artistische Darbietungen.

Juni–Juli

Shenzhen und Maoming (Guangdong) — Litschi-Festival von Shenzhen und Maoming: Während Litschi-Früchte gekostet werden, finden auf Bühnen und freien Plätzen u. a. Volkslieder-, Tanz- und artistische Darbietungen sowie Modenschauen statt.

Juli

von Laolongtou bis Badaling — Reisemonat 'Die Große Mauer und die Natur': Es werden Wanderungen, Rad- oder Autofahrten entlang der Großen Mauer organisiert.

Jiayuguan (Gansu) — Internationales Segelflug- und Gleitflug-Festival: Flugschau mit Segelflugzeugen, Sportflugzeugen, Heißluftballons u. a.

In den Provinzen Yunnan und Szetschuan — Fackel-Fest: Fackelumzüge, Gesang und Tanz zur Dasanxian (große Drei-Saiten-Laute), Stangenklettern, Drachenspiele, Stierkämpfe, Ringkämpfe.

Juli/August

Innere Mongolei — Nadam-Jahrmarkt und Grasmarkt-Festival: In den Monaten Juli und August, wenn frisches Gras sprießt, feiern die Mongolen ihr Nadam-Fest mit zahlreichen Veranstaltungen wie Ringkämpfen, Bogenschießen, Pferderennnen, mongolischen Tänzen sowie einem Jahrmarkt.

August

Peking — Internationales Bierfest: u. a. Teilnahme weltbekannter Brauereien mit Bierproben, Trinkwettbewerben sowie artistischen Darbietungen.

Mitte August

Yanbian (Jilin) — Seniorentag: u. a. Aufführungen koreanischer Trommeltänze sowie Senioren-Sportfest.

Mitte/Ende Aug.

Shenyang (Liaoning) — Internationales Kultur- und Kunst-Festival der Halbinsel Liaoning: Galaveranstaltung für einheimische Bürger und Besucher ausländischer Partnerstädte, u. a. zahlreiche Kultur- und Sportveranstaltungen

Turpan (Xinjiang) — Trauben-Festival: In der Oase von Turpan finden zahlreiche Vorführungen (Musik, Tanz; Kamelschau; Ausstellung von Trachten und Schmuck der nationalen Minderheiten von Xinjiang) statt. Es gibt u. a. eine Früchtestraße, einen Melonen-Jahrmarkt und Traubenweinproben.

Veranstaltungen

September

Chinesisch-Japanische Folklorewoche: Das Fest wird von Peking und Nagasaki, Aomori und Kitakyushu gemeinsam veranstaltet.	Peking
Internationales Bergsteigen am Taishan: Alljährlich findet im September ein Wettbewerb in- und ausländischer Bergsteiger am 1545 m hohen Taishan (6293 Treppenstufen) statt.	Tai'an (Shandong)
Chinesisches Granatapfel-Festival Lintong (bei Xi'an): Pflanzen von Granatapfelbäumen, Blütenschau, Angebote von Granatapfelprodukten und Souvenirs; Ausstellung zur Kultur der Qin-Dynastie.	Lintong (Shaanxi)
Mondfest: → Feiertage	Div. Landesteile
Seiden-Festival für Touristen: Besuch des Seidenmuseums; ferner Erklärungen der Seidenraupenzucht, Seidenspinnerei und Seidenstickerei.	Suzhou (Jiangsu)
Internationales Dampflokomotiven-Festival: Touristen können hier außer der ältesten Lokomotive des Landes auch Dampflokomotiven aus verschiedenen Epochen und Ländern besichtigen. Es besteht die Möglichkeit, die Lokomotive auf einer kurzen Strecke zu führen. Anschließend erhält der Besucher ein Diplom und ein Andenken.	Datong (Shanxi)
Huangpu Tourist Festival (um den 17.9.): akrobatische Vorführungen, Opernaufführungen	Shanghai

Sept. – Okt.

Internationales Konfuzius-Kultur-Festival (26.9.–10.10.): Gedenkfeiern für Konfuzius im alten Stil; Konferenzen; Studienfahrt durch Qufu, dem Geburtsort von Konfuzius.	Qufu (Shandong)

Oktober

Chongyang-Fest: Man bewundert die Natur, besteigt einen Hügel, trinkt Wein, betrachtet Chrysanthemen, läßt Drachen steigen und ißt Chongyang-Kuchen.	Peking und Jinan (Shandong)
Internationales Tonwaren- und Porzellan-Festival: Ausstellung von wertvollem Porzellangeschirr; archäologische Tonwaren- und Porzellanstudienfahrt.	Jingdezhen (Jiangxi)

Okt. – Nov.

Chrysanthemenfest: Die ganze Stadt wird mit Chrysanthemenblumentöpfen dekoriert.	Kaifeng (Henan)

November

Landschaftsfest von Guilin: Kulturveranstaltungen, Laternen, Verköstigung am Strand, Spiele mit aus Seidenstreifen geflochtenen Bällen u. v. a.	Liangjiangkou/ Guilin (Guangxi)
Volksliederfest (Fest der Yao-Minorität): Festumzug, Gesangs- und Tanzwettbewerbe, Weinprobe, Opferriten, Kanonensalutschüsse.	Liannan (Guangdong)

Ende November

Orangenfest (Zhanjiang ist Chinas größtes Orangen-Anbaugebiet): Besichtigungen der Plantagen, Vorführungen, Ausstellungen und andere Veranstaltungen.	Zhanjiang. und Lianjiang (Guangdong)

Dezember

Dukang-Fest: Die Schnapsfabrik Dukang kann besichtigt und die Erzeugnisse probiert werden.	Kreis Yichuan (Henan)

Ende Dezember

Feinschmecker-Festival von Chaoshan: Meeresdelikatessen (sie sind mild gewürzt und gut verträglich).	Shantou Guangdong
Glocken-Schlagen in den Tempeln Hanshan Si, Dazhong, Jingci und Longhua (31. Dezember; in der Tang-Dynastie (618–907) wurde die Glocke am Silvesterabend 108 Mal geschlagen, um die 108 Kümmernisse des Jahres zu vertreiben): Nach dem letzten Glockenschlag brennt man innerhalb und außerhalb der Tempel Feuerwerkskörper ab.	Suzhou (Jiangsu)

Verkehrsmittel (Öffentlicher Nahverkehr)

Allgemeines

Die Nahverkehrsnetze sind gut ausgebaut.

Omnibusse, Oberleitungsbusse

In den Städten verkehren auf den wichtigeren Strecken Omnibusse und Oberleitungsbusse in kurzen Abständen (weitere Informationen: → Autobus). Sie sind meist überfüllt, sehr langsam und sollten während der Hauptverkehrszeiten gemieden werden. Die Fahrpreise richten sich nach der Entfernung.

Metros

Peking und Shanghai verfügen über Metro-Systeme. Auf den U-Bahn-Stationen sind neben chinesischen Schriftzeichen auch Hinweise in lateinischer Schrift zu lesen. Die jeweils nächste Station wird durch den Lautsprecher angekündigt. In der Metro gilt ein Einheitstarif.

Neben den bestehenden Metros in Peking und Shanghai ist eine weitere U-Bahn in Kanton im Bau.

Zeit

Pekinger Zeit

In der gesamten Volksrepublik China gilt die sog. Pekinger Zeit. Die Abweichung von der Mitteleuropäischen Zeit (MEZ) beträgt sieben Stunden (MEZ + 7 Std.).

Sommerzeit

Ungefähr ab Mitte April bis Mitte September ist in China Sommerzeit, d.h. die Uhren werden um eine Stunde vorgestellt ('Peking-Zeit' + 1 Std.). Die Zeitabweichung von der Mitteleuropäischen Sommerzeit (MEZ + 1 Std.) beträgt ebenfalls sieben Stunden.

Da die Sommerzeit in China allerdings etwa zwei Wochen später (gewöhnlich am 1. So. zwischen dem 10. und 20. April) als auf dem europäischen Kontinent beginnt und zwei Wochen früher (am 1. So. zwischen dem 10. und 20. September) endet, beträgt der Zeitunterschied während dieser kurzen Zeitspannen sechs Stunden.

Zeitungen und Zeitschriften

Inländische Zeitungen und Zeitschriften

Täglich, außer sonntags, erscheint die englischsprachige Tageszeitung "China Daily" (u. a. mit Fernsehprogramm und Kulturkalender für Peking). An Kiosken und in Hotels wird die parteiamtliche chinesische "Renmin Ribao" ("Volkszeitung") verkauft.

Ausländische Zeitungen, Magazine u. a.

Einige der führenden deutschen Tageszeitungen und Magazine, die englischsprachige, in Hongkong erscheinende "South China Morning Post" sowie bekannte amerikanische und britische Zeitungen und Zeitschriften sind in den Großstädten an den Zeitungsständen der internationalen Hotels erhältlich.

Zollbestimmungen

Einreise

Vor der chinesischen Grenze werden jedem Reisenden zwei Formulare ausgehändigt: eine Gesundheitserklärung und eine Einreisekarte. Devisen und Wertsachen wie Schmuck und Fotoapparate müssen bei der Einreise deklariert werden.

Einfuhr- und Ausfuhrverbote

Einfuhr- und Ausfuhrverbote bestehen für folgende Gegenstände: Waffen, und Munition; Sendegeräte; verseuchte Lebensmittel; pornographische

Zollbestimmungen

und staatsschädigende Schriften; außerdem Drogen, seltene und seuchenverdächtige Pflanzen und Tiere sowie Antiquitäten ohne Zollsiegel.

Einfuhr- und Ausfuhrverbote (Fortsetzung)

Vor dem Rückflug ist eine internationale Flughafengebühr zu entrichten. Die bei der Einreise deklarierten Artikel müssen auch wieder aus China ausgeführt werden. Mitgenommen werden darf zudem chinesische Medizin bis zum Wert von 300 CNY.

Ausreise

Bei der Wiedereinreise in die EU-Länder Deutschland und Österreich sind für Personen über 15 Jahre 500 g Kaffee oder 200 g Pulverkaffee, 100 g Tee oder 40 g Teeauszüge, 50 g Parfüm und 0,25 l Toilettenwasser sowie für Personen über 17 Jahre 1 l Spirituosen über 22 Vol.-% Alkoholgehalt oder 2 l Spirituosen unter 22 Vol.-% Alkoholgehalt oder 2 l Schaumwein und 2 l Wein sowie 200 Zigaretten oder 50 Zigarren oder 250 g Tabak zollfrei. Reiseandenken dürfen bis zu einem Warenwert von 175 Euro zollfrei eingeführt werden.

Wiedereinreise nach Deutschland und Österreich

Für die Schweiz gelten folgende Freimengengrenzen: 250 g Kaffee, 100 g Tee, 200 Zigaretten oder 50 Zigarren oder 250 g Tabak, 2 l Wein oder andere Getränke bis 15 Vol.-% Alkoholgehalt oder 1 l Spirituosen mit mehr als 15 Vol.-% Alkoholgehalt. Souvenirs dürfen bis zu einem Wert von 100 CHF zollfrei eingeführt werden.

Schweiz

Register

Aberglauben 45
Achteckiger Pavillon von Jingzhen 260
Ärztliche Hilfe 528
Alishan 430
Altes Bergwerk am Tonglushan 469
Amoy 479
Amtssprache 602
Analphabetentum 42
Anhui 129
Anji Qiao 403
Anlegeplatz Nr. 10 364
Anning Wenquan 286
Anreise 525
Anshan 130
Antiquitäten 527
Anyang Yinxu 521
Ao Men 305
Apotheken 527
Architektur 95
Arts and Crafts Shops 538
Ashoka-Kloster 328
Astana-Gräber 456
Auskunft 528
Außenwirtschaft 56
Autobus 533
Autonome Regionen 51, 54
Ayuwang Si 328

Badaling 186
Badefest 558
Badehäuser 534
Badestrände 535
Baiju Si 497
Bai Juyi Mu 302
Baima Si 302
Bai Ta 226
Baiyunshan 277
Baiyun Si 518
Baizikelike Qianfodong 458
Bambus 32
Bambustempel 286
Banken 561
Banpo Bowuguan 488
Baodai Qiao 410
Baoguang Si 153
Baoguo Si 328
Baotou 132
Ba Xian 48
Behindertenhilfe 535
Beidaihe 368
Beiwenquan 449
Bei Yandangshan 464
Berg der Grünen Felsen 403
Berg der Grünen Schnecke 305
Berg der Klaren Quelle 372
Berg der Roten Wolken 449

Berg der Rückkehr der Wildgänse 222
Berg der Wunderbaren Felsen 410
Bergtouren 536
Bevölkerung 36
Bevölkerungsdichte 37
Bevölkerungspolitik 37
Bevölkerungsstruktur 37
Bevölkerungsverteilung 38
Bewässerunssystem von Dujiangyan 153
Bezirke 54
Bildung 41
Bildungspolitik 41
Binghu Dong 216
Bingling Si Shiku 290
Bingma Yong 491
Bodenschätze 58
Bodhisattwa 48
Bohai-Reiches, Ruinen des 252
Briefmarken 577
Brücke des Allgemeines Heils 390
Brücke des Kostbaren Gürtels 410
Buddha 48
Buddhafigur bei Changhua 429
Buddhismus 46
Busbahnhof 534
Busfahrkarten 534

Caishi Ji 305
Cangshan 161
Caoxi Si 286
Changbaishan Ziran Baohuqu 252
Changchun 133
Changjiang 21, 135
Changsha 139
Changyan Shan 403
Changzhou 143
Chaozhen Dong 261
Cheng-Ching-Seengebiet 431
Chengde 145
Chengdu 148
Chengshan Jiao 463
Cheung Chau 239
Chiang Kai-shek 75
Chihnan-Tempel 426
Chihpen 431
Chinesische Mauer 185
Chinghai 366
Chinsan 426
Chitou-Waldpark 429
Chongfu Si 182

Chongqing 445
Chung-Hsing-Seengebiet 431
Chungsinghsintsun 429
Coloane 311
Conghua-Thermen 278
Conghua Wenquan 278
Cuiluo Shan 305

Dafeng Bei 505
Dafo Si 267
Dahoufang 179
Dahuting Hanmu 520
Dajuhu 510
Dali 158
Dalian 161
Dalong Pu 464
Dalong Tan 298
Daming Si 508
Dampflokomotiven 548
Daoismus 45
Daqing Youtian 215
Datong 166
Dazu Shike 449
Deng Xiaoping 75
Dianchi 284
Dianshan Hu 390
Dinghushan 517
Dingjiazha Gumu 266
Diplomatische Vertretungen 537
Dixia Gongyuan 198
Dong Hu 393
Dongling 399
Dorf der Aprikosenblüten 435
Drachenbootfest 557
Drachenbrunnen 211
Drei Kleine Schluchten 138
Drei Schluchten des Changjiang 136, 596
Dreizehn Ming-Gräber 362
Drepung 295
Du Fu 76, 101
Dule Si 444
Dunhuang 172

Efang Gong 489
Einkäufe 537
Eisenbahn 61, 542
Elektrizität 548
Emailbrunnen 215
Emeishan 156
Energiegewinnung 59
Erwachsenenbildung 42
Erwang Miao 154
Essen 548
Essensphilosophie 106

600

Register

Ethnische Gruppen 36
Eurasia-Express 526

Fahrrad 555
Fahrvorschriften 593
Famen Si 493
Fanshan Qiao 390
Feengipfel 138
Feierlichkeiten 105
Feiertage 556
Feilong Baita 260
Felsen der Bunten Kieselsteine 305
Fernsehen 584
Feste 556
Flammenberg 456
Fluggesellschaften 558
Flughäfen 558
Flugverbindungen 558
Flugverkehr 61, 558
Formosa 417
Forstwirtschaft 58
Foshan 176
Freiheitsbrücke 390
Fremdsprachen 589
Friendship Stores 538
Frühlingsfest 557
Fünf Miteinander Verbundene Seen 216
Fujian 177
Fukien 177
Fulong Guan 154
Fulung 426
Fushun 178
Futschou 180
Fuzhou 180

Gansu 183
Gantong Si 161
Gaochang Yizhi 456
Garten 99
Garten der Natürlichen Schönheit 389
Gebirge der Weißen Wolken 277
Geburtshaus von Mao Zedong 143
Geburtshaus von Sun Yat-sen 278
Gedenkhalle für Wang Xihzi 394
Gelber Berg 471
Geld 561
Gemeinden 54
Geschäftszeiten 563
Geschichte 63
Geschichtsschreibung 100
Gesundheitsvorsorge 563
Getränke 551
Gewässer 19
Gezhou Ba 510
Gottheiten 48

Gouya 364
Grab des Bai Juyi 302
Grab des Gelben Kaisers 506
Grab des Hai Rui 200
Grab des Herrschers Yu 393
Grab des Markgrafen Yi 495
Grabmal des Generals Zhu Meng 135
Grab von Dschingis Khan 133
Grab von General Guan Yu 302
Grab von Qin Shi Huangdi 490
Grab von Wang Zhaojun 225
Gräber der Ming-Ahnen 240
Grasland 226
Große Mauer 185
Großer-Drachen-Teich 298
Großräume 51
Grotte der Eisvase 261
Grotte der Huldigung an den Wahren Unsterblichen 261
Grotte der Steinernen Schwalbe 259
Grotte der Verborgenen Güte 512
Grotte der Wolken und Gewässer 364
Grotte des Göttertals 512
Grotte des Herrn Zhang 512
Grotten am Longshan 432
Grotten am Tianlongshan 435
Grotten der Drei Unsterblichen 280
Grotten des Echohallen-Berges 203
Grotten des Maijishan 291
Grotten des Tausend-Buddha-Tempels 290
Grundschule 41
Guande Si 495
Guangdong 187
Guangsheng Si 435
Guangxi 189
Guangzhou 270
Guan Lin 302
Guanyin Tang 161
Gubeikou 187
Guilin 190
Guiyang 196
Guizhou 198
Guo Moruo 76, 156
Gushan 182
Guyao Zhi 258
Guyi Yuan 389
Gyantse 497

Ha 49
Hängendes Kloster 171

Hahn-Berg 469
Hahnenkamm 517
Haikou 200
Hainan 201
Hai Rui Mu 200
Halbinsel des Wunderpilzes 509
Handan 202
Han-Dynastie 65
Hang 49
Han-Grab in Yingchengzi 165
Han-Gräber am Yinqueshan und Jinqueshan 377
Han-Gräber in Mancheng 403
Han-Gräber von Dahuting 520
Hangtschou 203
Hangzhou 203
Han Kan 76
Harbin 212
Hauptquartier der Militärkommission der KPCh 505
Hebei 216
Hefei 217
Heilige Islamische Grabanlage 372
Heilongjiang 219
Heilong Tan 286
Heilungjiang 219
Hemudu Wenhua Yizhi 328
Henan 220
Hengshan 222
Hengyang 221
Hexen-Schlucht 138
Himmelssee (bei Jilin) 253
Himmelssee (bei Ürümqi) 461
Hirsch-Kap 378
Hochzeit 105
Höhle des Herabgefallenen Pinsels 378
Hof 98
Hohhot 223
Holzeinschlag 35
Holzpagode von Yingxian 171
Homophone 39
Honan 220
Hongkong 226
Hopei 216
Hotels 565
Hsinchu 427
Hsining 499
Huaguoshan 296
Hualien 427
Huangdi 49
Huangdi Ling 506
Huangguoshu Pubu 198

Register

Huangguoshu-Wasserfall 198
Huanghe 20
Huanglong 158
Huangshan 471
Huaqing Chi 490
Huaqing-Thermalquellen 490
Huashan 494
Huaxi Gongyuan 198
Huaxing Shimu 504
Hubei 240
Huguangyan 516
Huhehot 223
Huining, Historische Stadt 215
Huiyanfeng 222
Hunan 242
Huoyanshan 456
Hupao Quan 211
Huzhou 243
Huzhu Ta 389
Hwangho 20

Iangsi 248
Impfungen 566
In der Luft Hängendes Kloster 435
Industrie 58
Innere Mongolei 244
Insel des Herrn Liu 462

Jangtsekiang 21, 135
Jiading Kongmiao 389
Jiang Jieshi 75
Jiang Qing 76
Jiangsu 247
Jiangxi 248
Jian Hu 393
Jiaohe Yizhi 456
Jiaxing 249
Jiayuguan 185, 266
Jieta Si 361
Jigongshan 469
Jilin (Provinz) 250
Jilin (Stadt) 252
Jilong Feng 517
Jinan 253
Jinan Gucheng 395
Jinan, Ruinen von 395
Jinci 432
Jin Dian 286
Jingdezhen 257
Jinggangshan 258
Jinghong 259
Jingpo Hu 216
Jingzhen Bajiaoting 260
Jinhua 261
Jinpingshan 295
Jinxiu Zonghua 400
Jinyunshan 449
Jiuhuashan 470

Jiujiang 262
Jiuquan 265
Jiurishan 372
Jiuzhaigou-Tal 158
Jugendunterkünfte 575
Jugongguan 186
Junshan 514

Kaisergräber der Westlichen Xia 511
Kaifeng 267
Kaiserkanal 478
Kalligraphie 90
Kampfkünste 600
Kansu 183
Kanton 270
Kaohsiung 431
Kap am Ende der Welt 378
Kap von Chengshan 463
Karten 575
Kaschgar 278
Kashgar 278
Keelung 426
Kenting 431
Kenting-Nationalpark 431
Keramik 60, 91
Kiangsu 247
Kindergarten 41
Kirin 250
Klima 23
Klingender Sandberg 175
Kloster der Ewigen Freude 436
Kloster des Großen Buddha 267
Kloster des Kostbaren Lichts 153
Kommunistische Partei 50
Konfuzianismus 43
Konfuzius 44, 77
Konglin 375
Kong Ming Bei 139
Kongwangshan 295
Kong Zi 77
Konsularische Vertretungen 537
Korallenfels Chuan Fan Hsih 431
Korallensee 430
Kosmologie 43
Kowloon 236
Kreditkarten 561
Kuantzeling 430
Küche 106
Kumbum 500
Kunming 280
Kursivschrift 90
Kweitschou 198
Kweiyang 196

Labrang 290
Ländernetzkennzahlen 577

Landwirtschaft 56
Lang Shan 326
Lantau 238
Lanting 394
Lantschou 289
Lan Yu 432
Lanzhou 289
Laoshan 453
Lao She 77
Laotse 45, 77
Lao Zi 77
Laternenfest 557
Legalisten 44
Leizu Miao 290
Leshan 154
Lhasa 291
Lianyungang 295
Liaoning 296
Li Bai 78, 102
Lijiang (Fluß) 196
Lijiang (Stadt) 161
Linggu Dong 512
Ling Shui 326
Lingyanshan 410
Lingyan Ya 257
Linyang Si 183
Lishan (Ort) 427
Lishan (Berg) 490
Literatur 100
Liugong Dao 462
Liuhe Ta 211
Liuzhou 297
Longjing 211
Longmen-Grotten 300
Longquan Gucheng 215
Longquan, Historische Stadt 215
Longshan Shiku 432
Longxing Si 403
Ludi Yan 195
Lu Erh Men 430
Lüshun 165
Lüzu Ci 203
Luguo Qiao 352
Lu Huitou 378
Lungluan-See 431
Luobi Dong 378
Luohan 49
Luoxing Ta 183
Luoyang 298
Luoyang Qiao 372
Lushan (Berg) 262
Lushan (Ort) 427
Lu Tao 432
Lu Xun 78

Ma'anshan 304
Macao 305
Macau 305
Maijishan Shiku 291
Makung 432
Malerei 85

Register

Mangshan 520
Mangwangdui, Han-Gräber in 142
Mao Dun 78
Maotai 312
Mao Ta 390
Mao Tse-tung 79
Mao Zedong 79, 139, 140, 141
Marco-Polo-Brücke 352
Mausoleum von Jing Di 488
Medikamente 527
Ming-Dynastie 68
Mingshashan 175
Ming Shisanling 362
Mingzu Ling 240
Pingyao, Mittelalterliche Stadt 435
Mittelschule 41
Moganshan 212
Mogao Ku 172
Mondfest 557
Mondsichel-See 176
Mongolisches Becken 19
Monsunklima 23
Mount Everest 499
Mukden 395
Museen 576
Museum von Banpo 488

Nadam-Fest 132
Nanchang 312
Nanjing 315
Nanking 315
Nanshan Muchang 461
Nanwenquan 448
Nationalhymne 118
Naturräumliche Gliederung 13
Naturraum 11
Naturschutzgebiet des Chanbaishan 252
Naturschutzgebiet von Shennongjia 510
Naturschutzgebiet Wolong 154
Neimenggu 244
Neolithikum 63
Neun-Blüten-Berg 470
Neunter-Tag-Berg 372
New Territories 237
Niao Dao 502
Niederschläge 27
Ningbo 327
Ningxia 329
Nishan 377
Ni Zan 80
Nördlicher Berg der Wildgänse 464
Nördliche Thermalquellen 449
Notdienste 576

Öffentlicher Nahverkehr 598
Ölfelder von Daqing 215
Östliches Kaisergrab 399
Offene Städte 576
Oluanpi 431
Oper 104
Orchideeninsel 432
Orchideenpavillon 394
Ost-Gräber der Qing 364
Ost-See 393

Pagode der Langlebigkeit 390
Pagode der Sechs Harmonien 211
Pagode, die die Wolken trägt 327
Pagode zum Hüten der Perle 389
Paläolithikum 63
Paläste 98
Palastruinen von Efang 489
Palkhor 497
Panda 34
Panshan 444
Pavillon 98
Pavillon von Penglai 509
Peitou 425
Peking 330
Peking-Mensch 361
Peking-Oper 105
Peng Chau 239
Penghu Lieh Tao 431
Penglai De 509
Pescadoren 431
Pflanzen 31
Philosophie 43
Phoneme 39
Pilu Si 402
Pingyao Gucheng 435
Pinyin 602
Pitan 426
Polo, Marco 80
Port Arthur 165
Porzellan 60, 91
Post 577
Präfekturen
Prähistorisches Dorf bei Zhoukoudian 361
Provinzen 51, 54
Puji Qiao 390
Putuoshan 328

Qianshan 131
Qin-Dynstie 64
Qingchengshan 154
Qingdao 450
Qing Dongling 364
Qing-Dynastie 70
Qinghai 366
Qinghuangdao 367
Qingming-Fest 506, 557
Qing Xi Ling 365
Qingyuan Shan 372
Qingyun Si 518
Qin Shihuang Ling 490
Qiongtai Shuyuan 200
Qiongzhu Si 286
Qomolangma 499
Quanzhou 369
Quelle des Laufenden Tigers 211
Queshi Gongyuan 391
Qufu 372
Quixia Si 322
Qutang Xia 137

Regierungsunmittelbare Städte 51, 54
Regionale Küchen 549
Reis 33
Reiseapotheke 563
Reisedokumente 578
Reisechecks 561
Reisezeit 578
Religiöse Minderheiten 47
Religion 43
Religionslehren 43
Restaurants 580
Reste der Stadt Youli 521
Reste der Yin-Kultur bei Anyang 521
Rikscha 584
Rosengarten bei Yuanlin 429
Ruinen der Hemudu-Kultur 328
Ruinen der Stadt Gaochang 456
Ruinen der Stadt Jiaohe 456
Ruinen von Gaojuli 135
Rundfunk 584

Sakya 499
Sammeltaxis 593
Sanshia 426
Sanxian Dong 280
Sanxia-Staudamm 59, 136
Sanya 377
Saurer Regen 35
Schanghai 382
Schantung 380
Schattenboxen 586
Schiffahrt 61
Schiffsverkehr 585
Schilfrohrflötenhöhle 195
Schimmel-Tempel 302
Schlacht bei Mukden 399
Schlangenknochen-Pagode 161
Schmetterlingsgarten bei Puli 430
Schriftsprache 39
Schriftzeichen 39
Schwalbenstein 322

603

Register

Seen 22
Seidenstraße 125
Seidenstraße-Expreß 548
Sekretariat des Zentralkomitees der KPCh 505
Sera 295
Shaanxi 379
Shakyamuni 48
Shandong 380
Shang-Dynastie 63
Shanghai 382
Shangjing Huiningfu 215
Shanhaiguan 185, 367
Shanjuan Dong 512
Shantou 390
Shanxi 391
Shaolin 303
Shaoshan 143
Shaoxing 392
Shashi 394
Shegu Ta 161
Shennongjia Ziran Baohuqu 510
Shennü Feng 138
Shentong 256
Shenyang 395
Shenzhen 400
Shi Bao Zhai 137
Shi Du 364
Shigatse 496
Shijiazhuang 401
Shilin 286
Shimen-Stausee 427
Shiyan Dong 259
Shoulao 49
Shou-shan 431
Shuangjong Dong 261
Shuanglin Si 435
Sichuan 411
Sinkiang 502
Sommerpalast 353
Sommerzeit 615
Song-Dynastie 66
Songhua Hu 252
Songshan 303
Sonne-Mond-See 429
Souvenirs 537
Spiegelsee (bei Harbin) 216
Spiegelsee (bei Shaoxing) 393
Sport 586
Sprache 38, 587
Sprachgruppen 39
Sprachkurse 592
Staat 50
Staatsembleme 50
Staatsform 50
Staatsrat 50
Stadtbusse 534
Stauwerk von Gezhou 510
Steinschatzfestung 137

Steinskulpturen in Dazu 449
Steinwald 286
Straßennetz 60
Straßenverkehr 60, 592
Suao 427
Südliche Thermalquellen 448
Sui-Dynastie 65
Sun Yat-sen 80
Suzhou 405
Szetschuan 411

Tafel des Großen Windes 505
Tai'an 412
Taichung 429
Taifune 23
Taihu 478
Tainan 430
Taipa 311
Taipei 421
Taishan 415
Taitung 431
Taiwan 417
Taiyuan 432
Tamsui 425
Tang-Dynastie 65
Tanggangzi-Thermen 132
Tang-Gräber 492
Tanzhe Si 361
Taroko-Schlucht 427
Tausend Berge 131
Tausend-Buddha-Höhlen von Bezeklik 456
Tausend-Buddha-Höhlen von Kizil 458
Taxi 593
Tee 33
Teich des Schwarzen Drachens 286
Telefon 577
Telekommunikation 577
Tempel 98
Tempel der alleinigen Freude 444
Tempel der Großen Sieges 435
Tempel der Großen Tugend 495
Tempel der Weißen Wolken 518
Tempel der Wohnstatt der Abendwolken 322
Tempel der Zwei Könige 154
Tempel der Zwei Wälder 435
Tempel des Ahnen 203
Tempel des Donnergottes 290
Tempel des Drachenbezwingers 154
Tempel des Erhabenen Glücks 182

Tempel des Gedeihens 215
Tempel des Göttlichen Felsens 257
Tempel des Herrschers Yu 394
Tempel des Tors zum Dharma 493
Tempel des Üppigen Gedeihens 403
Tempel des Weihealtars 361
Tempel, wo die Wolken wohnen 364
Temperaturen 27
Terrakotta-Armee 491
Textilindustrie 60
Theateroper 104
Thermen von Anning 286
Tian Chi (bei Jilin) 253
Tian Chi (bei Ürümqi) 461
Tianjin 440
Tianshui 437
Tiantaishan 329
Tiantong Si 328
Tianyahaijiao 378
Tibet 437
Tienshiang 427
Tientsin 440
Tiere 31
Tischsitten 108
Tonglushan Gukuang 469
Totenfest 557
Totenkult 105
Toulan 427
Tourismus 56
Trassibirische Eisenbahn 525
Trinken 548
Trinkgeld 593
Trödelmärkte 527
Trommelberg 182
Tropeninstitute 566
Tschekiang 518
Tschengtschou 519
Tschengtu 148
Tschiang-Kai-schek-Mausoleum 427
Tschungking 445
Tsinan 253
Tsingtau 450
Tungshih 427
Turfan 455
Turpan 455
Tzuhu 427

Überbevölkerung 37
Überlandbusse 534
Ürümqi 459
Umgangsregeln 593
Umweltpolitik 35
Umweltschutz 35
Universität 41

Register

Unterirdischer Garten 198
Urbevölkerung 36
Urumchi 459

Vairocana 402
Veranstaltungen 594
Verkehr 60
Verkehrsmittel 598
Versicherungen 528
Verwaltung 50
Verwaltungsgliederung 51
Vögel 32
Vogelinsel 502
Volkskongreß 50

Wald der Familie Kong 375
Wang Wei 82
Wang Xizhi 82
Wanshou Ta 390
Wasser der Seelen 326
Wasserfall des Großen Drachen 464
Wasserfest 558
Wasserkraft 22
Wasserverschmutzung 35
Wechelstuben 565
Wechselkurse 563
Weideland am Südlichen Berg 461
Weidenbaumkloster 133
Weifang 461
Weihai 462
Weiße Pagode 226
Weiße Pagode von Damenglong 260
Wenshushan 266
Wenzhou 463
Westberge (bei Kunming) 285
Westberge (bei Peking) 358
West-Gräber der Qing 365
Westliche Höhlen der Tausend Buddhas 176
Wirtschaft 54
Wirtschaftslage 55
Wirtschaftsdaten 55
Wirtschaftspolitik 55
Wissenschaft 41
Wohnhaus von General Zheng Chenggong 372
Wohnsitz von Zhuge Liang 495
Wolfs-Berg 326
Wolong, Naturschutzgebiet 154
Wuda Linchi 216
Wudangshan 495
Wudang Zhao 133
Wufeng 429
Wuhan 464
Wuhu 470
Wulai 426
Wulingyuan 143
Wutaishan 435
Wuxi 474
Wu Xia 138
Wuyishan 183

Xia-Dynastie 63
Xiamen 479
Xi'an 481
Xiangfan 494
Xiangtangshan Shiku 203
Xiangxi 139
Xigaze 496
Xijiang 21
Xili, Feriendorf 400
Xiling Xia 139
Xinghuacun 435
Xinglong Si 215
Xingshengjiaosi Ta 389
Xining 499
Xinjiang 502
Xi Qianfo Dong 176
Xishan (bei Kunming) 285
Xishan (bei Peking) 358
Xishuangbanna Ziran Baochuqu 260
Xixia Huanling 511
Xizang 437
Xuankong Si 171
Xuanzhong 435
Xuzhou 504

Yan'an 505
Yancheng 145
Yang 43
Yangmingshan-Nationalpark 425
Yangshuo 196
Yangzhou 505
Yantai 509
Yanzi Ji 322
Yehilu 426
Yehilu-Nationalpark 426
Yichang 510
Yiling Yan 326
Yin 43
Yinchengzi Hanmu 165
Yinchuan 510
Yingxian Muta 171
Yisilanjiao Shengmu 372
Yi Tsai 430
Yixing 511
Yiyeyuan 353
Yi Yuan 250
Yongle Gong 436
Yongling 180
Youli Yizhi 521
Yuan-Dynastie 67
Yünnan 514
Yueyang 512
Yueyuquan 176
Yu Ling 393
Yu Miao 394
Yumen Guan 176
Yungang Shiku 169
Yunju Si 364
Yunnan 514
Yunshui Dong 346
Yuntaishan 296

Zeit 598
Zeitschriften 598
Zeitungen 598
Zengpi Yan 195
Zhang Fei Miao 137
Zhanggong Dong 512
Zhanjiang 516
Zhaoqing 516
Zhebang Si 295
Zhejiang 518
Zheng Chengong Jinianguan 372
Zhenghou Yi Mu 495
Zhengzhou 519
Zhenjiang 521
Zhifu Dao 509
Zhiyun Ta 327
Zhou-Dynastie 63
Zhou Enlai 83
Zhuge-Liang-Stele 139
Zhuhai 522
Zhumulangma Feng 499
Zibo 523
Ziran Cenglieguan 449
Zollbestimmungen 598
Zwei-Drachen-Grotte 261

Verzeichnis der Karten und graphischen Darstellungen

Chinas Lage in Ostasien	9
Natürliche Vegetation	11
Klimadaten und Klimazonen	24/25
Tee und Zuckerrohr	32
Reis	33
Buddhistische Stupas	47
Verwaltungsgliederung (Übersichtskarte)	52/53
Kaiser Qin Shi Huangdi (Graphik)	64
Reich der Qin (Übersichtskarte)	64
Statuette aus der Wei-Zeit (Graphik)	65
Tang-Ära (Übersichtskarte)	66
Kaiserdynastien und Reichshauptstädte (Tabelle)	67
Grasschrift (Graphik)	91
Gefäße für alkoholische Getränke (Graphik)	92
Teekanne aus der Ming-Zeit · Feldflasche aus der Song-Zeit · Tasse aus der Tang-Zeit (Graphiken)	94
Anlage eines Bauerngehöfts (Graphik)	96
Halle des Erntegebets im Himmelstempel von Peking (Graphik)	97
Gedicht von Li Bai	102
Theatermaske der Peking-Oper (Graphik)	105
Eßstäbchen (Graphik)	108
Musiknoten der chinesischen Nationalhymne	118
Routenvorschläge: Verlauf der historischen Seidenstraße	126/127
Anhui: Provinzkarte	130
Anshan: Stadtplan	131
Changchun: Stadtplan	134
Changjiang · Jangtsekiang: Drei Schluchten (Übersichtskarte)	136/137
Changsha · Tschangscha	
Stadtplan	140
Shaoshan (Lagekarte)	142
Chengde: Kaiserlicher Sommerpalast (Lagekarte)	146
Chengdu · Tschengtu	
Stadtplan und Umgebungskarte	150/151
Emeishan (Lagekarte)	156
Dalian	
Stadtplan	162/163
Port Arthur (Historischer Situationsplan)	165
Datong	
Stadtplan	167
Umgebungsplan	169
Dunhuang: Umgebungsplan	173
Foshan: Stadtplan	177
Fujian · Fukien: Übersichtskarte	178
Fushun: Stadtplan	179
Fuzhou: Stadtplan	181
Gansu · Kansu: Übersichtskarte	184
Große Mauer bei Badaling (Lagekarte)	187
Guangdong: Übersichtskarte	188
Guangxi: Übersichtskarte	189
Guilin	
Stadtplan	192
Lijiang (Lagekarte)	195
Guizhou · Kweitschou: Übersichtskarte	199
Hainan: Übersichtskarte	201
Hangzhou: Stadtplan und Umgebungskarte	204/205
Harbin: Stadtplan	213
Hebei · Hopei: Übersichtskarte	216
Hefei: Stadtplan	218
Heilongjiang · Heilungkiang: Übersichtskarte	219
Henan · Honan: Übersichtskarte	221
Hohhot · Huhehot	
Stadtplan	223
Umgebungskarte	226
Hongkong · Hong Kong · Xiang Gang: Lagekarte	227
Hubei: Übersichtskarte	241
Hunan: Übersichtskarte	242
Innere Mongolei · Neimenggu: Übersichtskarte	244
Jiangsu · Kiangsu: Übersichtskarte	247
Jiangxi: Übersichtskarte	248
Jilin · Kirin: Übersichtskarte	250

Kartenverzeichnis

Jilin: Stadtplan ... 251
Jinan: Stadtplan ... 254/255
Jiujiang: Lushan (Lagekarte) ... 263
Kaifeng: Stadtplan ... 267
Kanton · Guangzhou
   Stadtplan ... 272/273
   Umgebungskarte ... 277
Kunming: Stadtplan und Umgebungskarte ... 282/283
   Steinwald (Lagekarte) ... 287
Lanzhou: Stadtplan ... 290/291
Liaoning: Übersichtskarte ... 296/297
Luoyang: Stadtplan ... 299
   Umgebungskarte ... 302
Macao: Stadtplan ... 308
Nanchang: Stadtplan ... 314
Nanking · Nanjing: Stadtplan ... 316/317
Nanning: Stadtplan und Umgebungskarte ... 324/325
Ningxia: Übersichtskarte ... 330
Peking · Beijing
   Stadtplan ... 336/337
   Kaiserpalast (Lageplan) ... 339
   Umgebungskarte ... 351
   Sommerpalast (Lageplan) ... 352/353
   Ming-Gräber (Lageplan) ... 362
   Qing-Gräber (Lageplan) ... 365
Qinghai · Chinghai ... 366
Qinhuangdao: Beidaihe (Lagekarte) ... 368/369
Quanzhou: Stadtplan ... 370
Qufu: Stadtplan ... 373
Shaanxi · Schensi: Übersichtskarte ... 380
Shandong · Schantung: Übersichtskarte ... 381
Shanghai · Schanghai: Stadtplan und Umgebungskarte ... 384/385
Shanxi · Schansi: Übersichtskarte ... 391
Shenyang · Mukden: Stadtplan ... 396/397
Shijiazhuang: Stadtplan ... 402
Suzhou: Stadtplan ... 406
   Garten des Bescheidenen Beamten (Lageplan) ... 408
Szetschuan · Sichuan: Übersichtskarte ... 411
Tai'an: Taishan (Lageplan) ... 413
Taiwan · Formosa: Lagekarte ... 417
   Taipei · Taipeh: Stadtplan ... 422
   Sonne-Mond-See (Lageplan) ... 429
Taiyuan: Stadtplan ... 433
Tibet · Xizang: Übersichtskarte ... 437
   Landkarte ... 438
Tientsin · Tianjin: Stadtplan ... 442/443
Tschungking · Chongqing: Stadtplan ... 446/447
Tsingtau · Qingdao: Stadtplan ... 452/453
   Umgebungskarte ... 454
Ürümqi: Stadtplan ... 460
Wuhan: Stadtplan ... 466/467
Wuhu: Huangshan (Lageplan) ... 472
Wuxi: Stadtplan und Umgebungskarte ... 476/477
Xiamen · Amoy: Stadtplan ... 479
Xi'an: Stadtplan und Umgebungskarte ... 484/485
   Huaqing-Thermalquellen (Lageplan) ... 489
   Museum der Ton-Armee (Lageplan) ... 493
Xinjiang · Sinkiang: Übersichtskarte ... 502
Yangzhou: Stadtplan ... 507
Yuyang: Stadtplan ... 513
Yunnan · Yünnan: Übersichtskarte ... 515
Zhaoqing: Stadtplan ... 517
Zhejiang · Tschekiang: Übersichtskarte ... 515
Zhengzhou · Tschengtschou: Stadtplan ... 520
Eisenbahn: Streckennetz (Übersichtskarte) ... 544/545
   Entfernungstabelle ... 546/547
Klimatabelle ... 579

Bildnachweis

Air China: S. 559
Archiv für Kunst und Geschichte: S. 6 (re.), 79 (Mi., re.)
Archivio Istituto Geografico De Agostini: S. 18, 20, 40, 42, 44 (2x), 46, 48 (2x), 57, 59, 70, 71, 79 (li.), 81, 84, 87, 88, 93, 99, 101, 109, 128, 138, 144, 147, 149, 153, 155, 171, 174, 185, 186, 194 (2x), 203, 206, 209, 225, 245, 246, 266, 276, 278, 279, 288, 292, 293, 300, 321, 323, 338, 342, 354, 356, 359, 376, 388 (2x), 398, 401, 404, 407, 439, 440, 448, 455, 457, 461, 469, 475, 482, 483, 490/491, 497, 501 (2x), 524, 540, 549, 578
Beck: S. 37
Bulloz: S. 62, 69
Direcção dos Serviços de Turismo, Macau: S. 310
Gstaltmayr: S. 233, 235
Lade: S. 8, 424, 425, 428, 556
Interchange: S. 564 (4x)
Janicke: S. 120, 224, 275
Lonati: S. 450
Mauritius: S. 465
Müller, Kai Ulrich: S. 1, 3, 5, 6 (li.), 6/7, 7 (3x), 14, 16, 60, 104, 107, 141, 143, 159, 160, 168, 191, 197, 206, 211, 214, 258, 260, 264, 268, 281, 284, 285, 294, 301, 304, 314, 318, 320, 332, 349, 355, 363, 371, 374, 378, 383, 386, 409, 473, 478, 480, 492, 534
Paireault: S. 170
Renckhoff: S. 487, 543
Schapowalow: S. 207, 271, 459
Schütte: S. 444
Schuster: S. 34, 334, 414, 498, 526
Staatliche Museen zu Berlin – Preußischer Kulturbesitz: S. 458

Titelbild: Lade – Die Große Mauer bei Badaling

Umschlagseite hinten: Müller, Kai Ulrich – Große Wildgans-Pagode in Xi'an

Impressum

Ausstattung:
165 Abbildungen (Bildnachweis s. zuvor)
130 Karten und graphische Darstellungen (Kartenverzeichnis s. zuvor), 1 große Reisekarte

Italienischer Basistext: "Cina" (Autoren: Marina Basso, Renzo Cavalieri, Alberto Farina, Yuan Huaqing, Laura Orsenigo) aus der Reihe "Guide De Agostini · Baedeker" (Istituto Geografico De Agostini, Novara)
Übersetzung ins Deutsche: Dr. Susanne Kolb
Textbeiträge: Vera Beck (Praktische Informationen von A bis Z); Prof. Dr. Wolfgang Hassenpflug (Klima); Kai Ulrich Müller (Einleitungstext); Manfred Strobel (Naturraum)

Bearbeitung: Baedeker-Redaktion (Carmen Galenschovski)

Kartographie: Instituto Geografico De Agostini; Franz Huber, München; RV Verlag, Ostfildern (große Reisekarte)

Gesamtleitung: Rainer Eisenschmid, Baedeker Ostfildern

5. Auflage 2002

Urheberschaft: Karl Baedeker GmbH, Ostfildern
Nutzungsrecht: Mairs Geographischer Verlag GmbH & Co., Ostfildern

Der Name *Baedeker* ist als Warenzeichen geschützt.
Alle Rechte im In- und Ausland sind vorbehalten.
Jegliche – auch auszugsweise – Verwertung, Wiedergabe, Vervielfältigung, Übersetzung, Adaption, Mikroverfilmung, Einspeicherung oder Verarbeitung in EDV-Systemen ausnahmslos aller Teile dieses Werkes bedarf der ausdrücklichen Genehmigung durch den Verlag Karl Baedeker GmbH.

Druck: Mairs Graphische Betriebe GmbH & Co. KG., Ostfildern
Printed in Germany
ISBN 3-87504-122-4   Gedruckt auf 100% chlorfreiem Papier